中华现代学术名著丛书

唐代长安与西域文明

向达 著

商务印书馆
创于1897 The Commercial Press

图书在版编目(CIP)数据

唐代长安与西域文明/向达著. —北京:商务印书馆,2015(2023.12 重印)
(中华现代学术名著丛书)
ISBN 978-7-100-11735-7

Ⅰ. ①唐… Ⅱ. ①向… Ⅲ. ①中外关系—文化交流—文化史—唐代—文集 Ⅳ. ①K242.03-53

中国版本图书馆 CIP 数据核字(2015)第 262708 号

中华现代学术名著丛书
唐代长安与西域文明
向达 著

商 务 印 书 馆 出 版
(北京王府井大街 36 号 邮政编码 100710)
商 务 印 书 馆 发 行
北 京 冠 中 印 刷 厂 印 刷
ISBN 978-7-100-11735-7

2015 年 12 月第 1 版　　开本 880×1240 1/32
2023 年 12 月北京第 4 次印刷　　印张 24⅜ 插页 1
定价:99.00 元

向　达

(1900—1966)

出版说明

百年前，张之洞尝劝学曰："世运之明晦，人才之盛衰，其表在政，其里在学。"是时，国势颓危，列强环伺，传统频遭质疑，西学新知亟亟而入。一时间，中西学并立，文史哲分家，经济、政治、社会等新学科勃兴，令国人乱花迷眼。然而，淆乱之中，自有元气淋漓之象。中华现代学术之转型正是完成于这一混沌时期，于切磋琢磨、交锋碰撞中不断前行，涌现了一大批学术名家与经典之作。而学术与思想之新变，亦带动了社会各领域的全面转型，为中华复兴奠定了坚实基础。

时至今日，中华现代学术已走过百余年，其间百家林立、论辩蜂起，沉浮消长瞬息万变，情势之复杂自不待言。温故而知新，述往事而思来者。"中华现代学术名著丛书"之编纂，其意正在于此，冀辨章学术，考镜源流，收纳各学科学派名家名作，以展现中华传统文化之新变，探求中华现代学术之根基。

"中华现代学术名著丛书"收录上自晚清下至20世纪80年代末中国大陆及港澳台地区、海外华人学者的原创学术名著（包括外文著作），以人文社会科学为主体兼及其他，涵盖文学、历史、哲学、政治、经济、法律和社会学等众多学科。

出版“中华现代学术名著丛书”，为本馆一大夙愿。自 1897 年始创起，本馆以“昌明教育，开启民智”为己任，有幸首刊了中华现代学术史上诸多开山之著、扛鼎之作；于中华现代学术之建立与变迁而言，既为参与者，也是见证者。作为对前人出版成绩与文化理念的承续，本馆倾力谋划，经学界通人擘画，并得国家出版基金支持，终以此丛书呈现于读者面前。唯望无论多少年，皆能傲立于书架，并希冀其能与“汉译世界学术名著丛书”共相辉映。如此宏愿，难免汲深绠短之忧，诚盼专家学者和广大读者共襄助之。

商务印书馆编辑部

2010 年 12 月

凡　　例

一、"中华现代学术名著丛书"收录晚清以迄20世纪80年代末，为中华学人所著，成就斐然、泽被学林之学术著作。入选著作以名著为主，酌量选录名篇合集。

二、入选著作内容、编次一仍其旧，唯各书卷首冠以作者照片、手迹等。卷末附作者学术年表和题解文章，诚邀专家学者撰写而成，意在介绍作者学术成就，著作成书背景、学术价值及版本流变等情况。

三、入选著作率以原刊或作者修订、校阅本为底本，参校他本，正其讹误。前人引书，时有省略更改，倘不失原意，则不以原书文字改动引文；如确需校改，则出脚注说明版本依据，以"编者注"或"校者注"形式说明。

四、作者自有其文字风格，各时代均有其语言习惯，故不按现行用法、写法及表现手法改动原文；原书专名（人名、地名、术语）及译名与今不统一者，亦不作改动。如确系作者笔误、排印舛误、数据计算与外文拼写错误等，则予径改。

五、原书为直（横）排繁体者，除个别特殊情况，均改作横排简体。其中原书无标点或仅有简单断句者，一律改为新式标点，专名号从略。

六、除特殊情况外，原书篇后注移作脚注，双行夹注改为单行夹注。文献著录则从其原貌，稍加统一。

七、原书因年代久远而字迹模糊或纸页残缺者，据所缺字数用“□”表示；字数难以确定者，则用“（下缺）”表示。

目录

附　录

插图目次

作者致辞

这一本论文集一共收集了二十三篇论文。因为其中《唐代长安与西域文明》一篇比较长一点，又放在卷首，于是就用这一篇的题目作为论文集的总名。

所有收集在这一本论文集里的文章，发表的时间始于一九二六年，止于一九五四年。论文性质都多少和中西交通史有点关系，按照内容，可以分成四个部分。第一部分，自第一篇至第四篇，都和唐代历史有关，特别是唐代中外文化关系史和国内西南少数民族的历史。第二部分，自第五篇至第十四篇，都是属于所谓"敦煌学"范围的文章。第三部分，自第十五篇至第十七篇，谈的是摄山佛教石刻和明清之际传入中国的西洋美术。第四部分，自第十八篇至第二十三篇，都是和目录学有关的一些文章。

从一九二六年到现在，整整三十年；照古老的说法，三十年要算一世了。在这漫长的岁月里，像我所研究的比较狭隘的一门，虽然只是历史科学巨流中的一个小小溪涧，也自有不少的变化和进步。举"敦煌学"为例。自一八九九年发现了敦煌石室的藏书以后，便在东方学的研究中添上了一个新的部门。我之参加了这一方面的研究，最初是从敦煌所出通俗文学入手的。开始接触到佛曲这样一个名词，于是追溯到音乐方面，提出了龟兹苏祗婆琵琶七调渊源于印度北宗音乐的假设。后来逐渐明白佛曲与敦煌所出通俗文学中的变文是两回事，佛曲与龟兹乐有关，而变文一类的通俗文学乃是唐代通行的一种讲唱文学即俗讲文学的话本。一九三七年在巴黎看到纪载俗讲仪式的一个卷子，这一个问题算是比较满意地解决了。一九四二年至一九四四年，得到机会去巡礼敦煌千佛洞，考察汉代的玉门关和阳关的遗址；一九五一年又去新疆，巡礼了古代高昌（今吐鲁番）、焉耆（今焉耆）、龟兹（今库车、拜城）诸地的石窟寺；于是对于"敦煌学"才算是有了进一步的认识。这距我开始作这一方面的研究，已经有二十多年了。二十多年来，"敦煌学"，特别是音乐和俗讲文学方面的研究，已有很大的进步。日本高楠顺次郎、法国伯希和和日本林谦三诸人根据印度的七调碑，证明了并且修正了我所提出的龟兹苏祇婆琵琶七调渊源于印度北宗音乐的假设。关于俗讲文学，郑振铎、王重民、孙楷第、任讷、周绍良、王庆菽诸位先生，在搜集、整理以及研究传布方面都作了很好的工作，为中国文学史的研究开辟了新的领域。

尤其令人兴奋的是，解放以后这些方面都焕然改观了。敦煌千佛洞设立了研究所了，石窟里面装上电灯了。西自天山，东至于海，所有的石窟寺都由国家进行保护了。敦煌发现的俗讲文学的话本也已汇集起来即将出版了。回想以前埋首伏案于伦敦、巴黎的图书馆中摸索敦煌残卷，以及匹马孤征，仆仆于惊沙大漠之间，深夜秉烛，独自欣赏六朝以及唐人的壁画，那种"擿埴索涂"、"空山寂历"的情形，真是如同隔世！但是今天我们的心情不是过去的所谓"感慨系之"，而是"凡在见闻，莫不欣跃"！我想凡是参加过这一工作的朋友们，都会同意我的说法吧！

关于唐代历史的研究，陈寅恪、岑仲勉、贺昌群、唐长孺诸位先生都有很好的贡献。我只是参加文化史和中外关系特别是和西域的文化关系研究的一方面。在这一方面,像近来季羡林先生对于唐代中国和印度文化关系的研究,比我以前的规模要壮阔得多了。

国内少数民族历史的研究,在我们今天的历史科学中是最重要的一个部门,而在过去从事这一方面的研究者,往往不能不有“孤芳自赏”之感。这一部门将来会有极其光辉的成就的。因为我们有这样多的少数民族,对于他们的历史的研究,不仅仅建立了他们本民族的历史,并且在历史科学的理论上,也会呈现出新的光芒的。我对于南诏史的研究,不过是“抛砖引玉”而已,不足以“登大雅之堂”也!

中国古代和南海国家的关系,以及十六世纪至鸦片战争期间中国和欧洲诸国在文化方面的关系,也是我过去研究的范围。三十年来,我在这些方面只开了一个头,还有待于以后大家的努力。

这些论文,都是发表过的,此次重印,大体上保持原样,只在有大错误处略加些许改正,或加几条补注。三十年的岁月,一晃便过去了,检查自己的工作,不胜惭愧之至。一些朋友认为我所作的某些文章,还可供参考之用,怂恿我收集起来重印;这部论文集的出版经过便是这样的。我们的国家就要制定关于发展科学的十二年规划了,这是一个伟大的事业,不仅在我们的历史上,就是在世界的历史上,也是一个伟大的事业。我们过去在科学上落后的现象将要消灭了,十二年以后,我们在科学方面将要以一个崭新的面貌出现。我在十二年规划制定的时候,出版这一部论文集,为自己立一个里程碑,一以鞭策自己,一以求读者指正。其目的不过如此而已!

一九五六年四月七日向达谨记于北京西郊北京大学图书馆。

唐代长安与西域文明

一　叙言

唐代与西域交往甚繁，文物方面所受影响亦所在可见。冯承钧先生曾为《唐代华化蕃胡考》，①日本桑原隲藏博士亦有《隋唐时代来住中国之西域人》一文，②考证俱甚精确，可为隋唐史研究上辟一新叶。唯冯先生文仅以蕃胡华化为限，材料亦止于两《唐书》；桑原氏之作，范围较广，以人为主，而略及于各方面之文物。然俱语焉不详，欲明唐代与西域文明关系者仍尚有待焉。

李唐一代之历史，上汲汉、魏、六朝之余波，下启两宋文明之新运。而其取精用宏，于继袭旧文物而外，并时采撷外来之菁英。两宋学术思想之所以能别焕新彩，不能不溯其源于此也。今试即戏曲绘画诸方面言之。

元曲出于诸宫调，诸宫调导源于大曲。然大曲唐已有之，《教坊记》备记其目，率为舞曲，隶属胡部。唐代大曲，中国久已失传，而日本曾传唐乐，尚有可考：大曲有《破阵乐》、《团乱旋》、《春莺

---

① 见《东方杂志》第二十七卷第十七号。

② 见内藤博士还历纪念《支那学论丛》，兹篇所用者为博士手校增补拔刷本。

崍》、《苏合香》；中曲有《北庭乐》、《回波乐》、《兰陵王》、《凉州》、《皇麞》、《夜半乐》、《打毬乐》、《还京乐》、《感皇恩》、《苏幕遮》；小曲有《甘州》、《拔头》之属；其帖数拍数备具。[①] 由此以求唐乐，固可以窥知梗概，更由此以下溯宋代大曲，不难得其仿佛。此一事也。又如般涉一调，元曲中屡屡见之，此显然即龟兹苏祇婆西域传来七调之一。陈澧于凌廷堪由西域以溯源古乐，固诋为犹航断港绝潢以至于海，然于宋元以来俗乐与苏祇婆七调之关系，固亦不能否认。诚能求唐代大曲中曲小曲之音节于西域，而得其解，则宋元戏曲演变之痕迹为之大白。其贡献于中国乐舞戏曲史者岂非甚大！此又一事也。

又如中国绘画，唐以前以线条为主。至唐吴道玄始以凹凸法渗入人物画中，山水树石亦别开生面。逮王维创水墨山水注重晕染，遂开后来南宗风气。宋代米芾亦以泼墨法为世所重。摩诘竺信象教，元章或亦疑为异族。诚能以西域古代之画风与唐宋以来中国画家之作比观互较，究其消息，则宋元以后中国画之递变，不难知其故矣。

此外如胡服之日盛，波罗毬自唐以及于宋、元、明由极盛而趋于衰微以至灭绝，并可从以窥知中外关系之繁密，以及一代风尚之变易。此种史实俱可于李唐一代窥其端倪。

余愧不足以言此，兹唯剌取唐代传入中国之西域文明与长安有关者，稍加排比，述之如次。唯为此事，亦必须对于中国与西域文明有深切之研究，然后可以互相比较，得其实际。顾在此间，西

---

① 源光圀修《大日本史·礼乐志》十四至十六（雄辩会景印本第十三册）于传入日本之唐乐，综合各家所说，甚为详备，可以参看。

域史料不易寻求：如言胡服，无从知唐代西域波斯诸国之服装；言乐舞，虽知胡腾、胡旋、柘枝、苏幕遮之属来自中亚，而无由知西域古代乐舞之梗概。兹篇唯能将中籍史料，就耳目所能接及者，为之抉择爬梳，藉供留心此一方面史实者之捃摭。偶有推测，亦等于扣槃扪烛，是则尚祈博雅之士有以晋而教之耳。

至于本篇所指西域，凡玉门、阳关以西以迄于伊兰高原地方俱属之。印度与中国交往频繁，关系过密，非区区此篇所能尽，用存而不论。又本篇以长安为限，有关洛阳之新材料亦偶尔述及。其所以如此，非敢故乱其例，以为或可以稍省览者翻检之劳云尔，大雅君子或不以为非欤！

二　流寓长安之西域人

中国国威及于西陲，以汉唐两代为最盛；唐代中亚诸国即以“唐家子”称中国人，[1]李唐声威之煊赫，于是可见也。贞观以来，边裔诸国率以子弟入质于唐，诸国人流寓长安者亦不一而足，西域文明及于长安，此辈盖预有力焉。桑原博士一文，于流寓长安之西域人曾约略道及，而未能尽，兹谨略事摭拾：以载籍所述泛及西域人士者记之于首，其国籍姓名彰彰可考者次叙于后。

① 中古时伊斯兰教徒称中国人为 Tamghai，Tomghaj，Toughaj，又有作 Taugas，Tubgaŏ 及 Tapkaŏ 者。前人释此或以为即“桃花石”之音译，或以为即拓跋氏。德国夏德（F. Hirth）以为系“唐家”二字之音译，美国洛佛（B. Laufer）亦主其说。日本桑原博士始以为乃“唐家子”三字之音译，举证甚详，尚未足为最后之论定也。桑原氏说见其所著《宋末提举市舶西域人蒲寿庚之事迹》页一三五至一四三（陈裕菁译《蒲寿庚考》页一〇三至一〇九，冯攸译《唐宋元时代中西通商史》页九八至一〇六）。

中国史上西域人入居中国首都当以北魏一代为最多，其时流寓洛阳者，“自葱岭已西，至于大秦，……附化之民万有余家”①，此万余家盖括四裔而言。然观于后来西域人入籍洛阳之多，可知其中西域人之成分，盖亦不少也。② 长安自周秦以来历为国都，在政治上与文化上俱为对外之中心。西域人之留居其间，虽不能比于元魏时之洛阳，却亦不鲜，观于康僧渊生于长安可见一斑。③ 至唐而西域人流寓长安者日多，按之载籍以及最近出土诸墓志，一一可考也。

李唐氏族，据最近各家考证，出于蕃姓，似有可信。④ 有国以后一切建置，大率袭取周隋之旧。而渗以外来之成分，如两京规画，即其一端。⑤ 因其出身异族，声威及于葱岭以西，虽奄有中原，对于西域文明，亦复兼收并蓄。贞观初（公元六三一年），突厥既

① 《洛阳伽蓝记》卷三云：“永桥以南，圜丘以北，伊、洛之间，夹御道有四夷馆：道东有四馆，一曰归正，二曰归德，三曰慕化，四曰慕义。……西夷来附者处崦嵫馆，赐宅慕义里。自葱岭已西，至于大秦，百国千城，莫不欢附，商胡贩客日奔塞下。所谓尽中国之区已。乐中国土风，因而宅者，不可胜数，是以附化之民万有余家。门巷修整，阊阖填列，青槐荫柏，绿树垂庭，天下难得之货咸悉在焉。”

② 如洛阳出土之安延、安神俨、康续、康达□、康杴、康磨伽、康留买、何摩诃诸志，以及康夫人曾氏墓志所举之曹樊提、曹毗沙等，大都系出西域，于北魏、北周、北齐之际入居中国，占籍洛京者也。诸志文繁不能备举，以下当略述一二，以资参证。

③ 《梁高僧传·康僧渊传》云：“康僧渊本西域人，生于长安；貌虽梵人，语实中国。”

④ 关于此一问题可参看冯承钧《唐代华化蕃胡考》，《女师大学术季刊》第一卷第四期刘盼遂《李唐为蕃姓考》，中央研究院历史语言研究所《纪念论文集》陈寅恪《李唐氏族推测》诸篇。

⑤ 按唐代两京规制，与周、秦以来建国之制殊异，日本桑原博士还历纪念《东洋史论丛》那波利贞《从中国首都计划史上考察之唐代长安城》一文讨论綦详，可以参看也。

平，从温彦博议，迁突厥于朔方，降人入居长安者乃近万家；[①]此或可视为唐代对于外族“怀柔”之一端。唐京兆府户口，在天宝初仅三十余万户，[②]贞观时当不及此，而长安一隅突厥流民乃近万家，其数诚可惊人矣。因此辈流人之多，至于宪宗之际，长安少年，耳濡目染，变本加厉，无怪乎东城老父为之慨叹不已也。[③]

天宝末，安史之乱，两京沦陷，肃宗至德二年（公元七五七年）元帅广平王乃帅朔方、安西、回纥、大食之兵十五万众，收复两京。其后安史之平得力于此辈者不少，而回纥叶护太子亲将兵四千余众助讨叛逆，厥功尤伟。肃、代之际，回鹘使者至长安，遂骄慢不可一世，常擅出坊市，掠人子女，白昼杀人，入狱劫囚，而莫敢谁何。代宗以后，回鹘麇聚长安者常至千人，华服营利，为公私害。[④] 德宗即位，遂将留寓长安之回鹘人全部遣回，而有振武留后张光晟杀回鹘使者董突等九百余人之惨剧。[⑤] 按天宝以后，回鹘既代突厥而雄

① 《唐会要》卷七十三作“近万家”，《唐语林》卷三作“且万家”，《册府元龟》卷九百九十一作“数千家”，大致俱不殊也。

② 《唐书·地理志》：京兆府天宝元年（公元七四二年）领户三十六万二千九百二十一，口百九十六万一百八十八。《旧唐书·地理志》口作一百九十六万七千一百八十八，旧领户二十万七千六百五十，口九十二万三千三百二十（据浙局本《旧书》）。

③ 唐陈鸿祖《东城老父传》：“今北胡与京师杂处，娶妻生子；长安中少年有胡心矣。”鸿祖此传所纪为元和中叶时事。东城老父所云之北胡，其犹为突厥与营州杂胡之流裔欤？

④ 参看《资治通鉴·代宗纪》十四年七月条。

⑤ 参看《通鉴·德宗纪》建中元年（公元七八〇年）八月条。按《代宗纪》十四年七月条有云：“先是回纥留京师者常千人，商胡伪服而杂居者又倍之。”《德宗纪》建中元年八月条有云：“九姓胡闻其种族为新可汗所诛，多道亡。董突防之甚急。九姓胡不得亡，又不敢归，乃密献策于光晟，请杀回纥。”此所云商胡及九姓胡，日本羽田亨氏在其《九姓回鹘考》（见《东洋学报》第九卷）中以为系铁勒九姓。桑原氏谓指昭武九姓而言，其说较长，今从之。

长朔漠，部族中遂杂有不少之西域人成分。代宗世常冒回鹘之名杂居长安之九姓胡，当即回鹘部族，桑原氏以为此辈九姓胡人应是昭武九姓苗裔。据《李文饶集》记在京回鹘译语人，屡及石姓译人，谓为"皆是回鹘种类"；西域石国人来中国，俱称石姓，此辈当是石国人之臣于回鹘者；桑原氏以九姓胡人为昭武九姓，其说可信也。关于回鹘石姓译人，别见于后，兹不赘述。至于回鹘人之在长安，并不因振武一戮而遂绝：《李文饶集》所记译语人诸事，俱在会昌初年；会昌五年（公元八四五年）和蕃大和公主以回鹘王崩国乱归唐，至长安，随从中即有回鹘人，日本僧圆仁留学长安，盖亲见之。[①] 穆宗长庆五年[②]（公元八二五年），右龙武大将军李甚亦因其子贷在京回鹘钱不偿，为回鹘所诉，遂遭贬斥为宣州别驾（参看后论《西市胡店与胡姬》一节）；凡此皆可见德宗以后回鹘人仍时往来长安之概也。

唐自太宗以后，吐蕃势盛，高宗乾封、咸亨之际，西域四镇沦陷，河陇一带遂没于吐蕃。至今所得敦煌石室遗书，卷末书大蕃岁月者不一而足，当即此一时期之所书也。[③] 中国与西域之交通，因四镇陷蕃而中断，于是安西、北庭奏事及西域使人在长安者归路既绝，遂流寓其间，仰给于鸿胪礼宾。桑原氏文指出《通鉴·德宗纪》，记当时胡客留长安久者或四十余年，皆有妻子，买田宅，举质

① 见圆仁著《入唐求法巡礼行记》卷三。

② 疑误，当作"敬宗宝历元年"。——编者注

③ 北京图书馆藏位字七九号《贞观氏族志》残卷，卷末有"大蕃岁次丙辰后三月庚午朔十六日乙酉鲁国唐氏比蓊悟真记"一行。据余所考，大蕃岁次丙辰后三月，盖即唐文宗开成元年（公元八三六年）之四月也。说见《北平图书馆馆刊》六卷六号《敦煌丛抄贞观氏族志残卷补注》。

取利。检括之余，有田宅者鸿胪停给，凡得四千人，此辈俱留不归，[1]此亦一惊人之数字也。至于胡客之娶汉女为妻，并不始于德宗时，《唐会要》云：[2]

> 贞观二年（公元六二八年）六月十六日敕：诸蕃使人所娶得汉妇女为妾者并不得将还蕃。

洛阳出土唐墓志中汉女适西域人者亦往往有之。[3] 验之《会要》之文，似乎有唐一代对于汉女之适异族，律并无禁，只不得将还蕃国耳。

唐代流寓长安之西域人，大致不出四类：魏周以来入居中夏，华化虽久，其族姓犹皎然可寻者，一也。西域商胡逐利东来，二也。异教僧侣传道中土，三也。唐时异族畏威，多遣子侄为质于唐，入充侍卫，因而久居长安，如新罗质子金允夫入朝充质，留长安至二

---

① 《通鉴·德宗纪》贞元三年条："初，河陇既没于吐蕃，自天宝以来，安西、北庭奏事及西域使人在长安者归路既绝，人马皆仰给于鸿胪礼宾，委府县供之，于度支受直。度支不时付值，长安市肆不胜其弊。李泌知胡客留长安久者或四十余年，皆有妻子，买田宅，举质取利，安居不欲归。命检括胡客有田宅者停其给，凡得四千人。将停其给，胡客皆诣政府讼之。泌曰：'此皆从来宰相之过，岂有外国朝贡使者留京师数十年，不听归乎？今当假道于回纥，或自海道，各遣归国。有不愿归者，当于鸿胪自陈，授以职位，给俸禄为唐臣。人生当乘时展用，岂可终身客死耶？'于是胡客无一人愿归者。泌皆分隶神策两军，王子使者为散兵马使或押牙，余皆为卒；禁旅益壮。鸿胪所给胡客才十余人，岁省度支钱五十万缗，市人皆喜。"

② 《唐会要》卷一百。

③ 例如《安延墓志》所记延夫人刘氏，大唐故酋长康国大首领因使入朝检校折冲都尉康公故夫人汝南上蔡郡翟氏墓志之翟氏，当俱是汉女，适于异族。至于安神俨之夫人史氏，康杴之夫人曹氏，佚名康君夫人曹氏，又康氏故史夫人，疑俱属异族，本非汉裔，墓志所云乃出缘饰，观于诸女祖若父之名俱为西域音盖可见也。

十六年之久，[①]即其一例；此中并有即留长安入籍为民者，四也。兹谨综合所知，分国叙述如次：先及葱岭以东于阗、龟兹、疏勒诸国，然后推及中亚、西亚，如昭武九姓以及波斯诸国。观于此辈，而后西域文明流行长安，其性质之复杂，亦可概见矣。

于阗尉迟氏　于阗王室，相传在唐以前即属 Vijaya 一族。据斯坦因（M. A. Stein）及 Sten Konow 诸人研究，西藏文献中之 Vijaya 即 Saka 语中之 Viśa，中国史籍中之于阗王室尉迟氏即 Viśa 一辞之译音。于阗国人入居中国，遂俱氏尉迟。至于唐代流寓长安之尉迟氏诸人，渊源所自，大别有三：一为出于久已华化之后魏尉迟部一族；一为隋唐之际因充质子而入华者；其一则族系来历俱不明者。今分举如次：

唐代住居长安久已华化之尉迟氏，自以尉迟敬德一族，最为著名。尉迟敬德（《旧唐书》卷六十八，《唐书》卷八十九有传），以高宗显庆三年（公元六五八年）卒于长安私第。敬德长安私第，据宋敏求《长安志》，在西市南长寿坊。其子宝琳附见两《唐书》传及许敬宗撰敬德碑。敬德犹子窥基大师，字洪道，尉迟宗子，所谓奘门龙象者是也。《宋高僧传·窥基传》云：

> 释窥基字洪道，姓尉迟氏，京兆长安人也。尉迟之先与后魏同起，号尉迟部，如中华之诸侯国；入华则以部为氏也。魏平东将军说六代孙孟都生罗迦，为隋代州西镇将，乃基祖焉。考讳宗，唐左金吾将军松江都督江由县开国公。其鄂国公德则诸父也，《唐书》有传。

① 见《册府元龟》卷九百七十六《褒异》三。

敬德出于后魏尉迟部。《魏书·官氏志》谓为西方尉迟氏。按韦述《两京新记》，长安嘉会坊衰义寺本隋太保吴国公尉迟刚宅，刚兄即尉迟迥。永平坊宣化尼寺则隋开皇五年周昌乐公主及驸马都尉尉迟安舍宅所立。尉迟迥、尉迟安皆出于尉迟部，嘉会、永平、长寿三坊，自北而南彼此毗连，则此部人之占籍长安，最迟亦当在周隋之际，而敬德一族与此辈必有若干之关联也。日本羽溪了谛以为后魏尉迟部实始于《窥基传》中之平东将军说，尉迟说即于阗史上之Vijaya-kirti，尉迟即Vijaya之音译，说则译kirti一字之义（kirti出于梵语之klît）云云。[①] 羽溪氏说，尚待佐证，唯久已华化之敬德一族，其先亦出于阗，则无可疑也。

隋唐之际始由西域入居长安之尉迟氏，其最著者有名画家尉迟跋质那及乙僧父子，而高僧智严当亦此名画家之一族也。桑原氏文曾引张彦远《历代名画记》云：

> 尉迟乙僧于阗国人，父跋质那。乙僧，国初授宿卫官，袭封郡公。善画外国及佛像，时人以跋质那为大尉迟，乙僧为小尉迟。

按尉迟乙僧及其父跋质那，史未言其为于阗质子，然而父子同封郡公，乙僧并授宿卫，非质子不能至此。跋质那，《名画记》列之隋代，则跋质那及乙僧乃父子同为质子而久居长安者也。

乙僧画风属于凹凸一派，后来吴道玄之人物画亦受此种影响，此在本篇论《西域传来之画派与乐舞》一节中更为详论，兹唯略考

---

① 见《艺文》第四年第二号氏著《于阗国佛教考》。

跋质那父子与智严之关系。据《名画记》,长安奉恩寺是尉迟乙僧宅,而按韦述《两京新记》及《宋高僧传·智严传》,则奉恩寺原是智严旧宅。《智严传》云:①

> 释智严姓尉迟氏,本于阗国质子也。名乐,受性聪利。隶鸿胪寺,授左领军卫大将军上柱国,封金满郡公。而深患尘劳,唯思脱屣。神龙二年(公元七〇六年)五月,奏乞以所居宅为寺,敕允,题榜曰奉恩是也。

尉迟乐与乙僧父子同为宿卫,同封郡公,而又前后同居一宅。按《贞元新定释教目录·智严传》,尉迟作郁持,当是译音之异。又谓智严"自惟生居异域,长自中华,幸得侍奉四朝,班荣宠极"云云。②智严为中宗时人,上溯四朝,适在唐初,与大小尉迟同时。则诸人者疑为一家,由跋质那以至于乐,自隋末三世入居中国,先后以质子留宿卫京师。而乐则诞于西域,长自中华,如天宝以后尉迟胜之子锐然,是以翻经能"文质相兼,得其深趣"也。

神龙以后,至于天宝中叶,于阗质子,不复可考。天宝以后有尉迟胜,玄宗曾妻以宗室女(胜,《旧唐书》卷一百四十四、《唐书》卷一百一十俱有传,又见《册府元龟》卷九百六十二)。禄山之叛,胜命弟曜行国事,自率兵五千赴难。安史乱平,胜遂留中国不去,寓长安修行里(本名修行坊),史称其"盛饰林亭,以待宾客,好事者多访之"。让国于弟曜,尤为世所称。据《旧书》,胜卒时年六十四,

① 《宋高僧传》卷三《智严传》。

② 《贞元新定释教目录》卷十四《智严传》。

贞元十年（公元七九四年）赠凉州都督，子锐嗣。锐母，大约即唐宗室女也。据 Sten Konow 在《于阗研究》中考证，尉迟胜即西藏文献中之 Vijaya-sambhava。而于阗王尉迟曜则为西藏文献中之 Vijaya-bohan，亦即于阗国语中之 Viśa-vahan；贞元初，悟空自西天反国过于阗，尚及见之也。①

代宗时又有尉迟青，居在长安之常乐坊，德宗朝官至将军。善觱篥，时人称其冠绝古今，大历中曾以此艺折服幽州觱篥名手王麻奴。② 文宗太和中，长安又有尉迟章善吹笙。③ 此二人者不知是否出于华化已久之尉迟部，与尉迟敬德一族同其渊源？抑与跋质那辈同为于阗质子之苗裔？今俱无可考。按唐代教坊不少胡人，如曹氏父子、米氏父子，皆以善歌世其业，同出于昭武九姓。太和中之康迺、米禾稼、米万槌辈疑亦是胡人（说见后），当与尉迟章等同隶乐府；其是否为随北周突厥皇后东来诸乐人之子嗣，今不可知矣。

---

① 参看《大唐贞元新译十地等经记》（《弘教藏》闰十五《十力经序》，《大正藏》卷十七，页七一五）。

② 见唐段安节《乐府杂录》觱篥条。

③ 按尉迟章，《乐府杂录》作尉迟章，钱易《南部新书》乙则作尉迟璋左（者？）。按《旧唐书》卷一百七十三《陈夷行传》，开成二年有仙韶院乐官尉迟璋，授王府率，后转光州长史。同书《武宗纪》开成五年正月二日文宗暴卒，"三日仇士良收捕宣诏院副使尉迟璋杀之，屠其家"。此当即《乐府杂录》中之尉迟章，《南部新书》作尉迟璋左，或是讹误也。《新书》云："乐工尉迟璋左能啭喉为新声，京师屠沽效呼为拍弹。"而《唐会要》卷三十四杂录条则谓"咸通中伶官李可及善音律，尤能啭喉为新声，音辞曲折，听者忘倦。京师屠沽少年效之，谓之拍弹"。苏鹗《杜阳杂编》卷下亦谓"可及善啭喉舌，对至尊弄媚眼作头脑，连声作词唱新声曲，须臾即百数，方休。时京城不调少年相效，谓之拍弹"。俱以拍弹属之李可及；《南部新书》之说，或系传闻之误也。

疏勒裴氏　疏勒国王姓裴氏，自号阿摩支，①其裴姓对音之由来，至今学者未能言也。疏勒裴氏入居长安，当亦始于唐初，大率以质子宿卫京师，遂留不去。其族之著者有裴玢一家。玢，两《唐书》有传，《新书·传》略云：②

> 裴玢五世祖纠，本王疏勒，武德中来朝，拜鹰扬大将军，封天山郡公。留不去，遂籍京兆。

玢于元和初官至山南西道，史称其"为治严稜，畏远权势，不务贡奉。蔬食敝衣，居处取避风雨而已。仓库完实，百姓安之"。玢盖以一华化之西域人从官而为循吏也。史未及玢后，林宝《元和姓纂》裴氏亦无京兆一房，或者以其异族，遂予刊落也欤？

又有裴沙者，字钵罗，亦疏勒人。曾祖裴施，本蕃大首领；祖支，宣威将军；父达，云麾将军。沙于中宗时，以破突厥功，授忠武将军，行左领军卫郎将。以开元十二年（公元七二五年）十二月三十日薨于洛阳私第，寿八十一（公元六四五——七二五年）。沙，两《唐书》无传，近年墓志出土，③始显于世。据墓志，沙虽薨于洛阳，葬于北邙，然既行左领军卫郎将，必曾流寓长安（关于左领军卫，参

① 冯承钧先生谓阿摩支官号为于阗、疏勒两王所共有。《元龟》卷九百六十四有开元十六年册封于阗阿摩支尉迟伏师文，又封疏勒阿摩支裴安文云云。按"阿摩支"疑即梵文amātya一字对音，义为宰相大臣（见 Sir Monier-Williams：*Sanskrit English Dictionary*，p. 81）。大约隋唐间疏勒、于阗臣属突厥，故其国王以诸侯自称耳。

② 《新唐书》卷一百十。

③ 洛阳新出土《大唐故忠武将军行左领军卫郎将裴府君墓志铭》。原石不知归于何处，兹据北京图书馆藏拓本。以后所引诸新出墓志，大率根据此馆所藏拓本，不更一一注明。

看本节末述吐火罗人仆罗条)。志谓“仍赐几杖”,又谓“自乐道优闲,亦十有余载”,则裴沙者,其后功成身退,息影林泉,遂卜居东都,优闲自适耳。

中国佛教史上有名之慧琳,亦姓裴氏,为疏勒国人。慧琳隶京师西明寺,“引用《字林》、《字统》、《声类》、《三苍》、《切韵》、《玉篇》、诸经杂史,参合佛意,详察是非,撰成《大藏音义》一百卷。起贞元四年,迄元和五载(公元七八八——八一〇年),方得绝笔”。① 琳以元和十五年(公元八二〇年)庚子卒于西明寺,春秋八十有四(公元七三七——八二〇年)。其生与裴玢大略同时,疑为其族人也。

贞观时,太常乐工有裴神符,与曹纲同时有裴兴奴,俱以妙解琵琶,见称当时。疑兴奴即神符之裔,以琵琶世其家,而与曹氏、米氏同出西域,为疏勒人,故姓裴氏也。关于神符等与西域乐之关系,说见后论《西域传来之画派与乐舞》一节,兹不赘。

唐末又有一种传说,谓裴休后转生于阗为王子。《南部新书》云:②

> 裴相休留心释氏,精于禅律。……每发愿曰:“乞世世为王,来护佛法。”后于阗国王生一子,手文间有裴字,闻于中朝。

此显然由于疏勒国王室姓裴氏,因而附会于裴休之转生;又因于阗象教之盛,远胜疏勒,遂又由疏勒讹转而为于阗。大概由于释家缘

① 《宋高僧传》卷五《慧琳传》。

② 《南部新书》癸。又见孙光宪《北梦琐言》卷六。

饰,齐东野语,不足信也。

龟兹白氏 龟兹白氏,源远流长,自汉至唐,王室一姓相承;葱岭以东诸国,唯于阗尉迟氏勉强可与一较短长也。白氏对音,冯承钧先生由龟兹王苏伐勃驶及诃黎布失毕二名还原所得之 Suvarna-puspa(金花)及 Haripuspa(师子花)二者推测,以为疑是:Puspa 之译音。[①] 就目前而论,冯说盖较为可据也。

隋、唐之间,乐府伶工有白明达者,《隋书·音乐志》附之龟兹部内,隋炀帝常欲循曹妙达封王之例以宠之。桑原氏谓白明达当是龟兹人,或系随北周突厥皇后入中国之一乐人,隋、唐两代龟兹乐之盛极一时(说见后论《西域传来之画派与乐舞》一节),与此辈龟兹乐人应不无关系。隋亡以后,至贞观时,白明达以术逾等夷,积劳计考,并至大官;高宗时犹供奉内庭。史虽未及其长安居处,然其曾居于是,盖无疑也。

此外有蕃将白孝德诸人,桑原氏文曾为举述一二,其曾否流寓长安,今俱无考,置而不论。又本节注五十五[②]引仆罗上诉书中有龟兹王子白孝顺,当曾流寓长安。其与白孝德是否一族,今无可考。

又鄯善人至中国姓鄯氏,前贤论及西域姓氏,从无注意及此者。近洛阳出土鄯乾墓志,卒于魏永平五年(公元五一二年);车师前部王车伯生息鄯月光墓铭,卒于魏正始二年(公元五〇五年):是为六朝时入中国之鄯善人。又鄯昭墓志,卒于唐咸亨二年(公元六七一年);其祖官于北周,父官于隋:是为唐代入中国知姓名之鄯善人。以俱卒于洛阳,长安尚未之见,兹姑不赘。

---

① 见《女师大学术季刊》第二卷第二期冯承钧《再说龟兹白姓》。
② “注五十五”,即本书第三五页注①。——编者注

昭武九姓胡人　所谓昭武九姓,《唐书》与《文献通考》之言微有不同。《唐书》所云之昭武九姓,为康、安、曹、石、米、何、火寻、戊地、史;《通考》则为米、史、曹、何、安、小安、那色波、乌那曷、穆:并以部落称姓,示不忘本。关于昭武九姓之考证,可参看桑原隲藏、堀谦德、藤田丰八及冯承钧诸氏书,兹不能详。[①] 要之,凡西域人入中国,以石、曹、米、史、何、康、安、穆为氏者,大率俱昭武九姓之苗裔也。前引《通鉴·代宗纪》之商胡,《德宗纪》之九姓胡,即多属此辈。兹举流寓长安,姓名可考者分述如次。

康氏　康国人来中国,多以康为氏。桑原文于康姓考证甚详,其所举诸人,唐以前者不论,唐代有康国大首领康艳典(或作康染颠),石城镇将康拂躭延及其弟地舍拨;流寓长安者有玄宗时为安南都护、肃宗时为鸿胪卿之商胡康谦,贞元中长安琵琶名手康崑崙,唐初善画异兽奇禽之名画家康萨陀,李白《上云乐》中之康老胡雏;而开元时缚康待宾平六胡州之康植一家,桑原氏亦疑其为康国人。

今按康国人素以善贾市著称西域,利之所在,无所不至。如高昌、蒲昌海一带,以及北蕃部落,莫不有康国人踪迹。高昌及蒲昌海左近住居之康国人,有近出墓志及敦煌遗籍可以证明。[②] 而北

① 关于昭武九姓考证,桑原文外,堀谦德《解说西域记》六四页至七二页,藤田丰八《慧超往五天竺国传笺释》六五页至七二页(泉寿东文书藏印本)俱可参看。

② 康国人东徙,沿途居停之地,今所知者有高昌、沙州以及柳城等处。西北科学考查团黄文弼先生在土鲁番得有麟德元年(公元六六四年)翟郍旨宁母康波蜜提及神龙元年(公元七〇五年)康富多夫人二墓志:康波蜜多必是西域人无疑,而康富多亦当是康国人。至于沙州一隅之康国人,为数尤夥。据斯坦因所得光启元年(公元八八五年)写本《沙州伊州地志》残卷(日本小川博士还历纪念《史学地理学论丛》羽田亨氏论此志篇曾录全文,又见 *Bulletin of the School of Oriental Studies*, London

魏、周、齐以来北蕃部族入居中国者亦复不少，北蕃有十二姓，其中即有康姓一部落；柳城康姓，当即此辈。[①]史称突厥颉利可汗为唐所败，其部落或走薛延陀，或走西域，来降于唐者甚众，惟柘羯不至。按柘羯即赭羯，原是西域康国战士。又如贞观初以隋萧后及杨政道来降之胡酋康苏密之流，当亦属于康部落。是所谓北蕃十二姓中，含有不少之西域种人，盖无可疑也。[②]今所知唐代曾居洛阳之康杴（石藏北京历史博物馆）、康达□、康武通、康续诸人，其先人于魏、周之际，入官中朝，验其墓志，大都渊源西域。[③]此皆桑原氏所未

Institution, Vol. VI, Part 4, pp. 825—846），伯希和所得《沙州都督府图经》（影本收入《鸣沙石室佚书》）以及《新唐书·地理志》，贞观中沙州康国人聚居其间，筑有四城，其首领康艳典、康拂诞延、地舍拨等，尤为著称于世。（关于蒲昌海左近之康国部落，伯希和在 *Journal Asiatique*, 1916, pp. 111—123 有 *Le' cha tcheou tou tou fou t' ou king' et la colonie sogdienne de la regin du Lob-Nor* 一文，冯承钧《史地丛考》译名为《沙州都督府图经及蒲昌海之康居聚落》，可以参看。）而罗振玉《沙州文录补》康再荣建宅文中之沙州大蕃纥骨萨部落使康再荣，应即是所谓康部落之苗裔也。蒲昌附近之康国人，在唐代当甚为著名，是以源出西域之康国人夸其族系，每以出于蒲昌相矜。洛阳出土康武通墓志铭，铭词论及武通族系，即云"蒲昌贵族"，是可见也。

① 案近来出土诸康姓墓志，康杴起自西魏，康达□曾祖仕齐，康武通祖仕于周。颜鲁公撰《夏州都督康公神道碑》云："公讳阿义屈达干，姓康氏，柳城人。其先世为北蕃十二姓之贵种。"凡此诸辈，其先世疑俱为臣属北蕃突厥之康部落种人，后魏以降，入居中原也。

② 参看《文献通考·四裔考》之《突厥考》。

③ 案康杴墓志云："吹律命系，肇自东周；因土分枝，建旆西魏。"是明为属于后魏之一部族，而杴在唐初授陪戎副尉，此为统理异族之官，必其人亦属此族也。康达□墓志则直云"十六代祖西华国君，东汉永平中遣子仰入侍，求为属国"。此当系缘饰之辞，大约北齐时入居中国，遂占籍河南为伊阙入耳。康武通为太原祁人，亦授陪戎副尉。志称其妻唐（?）氏即酒泉单王之胤，所谓酒泉单王，不知何指，唯铭词有"蒲昌贵族，酒泉华裔"之语则武通与蒲昌海附近之康国人有关系，固显然可见也。康续亦河南人，墓志谓："昔西周启祚，康王承累圣之基；东晋失图，康国跨全凉之地。控弦飞镝，屯万骑于金城；月尘汉惊，辟千营于沙塞。举葱岩而入款，宠驾侯王；受茅土而开封，业传枝胤。"是续之先世，固葱岭以西之人，或系北齐之际入居中国，康王云云则谀墓之辞耳。续父名老，不知是否即李白《上云乐》中之康老胡雏，还待通人考定。

及知者也。至于流寓长安之康国人，据余检阅所得，尚有出于桑原氏举出诸人以外者，兹并缕述如次，以补其阙。

占籍河南洛阳之康国人，亦有曾流寓长安者。唐代长安，各国人集居其地者甚多，其中康国人当亦不少，洛阳出土墓志有康磨伽、康留买兄弟，当即此辈也。康磨伽曾祖感，凉州刺史；祖近德，安西都护府果毅；父洛，唐上柱国。磨伽以军功授游击将军上柱国。志文云：

> 君讳磨伽，其先发源于西海，因官从邑，遂家于周之河南。

盖亦为北周时入居中国之康国人也。磨伽卒于高宗永淳元年（公元六八二年）四月，志文谓磨伽：

> 以永淳元年四月三日疾薨于京之私第，游击将军守左清道率同返葬于洛州河南县平乐之原。

志文有"一举而扫龙庭，再战而清翰海"之语，其人当系永隆、开耀间从裴行俭平突厥有功者。既云游击将军守左清道率同返葬于洛州云云，则所谓薨于京之私第，自指长安而言，其曾流寓长安，于兹可见也。

康留买为磨伽之兄弟行，志文谓：

> 公讳留买，本即西州之茂族，后因锡命，遂为河南人焉。

其一家之为康国人，盖大致可信。留买亦因平突厥有功，"诏授游击将军守左清道率频阳府果毅北门长上”。所谓频阳折冲府，据罗振玉考证，隶于京兆，①而左右清道率府俱在西京，则留买亦必驻节长安。留买于磨伽卒后送榇归葬洛阳，已亦卒于其年七月十七日。两志俱未及卒者年岁，二人孰长，莫由决定也。磨伽有子阿善，留买有子伏度，俱见志文。

康磨伽兄弟之后，又有营州柳城杂胡安禄山，其长安赐第在亲仁坊。禄山本姓康氏，妻亦康姓，至中国后，受安波主之卵翼，遂易姓安氏。② 桑原氏据姚汝能《安禄山事迹》，谓禄山或有中亚伊兰民族之血统，为康国人。据颜鲁公《康金吾神道碑》，北蕃大族有十二姓，其中即有康氏一部，属于此族之阿义屈达干，其后即卒于长安。《康金吾神道碑》云：③

> 公讳阿义屈达干，姓康氏，柳城人。其先世为北蕃十二姓之贵种：曾祖颉利部落都督，祖染可汗驸马都知兵马使，父颉利发默啜可汗卫衙官，知部落都督；皆有功烈，称于北陲。公即衙官之子也。……以（至德）二年（公元七五七年）青龙甲辰冬十有一月二十日甲寅感肺疾薨于上都胜业坊之私第，春秋七十有五（公元六八三—七五七年）。亲事左右，莫不剺面截

① 见《唐折冲府考补》（《永丰乡人杂著》本）。

② 《全唐文》卷四百五十二部说《代郭令公请雪安思顺表》云：“安禄山牧羊小丑，本实姓康，远自北蕃，来投中夏。思顺亡父波主，哀其孤贱，收在门阑；比至成立，假之姓氏。”波主，《旧唐书·安禄山传》作波至。

③ 见《颜鲁公集》卷六（《四部丛刊》本）。《唐三十姓可汗贤力毗伽公主阿那氏墓志》有“君临右地，九姓畏其神明；霸居左衽，十二部忻承美化”之语。此九姓当指铁勒九姓，而十二部则必是《康金吾碑》中所云之北蕃十二姓也。

> 耳以哭。……铭曰：北方之强欤？十有二姓强哉矫。部落之雄者康，执兵柄，缅乎眇。……

所谓“部落之雄者康”是阿义屈达干之得姓，盖以“蕃人多以部落称姓，因以为氏”耳。柳城康姓胡人出于康国，因鲁公此碑而又加强其证。是以阿义屈达干归唐后，即隶禄山麾下，为部落都督，可见二人族姓之关系，而禄山部下有不少康部落人，于阿义屈达干为部落都督亦可以见出若干消息也。剺面截耳，俱突厥法，柳城康氏虽出西陲，盖为突厥所化久矣。阿义屈达干举族归唐，有四子：没野波、英俊、屈须弥施、英正，俱以勇力闻于世，颜碑并著其事。

又按康国人中每多摩尼教徒，[1]而据《唐语林》：[2]

> 颜鲁公尝得方士名药服之，虽老，气力壮健如年三四十人。至奉使李希烈，春秋七十五矣。……如穆护（原注：穆护即鲁公男硕之小名也）天性之道，难言至此。

穆护原为摩尼教中僧职之名，说者多以鲁公以穆护名其次男为异，今观其所作《康金吾神道碑》，可知鲁公与康国人曾有交往，则《语林》所云，或者鲁公服膺摩尼教旨，而获其养生之术欤？

有名之华严宗第三祖贤首大师释法藏亦是康国人，曾与玄奘、义净同预译事。《宋高僧传》云：

---

① 参看《支那学》第三卷第五号羽田亨《漠北之地与康国人》一文。

② 《唐语林》卷六。

释法藏字贤首，姓康，康居国人也。风度奇正，利智绝伦。薄游长安，弥露锋颖。

据阎朝隐《康藏法师碑》及崔致远《法藏和尚传》诸书，法师累代相承为康国（原作康居国）丞相，祖自康国来朝；父谧，唐赠左侍中；弟宝藏，中宗朝议郎行统万监。法师生于贞观十七年（公元六四三年）。其生地不详，验其幼年求道，不出雍州，疑即诞于长安。咸亨元年（公元六七〇年）削染于太原寺，其后历住崇福诸寺，先天元年（公元七一二年）圆寂于西京大荐佛寺，春秋七十（公元六四三—七一二年）。此一家之入中国当在周、齐之际也。法藏撰《华严经传记》，记调露初雍州万年县人康阿禄山被冥道误追事，此康阿禄山疑亦是康国人。①

又据康庭兰墓志，庭兰官至右威卫翊府左郎将，开元二十八年（公元七四〇年）九月卒于东都温柔里，春秋六十有五（公元六九六—七四〇年）②。庭兰曾祖匿，唐游骑将军守左卫翊府中郎将；祖宁，归德将军行右领军卫将军；父烦陁，云麾将军上柱国。庭兰一家，就其姓名而论，当是唐代归化之康国人，而右威卫翊府左郎将，左卫翊府中郎将，右领军卫将军，据《唐书·百官志》，俱是宿卫京城之官，则庭兰诸人虽卒于东都，而在当年因曾一度为长安寓公；疑其入唐原为质子，慕恋华风，遂留不归耳。

① 《宋高僧传》卷五《法藏传》。又参看阎朝隐撰《大唐大荐佛寺故大德康藏法师之碑》及崔致远撰《法藏和尚传》。康阿禄山见法藏集述《华严经传记》卷五（碑传等俱见《续藏经》第一辑第二编乙第七套）。

② 疑误，当作“公元六七六—七四〇”。——编者注

代宗时李端有《赠康洽》诗，开篇即云：①

黄须康生酒泉客，平生出入王侯宅。今朝醉卧又明朝，忽忆故乡头已白。……迩来七十遂无机，空是咸阳一布衣。

酒泉康姓，而又黄须，好饮，后寄居长安；则康洽者疑其先原为康国人。诗云酒泉，其亦犹凉州安氏之流欤？（李颀、周贺亦有赠洽诗，别详本节注四一②。）宣宗大中初，乐府又有康迺，善弄婆罗门，当亦如康昆崙然，同为流寓长安、原籍康国之乐工也。

安氏　唐代入居中国之昭武九姓胡人，康、安二姓同为显族。姑臧凉州安氏，据林宝《姓纂》，系出安国。北魏安难陀至孙盘娑罗（《唐书·世系表》作盘婆罗）代居凉州为萨宝，盖火祆教世家也。安兴贵以执李轨功，拜右武卫大将军归国公，其入居长安，当始是时。至抱玉，赐姓李氏，与弟抱真同为有唐名将，两《唐书》俱有传（《旧唐书》卷一百三十二，《唐书》卷一百三十八）。抱玉宅在长安朱雀门街西修德坊。安氏一家及其与以前诸安氏之关系，桑原氏文述之綦详，兹不赘。武德元年（公元六一八年）拜舞人安叱奴为

① 《全唐诗》第五函第三册（殿本）。又《全唐诗》第二函第九册有李颀《送康洽入京进乐府歌》，有云："识子十年何不遇，只爱欢游两京路。朝吟左氏《娇女篇》，夜诵相如《美人赋》。长安风物旧相宜，子苑蒲萄花满枝。……"又第八函第四册有周贺《送康洽（"洽"今本《全唐诗》作"绍"，明周晖《金陵琐事》卷三"江宁诗人"条引作"康洽"，是明本固有作洽者）归建业》诗，开篇云："南朝秋色满，君去意如何？……"综三家之诗观之，似乎康洽籍贯原系酒泉，系出西域，寄寓建业，后以进乐府而至长安，久之又归建业也。其所进之乐府疑亦为西域乐舞，如凉州霓裳之类耳。志此以待博雅论定。

② 即本页注①。——编者注

散骑侍郎，李纲切谏不听。纲疏谓叱奴为舞胡，又与曹国出身之曹妙达、安国出身之安马驹并论，桑原氏疑其为安国人，当可信也。居于洛阳之安国人尚有安延及安神俨。安延祖真健，后周大都督；父比失，隋上仪同平南将军。墓志（石藏北京历史博物馆）谓：

> 君讳延，字贵萨，河西武威人也。灵源浚沼，浪发崑峰，茂林森蔚，草歎积石。……词曰：……望重玉关，族高崑岳。……

神俨祖君恪，隋任永嘉府鹰扬；父德，左屯卫别将。墓志谓：

> 君讳神俨，河南新安人也。原夫吹律命系，肇迹姑臧；因土分枝，建旗强魏。

神俨嗣子敬忠。此二人当俱姑臧安氏一族，出于安国，昭然无疑。

自唐初入居长安之安国人，除桑原氏所举外，尚有安附国一家，附国祖乌唤，为突厥颉利吐发，番中官品称为第二。父朏汗于贞观初率所部五千余人入朝，为置维州，即以朏汗为刺史，拜左武卫将军，累授左卫右监门卫二大将军，封定襄郡公。附国亦于贞观四年（公元六三〇年）与父俱诣阙下，时年十八。太宗见而异之，即擢为左领军府左郎将。后授上柱国，封驺虞县开国男，咸亨初进爵为子。以调露二年（公元六八〇年）二月十八日终于长安，葬于雍州长安县孝悌乡。长子右钤卫将军北平县公思祇，次子鲁州刺史思恭。事实具见李至远撰《唐维州刺史安侯神道碑》。① 碑文有云：

> 侯讳附国，其先出自安息，以国为姓。

盖为隶属突厥之安国人，谓为出自安息，则文人之附会耳。注三十六②所引邵说撰《请雪安思顺表》中之安波主及其子思顺，与安附国一家或有若干血统上之关系，亦未可知也。

又长安出土有安令节墓志铭。令节以唐长安四年十一月二十三日卒于长安之醴泉里私第。志文有云：

> 君讳令节，字令节，先武威姑臧人，出自安息国王子，入侍于汉，因而家焉。历后魏、周、隋，仕于京洛，故今为豳州宜禄人也。……祖瞻，皇唐左卫，潞州府左果毅。……父生，上柱国。……(令节)以长安四年十一月廿三日疾终于醴泉里之私第，春秋六十。有子如岳、国臣、武臣等。……即以神龙元年三月五日葬于长安县之龙首原，礼也。……

是安令节一家，固亦为流寓长安之西域安国人也。

---

① 见《全唐文》卷四百三十五。碑文谓附国"以贞观四年与父俱诣阙下，时年一十有八"。又谓"奄以调露二年二月十八日寝疾，终于神都，春秋八十有三"。按附国贞观四年才十八岁，至调露二年疾终之日，只应六十有八，与碑文所云八十有三不合，此二者必有一误。以无他证，姑悬疑以待通人。又附国入唐在贞观四年，与是年伊州杂胡来朝合，疑本是西域人，唐初入华，世系谱牒则缘饰之辞云耳。

② 即本书第二一页注②。——编者注

又按李颀《听安万善吹觱篥歌》有云:[①]

> 南山截竹为觱篥,此乐本自龟兹出。流传汉地曲转奇,凉州胡人为我吹。……变调如闻杨柳春,上林繁花照眼新。……

既云凉州胡人,则安万善当为姑臧安氏,出于安国,与安难陀、安延、安神俨同属一族。上林云云,或指安万善之流寓长安而言耳。昭宗时长安又有舞胡安辔新,以曾斥李茂贞见称于世,当亦西域人也(见《北梦琐言》卷十五)。

曹氏　后魏以来,源出曹国入居中土之曹氏一家,特为显贵,名乐工、名画家不一而足:如曹婆罗门,曹僧奴,曹妙达;曹僧奴女北齐高纬之昭仪,三世俱以琵琶有名当世,妙达且以之开府封王。曹仲达为北齐有名画家,出身曹国,当亦妙达一家。至于唐代琵琶名手尤多曹姓:曹保,保子善才,孙纲,俱以琵琶著称当世。唐代乐府多袭周隋之旧,曹保一家,当即妙达之裔,于长安教坊中复大显其身手也。关于曹保一家,桑原氏文所述綦详,兹惟于其出身西域更举数证。按李绅《悲善才诗》为感曹善才之殁而作,其中有句云:[②]

> 紫髯供奉前屈膝,尽弹妙曲当春日。

① 《全唐诗》第二函第九册。
② 《全唐诗》第八函第一册。

按张说《苏摩遮》第一首谓"摩遮本出海西胡,琉璃宝眼紫髯须",是紫髯盖西域胡人始有之也。曹氏之为胡人,观白居易诗,似更为可信。白氏《听曹刚琵琶兼示重莲》诗云:①

拨拨弦弦意不同,胡啼番语两玲珑。谁能截得曹刚手,插向重莲衣袖中。

白氏诗之曹刚即《乐府杂录》中之曹纲。此所云胡啼番语,当非指琵琶之音调而言,大约以刚为西域胡人,故如是云云耳。白氏又有《代琵琶弟子谢女师曹供奉寄新调弄谱》诗,②此善琵琶之女师曹供奉,疑亦是曹纲一家,如其不误,则其祖孙父子兄妹(?)并以琵琶著于世,与曹妙达一家先后媲美矣。唐末又有曹触新善弄婆罗门,江南李煜乐工曹者素善琵琶,或与曹保同为一族,亦未可知。③ 白氏《琵琶引》又谓善琵琶之贾人妇本长安倡女,尝学琵琶于穆、曹二善才云云,所谓曹善才当即曹保之子也。

又长安出土谯郡夫人曹明照墓志,夫人以开元十一年十月八日终于居德里私第。志称其"曾祖继代金河贵族,父兄归化,恭□玉阶。……以其年(开元十一年)十一月廿三日迁窆于金光坊龙首原,礼也。……"据此,曹明照疑亦是由曹国移至武威、姑臧一带之西域人也。

石氏　昭武九姓中之石国,其国王姓石氏,国人来中土者亦以

① 《全唐诗》第七函第六册。

② 《全唐诗》第七函第七册。

③ 曹触新见陈旸《乐书》卷一百七十三弄婆罗门条;曹者素见同书卷一百八十三霓裳舞条。

石为氏。在唐初,石国人当有若干徙居今之陕西。《宋高僧传·神会传》云:①

释神会,俗姓石,本西域人也。祖父徙居,因家于岐,遂为凤翔人矣。

既为西域人,又姓石氏,自属出于石国。按神会以贞元十年(公元七九四年)十一月十二日坐灭于成都之净众寺,春秋七十五。从此上推,其祖父徙居于岐,当在唐初。按隋末西域杂胡据有伊州,至唐贞观四年群胡慕化,率七城内附,因于其地置西伊州。此率七城慕化内附之首领为伊吾城主。据斯坦因在敦煌所获光启元年写本沙、伊两州地志残卷,贞观四年内附之伊吾城主为石万年,与康艳典等当同为昭武九姓胡人。② 神会之祖,或即随石万年来朝之石国胡人,留恋中土,不忍遽去,因而遂家于岐,为凤翔人。此凤翔一支之石国人,有无流寓长安者,今无可考。

北京图书馆曾购得长安出土唐石崇俊墓志一石,亦是西域人。志文云:

府君石氏,讳崇俊,字孝德。……府君以曾祖(?)奉使至自西域,寄家于秦,今为张掖郡人也。祖讳宁芬,本国大首领

① 《宋高僧传》卷九。

② 小川博士《史学地理学论丛》羽田亨《唐光启元年写本沙州伊州地志考》述此甚详。又可参看 Lionel Giles: *A Chinese Geographieal Text of the Nineth Century* (*Bulletin of the School of Oriental Studies*, London Institution, Vol. VI, Part 4, pp. 825—846, 1932)。

> 散将军。皇考讳思景,泾州阳府左果毅。……(府君)有子曰清,……荐授左威卫左司戈,掌剑南道泉谷之任。……(府君)不幸遘疾,以贞元十三年二月二十日终于群贤里之私第,享年八十有一。……

此石崇俊一家是否即石万年之后,今无可考。唯流寓以及卒于长安之西域石国人墓志,要当以石崇俊一石为最初之发见,是亦可珍也。

桑原文引刘言史《王中丞宅夜观舞胡腾》诗,首云"石国胡儿人见少"。王中丞名武俊,长安朱雀门街西道德坊有其家庙,长安当亦有居宅。此石国胡儿,盖居于长安之一不知名之舞胡也。

《李文饶集》曾及回鹘部族中之石姓胡人,本节前已约略道及。兹按其《论译语人状》有云:

> 右缘石福庆等,皆是回鹘种类,必与本国有情。纥扢斯专使到京后,恐语有不便于回鹘者,不为翻译,兼潜将言语辄报在京回鹘。望赐刘沔忠顺诏,各择解译蕃语人不是与回鹘亲族者,令乘递赴京,冀得互相参验,免有欺蔽未审。

同集又有《论回鹘石诚直状》,有云:

> 右自两月来臣等窃闻外议云,石诚直久在京城,事无巨细,靡不谙悉。昨缘收入鸿胪,惧朝廷处置,内求奉使,意图脱身。又云石诚直在先有两男逃走,必是已入回鹘;料其此去,岂肯尽心。……石诚直是一卑微首领,岂能有所感痦。况自

> 今夏已来，两度点检摩尼、回鹘，又宠待嗢没斯至厚，恐诚直之徒心怀疑怨。……

又《赐回鹘可汗书》谓“石诚直久在京城，备知仁心”云云。是石诚直当为一回鹘首领，其家久居长安。会昌时，回鹘势力已及西域，其部族中不少昭武九姓胡人，则石福庆、石诚直辈当俱是臣服回鹘之昭武九姓胡，其流寓长安应在文宗、武宗之际也。①

大中初，教坊又有石宝山，善弄婆罗门——弄婆罗门或作婆罗门舞，即霓裳羽衣舞。此石宝山，或亦如曹氏、米氏，源出石国也欤？②

米氏　昭武九姓之米国即《西域记》之弭秣贺。邓名世谓西域米国胡人入中国者因以为氏。唐代宪宗、穆宗两朝著名之国乐米嘉荣及其子米和（一作米和郎，又作米莱加），皆西域人；桑原氏文已详言之。太和初，教坊又有米禾稼、米万槌，善弄婆罗门，《通考》归之于龟兹部，与曹婆罗门并称。米禾稼、米万槌，当亦是米国胡人，在长安为国乐，而与米嘉荣、米和辈或属同族也。

昭武九姓中，安、曹、史、米诸国并信奉火祆教。唐代火祆教传入长安，东来开教者遂亦有米国人。最近长安出土米萨宝墓志，萨宝为火祆教教职，米萨宝即米国人。墓志作《唐故米国大首领米公墓志铭》。志文有云：

---

① 《论译语人状》见《李文饶集》卷十五（《四部丛刊》本），作于会昌二年（公元八四二年）正月十日；《论回鹘石诚直状》见同书卷十四，作于会昌二年八月十八日；《赐回鹘可汗书》见同书卷五。又同书卷十三《论田牟请许党项雠复回鹘嗢没斯部落事状》有回鹘安孝顺之名，此安孝顺疑亦是昭武九姓中之安国人，而足以为德宗时张光晟所杀九姓胡即昭武九姓之又一证明也。

② 见《乐府杂录》俳优条。

公讳萨宝，米国人也。

其为米国胡人，无复可疑。米萨宝以天宝元年（公元七四二年）二月十一日卒于长安县崇化里，春秋六十有五。其在中国火祆教史之地位，本篇后更有说。其人或系流寓长安之一火祆教长也。

温庭筠《乾膘子》曾记长安胡人米亮事。[①] 谓亮工于览玉，助窦乂致富，后遂居于崇贤里。米亮既是胡人，必出昭武九姓中之米国。唯《乾膘子》本小说家言，则米亮之是否为历史的人物，盖难言也。

何氏　西域何国人，入中国姓何氏。唐以前何姓之西域人，桑原氏文曾指出隋代发明琉璃之何稠一家。又以唐中宗景龙四年（公元七一〇年）圆寂于长安荐佛寺之西域僧伽大师俗姓何氏，桑原氏据《太平广记》引《僧伽大师事迹》，疑其与何国或有关系云云。今按《宋高僧传·僧伽传》已明言其为何国人。《传》云：[②]

释僧伽者，葱岭北何国人也。自言俗姓何氏，亦犹僧会本康居国人，便命为康僧会也。然合有胡梵姓名，名既梵音，姓涉华语。详其何国，在碎叶国东北，是碎叶附庸耳。

僧伽卒于景龙四年，年八十三，《传》称其"在本国三十年，化唐土五十三载"，是僧伽之入中土，盖在高宗显庆二年（公元六五七年）左右也。

① 《太平广记》卷二百四十三窦乂条引。

② 《宋高僧传》卷十八。《全唐文》卷二百六十三李邕撰《大唐泗州临淮县普光王寺》碑亦谓僧伽"和尚之姓何，何国人"云云。

又按姚宽《西溪丛语》卷下论《牧护歌》一条有云：

> 至唐贞观五年，有传法穆护何禄将祆教诣阙闻奏。敕令长安崇化坊立祆寺，号大秦寺，又名波斯寺。

或以宋敏求《长安志》崇化坊并无祆寺，亦无波斯寺，因疑何禄其人为子虚乌有，姚宽盖因贞观九年（公元六三五年）阿罗本传景教而误。[①] 此说证以近出之米萨宝墓志，可知其不然，而何禄之为实有其人，亦因此而加强其证据。此何禄亦必是西域何国人也。本篇后更有说，兹不详赘。

余在长安，于碑估段姓处见何知猛墓志铭拓本一份，文有“望重起于西河”之语，当亦是西域人，唯其流寓之地及葬处俱不明，是否亦曾流寓长安，不敢遽决。

又洛阳出土有何摩诃墓志铭，志文云：

> 君讳摩诃，字迦，其先东海剡人也。因官遂居姑臧太平之乡。……曾祖瞻，齐为骠骑……祖陁，梁充校尉，……父底，隋授仪同。……惟君不以冠缨在念，轩冕留心，恁襟定水之前，栖志禅林之上。……以调露二年二月十六日遘疾卒于洛阳界嘉善之私第也。春秋五十有一。……

何摩诃一家之迁徙亦太离奇：由东海以迁于姑臧，由姑臧复回于中夏，而祖孙父子之名俱带外国风味，其为外国人，大部分可信也。

① 陈垣《火祆教入中国考》，见北京大学《国学季刊》一卷一号。

摩诃信教，其信何教不可考，总疑非佛教也。

波斯诸国胡人　唐时波斯商胡懋迁往来于广州、洪州、扬州、长安诸地者甚众，唐人书中时时纪及此辈。本篇论《西市胡店与胡姬》一节，对于长安以及长安以外波斯诸国商胡略有叙述，兹唯将波斯诸国胡人姓名彰彰可考者次叙所知如下。

唐时流寓长安之波斯人，最显赫者自推波斯萨珊王朝（Sassan）后裔卑路斯（Firuz）及其子泥涅斯（Narses）二人。卑路斯为伊嗣俟（Isdigerd）子。伊嗣俟为大酋所逐，奔吐火罗，中道为大食所杀。卑路斯穷无所归，咸亨间乃至中国，客死长安。长安醴泉坊之波斯胡寺，即卑路斯请立以处波斯人者。子泥涅斯志图恢复，调露初因唐之助，终未能果；景龙二年（公元七〇八年）复返长安，埋骨中土。此为客死长安之名波斯人也。其在洛阳者，有景云元年（公元七一〇年）逝世之波斯国酋长阿罗憾及其子俱罗。阿罗憾父子，桑原氏疑其为犹太人，原为景教徒。关于此辈，可参看桑原氏文，毋待辞费。今按隋末尚有讳彻字娑旺者亦波斯人，祖各志，父若多志（?）；于大业十二年（公元六一六年）三月十日卒于洛阳。墓志出土失去其盖，故名存姓佚。志文有云：

> 君讳彻，字娑旺，塞北突厥人也。……俟侄之苗胄，波斯之别族。……

此盖波斯部族之臣于突厥者，是以志文云尔也。

又按开元十三年（公元七二五年）及十八年（公元七三〇年），波斯首领穆沙诺曾两度来朝，授折冲，留宿卫。唐代留宿卫之外国酋长亦有久留不去者，如前论于阗尉迟氏之尉迟胜是也。亦有留数月而即遣归者，如于阗王伏阇信及其子叶护玷是也。穆沙诺于开元时两度入唐，其亦如伏阇信之例，暂居而即遣归也欤？

开元初，又有吐火罗叶护那都泥利弟仆罗者，于神龙元年（公元七〇五年）授左领军卫翊府中郎将，十四年不迁，愤其苦屈，上书自诉。[①] 据《唐书·百官志》，左右领军卫同左右卫，亦掌宫禁宿卫，分兵主守则知皇城西面助铺及京城苑城诸门。仆罗当亦系外国质子，入留宿卫至十余年；其曾流寓长安，可知也。

天宝七载（公元七四八年），勃律国王苏失利芝及三藏大德僧伽罗蜜多并来朝；伽罗蜜多放还蕃，苏失利芝赐紫金袍金带，留宿卫给官宅。八载，护密国王罗真檀来朝，授左武卫将军，十四载陁拔国王子自会罗来朝，授右武卫员外中郎将，赐紫袍金带鱼袋七事；二人并留宿卫。按勃律即今巴尔的斯坦（Baltistan），护密为瓦罕（Wakhan），陁拔则今陀拔里斯坦（Tobaristan）地方。凡此诸人疑俱暂留长安即放还蕃也。[②] 至于桑原氏文中所举宣宗大中时之大食人李彦升，以进士第名显，然其至长安以后之行踪，今不可考。

太宗贞观九年景教僧阿罗本至长安，于义宁坊立大秦寺，是为景教入中国之始。德宗建中二年（公元七八一年）复立《大秦景教流行中国碑颂》，以颂扬伊斯。碑书以汉文，两侧镌叙利亚文，记大秦僧名七十人。所谓大秦国上德阿罗本者，当是罗马东徼（Roman Orient）之人。据碑文，圣历、先天之际，有景教僧首罗含、大德及

---

① 《全唐文》卷九百九十九，《仆罗诉授官不当上书》有云："但在蕃王子弟娑罗门瞿昙金刚龟兹王子白孝顺等皆数改转，位至诸卫将军。仆罗最是大蕃，在神龙元年蒙恩敕授左领军卫翊府中郎将，至今经十四年，久被沦屈，不蒙准例授职，不胜苦屈之甚。"是此书当上于玄宗开元六年（公元七一八年）也。

② 穆沙诺、苏失利芝、罗真檀、自会罗诸人入唐纪载，并见《册府元龟》卷九百七十五。

烈,“并金方贵绪”,则亦是中亚人,说者以为碑文上之及烈(Gabriel)即开元二年与市舶使周庆立广造奇器异巧以进之波斯僧及烈。据碑末叙利亚文,及烈乃总摄长安(Khumdan)、洛阳(Sarag)两地景众之主教,罗含亦即为Abraham之对音。而大施主伊斯则“远自王舍之城,聿来中夏”。据碑末叙利亚文,伊斯即为Izdbuzid一名译音,盖即吐火罗斯坦(Tahuristan)地方王舍(Balkh)城故景教僧珉瓆(Milis)之子。而述此碑之大秦寺僧景净,叙利亚文名Adam,为震旦法主。贞元二年(公元七八六年)景净曾与般若三藏依胡本《六波罗蜜经》译成七卷,“时为般若不闲胡语,复未解唐言;景净不识梵文,复未明释教。虽称传译,未获半珠”。圆照《贞元新定释教目录》称景净为“大秦寺波斯僧”;则景净确为伊兰血统之中亚人。景教碑中上述诸中亚人,当俱属长安寓公。叙利亚文人名中具伊兰风者尚有数人,唯彼等是否俱属长安大秦寺僧,为中亚人,抑属中国教徒模仿,今难具考矣。①

三　西市胡店与胡姬

自张骞凿空以后,陆路方面,敦煌一隅绾毂中西之交通;海路通西域则率取道徐闻、合浦。广州之成为中西交通要地,当在汉末以后;中国之政治中心既形分裂,孙权建国江南,从事经营海上,乃有康泰、朱应宣化海南诸国之举。自是以后,广州遂为中西海上交

① 关于景教碑之考证,可参看佐伯好郎著《景教碑文研究》(日文本及英文本),A. C. Moule:*Christians in China before the Year 1550*, pp. 27—52。佐伯氏近著《大秦寺所在地考》,别有新解,说见本篇第七节。

通之重镇，六朝时广州刺史但经城门一过，便得三千万，其富庶可想矣。唐代广州犹为中西海上交通之唯一要地。泉州、明州、澉浦兴于唐末以及北宋，华亭、太仓之兴则又为元明以后之事。

唐代商胡大率麇聚于广州。广州江中“有婆罗门、波斯、昆仑等船，不知其数，并载香药珍宝，积载如山。其舶深六七丈，师子国、大石国、骨唐国、白蛮、赤蛮等往来居住，种类极多”。① 是以黄巢攻陷广州，犹太教、火袄教以及伊斯兰教、景教等异国教徒死者至十二万人。② 唐代由广州向中原，大都取道梅岭以入今江西，而集于洪州；故《太平广记》中屡及洪州之波斯胡人。③ 至洪州后，或则沿江而下取道大江，或则东趣仙霞，过岭循钱塘江而东以转入今日之江苏。大江道远，风涛险恶，因是南下或北上者多取钱塘一道；不惟富春江上风景清幽，足供留连，旅途实亦较大江为平安也。至江苏后则集于扬州，由此转入运河以赴洛阳。是以扬州之商胡亦复不少，田神功大掠扬州，大食、波斯商胡死者竟至数千人。④ 由洛阳然后再转长安。故唐代之广州、洪州、扬州、洛阳、长安，乃外国商胡集中之地也。

天宝乱后，回鹘留长安者常千人，九姓商胡冒回鹘名杂居者又

---

① 元开撰《唐大和上东征传》（日本古典保存会景印古卷子本）。

② 公元后第九世纪，阿拉伯人 Abu-zaid 曾综合各游历者之言，著成一书，其中述及一人于回历二六四年（公元八七七—八七八年）在广府亲睹此事。又谓有 Ibn wahab 者曾至 Khumdan（长安），谒见皇帝，皇帝示以耶稣骑驴与门弟子偕诸像云云。此书收入法国 E. Renaudot：*Anciennes Relations des Indes et de la Chine*，1718。此事见 E. Renaudot：*Ancient Accounts of India & China by two Mohammedan Travellers*，p. 42，1732；又见 Reinaud：*Relations des voyages faites par les Arabes*，pp. 63—64，1845。

③ 《太平广记》卷四百二李灌条，卷四百三紫靺鞨条，卷四百四岑氏条，卷三百七十四胡氏子条，均及洪州商胡事。

④ 《新唐书》卷一百四十四《田神功传》。

倍之,此九姓胡是昭武九姓,说已见前。前引《通鉴·代宗纪》谓此辈“殖赀产,开第舍,市肆美利皆归之”。《德宗纪》亦谓“代宗之时,九姓胡常冒回纥之名,杂居京师,殖货纵暴,与回纥共为公私之患”。所谓殖赀产,当即《德宗纪》之“举质取利”,盖此辈中最少当有一部分人营高利贷以为生也。贵显子弟亦有向彼等贷款者。穆宗长庆二年(公元八二二年)六月,右龙武将军李甚之子即因贷回鹘钱一万一千贯不偿,为回鹘所诉,甚遂被贬为宣州别驾。随诏禁与诸蕃客钱物交关。诏曰:①

如闻:顷来京城内衣冠子弟及诸军使并商人百姓等多有举诸蕃客本钱,岁月稍深,征索不得,致蕃客停滞市易,不获及时。方务抚安,须除旧弊,免令受屈,要与改更。自今以后,应诸色人宜除准敕互市外,并不得辄与蕃客钱物交关。委御史台及京兆府切加捉搦,仍即作条件闻奏。其今日已前所欠负,委府县速与征理处分。

中国质店制度,唐以后始盛,或者与此辈营高利贷之胡人有关,亦未可知也。

唐代西域各国胡人流寓长安,其居处自不限于一隅,然在城西者甚夥,而贾胡则似多聚于西市。段成式《寺塔记》平康坊菩萨寺条云:②

寺主元竟多识释门故事,云:李右座每至生日,常转请此

① 《册府元龟》卷九百九十九《外臣部·互市》;诏文又见《全唐文》卷七十二。
② 《酉阳杂俎》续集卷五《寺塔记》上。

寺僧就宅设斋。……斋毕,帘下出彩篚香罗帕籍一物,如朽钉,长数寸。……遂携至西市,示于商胡。商胡见之,惊曰:"上人安得此物?必货此,不违价。"僧试求百千。胡人大笑曰:"未也。"更极意言之,加至五百千。胡人曰:"此值一千万。"遂与之。僧访其名,曰:"此宝骨也。"

段氏《支动》又云:①

予幼时尝见说狼巾,谓狼之筋也。武宗四年……老僧贤泰云:"泾帅段祐宅在招国坊,尝失银器十余事。贫道时为沙弥,每随师出入段公宅,段因令贫道以钱一千诣西市贾胡求狼巾。……"

《续玄怪录》记杜子春事,老者约子春于西市波斯邸,其辞云:②

明日午时,候子于西市波斯邸。

同书记刘贯词事亦谓:③

及岁余,西市店忽有胡客来。

---

① 《酉阳杂俎》续集卷八。
② 《太平广记》卷十六杜子春引《续玄怪录》。
③ 《太平广记》卷四百二十一刘贯词引《续玄怪录》。

《南部新书》云:①

> 西市胡人贵蚌珠而贱蛇珠,蛇珠者蛇所吐尔,唯胡人辨之。

皆云西市有贾胡及波斯邸,能辨识珠宝。而回鹘在长安,亦辄与西市商胡狼狈为奸。李肇《国史补》云:②

> 回鹘常与摩尼议政,故京师为之立寺。其法日晚乃食,敬水而茹荤,不饮乳酪。其大摩尼数年一易,往来中国,小者年转江岭。西市商胡橐,其源生于回鹘有功也。

此段末句必有脱误,今按《通鉴·宪宗纪》元和十二年"二月辛卯朔遣回鹘摩尼僧等归国"。史炤注曰:

> 元和初,回鹘再朝献,始以摩尼至。摩尼至京师,岁往来,西市商贾颇与囊橐为奸。至是遣归国也。

史炤注正足以补《国史补》之讹脱,西市必多昭武九姓商胡,故回鹘可与囊橐为奸,殖货纵暴也。至于长安胡人之聚于西市,在唐初当已有之。刘肃《大唐新语》云:③

---

① 钱易《南部新书》己。
② 李肇《国史补》下。
③ 《大唐新语》卷九《从善》第十九。

> 贞观中金城坊有人家为胡所劫者，久捕贼不获。时杨纂为雍州长史，判勘京城坊市诸胡尽禁推问。司法参军尹伊异判之曰："贼出万端，诈伪非一。亦有胡着汉帽，汉着胡帽；亦须汉里兼求，不得胡中直觅。请追禁西市胡，馀请不问。……"俄果获贼。

此虽泛指西市居胡而言，然西市贾胡聚居，就以上所引诸文，已甚显然矣。

长安布政坊有胡祆祠；醴泉坊有安令节宅，波斯胡寺，祆祠；普宁坊祆祠；义宁坊有大秦寺，尉迟乐宅；长寿坊有唐尉迟敬德宅；嘉会坊有隋尉迟刚宅；永平坊有周尉迟安故宅；修德坊有李抱玉宅；群贤里有石崇俊宅；崇化坊有米萨宝宅及祆祠。所有西域传来新宗教之祠宇，以及西域人之家宅，多在长安城西部，祆祠唯东城清恭坊有之。中宗时，醴泉坊并有泼胡王乞寒之戏（解见后论《西域传来之绘画与乐舞》一节），足见其间为西域人聚居之所，故能有此胡戏。则西市之多胡店，其故似非偶然也。①

唐代流寓长安之西域人，其梗概已约见上述。此辈久居其间，乐不思蜀，遂多娶妻生子，数代而后，华化愈甚，盖即可称之为中国人矣。西域人东来长安，为数既如此之盛，其中自夹有不少之妇女在内，惜尚未发见何种文献，足相证明。唯唐人诗中屡屡咏及酒家胡与胡姬，如王绩《过酒家》诗云：②

---

① 可参看韦述《两京新记》、徐松《唐两京城坊考》二书。

② 《全唐诗录》卷二。日本《佛教美术》第十五册有石田幹之助《长安汲古》之一《当垆之胡姬》一文，叙述綦详；本节关于长安胡姬，大率取材于是。

有钱须教饮,无钱可别沽。来时常道贳,惭愧酒家胡。

是当时贾胡,固有以卖酒为生者也。侍酒者既多胡姬,就饮者亦多文人,每多形之吟咏,留连叹赏,如张祜《白鼻騧》诗云:①

为底胡姬酒,长来白鼻騧。摘莲抛水上,郎意在浮花。

李白天纵奇才,号为谪仙,篇什中道及胡姬者尤夥,如《前有樽酒行》云:②

琴奏龙门之绿桐,玉壶美酒清若空。催弦拂柱与君饮,看朱成碧颜始红。胡姬貌如花,当罏笑春风。笑春风,舞罗衣,君今不醉将安归!

《白鼻騧诗》云:③

银鞍白鼻騧,绿地障泥锦。细雨春风花落时,挥鞭直就胡姬饮。

《醉后赠朱历阳》云:④

---

① 《全唐诗录》卷七十。
② 《李太白集》卷三(《四部丛刊》本)。
③ 《李太白集》卷六。
④ 《李太白集》卷十三。

书秃千兔毫，诗裁两牛腰。笔纵起龙虎，舞曲拂云霄。双歌二胡姬，更奏远清朝。举酒挑朔雪，从君不相饶。

皆可见此天才诗人之狂欢也。当时长安，此辈以歌舞侍酒为生之胡姬亦复不少。如李白《送裴十八图南归嵩山》之一云：①

何处可为别，长安青绮门。胡姬招素手，延客醉金樽。……

青绮门即霸城门，日本石田幹之助氏以为即唐之春明门。杨巨源《胡姬词》云：②

妍艳照江头，春风好客留。当垆知妾惯，送酒为郎羞。香度传蕉扇，妆成上竹楼。数钱怜皓腕，非是不能愁。

词中“妍艳照江头”一语，疑指曲江头而言，是长安城东春明门至曲江一带，其间当有卖酒之胡家在也。李白《少年行》之二又云：③

五陵年少金市东，银鞍白马度春风。落花踏尽游何处，笑入胡姬酒肆中。

关于金市之解释，余亦同意于石田幹之助氏之说，以为系指长安之

① 《李太白集》卷十八。

② 《全唐诗录》卷五十三。

③ 《李太白集》卷六。

西市而言。长安胡店，多在西市，则其间有侍酒之胡姬，固亦至为近理者也。

四　开元前后长安之胡化

昔者汉灵帝好胡服，胡帐，胡床，胡坐，胡饭，胡箜篌，胡笛，胡舞；京城贵戚，皆竞为之。所谓上有好者下必有甚也。李唐起自西陲，历事周隋，不唯政制多袭前代之旧，一切文物亦复不闻华夷，兼收并蓄。第七世纪以降之长安，几乎为一国际的都会，各种人民，各种宗教，无不可于长安得之。太宗雄才大略，固不囿于琐微，而波罗球之盛行唐代，太宗即与有力焉。开元、天宝之际，天下升平，而玄宗以声色犬马为羁縻诸王之策，重以蕃将大盛，异族入居长安者多，于是长安胡化盛极一时，此种胡化大率为西域风之好尚：服饰、饮食、宫室、乐舞、绘画，竞事纷泊；其极社会各方面，隐约皆有所化，好之者盖不仅帝王及一二贵戚达官已也。关于西域传来之绘画、乐舞、波罗球，以及西亚新宗教，以下分别叙述，各有专论，兹唯剌取有关于宫室、服饰、饮食诸端，在本节中予以陈说。

中国建筑自中印交通，佛教传入东土以后，当受有印度之影响。此以大同、龙门石窟雕刻上所表现之宫室构造，与印度阿旃陁（Ajanta）及珊齐（Sanchi）之壁画建筑互相比观，可以知之。至于采用西亚风之建筑当始于唐。唐玄宗曾起凉殿，虽在盛暑，座内含冻。《唐语林》记此云：①

① 《唐语林》卷四。

玄宗起凉殿，拾遗陈知节上疏极谏。上令力士召对。时暑毒方甚，上在凉殿，座后水激扇车，风猎衣襟。知节至，赐坐石榻，阴霤沈吟，仰不见日，四隅积水成帘飞洒，座内含冻，复赐冰屑麻节饮。陈体生寒栗，腹中雷鸣，再三请起方许，上犹拭汗不已。陈才及门，遗泄狼籍，逾日复故。谓曰："卿论事宜审，勿以己方万乘也。"

开、天之际，诸杨用事，安禄山赐宅亲仁坊，一时贵游竞饰第宅，争奇炫丽。而京兆尹王鉷谨事李林甫，复得玄宗宠任，尤为奢侈。其后以罪赐死，有司籍其第舍，数日不能遍，《唐语林》曾记其宅中自雨亭子云：①

武后以后，王侯妃主京城第宅，日加崇丽。天宝中，御史大夫王鉷有罪赐死，县官簿录鉷太平坊宅，数日不能遍。宅内有自雨亭子，檐上飞流四注，当夏处之，凛若高秋。又有宝钿井栏，不知其价，他物称是。……

鉷，两《唐书》有传（《旧唐书》卷一百五，《唐书》卷一百三十四）。按《旧唐书·拂林国传》云：

至于盛暑之节，人厌嚣热，乃引水潜流上遍于屋宇。机制巧密，人莫之知。观者惟闻屋上泉鸣，俄见四檐飞溜，悬波如瀑，激气成凉风，其巧如此。

① 《唐语林》卷五。

玄宗凉殿，“四隅积水成帘飞洒，座内含冻”。王鉷自雨亭子亦复“檐上飞溜四注，当夏处之，凛若高秋”。与《拂林传》所述俱合，当即仿拂林风所造。清乾隆时圆明园中水木明瑟，“用泰西水法引入室中，以转风扇，泠泠瑟瑟，非丝非竹；天籁遥闻，林光逾生净绿”。所谓凉殿与自雨亭子，或即后世水木明瑟之类耳。

胡服之入中国，为时甚古，王国维先生《胡服考》言之綦详：惠文冠具带履靴，上褶下袴；隋唐以后，更趋窄小。此盖由于战术变更，由车战而易为骑战，故不得不然也。唐代所谓法服多参戎狄之制。长安因外国人麇集其间，汉人胡服者不少，本篇第三节引刘肃《新语》尹伊判谓“胡着汉帽，汉着胡帽”，此可为贞观初长安汉人已行胡帽之证。贞观十七年（公元六四三年），太宗子承乾以谋逆废为庶人，徙黔州。《新唐书·承乾传》谓其：

> 又使户奴数十百人习音声学胡人，椎髻剪彩为舞衣，寻橦跳剑，鼓鞞声通昼夜不绝。……又好突厥言及所服。选貌类胡者被以羊裘辫发。五人建一落，张毡舍，造五狼头纛，分戟为阵，系幡旗设穹庐，自居，使诸部敛羊以烹，抽佩刀割肉相啗。承乾身作可汗死，使众号哭，剺面奔马环临之。忽复起曰：“使我有天下，将数万骑到金城，然后解发，委身思摩当一设，顾不快邪！”

或以此为李唐出于蕃姓之证，[①]其然否不敢断言。唯贞观五年突厥平，从温彦博议，移其族类数千家入居长安，承乾之好突厥言、突厥

① 刘盼遂《李唐为蕃姓考》（见《女师大学术季刊》第一卷第四期）。

服，大约系有见于流寓长安之此辈，因而心生欣羡，为所化耳。所谓“习音声学胡人”、“椎髻”云云，俱指仿效西域妆饰而言，故史文特为析明，不与突厥淆混也。

《教坊记》又云：

> 坊中诸女以气类相似，约为香火兄弟，每多至十四五人，少不下八九辈，有儿郎聘之者，辄被以妇人称呼：即所聘者，兄见呼为新妇，弟见呼为嫂也。……儿郎既聘一女，其香火兄弟多相奔，云学突厥法，又云我兄弟相怜爱，欲得尝其妇也。主者知亦不妬，他香火即不通。

此皆因当时突厥势盛，长安突厥流民又甚多，以至无形之间，习俗亦受其影响也。

隋及唐初，宫人骑马，多著羃䍦。永徽以后，皆用帷帽。开元初遂俱用胡帽，民间因之相习成风。《旧唐书·舆服志》纪之云：

> 武德、贞观之时，宫人骑马者依齐隋旧制，多著羃䍦，虽发自戎夷，而全身障蔽，不欲途路窥之。王公之家亦用此制。永徽之后，皆用帷帽，拖裙到颈，渐为浅露。寻下敕禁断，初虽暂息，旋又复旧。咸亨二年又下敕曰：“百官家口，咸预士流，至于衢路之间，岂可全无障蔽？比来多著帷帽，遂弃羃䍦，曾不乘车，别坐檐子，递相仿效，浸成风俗，过为轻率，深失礼容。……理须禁断。自今已后，勿使更然。”则天之后，帷帽大行，羃䍦渐息。中宗即位，宫禁宽弛，公私妇人，无复羃䍦之制。开元初从驾宫人骑马者皆著胡帽，靓妆露面，无复障蔽。士庶

之家又相仿效，帷帽之制，绝不行用。俄又露髻驰骋，或有著丈夫衣服靴衫，而尊卑内外斯一贯矣。……开元来……太常乐尚胡曲，贵人御馔尽供胡食，士女皆竟衣胡服；故有范阳羯胡之乱，兆于好尚远矣。

姚汝能亦谓：①

天宝初，贵游士庶好衣胡服为豹幅，妇人则簪步摇。衣服之制度，襟袖窄小，识者窃怪之，知其戎矣。

此种胡服之好尚，自以两京为特盛，故元稹诗有"自从胡骑起烟尘，毛毳腥膻满咸洛。女为胡妇学胡妆，伎进胡音务胡乐"之叹。羃䍦，马缟以为"类今之方巾，全身障蔽，缯帛为之"②。此亦是西戎之服，《隋书·附国传》：

其俗以皮为帽，形圆如钵；或带羃䍦。

《旧唐书·吐谷浑传》：

男子通服长裙缯帽，或戴羃䍦。

白兰国与吐谷浑同，其男子亦服长裙帽，或戴羃䍦。马缟谓象方

① 姚汝能《安禄山事迹》下（《藕香零拾》本）。
② 马缟《中华古今注》卷中。

巾，大约乘马之时，以大幅方布被体，以蔽全身。乘舆或坐檐子，则幂䍦不适于用。

幂䍦可以障蔽全身，而帷帽则只拖裙到颈以下，较为浅露。案帷帽即吐谷浑男子所服之长裙缯帽，吐火罗人所著之长裙帽，原为西域之服。郭思《画论》谓：①

帷帽如今之席帽，周回垂网。

《事物原始》云：②

帷帽创于隋代，永徽中拖裙及颈。今世士人往往用皂纱全幅缀于油帽或毡笠之前，以障风尘，为远行之服，盖本于此。

马缟云：③

席帽本古之围帽也。男女通服之，以韦为之。四周垂丝网之，施以珠翠，丈夫去饰。

吐谷浑、吐火罗之长裙帽，其所谓长裙即帽下之垂网也。永徽以前之帷帽犹裙长过颈。永徽以后，渐行短缩，所短缩者当为帽下称为长裙之一部分。近来出土唐代陶俑，其中有一种女俑，即戴帷帽。余所藏洛阳、长安两地出土唐代女俑，多戴帷帽，今摄制数图附后，

① 《格致镜原》卷十四《冠服类》二《帽》引。
② 同上引。
③ 《中华古今注》卷中。

以资参考(参看本篇所附第一图及第二图)。又日本原田淑人著《唐代之服饰》所附图版一二之第三图及图版一三之第一图即为戴帷帽之女俑。图版一二第三图之背面像,尚可见条纹痕迹,马缟所云"四周垂丝网之"当即是此,唯前面一部分须将面部露出,并非四围障蔽耳。

胡帽,在初唐时长安即有戴之者,前引刘肃《新语》,可以为证。胡腾舞舞人戴虚顶织成蕃帽,柘枝舞舞人亦戴卷檐虚帽(参看本篇论《西域传来之画派与乐舞》一节)。近来出土唐代陶俑,胡人像甚多,所谓胡帽,于此可以考见梗概。中有一种胡人,其帽卷檐上锐,所谓卷檐虚帽当即此类(参看本篇所附第二图5)。

唐代宫人又有为回鹘装者。花蕊夫人《宫词》云:[①]

> 明朝腊日官家出,随驾先须点内人。回鹘衣装回鹘马,就中偏称小腰身。

唐代长安对于外国风尚之变迁,每因政治关系而转移。回鹘装束之行于长安,当在安史乱后,正如香山居士所云之时世妆,其盛乃元和时事也。

案吐火罗人著小袖袍小口袴,大头长裙帽。波斯丈夫剪发戴白皮帽,贯头衫,两厢延下关之,并有巾帔,缘以织成;妇人服大衫,披大帽帔。[②] 长裙帽即帷帽。"贯头衫,两厢延下关之",或者与德国勒柯克(Le Coq)在高昌所发见壁画中人物之像相近似。巾帔或

① 《全唐诗》第十一函第十册。所谓回鹘装,与 Von Le Coq: *Chotscho* 第三十图 b 女像所服者或者近似。末二语盖形容其窄小耳。

② 《册府元龟》卷九百六十一。

即肩巾，大帽帔必是幂䍦无疑也。[①] 唐代盛行长安之胡服，不知果何所似？唯刘言史《观舞胡腾》诗有"细氎胡衫双袖小"之句，李端《胡腾儿》诗云"拾襟搅袖为君舞"，张祜《杭州观舞柘枝》诗亦云"红罨画衫缠腕出"，皆形容双袖窄小之辞，与姚汝能所云襟袖窄小之言合。证以近出诸唐代女俑及绘画，所谓襟袖窄小，尤可了然（参看本篇所附第一、第二、第三等图）。其音声队服饰尤与波斯风为近。[②] 则唐代所盛行之胡服，必有不少之伊兰成分也。陶俑中着折襟外衣勒靴者亦不少。唐代法服中有六合靴，亦是胡服，为文武百僚之服，日本正仓院有乌皮六缝靴，足征唐制。[③]

白居易《时世妆》云：[④]

> 时世妆，时世妆，出自城中传四方。时世流行无远近，腮不施朱面无粉。乌膏注唇唇似泥，双眉画作八字低。妍蚩黑白失本态，妆成尽似含悲啼。圆鬟无鬓堆髻样，斜红不晕赭面状。……元和妆梳君记取，髻堆面赭非华风！

---

① Von Le Coq：*Chotscho* 第七图 a 及第二十八图诸像，折襟及贯头衫，于此可以见之。第四十六图 e 右方二女像，肩上所披，当是巾帔也。

② 参看滨田耕作《支那古明器泥象图说》上卷二五页。日本田中传三郎编辑《波斯印度古代画集》收有帖木儿派（Timausid）青楼游乐图，女伎服饰衣袖与唐代音声队奇似，可见此种服饰所受伊兰之影响也。又 M. A. Stein：*The Thousand Buddhas* 第十图阿弥陀佛左下角之供养女像与第三十四图佛在鹫峰说法图左下角之供养女像，衣袖俱极长而窄，第三十四图女像并有肩巾，大可以见唐代女子胡服之概。相传为唐宣宗才人仇氏墓亦发见泥俑甚多，其中女像衣饰与敦煌画及波斯服俱相似。又有着折襟胡服之男像。此种服饰当曾盛行于长安也。

③ 参看原田淑人《唐代之服饰》二八页至二九页。

④ 《白氏长庆集》卷四。

《新唐书·五行志》谓：

> 元和末，妇人为圆鬟椎髻，不设鬓饰，不施朱粉，惟以乌膏注唇，状似悲啼者。……唐末，京都妇人梳发，以两鬓抱面，状如椎髻，时谓之抛家髻。

赭面是吐番风，堆髻在敦煌壁画及西域亦常见之。[①] 此种时妆或亦经由西域以至于长安也。（参看本篇所附第四图）。

开元以后，贵人御馔，尽供胡食。所谓胡食之种类可于慧琳书见之。慧琳释䭔𩜵云：[②]

> 此油饼本是胡食，中国效之，微有改变，所以近代亦有此名。诸儒随意制字，元无正体，未知孰是。胡食者即𩟔𩞁、烧饼、胡饼、搭纳等是。

汉魏以来，胡食即已行于中国，至唐而转盛。至德元载安史之乱，玄宗西幸，仓皇途路，至咸阳集贤宫，无可果腹，亦以胡饼充饥。《通鉴·玄宗纪》云：

> 日向中，上犹未食，杨国忠自市胡饼以献。

① M. A. Stein：*Serindia*，vol. IV 第六十八图张佛奴供养佛像，佛座两旁侍女之头髻，又 *The Thousand Buddhas* 第三十八图引路菩萨后随女像之头髻，疑俱是所谓堆髻也。

② 慧琳《一切经音义》卷三十七《陀罗尼集》第十二。

胡三省注曰：

> 胡饼今之蒸饼。高似孙曰：胡饼言以胡麻著之也。崔鸿《前赵录》石虎讳胡，改胡饼曰麻饼。《缃素杂记》曰：有鬻胡饼者不晓名之所谓，易其名曰炉饼；以为胡人所啗，故曰胡饼也。

是胡饼可名麻饼，亦曰炉饼。饼中并可着馅。《清异录》云：①

> 汤悦逢士人于驿舍。士人揖食，其中一物是炉饼，各五事，细味之，馅料互不同。以问，士人叹曰："此五福饼也。"

唐代长安盛行此饼，日本僧圆仁入唐，在长安及见之，其言曰：②

> 开成六年正月六日，立春，命赐胡饼寺粥。时行胡饼，俗家皆然。

此种胡饼，疑系西域各国常食，或即今日北方通行之烧饼。至于唐代之烧饼与今日之烧饼不同，其显著之别即在不著胡麻。《齐民要术》有作烧饼法云：③

> 面一斗，羊肉二斤，葱白一合，豉汁及盐熬令熟，炙之。面当令起。

---

① 《格致镜原》卷二十五《饮食类·饼》引。

② 圆仁《入唐求法巡礼行记》第三。

③ 《齐民要术》卷九《饼法》（《四部丛刊》本）。

唐代作烧饼法，与贾氏所云当不相远也。

䭔䬪，源顺《和名类聚钞》作䭔飳，音部斗，亦作䭔飳，谓为油煎饼。[1] 大约即《齐民要术》中之䭔䭢也。《要术》记其作法云：[2]

盘水中浸剂，于漆盘背上，水作者省脂，亦得十日软，然久停则坚。干剂于腕上手挽作勿著勃入，脂浮出即急翻，以杖周正之。但任其起，勿刺令穿，熟乃出之。一面白，一面赤，轮缘亦赤，软而可爱，久停亦不坚。若待熟始翻杖刺作孔者，泄其润气，坚硬不好。法须瓮盛，湿布盖口，则常有润泽，甚佳，任意所便，滑而且美。

此种油煎饼，日本至今有之。[3]

《资暇录》述饆饠之得名云：[4]

毕罗者，蕃中毕氏、罗氏好食此味。今字从食，非也。

或以为安国西百余里有毕国（Bikand），其人常至中土贸易。[5] 故疑所谓饆饠者，因其来自毕国等地，遂以为名耳。杨慎云：[6]

---

① 《和名类聚钞》卷十六第十四页（《日本古典全集》本）。

② 《齐民要术》卷九《饼法》。

③ 孙楷第《谈谈日本煎饼》（北平图书馆《读书月刊》第一卷第八号）。

④ 《格致镜原》卷二十五《饮食类·饆饠》引。

⑤ 参看桑原隲藏氏《隋唐时代来住中国之西域人》，博士手校增补拔刷本八五页至八六页。

⑥ 《格致镜原》卷二十五《饮食类·饆饠》引。

《集韵》，饆饠俗食也。按小说，唐宰相有樱笋厨，食之精者有樱桃饆饠。今北人呼为波波，南人讹为磨磨。

《青箱杂记》谓饼一名饆饠。[①] 按升庵诸人之言近于臆说。饆饠既非波波，亦非磨磨，或因毕国得名，乃是今日中亚、印度、新疆等处伊斯兰教民族中所盛行之抓饭耳。抓饭印度名 pilau，亦作 pilow，piláf，英国 H. Yule 及 A. C. Burnell 所著 *Hobson-Jobson*，pp. 710—711 述此甚详，与波波、磨磨截然二事。饆饠盖纯然为译音也。唐代长安亦有之，且有专售此物之毕罗店，一在东市，一在长兴里，俱见段成式《酉阳杂俎》。唐代卖毕罗亦以斤计，唯其中置蒜，以较今之毕罗，不知其异同为何如也？[②]

搭纳不知是何物，待考。

有唐一代，西域酒在长安亦甚流行。唐初有高昌之蒲萄酒，其后有波斯之三勒浆，又有龙膏酒，大约亦出于波斯，俱为时人所称美。西市及长安城东至曲江一带，俱有胡姬侍酒之酒肆，李白诸人尝买醉其中。金樽美酒，其有不少之异国情调，盖不待言也。高昌蒲萄酒于太宗平定高昌后始入中国。《册府元龟》纪此云：[③]

及破高昌，收马乳蒲桃实于苑中种之，并得其酒法。帝自损益，造酒成凡有八色，芳辛酷烈，味兼缇盎。既颁赐群臣，京师始识其味。

① 《格致镜原》卷二十五《饮食类·饆饠》引。
② 俱见《酉阳杂俎》续集卷一《支诺皋》上。
③ 《册府元龟》卷九百七十《朝贡》三。

西域如大宛、龟兹诸国之葡萄酒，汉魏以来，中国即已知之。① 唯在中土用西域法仿制之西域酒，要当始于太宗耳。

李肇记当时天下名酒有云：②

> 酒则有……京城之西市腔，虾蟆陵郎官清、阿婆清。又有三勒浆类，酒法出波斯。三勒者，谓庵摩勒、毗梨勒、诃梨勒。

庵摩勒梵文作 āmalaka，波斯文作 amola；毗梨勒梵文作 vibhitaka，波斯文作 balila；诃梨勒梵文作 harītaki，波斯文作 halila。③ 据《旧唐书·波斯传》，波斯产诃梨勒。三勒浆当即以此三者所酿成之酒耳。诃梨勒树，中国南部亦有之。鉴真至广州大云寺，曾见诃梨勒树，谓：④

> 此寺有诃梨勒树二株，子如大枣。

广州法性寺亦有此树，以水煎诃梨勒子，名诃子汤。钱易云：⑤

> 诃子汤：广之山村皆有诃梨勒树。就中郭下法性寺佛殿前四五十株，子小而味不涩，皆是陆路。广州每岁进贡，只采

① 参见《晋书·吕光载记》，又《本草衍义》卷十八葡萄条引李白诗"胡人岁献葡萄酒"。又参看 B. Laufer：*Sino-Iranica*，pp. 220—245。

② 《国史补》卷下。

③ 参看 B. Laufer：*Sino-Iranica*，p. 378。

④ 《唐大和上东征传》。

⑤ 钱易《南部新书》庚。

兹寺者。西廊僧院内老树下有古井,树根蘸水,水味不咸。僧至诃子熟时,普煎此汤以延宾客。用诃子五颗,甘草一寸,并拍破,即汲树下水煎之。色若新茶,味如绿乳,服之消食疏气,诸汤难以比也。佛殿东有禅祖慧能受戒坛,坛畔有半生菩提树。礼祖师,啜乳汤者亦非俗客也。近李夷庚自广州来,能煎此味,士大夫争投饮之。

法性寺,《岭南异物志》作德信寺,陆路即六路,六棱也。三勒酒中之诃梨勒酒,其酿法或煎法是否亦如诃子汤,今无可考。

依高昌法制之葡萄酒及波斯法之三勒浆,当俱曾流行于长安市上。顺宗时又有龙膏酒,亦出西域,如其果有此物,疑是西域所贡,藏于天府,人间无从得而尝也,苏鹗云:①

顺宗时处士伊祈玄召入宫,饮龙膏酒,黑如纯漆,饮之令人神爽。此本乌弋山离国所献。

按乌弋山离即 Alexandria 一字之对音,为前汉时西域一国家,至唐久不存,何得于唐代东来贡献?苏鹗所记或系小说家之谰言耳。

长安、洛阳两地出土之古镜甚多,其中有一种上镌海兽、海燕以及葡萄花纹者,最为精美。前人称此种古镜为海马葡萄镜,以之属于汉镜一类,近始知其为唐镜。海马葡萄花纹图案,传自西域,以之铸镜,唐代始盛;是亦唐代两京盛行西域文明中之一小例也(参看本篇所附第五图)。

---

① 苏鹗《杜阳杂编》卷中。

唐开元前后，西域文明之流布于长安，除上述而外，西域式之镫彩，似亦曾一度为长安人士所笃好。张说有《十五日夜御前》、《口号蹋歌辞》二首，其辞云：①

花萼楼前雨露新，长安城里太平人。龙衔火树千镫艳，鸡踏莲花万岁（龙池草堂本《张说之文集》作树）春。

帝宫三五戏春台，行雨流风莫妒来。西域镫（龙池草堂本作登）轮千影合，东华金阙万重开。

今按张鷟《朝野佥载》曾纪睿宗时一事云：②

睿宗先天二年正月十五、十六夜，于京师安福门外作灯轮高二十丈，衣以锦绮，饰以金玉，燃五万盏灯，簇之如花树。宫女千数，衣罗绮，曳锦绣，耀珠翠，施香粉。一花冠，一巾帔，皆万钱；装束一妓女皆至三百贯。妙简长安、万年少女妇千余

① 《张说之文集》卷十（《结一庐丛书》本）。

② 《朝野佥载》卷三（《宝颜堂秘笈》本）。《旧唐书·睿宗纪》亦纪其大略云："先天二年春正月上元日，夜，上皇御安福门观灯，出内人连袂踏歌，纵百寮观之，一夜方罢。"《旧书·睿宗纪》又及同年二月一事云："初有僧婆陁请夜开门燃灯百千炬，三日三夜。皇帝御延喜门观灯纵乐，凡三日夜。左拾遗严挺之上疏谏之，乃止。"此所谓僧婆陁，就其名而言，应是西域人。其所燃灯，或即西域式之灯彩，与上元之西域灯轮疑有若干相同之点。而僧人婆陁或即一火祆教徒，亦未可知也。又按《唐会要》卷九十九《吐火罗》条："麟德二年（乌泾波）遣其弟祖纥多献玛瑙灯树两具，高三尺余。"德国勒柯克所著 *Chotscho* 著录吐鲁番 Murtuq 第三洞入口处壁画灯树图，所谓西域灯轮或灯树，尚可于此见其髣髴也。灯树图附著下方，以资参考。

> 人，衣服花钗媚子亦称是，于灯轮下踏歌三日夜；欢乐之极，未始有之。

张说诗疑即咏此。鷟书之灯轮，当即说诗之西域镫轮也。开元以后元夕玩灯遂成故实，其中果夹有若干之西域成分，今无从得知。要之，其为睿宗时之流风余韵，大致或可决耳。

五　西域传来之画派与乐舞

中国自经魏晋之乱，咸、洛为墟，礼崩乐坏，汉儒所辛勤缀拾于秦火之馀者，至是亦复归于散坠。祖孝孙所谓"陈、梁旧乐，杂用吴、楚之音；周、齐旧乐，多涉胡戎之技"，盖可见也。隋代宫商七声竟莫能通，于是不得不假借龟兹人苏祇婆之琵琶七调，而后七声始得其正。苏祇婆之七调：一曰娑陁力，二曰鸡识，三曰沙识，四曰沙侯加滥，五曰沙腊，六曰般赡，七曰俟利箑：其源盖出于印度，受西域之影响，而微有更易。① 唐、宋以后之音乐，随处可见此七调之痕

① 余旧为《龟兹苏祇婆琵琶七调考原》一文，原揭之《学衡》第五十四期（见本文集第二四七页至第二六九页），以苏祇婆七调为印度北宗音乐之一支：婆陀力调即Shadja，般赡调即Pañchama；苏祇婆所云之旦，即是thāt。后于《小说月报》第二十卷第十号为《论唐代佛曲》（见本文集第二五七页至第二七九页），复申此说。近两年来先后得读法国Sylvan Levi及伯希和诸氏文，始知旧说多疏。读者欲识苏祇婆七调梗概，应读S. Lévi：*Le"tokharien B", langue de Koutcha*, *Journal Asiatique*, 1913, pp. 311—380（冯译《史地丛考》第一篇《龟兹语考》），又一九三一年《通报》（*T'oung Pao*）第一第二期合刊九五页至一〇四页伯希和评《法宝义林》（Hôbôgirin, *Dictionnaire encyclopèdique du bouddhaisme d' aprés les sources chinoises et japonaise*）一文。

迹，此在中国音乐史上固应特予以注意者也。

魏晋以后，不唯中国音乐残失散缺，待外国乐入而复获一新生命，即在绘画方面，亦莫不然。中国画之理论，至谢赫创六法，始有可言。然公元后第三世纪，印度 Vatsyayana 亦创六法（Sadanga，or "Six Limbs of Indian Painting"），与谢赫之论大致不殊，说者因疑谢氏有承袭之迹。① 此说之当否姑不具论；要之，魏晋以后，中国画家受印度之影响，则极为显然：张彦远《历代名画记》记唐以前画家传代之作，画题带印度成分者约十居五六；而张僧繇画一乘寺，凹凸深浅，即为天竺之法，是可见矣。

魏、晋、六朝以来，因吕光平龟兹，得龟兹乐；北周突厥皇后亦携来不少之西域乐人。至隋而九部乐特盛；中国之雅乐，有若告朔之饩羊，盖不绝如缕耳。而西域乐人亦特见重于中土，北齐曹婆罗门一家、白智通、白明达、胡小儿、康阿驮、穆叔儿、安马驹等，率蒙当时人主宠幸，至有开府封王者，对于西域乐舞之倡导可谓至矣。于画则有曹仲达、僧吉底俱、僧摩罗菩提、僧伽佛陀（冯承钧先生见告，谓《续画品录》著录作释迦佛陀、吉底、俱摩罗菩提。伯希和假定以为原名或是释迦佛陀、佛陀吉底、俱摩罗菩提云云。伯氏说见一九二三年《通报》二一五至二九一页其所著 *Notes sur quelque aristes des six dynasties et des T'ang*）。大尉迟、昙摩拙叉诸人，亦复驰名后世。六朝以来之乐舞与绘画，几乎有以西域传来之新乐与新画风为主体之势，至唐遂臻于极盛之境。唐代乐舞除去西域传来者几无可言，绘画则较为著称之诸名家亦莫不与西来之文明有若干之渊源。关于此一方面之研究，非本篇所克述及。兹唯将有

① 见 Percy Brown：*Indian Painting*，pp. 20—21。

唐一代西域传来之画派与乐舞曾流行于长安者,比叙如次,以为言唐代与西域文明关系者之谈助而已。

唐初流寓长安之西域画家有康萨陁,善画异兽奇禽,千形万状。桑原氏谓萨陁当系康国人;就其姓与名而言,此说或可信也。此辈西域画家最有名者当推尉迟乙僧。乙僧父跋质那,人称大尉迟,张彦远以之归于隋代。两人俱系于阗国质子,说已见上。乙僧善画外国及佛像,说者以为“气正迹高,可与顾、陆为友”,又谓其“外国鬼神奇形异貌,中华罕继”;列于神品。其画传于今者甚少,有谓端方旧藏天王像乙僧笔,亦未能定也。乙僧画就载籍所及者言之,盖属于凹凸一派。朱景玄记乙僧画云:①

> 乙僧,今慈恩寺塔前功德,又凹凸花面中间千手眼大悲,精妙之状不可名焉。又光泽寺七宝台后面画降魔像,千态万状,实奇踪也。凡画功德人物花鸟皆是外国之物像,非中华之威仪。前辈云,尉迟,阎立本之比也。景玄尝以阎画外国之人未尽其妙,尉迟画中华之像抑亦未闻。由是评之,所攻各异,其画故居神品也。

长安宣阳坊奉慈寺普贤堂本天后梳洗堂,堂中有尉迟画,段成式云:②

> 普贤堂本天后梳洗堂,蒲萄垂实,则幸此堂。今堂中尉迟

① 朱景玄撰《唐朝名画录》。朱氏以乙僧与阎立德、立本、李思训、韩幹、张藻、薛稷并列,为神品下七人之一。

② 见《酉阳杂俎》续集卷六《寺塔记》下(《四部丛刊》本)。

画颇有奇处。四壁画像及脱皮白骨匠意极崄。又变形三魔女,身若出壁。又佛圆光均彩相错乱目成讲。东壁佛座前锦如断古标。又左右梵僧及诸蕃往奇。然不及西壁,西壁逼之摽摽然。

所谓“身若出壁”,“逼之摽摽然”,皆形容其画俨然有立体之势也。汤垕亦云:①

尉迟乙僧外国人,作佛像甚佳。用色沈著,堆起绢素,而不隐指。

与乙僧同时,曾蜚声于长安画坛之吴道玄,其人物画亦受凹凸画派影响。其弟子有卢稜伽、杨庭光、翟琰之流。宋苏轼《书吴道子画后》云:②

道子画人物如以灯取影,逆来顺往,旁见侧出,横斜平直,各相乘除;得自然之数,不差毫末。

米芾述吴画云:③

苏轼子瞻家收吴道子画佛及侍者志公十余人,破碎甚,而当面一手精彩动人。点不加墨,口浅深晕成,故最如活。王防

① 汤垕著《古今画鉴》。
② 《东坡题跋》卷五《书吴道子画后》。
③ 见《画史》。

字元规家一天王，皆是吴之入神画。行笔磊落挥霍，如莼菜条圜润，折算方圆凹凸，装色如新。与子瞻者一同。

汤垕述此最为明白，其辞云：①

吴道子笔法超妙，为百代画圣。早年行笔磊落挥霍，如莼菜条。人物有八面，生意活动，方圆平正，高下曲直，折算停分，莫不如意。其傅彩于焦墨痕中，略施微染，自然超出缣素。世谓之吴带当风。

米芾、汤垕诸人称述吴画之"口浅深晕成"，"其傅彩于焦墨痕中，略施微染，自然超出缣素"诸语，以近年敦煌、高昌所出诸绢画以及壁画勘之，便可了然。大率于线条以外，别施彩色，微分浅深：其凸出者施色较浅，凹入之处傅彩较深，于是高下分明，自然超出缣素矣。唐代长安寺院中小尉迟及道玄画壁甚夥，此种带凹凸风之人物，必不少也。

说者或谓凹凸画派传入中国，仅在人物画方面微受影响，山水画则仍以骨法为主干。② 实则中国之山水画至吴道玄亦复起一大变局。张彦远论画山水树石云：③

魏晋以降名迹在人间者，皆见之矣。其画山水，则群峰之

① 见《古今画鉴》。

② 见叶季英著《中国绘画之骨法与输入之凹凸法》(《金陵学报》第二卷第一期一六五页至一七〇页)。

③ 《历代名画记》卷一《论画山水树石》。

势若钿饰犀栉;或水不容泛,或人大于山,率皆附以树石,映带其地,列植之状,则若伸臂布指。详古人之意专在显其所长,而不守于俗变也。国初,二阎擅美匠学,杨、展精意宫观,渐变所附。尚犹状石则务于雕透,如冰澌斧刃;绘树则刷脉镂叶,多栖梧菀柳。功倍愈拙,不胜其色。吴道玄者天付劲毫,幼抱神奥,往往于佛寺画壁纵以怪石崩滩,若可扪酌。又于蜀道写貌山水。由是山水之变始于吴,成于二李(李将军、李中书);树石之状妙于韦鶠,穷于张通(张璪也)。

张氏所论唐以前画,今不可多见;唯摄山隋舍利塔八相成道图中之山水树石,以及敦煌诸六朝画,庶几近之,盖纯为一种平面描写。吴道玄山水,或者采用西域传来凹凸画之方法,是以怪石崩滩,若可扪酌,用能一新其作品面目也。

唐代洛阳亦有尉迟乙僧及吴道玄画,凹凸派之画风当及于其地。又按凹凸派画,虽云渊源印度,而唐代作家之受此影响,当由西域人一转手。尉迟乙僧父子以善丹青驰声上京,即其一证;而近年来西域所出绘画,率有凹凸画之风味,足见流传之概也。[①]

隋承周齐以来之旧,有九部乐;唐太宗平高昌,得其乐部,遂益为十部。所谓十部者:燕乐、清乐、西凉、天竺、高丽、龟兹、安国、疏勒、高昌、康国是也。此十部中复分为坐立二部,皆以琵琶为主要乐器。其后坐部伎转盛,据元稹《立部伎》诗注,当时太常选坐部伎无性识者退入立部伎,绝无性识者始退入雅乐部,则所谓秉承前休

① 从 Von Le Coq:*Chotscho* 第四图 d 面部及第二十二图(《高昌壁画菁华》第三图)佛像面部,及 M. A. Stein:*Serindia*, vol. Ⅳ 第一百二十五图至第一百二十六图焉耆明屋(mingoi)壁画,可窥唐代凹凸画大概。

之雅乐，其衰亦可知矣！

唐代不唯九部乐仍隋旧制，据《唐书·礼乐志》，唐初所有燕乐伎乐工舞人，亦无变易。隋代乐府承周齐之遗，白明达诸人，大概即为周突厥皇后携来乐人之流裔，其后复臣于唐。唐高祖之倾心胡乐当不下于隋炀帝，是以白明达、安叱奴之流以胡人俱跻显位。唐代乐府伶工遂多隶籍外国之世家。出于米国者有米嘉荣，嘉荣子和郎。后来又有米禾稼、米万槌，名见《乐府杂录》及《乐书》，以善弄婆罗门见称。虽未云其为米国人，而《文献通考》以之隶于龟兹部下，又其名亦与一般华名不类；故前疑为华化之米国人，与米嘉荣一家有若干关系。米氏而外，曹保一家，更为源远流长。曹保，保子善才，善才子纲俱以善琵琶著于当时。北齐曹婆罗门一家以善琵琶致显位，唐代曹保诸人或其后裔。其后又有曹触新、曹者素，当即曹保一家亦未可知。此两家者腾声誉于长安乐府，几与李唐一代共始终，亦可谓之深根固柢也矣。康姓者有康崑崙、康迺；安姓者有安叱奴、安万善、安辔新，大约即出于康国、安国。

唐代士大夫燕居之暇，大都寄情歌舞，留连风景。刘梦得有《与歌者米嘉荣》诗。曹氏一家，咏者尤多：白香山有《听曹刚琵琶兼示重莲》，《代琵琶弟子谢女师曹供奉寄新调弄谱》；李绅有《悲善才》；薛逢有《听曹刚弹琵琶》；元稹《琵琶歌》兼及崑崙、善才。皆可见此辈文人对于西域新传来之歌调乐曲沉酣倾倒反复赞叹之概；是以香山居士至欲截曹刚之手以接于重莲也。

开元、天宝之际，长安、洛阳胡化极盛，元稹《法曲》有云：①

---

① 《元氏长庆集》卷二十四，又《全唐诗》第六函第十册。

自从胡骑起烟尘，毛毳腥膻满咸洛。女为胡妇学胡妆，伎进胡音务胡乐。火凤声沈多咽绝，春莺啭罢长萧索。胡音胡骑与胡妆，五十年来竞纷泊。

王建《凉州行》云：[1]

城头山鸡鸣角角，洛阳家家学（一作教）胡乐。

胡妆解已见上，兹不赘。胡乐之盛行于长安、洛阳，观此二诗可见。《春莺啭》为曲名，《教坊记》云：[2]

高宗晓声律，闻风叶鸟声，皆蹈以应节。尝晨坐闻莺声，命乐工白明达写之为《春莺啭》，后亦为舞曲。

张祜《春莺啭》云：[3]

兴庆池南柳未开，太真先把一枝梅。内人已唱《春莺啭》，花下傞傞软舞来。

是《春莺啭》为软舞曲。白明达为龟兹乐人，所写《春莺啭》，当函有不少之龟兹乐成分在内，故微之诗列之于胡乐（关于《春莺啭》舞，参看本篇所附第六图上）。《火凤》，传贞观时太常乐工裴神符

① 《全唐诗》第五函第五册。
② 今本《教坊记》文与此微异，此据《乐府诗集》卷八十引。
③ 《乐府诗集》卷八十。

擅长此曲。《唐会要》称神符：①

> 妙解琵琶。作《胜蛮奴》、《火凤》、《倾杯乐》三曲，声度清美，太宗深爱之。高宗末其伎遂盛。

神符又为五弦名手，始用手弹，后人习为挡琵琶。与曹刚同时有裴兴奴，亦善琵琶，长于拢撚。此二人同隶乐府，疑为一家，而系疏勒入唐之乐人。《火凤》诸曲，当与《春莺啭》同其派别，故微之诗云尔也。

唐代流行长安之西域乐以龟兹部为特盛。按龟兹乐部自后魏以来，即为世人所重：后魏曹婆罗门一家即受龟兹琵琶于商人，其孙妙达尤为北齐文宣所重，常自击胡鼓和之。隋开皇中，西龟兹、齐龟兹、土龟兹三部，大盛于闾阎。至唐而坐立部伎之安乐、太平乐、破阵乐、大定乐、上元乐、圣寿乐、光圣乐，皆雷大鼓，杂以龟兹乐。长寿乐、天授乐、鸟歌万岁乐、小破阵乐皆用龟兹乐。不仅朝廷诸大乐率用龟兹乐，笛及羯鼓亦复用之。元稹《连昌宫词》云：②

> 逡巡大遍《凉州》彻，色色龟兹轰绿续。

《逸史》曾记长安善吹笛之李謩（《乐府杂录》作谟）与独孤生故事，

① 《唐会要》卷三十三《宴乐》。按《洛阳伽蓝记》卷三高阳王寺条："王有二美姬，一名修容，一名艳姿。……修容亦能为《渌水》歌，艳姿善《火凤》舞，并爱倾后室，宠冠诸姬。（原）士康闻此，常令徐（月华）鼓《渌水》、《火凤》之曲焉。"是《火凤》舞与曲久已有之，神符大约别创新声耳。

② 《元氏长庆集》卷二十四，又《全唐诗》第六函第十册。

谓謩师为龟兹人，其辞云：①

> 独孤曰："公试吹《凉州》。"至曲终，独孤生曰："公亦甚能妙。然声调杂夷乐，得无有龟兹之侣乎？"李生（李謩）大骇起拜曰："丈人神绝，某亦不自知，本师实龟兹人也。"

微之所记当亦指笛而言。此为龟兹乐在管乐方面极为有势之一证也。段成式又云：②

> 玄宗尝伺察诸王。宁王常夏中挥汗挽鼓，所读书乃龟兹乐谱也。上知之喜曰："天子兄弟当极醉乐耳。"

按宁王长子汝南王琎，又名花奴，善击羯鼓。疑宁王之挥汗挽鼓，亦为羯鼓，而龟兹乐谱则羯鼓谱耳。南卓《羯鼓录》附诸宫曲，太簇商有《耶婆色鸡》，此曲即出于龟兹；③《黄莺啭》当即《春莺啭》。玄宗特喜羯鼓，于是宋璟、宋沇之流，亦相率承风。龟兹、高昌、疏勒、

① 《太平广记》卷二百四《乐》二李謩条引。

② 《酉阳杂俎》前集卷十二。

③ 《宋高僧传》卷三《唐丘慈国莲华寺莲华精进传》云："安西境内有前践山，山下有伽蓝。其水滴溜成音可爱。彼人每岁一时采缀其声以成曲调。故《耶婆瑟鸡》，开元中用为羯鼓曲名，乐工最难其杖撩之术。进寺近其滴水也。"悟空译《十力经序》云："安西境内有前践山前践寺。复有耶婆瑟鸡山。此山有水，滴霤成音，每岁一时采以为曲。故有耶婆瑟鸡寺。"两书微异。耶婆瑟鸡即耶婆色鸡，S. Lévi 以为即古龟兹语 Yurpāske 一辞之音译，其为龟兹乐盖无可疑也。Lévi 说见 *Journal Asiatique*, 1913, p. 320。

天竺诸部虽俱用羯鼓，而就《羯鼓录》附诸宫曲观之，疑唐代盛行于长安之羯鼓，其渊源实出于龟兹也。

龟兹乐中尚有觱篥，亦曾盛于长安。德宗朝之尉迟青，官至将军，居在常乐坊。大历中，以技折服幽州名手王麻奴。王麻奴于高般涉调中吹一曲勒部羝曲，青能用银字管于平般涉调中吹之。按隋苏祇婆介绍琵琶七调，其中有般涉调。又其他诸调，印度乐中每不之见，则苏祇婆之琵琶七调，当系由印度乐蜕出之另一西域系统之音乐。因其宫调与中国旧乐可相比附，故遂特为言乐者所喜用耳。

隋唐以来之西域乐，大率乐与舞不相离。唐代乐府中盛行之乐舞，段安节记述甚详。《乐府杂录》舞工云：

> 舞者乐之容也。有大垂手小垂手：或如惊鸿，或如飞燕。婆娑舞态也；蔓延舞缀也。古之能者不可胜记。即有健舞、软舞、字舞、花舞、马舞。健舞曲有《稜大》、《阿连》、《柘枝》、《剑器》、《胡旋》、《胡腾》。软舞曲有《凉州》、《绿腰》、《苏和香》、《屈柘》、《团圆旋》、《甘州》等。

字舞、花舞、马舞，解见段氏此文自注，兹不赘述。健舞、软舞之名，何所取义，今不甚可知。据《教坊记》及《乐府诗集》引：健舞曲为《阿辽》、《柘枝》、《黄獐》、《拂林》、《大渭州》、《达摩支》；软舞曲为《垂手罗》、《回波乐》、《兰陵王》、《春莺啭》、《社渠》、《借席》、《乌夜啼》；与今行段氏《乐府杂录》微异。健舞曲中今确知其出于西域、含有伊兰风味者，凡有《胡腾》、《胡旋》、《柘枝》三种；开元、天宝以后，盛行于长安，后更遍及于中国各处也。

唐人诗纪述此种胡舞者不少。于胡腾舞，有刘言史、李端二人诗可据。刘言史《王中丞宅夜观舞胡腾》诗云：①

石国胡儿人见少，蹲舞樽前急如鸟。织成蕃帽虚顶尖，细氎胡衫双袖小。手中抛下葡萄盏，西顾忽思乡路远。跳身转毂宝带鸣，弄脚缤纷锦靴软。四座无言皆瞠目，横笛琵琶遍头促。乱腾新毯雪朱毛，傍拂轻花下红烛。酒阑舞罢丝管绝，木棉花西见残月。

王中丞即王武俊，宅在长安，说见本篇论《流寓长安之西域人》一节。李端《胡腾儿》诗云：②

胡腾身是凉州儿，肌肤如玉鼻如锥。桐布轻衫前后卷，葡萄长带一边垂。帐前跪作本音语，拾襟搅袖为君舞。安西旧牧收泪看，洛下词人抄曲与。扬眉动目踏花毡，红汗交流珠帽偏。醉却东倾又西倒，双靴柔弱满灯前。环行急蹴皆应节，反手叉腰如却月。丝桐忽奏一曲终，呜呜画角城头发。胡腾儿，故乡路断知不知？

李诗末句，大约即指河陇为吐蕃所陷而言。就刘、李二人诗观之，胡腾舞大约出于西域石国。舞此者多属石国人，李端诗“肌肤如玉鼻如锥”，则其所见之胡腾儿为印欧族之伊兰种人可知也。此辈舞

① 《全唐诗》第七函第九册。

② 《图书集成·乐律典》卷八十九《舞部》引。

人率戴胡帽,着窄袖胡衫。帽缀以珠,以便舞时闪烁生光,故云珠帽。兰陵王、拔头诸舞,舞人所着衫后幅拖拽甚长,胡腾舞则舞衣前后上卷,束以上绘葡萄之长带,带之一端下垂,大约使舞时可以飘扬生姿。唐代音声人袖多窄长,为一种波斯风之女服。因衣袖窄长,故舞时须"拾襟搅袖",以助回旋。李端诗"帐前跪作本音语,拾襟搅袖为君舞",大约系指舞人起舞之先,必须略蹲以胡语致词,然后起舞。宋朝大曲,奏引子以后,竹竿子口号致语,①李端所云之本音语,疑即大曲口号之大辂椎轮也。胡腾舞容不甚可知,依二诗所言,大率动作甚为急遽,多取圆形,是以"环行急蹴"、"跳身转毂"云云。胡腾之腾或指其"反手叉腰",首足如弓形,反立毯上,复又腾起而言欤?与胡腾舞伴奏之乐器有横笛与琵琶;酒阑舞罢,丝桐忽奏,于是一曲亦终矣。

健舞中与胡腾同出西域石国者尚有柘枝舞。石国亦名柘枝,亦名柘羯。薛能《柘枝词》之二云:②

> 悬军征柘羯,内地隔萧关。日色崑崙上,风声朔漠间。何当千万骑,飒飒贰师还。

此首所咏,指天宝九载高仙芝征石国一役而言。盖以柘枝舞出于石国,故云尔也。兹略考柘枝舞舞人服饰、舞容之属如次。《乐苑》云:③

① 郑麟趾《高丽史》卷七十一《乐志》二,记唐乐之《献仙桃》、《寿延长》、《五羊仙》、《抛毬乐》、《莲花台》诸大曲,其节奏与宋大曲略同。

② 《乐府诗集》卷五十六。

③ 《乐府诗集》卷五十六《柘枝词·小引》引。

> 羽调有《柘枝曲》，商调有《屈柘枝》。此舞因曲为名，用二女童，帽（《御览》五七四引帽上尚有鲜衣帽三字）施金铃，抃转有声。其来也于二莲花中藏，花坼而后见。对舞相占，实（《御览》引无舞相占实四字）舞中雅妙者也。

陈旸云：①

> 柘枝舞童衣五色绣罗宽袍，胡帽银带。案唐杂说，羽调有《柘枝曲》，商调有《掘柘枝》，角调有《五天柘枝》。用二童舞，衣帽施金铃，抃转有声。始为二莲花，童藏其中，花坼而后见。对舞相占，实舞中之雅妙者也。然与今制不同，岂亦因时损益耶？唐明皇时那胡柘枝，众人莫及也。

柘枝舞舞人衣五色罗衫，胡帽银带，唐人诗中亦多言之：张祜《观杭州柘枝》诗②“红罨画衫缠腕出”，《周员外席上观柘枝》诗③“金丝蹙雾红衫薄，银蔓垂花紫带长”。又《观杨瑗柘枝》诗④：“促叠蛮鼍引柘枝，卷檐虚帽带交垂。紫罗衫宛蹲身处，红锦靴柔踏节时。”白居易《柘枝词》⑤：“绣帽珠稠缀，香衫袖窄裁。”又《柘枝妓》诗⑥：“红蜡烛移桃叶起，紫罗衫动柘枝来。带垂钿胯花腰重，帽转金铃雪面回。”窄袖缠腕与胡腾舞同；用长带，着红锦靴；“卷檐虚帽”，亦

---

① 《乐书》卷一百八十四《柘枝舞》。
② 《全唐诗》第八函第五册。
③ 同上。
④ 同上。
⑤ 《全唐诗》第七函第六册。
⑥ 《白氏长庆集》卷五十三。

即刘言史诗中之“织成蕃帽虚顶尖”:此俱胡服也。就唐人诗考之,柘枝舞大约以鼓声为节,起舞鼓声三击为度,故白居易《柘枝妓》诗云:

平铺一合锦筵开,连击三声画鼓催。

张祜《观杭州柘枝》诗:

舞停歌罢鼓连催,软骨仙娥暂起来。

又刘禹锡《和乐天柘枝》诗亦云:①

鼓催残拍腰身软,汗透罗衣雨点花。

皆可见柘枝舞以鼓声为节奏之概。柘枝舞至曲终,例须半袒其衣,故沈亚之《柘枝舞赋》云:②

差重锦之华衣,俟终歌而薄袒。

薛能《柘枝词》之“急破催摇曳,罗衫半脱肩”,即指此也。柘枝舞又重目部表情,此与胡腾不同。刘禹锡《观舞柘枝》云:③

① 《全唐诗》第六函第三册。
② 《沈下贤文集》卷一(《四部丛刊》本)。
③ 《刘梦得文集》卷五(《四部丛刊》本)。

曲尽回身去，曾波犹注人。

沈亚之《柘枝舞赋》云：

鹜游思之情香兮，注光波于秾睇。

卢肇《湖南观双柘枝舞赋》云：①

善睐睢盱，偃师之招周妓；轻躯动荡，蔡姬之詟桓公。

大约俱指舞人之流波送盼而言也。柘枝舞舞人帽上施金铃，舞时抃转有声。至其来时藏于二莲花中，花坼而后见，为胡腾、胡旋诸舞所未有，此事除《乐苑》外，不见各家纪载（《乐书》即袭《乐苑》之文），不识何故。唐、宋两代柘枝舞之不同，陈旸《乐书》已言之。唐代柘枝舞大约有一人单舞与二人对舞之别；二人对舞则曰双柘枝。张祜《周员外席上观柘枝》诗亦作《周员外出双舞柘枝妓》，是以诗有"小娥双换舞衣裳"之句。卢肇赋亦是观双柘枝舞，《乐苑》（据《御览》引）亦云柘枝舞"对舞中雅妙者也"。是双人对舞应名双柘枝舞，其流传之盛当有过于单舞。宋代柘枝舞为乐府十小儿队之一，属于队舞。据史浩《鄮峰真隐漫录》，大曲中之柘枝舞凡用五人，舞人有竹竿子有花心；其口号致词，入队起舞吹唱遣队，与其他大典无异，疑唐代之柘枝舞尚无如是之繁复与整齐也。关于宋代

---

① 《图书集成·乐律典》卷八十八《舞部》引。

之柘枝舞，别详余所著《柘枝舞小考》，兹附篇末，以资参览。①

胡旋舞，日本石田幹之助氏有《胡旋舞小考》一文，②考证綦详，余愧无新材料以相印证，兹唯略述其概而已。案胡旋舞出自康国，唐玄宗开元、天宝时，西域康、米、史、俱密诸国屡献胡旋女子，胡旋舞之入中国，当始于斯时。玄宗深好此舞，太真、安禄山皆能为之。关于胡旋舞，纪者虽多，而舞服舞容，反不若胡腾、柘枝之易于钩稽。白居易《新乐府》有《胡旋女》，③注谓天宝末康居国献之。其辞有云：

> 胡旋女，胡旋女，心应弦，手应鼓。弦鼓一声双袖举，回雪飘飖转蓬舞，左旋右转不知疲，千匝万周无已时。人间物类无可比，奔车轮缓旋风迟。……

元稹《胡旋女》云：④

> 天宝欲末胡欲乱，胡人献女能胡旋。……胡旋之义世莫知，胡旋之容我能传。蓬断霜根羊角疾，竿戴朱盘火轮炫。骊珠迸珥逐飞星，虹晕轻巾掣流电。潜鲸暗嗡笪海波，回风乱舞当空霰。万过其谁辨终始，四座安能分背面。……

---

① 《柘枝舞小考》原载《清华周刊》第三十七卷第十二期一三六七页至一三七三页。柘枝系 Tashkend 古名 Chaj 一辞之译音，《小考》旧说有误，今为改正，附录篇末。

② 《史林》十五卷第三号。

③ 《白氏长庆集》卷三。

④ 《元氏长庆集》卷二十四。

两诗极赞胡旋舞旋转之疾，而于舞人装饰了未道及；盖其旨固在讽刺时习，初无意于纪事也。至白氏谓胡旋舞出康居，石田氏已指其谬，兹不赘。段安节又云：①

> 舞有骨鹿舞、胡旋舞，俱于一小圆毬子上舞；纵横腾踏，两足终不离于毬子上，其妙如此也。

《唐书·礼乐志》亦谓“胡旋舞舞者立毬上，旋转如风”。此种胡旋舞法，诸家皆不载。《封氏闻见记》有蹑毬戏，是否即为胡旋舞，今无可考。

软舞曲中之《凉州》、《苏合香》、《团圆旋》、《回波乐》，中国载籍中已不甚可考，从日本书中尚可知其一二（团圆旋亦作团乱旋。关于团乱旋舞图，参看本篇所附第六图下）。②《苏合香》有谓原出天竺，传至西域，以入中国者③。《春莺啭》在日本一名《天长宝寿乐》，为大曲，属壹越调二十五曲之一。序一帖，飒踏（一作中序）二帖，入破四帖，鸟声二帖，急声二帖，并各十六拍；始作有游声；舞女十人。其所谓帖，或即后来大曲中之叠；游声则序中词也。舞服舞容，日本亦不传。

软舞中之《兰陵王》一名《大面》，或名《代面》，始自北齐神武帝弟兰陵王长恭。段安节云：④

---

① 《乐府杂录·俳优》。

② 源光圀修《大日本史》卷三百四十七至卷三百四十九《礼乐志》十四至十六记述从隋唐传来之乐曲甚详。以《凉州》属沙陀调，《苏合香》属般涉调，《团圆旋》（《志》作团乱旋）、《回波乐》（《志》作回杯乐）属壹越调。

③ 参看田边尚雄《东洋音乐史》二九三页（《东洋史讲座》第十三卷）。

④ 《乐府杂录·鼓架部》。

大面出于北齐。齐兰陵王长恭才武而貌美,常著假面以对敌。尝击周师金墉下,勇冠三军,齐人壮之,为此声以效其指挥击刺之容。俗谓之《兰陵王入阵曲》。

段氏又谓戏者衣紫腰金执鞭。《兰陵王》在日本一名《陵王》,又名《罗陵王》:有啭;有乱序中序各一帖;荒序八帖各一拍;入破四帖,后改为二帖,各十六拍。舞者一人别装束假面帽子,执金桴。其《兰陵王》舞服面具,并传于今。日本高楠顺次郎以为此曲系咏娑竭罗龙王(Sagara roi des Dragons)者,[①]伯希和疑其无据。[②] 今按日本所传《兰陵王》有啭词云:[③]

吾等胡儿,吐气如雷。我采顶雷,蹈石如泥。右得士力,左得鞭回。日光西没,东西若月。舞乐打去,录录长曲。

自称胡儿,则其源或亦出于西域欤?(关于兰陵王舞图,参看本篇所附第七图)

唐代乐府中又有《钵头》,一名《拨头》,又名《拔头》,亦系一种舞乐。张祜有《容儿钵头》诗,[④]即咏此也。段安节记《钵头》由来云:[⑤]

---

① 田边尚雄《东洋音乐史》二三八页至二三九页,又 Hôbôgirin, *deuxieme fascicule*, p. 155。

② *T'oung Pao*, 1931, No. 1—2, pp. 97—98.

③ 《大日本史》卷三百四十七《礼乐志》五引《河海钞·类筝治要》(影印本第十三册二二一页)。

④ 《全唐诗录》卷七十。

⑤ 《乐府杂录·鼓架录》。

《钵头》:昔有人父为虎所伤,遂上山寻其父尸。山有八折,故曲八叠。戏者被发素衣,面作啼,盖遭丧之状也。

《通典》作《拨头》,云:[1]

出西域。胡人为猛兽所噬,其子求兽杀之,为此舞以象也。

《旧唐书·音乐志》文同。钵头舞今存于日本,舞者衣胡服,戴面具,披发,手持短桴。高楠顺次郎以为此舞从印度《梨俱吠陀》(Rig Veda)及《阿闼婆吠陀》(Atharva Veda)中Pedu王白马(Paidva)奋战却毒蛇之故事演出。[2] 高楠氏展转证合,致力极勤;唯钵头音之记者不一,是以说者于高楠氏之论多取存疑。中籍明谓出于西域,王国维先生以为当出西域之拔豆国,或者近是[3](关于拔头舞图,参看本篇所附第八图)。

唐代又行一种泼胡乞寒之戏,戏时歌舞之辞名《苏摩遮》(一作苏莫遮、苏莫者)。此风曾及于两京,《旧唐书·中宗纪》曾两纪此事:

神龙元年(公元七〇五年)十一月己丑,御洛城南门楼观泼寒胡戏。

---

① 《通典》卷一百四十六。

② 高楠顺次郎著《奈良朝临邑八乐考》(《史学杂志》第十八编第六号);田边尚雄《东洋音乐史》一一〇页至一一六页;《法宝义林》一五五页至一五六页。又参看伯希和评《法宝义林》文。

③ 《宋元戏曲史》第一章《上古至五代之戏剧》。

景龙三年(公元七〇九年)十二月乙酉,令诸司长官向醴泉坊看泼胡王乞寒戏。

按此戏出于西域康国,《旧唐书·康国传》云:

至十一月鼓舞乞寒,以水相泼,盛为戏乐。

《新唐书·康国传》、《册府元龟》所纪略同。此种泼胡乞寒之戏,在中宗时,两京而外,并行于各地。是以神龙二年(公元七〇六年)三月并州清源县尉吕元泰上书言时政曰:①

比见坊邑相率为浑脱队,骏马胡服,名曰苏莫遮。旗鼓相当,军阵势也。腾逐喧噪,战争象也。锦绣夸竞,害女工也。督(《唐会要》引作征)敛贫弱,伤政体也。胡服相欢(《唐会要》引作效),非雅乐也。浑脱为号,非美名也。安可以礼义之朝,法胡(《唐会要》引作戎)虏之俗(《唐会要》引此下尚有"军阵之势,列庭阙之中,窃见诸王,亦有此好,自家刑国,岂若是也"凡二十五字)。《诗》云:"京邑翼翼,四方是则。"非先王之礼乐,而示(《唐会要》引作将)则于四方,臣所未谕。《书》曰:"谋时寒若。"何必裸形体,灌衢路,鼓舞跳跃,而索寒焉。

吕元泰此疏,盖因神龙元年十一月洛城观泼寒戏而言。疏上不报。

① 吕疏见《新唐书》卷一百十八《宋务光传》末。《唐会要》卷三十四《论乐》亦引此,今取互校。

景龙三年诸司长官向醴泉坊观泼胡王乞寒戏,其后右拾遗韩朝宗、中书令张说亦相继上疏谏止。张说疏有云:①

且乞寒泼胡,未闻典故。裸体跳足,盛德何观?挥水投泥,失容斯甚!法殊鲁礼,亵比齐优。恐非干羽柔远之义,樽俎折冲之道。愿择刍言,特罢此戏。

裸体跳足,挥水投泥,即以水相泼盛为戏乐之谓。说疏上,至开元元年(公元七一三年)十二月七日下敕禁断。敕文云:②

敕:腊月乞寒,外蕃所出;渐渍成俗,因循已久。至使乘肥衣轻,俱非法服,阛城溢陌,深点华风。朕思革颓弊,反于淳朴。《书》不云乎:不作无益害有益,功乃成;不贵异物贱用物,人乃足。况妨于政要,取紊礼经。习而行之,将何以训!自今以后(《唐会要》引此下有"无问蕃汉"四字),即宜禁断。

由以上所引诸文观之,可见乞寒一戏,唐代曾盛行于两京各处。自皇帝以至诸王,俱复好此,大约流寓长安之西域人不忘本习,而汉人则而效之。唐代行此,据《唐书·张说传》,始于则天末年,《张说传》云:

自则天末年季冬为泼寒胡戏,中宗尝御楼以观之。至是

① 《唐会要》卷三十四《论乐》引。
② 宋宋敏求编《唐大诏令集》卷一百九《禁断腊月乞寒敕》。

因蕃夷入朝，又作此戏。

其入中国当在北周宣帝时。《周书·宣帝纪》、《通鉴·陈纪》俱谓始北周天元大象二年（公元五八〇年）；故玄宗敕谓因循已久也。苏莫遮一辞又见般若三藏译《大乘理趣六波罗蜜多经》卷一。薄伽梵告慈氏菩萨，论老苦有云：

又如苏莫遮帽，覆人面首，令诸有情，见即戏弄。老苏莫遮，亦复如是。从一城邑至一城邑，一切众生，被衰老帽，见皆戏弄。

慧琳释苏莫遮帽云：[1]

苏莫遮，西戎胡语也。正云飒磨遮。此戏本出西龟兹（一作慈）国，至今犹有此曲，此国浑脱、大面、拨头之类也。或作兽面，或象鬼神，假作种种面具形状。或以泥水沾洒行人，或持羂索，搭钩捉人为戏。每年七月初公行此戏，七日乃停。土俗相传云常以此法禳厌驱趁罗刹恶鬼食啗人民之灾也。

慧琳所云，未及浑脱骏马；又用羂索搭钩捉人，带面具，吕元泰疏及

① 慧琳《一切经音义》卷四十（《大乘理趣六波罗蜜多经》卷一音义）。按《酉阳杂俎》前集卷四《境异》纪龟兹国“婆罗遮并服狗头猴面，男女无昼夜歌舞，八月十五日行像及透索为戏”。此婆罗遮疑即苏莫遮，原应是娑摩遮。同书同卷又谓焉耆国元日、二月八日婆摩遮云云。此二者当俱是苏莫遮之传写讹误以及异译也。谨附记于此。

《康国传》都未之及。张说有《苏摩遮》诗，苏摩遮即苏莫遮，说曾上疏谏止乞寒胡戏，其《苏摩遮》诗所纪，自属得之目识亲览。以说诗与慧琳《音义》、吕元泰疏参互比观，唐代乞寒胡戏，当不难得其梗概。说诗题下注云，"泼寒胡戏所歌。其和声云亿岁乐"，是苏莫遮乃为乞寒戏时歌词之调名也。说诗五首，今录前四首如次：①

摩遮本出海西胡，琉璃宝眼紫髯须。闻道皇恩遍宇宙，来将歌舞助欢娱。(《亿岁乐》)

绣装帕额宝花冠，夷歌妓(龙池草堂本妓作骑)舞借人看。自能激水成阴气，不虑今年寒不寒。(《亿岁乐》)

腊月凝阴积帝台，豪歌急鼓送寒来。油囊取得天河水，将添上寿万年杯。(《亿岁乐》)

寒气宜人最可怜，故将寒水散庭前。惟愿圣君无限寿，长取新年续旧年。(《亿岁乐》)

是所谓苏莫遮之乞寒胡戏，原本出于伊兰，传至印度以及龟兹；中国之乞寒戏当又由龟兹传来也。为此者多属胡人，碧眼紫髯，指其为伊兰族而言耳。"绣装帕额宝花冠"，即吕元泰疏中所云之胡服。《康国传》谓鼓舞乞寒，是以张说诗有"夷歌妓舞"、"豪歌急鼓"之语；妓字应从明刊本作骑为胜，即吕疏所云之骏马胡服也。戏时大约以油囊盛水交泼，故说诗云云。《文献通考》纪此戏乐器云：②

① 《张说之文集》卷十(《结一庐丛书》本)，以《四部丛刊》景龙池草堂本及《全唐诗》第一函第七册张说诗互校。诗题下注见《全唐诗》。

② 《文献通考·乐考》二十一《西戎》。

乞寒本西国外蕃康国之乐。其乐器有大鼓、小鼓、琵琶、五弦、箜篌、笛。其乐大抵以十一月,裸露形体,浇灌衢路,鼓舞跳跃而索寒也。

大致俱西域康、安诸国乐部所常用者也。

《苏莫遮》曲传于日本,名《苏莫者》,为盘涉调中曲。序二帖各六拍;破四帖各十二拍;急失传。舞者别有一种服饰,戴假面,执桴;今犹有图可见。有答舞,名《苏志摩利》;答舞者左方先奏而右方从之之谓也。《苏志摩利》为双调曲,别名《庭巡舞》,《长久乐》,《回庭乐》,即新罗曲。舞者常服假面,戴帽着蓑笠。为此戏时,疑舞者步行,胡服骑马者则持盛水油囊作势交泼,舞者舞踏应节,以象闪避之状。答舞者着蓑笠,犹足以窥泼水之故典。[①] 大阪天王寺乐人秦家尚传此曲,一乐人登台吹笛,舞者随笛声而舞。[②] 此与唐人所传已异,大约删繁就简,无复骏马浑脱之概矣(关于苏莫遮舞图,参看本篇所附第九图)。

有唐一代,从波斯传来之波罗毬,最为流行,而以长安为特盛;其详别见于本篇《长安打毬小考》一节中,兹不赘。波罗毬为一种马上毬戏,亦有步打者。打毬时并须奏乐,《羯鼓录》诸宫曲太簇商有《打毬乐》,大约即为此戏时之所奏也。宋代队舞中之女弟子队,其十为打毬乐队,《宋史·乐志》纪之云:

十曰打毬乐队,衣四色窄绣罗襦,系银带,裹顺风脚,簇花

① 《大日本史》卷三百四十八《礼乐志》五。
② 田边尚雄《东洋音乐史》一一六页至一一七页。

> 幞头,执毬杖。

此种衣饰,似乎俱是一种胡服。田边尚雄引《乐家录》云:[1]

> 《笛说》曰:胡国马上曲打毬游之时,于马上奏此曲。

日本传来唐乐有此,中曲,为道调二十四曲之一。曲分七帖,各十一拍。舞者四人,特有一种装束,细缨冠著绫,执毬杖对舞。至五月节会,则舞者至四十人,服骑马装,执杖弄毬而舞。有答舞。[2] 长安既盛行打毬戏,则此种波斯风舞曲之曾相随而兴,又可知也(关于打毬乐图,参看本篇所附第十图)。

六　长安打毬小考

波罗毬(Polo)为一种马上打毬之戏。发源于波斯,其后西行传至君士坦丁堡,东来传至土耳其斯坦。由土耳其斯坦以传入中国西藏、印度诸地。日本、高丽亦有此戏,则又得自中国者也。或谓波罗毬传至东方,仍保持其原音,[3]此说余尚未发见何种文献足以为中国方面之证明。若《弹棋经序》所云之波罗,则本作波罗塞,俗本讹误,盖双陆之别名,与戏于马上之波罗毬不可混而为一也。

---

① 田边尚雄《东洋音乐史》二九〇页引。

② 《大日本史》卷三百四十八《礼乐志》五。

③ T. F. Carter: *The Invention of Printing in China and Its Spread Westward*, p. 139.

以余所知波罗二字与此种毬戏连类并及者唯杜环《经行记》一书，《经行记》谓拔汗那国：①

土有波罗林，林下有毬场。

拔汗那即 Ferghana，为汉代之大宛。其所谓毬场，必为波罗毬场无疑也。顾波罗毬传入中国，波罗二字之音虽不可见，而波斯此戏原名之音，则似尚有残痕。按波罗毬波斯名为 gui，唐代名波罗毬戏为打毬，一名击鞠。毬字之唐音为"渠幽切"，疑"毬"字乃用以译波斯 gui 字之音。打毬既一名击鞠，于是说者往往以为即汉魏以来所有之蹴鞠戏。实则蹴鞠戏以步打足踢为主，而波罗毬须骑马以杖击之，故云打毬或击鞠也。

波罗毬传至东方后，中国与日本、高丽所行者俱微有异同。②中国所行之波罗毬，其规则约略见于孟元老《东京梦华录》、《宋史·礼志》、《金史·礼志》及《析津志》诸书。《宋史》所陈过繁，今录《金史·礼志》之说如次，以见波罗毬之梗概：

已而击毬。各乘所常习马，持鞠杖。杖长数尺，其端如偃月。分其众为两队，共争击一毬。先于毬场南立双桓，置板，下开一孔为门，而加网为囊；能夺得鞠，击入网囊者为胜。或

① 《文献通考·四裔考》十四《疏勒国》注引。

② 《朝鲜》第一九六号一九八号（一九三一年九月十一日）有今村鞆《日鲜支那古代打毬考》一文，于日本、朝鲜打毬情形，各有叙述，可以参看。唯抛毬乐与打毬乐不同，《高丽史》只及抛毬乐而无打毬乐。又汪云程《蹴鞠图谱》所述为蹴鞠，非打毬，今村氏俱混而为一，非也。

曰两端对立二门，互相排击，各以出门为胜。毬状小如拳，以轻韧木枵其中而朱之。皆所以习蹻捷也。

唐代之波罗毬，其规制大致当与此不殊。阎宽《温汤御毬赋》云：①

珠毬忽掷，月杖争击。

蔡孚《打毬篇》亦谓：②

金锤玉銮千金重，宝杖雕文七宝毬。……奔星乱下花场里，初月飞来画杖头。……

皆指毬与打毬杖二者之形状而言也。打毬以先入网者胜，名曰头筹；得筹则唱好。据《宋史·乐志》，大明殿会鞠，教坊例设龟兹部鼓乐，唐代亦然。王建《宫词》有云：③

对御难争第一筹，殿前不打背身毬。内人唱好龟兹急，天子鞘回过玉楼。

可见其与宋制不殊也。波罗毬传入中国，历唐、宋、元、明而不衰。

① 《图书集成·艺术典》卷八百二《蹴踘部》引。
② 同上。
③ 《全唐诗录》卷五十六。

明永乐时，北京羽林禁军尚为此戏，其时毬场在东苑。① 此戏之衰当在明之季叶，至清而寂然绝响，不唯民间不知打毬，即朝廷亦无此典。不知何故也。

波罗毬传入中国当始于唐太宗时。唐以前书只有蹴鞠，不及打毬，至唐太宗，始令人习此。封演云：②

> 太宗常御安福门，谓侍臣曰："闻西蕃人好为打毬，比亦令习，会一度观之。昨升仙楼有群蕃街里打毬，欲令朕见。此蕃疑朕爱此，骋为之。以此思量，帝王举动岂宜容易，朕已焚此毬以自诫。"

此是唐初波罗毬已行于长安之证。《文献通考》名打毬为蹴毬，亦谓始兴于唐。③ 唐代之波罗毬大约直接从西域传来，是以犹存波斯旧音。有唐一代长安盛行打毬，而皇室特嗜此戏，推究源始，俱由于太宗之倡开风气也。

唐代诸帝率善此戏，唐初则有玄宗为诸王时便已善此，毬马之精，虽吐蕃名手亦所不逮。封演纪此云：④

---

① 王绂《王舍人诗集》卷二《端午赐观骑射击毬侍宴》诗有"葵榴花开蒲艾香，都城佳节逢端阳。龙舟竞渡不足尚，诏令禁御开毬场。毬场新开向东苑，一望晴烟绿莎软。……"之句。绂字孟端，永乐十年官中书舍人。

② 封演《封氏闻见记》卷六《打毬》。《通鉴》卷一百九十九系此于高宗永徽二年，谓为高宗事，《考异》亦未讨论及此。岂宋本《封氏闻见记》太宗原作高宗耶？抑温公别有所据耶？今姑依今本《封氏闻见记》，而识其疑惑于此。

③ 《文献通考·乐考》二十《散乐百戏》。

④ 《封氏闻见记》卷六《打毬》。

景云中，吐蕃遣使迎金城公主，中宗于梨园亭子赐观打毬。吐蕃赞咄奏言臣部曲有善毬者，请与汉敌。上令仗内试之，决数都，吐蕃皆胜。时玄宗为临淄王，中宗又令与嗣虢王邕、驸马杨慎交、武秀等四人敌吐蕃十人。玄宗东西驱突，风回电激，所向无前，吐蕃功不获施。

是以开元、天宝中数御楼观打毬为事。宋晁无咎《题明皇打毬图》诗：①

宫殿千门白昼开，三郎沉醉打毬回。九龄已老韩休死，明日应无谏疏来。

《通鉴》亦谓：②

上（玄宗）素友爱，近世帝王莫能及。初即位，为长枕大被与兄弟同寝。诸王每旦朝于侧门，退则相从宴饮，斗鸡击毬，或猎于近郊，游赏别墅。

以此与本篇第五节引玄宗伺察宁王所云“天子兄弟当极醉乐”之言比观，可知玄宗人极猜忌，声色犬马之好所以颓丧诸王之志气耳。诸王亦复知此，是以玄宗偶訾汝南王琎，宁王便为之震惊失次。玄宗以音律毬马奖励臣工，于是争奇斗艳，竞相纷泊，开、天以后长安

① 《图书集成·艺术典》卷八百二《蹴踘部》引。
② 《通鉴》卷二百十一《玄宗纪》。

胡化之大盛，玄宗倡导之功不可没也。

玄宗而后，诸帝工打毬者尚有宣宗，其技之精，虽二军老手咸服其能。《唐语林》云：①

> 宣宗弧矢击鞠皆尽其妙。所御马，衔勒之外，不加雕饰，而马尤矫捷。每持鞠杖乘势奔跃，运鞠于空中，连击至数百而马驰不止，迅若流电。二军老手咸服其能。

僖宗于此技尤为自负，谓当得状元。《通鉴》纪之云：②

> 上好蹴鞠斗鸡，尤善击毬。尝谓优人石野猪曰："朕若应击毬进士举须为状元。"对曰："若遇尧舜作礼部侍郎，恐陛下不免驳放。"上笑而已。

三川节度亦以打毬胜负定之，一国政事竟视同儿戏。穆宗、敬宗于打毬戏俱沉溺忘返。敬宗嗜此，常至一更二更，戏者往往碎首折臂，而陶元皓、靳遂良、赵士则、李公定、石定宽之流以毬工得见便殿；其后竟为此辈所弑，年才十八。唐代诸帝嗜打毬戏，其结局要以敬宗为最惨矣。③

有唐一代，长安之达官贵人，亦复酷嗜此戏，相习成风。玄宗

① 《唐语林》卷七。
② 《通鉴》卷二百四十三《僖宗纪》，又见《南部新书》。
③ 参看《旧唐书·穆宗本纪》、《僖宗本纪》；《通鉴》卷二百四十二至二百四十三。

时诸王驸马俱能打毬,《通鉴》谓:①

上好击毬,由是风俗相尚。驸马武崇训、杨慎交洒油以筑毬场。

杨慎交宅在靖恭坊,其所自筑毬场在坊西隙。② 杨巨源《观打毬有作》诗"新扫毬场如砥平",可知波罗毬毬场贵能平滑,以便毬马驰骤,是以武崇训、杨慎交洒油以筑之,取其坚平,而豪侈亦可想矣。德宗时之司徒兼中书令李晟,文宗时户部尚书王源中俱能打毬。晟宅在永崇坊有自筑毬场。③ 源中为翰林承旨,宅在太平坊,暇日辄与诸昆季打毬于里第;则其宅中当亦有毬场也。④

长安宫城内有毬场,宫城北有毬场亭,中宗于梨园亭子赐吐蕃观打毬即在此也。大明宫东内院龙首池南亦有之;文宗宝历九年,龙首池亦填为毽场。此外三殿十六王宅俱可打毬。平康坊亦有毬场。平常则街里亦可打毬,不一定毬场也。⑤ 而打毬原为军州之戏,是以左右神策军亦为会鞠之所;所谓两军老手,即指左右神策军而言。段成式曾纪一善打毬之河北将军云:⑥

建中初,有河北将军姓夏,弯弓数百斤。常于毬场中累钱

① 《通鉴》卷二百九《中宗纪》。

② 徐松《两京城坊考》卷三靖巷坊。

③ 同上永崇坊。

④ 王定保《唐摭言》卷十五《杂文》。

⑤ 《两京城坊考》卷一,谓皇城各街皆广百步,横街南北广三百步,是以群蕃能于升仙楼前街里打毬。又卷四光德坊引《剧谈录》谓胜业坊北街军中少年蹴鞠云云。

⑥ 《酉阳杂俎》前集卷五《诡习》。

千余,走马以击鞠杖击之。一击一钱飞起,高六七丈,其妙如此。

盖言其手眼之明确也。李廓《长安少年行》云:①

追逐轻薄伴,闲游不着绯。长拢出猎马,数换打毬衣。晓日寻花去,春风带酒归。青楼无昼夜,歌舞歇时稀。

声色犬马斗鸡打毬,大约为唐代长安豪侠少年之时髦功课,故廓诗云尔。

唐代长安打毬之戏不唯帝王、达官贵人、军中以及闾里少年嗜之,文人学士亦有能之者。唐代进士及第,于慈恩寺题名后,新进士例于曲江关宴,集会游赏,而月灯阁打毬之会尤为盛举,四面看棚鳞次栉比。此辈能者至能与两军好手一相较量,则唐代文士之强健,于区区打毬戏中,亦可窥见一斑焉。《唐摭言》纪其一事云:②

乾符四年,诸先辈月灯阁打毬之会,时同年悉集。无何,为两军打毬将数辈私较。于是新人排比既盛,勉强迟留,用抑其锐。刘覃谓同年曰:"仆能为群公小挫彼骄,必令解去,如何?"状元已下应声请之。覃因跨马执杖,跃而揖之曰:"新进士刘覃拟陪奉,可乎?"诸辈皆喜。覃驰骤击拂,风驱电逝,彼皆瞪视。俄策得毬子,向空礴之,莫知所在。数辈惭沮,僶俛

① 《全唐诗》第七函第十册。
② 《唐摭言》卷三《慈恩寺题名游赏赋咏杂纪》。

而去。时阁下数千人,因之大呼笑,久而方止。

咸通十三年三月,亦行此会,击拂既罢,遂痛饮于佛阁之上。新进士榜发后在月灯阁集会打毬,其来当已甚久,唯不审果始于何时耳。

宋未南渡,每逢三月三日宝津楼宴殿诸军呈百戏中有打毬,其小打为男子,大打则为宫监。此辈玉带红靴,各跨小马,人人乘骑精熟,驰骤如神,雅态轻盈,妖姿绰约,说者以为人间但见其图画云。① 而乐府女弟子队中亦有打毬乐队,纯是女子。唐代亦教内人打毬。王建《宫词》云:②

殿前铺设两边楼,寒食宫人步打毬。一半走来争跪拜,上棚先谢得头筹。

花蕊夫人《宫词》亦云:③

自教宫娥学打毬,玉鞍初跨柳腰柔。上棚知是官家认,遍遍长赢第一筹。

可见唐代宫人亦能打毬也。又当时为此戏有所谓打背身毬者,王建《宫词》云:

① 参看《东京梦华录》卷七。
② 《全唐诗录》卷五十六。
③ 《全唐诗》第十一函第十册。

对御难争第一筹，殿前不打背身毬。内人唱好龟兹急，天子鞘回过玉楼。

杨太后《宫词》云：①

击鞠由来岂作嬉，不忘鞍马是神机。牵缰绝尾施新巧，背打星毬一点飞。

按打背身毬不知何似，以意测之，或犹今日打网球之反手抽击。马上反击，自然摇曳生姿，倍增婀娜。殿前之所以不打背身毬者，亦以时地俱甚庄严，不容过为轻盈耳。滨田耕作《支那古明器泥象图说》附有骑马女俑一具，窥其姿态，当是打毬女伎。侧身俯击，势微向后，大约即所谓打背身毬耳。

打毬本以马上为主，唯唐代长安亦行步打，王建《宫词》所谓“寒食宫人步打毬”是也。步打之风至宋未衰，《宋史·礼志》曾纪其事。又打毬本应用马，马之高低俱有一定。然在唐代，长安并行驴鞠。郭知运子英乂拜剑南节度使，教女伎乘驴击毬，钿鞍宝勒及他服用，日无虑万数。② 弑敬宗之毬工石定宽，即宝历二年（公元八二六年）六月郓州所进之驴打毬人。《旧唐书·敬宗纪》：

宝历二年六月甲子，上御三殿观两军教坊内园分朋驴鞠角抵。戏酣，有碎首折臂者，至一更二更方罢。

① 《图书集成》卷八百二《蹴踘部》引。

② 《新唐书》卷一百三十三《郭英乂传》。

宋代则驴骡并用，此皆变格，非打毬正轨也（关于打毬图，参看本篇所附第十图）。

七 西亚新宗教之传入长安

以上所述，为宫室、服饰、饮食、绘画、乐舞、打毬诸端。此外如西亚之祆教、景教、摩尼教，亦于唐代，先后盛于长安。综此各方面而言，有唐之西京，亦可谓极光怪陆离之致矣。关于西亚诸宗教之流行中国，近世各贤讨论綦详，愧无新资料以为附益，兹谨述其流行长安之梗概如次。

西亚三种新宗教传入中国，以火祆教为最早，据陈垣先生《火祆教入中国考》①当在北魏神龟中，即公元后五一八至五一九年之间也。北魏、北齐、北周并加崇祀。唐承周隋之旧，对于火祆教并置有官，据《通典》视流内视正五品萨宝，视从七品萨宝府祆正；视流外勋品萨宝府祆祝，四品萨宝率府，五品萨宝府史。宋敏求《长安志》布政坊胡祆祠注亦谓：

> 祠内有萨宝府官，主祠祆神，亦以胡祝充其职。

布政坊祆祠，韦述《两京新记》谓其立于武德四年。陈先生以为唐代之有祆祠及官俱以武德四年布政坊为始也。长安火祆教祠，就《两京新记》及《长安志》所载，凡有四处：布政坊西南隅，醴泉坊西

① 见北京大学《国学季刊》第一卷第一号。

北隅，普宁坊西北隅，靖恭坊街西。洛阳之会节坊、立德坊、南市、西坊亦有祆祠。

上述唐代长安之火祆教祠及官，率据陈先生文。兹按火祆教官名萨宝，隋已有之，《隋书·百官志》云：①

> 雍州萨保为视从七品。
>
> 诸州胡二百户已上萨保为视正九品。

萨保即是萨宝，皆回鹘文 Sartpau 之译音，义为队商首领。日本藤田丰八、羽田亨、桑原隲藏诸人已详细予以讨论，兹可不赘。② 以余所见，北齐时当即有萨宝之官，《隋书·百官志》论齐官制有云：③

> 鸿胪寺掌蕃客朝会吉凶吊祭，统典客、典寺、司仪等署令丞，典客署又有京邑萨甫二人，诸州萨甫一人。典寺署有僧祇部丞一人。司仪署又有奉礼郎三十人。

此所谓京邑萨甫、诸州萨甫果作何解，说者从未注意。按鸿胪寺本掌接待远人，萨甫既属于典客署，其所掌者必为侨居京邑及诸州之外国人。隋唐以前，甫字读重唇音，则萨甫与萨宝、萨保同声，与 Sartpau 一字译音亦近。余疑北齐鸿胪寺之萨甫，即隋之萨保，唐之萨宝，同为辖火祆教之官也。

又按某氏鸳鸯七志斋藏有隋翟突娑墓志，近从徐森玉先生处

① 《隋书》卷二十八《百官志下》。

② 参看桑原隲藏氏《隋唐时代来住中国之西域人》拔刷本二五页，又九六页。

③ 《隋书》卷二十七《百官志中》。

得见拓本，其文有云：

> 君讳突娑，字薄贺比多，并州太原人也。父娑摩诃，大萨宝。薄贺比多日月以见勋效，右改宣惠尉；不出其年，右可除奋武尉，拟通守。……春秋七十。大业十一年（公元六一五年）岁次乙亥正月十八日疾寝，卒于河南郡雒阳县崇业乡嘉善里。葬在芒山北之翟村东南一里……。

翟突娑之父娑摩诃为大萨宝，必系火祆教徒无疑。又从突娑卒年七十推之，其父之为大萨宝，当在北齐、北周之时矣。突娑疑即波斯文 tarsā 一字之异译。tarsā 在景教碑中译作"达娑"，本用以称景士，同时又可用称他教教徒。① 故翟突娑当亦为一火祆教徒。此志可为《隋·志》实证，而在隋代，雍州而外，洛阳之尚有萨宝，似亦由此志可以悬揣也。

又前引光启元年写本沙州、伊州地志残卷，伊州有祆庙，祆主名翟槃陁，贞观初曾至长安。文云：

> 祆庙中有素书，形像无数。有祆主翟槃陁者，高昌未破以前，槃陁因入朝至京，即下祆神。因以利刃刺腹，左右通过，出腹外截弃其余，以发系其本，手执刀两头，高下绞转，说国家所举百事皆顺天心，神灵助无不征验。神没之后，僵仆而倒，气息奄奄，七日即平复如旧。有司奏闻，制授游击将军。

① 参看 A. C. Moule：*Christians in China before the Year 1550*，p. 178，p. 216。

敦煌亦有翟氏。[1] 或谓此翟槃陁疑即羯槃陁人,[2]其说然否尚难遽定。唯翟突娑一家亦为火祆教徒,太原又多蕃族,或者亦出于西域,与翟槃陁者先后有若干之关系欤?

宋姚宽《西溪丛语》卷上论火祆教有云:

> 唐贞观五年(公元六三一年)有传法穆护何禄将祆教诣阙闻奏。敕令长安崇化坊立祆寺;号大秦寺,又名波斯寺。

姚氏此条,说者多疑其不确。最近何遂先生赠北京图书馆长安出土米萨宝墓志一方,志文可释此疑,而证明姚氏之语不诬。米萨宝墓志朱书,外间尚未之见,原文漫漶,水渍而后,约略可读。《北平图书馆馆刊》六卷二号曾载志文,今不避重赘,转录如次,以资博闻:

> 唐故米国大首领米公墓志铭并序
>
> 公讳萨宝,米国人也。生于西垂,心怀□土。忠(?)志(?)等□□阴阳烈石,刚柔叙(?)德(?)。崇心经律,志行玄(?)门(?)。□苦海以逃名,望爱河而□肩(?)。□□天宝元年(公元七四二年)二月十一日□长安县崇化里,春秋六十有五,终于私第。时也天宝三载正月廿六日窆于高陵原,礼也。嗣妻(?)子(?)等(?)□丧(?)戚(?)不朽。

---

① 参看本篇第二节注四九所举 Lionel Giles 文。(本书第二九页注②。——编者注)

② 参看《沙州文录·翟家碑》。

铭曰：

滔滔米君，□□□□，榆（?）杨（?）□□□□□□□法心匪固（?），□□沉良。逝川忽逝，长夜永□。

□维天宝三载正月廿六日。

火祆教萨宝例充以胡人，此明云西域米国人，可为宋敏求《长安志》更增一证。又从此志可知长安崇化坊实有祆祠，姚氏语本不诬，敏求《长安志》记长安祆祠仅及布政坊、醴泉坊、普宁坊、靖恭坊四处，而不及崇化坊，特失记耳。

景教为基督教之别支。其入中国在贞观九年（公元六三五年），大秦国上德阿罗本（Alopen）始来长安，诏于义宁坊造大秦寺一所度僧二十一人。景教碑颂谓“法流十道，国富元休；寺满百城，家殷景福”。玄宗时又曾一度中兴。唐以后中国景教若存若灭，知之者亦鲜。明天启间，《大秦景教流行中国碑颂》出土，世人始复知有此古教。自此以后三百年来，研究景教之书，日出不穷，不可阐述。最近日本佐伯好郎为《大秦寺所在地考》一文，[1]不少新奇可喜之论。本篇于长安景教别无新知，前贤之作具在，毋待辞费，兹唯介绍佐伯氏新论梗概如次。

关于《大秦景教流行中国碑颂》出土地点，自来有长安说，盩厔说与长安、盩厔之间说三者之不同。能将此碑出土问题解决，则建中时大秦寺数问题，“灵武等五郡重立景寺”及“每岁集四寺僧徒”二语之如何解释，震旦法主景净（Adam）、关内（？Khumdan）副大德（chorep scopus）、伊斯（Izdbuzid）、大德曜轮（Mar John，episcopus）、

① 见《东方学报》东京第三册九七页至一四〇页。

Shiangtsua 副大德景通（Mar Sargis）诸人驻于何寺之问题，亦可涣然冰释矣。

佐伯氏根据宋苏轼《南山纪行》诗《小序》及自注，证明盩厔有大秦寺，轼诗序谓：

> 壬寅（嘉祐七年）二月有诏令郡吏分往属县减决囚禁。自十三日受命出府，至宝鸡、虢、郿、盩厔四县。既毕事，因朝谒太平宫，而宿于南豁豁堂。遂并南山而西，至楼观、大秦寺、延生观、仙游潭。十九日乃归，作诗五百言以记凡所经历者寄子由。

《南山纪行》诗自注亦谓：

> 是日（二月十七日）游崇圣观，俗所谓楼观也。乃尹喜旧宅。山脚授经台尚在。遂与张果之同至大秦寺，早食而别。……

同年十一月三日再游大秦寺有诗题为：

> 自清平镇游楼观、五郡、大秦、延生、仙游，往返四日，得诗寄子由同作。

金杨云翼曾于役盩厔，亦有《大秦寺诗》。乐坡兄弟诗中俱有《五郡诗》，佐伯氏以为五郡在盩厔，为地名，大秦寺即在其地。盩厔五郡既有大秦寺，则“灵武等五郡重立景寺”之语，其“等”字应作“类于"或"同于"解,即在灵武地方亦仿五郡重立景寺。如此,建中时之景寺可以推知只有长安、洛阳、灵武、五郡四处,是以有"每岁集四寺僧徒"之语也。佐伯氏从而推论以为景净当驻长安。伊斯本应驻锡灵武,其时因安史乱后朔方节度使屯于长安附近,故亦来其地。景通驻于五郡之大秦寺,曜轮驻于洛阳。又一与景通同名 Mar Sargis 者则驻于灵武云。

余于今年四月因事去陕,便中得至盩厔之古楼观一游,遂亦留心寻访大秦寺遗迹,居然不虚此行,为之大慰。按大秦寺在古楼观西约五里地名塔峪,一寺翼然,今犹称为大秦寺。土人或讹为大清寺。或呼为塔寺,则以寺东有古塔,故名。苏东坡、杨云翼诗中所咏之塔,当即指此也。据旧记,大秦寺在五峰邱木山。而寺下不远稍偏西处有一村,询之村人,谓名塔峪。余疑塔峪村即古五郡旧址,今所谓五峰邱木山,当因寺后有五峰耸立,故名,而五郡之得名疑因于五峰也。余别有《盩厔大秦寺略记》,附本篇末,读者可以参阅,兹不更赘。

在火袄教、景教之后入中国者是为摩尼教。摩尼教创于波斯人摩尼(Mani),唐武后延载元年(公元六九四年),波斯人拂多诞(Fursta-dan)以摩尼教入中国,拂多诞义云"知教义者"。开元七年(公元七一九年)吐火罗支汗那王帝赊上表献解天文人大慕阇,并请置法堂。至二十年(公元七三二年)即加禁止,然西胡自行则不科罪;是其时流寓中土之胡人盖有摩尼教徒在内也。开、天以后,回鹘势盛,回鹘笃信摩尼教,摩尼教遂假其势以大行于中国。长安有摩尼教寺,说者以为始于大历三年,赐寺名为大云光明寺;其在长安何处,今无可考。会昌三年(公元八四三年),敕天下摩尼寺皆入官,长安女摩尼死者即达七十二人,流播之速,及其在长安之盛亦可见矣。关于摩尼教在中国之情形，有陈垣先生《摩尼教入中国考》[①]及沙畹、伯希和两氏《研究京师图书馆藏敦煌摩尼教残经》[②]两文，考证极为详尽，不更覆述。

八　长安西域人之华化

中国与西域交通以后，两方面之文明交光互影：中国自汉魏以后各方面所受西域之影响甚为显著，而西域诸国间亦有汲华夏文物之余波者。如前汉元康时龟兹王绛宾之醉心中国文明，乐汉衣服制度；隋唐时代之高昌亦有中国诗书，兼为诗赋，其刑法风俗婚姻丧葬与华夏大同；是其例也。上来所述，于唐代长安所表见之西域文明，已就耳目所及，约陈大概。唯其时流寓长安之胡人似亦有若干倾慕华化者：或则其先世北魏以来即入中国，至唐而与汉人无甚殊异；或则唐代始入中国，亦慕华风；凡此俱应分别观之也。

案唐以前西域人入中国率有汉姓：来自康居者以康为氏，安国者以安为氏，月支者以支为氏，曹国者以曹为氏；此因国名以为氏姓者也。龟兹人姓白，焉耆人姓龙，疏勒人姓裴；除龟兹白姓来源或如冯承钧先生所释而外，余皆无解；然其模仿汉姓，则无可疑也。至于昭武九姓胥以国名为姓，当大盛于唐。尉迟一部起自北魏，唐代尉迟敬德一族华化已久，与秦叔宝一家通婚，是其血统已参有中华之成分在内矣。尉迟乙僧父子与尉迟乐当隋唐之际始入中国；

① 见《国学季刊》第一卷第二号。

② Éd. Chavannes et P. Pelliot："un traité manichéen retrouvé en Chine"，*Journal Asiatique*，1911，pp. 499—617；1913，pp. 261—394.

《贞元新定释教目录》至以尉迟乐之姓为郁持，可见其华化尚浅。其他西域各国人流寓长安，各有汉姓，具见上述。此辈西域人本身唐时始入中国，虽有汉姓，而名字往往仍留西域痕迹，至下一代则姓名始俱华化：如裴沙字钵罗，中宗时入唐，嗣子名祥；裴玢五世祖名纠，至玢当已华化，故名为玢。安胐汗以贞观时入唐，子附国当属赐名，附国子思祇、思恭；安波主子思顺；则姓名俱华化矣。若康阿义屈达干及其四子没野波、英俊、屈须弥施、英正，以俱生于外域，不唯名犹旧贯，剺面截耳亦循本习，以较裴沙、安胐汗诸人似有别也。

又中国志墓立碑之风在来华之西域人中亦甚通行，出土各西域人墓志即其明证。火祆教人亦随中国习俗，如翟突娑、米萨宝之有墓志是也。景士墓志虽未发见，而《大秦景教流行中国碑颂》，即纯为中国风之作品，可为华化之证据。唯摩尼教人无论碑石墓志，至今未见，是为可异耳。

西域人入唐，与中国人通婚者亦多有之。安延妻刘氏，当属汉人。洛阳出土有《大唐故酋长康国大首领因使入朝检校折冲都尉康公故夫人汝南上蔡郡翟氏墓志铭》，翟氏曾祖瓒，隋朝议郎检校马邑郡司马；祖君德，唐朝散大夫太常寺丞；父方裕，清河郡清河县尉。如其所记先世阀阅非属伪造，则此亦中外通婚之一例也。唐代长安流寓之西域人应亦有娶华妇者：本篇第二节引《唐会要》所纪贞观二年（公元六二八年）六月十六日敕，有诸蕃使人所娶得汉妇女为妾之语，代宗时回纥诸胡在长安，亦往往衣华服，诱娶妻妾。天宝以后，河陇陷于吐蕃，胡客留长安不得归，亦皆娶妻生子买田宅举质取利，安居不欲归（参阅第10页注①）。是其时中外通婚数见不鲜，并为律所不禁也。

唐代流寓长安之西域人亦有衣华服效华人者。本篇第三节引刘肃《新语》尹伊判即有胡着汉帽之语。代宗时,回纥诸胡在长安者或衣华服诱取妻妾,大历十四年(公元七七九年)七月庚辰用诏回纥诸胡在京师者各服其服无得效华人。① 皆可证明唐代长安西域人华化之一端也。

此辈倾心华化之西域人,当以于阗质子尉迟胜为最显,尉迟胜已见本篇第二节,《元龟》纪之云:②

> 尉迟胜,于阗质子也。……于京师修行里盛饰林亭,以待宾客,好事者多访之。……贞元初(本国王弟)曜遣使上疏,称有国已来,代嫡承嗣。兄胜既让国,请立胜子锐。帝乃以锐为简较光禄卿兼毗沙府长史还国。胜固辞,且言曰:"曜久行国事,人皆悦服。锐生于京华,不习国俗,不可遣往。"因授韶王谘议。兄弟让国,人多称之。

文质彬彬,居然君子,盖不仅欣羡华服以及中国园林风物已也。至于系出西域,而著述灿然者则有尉迟乐、慧琳及贤首国师三人。尉迟乐即智严,与慧琳俱见本篇第二节。智严于开元九年译有《说妙法决定业障经》一卷、《出生无边门陀罗尼经》一卷、《师子素驮婆王断肉经》一卷、《大乘修行菩萨行问诸经要集》三卷,《贞元新录》

① 参看《通鉴》卷二百二十五《代宗纪》。又《旧书·德宗纪》上亦及此,谓大历十四年七月"庚辰诏鸿胪寺蕃客入京各服本国之服",泛指各蕃。可见衣华服效汉风者不仅回纥人为然也。

② 《册府元龟》卷九百六十二《贤行》;又可参看两《唐书·胜传》。

谓其:①

经明唐梵,智照幽微。《宝积》真诠,如来秘偈,莫不屡承纶旨,久预翻详,频奉丝言,兼令证译。于石鳖谷居阿练若习头陀行。开元九年于石鳖练若及奉恩寺译《决定业障经》等四部,并文质相兼,得在深趣。又译《尊胜陀罗尼咒》一首及《法华经》、《药王菩萨》等咒六首,时有经本写新咒入,幸勿怪之。

慧琳则:②

内持密藏,外究儒流,印度声明,支那诂训,靡不精奥。尝谓翻梵成华,华皆典故,典故则西乾细语也。遂引用《字林》、《字统》、《声类》、《三苍》、《切韵》、《玉篇》、诸经杂史,参合佛意,详察是非,撰成《大藏音义》一百卷。起贞元四年,迄元和五载,方得绝笔,贮其本于西明藏中。京邑之间,一皆宗仰。

是二人者当俱沈浸于中国文明之中,深造有得,是以一则"文质相兼,得其深趣",一则"京邑之间,一皆宗仰"。大食人举进士之李彦升,以视智严、慧琳,恐亦望风却步也。

华严宗三祖贤首国师康国人,卒于长安大荐福寺,已见本篇第二节。贤首讳法藏,二十六岁即能诵《华严》兼讲《梵网》。从学于智严法师,华严宗之二祖也。咸亨元年(公元六七〇年)削染于长

① 圆照《贞元新定释教目录》卷十四。

② 《宋高僧传》卷五《慧琳传》。

安之太原寺。证圣初与于阗三藏实叉难陀等在洛阳再译《华严》，续法记云：

证圣元年三月，诏于东都大遍空寺同实叉难陀再译《华严》，弘景、圆测、神英、法宝诸德共译，复礼缀文，师为笔受。……次移佛授记寺译。……圣历二年（公元六九九年）十月八日译毕。

此唐译八十卷《华严》也。此后屡于两京诸寺译述讲授，周旋于义净诸大德之间，以先天元年（公元七一二年）十一月十四日圆寂于长安之大荐福寺。其所著关于《华严》诸经注疏之书凡百余卷。《华严》一经之阐扬，贤首之力为多。集华严宗之大成，为中国佛教史上一大伟人，智严、慧琳俱不之逮。崔致远传之云：

《麟史》称没有令名者三立焉：则法师之游学、削染、示灭，三立德也。讲演、传译、著述，三立言也。修身、济俗、垂训，三立功也。

法师与智严、慧琳诸人入唐，大率不逾三世，而其华化之深如是，洵足异矣。①

---

① 续法辑《法界宗五祖略记》，崔致远撰《法藏和尚传》，俱见《续藏经》。关于贤首国师在华严宗之地位，可参看常盘大定《支那华严宗传统论》，见《东方学报》东京第三册一至九六页。

附录一　柘枝舞小考

段安节《乐府杂录》记当时教坊乐舞有健舞、软舞、字舞、花舞、马舞之别。健舞曲有棱大、阿连(《教坊记》作阿辽)、柘枝、剑器、胡旋、胡腾;疑俱属胡舞。日本石田幹之助《胡旋舞小考》(见《史林》十五卷三号)谓胡旋舞来自康国;又以胡腾为石国舞;其说甚确,无烦辞费。唯健舞中之柘枝舞亦屡见于唐人书,或谓为胡舞,而未能确指所出。余意以为柘枝舞与胡腾同出石国。因举所知,敷陈如次,以为言唐代与西域文明关系者之谈助。

按柘枝舞,晏殊谓系胡舞(见《晏元献类要》),《乐府诗集》卷五十六《柘枝词·小引》,以为疑出南蛮诸国,其说云:

> 一说曰,柘枝本柘枝舞也。其后字讹为柘枝。沈亚之赋云:"昔神祖之克戎,宾杂舞以混会。柘枝信其多妍,命佳人以继态。"然则似是戎夷之舞。按今舞人衣冠类蛮服,疑出南蛮诸国者也。

《因话录》(《图书集成·乐律典》卷八十八《舞部》引)又谓柘枝一辞,由拓跋氏而得名,以为:

> 舞柘枝之本出拓跋氏之国,流传误为柘枝也,其字相近耳。

刘梦得《观舞柘枝》(《刘梦得文集》卷五)诗云:

胡服何葳蕤,仙仙登绮墀。……

泛云胡服,未言何国。今按以柘枝为由拓跋氏之传讹,固属猜测之辞;出自南蛮诸国,亦未深考。余以为柘枝舞之出于石国,盖有二证。

石国,《魏书》作者舌,《西域记》作赭时,杜环《经行记》作赭支。《唐书·西域传》云:

石,或曰柘支、曰柘折、曰赭时,汉大宛北鄙也。

《文献通考·四裔考·突厥考》中记有柘羯,当亦石国。凡所谓者舌、赭时、赭支、柘支、柘折以及柘羯,皆波斯语 Chaj 一字之译音。柘枝舞之“枝”为之移切,柘支国之“支”为章移切,同属知母字。故柘枝之即为柘支,就字音上言,毫无可疑也。

复次,薛能《柘枝词》(《乐府诗集》卷五十六引)三首俱咏柘枝舞,而第一第二两首乃咏征柘羯事。其第一首云:

同营三十万,震鼓伐西羌。战血黏秋草,征尘扰夕阳。归来人不识,帝里独戎装。

此词末两句之故事,传说不一,兹不赘。唯就伐西羌一语而言,则柘枝词所咏乃西域事也。第二首又云:

> 悬军征柘羯，内地隔萧关。日色昆仑上，风声朔漠间。何当千万骑，飒飒贰师还。

所云柘羯，据《唐书·安国传》，犹中国言战士也。唯案《文献通考·四裔考·突厥考》云：

> 颉利之败也，其部落或走薛延陀，或走西域。而来降者甚众。……唯柘羯不至；诏使招抚之。

是柘羯亦为地名。自隋末乱离，东自契丹，西尽吐谷浑、高昌诸国，皆臣于突厥。至颉利，更委任诸胡，疏远族类。所谓诸胡，指部族中之西域种人；柘羯，即石国也。天宝九载，高仙芝将兵征石国，平之，获其国王以归。十一载，仙芝兵败于怛逻斯城（Talas）；怛逻斯城亦属石国。薛诗之“悬军征柘羯”，盖指仙芝此役而言。柘羯、者舌、赭时、赭支、柘折，皆为一地之异译，而或以名地，或以指人，卒乃以为乐舞之名，亦如隋唐时九部乐之故事耳。薛诗第三首云：

> 意气成功日，春风起絮天。楼台新邸第，歌舞小婵娟。急破催摇曳，罗衫半脱肩。

末二语为柘枝舞舞终时之姿态。咏柘枝舞而及西域，而及昭武九姓中之柘羯，则其与石国之关系，从可知矣。

柘枝舞舞者之服饰，舞时之容态，今俱不传；兹唯从唐宋人书中籀绎一二，述之如次。

柘枝舞至宋犹存，乐府队舞中十小儿队即有柘枝队。《宋史·

乐志》云：

> 柘枝队衣五色绣罗宽袍，戴胡帽，系银带。

按张祜《观杭州柘枝》诗（《全唐诗》第八函第五册）云：

> 红罨画衫缠腕出。

又《周员外席上观柘枝》诗（同上）云：

> 金丝蹙雾红衫薄，银蔓垂花紫带长。

又《观杨瑗柘枝》诗（同上）云：

> 促叠蛮鼍引柘枝，卷檐虚帽带交垂。紫罗衫宛蹲身处，红锦靴柔踏节时。

白居易《柘枝词》（《全唐诗》第七函第六册）云：

> 绣帽珠稠缀，香衫袖窄裁。

刘梦得《观舞柘枝》云：

> 垂带覆纤腰，安钿当舞眉。

又白氏《柘枝妓》诗(《白氏长庆集》卷五十三)云:

红蜡烛移桃叶起,紫罗衫动柘枝来。带垂钿胯花腰重,帽转金铃雪面回。

可见柘枝舞舞工率着红紫五色罗衫,窄袖,锦靴,腰带银蔓垂花,头冠绣花卷檐虚帽。窄袖罗衫,即是胡服;卷檐虚帽,所谓胡帽;《宋史·乐志》之语,可以唐人诗为其注脚也。

白居易《柘枝妓》有"帽转金铃雪面回"之语;张祜《观杭州柘枝》诗云:

旁收拍拍金铃摆,却踏声声锦袎摧。

帽转金铃云云,《乐苑》释之甚详。《乐府诗集》卷五十六《柘枝词·小引》引《乐苑》云:

羽调有《柘枝曲》,商调有《屈柘枝》。此舞因曲为名,用二女童,帽(《御览》五七四引帽上尚有鲜衣帽三字)施金铃,抃转有声。其来也于二莲花中藏,花坼而后见。对舞相占,实(《御览》引无舞相占实四字)舞中雅妙者也。

陈旸《乐书》卷一百八十四柘枝舞云:

柘枝舞童衣五色绣罗宽袍,胡帽银带。案唐杂说,羽调有《柘枝曲》,商调有《掘柘枝》,角调有《五天柘枝》。用二童舞,衣帽施金铃,抃转有声。始为二莲花,童藏其中,花坼而后见。对舞相占,实舞中之雅妙者也。然与今制不同,岂亦因时损益耶?唐明皇时那胡柘枝,众人莫及也。

是柘枝舞人帽上别施金铃,妙舞回旋之际,其声拍拍,与乐声歌声相和,当更增人回肠荡气之情。《乐书》与《乐苑》所纪柘枝舞当犹唐制,宋以后便又不同矣。

柘枝舞大约以鼓声为节,起舞鼓声三击为度,故白氏《柘枝妓》诗云:

平铺一合锦筵开,连击三声画鼓催。

可见也。张祜《观杭州柘枝》诗:

舞停歌罢鼓连催,软骨仙娥暂起来。

又刘禹锡《和乐天柘枝》诗(《全唐诗》第六函第三册)亦云:

鼓催残拍腰身软,汗透罗衣雨点花。

皆可见柘枝舞以鼓声为节奏之概。张祜《观杨瑗柘枝》诗又有"缓遮檀口唱新词"之句,是舞人舞时兼须歌曲;疑系唐代乐舞通例,不仅柘枝舞为然也。

柘枝舞舞至曲终,例须半袒其衣,故沈亚之《柘枝舞赋》(《沈下贤文集》卷一)云:

差重锦之华衣，俟终歌而薄袒。

薛能《柘枝词》之“急破催摇曳，罗衫半脱肩”，即指此也。

柘枝舞颇重目部表情。刘梦得《观舞柘枝》云：

曲尽回身去，曾波犹注人。

沈亚之《柘枝舞赋》云：

骛游思之情香兮，注光波于秾睇。

卢肇《湖南观双柘枝舞赋》（《图书集成·乐律典》卷八十八《舞部》引）云：

善睐睢盱，偃师之招周妓；轻躯动荡，蔡姬之耆桓公。

大约俱指舞人之流波送盻而言。“曾波注人”，亦犹夫“怎当他临去秋波那一转”耳。

柘枝舞原疑有一人单舞，与二人对舞之别；二人对舞则曰双柘枝。张祜《周员外席上观柘枝》诗亦作《周员外出双舞柘枝妓》，诗有“小娥双换舞衣裳”之句。卢肇赋亦是观双柘枝舞，《乐苑》（据《御览》引）亦云“对舞中雅妙者也”。是双人对舞应名双柘枝舞也。至于寇莱公之每舞用二十四人（见《石林燕语》）是为柘枝颠，不可以常例论矣。

关于宋代柘枝舞之大概初未之知，后得读王静安先生《唐宋大曲考》,乃悉史浩《鄮峰真隐漫录》卷四十五有柘枝舞大曲,欲识宋代柘枝舞之梗概,此盖为仅存之文献也。

王先生亦疑柘枝出于柘支,余说与之暗合,深引为荣。《鄮峰真隐漫录》柘枝舞大曲,兹抄录如左(文津阁《四库》本《鄮峰真隐漫录》论柘枝舞有残阙,兹依《彊村丛书》本):

柘枝舞

五人对厅一直立竹竿子勾念

伏以瑞日重光,清风应候。金石丝竹,闲六律以皆调;僸佅兜离,贺四夷之率伏。请翻妙舞,采奉多欢。鼓吹连催,柘枝入队。

念了复行吹引子半段入场连吹柘枝令分作五方舞舞了竹竿子又念

适见金铃错落,锦帽蹁跹。芳年玉貌之英童,翠袂红绡之丽服;雅擅西戎之舞,似非中国之人。宜到阶前,分明祗对。

念了花心出念

但儿等名参乐府,幼习舞容。当芳宴以宏开,属雅音而合奏。取呈末技,用赞清歌,未敢自专,伏候处分。

念了竹竿子问念

既有清歌妙舞,何不献呈?

花心答念

旧乐何在?

竹竿问念

一部俨然。

花心答念

再韵前来。

念了后行吹三台一遍五人舞拜起舞后行再吹射雕遍连歌头舞了众唱歌头

□人奉圣□□朝□□□□主□□□□□□留伊得荷云戏幸遇文明尧阶上太平时□□□□何不罢岁□征舞柘枝。

唱了后行吹朵肩遍吹了又吹扑胡蝶遍又吹画眉遍舞转谢酒了众唱柘枝令

我是柘枝娇女□,□多风措□。□□□,住深□□,妙学得柘枝舞。□□□头戴凤冠,□□纤腰束素。□□遍体锦衣装,来献呈歌舞。

又唱

回头却望尘寰去,喧画堂箫鼓。整云鬟,摇曳青绡,爱一曲柘枝舞。好趁华封盛祝笑,共指南山烟雾。蟠桃仙酒醉升平,望凤楼归路。

唱了后行吹柘枝令众舞了竹竿子念遣队

雅音震作,既呈仪凤之吟;妙舞回翔,巧著飞鸾之态。已洽欢娱绮席,暂归缥渺仙都。再拜阶前,相将好出。

念了后行吹柘枝令出队

此种柘枝舞用五人。据日本今村鞆氏《日鲜支那古代打毬考》,则高丽打毬乐中实有一人手持竹竿,得筹与否,由竹竿以为指挥。大约竹竿子即因其持竹竿而得名也。至于花心不知果作何解释?《真隐漫录》除柘枝舞而外,尚有采莲舞、太清舞、花舞、剑舞及渔夫舞,体制与柘枝舞约略相同。竹竿子在采莲舞、太清舞、柘枝舞、剑舞中俱有之。花心则见于采莲舞、太清舞、柘枝舞;为由五人组成之舞队。花心大约即舞队本身之领袖;而起舞遣队之责,则由竹竿子任之,如今日乐队之指挥然也。起舞之前或念诗一首,或骈语数联,继由竹竿子与花心设为问答之词,然后正式起舞,“舞者入场,投节制容”,是为入破。入破以后,由竹竿子念七言诗一首或骈语数联遣队,于是乐止舞停。日本所传唐代舞乐,分为序、破、急三段(参看源光圀《大日本史·礼乐志》),疑宋代大曲中之柘枝诸舞,其节奏仍如是也。

柘枝舞在唐代本属教坊,柘枝词因舞而起;至宋犹存于乐府之中,其佚当在元宋之际;自是以后,唯于词曲中存柘枝令之牌名而已。词兴而大曲亡,诸宫调院本兴而词亦衰。较近于民间艺术之剧曲一盛,则烦重之乐舞归于消沈,终至灭绝,亦固其所也。

附记　本篇初稿曾载于《清华周刊》第三十七卷第十二期,兹略加修正,附于本篇之末。

附录二　盩厔大秦寺略记

关于《大秦景教流行中国碑》出土地点之有盩厔、长安及盩厔长安间三说,讨论者甚众,毋庸赘述。兹唯将盩厔之大秦寺,就余等寻访所见及者叙其梗概如次。世有继往者或不无微补焉。

盩厔县位于南山之阴,县治距西安一百五十里。大秦寺则在楼观(今名楼观台,即古崇圣观地)。民国二十二年四月二十四日,余与徐森玉、王以中、刘子植三先生同车西行,思去盩厔一访大秦寺遗迹。早发西安西门,偏西南行四十里斗门镇,二十里大王镇,入鄠县境;二十里涝店,入盩厔境;二十里尚村,二十里终南镇宿。次晨由终南镇南行,越阡陌,过乱石河滩,迤逦上山坡,穿过长里许之橡树林,即至楼观;为程约二十里。沿路阡陌纵横,皆是稻田,乡村林木蔚茂,俨然江南风物。

余等决定宿楼观,观俱道士,监院王姓,知客曾姓为湖南人。部署略定,余独出楼观西门闲眺。小山坡陁而下,尽是麦垅,一望如铺绿锦。立麦垅中向西遥望,一塔翼然耸立山麓,形制甚古。余初拟独往一览,以相距尚有数里,尚待进午膳遂止。

余等因读佐伯好郎《大秦寺所在地考》一文,因起漫游盩厔之意,拟一访所谓五郡与大秦寺者,是否至今犹有其地。而据乾隆盩厔旧志,大秦寺在黑水谷,故至楼观后,即向道士问黑水谷所在,拟于当日一游,明日即行东反。询后知黑水谷西距楼观尚有四十里,不禁为之惘然,因决于午后周览楼观附近各地。先出东门探说经台诸地之胜,复转而西,从麦垅中行至玉女泉小憩。于是越小坡,至午间所见古塔处,塔旁一寺,残破不堪。余等坐寺门前阶石上息足,余以旁有一塔,与坡公诗合,因戏言此即大秦寺也。同人皆为大笑。适有一村童立其旁,遂询以寺名,村童答以此是大秦寺,余等闻言,俱雀跃而起,喜其巧合。因相率入寺内细察,王以中先生首先发见明正统钟铭,徐森玉先生亦发见乾隆时寺僧墓铭。次日徐、王二先生赴黑水谷,考察旧志所云大秦寺在黑水谷之言是否可靠,余与刘子植先生则仍至大秦寺考察,又因寺僧之指示,得见咸丰时断碑。此三者皆足以证明此寺寺基确即以前之大秦寺,因抄录如左,以资考证。

(一)明正统钟铭

明正统九年(公元一四四四年)铸铁钟一口,悬于大殿门西檐下,钟铭东北两面可见，馀为墙掩，大约俱施功德人名也。铭录如次：

五峰丘木山大秦禅寺铸鈒序

大明国陕西省西安府盩厔县僧会司遇仙乡大峪里地坊大唐太宗敕赐承相魏徵大将尉迟恭起建监修至玄宗国师一行弘师被土星致灾受已毕显大神通作无为相南无金轮炽盛自在觉王如来

倒坏本寺住持僧无尽禅师重造寺宇启建□殿缺欠金钟独力难成□发诚心乞化到太和长安京兆坊张明鼎张明敏等处化到黑金壹阡陆百觔铸鈒

正统岁在甲子孟夏伍月拾柒日丙寅

金火匠范琮和等鈒完

皇帝万岁万岁万万岁

太子千秋天下太平万民乐业五谷丰登

盩厔县知县郑达县丞王齐主簿马驯典史许贵

(二)乾隆时寺僧墓碣

碣供养于大殿内东南面佛座上，碣文如次：

大禅师修行于终南盩厔县大峪里地坊

五峰丘木山大秦寺供奉住持僧刘儒清之墓

大清乾隆五十七年吉日书于大秦寺

(三)咸丰时大秦寺残碑

碑卧于寺门外西边麦田中，下截残去，不知所往。碑文如次：

杜亭邑

大老禅师法讳海阔墓表碑

易云善不积不足以成名故细行受细名大行受大(缺)老师不唯大行堪表即细行亦无不可表也海阔石(缺)负性柔弱寡言笑守师训但庙内无养长老代理(缺)性纯朴嗔曰盩邑大秦寺余落发地也现有积囊何不(缺)规人皆谓其贤师弟海际不守法戒长老料其不能(缺)海阔与徒往焉甘受淡泊而不怨追后诸事如意(缺)浪酒烂交寺业十花八九而亡海阔曰此寺坟墓在(缺)著锦数年业复如初两寺皆兴不贤而能治家若(缺)不忘其德欲立墓表嘱余作文略述生平而表现任盩厔县僧(缺)

大清咸丰九年岁在己(缺)

按以上所录,文字俱甚俚俗。唯自明以来,此寺仍名大秦寺,则因此可以碻然无疑。民国《盩厔县志》谓大秦寺有记宋建隆四年(公元九六三年)重修旧碣,今已无存;据土人相告,此寺有旧碑,后移至县中云云。此移至县中之碑,其为记建隆四年重修寺宇之碑耶?抑现存西安碑林之景教碑即由此移至西安,因而十口相传,有此异闻耶?由楼观至盩厔县城尚有三十里,余等求归心切,无由至彼一验传说之然否,此事只有俟之他日矣。

苏东坡《大秦寺诗》云:

晃荡平川尽,坡陁翠麓横。忽逢孤塔迥,独向乱山明。信足幽寻远,临风却立惊。原田浩如海,滚滚尽东倾。

金杨云翼《大秦寺诗》亦谓:

寺废基空在，人归地自闲。绿苔昏碧瓦，白塔映青山。暗谷行云度，苍烟独鸟还。唤回尘土梦，聊此弄澄湾。

两人诗俱及大秦寺塔。按今寺大殿东相距约四十尺许有七级八棱宝塔一座，《志》作镇仙宝塔，形制虽为八棱，而与长安大雁塔约略相似。土人谓此塔即以造大雁塔所剩余之材料作成云云，说似无稽，而观其形制之近似，塔为唐物，大致可以无疑也。

塔最下一级中供佛像，俱系近塑。以前大约可以从最下一级依扶梯盘旋而上，不知何时将通路堵塞。塔北面有大银杏树二株，土人上下此塔，即从树上横架一梯于塔檐，由梯上飞渡。余亦依此法上塔一览。塔中自第二级以上有木扶梯，转折而上，尚完好可登。第二级第三级西壁俱塑有观自在像作斜倚势，彩饰全然剥落，只馀泥胎，然其姿态之幽静身段之柔美，令人见而起肃敬之感。疑为古塑，即非李唐，亦当为宋、元高手之作，近代工匠不能企及也。惜塔中地势逼仄，光线不佳，不能照像，至以为憾。四、五、六三层空无所有，六层制有搁版，原来当有佛像之属，今亦不存。在第七层之西南两门洞壁上见镌有番字之二砖，因于四月二十六日重至塔上，拓取数份，后携回北平以示彭色丹、于道泉两先生，始知为藏文六字真言，盖亦僧人好事者之所为也。唯所题字时亦不晚，塔内砖壁原来俱圬以石灰，其上有明天启时人题名，则石灰壁之成最迟当在天启以前。而六字真言阴文刻痕中俱填有石灰，可见此六字真言之镌刻，为时当又在石灰墁壁之前也。或即唐代之遗，亦未可知。

又盩厔旧志谓黑水谷有大秦寺，证以徐、王两先生去黑水谷勘察之结果，以及东坡诗注观之，知旧志之言甚谬。东坡《南山纪行》

诗自注有云：

> 是日游崇圣观，俗所谓楼观也。……遂与张果之同至大秦寺，早食而别。……又西至延生观。……西行十数里，南入黑水谷。谷中有潭，名仙游潭，上有寺三。

今大秦寺在楼观西约五里，延生观又在寺西五里，而黑水谷又在延生观西二十余里，与坡诗正合。若大秦寺在黑水谷，则坡诗不应云尔，此一证也。又黑水谷两山中合一水北流，与东坡大秦寺诗所述景物无一相合。只今大秦寺背倚山麓，前俯平川，麦田翻绿，有如锦海；读九百年前坡公之诗，犹在目前。此二证也。

五郡城，据旧志在盩厔东三十里，与古楼观相近。余等至楼观后，访所谓五郡者，不得其处。而正统钟铭乾隆时刘儒清墓表俱有五峰丘木山之名，又今大秦寺下微偏西近平川处有一村，围墙大半颓塌，而门洞墙基多为石砌，与秦、豫今日所见一般乡村少异。土人自谓村名塔峪，余疑此即古五郡城遗址。依东坡诗，五郡地有水泉之美，而今塔峪村，附近溪流莹洁，亦复甘美，唯坡诗以五郡置于楼观及大秦寺之间，与今塔峪村微异，然则五郡其为别一地耶？当时匆匆，无暇细考，至今思之，犹有馀憾。

佐伯氏文中又引及张景先《五郡怀古》诗，佐伯氏据《道藏》六百零五册《古楼观紫云衍庆集》转引。今按张景先此诗题于重摸苏灵芝书《唐老君应见碑》碑阴，题作“《五郡怀古》”，不作“五郡庄”；“列郡衣红锦”，“衣”不作“依”；“全家茹紫芝”，“家”不作“国”。后有“元祐丙寅九月二十有六日太平宫主张景先题太平宫道士窦清源刊”题字。凡此俱可以补佐伯氏文之缺也。

又佐伯氏以楼观附近有吕仙洞等吕纯阳之遗迹，因又重提其《大秦景教碑》书人吕秀岩即吕岩即吕洞宾之假设，以为更有可能。关于此事，余等亦获见一事，或可供佐伯氏之参考。余等于五月一日返抵洛阳，在某氏处得见新出土吕洞宾之父吕让墓志。让凡兄弟四人，以温恭俭让排行，让其季也。让有五子，一早殇，行三者名煜。据新安吕氏家乘，则洞宾行三原名煜，后改名岩，纯阳洞宾又其后改之名。其父名让，所志官阶履历，与新出土墓志正合。唯俱不云吕岩又名秀岩。是佐伯氏吕秀岩即吕岩之假设，固尚待新证据之发现，此际犹难为定论也。

（《燕京学报》专号之二，一九三三年十月出版。）

（一）1. 窄袖披肩巾之唐代女俑（北京图书馆藏，洛阳出土）
2. 窄袖披肩巾之唐代女俑（著者自藏，洛阳出土）
3. 窄袖着折襟外衣戴帷帽之唐俑（著者自藏，洛阳出土）

（二）1. 窄袖袒胸披肩巾之唐代女俑（著者自藏，洛阳出土）
2. 窄袖袒胸戴帷帽之唐代女俑（著者自藏，洛阳出土）
3. 着折襟胡服戴帷帽之唐俑（著者自藏，长安出土）

第　一　图

1. 2. 着折襟胡服戴帷帽之唐代女俑(著者自藏,长安出土)

3. 着折襟胡服戴帷帽之唐代女俑(著者自藏,洛阳出土)

4. 窄袖披肩巾之唐代女俑(北京图书馆藏,洛阳出土)

5. 唐代胡人俑(著者自藏,洛阳出土,唐人诗卷檐虚帽于此可以见之)

第　二　图

着窄袖衫之供养女像

斯坦因在敦煌千佛洞所得唐画，供养女亦着窄袖衫。洛阳龙门唐代诸窟中着窄袖衫之女像亦甚多，皆胡服也。A. Stein：*Thousand Buddhas*, title page 有此。今为复制备览。

第　三　图

（一）正面　　　　（二）背面

1.2. 堆髻之唐代女俑（著者自藏，洛阳出土）

第　四　图

1. 唐镜（外匡花纹颇有西域风味，原镜王以中先生藏，直径9.8公分，洛阳出土）
2. 海马葡萄镜（王以中先生藏，直径9.7公分，洛阳出土）
3. 海马葡萄镜（著者自藏，直径12.7公分，长安出土）

第　五　图

（上）春莺啭（采自高岛千春舞乐图）
（下）团乱旋（采自高岛千春舞乐图）

第　六　图

（一）兰陵王（采自高岛千春舞乐图）

（二）陵王中面
（采自高岛千春舞乐图）

第　七　图

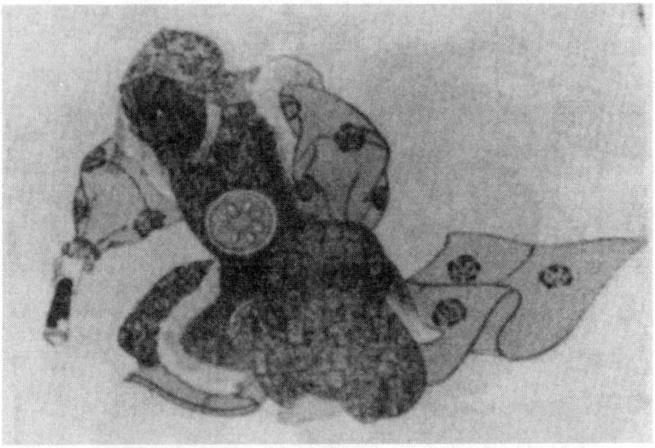

（一）拔头（采自高岛千春舞乐图）

（二）拔头大面
（采自高岛千春舞乐图）

第　八　图

（一）日本所传苏莫遮舞（采自田边尚雄《东洋音乐史》一一七页）

（二）苏志莫利（苏莫遮答舞，采自高岛千春舞乐图）

第　九　图

（一）打毬乐图（采自高岛千春舞乐图）

（二）打毬乐图又一式（采自《骨董集》卷三）

第　十　图

(三)明代打毬图

第　十　图

唐代刊书考

一　引言

唐人刊书，散见载籍；裒为一帙，以资观览者，尚未之见。兹篇之作，于诸家纪载唐代刊书之文，就耳目所及者为之排比，加以考辨，藉著其概。复次，清季西洋考古学家探险西陲，神州古物席卷而西，其中不乏唐代刊本，用述梗概，以谂国人。而近代诸家著述述及其他现存唐本者，并为汇录，验其然否。至于隋以前及隋代之无刊本，与夫印度像印开印书之先路，俱依次述之于首，以识唐代刊书之渊源云。

二　论隋以前及隋代即有刊本之不可信

宋人笔记俱谓刊书始于李唐。明陆深著《河汾燕闲录》，方创昉自隋代之论。清代承其说者颇不乏人。如阮吾山《茶馀客话》，高士奇《天禄识馀》。清末日本人岛田翰著《古文旧书考》，论述中国雕版渊源犹袭陆说，更昌言南北朝即有墨版。而一八九四年法国人拉克伯里（Terrien de Lacouperie）著《中国古代文明西源论》（*West Ori-*

gin of the Early Chinese Civilization),竟谓东晋成帝咸和时蜀中成都即有雕版印书之举。拉氏所据为《蜀志》及《后周书》,说者常訾其以模拓碑版误为印书,曾为覆检二书,未得其据,因不具论。又按日本人中村久四郎于《东洋史讲座》第十二号其所著《宋代学术宗教制度》文中谓敦煌发见之古物中有隋代木活字版发愿文云云,然同书十三号中村不折即函辨其为赝鼎,伯、斯诸人亦未之言,则不足信矣。今录陆氏与岛田氏二家之说于后,继辨其诬。

(甲)陆深《河汾燕闲录》(明嘉靖陆氏家刊《陆文裕公俨山外集》本)卷上:

隋文帝开皇十三年十二月八日敕:废像遗经,悉令雕撰。此印书之始,又在冯瀛王先矣。

(乙)岛田翰《古文旧书考》卷二《雕版渊源考》:

明陆深《河汾燕闲录》云:“隋开皇十三年十二月八日敕:废像遗经,悉令雕版。”是语见于隋费长房《历代三宝记》,曰:“废像遗经,悉令雕撰。”中村器堂氏依此文乃云雕属废像,撰属遗经,即非刻书之谓。余则以为陆氏在明犹逮见旧本,而纪云雕版,恐《宋藏》中必有作雕版者矣。又案此语不载于《隋书》及诸杂史,信斯语也,则隋时已有雕板也。

又予以为墨版盖昉于六朝。何以知之?《颜氏家训》曰:“江南书本穴皆误作六。”夫书本之为言,乃对墨版而言之也。颜之推北齐人,则北齐时既知雕版矣。《玉烛宝典》引《字训》

> 解瀹字曰:“其字或草上或水旁或火旁,皆依书本。”已曰皆依书本,亦可以证其对墨版也。是隋以前有墨版之证。

按陆氏所引隋文帝敕见隋费长房《历代三宝记》,盖“周武之时,悉灭佛法,凡诸形像,悉遣除之,号令一行,多皆毁坏”,以至“塔宇既废,经像沦亡,无隔华夷,扫地悉尽”,故发此敕以“重显尊容,再崇神化,颓基毁迹,更事庄严,废像遗经,悉令雕撰”。陆氏乃据此文以为印书之始。袁恬《书隐丛说》即谓“雕者属像,撰者乃经也,非雕刻之始也”。岛田氏不察,仍袭陆氏之误,故俞樾驳之曰:“至引隋开皇敕谓隋时已有雕版,雕版二字自是撰定之误。雕像撰经乃是二事,若云废像遗经悉令雕版,废像岂可雕版乎!”①可谓甚当。《历代三宝记》卷十二有《象经法式》十卷,开皇十五年敕有司撰,袁氏所谓“撰者乃经也”者,此其证也。

又案陆氏文中“废像遗经,悉令雕撰”二语,后来引者各异其辞。孙毓修《中国雕版源流考》作“悉令雕造”,岛田氏又据别本迳作“雕版”,并曲为之解曰:“余则以为陆氏在明犹逮见旧本,而纪云雕版,恐《宋藏》中必有作雕版者矣。”陆氏确曾见旧本,其所著《玉堂漫笔》卷下云:“世言《大藏经》五千四十八卷,此自唐开元间总结经律论之目,至贞元间又增新经二百余卷,宋至道以后惟净所译新经又九千五百余卷。予见南宋《藏经》与《元藏》不同,而本朝《藏经》又添入元僧以后诸人文字,而卷数仍旧,岂亦有添减欤!”云

① 俞说见岛田氏著《访馀录》之《春在堂笔谈》。其后叶德辉著《书林清话》论《书有刻版之始》,即用俞说也。

云是也。然其家刊本《河汾燕闲录》作"悉令雕撰",并不作"雕版",日本缩刷《藏经》以丽元诸本校勘,于此亦作雕撰,无作雕版者,则岛田之说不足辨矣。

岛田又据《颜氏家训》江南书本之语,以为系对墨版而言,遂谓墨版昉于六朝。俞樾驳之曰:"又引《颜氏家训》谓北齐已有雕版,更恐不然,如颜氏果以书本对刻本而言,则当时刻本当已遍天下矣,何至唐时犹不多见也?书本乃写本耳。古书本无不同,而传写各异,故曰江南书本,对河北书本而言,非对刻本言。《书证》篇或云江南本、河北本,或云江南书、不言本。河北本,不言书。随便言之,皆以江南与河北对。"①叶德辉亦非其说,以为"若以诸书称本定为墨版之证,则《刘向别传》校雠者一人持本,后汉章帝赐黄香《淮南子》、《孟子》各一本,亦得谓墨版始于两汉乎?岛田氏谓在北齐以前,所有援据,止诸书称本之词,陆氏误字之语,则吾未敢附和也。"②二氏驳论,确当不移。故在未有新史料发见以前,仅据陆氏与岛田氏之言,以为中国之有雕版始于六朝及隋,盖不足信已。

三　唐代刊书之先导

中国在隋及隋以前之无雕版书,约如上述,而考诸现存实物及文献,唐代刻书之确然有据,则无可疑。现今世界上最古之印刷

① 见《访馀录·春在堂笔谈》。

② 《书林清话》卷一《书有刻版之始》。

品，当推宝龟本《陀罗尼经》。[1] 然唐代日本文化大都传自中土。如日本夹缬，其名见于宋王谠《唐语林》，创于唐玄宗之时，[2]即其一例，则刊印《陀罗尼经》恐亦有所受也。顾文献无征，今不具论。兹篇所欲究者，为唐代刊书梗概，然于刊书之先导，亦不能不一述也。

中国印刷术之起源，与佛教有密切之关系。语其变化之概，当为由印像以进于禁咒，由禁咒进步始成为经文之刊印，而其来源则与印度不无关系也。今摭录诸家言像印及印佛像之文如次：

（甲）《法苑珠林》卷三十九：

> 《西域志》云：王玄策至大唐显庆五年九月二十七日，菩提寺主名戒龙，为汉使王玄策等设大会。使人以下各赠华氎十段并食器，次伸呈使献物龙珠等具录大珍珠八箱，象牙佛塔一，舍利宝塔一，佛印四。至于十月一日，寺主及诸众僧饯送使人。

（乙）唐义净《南海寄归内法传》卷四，三十一《灌沐尊仪》：

> 造泥制底及拓模泥像，或印绢纸，随处供养，或积或聚，以砖裹之，即成佛塔；或置空野，任其消灭。西方法俗莫不以此为业。

---

① 日本光仁天皇宝龟元年即唐代宗大历五年，公元七七〇年也。关于宝龟本《陀罗尼经》，可参看朝仓龟三著《日本古刻书史》五至十三叶，又卡德（T. F. Cartes）著《中国印刷术之发明及其西传考》（*The Invention of Printing in China and its Spread Westward*）第七章，此章译文见《图书馆学季刊》二卷一期。

② 殿本《唐语林》夹缬作夹结，今依程大昌《演繁露》卷十一引《唐语林》文。

（丙）唐冯贽《云仙散录》印普贤像条引《僧园逸录》：

玄奘以回锋纸印普贤象，施于四众，每岁五驮无馀。

案玄奘《大唐西域记》卷九有云："印度之法，香末为泥，作小窣堵波，高五六寸，书写经文，以置其中，谓之法舍利也。数渐盈积，建大窣波，总聚于内，帘修供养。"日本宝龟本之《陀罗尼经》分置于百万小塔中，即所谓法舍利也。王玄策所获之佛印，即《寄归内法传》所云之泥制底（Koitya）及拓模泥像一类之物也。始言印刷之文献，当以义净之言为最先矣。①

此种佛印流传甚广。日本大和法隆寺所藏不动明王像一纸印像三千，药师如来像一纸印像十二，阿弥陀如来像以纵一尺一寸五分之纸而印像百八尊。此外尚有吉祥天女像，毗沙门天像，皆一纸而印像数十，当即佛印之类也。一九〇八年法人伯希和探检敦煌石室，发见用佛印印成之千体佛，俱为唐代之遗。② 考诸往昔道家修炼，登山涉水，往往佩带枣木大印，印上刻字数达一百二十。③ 然初无传播之想，不过用以避邪而已，不得谓之印刷也。至唐代印度佛印传入中国，摺佛之风一时大盛，一纸中动辄印百千佛像，一印或数百千张，而后印刷方告萌芽，遂有后日之盛。

《云仙散录》记玄奘以回锋纸印普贤像，五驮俱尽，乃摺佛之流

① 义净《寄归传》于武后天授三年五月寄回。天授三年，即公元六九二年。宝龟本《陀罗尼经》在其后七十八年。

② 关于日本之摺物及敦煌之千体佛，可参看日人秃氏祐祥著《古代版画集》及罗振玉著《莫高窟石室秘录》，罗文见《东方文库·考古学零简》。

③ 见《抱朴子·登涉篇》。

也。唯《云仙散录》一书，宋洪迈[①]、张邦基[②]、赵与时[③]、陈振孙[④]诸人即疑其伪，清《四库提要》论《云仙杂记》称："其自序称天复元年所作，而序中乃云天祐元年退归故里，书成于四年之秋，又数岁始得终篇。年号先后亦复颠倒，其为后人依托，未及详考，明矣。"《云仙杂记》一书即捋扯《散录》而成。然八千卷楼旧藏宋开禧刻本《云仙散录》，冯贽序作天成元年非天复。旧本本不误，《四库提要》据此认为依托，未见其然。要之，佛印之作，印度传播已久，玄奘当及见之，则《云仙散录》所记不无可信也。

自有道家四百字之枣木大印及印度之佛印，而后藉刊本刷印以为传播文字之利始渐为人知。中国刊书史之由此蜕变，以至于正式刊刻书籍，其过渡时期史实，尚未发见何种文献，唯有日本宝龟本《陀罗尼经》可为旁证。然其间尚有一事，似亦足以使此期史实呈一线曙光者，则历日板是也。《旧唐书·文宗纪》，太和九年十二月

> 丁丑，敕：诸道府《近事会元》卷五历日板条引此作诸道府州。不得私置历日板。

《全唐文》卷六百二十四冯宿《禁版印时宪书奏》云：

> 准敕：禁断印历日版。剑南两川及淮南道皆以版印历日

---

① 说见《容斋随笔》卷一浅妄书条。

② 说见《墨庄漫录》卷二。

③ 说见《宾退录》卷一。

④ 说见《书录解题》。

鬻于市，每岁司天台未奏颁下新历，其印历亦已满天下，有乖敬授之道。

太和九年敕，盖因冯宿之奏而发也。

按编年史有日历一则，创始于德宗之时，此云历日，当非其伦。《唐语林》曾记僖宗入蜀，太史历本不及江东，而市有印货者，每参互朔晦，货者各征节候，因而争执，可见当时各地有私印历书之事。所云历日板者，疑即为印刷历书之雕版。[①] 恐各道府各置历日板，印行历书，不统于一，以致朔晦参互，节候先后，有悖于王者正朔之义，故敕诸道府不得私置。夫历为人生日常所需，其应传播，与广刊经咒以求福田利益者，需要之切，正无以殊，则先登梨枣，理所当然。历日版云云疑即指此耳。

四　中国刊书史上之咸通时代

唐代道及刻书之文，说者俱以元微之《白氏长庆集序》为最先。[②] 元《序》略云："然而二十年间，禁省观寺邮候墙壁之上无不书，王公妾妇牛童马走之口无不道，至于缮写模勒衒卖于市井，或持之以交酒茗者，处处皆是。""杨越间多作书模勒乐天及予杂诗卖于市肆之中也。"以为模勒云云，即指雕刻而言。元《序》作于长庆四年十二月

① 按日本僧宗叡《新书写请来法门等目录》有《七曜历日》一卷；又陆游《老学庵笔记》卷五谓尹少稷强记，尝于吕居仁舍人座上记历日，酒一行记两月不差一字，皆足证历日之即为历书也。

② 《书林清话》卷一《书有刻版之始》。

(公元八二五年),正与日本宝龟本《陀罗尼经》同时。元、白之诗刊为书册,卖之市肆,遍于杨越,则刊书传播已广,刊刻范围亦已由宗教方面转入世俗文学。然此《序》所恃以为刻书之证者,仅模勒二字及模勒与缮写二字对举而已。顾模可释为摹写,勒亦可诠为钩勒,从原迹摹写钩勒若今之影写本然,似亦可通。至于二语对举,遂指缮写为传钞,模勒为刊刻,则其曲解,与见书本而即谓与墨板对举者无以异也。元氏所云,揆之刊书蜕演之迹,及日本《陀罗尼经》,理实可能。然文字诠释,似有未晰。故在未得第二种文献及年代清晰之实物证据以前,不得据此即谓唐代在大历时即已有雕版印书也。

中国刊书是否创始于唐,李唐一代在刊书史上之变迁若何,俱以文献不足,难征其全,唯就所得诸家之言,考其时代,则大都在唐懿宗咸通或其后不远之际。是刊书之事,当自此始渐为士大夫所注意,因而形诸纪述。今总称之曰咸通时代。其在咸通前后者亦附见于中。关于诸家纪述唐代刊书文献,今就所得见者,略依时序,比录如左:

(甲)日本僧宗叡《新书写请来法门等目录》(《大藏·馀》二):

> 《都利聿斯经》一部五卷　《七曜禳灾法》一卷《七曜廿八宿历》一卷　《七曜历日》一卷　《六壬名例立成歌》一部二卷　《明镜连珠》一部十卷　《秘录药方》一部六卷两策子　《削繁加要书仪》一卷元和年中者西川印子《唐韵》一部五卷　同印子《玉篇》一部三十卷　右录书等,惟非法门,世者所要也。大唐咸通六年从六月迄于十月,于长安城右街西明寺日本留学僧圆载法师院求写杂法门等目录具如右也。日本贞观七年十一

月十二日却来于左京东寺重勘定入唐请益僧大法师位。

（乙）范摅《云溪友议》卷下《羡门远》：

纥干尚书泉苦求龙虎之丹十五余稔。及镇江右，乃大延方术之士。乃作《刘弘传》，雕印数千本，以寄中朝及四海精心洗炼之者。……

（丙）司空图《一鸣集》卷九《为东都敬爱寺讲律僧惠礭八千卷楼藏旧钞本作确。化莫丁本作募。雕刻律疏》：印本共八百纸。

……今者以日光旧疏，龙象弘持，京寺盛筵，天人信受，□迷后学，竞扇异端。自洛城罔遇，时交乃焚，印本渐虞散失，欲更雕锼；惠礭丁本作确。无愧专精，颇尝讲授。远钦信士，誓结良缘。所希龟鉴益昭，此依丁本。津梁靡绝，再定不刊之典，永资善诱之方。必期字字镌铭，种慧依丁本。牙而不竭；生生亲眷，遇胜会而同闻。敢期福报之微，愿允标题之请。谨疏。据《四部丛刊》本以八千卷楼藏本校。

（丁）王谠《唐语林》卷七：

僖宗入蜀，太史历本不及江东。而市有印货者，每参互朔晦，货者各征节候，因争执，里人拘而送公。执政曰："尔非争月之大尽乎？同行经纪，一日半日殊是小事！"遂叱去。而不知阴阳之历，吉凶是择，所误于众多矣。

(戊)柳玭《家训序》:无名氏《爱日斋丛钞》卷一引。

中和三年癸卯夏,銮舆在蜀之三年也。余为中书舍人,旬休阅书于重城之东南。其书多阴阳杂说、占梦相宅、九宫五纬之流,又有字书小学,率雕版印纸,漫染不可尽晓。

(己)叶梦得《石林燕语》卷八:

世言雕版印书始冯道,此不然,但监本《五经》板,道为之尔。柳玭《训序》言其在蜀尝阅书肆,云字书小学率雕版印纸。则唐固有之矣。但恐不如今之工。今天下印书,以杭州为上,蜀本次之,福建最下。京师比岁印版,殆不减杭州,但纸不佳。蜀与福建多以柔木刻之,取其易成而速售,故不能工。福建本几遍天下,正以其易成故也。

(庚)无名氏《爱日斋丛钞》卷一:

按柳玭《家训序》(参看戊)、叶氏《燕语》,正以此证刻书不始于冯道。而沈存中又谓板印书籍,唐人尚未盛为之,自冯瀛王始印《五经》,自后典籍皆为板本。大概唐末渐有印书,特未能盛行,遂始于蜀也。

(辛)《国史志》:

唐末益州始有墨版,多术数小学字书。

（壬）朱益《猗觉寮杂记》卷下：

雕印文字，唐以前无之，唐末益州始有墨版，后唐方镂《九经》。悉收人间所有经史，以镂板为正，见两朝国史。

宗叡为唐代日本僧入唐八家之一，于清和天皇贞观四年（唐懿宗咸通三年，公元八六二年）与贤真、忠全、安展、禅念、惠池、善寂、原懿、偤继诸人随真如法亲王入唐，于贞观七年（咸通六年，公元八六五年）十一月归国。归国时携回之经卷凡一百三十四部一百四十三卷，西川印子本《唐韵》、《玉篇》，则经卷以外附回者也。印子本即刊本。二书唐本现俱不存。然三十卷之《玉篇》、五篇之《唐韵》，俱属钜帙，在咸通时既已雕版流传，播诸海外，则当时蜀中刊书之盛可想已。最先发见此段文献者为日本秃氏祐祥，氏著《古代版画集》后附《版画考》一文，论及此事。

时代稍次于宗叡《目录》者，是为范摅《云溪友议》所纪纥干泉印《刘弘传》数千本之文。摅为僖宗时人。纥干泉附见《唐书·裴休传》，称其与休茹素嚬呗，同信桑门。此纪其苦求龙虎之丹，并大延方术之士云云，似与《传》牾。然唐武宗时道教大盛，废天下僧寺，一时士大夫趋赴风尚，俱舍而学道。会昌六年四月道士赵归真伏诛，道教遂衰。宣宗大中元年修复废寺，则纥干泉初或崇信道家，会昌而后，道家寖衰，用转入释氏，与裴休等皈依三宝，以挽晚节。《传》仅记其崇信释氏，系就晚年而言，范氏所言，则其往事耳。其镇江右，当在赵归真尚未伏诛以前，中朝大夫不少言修炼之术者，用敢雕印《刘弘传》数千本以寄之也。故纥干泉之雕印《刘弘传》，当在会昌之时，范摅于咸通时纪之，于此不仅可见会昌时江右已有雕版印书,而咸通时雕版书之已为社会所习见,亦于可知矣。

就宗叡《目录》及《云溪友议》二书观之,咸通时雕印世俗书及道家书之情形,约可窥见一斑。清光绪季叶英人斯坦因发见敦煌莫高窟石室藏书,劫取菁华,以藏于不列颠博物院。其中有雕印本《金刚经》一本,经末题云:"咸通九年四月十五日王玠为二亲敬造普施。"现存之中国雕版书,当以此物为最古矣。关于咸通《金刚经》,别述于第五节,兹不赘。今进而论司空图所纪《雕刻律疏》一文之时代。

图此文大约作于居洛之时。图生平入洛,前后二次。第一次在咸通末及乾符六年之间。时召拜殿中侍御史,以赴阙迟,因责授光禄寺主簿,分司东都。广明元年,始还河北。自是不复至洛。第二次在昭宗时。昭宗迁洛鼎欲归,柳璨希朱全忠旨,陷害旧族,诏图入朝。图惧见诛,力疾至洛阳,时天祐二年八月也。图此文当作于第一次入洛之时。若第二次,则史称其谒见之日,堕笏失仪,旨趣极野,当无逸致作此闲文。即令作于此时,文中"洛城罔遇"之辞,必不敢形诸笔墨以贾祸也。故此文必作于咸通末第一次入洛,时距宣宗大中复修佛寺不远,故"洛城罔遇,时交乃焚"云云,当指会昌废佛之祸而言。盖会昌废寺,东都敬爱寺亦曾受波及也。唐皇甫枚《三水小牍》谓:"唐武宗嗣历改元会昌,爱驭凤骖鹤之仪,薄点墨降龙之教,乃下郡国毁庙塔,令沙门复初。于是东都敬爱寺北禅院大德从谏引公,乃乌帽麻衣,潜于皇甫枚之温泉别业后冈上。"是敬爱寺在会昌时固曾罹废寺之祸也。迄大中时佛教复兴,敬爱寺用亦亟图恢复,重雕律疏,故图文所云"自洛城罔遇,时交乃焚"以下四语,其为特指会昌毁佛之事而言,盖确然有据。某君于此数语断句作为"自洛城罔遇时交,乃焚印本,渐虞散失,欲更雕锼"。夫印本既焚,已归散失，尚何渐虞之有乎！而会昌、咸通时之即有印本，亦于斯可见。前之纥干泉之雕印《刘弘传》在会昌时，亦可以此为一旁证。又按敬爱寺在东都建春门内，距南市不远。南市有卖书肆。斯时敬爱寺雕印律疏至八百纸，印书之举已属常事，南市卖书肆中，缥缃插架，想当有刊本书籍陈于其中者矣。

懿宗之后是为僖宗。是时王仙芝、黄巢等揭竿起义，横行天下。广明元年十二月黄巢入长安，中和元年正月僖宗遂幸成都，文德二年二月始克复归长安。《唐语林》及柳玭所纪，皆此时事也。宗叡《目录》所纪有西川印子本《玉篇》、《唐韵》之印本，成都书肆固有出售者矣。柳玭谓阅书于重城之东南，所谓重城当属乾符六年高骈所筑之罗城，今称蓉城。至今成都书肆尚多在蓉城东南学道街一带，唐代书肆亦当在此也。[①] 叶梦得以下四家之言，今不具论。

就以上诸家所纪者考之，会昌以降，雕版印书之风已盛，至咸通而纪者特多。宗叡、司空图、范摅诸文。所印书今犹可考者，在世俗方面有阴阳杂说、占梦相宅、九宫五纬、字书小学、《玉篇》、《唐韵》之属，道家方面有《刘弘传》，释氏方面有鸠摩罗什译《金刚经》详第五节述现存之咸通本《金刚经》。及律疏。当时印书之地可考者，有江右、《云溪友议》。江东、《唐语林》。蜀、宗叡《目录》及柳玭《家训序》。东都、司空图《一鸣集》。及敦煌咸通本《金刚经》。诸处，传播之远及于日本、宗叡《目录》。长安。宗叡携回之印子本既获于长安，又纥干泉雕印《刘弘传》数千本以寄中朝及四海精心洗炼之者，中朝当即长安，而四海云云又可见其传播之广矣。故

① 柳玭事实略见新、旧《唐书》。又《通鉴·昭宗纪》称其于景福二年以渝州刺史迁泸州刺史，柳氏自公绰以来，世以孝悌礼法为士大夫所宗；玭为御史大夫，上欲以为相，宦官恶之，故久谪于外云云。

在咸通之时，雕印书籍，即已遍布于长江、黄河两流域间，则其盛可知矣。

五　述现存之咸通本《金刚经》

当十九世纪末叶，西洋考古之学大盛，于是中亚细亚、新疆、蒙古、甘肃一带，遂时有外国考古学家发掘探考于其间。至一九〇七年，供职于英国印度政府之匈牙利人斯坦因乃发见敦煌千佛洞莫高窟之秘藏。佛画、写本、印本、卷子，为所席卷而西，以藏诸伦敦之不列颠博物院者约八千五百余卷。其明年法国人伯希和至此，复取去二千五百余卷，藏于巴黎之国家图书馆。余八千余卷，则于清宣统时归诸北京之京师图书馆。三处所藏，以写本为多，印本甚少。印本之有时代可寻者，在伦敦约有五卷，巴黎约有四卷。咸通本《金刚经》即伦敦藏本，为斯坦因所劫去，而现存中国印本书之最古者也。咸通本《金刚经》印于咸通九年四月十五日，斯坦因之《中国西陲考古记》(*Ruins of Desert Cathay*)及卡德之《中国印刷术之发明及其西传考》曾述其大概。二氏书及日本秃氏祐祥《古代版画集》、新村出《典籍丛谈》俱附有影片。今摘译斯坦因及卡德二氏之说如次，随述是书内容于后。

(甲)斯坦因《中国西陲考古记》卷一第一八九页：

石室又有一保存甚善之卷子，首为雕印甚佳之扉绘一篇。卷子正文全部俱属雕版印成，末有雕刻年月，约当西元后之八六〇年(参看第一九一图第六幅)，余睹此为之大喜不置。世俗俱谓雕版印书始于宋代，据此可知宋以前久已有之，而在第九世纪时其艺术即已颇有可观矣。其他汉文卷子中尚杂有画卷及雕版之属，雕绘之精，虽在无专门学识者观之，亦一见而知其艺术之佳也。

（乙）卡德《中国印刷术之发明及其西传考》第四一页：

莫高窟石室闭藏潜而不彰者几九百年，至是所藏卷子始复显于世，而世界上最古之印本书亦即藏于其中。是书保存甚善，大致完好无缺，雕刻技术亦颇进步。由此可见其蜕演至今，必已甚久。欧洲谷腾堡（Gutenberg）以前所有之雕印品，俱不及此书之精。全书正文六叶，首副以雕版画一短幅，黏成一长幅，长十六呎。综观此书，不唯雕版技术可称上乘，即就各叶之大小而言，亦非日本宝龟本《陀罗尼经》之简陋粗疏所可比也。每叶约长两呎半，高仅一呎，雕版大小当亦如是。书末刊有年月一行，辞曰："咸通九年四月十五日王玠为二亲敬造普施。"

案咸通九年四月十五日为公元八六八年五月十一日，斯坦因《中国西陲考古记》卷一第一八九页作西元后八六〇年，第一九一图第六幅作西元后八六四年，俱误。是书第一页为雕版扉绘，作佛在给孤独园长老须菩提（Subhūti）起问之状。释迦牟尼佛坐于正中莲花座上，座前一几上设供养法器，长老须菩提则偏袒右肩，右膝著地，合掌白佛，佛顶左右飞天旋绕，佛座两则有二金刚守护，佛座后二菩萨九比丘帝王宰官围绕随侍，佛座前二师子分踞左右，所以表示佛为人中师子也。

扉绘之后是为《金刚经》本文。经首冠以净口业真言。继此为鸠摩罗什译《金刚般若波罗密经》(Vajracchedikā－prājñāpāramitā－sūtra),经文每行大率为十九字,殿以真言。

扉绘刻画甚精,人像衣褶简劲,面容亦能表示各人不同之情感。须菩提古老苍劲,虬筋外露,意态生动。全部线条于柔和中复寓劲挺之意,以之与高丽显宗朝之《御制秘藏诠》高丽本经即翻雕北宋本者。及南宋本《佛国禅师文殊指南图赞》相较,①后二者虽工整精细有胜于前,然不及咸通本之纯朴古简。经文字体亦然。宋版本之佳者,字体每带欧、虞神味,如拜经楼藏残本《汉书》及八千卷楼藏宋庆元本《五百家注昌黎文集》是也。元人所刻与宋版书较,已带匠气,明清则自郐以下矣。顾以咸通本《金刚经》与宋版书较,又显然有别,一则古拙错综,一则整齐呆板。是故古版书就艺术方面言之,即在其能保持率真之气,而不流庸俗耳。

图中释迦像上唇有微髭,此种传说,为时甚古,从此亦可见是书渊源之远也。经文之首附净口真言,文曰:"凡欲读经,先念净口真言一遍:修唎修唎摩诃修唎修修唎娑婆诃,奉请除灾金刚,奉请辟毒金刚,奉请黄随求金刚,奉请白净水金刚,奉请赤声金刚,奉请定除厄金刚,奉请紫贤金刚,奉请大神金刚。"末附真言,文曰:"那谟薄伽跋帝钵罗若钵罗密多曳唵伊哩帝伊失哩戍噜驮毗舍耶娑婆诃。"《大正新修大藏经》本《金刚经》真言薄伽作婆伽,钵罗若作钵利坏,密多曳作弭多曳,伊哩帝作伊利底,伊失哩伊伊室利,戍嚧驮作输卢驮,娑婆诃作莎婆诃,译音微殊,句读亦异,其中足以校正今

① 《秘藏诠》及《指南图赞》影本俱见《古代版画集》。

本鸠摩罗什译《金刚经》者尚不鲜也。

咸通本《金刚经》大概约如上述。然其书是否为敦煌所刊，抑自他处传来是亦待解决之一问题也。与刊本《金刚经》同时发见者，尚有其他雕版印之单片发愿文甚多，此种单片大都分为上下两截，上截为所欲供养之佛像，下截则为愿文，所雕佛像及文字较《金刚经》及其他有年月之卷子本为简率，卡德据此遂谓此种单片之发愿文既甚简率，则雕印之卷子本或系来自四川，而发愿文则刊于敦煌也。由此推论，又可见在《金刚经》刊印以前，中国本部雕印书籍之业已盛，敦煌不过汲其馀波，方在创始耳。然而其间过渡之迹，则于兹显然可睹矣。①

今按卡氏所论不尽无据。巴黎藏有广政十年写本《维摩诘经讲经文》第二十卷，书于西川之静真禅院，流传至敦煌之应明寺，是为敦煌与蜀中文化交流之证。又敦煌石室藏书两万余卷，大率为写本，印本寥寥可数，其地雕版印书之业尚未甚盛，而敦煌刊书之风受外来之影响甚大，亦大略可知矣。

六　论现存其他各唐本书

近代著述中颇有述及现存唐代刊本者，今略举其言如次。

（甲）岛田翰《古文旧书考》卷二《雕版渊源考》：

案今世所传经籍墨版，盖莫古于李鹗本《尔雅》及阙民字

① 见卡德《中国印刷术之发明及其西传考》第四四页。

本《左氏传》，大坂有西村某者达按新村出《典籍丛谈》之《唐宋版本杂话》及此谓系西村兼文。尝赝作三种书：延喜十三年本《文选》，唐天祐二年本《归去来辞》卷尾署大唐天祐二年九月八日余杭龙兴寺沙门光远刊行，今在神田乃武氏家。是也。而其一则余忘之矣。明治二十一年清傅云龙得《文选》于陈树山所，惊喜，刻入于其《篡喜庐丛书》中，钦差大臣黎莼斋制跋，兵部郎中傅云龙作序，啧啧言其可信。且以此为唐世椠本流行之证。而曾不知其出于西村某之手。纸用写经故张，字样集写经旧字活字摆印者也。盖虽有巧妙足以欺人者，而其纸墨之间，犹不难判知其为伪也。况如《归去来辞》门虽设而常关，脱门字，尚可谓之正善可据乎。

(乙)罗振玉《莫高窟石室秘录》：

予于日本三井听冰氏(高坚)许，见所藏永徽六年《阿毗达摩大毗婆娑论》卷一百四十四，其纸背有刻木楷书朱记，文曰“大唐苏内侍写真定本”九字，与宋《藏经》纸后之“金粟山藏经记”朱记同，此为初唐刻本之确据。

(丙)孙毓修《中国雕版源流考·雕版之始》：

按唐时雕本，宋人已无著录者。盖经五季兵戈之后，片纸只字，尽化云烟，久等于三代之漆简，六朝之缣素，可闻而不可见矣。近有江陵杨氏藏《开元杂报》七叶《孙可之集》有《读开元杂报》文当即此也。云是唐人雕本，叶十三行，每行十五字；字大如钱，有边线界栏，而无中缝，犹唐人写本款式。作蝴蝶装。墨印漫漶，不甚可辨。此与日本所藏永徽六年《阿毗达磨大毗婆娑论》刻本，均为唐本之仅存者。世传卷子本陶渊明《归去来辞》后署大唐天祐二年秋九月八日余杭龙兴寺沙门光远刊行云云，盖不足信。

案以上所举今人之视为唐刊本者，有《开元杂报》及《阿毗达摩论》第一百四十四卷二种。顾《开元杂报》虽有边线界栏，而墨印漫漶，不甚可辨，乌能必其即为刊印？即为唐本？矧读孙氏文，毫不见有刊刻之意耶？至于《阿毗达摩论》之唐本，在日本学者且自疑其不典，以为或系西村兼文之流者所为。① 当亦赝鼎耳。

敦煌石室印本有《加句灵验》本《一切如来尊胜陀罗尼》，罗振玉曾为之影印于《宸翰楼丛书》中；斯坦因《中国西陲考古记》影有《供养阿密陀佛发愿文》单片一纸；卡德《中国印刷术之发见及其西传考》影有《供养文殊师利菩萨发愿文》单片一纸，此三种者细察其字画，雕刻俱颇纯朴，与咸通本《金刚经》较，更为率真。罗氏谓《一切如来尊胜陀罗尼》为唐本，其根据为“国师三藏大广智不空译”之“国”字尚空一格，馀二种发愿文，卡氏亦断为唐本，言俱可信。言现存之唐本，于咸通本《金刚经》外若此三者，其庶几乎！

（见《中央大学国学图书馆第一年刊》页一——九，
一九二八年十一月出版。）

① 参看新村出《典籍丛谈》之《唐宋版本杂话》一文。

唐代纪载南诏诸书考略

一　绪论

中国西南云南、贵州、四川一带，自古以来民族复杂，彼此分立，不相统属。其后庄蹻开滇，汉武帝通西南夷，诸葛武侯平蛮，汉文化的势力仅仅只到云南东部，西部及南部依然故我，不受影响。六朝以至隋唐之际，土著大族有爨姓者逐渐兴起，雄踞云南东部。唐高宗以后，云南西部今大理附近，是一些称为乌蛮的六诏民族住在其间，声势渐盛；这在唐朝称为东爨乌蛮。而在今云南东部曲靖以西至于安宁一带住居的民族，称为西爨白蛮。东爨乌蛮，西爨白蛮，总名为二爨。玄宗开元时，六诏最南的蒙舍诏遂兼并五诏，统一全滇。蒙舍诏姓蒙氏，以于六诏中居最南，故称南诏，统一后仍臣服于唐，受唐封为云南王。天宝十载始背唐自立，国号大蒙。自此以后，虽有偶然来归的时候，而唐朝始终不能完全控制，事实上建号称王，是一个独立的国家。自天宝十载建大蒙国起，至昭宗天复二年为郑买嗣所灭止，凡享国一百五十余年。如自唐初蒙氏之始露头角算起，则南诏之雄踞西南达二百七八十年，与李唐一代相终始。最盛时的疆域，北以今四川大渡河为界，南有今安南的北圻一带，东面兵力曾到今贵州的遵义（唐名播州），以及广西西部（唐属邕管),西则今日的缅甸、泰国俱遭受过南诏的蹂躏。自八世纪初至九世纪末,俨然为东南亚洲一大国,与吐蕃分庭抗礼。

因为南诏疆域紧接唐邕管、黔州、益州诸地,南诏的盛衰也就影响到唐朝的安危。懿宗以后南诏寇边几乎不间年岁,整个的唐朝都为之骚动不宁。《新唐书·南蛮传》纪僖宗时卢携叙述当时南诏寇边的情形,是:

> 咸通以来,蛮始叛命,再入安南邕管,一破黔州,四盗西川,遂围卢耽,召兵东方,戍海门;天下骚动,十有五年。赋输不内京师者过半,中藏空虚。士死瘴疠,燎骨传灰,人不念家,亡命为盗,可为痛心。

南诏的祸患既然愈来愈烈,于是徐州的兵也调来驻防桂林;久戍思归,因有庞勋之乱,其后王仙芝、黄巢即乘之而起。唐朝之亡其近因肇始于此。所以《新唐书·南蛮传赞》说:"唐亡于黄巢,而祸基于桂林!"南诏和唐朝的关系可算是够大的了!

南诏和中国的关系虽然很重要,但因所包涵的民族太复杂,遗留下来的史料又不多,所以清朝一代治西北史地成为风气,而致力于南诏史研究者却寥寥可数。清乾隆时卢文弨曾校过唐樊绰所著《蛮书》,清末民初沈子培先生也有《蛮书校》本之作。卢校原本现存南京国学图书馆,只二十余事,大都琐屑,无关宏旨。沈校仅见一《跋》,全书存否,不得而知。欧洲汉学家注意南诏史者有一九〇四年出版珊松译的《南诏野史》(C. Sainson, *Nan-Tchao Ye Che, Histoire particuliere du Nan-Tchao, Traduction d'une Histoire de l'ancien Yunnan*),伯希和(P. Pelliot)的《交广印度两道考》(*Deux itineraires de Chine en Inde á la fin du* Ⅷ *siècle* 依冯承钧先生译名）中，也讨论到南诏史上的一些问题。日本学者有铃木俊的讨论六诏地望一文，发表于《东洋学报》中。近二十年来，中国方面注意西南民族历史的人始逐渐多起来，云南学者如方国瑜、徐嘉瑞、范义田诸先生，前中央研究院如陶云逵诸先生，对于南诏史的研究，都发表过很好的文章。以视二十年前之寂寞无声，真不可同日而语了。

一九三九年夏天，我到昆明，住在乡下。因为想知道一点西南历史，才从事于樊绰《蛮书》的研究。十几年来，对于《蛮书》仅仅作一番校注工作，若说南诏史，还是在那里摸索，并未能豁然贯通。今因周一良先生的敦促，于是将论唐代纪载南诏诸书的旧稿，加以修正，重新写成《唐代纪载南诏诸书考略》一文。兹谨以此短篇作为献给一良先生尊人叔弢前辈先生花甲之庆的礼物。并愿藉此求国内外治南诏史的诸先进予以指教！

*　　*　　*

自汉武帝通西南夷以后，《史记》、两《汉书》都有《西南夷传》，述西南事情。其以西南的人著书专纪西南如云南的历史者，只有成都杨终的《哀牢传》。杨终书仅《后汉书·西南夷传》章怀太子注引一条，述哀牢夷九隆氏自禁高至扈栗凡八代名称，余俱不传。杨终以后，晋常璩《华阳国志》也曾约略纪到云南。《太平御览》所引书有《永昌记》、《永昌郡传》和《南中八郡志》。《南中八郡志》又见于《艺文类聚》，自是唐以前书，中有永昌一郡，其余七郡，《类聚》、《御览》所引都未说及，不过其中提到交阯（《御览》九一〇）邛河（《御览》七九一），是《八郡志》的内容，也相当广泛。《永昌记》提到哀牢王（《御览》三五八）。《永昌郡传》则于永昌郡外，并叙述到云南东部朱提、建甯、兴古三郡(《御览》七九一、七八一、五五六);这都是后汉以迄蜀汉所建的郡,齐以后始废。故《永昌郡传》或许也是唐以前的作品,与《哀牢传》同为纪述云南的最古文献。

魏晋以后,云南与中国的关系日渐疏远。北周武帝天和五年(公元五七〇年),命大将军郑恪率师平越嶲,于其地置西甯州,只到今日西康的西昌一带。隋文帝开皇十七年(公元五九七年),史万岁平西甯羌,进讨南甯夷爨翫,度西二河入渠滥川,破其三十余部。西二河即今洱海,而渠滥川则今凤仪。南诏时之称大釐亦曰史瞼,当与史万岁有关也。到了唐朝,与西南交往日繁,使节往来不绝于书,于是山川能赋,成为著作。如袁滋《云南记》、韦齐休《云南行记》、樊绰《蛮书》、窦滂《云南别录》、徐云虔《南诏录》诸书,咸出于目识亲览,为今日研究唐代南诏史的第一手资料。袁滋、韦齐休、窦滂、徐云虔诸人之作虽已不传,而从《御览》、《通鉴考异》所引一鳞片爪,犹可以见其梗概。今就所知,略考如次。

二 袁滋《云南记》

唐与云南关系,高宗时始见记载,咸亨初(公元六七〇年左右)将军李义(《旧唐书》作李义总,《骆宾王集》作李义)率师伐姚州群蛮。《骆宾王文集》卷九有《兵部奏姚州破逆贼柳诸设杨虔柳露布》及《兵部奏姚州破贼设蒙俭等露布》二文即纪此役。天宝初,云南叛唐与吐蕃合,时扰西川。至德宗贞元初,南诏异牟寻苦吐蕃征敛无度,因清平官郑回之劝,有归唐之志。其时西川节度使为韦皋,遂发书招谕。贞元九年,西川与南诏定约;十年,南诏破吐蕃于神川；同年六月，唐遣袁滋为册南诏使，至云南。袁滋的《云南记》，就是纪此行见闻之作。唐人著书言云南，当以袁氏之作为最早。

袁滋字德深，蔡州朗山人，《新唐书》一五一有传，《旧唐书》一八五入良吏传。据《新唐书·南诏传》，贞元十年那一次的出使，以袁滋为持节册南诏使，成都少尹庞颀副之，崔佐时、刘幽岩为判官，俱文珍为宣尉使。袁滋诸人入云南，走的是北路，《新唐书·地理志》戎州开边下小注云：

> 自县南七十里至曲州，又四百八十里至石门镇，隋开皇五年率益、汉二州兵所开。又经邓枕山马鞍渡，二百五十里至阿旁部落。又经蒙夔山，百九十里至阿夔部落。又百八十里至谕官川，又经薄啐川，百五十里至界江山下。又经荆溪谷泧溹池，三百二十里至汤麻顿。又二百五十里至柘东城。又经安甯井三百九十里至曲水。又经石鼓，二百二十里渡石门，至佉龙驿。又六十里至云南城。又八十里至白崖城。又八十里至龙尾城。又四十里至羊苴咩城。贞元十年诏祠部郎中袁滋与内给事刘贞谅使南诏由此。

刘贞谅即俱文珍，从义父姓后改为刘。这就是《蛮书》所说唐代入云南的北路，一称为石门路。《地理志》所云开皇五年益、汉二州兵开路一事，也见于《蛮书》。《蛮书》卷一《云南界内途程》纪北路云：

> 从石门外出鲁望、昆川至云南，谓之北路。从黎州清溪关出邛部，过会通至云南，谓之南路。从戎州南十日程至石门，

上有隋初刊记处云:"开皇五年十月二十五日,兼法曹黄荣领始、益二州石匠,凿石四孔,各深一丈,造遍梁桥阁,通越析州、津州。"盖史万岁南征,出于此也。天宝中鲜于仲通南溪下兵,亦是此路。后遂闭绝。仅五十年来,贞元十年南诏立功归化,朝廷发使册命,而邛部旧路方有吐蕃侵钞隔关。其年七月,西川节度韦皋乃遣巡官监察御史马益开石门路,置行馆。(所引《蛮书》文字,依拙著《蛮书校注》,对《四库》本时有是正)

这里的石门,在今云南盐津县境内。今盐津县豆沙关路左摩崖上还存有袁滋入云南时经过此地的摩崖题名一篇。题名一共八行,俱左行,全文楷书,唯"袁滋题"三字篆文。文曰:

大唐贞元十年□□□□九月廿日云南宣慰使
内给事俱文珍判官刘幽岩小使吐突承璀
持节册南诏使御史中丞袁滋副使成都少尹庞颀
判官监察御史崔佐时同奉恩命赴云南册
蒙异牟寻为南诏其时节度使尚书右仆射成都
尹兼御史大夫韦皋差巡官监察御史马益统行营兵
马开路置驿故刊石纪之
袁滋题

袁滋是唐代的一位书家,以篆隶著称当时,其篆书《唐庼铭》,知者甚多,楷书极少见。此一题名,可以补正两《唐书》及《蛮书》之处不少。而所谓石门路,我又疑心就是秦汉以来自四川通云南的五尺道。《史记·西南夷列传》"秦时常頞略通五尺道"一语张守节

《正义》云：

> 《括地志》云，五尺道在郎州。颜师古云，其处险厄，故道才广五尺。如淳云，道广五尺也。

唐时的郎州属戎州都督府管，辖味、同乐、升麻、同起、新丰、陇堤、泉麻七县，当今云南昭通以南至于曲靖、陆凉诸县地。故《括地志》所指郎州境内的五尺道，大概就是石门路；隋、唐两代不过加以修理而已。权德舆《权载之文集》卷四有《送袁中丞持节册南诏》五韵一首，即赠袁滋使云南者，诗云：

> 西南使星去，远徼通朝聘。烟雨僰道深，麾幢汉仪盛。途轻五尺崄，水爱双流净。上国洽恩波，外臣遵礼命。离堂驻驺驭，且尽樽中圣。

因为袁滋诸人走的石门路，就是秦汉以来的五尺道，所以权载之诗有"途轻五尺崄"之语。这也可以作石门路即五尺道一说的佐证。

《旧唐书·袁滋传》说滋"因使行著《云南记》五卷"，《新唐书·艺文志》著录此书，卷数同。《宋史·艺文志》未著录，又不见于《郡斋读书志》诸书。《太平御览》引有《云南记》，我疑心是韦齐休的《云南行记》，说见下。袁滋的书到宋代大概已经不存了，所以司马温公作《通鉴考异》也没有征引。《大典》本《蛮书》卷十的末了有一段袁滋册立异牟寻为云南王的纪事，自袁滋到柘东起，至册封完毕回到戎州为止，凡一千多字。文章尔雅，排日叙事，极为翔实，《新唐书·南诏传》也有这样的一段；这很可能就是取之于袁滋的

《云南记》。袁氏书可考者仅止于此。根据两《唐书》、《通鉴》、《册府元龟》,以及《蛮书》的纪载,我们可以推知袁滋诸人大概是贞元十年五月受命,六月离长安,七月马益修石门路,九月二十日袁滋诸人过石门,十月十五日至安甯城,十九日到曲驿,二十一日过欠舍川,二十三日到云南城,二十四日到白崖城,二十六日过大和城抵阳苴哶,二十七日行册封礼。十一月七日事毕东归,发阳苴哶城,二十四日至石门,更十日,即十二月初四日到戎州。自戎州出发,往返大约三月。

南诏自天宝时背唐起至贞元十年,中间经过四十多年,始又奉唐正朔。袁滋奉使,在当时一定轰动了长安,也一定有不少的人为文为诗以壮其行的。但是现在我们只从《权载之集》中见到赠诗一首。载之又有《送袁中丞持节册回鹘序》一首,序文开篇说今春回鹘君长纳忠内附,以下说的全是滇池昆明的故事,以唐蒙、诸葛武侯为喻。这篇序显然也是送袁滋使云南之作,何以题目以及文内都错上回鹘二字?以前在昆明,曾以此请教于陈寅恪先生,俱疑莫能明也!

三　韦齐休《云南行记》

自德宗贞元十年(公元七九四年)袁滋使云南,归著《云南记》以后,经过三十年,到穆宗长庆三年(公元八二三年),又有韦审规之使云南。随行者有韦齐休,著《云南行记》二卷,盖纪此行见闻之作也。晁公武《郡斋读书志》卷七伪史类纪韦齐休《云南行记》云:

韦齐休《云南行记》二卷，长庆三年从韦审规使云南，记往来道里及见闻。《序》谓云南所以能为唐患者，以开道越嶲耳。若自黎州之南清溪关外，尽斥弃之，疆场可以无虞，不然忧未艾也。及唐之亡，祸果由此。本朝弃嶲州不守，而蜀无边患。以此论之，则齐休之言，可不谓善哉！

韦审规名见《新唐书·宰相世系表》，为韦氏平齐公房韦淡之子，寿州刺史，《元和姓纂》则谓系韦渐子。穆宗长庆元年，以段文昌为西川节度使。《白氏长庆集》卷卅二有《韦审规可西川节度副使制》，制文有"命文昌为帅长，俾镇抚焉。次命审规为上介，俾左右焉"之辞，是韦审规也于长庆元年受命为西川节度副使。段文昌的西川节度使，只做到长庆三年。长庆三年十月，就以杜元颖除成都尹剑南西川节度使。所以段文昌的去职，当在十月以前，而审规当也连同调任。审规出使云南，见《新唐书·南蛮传》，《南蛮传》说：

元和三年异牟寻死……子寻阁劝立。……明年死，子劝龙晟立。……十一年为弄栋节度王嵯巅所杀，立其弟劝利。……长庆三年始赐印。是岁死，弟丰祐立。丰祐趫敢，善用其下，慕中国，不肯连父名。穆宗使京兆少尹韦审规持节临册。丰祐遣洪成酋、赵龙些、杨定奇入谢天子。

劝利死，丰祐立，据《通鉴·唐纪》穆宗长庆三年秋七月条：

南诏劝利卒，国人请立其弟丰祐。

这一条的《考异》说:

《实录》九月辛酉南诏王立佺进其国信。岁末又云南诏请立蒙劝利之弟丰祐,云立佺者盖误也。今从《新·传》。

《旧唐书·穆宗纪》载有长庆三年秋九月"南诏王丘佺进金碧文丝十有六品"一事。《旧唐书》丘佺即《实录》之立佺,都是《新书》弄栋节度王嵯巅的同名异译。《册府元龟》九六五《外臣部》封册又有一段纪载说:

(长庆)三年九月,南诏遣使朝贡。以京兆少尹韦审规为册立南诏使。

现在把新旧《唐书》、《册府元龟》、《通鉴》等书的纪载综合起来看,大约是这样:审规当是于西川节度副使去任之后,就调授京兆少尹,时间或在长庆三年七月,丰祐继位,于九月遣使入告,要求册封,并献金碧文丝十六品。唐朝以审规曾为西川节度副使,故派他为册立南诏使,到云南去册立丰祐;其南行时间,应在长庆三年九十月以后。洪成酋诸人,则是韦审规到云南册封蒇事,随同入唐谢恩的南诏使节,与七月、九月两次,盖属另外一事也。

韦齐休,不见《世系表》、《姓纂》诸书。《太平广记》三四八《韦齐休》条引《河东记志》云:

韦齐休擢进士第,累官至员外郎,为王璠浙西团练副使,太和八年卒于润州之官舍云云。

此韦齐休与随韦审规使云南者姓名相同,时次亦不相先后,疑即一人,唯事迹别无可考。其所著《云南行记》二卷,宋以后即不传。《宋史·艺文志》著录此书,齐休作齐沐,齐又作济。《御览》引《云南记》共二十三条,其九一九卷鹅,九二四卷鹇,九七四卷甘蔗,所引《云南记》都提到韦齐休,今抄示这三条如次:

> 韦齐休使云南,屯城驿西墙外有大池斗门,垂柳夹阴,池中鹅鸭甚众。(九一九)
>
> 韦齐休使至云南,其国馈白鹇,皆生致之。(九二四)
>
> 唐韦齐休聘云南,会川都督刘宽使使致甘蔗。蔗节希似竹许,削去后亦有甜味。(九七四)

这应该都是韦齐休的《云南行记》,所以纪载他自己的见闻。《御览》九三七嘉鱼条引《云南记》,纪雅州丙穴嘉鱼;八六七茶条引《云南记》,纪名山县蒙山茶;八三九稻条引《云南记》,纪雅州荥经县稻;九四二蛤条引《云南记》,纪新安蛮妇人;九八〇芦菔条引《云南记》,纪嶲州界产诸葛菜;九五八柘条引《云南记》,九七四甘蔗条引《云南记》,皆及会川;九七三余甘条引《云南记》,又及泸水南岸有余甘子。以上所纪地名,在雅州、名山、荥经、新安、嶲州、会川,用樊绰《蛮书》卷一《云南界内途程》篇中所纪自成都至云南蛮王府路程来对校,《御览》引《云南记》中的地名,都在这一条路上。《蛮书》卷二过泸水渡绳桥一句下有注云:"《云南行记》云渠桑驿。"由此可以推知《云南记》的作者入云南,一定是取的清溪关路,所以能纪载沿途见闻,经过地方,和《蛮书》清溪关路一样。袁滋入云南,走的是从石门外出鲁望、昆川,即石门道,亦即秦汉间的五尺道，与《御览》引《云南记》不同。《御览》引《云南记》，有三条已著明韦齐休姓名，故其书之为韦齐休的《云南行记》，而非袁滋书，大概可以无疑。韦齐休书，除《御览》引《云南记》二十三条即齐休《云南行记》外，《蛮书》卷二过泸水渡绳桥句下本注引一条，卷五《六瞼》第五标题下本注亦记韦齐休《云南行记》有十瞼。又《御览》九二四鹦鹉条引《云南行记》两条，一及瞿笨馆，一及新安城路，瞿笨馆无可考，新安城路则仍然在清溪关路上，所以这两条也应该就是韦齐休的书。何以《御览》引一书而析为二名，则不得而知。

综合以上所述，加上《郡斋读书志》引的《序》文大略，韦齐休的《云南行记》所可考者如此而已。

当长庆三年韦审规、韦齐休使云南的时候，同年十月唐朝发表了以中书侍郎同平章事杜元颖充西川节度使。元颖是杜如晦的五世孙，以进士入为翰林学士。穆宗即位，“不阅岁至宰相，甫再期出为剑南西川节度使，同平章事”。到西川以后，为欲逢迎穆宗，以固宠幸，于是悉索珍异以献，于边防弃而不顾，因有文宗太和三年（公元八二九年）南诏大举入侵之役，进逼成都，西川宝货工巧子女为之荡然。《通鉴·唐纪》文宗太和三年十一月纪南诏入侵西川，说：

> 元颖以旧相文雅自高，不晓军事，专务蓄积，减削士卒衣粮。西南戍边之卒衣食不足，皆入蛮境钞盗以自给。蛮人反以衣食资之。由是蜀中虚实动静，蛮皆知之。南诏自嵯巅大举入寇，边州屡以告，元颖不之信。嵯巅兵至，边城一无备御。……

韦审规、韦齐休是长庆三年冬出使云南，取道清溪关路，沿途所经如邛、雅、黎、巂诸州，正是太和三年南诏入侵的路。杜元颖镇蜀，边防废弛，恐怕就是受了韦齐休《云南行记·序》中主张斥弃清溪关外诸地的影响。情报不实，遂酿巨祸。后来李德裕为西川节度使，想替杜元颖减轻罪名，将责任推到三十多年前的韦皋身上，以为是韦皋不应与南诏媾和，因而人心懈怠，疆场无备，故有太和三年之役。今日看来，卫公此说，绝非持平之论也。

唐朝坐镇西川的如韦皋、李德裕，对于西南边事，都有著作，今附著大略如次。

德宗贞元元年（公元七八五年）韦皋拜检校户部尚书兼成都尹御史大夫剑南西川节度使，代张延赏坐镇西川，历二十一年。据《宋史·艺文志》，韦皋著有《西南夷事状》二十卷，二十一年的经营，在书内必有详细的纪载。今仅《通鉴》德宗贞元十年正月《考异》引《事状》一则，正《旧唐书·韦皋传》之误，余无可考。韦皋以后，镇蜀有名者为李德裕。《李文饶集》有《进西南备边录状》，文中有云：

> 臣顷在西川，讲求利病，颇收要害之地，实尽经远之图。因著《西南备边录》十三卷，臣所创立城镇，兼画小图，米盐器甲，无不该备。……第四卷叙维州本末，尤似精详。……

《新唐书·李德裕传》说德裕至蜀，"乃建筹边楼，按南道山川险要与蛮相入者图之左，西道与吐蕃接者图之右。其部落众寡馈餫远迩曲折咸具。乃召习边事与之指画商订，凡虏之情伪尽知之"。大约筹边楼上左右两壁所绘地图即包涵在《备边录》的小图之内。德裕此书，集作十三卷，《宋史·艺文志》著录作一卷，疑误。《通鉴》

文宗太和五年五月李德裕索南诏所掠百姓得四千人条《考异》引德裕《西南备边录》，德裕书传世，只此一则。而《新唐书·李德裕传》，叙镇蜀日筹画甚详，疑其中不少取材于《备边录》也。

四 窦滂、徐云虔、卢携诸人所著书

懿宗咸通时有樊绰的《蛮书》十卷，窦滂的《云南别录》一卷；僖宗时有徐云虔《南诏录》三卷，卢携《云南事状》一卷。樊绰《蛮书》留在后边再说，兹先略论窦滂诸人书大概。

《新唐书》及《宋史·艺文志》俱著录窦滂《云南别录》一卷。窦滂于咸通十年（公元八六九年）代李师望为定边节度使，贪残失众望。南诏入犯，滂望风溃退。十一年遂贬为康州司户。他写《云南别录》在何时不可考。《通鉴·唐纪》德宗贞元十年袁滋册南诏条《考异》引滂书一条，说："诏袁滋册异牟寻为南诏，盖从其请。南诏之名自此始也。"《册府元龟》九六五纪贞元时唐赐南诏金印银窠，文曰"贞元册南诏印"。《南诏德化碑》纪天宝十一载阁罗凤北臣吐蕃，"于邓川册诏为赞普钟南国大诏"。南诏即是南国大诏，贞元册南诏，不过袭吐蕃之旧称耳。

南诏自酋龙于唐宣宗大中十三年（公元八五九年）嗣立以来，至僖宗乾符四年（公元八七七年），前后几二十年，几于岁岁犯边。乾符四年酋龙死，子法立，侵边始少息。岭南西道节度使辛谠与南诏常通使节。乾符六年，遣巡官徐云虔使云南，二月至善阐城（今昆明），留十七日而还。广明元年六月，又副宗正少卿嗣曹王李龟年使南诏。中和元年（公元八八一年）八月始还至西川。云虔于三年之间，两使南诏。他所著的《南诏录》三卷，见于唐、宋《艺文志》，大约即是综合两次出使见闻而成。《南诏录》宋以后即不传，《通鉴·唐纪》僖宗乾符四年二月《考异》引此书，说“南诏别名鹤拓，其后亦自称大封人”。南诏国号之又作鹤拓或大封人，始见此书。鹤拓、大封人，作何解释，不得而知。方国瑜先生以为鹤拓是犍驮罗的对音，他从音韵学上推测，转弯太多，我们总有点不敢相信。

和徐云虔《南诏录》同时候的书还有《云南事状》一卷，见《宋史·艺文志》。《通鉴·唐纪》僖宗广明元年五月赵宗政还南诏条《考异》引《云南事状》，以正西川节度使陈敬瑄遣使南诏之日月，又及丰祐以后渐为侮慢之故，并谓《事状》末载陈敬瑄与云南书牒，或称鹤拓，或称大封人。南诏国号，至《南诏录》和《云南事状》，始予著录，则鹤拓或大封人之号，很可能始于僖宗之时。《事状》，《宋史》不著为何人作，温公《考异》以为“似卢携奏章也”。携为僖宗时宰相，辛谠、陈敬瑄之遣使南诏许以和亲，携之主张最多。温公谓《事状》为携奏章，疑得其实。

五　樊绰《蛮书》

南诏和唐朝的关系，以懿宗时为最繁，几乎每年都有边警，而以中国的南部如安南、邕管为最甚。咸通时安南为南诏攻陷，于是邕管骚然，乃调东南之兵以戍桂林，卒之庞勋叛变，遂兆唐室灭亡之机。所以南诏的盛衰，安南的得失，关系于唐朝者甚大。樊绰就是南诏攻安南时，亲历其事的人。他所著的《蛮书》，都是他在安南时搜集得来的材料，予以有系统的编纂。《华阳国志》而后，现存论述西南历史地理最古最好的纪载，只有樊绰此书。

樊绰《蛮书》，《新唐书》、《宋史·艺文志》著录俱作十卷。樊氏籍贯无可考，为安南经略使蔡袭从事。咸通三年（公元八六二年）袭奉命经略安南，其年冬南诏大举来攻，四年春安南陷，袭阖宗死者七十人，绰涉江逃免。《蛮书》之作，大约始于在安南时，蔡袭失败之前，所以今本《蛮书》卷十末云：

> 臣去年正月二十九日，已录蛮界程途，及山川城镇，六诏始末，诸种名数，风俗条教，土宜物产，六瞼名号，连接诸蕃，共纂录成十卷，于安南郡州江口，附襄州节度押衙张守忠进献。

这大约是在咸通四年。到了咸通五年六月，樊绰左授夔州都督府长史，将《蛮书》又整理了一次，今本《蛮书》卷十末论黔、泾、巴、夏四邑苗众一段有云：

> 咸通五年六月，左授夔州都督府长史，问蛮夷巴夏四邑根源，悉以录之，寄安南诸大首领，详录于此，为《蛮志》一十卷事，庶知南蛮首末之序。

这一段文字，也许就是《蛮书》的自序，错简在此。

《蛮书》名称，各书著录殊不一致，《新唐书·艺文志》，《通鉴考异》，程大昌《禹贡图》，蔡沈《书集传》，作《蛮书》；《郡斋读书志》，《宋史·艺文志》，元李京《云南志略》，明初程本立，作《云南志》；《宋史》又出樊绰撰《南蛮记》，都为十卷；苏颂《图经本草》作

《云南记》;《永乐大典》作《云南史记》;《太平御览》引又作《南夷志》。《四库》著录,名称依《新唐书》。按照上引《蛮书》自称为《蛮志》一十卷之语,似乎《新唐书》所著录的名称,应比较近真;或者《蛮志》为樊绰初定的名称,定稿后乃称为《蛮书》也。《蛮书》自宋以后继续流传。李京《云南志略》提到樊绰此书。明洪武初程本立为云南布政使,至丽江,在太守张翥处还看到樊绰的《云南志》,程氏《巽隐先生文集》中《云南西行记》一文曾纪其事。自永乐中收入《大典》,书遂不传,所以《四库提要》说:"虽以博雅如杨慎,亦称绰所撰为有录无书。"至于万历《云南通志》卷二、卷三虽都引有樊绰《云南志》,而文字与传世《蛮书》颇不类,倒很像后世方志中语,恐是传闻之误,实则樊氏书明中叶以后便已不传。清乾隆时修《四库全书》,馆臣始从《永乐大典》中将樊氏书辑出,仍依《新唐书·志》分为十卷,并取《新唐书·南诏传》及《通鉴考异》为之校勘。《蛮书》从此遂又流传于世。今除《四库》本外,有《武英殿聚珍版》本一称内聚珍本,乾隆时《知不足斋》本,广雅刊《聚珍版丛书》本,《琳琅秘书丛书》本,《渐西村舍丛书》本,《云南备征志》本,凡六种版本。《知不足斋》本以下都出自内聚珍本,略有是正;而内聚珍本、《知不足斋》本两种也不多见。内聚珍本大概以文渊阁《四库》本为据,《提要》作于乾隆三十九年二月,时间最早。文渊本在四十七年,文津本在四十九年,两本《提要》文字相同,而与内聚珍本有出入,书内文字也略有异同。据我的推测,《大典》内的《蛮书》,大概是绝大部分收于一韵之内,所以在国内见到《大典》最多的赵万里先生,就没有见到引用《蛮书》的《大典》,在国外见到《大典》最多的王重民先生,他说也只见到一条。大约引用《蛮书》的那一本《大典》,在庚子或不知道甚么时候,一定佚失了。

因为《大典》原本不存，今日《四库》本《蛮书》有无讹误，就很难勘正。但是今本《蛮书》中时时夹有《四库》馆臣案语，从那些案语中我们还可以看出现行本《蛮书》，有些地方是经馆臣误改的。如：现行本卷四《名类》第四首纪爨归王袭杀盖聘、盖启父子，盖聘、盖启《大典》原作孟轲、孟启，馆臣据《新唐书·南诏传》改正，作盖聘、盖启。唐《张曲江文集》卷十二有《敕安南首领爨仁哲书》，其中就有昇麻县令孟聘之名，由此可知《新唐书》误"孟"为"盖"，《大典》作"孟"不误，只"孟聘"误作"孟轲"而已。《四库》馆臣未能广征唐人书，遂有此失。

还有《大典》本《蛮书》有很多脱落错误的地方，现在从类书如《太平御览》以及金石文字中，可以补正不少的字句。如《御览》时引《南夷志》，就是《蛮书》的另一名称。《蛮书》卷一《云南界内途程》第一石门路一段末"大部落则有鬼主"以下，文字脱落，致不可通。《御览》七八九暴蛮等部落条引《南夷志》，正是今本此段，文字完整，今将《大典》本《蛮书》及《御览》引《南夷志》这一条分列如次，以资比较。

> 大部落则有鬼主，百家二百牛马无布帛，男女悉披牛羊皮。(《大典》本《蛮书》)
>
> 大部落则有大鬼主，百家二百家，小部落亦有小鬼主。一切信使鬼巫，用相服制。土多牛马，无布帛，男女悉披牛羊皮。(《御览》七八九暴蛮引《南夷志》)

《四库》馆臣辑《大典》本《蛮书》，不知利用《御览》所引《南夷志》来校勘，致今本多留遗憾，这是很可惜的。此外滇南金石文字，也有可以补正今本《蛮书》的。如《大典》本《蛮书》卷一《云南界内途程》第一石门路一段说石门路于天宝以后，路遂闭绝。至贞元十年南诏归化朝廷，发使册命，但是清溪关路又因吐蕃侵略不通，于是“其年七月，西川节度韦皋乃遣巡官监察御史马益闭石门路，量行馆”。“闭石门路量行馆”七字，颇难索解。现在从袁滋的刊石题名中“署巡官监察御史马益统行营兵马，开路置驿”的一句话里，可以知道今本《蛮书》的“闭石门路，量行馆”七字，原来应该是“开石门路，置行馆”，“开”、“置”二字，展转传写，讹成“闭”、“量”，如此而已。

不过《四库》馆臣辑校《蛮书》，虽有疏漏之处，却也煞费苦心，不应该埋没了他们的功劳。《大典》本《蛮书》原有不少错简，如今本卷四《名类》第四独锦蛮条末有五十八字，与上下文不相应，卷五《六赕》第五篇首有五十二字与下文无关，卷八《蛮夷风俗》第八篇末一条纪行军律令，不属风俗范围，馆臣指出这些错简应在的地方，都很有道理。所以今本《蛮书》虽藉《大典》而幸存，然而仍待博采唐人纪载，金石文字，以及地理学、民族学、语言学的调查，好好的校勘和还原。有了一个比较可靠的本子，然后可以进一步谈到研究。有清三百年朴学运动中，对于西南史地的研究，实在是太寂寞了。

《蛮书》分《云南界内途程》、《山川江源》、《六诏》、《名类》、《六赕》、《云南城镇》、《云南管内物产》、《蛮夷风俗》、《南蛮条教》、《南蛮疆界接连诸番夷国名》，共凡十卷。书内包括中古时代云南的民族、历史、地理、物产、风俗、制度，以及毗连诸番国的问题，极为复杂。每一个问题都很重要，都需要作广博的考证和研究，待各方面的学者通力分工合作，绝非一手一足之烈所能完成的。本篇只算是“喤引”而已！

一九三七年九月廿六日初稿，一九五〇年十一月廿一日重写一过于北京。

（见《周叔弢先生六十生日纪念论文集》
页一〇九——二七，一九五一年出版。）

南诏史略论

——南诏史上若干问题的试探

一　引论

南诏蒙氏之在中国历史上初露头角,大约始于公元后第七世纪左右,即唐太宗贞观初至高宗永徽之间。到了第八世纪中叶,即玄宗天宝初年,阁罗凤建国称王,声势日益浩大。南诏极盛之时,版图所及北抵今大渡河,与唐以一衣带水为界;其兵力东边达到今贵州的遵义和广西的西部;南方的今越南、泰国,西方的今缅甸,三个国家的北部,俱曾一度为南诏所征服。自第八世纪中至第九世纪末,俨然为东南亚洲一大国,虽臣服于吐蕃,实则无异于分庭抗礼,同成唐室心腹之患。唐朝末年至不得不调徐州之兵远戍桂林,以防南诏,因酿庞勋之乱。所以《新唐书》卷二百二十二《南蛮传》的《南诏传赞》末说:"唐亡于黄巢而祸基于桂林。"以前历史学家之重视南诏和唐朝历史的关系,于此可见。

清朝学者在历史研究方面有很多的贡献,而治南诏史者却寥寥可数。近二十年来,南诏的历史方始得到若干历史学家和人类学家的注意，他们的著作为南诏史的研究开辟了道路。[1] 本文就南诏史上与民族、文化以及史料方面有关的若干问题，提出一点意见。这些意见只是试探或假设的性质，不敢说就能阐明南诏史上的一些疑问。"旧学商量"，还望治西南民族史的专家予以指教。

二　南诏史上的民族问题

西南少数民族的历史上有许多问题都是很复杂的，例如民族堆积层次问题，就是一个。以云南为例，庄蹻开滇以前和以后，有那些种族在云南活跃过或生活过？他们之间先后的关系又是怎

① 南诏史的研究始于清代，清高宗敕修《四库全书》，从《永乐大典》中辑出唐樊绰所著《蛮书》，并用聚珍版印行，南诏历史的原始史料，才重显于世。其后不久，卢文弨即据聚珍版《蛮书》加以校勘。卢校本《蛮书》今存南京图书馆，虽寥寥二十余事，无关宏旨，究不失为开创之作。乾嘉以后学者治史地者如林，顾独不及《蛮书》。清末沈曾植有《蛮书校本》，仅从其《海日楼文集》中得见所为《跋》，书存亡不可知。以上二人都是乾嘉学派的正宗，而所致力者仅限于校勘笺注之学。近二十年来，注意南诏史的人逐渐多起来了，研究的面广了，也比较地有系统了。云南方面如徐嘉瑞、方国瑜、夏光南、范义田，前中央研究院的凌纯声、陶云逵，之江大学的徐松石，华西大学的杨汉先，以上诸位先生都曾有专书或论文，讨论南诏史上各方面的问题。其中如凌纯声的《唐代云南的乌蛮与白蛮考》(见《人类学集刊》一卷一期)，陶云逵的《几个云南土族的现代地理分布及其人口之估计》(见前中央研究院《历史语言研究所集刊》七本四分)，俱曾予研究南诏史的人以不少启示。西方学者在本世纪初即已注意到南诏史的研究。一九〇四年，法国的 C. Sainson 发表了他所翻译的《南诏野史》(*Nan–Tchao Ye Che*, *Histoire particuliere du Nan–Tchao*, *Traduction d' une Histoire de l' ancien Yunnan*, 1904)，其时，伯希和(M. P. Pelliot)也发表了他的《交广印度两道考》(*Deux itineraires de Chine en Inde á la fin du* Ⅷ *Siécle*)，都是有关南诏研究的重要著作。一九四七年美国罗克(Joseph F. Rock)发表了他所著的《拿喜古国史》(*The Ancient Na–Khi Kingdom of Southwest China*, 1947)一书，虽所述限于云南丽江一带摩些族的历史，但很多地方都与南诏有关。日本学者也有关于南诏之作，以《东洋学报》上发表的铃木俊《论六诏地望》一文为最早。

样？几十年来其说不一。[①] 又如汉唐间云南著名的豪族爨姓，[②]以及樊绰《蛮书》所提到的东爨乌蛮、西爨白蛮又是些甚么种族？《蛮书》既然说“六诏并乌蛮”，何以又不算入东西二爨之内？[③] 这些乌蛮、白蛮是土著呢？还是自他处迁徙来的呢？《华阳国志》提到青羌，《蛮书》也有剑羌、大羌的名称，[④]这些青羌、剑羌、大羌都出见于古代云南比较偏西的地方，这又是怎么一回事呢？羌、爨以及六诏究竟有无关系？诸如此类的问题，中外学者纷纷议论，至今意见不能一致。

这些问题之中，民族堆积层次问题又是比较复杂的一个，须待考古学人类学的工作相当地展开，才能有所决定，暂置不论。现在只就两爨、六诏、青羌、剑羌、大羌，提出个人的意见。

蒙古宪宗三年（公元一二五三年）忽必烈平定大理以后，于云

---

① 关于民族堆积层次问题，可参看前中央研究院《历史语言研究所集刊》第七本第四分陶云逵《几个云南土族的现代地理分布及其人口之估计》一文所附亚洲南部（中国西南部缅甸、暹逻、安南）民族堆积层次表。表中罗列 R. H. Davies, Heine Geldern, C. C. Lowis 及李济四家之说。

② 袁嘉穀《滇绎》卷二《爨世家》一篇，搜集汉唐间诸有关爨姓故实，极为详尽，可以参看。

③ 《蛮书》卷三《六诏》篇：“六诏，并乌蛮。又称八诏。盖白岩城时傍及剑川矣罗识二诏之后。开元元年中，蒙归义攻石桥城，阁罗凤攻石和，亦八诏之数也。”这一段文章的读法应该如上。有人读作“六诏，并乌蛮又称八诏”那是不对的。“六诏并乌蛮”译为语体即“六诏都是乌蛮”。

④ 《华阳国志》卷四《南中志》：“移南中劲卒青羌万余家于蜀为五部，所当无前，号为飞军。”（号为飞军，钱穀钞本及廖寅校刊本俱作军号飞□，兹依顾观光校。）《蛮书》卷四：“顺蛮本乌蛮种类，初与施蛮部落参居剑、共诸川。▮罗皮铎罗望既失邆川浪穹，退而逼夺剑、共，由是迁居铁桥已上，其地名剑羌，在敛寻睒西北四百里。”又同书同卷樊绰自记受蔡袭命入蛮帅朱道古营寨，有云：“三月八日入贼重围之中，蛮贼将杨秉忠、大羌杨阿触、杨酋盛悉是乌蛮，贼人同迎，言辞狡诈。”又同书卷十云：“咸通三年春三月八日，因入贼朱道古营栅，竟日与蛮贼将大羌杨阿触、杨酋盛、柘东判官杨忠义话得姓名，立边城自为一国之由。”

南立合剌章及茶罕章两管民官，合剌、茶罕为蒙古字，义云黑、白。据伯希和、沙海昂（A. J. H. Charignon）以及罗克诸人的解释，中国史籍上的戎、爨、章三字，实即同名异译，只因时代不同而有所变化而已。[①] 伯希和诸人的解释，大体上是对的。因此我们以为云南古代的民族情形有一部分是如下面所假定：

东爨乌蛮、西爨白蛮、六诏、以及青羌、剑羌、大羌，不是云南土著，而是原来居住在陕西、甘肃、四川、西康四省之交陇山山脉一带逐渐向南迁徙的氐族和羌族。这些氐族和羌族一部分进入成都平原，后来沿着岷江流域南下，经今四川宜宾、庆符、云南昭通，以至云南安宁以东。这一支是为爨族。又一部分沿着岷山山脉以西散布于今西康省境内，其南迁以至于云南大理一带的一支，名为六诏，青羌、剑羌、大羌俱应包括在这一支之内。他们虽然都属于氐族和羌族，而同源异流，所以六诏为乌蛮，而不算入东西二爨之列。

---

① 伯希和《交广印度两道考》（冯承钧译本页二四）云："今人已知犹言黑章之合剌章及犹言白章之察罕章，乃蒙古人适用于云南两种种族之称。据余所知，章字今尚未得其解。余以为即爨字之蒙古译音。"沙海昂在其所译注之《马可波罗行纪》第一一七章《哈剌章州》注一（冯承钧译本页四六〇）云："案哈剌章一名中之哈剌，世人久已识为突厥蒙古语之黑。然章字或如 Laufer 之考订，为西藏语名称云南西北丽江府一部落之称欤？抑为戎之讹欤？"沙氏疑章即戎字之别译，尚未敢定，罗克乃进一步予以说明。罗克在他的《拿喜古国史》里解释元代茶罕章管民官时说道："章 jang 字的音通常念作 jung，同中国西戎的戎 jung 字或许有些关系。在西藏天主教会编《藏拉法三合字典》（*Dictionaire thibétain – latin – francais par les Missionaire Catholique du Thibet*）三五一页提到音作 Jang 的 hjang 字，指的是住在云南西北的一个部族，有一个大城名三睒（Sa–Tham 即丽江）。中国人称之为麼些，自称为拿喜。"（见罗克著《拿喜古国史》第一册页六〇—六一）

兹从地名、传说、姓氏几方面来说明上面这一个假定。

戎是古代西方的一个重要种族，极盛之时，势力达到今洛阳附近。周秦之际，戎族逐渐退到陇山山脉的中心地点今天水、武都以及四川的北部。这时候的戎族以氐、羌两族为其主要的成份。秦兴于天水附近，紧邻西戎。公元前第七世纪，秦穆公始“东平晋乱西霸戎翟，广地千里”。公元前第四世纪末，秦灭巴蜀，于是秦遂有今天水、武都以及四川北部的大部分地方。公元前二二一年，秦并六国，置三十六郡，其中如上郡、北地、陇西、巴、蜀诸郡，原来都是西戎故地。汉族与西戎的冲突，至秦置三十六郡始第一次告一段落。上郡、北地、陇西、巴、蜀诸郡的建置，即是说明汉族的势力已正式进入到这些地方，而以氐、羌为中心的西戎，不得不向西向南以山岳地带为其藏身之所了。秦之辟地千里建立郡县，是经过一番斗争的。《后汉书·西羌传》曾纪有下列的一件事：

> 羌无弋爰剑者，秦厉公时为秦所拘执以为奴隶，不知爰剑何戎之别也。后得亡归，而秦人追之急，藏于岩穴中得免。羌人云爰剑初藏穴中，秦人焚之，有景象如虎为其蔽火，得以不死。……①

秦厉公之立在公元前第五世纪前半期。《后汉书》的记载说明秦虏掠羌人作为奴隶，并用相当残酷的方法迫害他们。《华阳国志·蜀志》还载有秦惠王移民巴蜀的事：

① 《后汉书》卷一百十七《西羌传·羌无弋爰剑传》。

周赧王元年，秦惠王封子通国为蜀侯，以陈壮为相。置巴郡，以张若为蜀国守。戎伯尚强，乃移秦民万家实之。①

周赧王元年为公元前三一四年。秦因巴蜀戎族尚相当强大，因移秦民实边以相对抗，这种移民实边的办法，一定得挤走原来的土著，势必发生民族的迁徙。

秦之称霸西戎，广地千里，开辟巴蜀，是历史上第一次对于氐族和羌族的重大压迫。

秦、汉之际，北方民族发生变化，匈奴逐渐强大，月氏被迫西迁，氐、羌转而受匈奴的奴役，和匈奴结为联盟，对于新兴的汉朝是一个很大的威胁。秦、汉两代都定都关中，不能听任近在肘腋的氐族和羌族威胁生存。于是乃有汉武帝开通西域断匈奴右臂，置天水以及河西四郡，以隔绝匈奴与氐、羌的交通的一系列措施。《后汉书·西羌传》有一段文字，简单扼要地说明了秦、汉两代对于氐、羌的斗争：

秦既兼天下，使蒙恬将兵略地，西逐诸戎，北却众狄，筑长城以界之，众羌不复南度。至于汉兴，匈奴冒顿兵强，破东胡，走月氏，威震百蛮臣服诸羌。……及武帝征伐四夷，开地广境，北却匈奴，西逐诸羌。乃度河湟，筑令居塞，初开河西，列置四郡，通道玉门，隔绝羌、胡，使南北不得交关。于是障塞亭燧出长城外数千里。②

① 《华阳国志》卷三《蜀志》。
② 《后汉书》卷一百十七《西羌传·羌无弋爰剑传》。

汉武帝之北却匈奴西逐诸羌，是历史上第二次对于氐族和羌族的重大压迫。

自公元前第七世纪起到公元前第二世纪，六百年间氐族和羌族受尽了秦、汉两代残酷的压迫，但是其余种散布于关中以及秦、陇地区者仍复不少，忍无可忍，因有东汉东羌之乱，断断续续将七十年始告平定。汉桓帝永康元年（公元一六七年）东羌入寇三辅，段熲应桓帝问所上书分析当时形势甚为明白。段熲上言有云：

> 计东种所余三万余落，居近塞内，路无险折，非有燕、齐、秦、赵纵横之势，而久乱并、凉，累侵三辅，西河、上郡已各内徙，安定、北地复至单危。自云中、五原西至汉阳二千余里，匈奴、种羌并擅其地。是为痈疽伏疾，留滞胁下；如不加诛，转就滋大。……伏计永初中诸羌反叛十有四年，用二百四十亿。永和之末复经七年，用八十余亿。费耗若此，犹不诛尽，余孽复起，于兹作害。……①

自安帝永初四年（公元一一〇年）先零羌入寇起，至桓帝元康元年，历时六十七年。灵帝建宁元年（公元一六八年）段熲受命征讨东羌，二年东羌平，计斩三万八千六百余级，获牛、马、羊、骡、驴、骆驼四十二万七千五百余头。汉朝胁下痈疽伏疾固然除去，而秦、陇之间氐族和羌族所受的灾难也就不小了。

永初东羌之乱历十余年，江统《徙戎论》说："诸戎遂炽，至于南

① 《后汉书》卷九十五《段熲传》。

入蜀、汉，东接赵、魏，唐突轵关，侵及河内。”①是其时氐、羌亦有侵入蜀及汉中者。至于此后数十年间氐族和羌族有无流亡入蜀之事，虽史无明文，然试看晋惠帝时巴氐李特之随六郡流人入蜀，可以想见秦、汉以来每与氐、羌发生一次大斗争，结果必引起氐族和羌族的一次大迁移。巴氐李氏特其最著者而又见于史籍著录而已。②

周、秦之际，氐、羌退居于陇山山脉之中，而以天水一带古所谓秦州或陇州的地方为其中心。其地有大陇山、小陇山，又有大坂名陇坻，《辛氏三秦记》说：“其坂九回，不知高几许，欲上者七日乃越。”古今来不知有多少诗人对于九回的陇坂，倾吐了无数哀怨凄丽的诗句。③ 所以陇山以及陇坂九回几乎成为氐族和羌族的一个

---

① 《晋书》卷五十六《江统传》。

② 关于巴氐李特及六郡流人入蜀，可参看《华阳国志》卷九《李特雄寿势志》及《晋书》卷一百二十《李特载记》。李氏一族因居略阳北土复号巴氐。《李特载记》云：“元康中氐齐万年反，关西扰乱，频岁大饥。百姓乃流移就谷，相与入汉川者数万家。特随流人将入于蜀，至剑阁箕踞太息顾盼险阻曰：‘刘禅有如此之地而面缚于人，岂非庸才邪！’同移者阎式、赵肃、李远、任回等咸叹异之。初流人既至汉中，上书求寄食巴蜀，朝议不许，遣侍御史李苾持节慰劳，且监察之，不令入剑阁。苾至汉中受流人货赂，反为表曰：‘流人十万余口，非汉中一郡所能振赡，东下荆州，水湍迅险，又无舟船。蜀有仓储，人复丰稔，宜令就食。’朝廷从之。由是散在益、梁，不可禁止。”

③ 《后汉书》卷三十三的《续汉书·郡国志》汉阳郡陇坻刘昭注引《三秦记》。又引郭仲产《秦州记》曰：“陇山东西百八十里，登岭东望秦川四五百里，极目泯然。山东人行役升此而顾瞻者莫不悲思。故歌曰：‘陇头流水，分离四下。念我行役，飘然旷野。登高远望，涕泪双堕！’”《元和郡县志》卷三十九秦州条：“小陇山一名陇坻，又名分水岭。……陇坂九回不知高几里。每山东人西役，到此瞻望，莫不悲思。陇上有水东西分流，因号驿为分水驿。行人歌曰：‘陇头流水，鸣声幽咽，遥见秦川，肝肠断绝。’”这是一般的歌谣。《文选》卷二十九张衡《四愁诗》之三：“三思曰：‘我所思兮在汉阳，欲往从之陇阪长，侧身西望泪沾裳！’”此后如李白、杜甫诸人，对于陇阪九回陇头流水，无不反复歌咏致其慨叹。

象征。汉武帝时于其地置天水郡，王莽改为填戎，明帝时改为汉阳郡，属县之一名成纪。魏、晋以后置秦州，统陇西、南安、天水、略阳、武都、阴平六郡；巴氐李氏随六郡流人入蜀，六郡即指秦州所属的六郡而言。武都亦为氐族聚居之处，晋以后又称为南秦州。① 仇池即在武都，氐族部落大帅杨腾，于汉建安中，即公元后第三世纪初，徙居仇池，魏、晋以后，其族渐强，为患陇、蜀之间，至北周末季始渐告衰微。②

古代自天水经汉中入四川道路甚多，最古者为金牛道，即秦惠王时入蜀之路，经今广元、剑阁、绵阳、广汉以至成都。又一为米仓关道，经今南郑、巴中、阆中、南部、三台，合于广汉，亦至成都。自武都南下有阴平道，三国时邓艾袭蜀即取此道，经江油、绵阳以至广汉，与前两道合，总汇于成都。③ 古代聚居于天水、武都、陇山山脉中的氐、羌民族，被迫南下进入四川，其所经行大致不出上述诸道。从这些大道上的古代地名，还可以看出氐、羌迁徙的痕迹来。

在米仓关道上有仪陇县，置于梁时，并于其地置隆城郡，隋废郡，县改隶巴西郡。④ 仪陇县名至今未改。在阴平道上的彭县，后

---

① 《晋书·地理志》不著南秦州设置年月，疑应始于晋代。《晋书》卷一百十三《苻坚载记》："以杨统为平远将军南秦州刺史，加杨安都督，镇仇池。"又曰："以王统为南秦州刺史，镇仇池。"晋以后仇池氐帅杨氏如不自称南秦王，便拜南秦州刺史。据《魏书》卷一百六《地形志》，南秦州并领天水、汉阳、武都、武阶、修武、仇池六郡。

② 参看《北史》卷九十六《氐传》。

③ 关于米仓、金牛二道，可参看顾祖禹《读史方舆纪要》卷五十六。关于阴平道，可参看《元和郡县志》卷二十二文州条。

④ 关于仪陇的沿革，可参看《嘉庆重修一统志》卷三百九十三《顺庆府表》。

魏为天水郡，后改为九陇。后周置九陇郡和九陇县，唐代还有九陇村。[①] 仪陇、九陇，都与陇山有关。因为住居陇山的氐族、羌族南迁，曾在这些地方流寓过，后人遂取仪陇、九陇等名以志过去的一段历史事实。仪陇标识着对于陇山的怀念，而九陇乃从陇坂九回得名；后魏之又以九陇为天水郡，是为与陇山有关的显明证据。九陇境内有九陇山，亦应与县名为同一来源。

自成都沿岷江南下有彭山县，周武帝于此置隆山郡，隋开皇时罢郡为县，至唐玄宗先天元年（公元七一二年），因避玄宗讳改为彭山县。[②] 隆山、隆城，其实就是陇山、陇城。由彭山顺流而下至岷江与金沙江合流处是为宜宾。两汉置犍为郡，治僰道，即今宜宾；秦、汉以后自四川入云南多取道于此。秦时常頞略通五尺道，以及隋、唐时代的石门道，都是指的从宜宾过江，经今庆符、昭通以至曲靖的一条大道。三国蜀时，分犍为置朱提郡，晋朱提郡所统五县中有汉阳、南秦二县。南秦不知在何处，汉阳则在今庆符县，[③]汉阳、南秦原为天水、武都的别称。在四川通云南东部的大道上出现了与氐族、羌族聚居的天水、武都有关的地名，这只能与仪陇、九陇等量齐观，予以同样的解释，不然是说不通的。

陇山山脉中的氐族、羌族，秦、汉以来屡次遭受压迫，于是陆续从米仓、金牛、阴平诸道进入四川。到了成都平原的一支又沿着岷

---

① 关于九陇，可参看《隋书》卷二十九《地理志》上蜀郡九陇条及《旧唐书》卷四十一《地理志》剑南道彭州九陇条。又《太平广记》卷八十彭钉筋条引《北梦琐言》，谓唐代彭、濮间有九陇村，但是此条不见今本《北梦琐言》。

② 参看《元和郡县图志》卷三十二眉州彭山县条。

③ 参看《晋书》卷十四《地理志》朱提郡条及《嘉庆重修一统志》卷三百九十五《叙州府表》。

江南下，经五尺道至云南东部今曲靖、昆明、安宁以至于建水一带。从沿途遗留下来的地名看，他们迁徙的路线是很清楚的。属于戎族的氐、羌到了云南以后，改称为爨，爨不过是戎族的同名异译而已。鱼豢《魏略》说氐人“或号青氐或号白氐”①。白氐之名特著于后世，羌亦有青羌之称；西爨白蛮之为氐族，东爨乌蛮之为羌族，其起源大概如此。大理段氏系出白蛮，因此改赵州为天水郡，改永北为成纪镇，②也自然可以理解了。我并且以为滇国、滇池之名也源出氐、羌，而与填戎有关。“填”“滇”音同，所谓“下流浅狭如倒流，故曰滇池”③，只是一种望文生训的傅会之辞，不足据为典要。

以上说的是氐族和羌族在岷山山脉东边沿着岷江南下进入云南东部称为两爨的一支，根据地名建置的沿革，追溯他们迁徙的历史。还有一部分氐族和羌族活动于岷山山脉西边今西康境内，其进入云南，居住于今大理四周的一支，是为六诏。这一支的迁徙情况，与两爨有点不同。

根据《史记 · 西南夷列传》的记载，公元前第二世纪以前，西南民族分布的情况是：夜郎以西为滇国，自滇以北最大的数邛都，邛都东北徙莋都最大，莋东北又数冉駹最大，冉駹东北便是白马。这

① 《三国志 · 魏志》卷三十裴注引鱼豢《魏略》。

② 《元史》卷六十一《地理志》大理路赵州条：“皮罗阁置赵郡，阁罗凤改为州，段氏改天水郡。”关于改永北为成纪镇，可参看《嘉庆重修一统志》卷四百九十七《永北厅表》。

③ 《华阳国志》卷四《南中志》晋宁郡滇池县条：“滇池县郡治，故滇国也。有泽水周围二百里，所出深广，下流浅狭如倒流，故曰滇池。”羌族中也有称为滇的，如《后汉书》卷一百十七《西羌传》纪载羌族酋长就有滇吾、滇零等人。而《史记》卷一百十六《西南夷列传》，说武帝时的滇王名尝羌，尝《汉书》作常，又作赏。滇字既与氐、羌有关，而滇王又以羌为名，则滇池周围之为氐族和羌族的殖民地是可以无疑的了。

些民族都属于氐族一类；散处于岷山山脉以西及金沙江的南岸。至汉武帝通西南夷始于元鼎六年（公元前一一一年）以邛都为越嶲郡，莋都为沈黎郡，冉駹为汶山郡，广汉西白马为武都郡。越嶲郡相当于旧宁远府境，沈黎郡相当于旧雅州境，汶山郡相当于旧茂州及杂谷厅境。而旧阶州、松潘又都包括在武都郡内。秦、汉以后开辟西南，力量都集中在巴、蜀，即岷山山脉以东的一带地方，于是巴、蜀一带的民族斗争也最厉害。《华阳国志·蜀志》说秦张仪、司马错伐蜀，蜀王败走武阳，为秦军所害，蜀王傅相及太子退至逄乡死于白鹿山。逄乡白鹿不知为今何地，武阳即今彭山县，是蜀王逃亡的路线也是沿着岷山南下。而越南古代史上还有蜀王子建国称安阳王的一段历史，这里的蜀王子当即为秦张仪、司马错所灭的蜀王的后人，率其种人南奔至于越南北部，竟像后世的虬髯公自王于海外扶馀一样，建国称王。①

秦、汉两代对付留在巴、蜀的所谓夷人，手段是异常残酷的。就像勇猛善战的板楯蛮，屡世效忠于汉，卒因“愁苦赋役，困罹酷刑”，于汉末屡次叛变，汉灵帝时汉中程包答灵帝问说得很清楚：

板楯七姓射杀白虎之功，先世复为义人。其人勇猛善于

① 蜀王败走武阳事见《华阳国志》卷三《蜀志》。蜀王子王越南事，见《水经注》卷三十七叶榆河引《交州外域记》，其文曰：“交趾昔未有郡县之时，土地有雒田，其田从潮水上下。民垦食其田，因名为雒民，设雒王、雒侯，主诸郡县。县多为雒将，雒将铜印青绶。后蜀王子将兵三万来讨雒王、雒侯，服诸雒将。蜀王子因称为安阳王。”安阳王后为赵佗所灭。法国鄂卢梭著《秦平南越考》，以为称为安阳王的蜀王子之入据越南建国称王，应在秦始皇死后即公元前二一〇年以后。我以为蜀王子之王越南应在秦取巴蜀即公元前三一六年以后。建国以后其子孙亦称安阳王，故能与赵佗作战也。

兵战。……忠功如此，本无恶心。长吏乡亭，更赋至重，仆役棰楚，过于奴虏。亦有嫁妻卖子，或乃至自颈割。虽陈冤州郡，而牧守不为通理；阙庭悠远，不能自闻。含怨呼天，叩心穷谷，愁苦赋役，因罹酷刑，故邑落相聚以致叛戾，非有谋主僭号，以图不轨。今但选明能牧守，自然安集，不烦征伐也。①

所以岷山山脉以东的巴、蜀地方，在秦、汉两代开边辟土的政策之下，氐、羌以及像板楯蛮一样的其他种族，如不能效法蜀王子之别寻生路，便只有与板楯蛮同其命运；在激烈的民族斗争中是没有第三条路的。巴、蜀地区秦、汉殖民进行愈厉害，民族的移动也愈明显。

至于岷山山脉以西的情况就不同了。这一地区的居民，据《史记·西南夷传》所纪，主要的是戎族，其中包涵有氐族和羌族在内。秦时常频略通五尺道以后，虽然曾在这些地方设官置吏，为时只十几年，秦灭汉兴，遂弃而不顾，尽力于蜀土的开辟。② 大约到汉武帝平南越的时候，才开始经营西南夷，建置越巂、沈黎、汶山、武都四郡。但是这些郡县的建置是很不安定的。前面说到东汉历时七十年始告平定的东羌之乱，是东汉的一件大事。自武帝元鼎六年以后以至东汉献帝建安二十五年（公元二二〇年）三百三十年间东西羌以及蜀郡徼外诸夷的叛乱，总在六十次左右，即平均每五年约有一次。在这六十次左右之中，蜀郡徼外夷所谓武都、汶山、沈黎、越

① 《后汉书》卷一百十六《西南夷传·板楯蛮传》。

② 《史记》卷一百十六《西南夷列传》："秦时常频略通五尺道，诸此国颇置吏焉。十余岁秦灭及汉兴皆弃此国而开蜀故徼。巴蜀民或窃出商贾，取其筰马僰僮髦牛，以此巴蜀殷富。"

嶲，以及永昌诸郡蛮夷反叛的事件，就两《汉书》《本纪》、《西南夷传》所纪有时次可考的而言，将近三十次，即平均每十年蜀郡徼外夷必爆发一次变乱。像安帝元初五年（公元一一八年）的一次，“破坏二十余县，杀长吏，燔烧邑郭，剽略百姓，骸骨委积，千里无人”。[①]这些地方道路崎岖辽远，气候又复温暑毒热，转输困难，动致饥疫，所以如杜钦之流遂有“其王侯尤不轨者即以为不毛之地，亡用之民，圣王不以劳中国”的议论。[②] 其后蜀汉时诸葛亮“五月渡泸，深入不毛”，也只在这些地方采取羁縻政策，不愿多费气力。《后汉书·西羌传》曾说到羌无弋爰剑的后人：

> 其后世世为豪。至爰剑曾孙忍时，秦献公初立，欲复穆公之迹。兵临渭首，灭狄豲戎。忍季父卬畏秦之威，将其种人附落而南，出赐支河曲西数千里与众羌绝远不复交通。其后子孙分别各自为种，任随所之。或为牦牛种，越嶲羌是也；或为白马种，广汉羌是也；或为参狼种，武都羌是也。忍及弟舞独留湟中并多娶妻妇。忍生九子为九种，舞生十七子为十七种；羌之兴盛从此起矣。……秦始皇时务并六国，以诸侯为事，兵不西行，故种人得以繁息。

秦献公在位的时候为公元前三八四—三六二年，那就是说在公元前第四世纪以后，羌无弋爰剑的后人已逐渐分布到广汉、武都、越嶲一带，大都在岷山以西，一直到金沙江边上。《后汉书》明

① 《后汉书》卷一百十六《西南夷传·邛都夷传》。

② 《汉书》卷九十五《西南夷两粤朝鲜列传·西南夷传》杜钦说王凤语。

说犛牛种越嶲羌，而所谓青羌、剑羌、大羌，也应是无弋爰剑的后人。这与《史记》所说邛都、莋都、冉駹、白马“皆氐类也”的话并无冲突。古代纪载说到广汉、武都的白马种，往往称之为白马氐或白马羌，氐、羌互用。故说氐类，也应包括有羌族在内。自公元前第四世纪至公元十三世纪中叶，这一地区大概始终保持着一种汉弱彝强的形势，各民族之间亦有移动，但不如岷山山脉以东那样的激烈。这从地名方面多属氐、羌族的原来名称，汉化痕迹不甚显著一点可以看出来。《蛮书》卷二记的是山川江源，其中有一段纪金沙江，文云：

> 又有水源出台登山，南流过嶲州，西南至会州诺赕，与东泸水合，古诺水也。源出吐蕃中节度北，谓之诺矣江，南郎部落。又东折流至寻传部落，与磨些江合。源出吐蕃中节度西共笼川犛牛石下，故谓之犛牛河。环绕弄视川，南流过铁桥上下磨些部落，即谓之磨些江。至寻传与东泸水合。东北过会同川，总名泸水。蜀忠武侯诸葛亮伐南蛮，五月渡泸水处在弄栋城北，今谓之南泸。……又东北入戎州界，为马湖江。至开边县门与朱提江合流，戎城南门入外江。①

这是说的金沙江沿途异名，以及到今宜宾南门与岷江会合的情形。诺水亦即《山海经》里的若水。丽江拿喜族称黑为 na，称大水为 ibi，凉山彝族称黑为 no，称大水或河为 yee，故所谓若水、诺水

① 《蛮书》这一段文字颇多讹误错落之处，兹依拙著《蛮书校注》引，不一一详注。外江即古代对于岷江的通称，杜甫《寄岑嘉州》诗“外江三峡且相接”，李义山《武侯庙古柏》诗“阴成外江畔”，都指的是岷江。

以及诺矣江，是古代彝族对于今金沙江的一种称呼，"若"、"诺"以及诺矣江，即 no-yee 的对音。诺矣江之重复翻译，与现在地图上的博楚河如出一辙。古代金沙江流经摩些族境内称为摩些江，流经彝族境内又称为若水、诺水，或诺矣江，译义即是黑水。"若"、"诺"以及"泸"字，俱是一声之转，俱是指的一条水。① 古今来对于梁州黑水的考订聚讼纷纭，如其能从氐族和羌族的语言中去求解释，也许不至于如此纷歧。② 五月渡泸著于蜀汉，若水之名见于《山经》，因为氐族、羌族居此地千多年来无大变化，所以到了唐朝，犹然名从主人，保留了前代的旧称。

又据《魏书·地形志》，北魏武帝太平真君三年（公元四四二年）于南秦州汉阳郡置兰仓县。汉代的永昌郡有兰仓水，行者苦于劳役，致有"度兰仓为它人"之歌。北魏在南秦州所置的兰仓县，其建置详情不得而知，而其与永昌兰仓之南北呼应，息息相关的情形，还是可想而知的。③

以下就传说和姓氏两方面来说明氐族、羌族和两爨以及六诏的关系。

关于传说，只举陇坂和九隆的两个故事，试予以解释。我在上面已经说过因为氐族、羌族原来以陇山为其居住的中心，所以陇山以及陇坂九回几乎成为他们的一个象征，一般行役对于陇头的流

① 关于摩些族及凉山彝族语言中的黑和水诸字的问题，可参看李霖灿《麽些象形文字字典》的 198，230，489，1594 诸字，Paul Vial, *Dictionnaire Francais-Lolo* 的 231，291 诸字，以及闻宥《川滇黔㑩文之比较》（《中国文化研究汇刊》第七卷页二四五至二四九），此不具举。

② 参看李荣陛《黑水考证》。

③ 参看《魏书》卷一百六《地形志》二下，《后汉书》卷一百十六《西南夷传·哀牢夷传》。

水陇坂的九回，也不胜其幽怨之情。但是在岷山山脉的中部，古代邛人、莋人分界之处的邛徕山上，也发生了类似的故事。《续汉书·郡国志》广汉属国都尉严道有邛僰九折坂者，刘昭注引《华阳国志》曰：

> 道至险，有长岭若栋八渡之难，杨母阁之峻，昔杨氏倡造作阁故名焉。邛徕山本名邛莋，故邛人、莋人界也。岩阻峻，回曲九折，乃至山上。凝冰夏结，冬则剧寒。王阳行部至此退。①

王阳的故事是很有名的，因为讲孝道的说到为人子者不登高不履险，莫不举王阳为典型的例子。王阳故事略见《汉书·王尊传》：

> （尊）迁益州刺史。先是琅邪王阳为益州刺史，行部至邛徕九折阪，叹曰："奉先人遗体，奈何数乘此险！"后以病去。及尊为刺史，至其阪，问吏曰："此非王阳所畏道邪？"吏对曰："是。"尊叱其驭曰："驱之，王阳为孝子，王尊为忠臣。"②

像这样的九折阪就是陇阪九回，邛徕山也恰巧是邛人、莋人即氐族和羌族所在之处，应该不是偶然相合。这一个故事的后面，可能隐藏有一段民族迁移的历史事实在内。

① 《后汉书》卷三十三引，此一段不见今本《华阳国志》。
② 《汉书》卷七十六《王尊传》。

其次说一说九隆的故事。九隆是哀牢夷的故事，见于《后汉书·西南夷传》及《华阳国志》。今举《后汉书》文如次：

哀牢夷者其先有妇人名沙壹，居于牢山。尝捕鱼水中，触沈木若有感，因怀妊十月，产子男十人。后沈木化为龙出水上。沙壹忽闻龙语曰："若为我生子，今悉何在？"九子见龙惊走，独小子不能去，背龙而坐，龙因舐之。其母鸟语，谓背为九，谓坐为隆，因名子曰九隆。及后长大，诸兄以九隆能为父所舐而黠，遂共推以为王。①

这与"天命玄鸟、感而生商"，同样是一种原始的感生神话。如若把沈木化龙等等神秘的外衣剥去，九隆故事便只说明这一民族系出陇山。九隆者九陇也，与汉人姓氏之有河内、河东等郡望同一意义，并无何等神秘之处。

两爨以及六诏源出于氐族和羌族，从姓氏方面也可以得到证明。氐族和羌族的姓氏是有不同的，其不同由于汉化之有深有浅。《后汉书·西羌传》云：

其俗氏族无定，或以父名母姓为种号。②

羌族氏族虽然无定，然或以父名和母姓相连起来为种号，那还是有姓氏的，不过不一定为汉式的姓氏罢了。至于氐族情形，略见

① 《后汉书》卷一百十六《西南夷传·哀牢夷传》。《华阳国志》卷四《南中志》所纪略同，唯沙壹作沙壶，九隆作元隆。

② 《后汉书》卷一百十七《西羌传》。

《魏略》。《魏略·西戎传》云：

氐人有王所从来久矣。……其俗语不与中国同，及羌杂胡同。各自有姓，姓如中国之姓矣。……多知中国语，由与中国错居故也。其自还种落间则自氐语。①

氐族因与汉族错居，多能说汉话，也效法汉人，有汉式的姓氏。氐族接受汉文化的程度比羌族要深一些，即比羌族进步一些，所以常有轻视羌族的表示。最突出的例子是苻坚拒绝姚苌要传国玺的一番话。《晋书·苻坚载记》纪此云：

苌求传国玺于坚曰："苌次膺符历，可以为惠。"坚瞋目叱之曰："小羌乃敢干逼天子！岂以传国玺授汝羌也。图纬符命何所依据，五胡次序无汝羌名！"②

氐族著姓如苻（苻洪、苻坚等）、杨（杨腾、杨难当等）、李（李特等）、吕（吕光等），都是有名的豪族，此外张（氐豪张熙）、齐（齐万年等）、姜、梁也号称大姓。而赵整、赵曜、尹纬、尹详之流，或则称为西州豪族，或则佐辅氐、羌首领如苻坚、姚苌其人，我以为他们也属于氐族。苻、杨、李、吕、张、齐、姜、梁以及赵、尹，都是汉姓。羌族的姓氏不如氐族汉化之甚。姚弋仲、姚襄、姚苌、金大黑、金洛生、雷恶地、雷弱儿、彭奚念诸人，取姚、金、雷、彭为姓，而宕昌羌的

① 《三国志·魏志》卷三十裴注引。
② 《晋书》卷一百十四《苻坚载记下》。

梁懃，就不一定以梁为姓了。越嶲大帅有高定元、李承之，也是羌族之有汉姓者。[①] 比较起来羌族姓氏之汉化不如氐族之显著，足见《后汉书·西羌传》和《魏略·西戎传》的纪载是相当正确的。现在再来考查一下古代云南白蛮、乌蛮的情形。

《蛮书》上说到白蛮姓氏的有下列几处：

> 三、越析一诏也。……有豪族张寻求，白蛮也。贞元中通诏主波冲之妻，遂阴害波冲。（卷三）
>
> 青蛉蛮亦白蛮苗裔也。……有首领尹氏。……贞元年中南诏清平官尹辅酋、尹宽求皆其人也。（卷四）
>
> 渠敛赵本河东州也。……大族有王、杨、李、赵四姓，皆白蛮。（卷五）
>
> 波州……故渭北节度段子英此州人也。故居坟墓皆在云南。（卷六）

这里的段子英，《蛮书》上没有说他是否白蛮。唐林宝《元和姓纂》卷九，二十九换段姓条诸郡段氏云：

> 左金吾大将军鄜坊节度段奇京兆人，生岌、嵩、粤，汾原节度检校兵部尚书祐，《云南状》云，魏末段延没蛮，代为渠帅。裔孙憑入朝，拜云南刺史，孙左领大将军，生子光、子游、子英。子光试太仆卿长川王生秀试太常卿。子英率府遂郡王神营州兵马使。

① 可参看《晋书》苻坚、姚苌诸人载记以及《华阳国志·南中志》。

《姓纂》这一段文字不容易懂，疑有脱文。大致可以解释为段子英是魏代没蛮的段延之后。所谓魏代，不知指的是曹魏抑为元魏，总之无论曹魏或是元魏，都找不出征伐南蛮之事。后来如杨慎《滇记》认为大理国段思平先世为武威郡人。所谓没蛮以及武威云云，大约出于傅会，袭用汉姓，攀附武威一支。南诏既统一六诏，并吞两爨，对于西爨白蛮曾加以大规模的迁动，徙至永昌者达二十余万户，徙至其他地方者亦复不少。《元史·地理志》记有南诏徙民至会川的事，所纪约略如次：

会昌路永昌州　州在路北，治故归依城，即古会川也。唐天宝末没于南诏，置会川都督，至蒙氏改会同府，置五赕，徙张、王、李、赵、杨、周、高、段、何、苏、龚、尹十二姓于此，以赵氏为府主，居今州城。……①

其中如张、王、李、赵、杨、尹是氐族的著姓，也是白蛮的望族，这十二姓一定是徙来的白蛮，而段子英以及后来的段思平，也应是白蛮，亦即属于氐族。

至于《蛮书》提到乌蛮而有汉姓的只有下列两条：

蛮贼将杨秉忠、大羌杨阿触、杨酋盛，悉是乌蛮贼人。（卷四）

独锦蛮乌蛮苗裔也。……其族多姓李。（卷四）

---

① 《元史》卷六十一《地理志》。

唐代云南白蛮有汉姓可考者达十二姓，而乌蛮汉姓却寥寥可数；这正是氐族和羌族的情形。

故从地名上，从传说上，以及从姓氏上，都可以证明南诏史上的东爨乌蛮、西爨白蛮和六诏，是属于氐族和羌族。分别来说，白蛮属于氐族，乌蛮以及六诏属于羌族；南诏为乌蛮，故为羌族，大天兴国的赵氏，大义宁国的杨氏，大理国的段氏，大中国的高氏，都是白蛮，故为氐族。

《蛮书》记载石门路上竹子岭西有卢鹿蛮部落，属于东爨乌蛮。《元史》也说武定路有狆鹿蛮，博南县唐为卢鹿蛮部落，元于建昌路设罗罗宣慰司，有罗罗斯。卢鹿罗罗虽为乌蛮，和南诏却是分得很清楚的；两者同为乌蛮，而不能混为一谈。①

三　南诏和天师道、氐族、北方语系语言以及吐蕃有关的几个问题的解释

南诏本身属于羌族，氐与羌原来的关系相当密切，故南诏文化中之有氐族成分，是很自然的。同时南诏和唐同吐蕃也来往很密，所以唐文化同吐蕃文化对于南诏的影响也很深。本节不能作全面的讨论，只提出几个问题来谈一谈。

南诏文化上有一个问题比较费解，即是南诏崇信三官，和元以前"云南未知尊孔子，祀王逸少为先师"的事。唐德宗贞元十年（公元七九四年），西川节度使韦皋派巡官崔佐时至云南，与南诏异牟

① 参看《蛮书》卷一及《元史》卷六十一《地理志》。

寻订盟，共攻吐蕃。《蛮书》载有此次订盟的《誓文》，略云：

贞元十年岁次甲戌正月乙亥朔，越五日己卯。云南诏异牟寻及清平官大军将与剑南西川节度使巡官崔佐时谨诣玷苍山北，上请天、地、水三官，五岳四渎，及管川谷诸神灵同请降临，永为证据。……其誓文一本请剑南节度随表进献，一本藏于神室，一本投西洱河，一本牟寻留诏城内府库，贻诫子孙。伏维山川神祈，同鉴诚恳。①

《典略》曾纪到汉灵帝熹平光和之际（公元一七二——一八三年）太平道五斗米道的情形：

熹平中妖道大起，三辅有骆曜；光和中东方有张角，汉中有张修。骆曜教民缅匿法，角为太平道，修为五斗米道。太平道者师持九节杖为符祝，教病人叩头思过，因以符水饮之。得病或日浅而愈者则云此人信道，其或不愈则为不信道。修法略与角同，加施静室，使病者处其中思过。又使人为奸令祭酒。祭酒主以《老子》五千文，使都习，号为奸令，为鬼吏，主为病者请祷。请祷之法：书病人姓名，说服罪之意，作三通，其一上之天，著山上，其一埋之地，其一沉之水，谓之三官手书。使病者家出米五斗以为常，故号曰五斗米师。②

① 《蛮书》卷十。此据拙著《蛮书校注》本。

② 此据《三国志·魏书》卷八《张晋传》注引。《后汉书》卷一百五《刘焉传》注亦引《典略》这一段，文字大同小异，如静室作净室，无下祭酒二字，号为奸令无为字。至于张修，裴松之谓“张修应是张衡，非《典略》之失，则传写之误”。

异牟寻《誓文》开始就提出“上请天地水三官”，文末“一本藏于神室”就是《典略》的“其一上之天著山上”，“一本投西洱河”就是《典略》的“其一沉之水”，“一本牟寻留诏城内府库，贻诫子孙”就是《典略》的“其一埋之地”。誓文很明显的用三官手书方式，故南诏的宗教信仰确然为五斗米道，是毫无可疑的。古代云南又祀奉王羲之。元李京《云南志略》有云：

> 其俊秀者颇能书，有晋人笔意。蛮文云，保和中遣张志成学书于唐，故云南尊王羲之，不知尊孔孟。我朝收附后，分置省府，诏所在立文庙，蛮目为汉佛。①

明《寰宇通志》也说到张志成：

> 张志成昆明人，唐太和间入成都学王羲之草书归国人多习之。②

保和是南诏晟丰祐的年号，太和是唐文宗的年号，两者时次相当。但是太和三年，南诏正入寇成都，那时不可能派学生留学成都，张志成云云，疑是一种传说。不过这一传说也不尽是无根之谈，韦皋与南诏通好以后，南诏曾遣大臣子弟为质于皋，皋舍之于

① 见《说郛》卷三十六引。

② 见《玄览堂丛书》本《寰宇通志》卷一百十一云南府人物。

成都，咸遣就学。[①] 张志成的传说大约是这样来的。元朝之在云南建孔子庙始于张立道，《元史·张立道传》云：

先是云南未知尊孔子，祀王逸少为先师。立道首建孔子庙，置学舍，劝士人子弟以学，择蜀士之贤者迎以为弟子师，岁时率诸生行释菜礼。人习礼让，风俗稍变矣。[②]

王羲之是天师道世家，有书圣之称，自是天师道中名人。天师道是五斗米道发展以后的名称。所以信仰五斗米道的南诏，不奉孔子而奉王羲之。

南诏之所以信奉天师道，因为这原来是氐族和羌族的本来信仰。前蜀巴氐李氏族人于汉末就信奉张鲁的鬼道，李雄尊天师道人范长生，称为范贤而不名，并欲"迎立为君而臣之"，后乃加范长生为天地大师，封西山侯。[③] 其信仰天师道可谓至矣。又在晋代，氐族苻坚为羌族姚苌所杀，《晋书·姚苌载记》记载了一段很有趣的故事：

苌如长安，至于新支堡，疾笃，舆疾而进。梦苻坚将天官使者鬼兵数百突入营中。苌惧走入宫。宫人迎苌刺鬼，误中

---

① 见《新唐书》卷二百二十二《南蛮传·南诏传》。蜀何光远《鉴诫录》卷六布燮朝条末有云："议者以南康王韦皋于沈黎大兴黉序，□□□□，遂至夷乱华风，文流异域。……"兹据《新唐书》。

② 《元史》卷一百六十七。

③ 《华阳国志》卷九《李特雄寿势志》。又参看《晋书》卷一百二十一《李雄载记》。

苌阴。鬼相谓曰，正中死处，拔矛出血石余。寤而惊悸，遂患阴肿。①

氐族苻氏以及羌族姚氏应该都是相信天师道的，否则姚苌梦见苻坚率天官使者和鬼兵，不会“惧走入宫”。因为氐、羌信奉天师道，所以在他们向南迁徙的路上也随处发见天师道的痕迹。如《华阳国志》所纪犍为民陈瑞的事就是一个例子：

咸宁三年，春，刺史濬诛犍为民陈瑞。瑞初以鬼道惑民，其道始用酒一斗鱼一头，不奉他神。贵鲜洁。其死丧产乳者不百日不得至道治。其为师者曰祭酒。父母妻子之丧不得抚殡入吊及问乳病者。转奢靡，作朱衣素带朱帻进贤冠，瑞自称天师，徒众以千百数。濬闻以为不孝，诛瑞及祭酒袁旌等，焚其传舍。益州民有奉瑞道者，见官二千石长吏巴郡太守犍为唐定等，皆免官或除名。②

二千石的太守也信上了天师道，势力可算不小了。犍为正是氐、羌族南下以入云南的路上一个重要地点。《蛮书》曾纪载入云南的南北二路。北路为石门路，即自今宜宾取道昭通的一条大道；南路即出清溪关越大渡河南下过金沙江以至云南的一条大道。北路上诸族的信仰情形是：

① 《晋书》卷一百十六。

② 《华阳国志》卷八《大同志》。

第九程至鲁望，即蛮、汉两界，旧曲靖之地也。……依山有阿竿路部落，过鲁望第七程至竹子岭，岭东有暴蛮部落，岭西有卢鹿蛮部落。第六程至生蛮磨弥殿部落，此等部落皆东爨乌蛮也。……大部落则有大鬼主，百家二百家，小部落亦有小鬼主，一切信使鬼巫，用相服制。①

大鬼主小鬼主以及一切信使鬼巫，即说明这一带的乌蛮部落所信奉的也是天师道。《蛮书》又提到南路上的勿邓部落：

邛部东南三百五十里至勿邓部落，大鬼主梦冲北方阔千里。邛部一姓白蛮五姓乌蛮；初止五姓，在邛部台登中间，皆乌蛮也。……贞元七年节度使韦皋使嶲州刺史苏隗杀梦冲，因别立大鬼主。②

南路上勿邓部落的大鬼主和北路上诸部落的大小鬼主性质一样，都是以部落酋长而兼宗教教主，这与天师道的组织也甚为符合。

自汉末至唐宋，陇蜀之间的氐、羌以至云南的南诏和大理都相信天师道。天师道是氐、羌以及南诏、大理的固有宗教信仰，还是受的外来影响，现在尚不能就下结论。不过天师道的起源实有可疑。过去都认为天师道起源东方，与滨海地区有密切关系。然天师道祖师张道陵学道于西蜀的鹤鸣山，在今岷江东岸仁寿县境内。

① 《蛮书》卷一。此据《蛮书校注》本。
② 同上。

仁寿西隔江为彭山、眉山，俱属古隆山郡，是氐、羌族经历之处。故我疑心张道陵在鹤鸣山学道，所学的道即是氐、羌族的宗教信仰，以此为中心思想，而缘饰以《老子》之五千文。因为天师道的思想原出于氐、羌族，所以李雄、苻坚、姚苌以及南诏、大理，才能靡然从风，受之不疑。[①] 至于南诏、大理之又信佛教，那是后起的事，与本族的原始信仰并无妨碍。

以上说的是南诏与天师道的关系。其次，南诏系出羌族，然其文化上却有浓厚的氐族影响。首先是南诏初期的开国重臣出身白蛮者为数很是不少。唐玄宗天宝十载（公元七五一年），协助南诏阁罗凤的孙子异牟寻大败唐将鲜于仲通，使南诏国势转危为安的段俭魏，就是白蛮。段俭魏因功改名段忠国。他是当时南方大大有名的人物，唐代以及吐蕃的文书上经常提到他，[②]《南诏德化碑》现存碑阴题名，段忠国是第一名。《德化碑》已剥蚀不堪，今据阮福《滇南古金石录》所载，碑阴题名勉强可识者约有七十个，其中段、赵、李三姓各占五个，尹姓四个，张、王二姓各二个，杨姓最多有十一个，余为爨、琮、孟、唐、喻、盛、洪、石、阿、孙、黑、刘、杜诸姓。这只是一个残碑，不足见其全貌，但是张、王、李、赵、段、杨、尹诸姓显然是豪族大酋，如尹附酋、尹求宽之名并见于《蛮书》著录。南诏初期极盛之时，朝廷上的搢绅显宦，系出白蛮者居重要地位，氐族在政治上的影响于此可见一斑。

---

① 参看陈寅恪先生《天师道与滨海地域之关系》，见前中央研究院《历史语言研究所集刊》第三本第四分。

② 参看 *Journal Asiatique*, Tome CCXL, 1952. Fas. No. 1. pp. 81—85 对于 J. Bacot F. W. Thomas, Ch. Toussaint. *Documents de Touen-houang relatifs á l' histoire du Tidet*（《敦煌所出有关西藏史文书》）一书的评论。

《新唐书·南蛮传》详载南诏官制,其中有云:

曰酋望,曰正酋望,曰员外酋望,曰大军将,曰员外,犹试官也。①

《德化碑》也有大酋望的名称,这是仅次于清平官的一种官阶。酋望一辞也见于《晋书·苻坚载记》:

初石季龙末清河崔悦为新平相,为郡人所杀。悦子液后仕坚为尚书郎,自表父仇不同天地,请还冀州。坚愍之,禁锢新平人,缺其城角以耻之。新平酋望深以为惭,故相率距苌以立忠义。②

此处酋望一辞可作酋长望族解。因此南诏的酋望一官,可能原属氐族中的一种称呼,后遂成为官名。南诏之诏,本为氐语,苻坚有苻诏之称,坚以锦袍遗慕容冲,亦自称诏曰。氐族的文化高于羌族,故六诏制度多凭藉白蛮,我们不能因为六诏称诏,就说南诏等六诏属于白蛮,即为傣族。

《新唐书·南蛮传》的《两爨蛮传》末提到昆明蛮,文曰:

爨蛮西有昆明蛮,一曰昆弥,以西洱河为境,即叶榆河也。距京师九千里。土歊湿,宜秔稻。人辫首左衽,与突厥同。随

① 《新唐书》卷二百二十二。

② 《晋书》卷一百十四。

水草畜牧，夏处高山，冬入深谷。尚战死，恶病亡，胜兵数万。①

昆明蛮为白蛮，大概在今云南洱海以东东川境内。《新唐书》说这一族人辫首左衽，与突厥同，并不说昆明蛮就系出突厥。不过南诏有一点却似乎与突厥有关。《蛮书》提到白蛮语言中的虎字：

大虫谓之波罗密。亦名草罗。②

又说：

蛮王并清平官礼衣，悉服锦绣，皆上缀波罗皮。南蛮呼大虫为波罗密。③

似乎是称虎为波罗密了。然上引正文明云缀波罗皮，《蛮书》论蛮夷风俗，也说：

贵绯紫两色。得紫后有大功则得锦。又有超等殊功者则得全披波罗皮，其次功则胸前背后得披而阙其袖，又以次功则胸前得披并阙其背。谓之大虫皮，亦曰波罗皮。谓腰带曰佉苴。④

① 《新唐书》卷二百二十二。
② 《蛮书》卷八。
③ 同上卷七。
④ 同上卷八。

据此是又称虎为波罗。佚名著《玉谿编事》记有星回节日南诏君臣赋诗的事：

> 南诏以十二月十六日谓之星回节日，游于避风台，命清平官赋诗。骠信诗曰："避风善阐台，极目见藤越。邻国之名也。悲哉古与今，依然烟与月。自我居震旦，谓天子为震旦。翊卫类夔契。伊昔经皇运，艰难仰忠烈。不觉岁云暮，感极星回节。元昶谓朕曰元，谓卿曰昶。同一心，子孙堪贻厥。"清平官赵叔达曰：谓词臣为清平官。"法驾避星回，波罗毗勇猜。波罗虎也。毗勇野马也。骠信昔年幸此曾射野马并虎。河阔冰难合，地暖梅先开。下令俚柔洽，俚柔百姓也。献琛弄栋国名。来。愿将不才质，千载侍游台。"①

这里也说南诏称虎为波罗。所以《蛮书》两处的波罗密，密字乃是衍文，正应作波罗。波罗密的密字不是因波罗蜜果而误，便是由于金刚般若波罗密而连类互及。现在西南少数民族中拿喜族称虎为 la，出于藏语，凉山彝族作 zl，莲山傣语作 so，没有作波罗的。只有维族语中称虎为 yolbars，土耳其语作 pars，与波罗音比较相近。换一句话说，就是称虎为波罗，比较接近于北方语系特别是突厥语系，而与汉藏语系、掸傣语系都远一点。当然不能据此考证，就断定两爨以及南诏尚未南下以前与北方语系民族有如何的关系，兹仅提出这一个问题，供语言学家和研究西南民族历史的专

① 见《太平广记》卷四百八十三南诏条引。

家参考。①

南诏文化的来源是很复杂的。除去浓厚的氐族文化成分,尚不能即下断语的北方语系种族影响而外,最显著的当然要数汉文化。从汉代的尹珍、孟孝琚起,一直到南诏时代,经济的发展,政治上的制度以及文学艺术各方面,都与汉文化有分不开的关系。这应该有专文来为之叙述,不在本篇之内。现在只谈一谈南诏文化与吐蕃的关系,仅举一例以概其余。

南诏与吐蕃疆界毗连,交往频繁。就像今天藏族称云南丽江为 Sa-Tham。唐时磨蛮所住在今丽江境内,有一处名为三探览,即为藏名 Sa-Tham 的对音。② 由此一事,可见南诏、吐蕃关系之深了。天宝十载以后,阁罗凤投向吐蕃,受赞普鍾的封号,两者的关系更为密切,首先表现在政治上一部分官制之采取吐蕃制度。南诏官制具见樊绰《蛮书》和《新唐书·南蛮传》中的《南诏传》。而从《南诏德化碑》碑阴题名所带勋阶看来,有好些是《蛮书》和《新唐书》所不载的。碑阴题名诸人大都带有一种告身,凡有金、银、瑜石、铜、颇弥五种,每种复分大小。告身本属唐制,而分成这样的五种,在唐代却不经见。告身而外,还有大虫皮,据上引《蛮书》,有功者始能披大虫皮。所谓有功,应特指武功而言。以前总以为金银等告身大虫皮,是南诏的制度。后来在敦煌千佛洞看到吐蕃时代

---

① 我不懂比较语言学,此处所举,是根据下列各书及论文查出来的。拿喜语根据李霖灿《麽些象形文字字典》页六三第七六一号;凉山彝语据闻宥《川滇黔㑩文之比较》,见《中国文化研究汇刊》第七卷,页二四六第一五号;莲山傣语根据罗常培《邢庆兰莲山摆彝语文初探》页一三二;维语据在新疆所闻;土耳其语据 H. C. Hony, *A Turkish-English Dictionary*, p. 271。

② 参看《蛮书》卷六,及 J. F. Rock, *The Ancient Na-Khi Kingdom of Southwestern China*, Vol. I, pp. 60—61 注四五。

所绘的壁画,画上供养人像附有题名。如$\frac{C10}{P6}$(C 指张大千所编号,P 指伯希和所编号)窟,窟内东壁门南女供养人像第一人题名云:

> 夫人蕃任瓜州都督□仓曹参军金银间告身大虫皮康公之女修行颖悟优婆姨如济(?)弟(?)一心供养

是所谓金银告身大虫皮云云,吐蕃也有这种制度。因此南诏的这些部分很可能是阁罗凤投蕃以后,从吐蕃学来的。而从敦煌千佛洞题名中,并且可以窥知吐蕃的政治制度,同唐朝也有密切的关系。①

四　论南诏史上的史料问题

以上第二、第三两节所提出的论证,主要的意思在说明以下诸点:

一、民族方面,打算说明所谓东西两爨以及六诏系出氐、羌。东西两爨是沿着岷江流域进入云南东部的氐、羌族;而六诏则是居住于岷山山脉以西逐渐进入云南环居于大理周围的氐、羌族。

二、文化方面,打算说明天师道与氐、羌以及南诏的关系,氐族影响在南诏文化中的地位,南诏文化所受吐蕃的影响。至于南诏

① 参看拙著《西征小记》,原载《国学季刊》七卷一期页一九—二〇,见本文集第三六三页至第三六四页。(即本书第三六九—三七一页。——编者注)

语言中的北方语系成分，只是提出问题，不敢遽下断语。

总起来说，从汉朝起一直到元朝，雄长云南的应该是系出氐、羌的民族。就文化而论，氐族比羌族高，受汉文化的影响也比较深。《后汉书·冉駹夷传》说“其山有六夷七羌九氐，各有部落，其王侯颇知文书”。此处之颇知文书，未明其言为知汉族文书，还是指的本族文书。也未说明是夷、是羌、还是氐族的王侯。据上引《魏略·西戎传》，颇疑所指仍多属氐族。即在西南各民族中，系出氐族的各族，有相当高的文化。从今天彝族有文字，拿喜族也有文字并相传文字创于唐朝的例子看来，氐族之有文字，那也是很可能的。古代云南出于氐族的大理段氏，并且还有系统井然的历史传说。兹就此点予以初步分析。

研究南诏的历史，显然有来源不同的两种史料。第一种是汉文史料，现存者有樊绰《蛮书》、《新唐书·南蛮传》；已佚者有袁滋《云南记》、韦齐休《云南行记》、窦滂《云南别录》、徐云虔《南诏录》、卢携《云南事状》，此外还有韦皋《西南夷事状》和李德裕《西南备边录》。《新唐书·南蛮传》即综合诸家之书而成，而司马光《资治通鉴考异》也间引诸家之说，加上《太平御览》所引，袁滋、韦齐休诸人之作，可以窥见大概。[①] 第二种是从当地人民，特别是所谓白文，翻译出来的史料。如传为出自宋人张道宗的《记古滇说》，元李京《云南志略》，明杨慎《滇记》，蒋彬《南诏源流纪要》，阮元声

① 关于袁滋诸人著作大概，可参看拙著《唐代纪载南诏诸书考略》，见《周叔弢先生六十生日纪念论文集》页一〇九—一二七，并载本文集第一三六页至第一五四页。（即本书第一五二至一七一页。——编者注）

《南诏野史》，都可归入这一个类型里去。①

第二种史料可以杨慎《滇记》为代表。杨慎在《滇记》的后面说到他的史料来源：

> 余婴罪投裔，求蒙、段之故于《图经》而不得也。问其籍于旧家，有《白古通》、《元峰年运志》，其书用僰文，义兼众教，稍为删正，令其可读。其可载者盖尽此矣。

据此，《滇记》乃是杨慎根据僰文《白古通》、《元峰年运志》为之转写而成的。杨慎根据僰文写的有关西南民族历史的书，除《滇记》而外，尚有多至八百余卷的《西南列国志》。清陈鼎《滇游记》提到杨慎译《白古通》、《元峰年运志》的事，他在所著《蛇谱》里又提到杨慎的《西南列国志》：

> 越裳氏国有蛇群处穴中，每至春日融和，风光澹荡则出。聚鸣草莽中。或作丝竹声，或作金石声，或为擂鼓鸣锣声，或为喇叭长号作天鹅声；箫管瑟琶，百乐毕备，故曰百乐蛇。国人闻其声大喜，多置酒相贺，谓其年必丰，人无疾厄，盖瑞蛇也。好事者则携樽往听，直作一部鼓吹矣。然蛇畏人，闻人声

① 张道宗《记古滇说》，收入《云南备征志》中，《四库提要》说是"殆出赝托"。李京《云南志略》书已佚，陶宗仪《说郛》卷三十六收录其重要部分，此外散见于《永乐大典》。杨慎《滇记》，亦作《滇载记》，以后所引俱据《学海类编》本。蒋彬《南诏源流纪要》有明嘉靖十一年（公元一五三二年）刊本，《自序》谓其书"乃本之《通鉴纲目》暨《汉书》、《唐书》、《文献通考》、《地理志》、《一统志》及参以致仕判杨君鼎旧所藏抄录《南诏纪》、《白古记》者，互为考订"。故亦归入这一类型。阮元声《南诏野史》，又作杨慎著，通行有清乾隆时胡蔚订正的《云南丛书》本。

辄避去，皆默饮不敢哗。杨升菴先生流寓滇中数十年，通彝语，识僰文，乃译黑新逵《西南列国志》八百余卷，载蛇状甚详。予在大理浪穹何氏见其抄本，惜匆匆北还，不能尽录其书入中原以为恨。①

杨慎所译的《西南列国志》以及他写《滇记》所根据的《白古通》、《元峰年运志》的僰文原本，现在都失传了。顾祖禹在他的《读史方舆纪要》里引了几条《白古通》。杨慎是明朝一位学问渊博的学者，同时也以捏造古书著称于世。因此以前我们对于《白古通》、《元峰年运志》、《西南列国志》之究竟有无其书，颇为怀疑。一九四二年前后，石钟先生访古大理，在喜洲附近发见许多明代古墓，墓前有碑，有些立于明初，比杨慎的时代为早。明初的墓碑里也往往提到《白古通》以及《白史》之名，则《白古通》实有其书，并非杨慎所杜撰。这是一部十口相传的民族历史。清康熙时的《白国因由》，亦出于《白古通》一类的书，其中充满了佛教传说和神话。②

此外还有两幅画，也可归入第二种类型的史料之内。第一幅为《南诏图传》，相传为南诏舜化贞中兴二年（唐昭宗光化二年，公元八九九年）南诏主掌内书金券赞卫理昌忍爽王奉宗等所画。图载梵僧感化细奴罗故事。画末有“嘉庆二十五年岁在庚辰九月二十二日成亲王观”题记，原件已归日本一私人收藏。第二幅为大理国段智兴盛德五年（宋理宗嘉熙四年，公元一二四〇年）描工《张胜

① 陈鼎《蛇谱》收入《昭代丛书》别集。

② 石氏所著有《大理喜洲访碑记》、《大理喜洲弘圭山明代墓碑录》第一辑，诸书俱油印本。

温画卷》。图为利贞皇帝嘌信画，绘嘌信及佛菩萨梵天八部寺众天竺十六国王像。原画今藏北京故宫博物院。这两幅画，尤其是《南诏图传》，上面有许多说明，可以作为南诏史史料看待。不过我对于《南诏图传》的年代颇为怀疑。画上说是中兴二年，而画后又有文武皇帝圣真，文武皇帝为郑买嗣谥号，买嗣继南诏蒙氏自立在唐昭宗光化三年（公元九〇〇年），画当更在其后。又第二幅《张胜温画卷》作于十三世纪，画上题记如佛、菩萨诸字，还照唐人的写法作仏、卉，《南诏图传》为时在前，而题记全无唐人笔意。所以《图传》最多只能是大理时代的画，不能看得太早。①

第一种类型的史料，大多是唐朝方面出使的行人以及戍边的官吏，就他们目识亲览询问搜访所得的材料编纂而成。第二种类型的史料，大多根据云南古代民族的历史传说，加以翻译和改编而成。第二种史料和第一种史料比较，有一个最显著的不同之点，就是：第二种史料的各种著作一致认为南诏蒙氏之前，有张姓者，在云南建号称王，立白氏国，又作白子国、白国。至张乐进求，始逊位于蒙氏细奴罗，南诏蒙氏盖继承白国张氏之统。张、蒙二姓禅让的传说，还加上许多佛教的神话，从《南诏图传》起以至于《南诏野史》、《白国因由》，一脉相传，井然不紊，都是第一种类型的史料里所没有提到的。

兹将第二种类型史料里所特有的几个问题提出来，和第一种类型的史料作比较研究，从而进一步推测其史料的可靠性究竟到

① 关于《南诏图传》及《张胜温画卷》，可参看徐嘉瑞《大理古代文化史》页三八六—四〇二、四一八—四二六。又 Helen B. Chapin, Yünnanese Images of Avalokitésvara, *Harvard Journal of Asiatic Studies*, Vol. 8. No. 2, pp. 131—186. August, 1944。

甚么程度。

首先要谈的就是白子国或者白国的问题。白子国的问题,在第二种类型的史料里都提到。据说九隆氏八族四世孙名仁果,生当汉代,传十七世至龙祐那,蜀汉建兴三年(公元二二五年),诸葛武侯南征杀雍闿以后,遂以龙祐那为酋长,代替雍闿统领诸部,赐姓张氏,是为有姓之始,乃建白国。龙祐那之十六世孙张乐进求,受唐封为大将军云南王。至唐太宗贞观三年(公元六二九年),张乐进求禅位给南诏蒙氏细奴罗,于是南诏蒙氏遂代白国张氏而兴,立国号曰封民。这是白子国张氏简单的历史。

历史上究竟有没有这样一个雄踞云南至四百年的白子国呢?从第一种类型的史料看,从汉唐间云南的古代碑刻看,可以断言并无此国。自《史记·西南夷传》以至《新唐书·南蛮传》纪载云南古代的历史,只说某某地带君长以什数,某最大,其夜郎自大的滇与夜郎,众亦不过几万人,从未说及统领诸部的白子国。提到南中大姓,也无张姓。那时候的西南一些民族,还停留在奴隶制时代,不可能有像白子国这样的国家组织。《史记》诸书的记载,比较起来还是近于实录。①

其次云南现存古代石刻,自汉代的《孟孝琚碑》起,以下有《祥光碑》、《爨宝子碑》、《爨龙颜碑》和唐代的《德化碑》、《王仁求

① 《华阳国志》卷十上《蜀都士女赞》记有孝子禽坚的故事,说:“禽坚字孟由,成都人也。父信为县使越嶲,为夷所得,传卖历十一种。去时坚方妊六月,生母更嫁。坚壮,乃知父湮没,鬻力佣赁,求碧珠以求父。一至汉中,三出徼外,周旋万里。六年四月,突瘴毒狼虎,乃至夷中得父,父相见悲感,夷徼哀之。即将父归,迎母致养。州郡嘉其孝,召功曹辟从事,列上东观。太守王商追赠孝廉,令李苾为立碑铭,迄今祠之。”这是一篇很近代化的纪事。至于这些民族里的家兵部曲,更屡见于书。这都是奴隶制度的表征。

碑》。在这些碑文里找不到与白子国有关的丝毫痕迹。尤其是《德化碑》，里边提到平定五诏，招讨诸爨，而于白子国却不著一字。①

这些情形，绝不能归之于偶然遗漏。汉唐以来，汉族的势力深入到今云南东部的昭通、曲靖、陆凉、东川、昆明、安宁、晋宁，西部的姚安、云南、大理、永昌，于诸处建立郡县；对于云南的情况是相当清楚的。如其真有建国历四百年统领诸部的白子国，不会在汉文史料中完全失载。

《蛮书》纪载六诏中的越析诏，有这样的一段话：

> 三、越析一诏也。亦谓之磨些诏。部落在宾居，旧越析州也。去囊葱山一日程。有豪族张寻求，白蛮也。贞元中通诏主波冲之妻，遂阴害波冲。剑南节度巡边至姚州，使召寻求笞杀之。遂移其部落，以地并于南诏……②

这里的张寻求与张乐进求的名字很相近。但是张寻求是唐德宗贞元时人，与传说中的张乐进求时间相差有百五十年。张寻求是越析诏部落的一个豪族，用现代话说，是越析诏部落里的一个土豪，里贯身分也与张乐进求不同。很可能张乐进求这一个传说中的人物即是从张寻求影射出来的，实无其人。既无白子国和张乐进求其人，张、蒙二姓禅让的故事自然也不能看作历史事实了。

其次为南诏建国与佛教关系的问题。根据第二种类型的史料，南诏建国，与佛教有密切的关系。《南诏图传》卷末题记有云：

① 关于孟孝琚诸碑，可参看阮福《滇南古金石录》及袁嘉穀《滇绎》。
② 《蛮书》卷三。

巍山主掌内书金券赞卫理昌忍爽臣王奉宗等申：谨按《巍山起因》、《铁柱》、《西洱河》等记并《国史》上所载图书圣教初入邦国之原，谨画图样并载所闻，具列如左。臣奉宗等谨奏。

圣教指的是佛教。《图传》卷首还有细奴罗子罗盛炎之妇梦讳等授记了回归家之图。所以整个《图传》绘的是梵僧授记，细奴罗受命自天的故事。《南诏野史》所记与《图传》同。《图传》自云根据《张氏国史》、《巍山起因》、《铁柱记》、《西洱河记》等书。《记古滇说》以及《南诏野史》并说白子国张氏、南诏蒙氏俱为天竺阿育王后人。清康熙时的《白国因由》以为授记的梵僧即是观音的化身，并还演出观音灭罗刹的神话。

南诏同佛教的关系，并不如第二种史料所说之甚。《蛮书》说到唐懿宗咸通四年（公元八六三年）正月南诏侵略安南，有胡僧在安南罗城设法，[①]僖宗乾符元年（公元八七四年），高骈为西川节度使，以南诏俗尚浮屠法，故遣浮屠景仙摄使往。[②] 南诏后来之信佛教，乃是事实。但在初期恐不如此。阁罗凤时代的《德化碑》固然看不出佛教的影响，即至德宗贞元十年，异牟寻与崔佐时定盟，《誓文》亦只上达三官，并不求证佛陀。南诏信佛教，当始于公元第九世纪以后。虽然如此，三官的信仰仍未消灭，是以元世祖征服大理以前，王羲之庙仍然遍于滇中，佛教并未能争取到压倒一切的形势。故观音感化南诏授记因而建国的故事，显然出于后来，特别是佛教中人的傅会。《张胜温画卷》最初之只在释门诸老宿如东山禅

① 《蛮书》卷十。

② 《新唐书》卷二百二十二《南蛮传》。

师德泰以及月峰镜空诸人手中流传，即是一个最好的证明。

白子国，张、蒙两姓的禅让，以及南诏建国之初的那些佛教上的神话，都是后人建造起来的空中楼阁。建造这些传说的时代，疑在南诏亡国白蛮段氏继统以后。其所以要造出这样的传说，现在还没有发现很好的可以解释此事的材料。以下的解释只能算是一种假设或者推测。

大理国段氏系出白蛮，为段忠国后人。段思平之代杨干贞而起，段氏自己已经造出一篇感生的神话，思平之母触沉木而生思平，和哀牢夷的九隆故事如出一辙。段思平受命自天，建国称王是不会被人怀疑的了。但是段氏为白蛮，段氏以前的杨氏、赵氏也是白蛮，大体上是白蛮继乌蛮族南诏蒙氏之统而建国称王。段思平感沉木而生，在段氏方面，特别是在白蛮民族方面的问题算是解决了。但是如何解决乌蛮与白蛮之间的问题，即乌蛮不服从而想恢复故国的问题？南诏享祚二百七十多年，阁罗凤的声威震荡于西南各族之间，段忠国是阁罗凤的清平官，这些都是历史事实，不容否认。于是造出一个出于白蛮的张仁果的白子国来，由白子国再描绘出一段张仁果的三十三世孙张乐进求和系出乌蛮的南诏蒙氏细奴罗禅让的故事。天下原来是白蛮的，后来遵照天命，让给乌蛮，现在白蛮段氏又遵照天命，收回天下；极其合情合理，名正言顺。如此，族内的问题以及族与族之间的问题，都可以迎刃而解了。所谓《张氏国史》、《巍山起因》，《铁柱》、《西洱河》等记，是这一套传说的素材，而《白古通》、《元峰年运志》乃是这一套传说的完整的综合著作。

以上的解释自然是一个假设，一个推测，但是也是一个比较合理的假设和推测。氐族受汉文化的影响本来很深，大理国段氏还设科选士。元郭松年《大理行记》有云：

> 然而此邦之人西去天竺为近，其俗多尚浮屠法。家无贫富，皆有佛堂。人不以老壮，手不释数珠。一岁之间斋戒几半，绝不茹荤饮酒，至斋毕乃已。……师僧有妻子，然往往读儒书。段氏而上国家者设科选士，皆出此辈，今则不尔。①

大理也经常向宋朝购取儒书。其崇尚儒家之风，并影响到了出家人，所以传说之中杂有不少的儒家禅让之说。

研究南诏的历史，对于南诏史史料的两种来源、两种类型必须有明确的认识，否则就难于作出正确的判断。

（见《历史研究》一九五四年第二期页一—二九，
一九五四年五月出版。）

① 郭松年《大理行记》今收入《奇晋斋丛书》。

伦敦所藏敦煌卷子经眼目录

英国斯坦因(Sir M. A. Stein)窃去的敦煌卷子,十九收藏在伦敦的不列颠博物院(British Museum),其中汉文写本约七千卷,印本约二十余卷,回鹘文、古突厥文等文字写本约二百卷。西藏文卷子另藏于印度部(India Office)的图书馆。一九三六年九月至一九三七年八月,我在不列颠博物院阅读敦煌卷子。因为小翟理斯博士(Dr. Livnel Giles)的留难,一年之间,看到的汉文和回鹘文卷子,一共才五百卷左右(印度部所藏的敦煌写本藏文卷子,一九三八年于道泉先生曾去翻阅一遍,照了不少)。我所看到的,其中重要的部分都替北京图书馆照了相(当时并替清华大学也照了一份),后来王有三先生到伦敦,又替北京图书馆补照一些。现在这些照片仍然保存在北京图书馆。我看的时候,每一卷都写有卡片,记上编号、卷子名称、长短、所存行数,并抄下前五行与末五行。有时卡片背面也抄录卷子上的一些东西。此外并写了一个《经眼目录》,发表于北平图书馆《图书季刊》新第一卷第四期页三九七—四一九,一九三九年十二月出版。伦敦所藏敦煌卷子,编号前有一句字,表示斯坦因将来品,《经眼目录》把句省去,只举号码。目后括弧内所注数目字为现存行数,如一〇号《毛诗郑笺》(九一),即表示此卷存九十一行。

伦敦所藏敦煌卷子,以前要去阅览,是相当困难的。最近,不列颠博物院将所藏敦煌卷子全部摄成显微照片(microfilm),公开出售,我们希望不久的将来在北京就可以看到这一份照片,这对于留心"敦煌学"以及治文史之学者,将是一个可喜的消息。一九五五年一月十日向达补记。

一〇 《毛诗郑笺》(九一)

一九 《古算经》(二八)

六三 《太上洞玄灵宝无量度人上品妙经》(一三一)

纸背:杂书"好住娘"等。

七五 《老子道德经序诀》(七五)

七六 孟诜(?)《食疗本草》(一三〇)

纸背:陈鲁修等牒。

七七 《南华真经·物外品》第二十六(四六)

七八 失名类书(存送别、客游、举荐、报恩、兄弟、孝养、孝行,九三)

纸背:尺牍范本(书仪?九三)。

七九 失名类书(存□□、婚姻、重妻、弃妻、美男、美女、贞男、贞妇、丑男、丑女,六一)

八〇 《无上秘要》卷第十(五九)

纸背:戒律(六三)。

八五 《春秋左传杜注》文公十五年至十七年(二一二)

九五 显德二年丙辰岁《具注历日》(学仕郎守州学博士翟奉达纂,子弟翟文进书,二二一)

纸背:藏文(一一七)。

一〇七 《灵宝升玄经》(?一一九)

纸背:《辩中边论》卷第一(世亲造,玄奘译,二六)。

一三三　建初十二年正月敦煌县西宕乡高昌里籍(五六)

纸背:佛经疏释(经名未悉,六九)。

一三三　《春秋左传杜注》襄公四年至二十五年(一二七)

纸背:(1)《秋胡小说》(? 一一七),(2)《世说新语》(? 五〇)。

一三四　《毛诗豳风故训传》(一一六)

一七三　《李陵答苏武书》(七六)

纸背:杂涂(三五)。

一八九　《老子道德经》(一八一)

纸背:杂书《妙法莲花经》二十八品品名。

一九六　显德五年洪范大师残牒(七)

二〇三　《脉经》(? 王重民先生谓是《玄感脉经》,一〇三)

二〇三　《度仙灵录仪》(? 一五〇)

二一四　《燕子赋》(七五)

纸背:社司转帖二通。

二三八　《金真玉光八景飞经》(如意元年经生郛忠写,二二六)

二七六　□□□□□□□□□《具注历日》(一三八)

纸背:《灵州史和尚因缘记》等(六三)。

二八六　粮食杂物账(二八)

二九八　《太上灵宝洞玄灭度五炼生尸经》(一一六)

三〇八　佛经(经名未悉,二五)

三一八　《洞渊神咒经·斩鬼品》第七(二五〇)

三二八　《伍子胥小说》(三七三)

三二九　《书仪镜》(？二三三)

　　纸背:杂涂不记。

三六一　《书仪镜》(？一五六)

　　纸背:杂涂不记。

三六六　豆麸查饼杂账(一二)

　　纸背:《付法藏传》第二十三代(九)。

三六七　《沙州地志》(光启元年张大庆写,八六)

三七一　净土寺试部(九)

三七二　丙戌丁亥常住所用账(一一)(与三七八为同卷,裂而为二)

三七三　《皇帝癸未年膺运灭梁再兴诗》(四二)

三七四　新乡副使王汉子等牒(一四)

三七八　丙戌丁亥常住所用账(一六)(正接三七二)

三八三　《西天路竟》(一九)

三八八　《正名要录》(霍王友兼徐州司马郎知本撰,二六八)

三八九　肃州防戍都状(四二)

　　纸背:二十四孝故事(？二八)。

三九七　失名行记(三一)

四〇六　《茶酒论》(一九)

四二〇　粮食杂账(一九)

四二五　《太极真人问功德行业经》(五九)

四六六　广顺三年龙章祐及弟祐定典地契(一五)

四七七　《老子道德经河上公章句》(二四八)

四八二　《元阳上卷超度济难经品》第一(一〇七)

四九八　单疏(三七)

五一二　《归三十字母例》(一一)

五一四　《众经要攒并序》出众经文略取妙义要义十章合成一卷(四〇一)

纸背:沙州敦煌县悬泉乡宜禾里大历四年手实。

五一五　敕归义军节度牒(一九)

纸背:功德文(七一)。

五二〇　报恩寺方等道场榜(一九)

五二五　《搜神记》一卷(一六九)

五二六　武威郡夫人阴氏书(一三)

五二七　显德六年女人社社条(三〇)

五二九　定州开元寺僧归文牒(五七)

纸背:失名行记(记峨嵋山等,一五一)。

五四一　佛经(当是相宗著述,经名未悉,一五五)

纸背:《毛诗故训传》(起《匏有苦叶》至《旄丘》首章,三九)。

五四三　户籍册

纸背:(1)《地狱变文》(? 二二),(2)忏文(八〇),(3)《菩萨维舵文》(六四),(4)课邑文(一二)。

五四五　失名类书(一六六)

纸背;僧惠照牒(一〇)。

五五四　《金刚般若波罗密多心经疏》(? 三四四)

纸背:十六大国名目。

五五五　失名类书(一八)

纸背:唐人选唐诗(三四)。

五七五　《礼记郑注》(存《儒行》至《大学》,三六)

六一〇　(1)《启颜录》(三一七)

(2)《杂集时用要字壹千叁百言二仪部》第一(一二)

纸背:失名类书(八)。

六一二　《大宋国王文坦清司天台官本勘定大本历日》

(太平兴国三年《应天具注历日》,一六七)

纸背:推五音建除法等(一四一)。

六一三　田亩册

纸背:佛经经论疏释(书名未悉,二九四)。

六一四　《菟园册府》卷第一(一三二)

六一五　《南华真经·达生品》第十九(一七五)

纸背:戒律(?七九)。

六一七　《俗务要名林》(二一六)

六一八　《论语何晏集解》卷第九(八一)

六一九　《读史编年诗》卷上并序(一三一)

纸背:(1)悬泉镇遏使行玉门军使曹子盈状,(2)判状,(3)酬校书杂诗,(4)百家《碎金》。

六二〇　解梦书(一五八)

纸背:七言绝句一首。

六二一　《月令集解》(二三)

六九二　《秦妇吟》(贞明五年安友盛写,七九)

七〇五　《开蒙要训》一卷(大中五年安文德写,八六)

(纸末另有残片十一段,大都转帖之属,不成句读)。

七〇七　《孝经》(同光三年曹元深写,四二)

纸背:杂涂"郎君须立身"等字。

七一三　《春秋后秦语》下卷第三(一二九)

纸背:杂书"《春秋后赵语》下卷第四"等字(六)。

七二八　《孝经》(李再昌写,九七)

纸背:杂涂,不记。

七四七　《论语何晏集解》(七九)

纸背:杂涂"上大夫"等字。

七六六　《书仪镜》(?四九)

纸背:太平兴国六年百姓贷绢契等。

七七八　《王梵志诗集》(六七)

纸背:杂涂,不记。

七八二　《论语何晏集解》卷第六(五一)

七八四　《天尊说禁诫经》(一一七)

七八五　《李陵苏武书》(九九)

纸背:杂书"三界寺郎曹元润"等字。

七八八　唐人选唐诗(一七)

纸背:《沙州图经》(一八)。

七八九　《毛诗故训传》第一至第四(一七四)

七九二　《老子》(白文,一二二)

七九三　《天尊说济苦经》一卷(四八)

七九六　《南华真经·胠箧品》第十(郭象注,五七)

纸背:小钞两段(四〇)。

七九七　戒经(?建初六年比丘德祐书,四四一)

纸背:德祐书仏经(五七五)。

七九八　《老子道德经》上卷(两段,一二六)

七九九　《隶古定尚书》存《泰誓》至《武成》(一〇四)

纸背:杂书“五月五日天中节”等语。

八〇〇 《论语何晏集解》卷第四(一二二)

纸背:午年正月十九日出苏油面米麻毛等历(九)。

八〇一 《隶古定尚书》存《大禹谟》(三二)

八〇九 失名道经(三五)

八一〇 《太平九□太上中皇真经》(? 三二)

八一一 永书(一三)

八一三 阴阳书(? 四六)

纸背:存“音阳”二字。

九三〇 《洞渊神咒经》誓解第六(一九〇)

纸背:(1)《立成竿经》(七四),(2)悟真诗(一一),(3)推人辰法(五)。

九五七 《太上九真妙戒金箓度命九幽拔罪妙经》(八三)

九六六 《论语》卷第五(残片,七)

九八六 道经(经名未悉,二四〇)

一〇二〇 道经(经名未悉,六一)

一〇四〇 《书仪镜》(? 七五)

纸背:“甲戌年九月十一日立契莫高乡百姓”一行。

一〇八六 《菟园策府》(一七〇)

一一四二 乙巳年五月七日造春粢破油面数具名(六)

一一五六 进奏院状(六〇)

纸背:《大汉三年季布骂阵词文》(六四)。

一一五九 神沙乡散行人转帖(一〇)

一一六三 《太公家教》(六五)

纸背:杂涂,不记。

一一八四　《救诸众生苦难经》(一五)

一二四六　道经(经名未悉,二八)

一二八五　清泰三年十一月二十三日百姓杨忽律哺卖舍契(二二)

一二九一　(1)《太公家教》(五三)

(2)曹清奴借据(一〇)

一三二四　天宝八载史张何忠牒

一三三九　《孔子马头卜法》(四四)

纸背:《少年问老》(八)。

一三四四　《唐令》(?六九)

纸背:(1)《论鸠摩罗什通韵文》(二九),(2)郭瑝撰《修多罗法门》卷一(六八)。

一三四七　《维摩疏释》前小序抄(八八)

一三五〇　大中五年二月十三日僧光镜负馀布契(九)

一三五一　《太极老仙公请问经》卷上(一〇〇)

一三六六　油面历(八二)

纸背:《涅槃经内说诸经因缘》(九五)。

一三七六　道经(经名未悉,五六)

一三八〇　应机抄(三三二)

一三八一　《孝经》(天福七年高清子书,九九)

纸背:杂书转帖,多不成文,不记。

一三八五　《佛说回向轮经》一卷(六五)

一三九二　《孔子项託相问书》(八三)

一三九三　《晋书》列传十七十八残卷(八五)

纸背：杂文（三九）。

一三九八　太平兴国七年二月二十日慈惠乡百姓郭定成典身卖地契（三二）

纸背：酒账（一八）。

一四〇三　程住儿雇驴字（一五）

一四一二　《净名经集解关中疏》卷上（五三五）

一四三八　佛经（经名未悉，一三四）

纸背：杂牋启（一七七）。

一四三九　《春秋后语释文》□第七，楚第八，燕第十（一一九）

纸背：历书（一八二）。

一四四〇　《治道集》卷四（存□□□第三十三，《审大臣》第三十四，《详任使》第三十五，《戆诚臣》第三十六，一〇五）

一四四一　《励忠节钞》（七〇二）

纸背：（1）二月八日文等，（2）《云谣集杂曲子》三十首（存十八首）。

一四四二　《毛诗故训传》第十五（八九）

纸背：佛经（似是相宗著述，未悉何书，一一三）。

一四四三　《春秋左传杜注》（三三）

纸背：《春秋左传杜注》僖公十六，二十二，二十三年，（三七）。

一四六七　药方

纸背：药方（二九）。

一四六八　阴阳书（？七八）

一四七三　太平兴国七年壬午岁《具注历日》（翟文达撰，一六

一)

纸背:礼忏文。

一五一三 《老子十方像名经》卷上(一九四)

纸背:《因缘心论诠释》一卷(三〇),(2)《六门陀罗尼经》(一二),(3)《六门陀罗尼经论》(世亲造,二五),(4)《维摩疏释》前小序抄(二七)。

一五一九 僧法胜所破油面历(四六)

纸背:杂书佛经名(二一)。

一五二三 李庭光莫高窟碑(二五)

纸背:杂文(一九)。

一五六三 西汉敦煌国圣文神武王敕(九)

一五八六 《论语何晏集解》卷第二(二九)

纸背:杂涂,不记。

一五八八 《叹百岁》诗(二二)

纸背:《叹百岁》诗(接前,五)。

一六〇三 《南华真经·天道品》第十三(郭象注,四〇)

纸背:《辩中边论》卷第三(玄奘译,五六)。

一六〇四 天复二年沙州节度使致都僧统等帖(二五)

一六〇五 《太上玄一第二真人光妙音说三徒五苦生死命根劝戒上经》(二〇三)

一六一二 比丘愿荣转经目录(一三)

纸背:佛经名目(大约接前,三)。

一六二五 天福三年斛㪷油面粟等破除账(二八)

纸背:《佛图澄和尚因缘》。

一六四四 佛经(经名未悉,一五)

纸背:《禅门十二时》(八),又涂鸦二行。

一六五五　《法华经·妙音菩萨品》(? 八七)

纸背:《白鹰诗》二首(一五)。

一七二二　(1)《菟园策府》卷第一(一七三)

(2)《毛诗诂训传》(存《周南关雎诂训传》第一,九一)

一七二五　《大唐新定吉凶书仪》(? 一六八)

纸背:《吉凶书仪》(? 八一)。

一七三三　麦麸杂账(二三)

纸背:杂账(一四)。

一七七四　天福七年法律智定等一伴交历(三五)

纸背:寺头(?)首立禅师颂(一七)。

一七七六　显德五年一伴交历(四六)

纸背:《五祖弘忍六祖惠能别传》。

一八一〇　《励忠节钞》卷下(一〇三)

一八五七　《老子化胡经》卷第一(道士索洞玄经,与六九六三字迹同,一二九)

一八八〇　《唐职官令》(?)

纸背:佛教经论(未悉何名,七一)。

一八八九　《敦煌氾氏家传》(? 九七)

一八九一　《孔子家语》卷十(七三)

一八九七　敦煌郡百姓张△甲雇阴△甲字(一八)

一九〇六　《太上洞玄灵宝真一劝戒法轮妙经》(一四四)

一九二〇　杜正伦撰《百行章》(二七二)

一九四三　《春秋左传杜注》昭公十五年至十六年(二一)

一九四六　淳化二年十一月十二日韩愿定卖妮子塩胜契(一八)

一九七六　□良涓状(九)

二〇四一　社条(三三)

二〇四九　《毛诗故训传》第十五第十六(二三〇)

纸背:诗选(二五〇)。

二〇五二　《新集天下姓望氏族谱》一卷并序(一〇五)

二〇五三　《汉书》七十八《萧望之传》(二八六)

纸背:(1)《礼记音》(徐氏? 一八〇),(2)《籯金》(四三)。

二〇五五　《切韵》(长孙讷言笺,一〇五)

纸背:(1)《切韵》(接正面,七四),(2)杨(?)稭节祈文(八)。

二〇五六　杂小抄(略释佛经名辞,一三一)

纸背:《大汉三年楚将季布骂阵汉王羞耻群臣妭骂收军词文》(八二)。

二〇六〇　《老子注》

二〇七一　《切韵》(原本,九〇一)

二〇七二　《搜神记》(三九三)

二〇七四　《隶古定尚书孔氏传》(存《蔡仲之命》,《多方》,《立政》,一六六)

二〇八一　《太上灵宝老子化胡妙经》(一三九)

二一〇三　南沙灌进渠用水百姓李进评牒(一八)

二一〇六　《维摩义记》(景明元年比丘昙兴写,五一八)

二一二二　《太上妙法本祖经·广说普众舍品》第二十一(三

六三)

二一七四　天复玖年闰八月十二日神沙乡百姓董如盈兄弟三人分割家业契(三〇)

二一九九　尼灵惠唯书(一六)

二二〇四　(1)《孝子董永》(四六)

(2)《太子赞》(五九)

(3)《父母恩重赞》(二二)

(4)《十劝钵禅关》(六)

二二一三　《立不思议解脱义》等义序(?二五)

二二一四　黄麻地亩等杂账(二三)

二二二二　解梦书(七一)

纸背:解梦书(一六)。

二二四□　(1)公主君者者上北宅夫人状(一二)

(2)瓜州水官王安德等残牒(三段,二)

二二四二　亲情社转帖(一〇)

二二六七　《老子道德经》(一二四)

纸背:《辩中边论》卷第一(玄奘译,一二三)。

二二九五　《老子变化经》(一〇一)

纸背:《心海集》等(六四)。

二三八五　阴国政卖地契(一七)

二四〇四　□□□□□□□□□《具注历日》(翟奉达撰,六三)

二四三八　道家方书(书名未悉,一八一)

纸背:戒律(?四四)。

二四四九　写经纸数账(三二)

纸背:写经纸数账(接正面,九)。

二四六六　佛经(不知何经略释,一六三)

二五五二　(1)《瑜伽论分门记》卷十九至卷二十(三二〇)

(2)《维摩经疏》(二〇七)

纸背:决天台义书(?)。

二五七八　薛九安状及《孔子马头卜法》(六二)

二五八四　《净名经关中释抄》卷上(七一七)

二五八八　失名类书(当与七八、七九为同一书,存送别,客游,荐举,报恩,三八)

二五九〇　《礼记月令注》(? 一八)

纸背:索荣国(?)残牒(四)。

二五九三　《大涅槃经》卷第四十至四十一《遗教品》(八〇)

纸背:《沙州图经》(六)。

二五九六　《净名经集解关中疏》(一九九)

纸背:咸通七年八月三日投社人牒(七)。

二六〇七　词选(九〇)

纸背:残账。

二六一八　道经(经名未悉,八四)

二六二〇　《大唐麟德历》(四八)

纸背:神智恭拜文(? 四)。

二六七〇　《金刚般若波罗密经外传》卷下(一四二)

纸背:《净名经集解关中疏》卷下(一四五)。

二六七九　(1)《禅门五更曲》(一八)

(2)《禅门十二时曲》(二〇)

(3)僧利涉表(以上共五七行)

二六八八　佛经(经名未悉,五〇六)

二六九四　《华严经略疏》卷第三(六七六)

二七〇二　《净名经集解关中疏》卷上(七六八)

纸背:(1)杂抄仏经(三四),(2)《仏说校量数珠功德经》(四九),(3)《仏说大吉祥天女十二契一百八名无垢大乘经》(一二七)。

二七〇三　失名书

二七一〇　《王梵志诗》一卷(清泰四年氾富川写,六三)

二七一七　佛教经论(书名未悉,二四六)

纸背:(1)发愿文(四七),(2)《珠英集》第五(一二八)。

二七二一　佛经(经名未悉,一〇一九)

纸背:《大乘起信论广释》。

二七二九　悬象占(?三一六)

纸背:(1)二月□十使论悉诺啰接谟勘牌子历,(2)《毛诗音》。

二七三二　《维摩经义记》卷第四(大统五年比丘惠袭写,九〇三)

纸背:沙门昙旷撰《大乘百法明门论开宗义决》(五四一)。

二七三九　《净名关中释批》卷上(七三八)

二七四一　《十地义记》(?四八一)

二八三二　文范(?六六八)

二八九四　《波罗提木叉戒本疏》(?一五七)

纸背:社司转帖亲情社转帖等(六四)。

二九一五　《君道经空洞灵章》(五七)

二九二二　《韩朋赋》一首(八九)

二九四七　《百岁篇》(四三)

二九六一　《立三转法轮义》等(？二四)

二九七三　开宝三年马文斌七言诗(一四)

纸背:净三业真言等(一九)。

二九七四　建隆三年归义军节度使曹疏(七)

纸背:受戒牒文。

二九八四　《春秋左传杜注》昭公十六年(与一九四三原是一卷,一九)

纸背:有"《法华经》七卷一部"七字。

二九九九　《太上道本通微妙经》卷第十(开元三年道士索洞玄写,二六七)

三〇〇八　道经(经名未悉,五六)

纸背:诸佛名。

三〇一一　《论语何晏集解》卷六卷七(裂为两段,二二八)

三〇一六　《太上元阳经》卷第十(一三四)

纸背:《心海集》(存迷执、解悟、勤苦、至道、菩提,一五〇)。

三〇四八　丙辰年东界羊籍(一六)

纸背:羊籍(接正面,三)。

三〇六一　《太上洞玄灵宝中元玉京玄都大献经》(五三)

三一三五　《太玄真一本际经》卷第二(二六五)

三二二七　(1)《女夫词》(八)

(2)《韩朋赋》一首(三六)

纸背:失名类书(存□□部、靴器部、农器部、车部、冠帻部、鞍辔部、门窗部、舍屋部、屏障部、花钗部、彩色部、□□部,六二〇八前半当即接此,三四)。

三二八七　(1)《千字文》

(2)《十五愿礼佛忏》

(3)《李涉法师劝善文》(以上共八三行)

纸背:户籍账(四六)。

三三二六　《兵法云气占》(?)

三三三〇　《毛诗诂训传》卷第十一至卷第十二(存小序经文无笺,六四)

纸背:石和满状等(二三)。

三三三九　《论语郑笺》(? 一九)

纸背:佛名经(一八)。

三三五四　《春秋左传杜注》 公　年(一八)

纸背:官亲行道文等(一七)。

三三七〇　道经(经名未悉,三九)

三三七五　《唐令》卷六(? 二六)

纸背:佛经(经名未悉,三六)。

三三八〇　《太上灵宝洗浴身心经》一卷(六六)

三三八九　《洞渊神咒经》卷第四(一四五)

三三九二　天宝十四载残制

三三九三　《王梵志诗》一卷(九八)

纸背:杂书去三害赋(? 二八)。

三三九五　(1)药方(三一)

(2)相书(? 一一四,又一段九)

三三九九　《书仪镜》(? 三九)

三四六九　《一切经音义》(? 三四)(经典释文?)

三四七五　《净名经关中疏》卷上(索游岩写,九二八)

三四九一　杜正伦撰《百行章》(二五一)

纸背:《频婆娑罗王后宫彩女功德意供养塔生天因缘变》(文与题不相应,二五二)。

三五四七　道经(经名未悉,一〇九)

三五六三　《太玄真一本际经》卷第二(开元二年索洞玄写,六一)

三六一八　《大道通玄要》卷第七(二〇七)

三六六三　《文选》卷第九(四一)

三七一四　亲情社转帖等(杂涂不成片段,八)

三七二二　《灵宝昇玄内教经》卷第八(一七二)

三七二八　柴场司账(五二)

纸背:(1)《大唐玄宗皇帝问胜凡法师而造开元寺》(一五),(2)《大唐开元录》上卷(八),(3)压座文(又作押座文,四三)。

三七四七　《太上昇玄护命经》(二〇)

三七五〇　道经(经名未悉,有授受五岳圆法等,二九)

纸背:杂书九行,黯淡难辨。

三七五三　临法帖(此当时临前人书,一〇)

三七九三　造粜破一面数目(九)

三八二四　《无量寿陀罗尼经》(七二)

纸背:(1)《御注孝经集义并注》一卷(一九),(2)藏文(四),(3)历书(二三),(4)失名七言俗文(一一)。

三八三一 《太玄真一本际经》卷第二(一三〇)

三八三五 (1)《太公家教》(九三)

(2)《千字文》(四九)

(3)《百鸟名》(三〇)

纸背:杂书回文等(七)。

三八三九 《昇玄经》卷第五等(八四)

三八七六 (1)乾德六年释门法律庆深牒(八)

(2)汉译梵音仏经(经名未悉,一四)

纸背:接正面(2)一行。

三八七七 堪舆书(图)

纸背:(1)乾宁四年等卖契七篇,(2)《下女夫词》一本(二七)。

三八七九 应管内外都僧统牒(三三)

纸背:《龙树传》等(四五)。

三八八〇 元相公撰《节令》诗(? 李庆君书,七四)

纸背:书"大顺元年十一月十七日张一"共十二字。

三九〇四 《韩朋赋》(与四九〇一当是一卷,二五)

纸背:《严父教》(残存数行不记)。

三九二六 《老子德经下河上公章句》(五一六)

三九五一 《毛诗故训传》存《卷耳》末至《汝坟》次章(二七)

三九八四 丁酉年报恩寺羊籍(一二)

三九九二 《论语何晏集解》(二八)

三九九三 《孝经》(一七)

四〇六〇　残账(二七)

　　纸背:残账。

四〇七七　道经(经名未悉,残存两段,五一)

四一一六　庚子年羊抄(一四)

四一二五　雍熙二年正月一日百姓邓永兴户受都田册(一一)

四一二九　(1)《齖𪘏书》(八)

　　(2)《十二时曲》(三〇)

　　(3)《崔氏夫人训女文》(一三)

　　纸背:杂涂"学部尊姓阴"等语。

四一七二　至道元年受田户籍(二三)

　　纸背:杂书十行不记。

四一九五　《佛说因缘经》(?二八)

　　纸背:失名字书(三〇)。

四二二六　《太平部》卷第二(三四七)

四二七六　管内三军百姓奏请表(一六)

四二九一　清泰五年敕归义军节度使牒(一二)

四三〇七　《新集严父教》一本(一九)

四三二九　《辩才家教》(存《□□章》第八,《贞女章》第九,《□□章》第十,《五字教章》第十一,《善恶章》第十二,四七)

　　纸背:香药方(四八)。

四三三〇　道经(经名未悉,五三)

四三三二　《别仙子》《菩萨蛮》《酒泉子》小曲三首(一一)

　　纸背:壬午年龙兴寺僧学便物字据。

四三四一　杂抄(?五六)

纸背:《依维摩经立生死并性平》等诸义(似即接正面,一七)。

四三六二　都头宋富忪状(一二)

纸背:肃州都头宋富忪状(二)。

四三六三　天福柒年敕归义军节度使牒(二三)

四三六四　铭词(邈真赞? 五)

纸背:发愿文(一一)。

四三七四　分书等杂抄(九三)

四三九八　天福十四年五月曹元忠献硇砂状

纸背:《降魔变》(四一)。

四四三〇　《老子注》(?)

纸背:《四分律小抄》(一二三)。

四四四五　何愿德等取褐契(一二)

纸背:贰褐账(五)。

四四五二　开运三年二三两月当寺应入诸司油麸布漆等见存账(二〇)

四四五三　淳化二年八月归义军节度使使张萨罗赞等牒(一三)

四四七二　显德元年李琬抄云辩诗文(八五)

纸背:辛酉年十一月二十日张友子新妇身故聚赠历。

四四九一　田亩册

四五〇四　《波罗提木叉戒本疏》(? 与二八九四当是一书,一八四)

纸背:(1)十愿,(2)金台释子玄本《五台山圣境赞》,(3)敦煌寺名乡名,(4)行人转帖。

四五六一　《十戒经》(？九八)

四五七一　《维摩诘经讲经文》(？八五二)

纸背:冯一个(?)等状(二二)。

四五七七　癸酉年杨将愿遗留账(五)

四六〇九　邓家财礼目(太平兴国九年,二一)

纸背:杂书(三)。

四六一〇　《长乐经》卷第六(七九)

纸背:(1)八关斋文(四九),(2)杂书经文(八)。

四六一三　庚申年后执仓所领豆麦等物账(三六)

四六五四　《薛诃上人寄锡鹰阁留题》等七种(二三八)

纸背:《赠悟真诗》等七种。

四六六〇　兄弟社转帖(一四)

纸背:杂账(一五)。

四六六七　智杲状(一一)

四六七三　《唐律》(？三〇)

纸背:杂文(二三)。

四六八五　李奴子家书(一二)

四六八九　显德元年功德司愿德状(八)

四六九六　《论语何晏集解》(一二)

四七〇二　索判官索僧正领麻字据(六)

纸背:常住黄麻案(四)。

四七〇四　残字纸(二)

四七〇七　《新菩萨经》(一二)

纸背:《千字文》(残二)。

四七六〇　圣光寺阇黎尼修善等牒(一六)

四七六一　《书仪镜》(？一一一)

四七八二　乾元寺堂粥修造两司都师文谦牒(七〇)

四八八四　辛未年押牙梁保德欠绢契(七)

纸背:壬申年褐历(一五)。

四九〇一　《韩朋赋》(与三九〇四字迹相同,当是一卷,二七)

纸背:杂书《严父教》等。

四九六三　道经(经名未悉,五六)

纸背:诸佛名(四四)。

五〇三九　残账

五一三九　《无量寿宗要经》(一一四)

纸背:刘少晏等牒(六〇)。

五二五七　《东夏显正略记》等(一七八)

五三〇八　《神人所说三元威仪观行经》卷第二(一六九)

五三一五　道君撰《元始灵书》中篇(？八四)

五四〇二　百姓薛延俊等状(七)

纸背:回祈愿文(一二)。

五四〇六　僧正法律徒众转帖(一四)

五四三一　《开蒙要训》一卷(一四〇)

五四三七　《汉将王陵变》(一二六)

五四三九　《季布骂阵词文》(二二九)

五四四〇　《季布骂阵词文》(一二〇)

五四四一　(1)《季布骂阵词文》(二一二)

(2)《王梵志诗集》卷中(五五)

五四四八　(1)《敦煌录》一卷(七九)

(2)《浑子盈邈真赞》(三六)

五四五四　《千字文》(九五)

五四七一　《千字文注》(蝶装,一五叶)

五四七四　《王梵志诗集》(二七)

五四七六　《秦妇吟》(一〇五)

五四七七　《秦妇吟》(一二一)

五四七八　《文心雕龙》存《征圣》至《杂文》(蝶装,章草,四六二)

五五〇五　《天地开辟已来帝王记》一卷(二八)

纸背:杂书南无日光佛等(四)。

五五一五　《下女夫词》(四四)

五五四七　《前汉刘家太子传》(三五)

五五四九　《百岁篇》一卷(七一)

五五五六　《妙法莲华经观世音菩萨普门品》第二十五(一七八)

纸背:曲子《望江南》(二〇,以下黯淡不可辨识)。

五五六六　杂谢贺表状(八二)

五五七四　《棋经》一卷(一五九)

五五七八　杂账典身契等(五九)

五五九二　《千字文》(六一)

五六〇二　《籝金》卷第一(一四八)

五六二五　《春秋左传杜注》定公四年(八)

纸背:致某法师状(一六)。

五六二六　《隶古定尚书》存《蔡仲之命》(一五)

纸背:祈愿文(? 一三)。

五六二七　敦煌郡社条

五六二九　敦煌郡等某乙社条壹道(四八)

五六三〇　失名书(上截残去,五七)

纸背:《书仪镜》(? 七〇)。

五六三一　尼差人请教授法等(八九)

纸背:杂书某僧碑文等(一〇)。

五六三二　亲情社转帖等(六〇)

五六三六　《书仪镜》(? 与四七六一大同,一〇四)

五六四四　怀庆书《方角书》一首(一〇)

五六五八　《随身宝》(? 五四)

五六六〇　《书仪镜》(? 二二二)

纸背:(1)《菩萨唱道文》(全,三七),(2)《佛说无常经》(亦名《三稽经》,全,六二),(3)《佛临般涅槃略说教戒经》一卷(《佛遗教经》,全,一二二)。

五六七四　《孔子共项託相问书》(全,二一〇)

五七一一　《千字文》(一九)

纸背:杂书九行不记。

五七一八　天福十年比丘庆遂疏(五)

五七二六　《论语何晏集解》存《乡党》第十(七)

五七三一　《时要字样》卷下存第三至第四(三九)

纸背:乾符六年百姓卢延庆残牒(七)。

五七三七　庚子年十二月二十二日都师愿通沿常住破历(一一)

五七三九　《孝经赞》(?)

纸背:杂书(四)。

五七四一　《观世音不空羂索心王神咒》(五八)

五七四三　《春秋左传杜注》桓公十二年(一一)

五七四五　《隶古定尚书》存《大禹谟》(二一)

五七四七　天复五年归义军节度张祭风伯文(八)

纸背:杂书人名(一二)。

五七五三　两轮硙课及前账等(二二)

五七五四　《新集九经抄》一卷(一三)

五七五五　杂抄一卷(一名《珠玉抄》,二名□□□,三名《随身宝》,一〇七)

五七五六　《论语》存《乡党》(一九)

五七五七　杂字残片(三)

纸背:接正面(三)。

五七七四　《茶酒论》(残存三段,一四)

五七七六　《搜神论》(? 二四)

五七七八　《逵赴谘》(六)

五七七九　《古算经》(三一)

五七八〇　《新合千文皇帝感辞》(三一)

五七八一　《论语何晏集解》存《学而》(一〇)

纸背:"今狐进明书记之也"等题记(五)。

五七八五　《天地开辟已来帝王记》(残片,七)

五七八七　习字残纸(一六)

纸背:接正面。

五七八八　社司转帖(一五)

五七八九　《论语何晏集解》存《阳货》第十七（五）

五七九〇　残账（四）

纸背：藏文（二）。

五七九二　《论语何晏集解》存《公冶长》第五（四）

五七九六　《王梵志诗集》卷上并序（一四）

五八一二　令狐大娘牒（二九）

五八一三　社司转帖（九）

五八一四　《千字文》（一二）

五八一六　杨谦让共李条顺相诤打损将息契（一一）

五八二一　《孝经》（二二）

五八二三　杨宣让牒（六）

五八二八　社条（一四）

五八二九　《千字文》（五）

五八三〇　残账（四）

五八五五　雍熙三年阴存礼疏（五）

五八七四　失名书（上端斜截去，八）

五九一六　《汉法内传》（四）

五九四一　淳化四年曹千疏（五）

五九四九　《下女夫词》一本（八四）

五九六一　《新合六字千文》一卷（七一）

五九六七　失名《论边事书》（一七）

五九七一　失名书

五九七三　曹元忠曹延恭疏（三八）

五九九二　《易经》（残片，七）

六〇一〇　衙前第六队转帖（八）

六〇一一　失名书（存□第十四、《马》第十五、《牛》第十六、《津梁》第十七、《关》第十八、《市》第十九，下半段残去，五七）

六〇一七　《隶古定尚书》存《洛诰》（一二）

纸背：有"《尚书》卷第五《屯书》卷第十一"一行。

六〇一九　《明皇御注孝经》存《圣治章》第九（一〇）

六〇二二　《搜神记》（？下端残去，六九）

六〇二三　《论语》（三七）

六〇六六　社司转帖（九）

六〇七九　《论语何晏集解》存《乡党》第十（四）

六一一一　为申考典索大禄纳图钱及经等具状上事（一〇）

纸背：函牍残稿（一九）。

六一二〇　《春秋左传杜注》宣公十四年（六）

六一二一　《论语郑注》（？）存《雍也》第六至《述而》第七（下端残去，九）

六一五四　残账（一〇）

六一六二　《周易》卷第四（裂为二段，二三）

六一六四　《九宫行碁立成》（？有图，二七）

纸背：杂书（四）。

六一六五　《孝经》（二八）

六一六七　《五兆算经》（？九六）

纸背：（1）《八卦王相胎没因休废法》（五），（2）《敦煌廿咏》（六八），（3）杂书（一〇）。

六一六八　《铜人针灸图》（？）

六一七〇　失名书(三三)

六一七一　《宫词》(？五一)

六一七三　《太公家教》(四六)

纸背:《千字文》(初学涂鸦者所书,作习字用)。

六一七七　《孝经》(一四)

纸背:药方(一一)。

六一七八　太平兴国四年皇太子广济大师疏(五)

六一八六　乙卯年四月一日仫堂修园众社破除名目(五)

六二〇三　《大唐李府君修功德碑记》(三〇)

六二〇四　《碎金》一本(蝶装,二四一)

纸背:末叶纸背书薛彦俊七律一首。

六二〇七　《咒愿新郎文》第十二等(二四)

纸背:杂书(一〇)。

六二〇八　《新商略古今字样撮其时要并行正俗释》下卷第□(五一)

纸背:(1)《十二月小曲》(？一五),(2)《古贤集》(三〇)。

六二一七　榇盛统盘盆魁数目账(？一七)

纸背:接正面(二)。

六二二八　《萧关镇从地涌出铭词》(一三)

纸背:道家书(书名未悉,一九)。

六二三四　无名氏诗

纸背:何皮状等(二〇)。

六二三五　大中六年都营田李安定牒等

纸背:杂书。

六二三七　残账

六二四七　军资库司(五)

纸背:杂书难字(一〇)。

六二五八　《春秋左传杜注》昭公二十四年(一五)

纸背:《书仪镜》(?二四)。

六二五九　《尚书》存《蔡仲之命》末至《多方》首(此是改字本,二一)

纸背:失名书(二二)。

六二六〇　失名佛曲(?一〇)

六二六二　《铜人针灸图》(?与六一六八当是一书,裂为数段)

六二六七　《燕子赋》(五〇)

六二七〇　《目连变文》(三)

六二七一　失名书(残存卢楚张季珣二段,八)

六二九八　田亩册(手实?一四)

纸背:《大藏经序》。

六三〇七　都僧正帖(一一)

六三〇九　行人转帖(六)

六三一六　佛书(书名未悉,上端右方缺,二二)

六三四六　《书仪镜》(?六二)

纸背:《毛诗故训传》存《云汉》至《公刘》(八四)。

六三四九　《易三备》(蝶装存七叶,三〇三)

六四一七　社邑文等(三八〇)

纸背:发愿文等。

六四五二　于常生库借僦油麸物历(一八〇)

纸背:樊再昇佣工契(七)。

六四五三　《老子道德经》上下卷(天宝十载写,三一九)

六四五四　《十戒经》(？四九)

六五〇二　《大云经疏》(？三七五)

六五三七　佛书(书名未悉,九三三)

纸背:(1)各种文书范本,(2)《太子修道赞》(一〇),(3)《龙州词》等(三一),(4)郑余庆撰《大唐新定吉凶书仪》(一七七)。

六六五九　《众篇序经》(四一六)

六八二五　《老子道经》(五八〇)

纸背:(1)《大毗婆沙论杂抄》一卷(一九五),(2)《诚实论六神通品》第一百九十七(八二),(3)《阿毗达磨发智论见蕴》第八《中伽他纳息》第六(六三),(4)《广百论》第十卷(一九四),(5)《瑜伽师地论》第三十八(二四)。

六八四一　道经(经名未悉,一一九)

六九六三　《老子化胡经》卷第二(与一八五七字迹全同,三二五)

(见北平图书馆《图书季刊》新第一卷第四期
页三九七—四一九,一九三九年十二月出版。)

记伦敦所藏的敦煌俗文学

近来因为某种机会,看到不列颠博物院所藏敦煌卷子中关于俗文学的一部分。我所看到的当然为数不多,也无从"尽窥所藏"。但是伦敦的敦煌卷子,一向不大公开,以前人看到的,都不过是一鳞片爪。我既然不能逃于鳞爪之外,而敢大胆地记这么一下者,无非希望我所看到的,或许可以补他人万一的疏漏。至于记述之余,偶然加以解说,那只是摭拾时贤唾余而已。

我看到的关于敦煌俗文学的卷子,大约有四十卷左右。今将号码和名称作成一简目,附列于后。凡是名称上下加括弧的,都是原本本无名称,由作者为叙述方便起见加上的。

S.4398 纸背　《降魔变》一卷(存四一行)

S.4654　《舜子变》一卷(存二三行)

S.5437　《汉将王陵变》(一本十叶共存一二六行)

S.4571　(《维摩诘经》唱文)(存九段共八五二行)

S.1156 纸背　《大汉三年季布骂阵词文》一卷(存六四行天福四年法弥裒度写本)

S.2056 纸背　《大汉三年楚将季布骂阵汉王羞耻群臣拔骂收军词文》(存八二行)

S.5439　《季布歌》(一本二一叶共存二二九行)

S.5440	《季布骂阵词文》(一本十叶共存一二〇行)
S.5441	《捉季布传文》一卷《大汉三年楚将季布骂阵汉王羞耻群臣娀骂收军词文》(一本十二叶共存二一二行太平兴国三年阴奴儿写本)
S.133 纸背	(《秋胡小说》)(存一一七行)
S.328	(《伍子胥小说》)(存三七三行)
S.778	《王梵志诗集》(存六七行)
S.2710	《王梵志诗》一卷(存六三行清泰四年氾富川写本)
S.3393	《王梵志诗》一卷(存九八行)
S.5441	《王梵志诗集》卷中(三叶共存五五行即附写于《季布骂阵词文》之后)
S.2947	《百岁篇》(存四三行)
S.5549	《百岁篇》一卷(存七一行)
S.1588	《叹百岁诗》(存二二行)
S.3877 纸背	《下女夫词》一本(存二七行)
S.5515	《下女夫词》(存四四行)
S.5949	《下女夫词》一本(存八四行)
S.4129	《 齖齣书》(存八行)
	(《十二时曲》)(存三〇行)
	《崔氏夫人训女文》(存一三行)
S.4329	?(存四七行计存《□□章》第八,《贞女章》第九,《□□章》第十,《五字教章》第十一,《善恶章》第十二)
S.3835	《百鸟名》(存二九行,另书手题记一行庚寅年索

不子写本）

S. 1339 纸背 《少年问老》（存八行）

S. 2204 （《孝子董永》）（存四六行）

《太子赞》（存五九行）

《父母恩重赞》（存二二行）

《十劝钵禅关》（存六行）

S. 2679 （《禅门五更曲》）（存一八行）

（《禅门十二时曲》）（存二〇行）

S. 2922 《韩朋赋》一首（存八九行癸巳年张爱道写本）

S. 3227 《韩朋赋》一首（存三六行）

S. 3904 《韩朋赋》（存二五行）

S. 4901 《韩朋赋》（存二七行）

S. 214 《燕子赋》一卷（存七五行癸未年杜友遂写本）

S. 6267 《燕子赋》（存五〇行）

S. 1163 《太公家教》一卷（存六五行庚戌年张顺进写本）

S. 1291 《太公家教》（存五三行）

S. 3835 《太公家教》一卷（存九三行）

S. 6173 《太公家教》（存四六行）

S. 4307 《新集严父教》一本（存一九行雍熙三年李府奴写本）

* * *

以上简目，略就性质归类，不依号码次序。我之所以将变文放在开始，因为敦煌所发见的俗文学材料，其名称曾见于唐人记载者，不能不推变文。孟棨《本事诗》中曾说到《目连变》，唐朝一位不大知名的诗人吉师老有《听蜀女转昭君变》的诗。就变文的本身而言,如《降魔变》的序文中也有"伏惟我大唐汉朝圣主开元天宝圣文神武应道皇帝陛下"云云的字样。所以变文起源甚早,那是无可怀疑的。

伦敦所藏《降魔变》,只残存篇首四十一行,还不及我国郑西谛先生所藏的好。不过伦敦本篇首完整,似乎正可以补胡、郑两本之缺。《舜子变》这一卷原本黏合杂文十篇而成,《舜子变》只占一段存二十三行,鱼鲁亥豕,不一而足。但是《敦煌缀琐》所收巴黎本前缺,而伦敦本却存前段,不无可以校补之处。

关于变文,如:《目连变》文、《八相变》文、《降魔变》、《舜子变》、《昭君变》之类,早为世人所知;可是伦敦藏的《汉将王陵变》,我还是第一次看到。这是记汉将王陵夜斫楚营的故事,存一二六行,后面残缺。《王陵变》的首段提到"变初"的一个名辞,这于研究变文的体裁,不无关系,因不嫌累赘,抄录如后,以示同好;原本文字有不可解者,照本直录。

汉将王陵变

忆昔刘、项,起义争雄。三尺白刃,博乱中原。东思禹帝,西定强楚。鞍不离马背,甲不离将身。大陈七十二陈,小陈三十三陈,陈皆输他西楚霸王。唯有汉高皇帝,大殿而坐,诏其张良,附近殿前。张良闻诏,趋至殿前,拜儛礼中,叫呼万岁。汉帝谓张良曰:"三军将士,受其楚痛之声。与寡人宣其口敕,号合三军,怨寡人者,任居上殿,标寡人首,送与西楚霸王!"三军闻语,哽噎悲啼,皆负戈甲,去汉王三十步地远下营。去夜至一更已尽,左先锋兵马使兼御史大夫王陵,右先锋兵马使兼御史大夫灌婴，二将商量，拟往楚家斫营。张良谓灌婴曰："凡人斫营，先辞他上命。若不辞他上命，何名为斫营！"二将当时夜半越对，呼得皇帝洽背汗流。汉帝谓二人曰："朕之无其诏命，何得夜半二人越对？"遂诏二大臣附近殿前，"莫朕无天分！一任上殿，标寡人首，送与西楚霸王亦得！"王陵奏曰："臣缘事主，争敢妒煞！臣见陛下频战频输，今夜二将，拟往楚家斫营，拟切我情。"皇帝闻奏，龙颜大悦，开库赐雕弓两张，宝箭二百只。分付与二大臣，事了早回，莫令朕之远忧。二将辞王，便任斫营处。从此一转，便是变初。……

伦敦所藏《大目乾连冥间救母变》文，我还没有看到。不过这一卷已收入《大正藏·古逸部》，矢吹庆辉的《鸣沙余韵》中也有影本，知者甚多，可以不谈。

* * *

敦煌俗文学中有一种敷衍《维摩诘经》故事的：罗叔言存有《文殊问疾》第一卷，北平图书馆存第二卷，巴黎存第二十卷。这一种不仅体裁与变文不同，其气概之雄伟，也不是变文所可仿佛；上举三卷每卷都长近万言，巴黎的第二十卷大约还不是最后一卷，全书总计当不下二十万言。在第十世纪左右，居然有用《维摩诘经》那样的一部小书搬演到二十多卷，二十余万言的一种通俗文学，这真是中国俗文学史上的一个奇迹！不仅篇幅长，文章辞句都很清丽，较之《目连变》文等，进步得多。伦敦所藏的 S. 4571 一号也就是其中的一卷。原本裂成九段，除去七、八、九三段恐为他书外，尚存六段，共五三二行，将近万言。此卷断裂凌乱，仅三、四两段可以衔接；在全书中属于第几卷，不得而知。至于这一件的名称，究应是

"唱文",还是"唱经文",国内时贤,议者纷纷,尚无定论,姑从"盖阙"。

*　　　　*　　　　*

伦敦所藏《季布骂阵词文》,我一共看到五卷,其中二为卷子,三为蝶装小本。S. 5440 一本曾收入罗叔言的《敦煌零拾》之中,《零拾》末行的"季布歌"三字,并不见于原本。又《零拾》于此篇题下注"今藏伦敦博物馆",而篇末罗氏跋语谓系日本狩野直喜从法京图书馆录回者,当系偶尔笔误。

《季布骂阵词文》,伦敦、巴黎各有所藏,大约可以凑成一全卷。全部用七言韵语。至于何以称为词文,同后来的词话有无关系,现俱不得而知。伦敦藏 S. 5441 一本,前后大致完整,结尾一句是"莫道词人唱不真",大约唱这种词文的人,就称为"词人"了!

*　　　　*　　　　*

敦煌俗文学中可以称为开后来平话小说的先路的,当以 S. 133 纸背记秋胡戏妻,和 S. 328 记伍子胥故事的两卷为最近似。记秋胡故事的这一卷凡存一一七行,全篇记叙,除去秋胡回家见妻采桑,因为五言六句古诗调戏她的一首诗以外,别无韵语。全卷首尾残缺,存自秋胡辞母妻出外游学起,到回家见妻,妻发觉其夫即为日间采桑时以诗调戏她的人,因而大骂其夫不忠不孝为止。

记伍子胥故事的这一卷,自楚平王杀伍奢、伍尚,子胥逃亡起,至子胥为吴王所杀,越王伐吴,吴王梦见子胥为止,共存三七三行。大约前后各略有残缺。今本存一万字左右。

记秋胡故事的一种几乎全是叙事。记伍子胥故事的一种则叙事之外,夹以歌辞,今举子胥逃亡,遇打纱女子,女子邀食所唱为例:

儿家本住南阳县，二八容光如皎练；泊沙潭下照红妆，水上荷花不如面。客行由同海泛舟，博暮叛巢晨日晚；傥若不弃是卑微，愿君努力当餐饭。

至于叙事的文辞，则两种体裁大致相同。伍子胥一卷纸背有《列国传》的标目，以前我以为是原题。最近看到原本，才知道是斯坦因的书启师爷蒋孝琬加的，不足为据。

*　　　*　　　*

上面简目自《王梵志诗集》起至《禅门十二时曲》止，大都是所谓白话诗一类的东西。《王梵志诗集》前三卷知道的人不少，附在《季布骂阵词文》后面的卷中，似乎还少有人谈及。《百岁篇》中分《缁门百岁篇》、《丈夫百岁篇》和《女人百岁篇》三篇，每十年七言绝句一首。《叹百岁诗》则自一十一咏起，至一百岁为止。今只举《叹百岁诗》中咏一百岁的两首为例：

一百终，寂寂泉台掩夜空。闭骨不知寒暑更，月明长照陇头松！一百终，坟前几树凌霜松。千秋不见娥眉态，万岁空留狐兔踪！

《下女夫词》是新妇新郎相为问答之辞。如S. 5515一卷，有女婿至大门咏、至中门咏、至基诗、逢鏁诗、至堂门咏、开撒帐合诗、去行幛诗、去扇诗、咏同牢盘、去帽惑诗、去花诗、脱衣诗、合发诗、梳头诗、系指头诗之类。今举合发诗为例：

本是楚王宫，今夜得相逢。头上盘龙结，面上贴花红。

如今西南有些地方逢到结婚的时候，还往往有来宾拥至新房中，向新人用韵语致吉利的话头，新人大方的并立即用韵语回答。和《下女夫词》的情景，还仿佛相似。

这种类似白话诗的东西当中，以《齖𠸍书》为最有趣味。《齖𠸍书》即是巴黎藏的《齖𠸍新妇文》，写的是一种拗相公式的泼妇口吻，可惜伦敦所藏只余八行！

S. 4329 一卷，前后残缺不知书名，设为学士辩才问答之辞，大致不离乎劝人为善。今举《五字教章第十一》为例：

> 学士问辩才曰："五字言教，有何所能？"辩才答言：劝君须觉悟，凡事审思量。口喰嗜百味，智惠实能强。出语能方便，胜烧百和香。少言胜多语，柔耎必胜强。肚里无惭愧，何劳远送香。出语如刀切，发意似剑枪；一朝灾厄至，悔不早思量！

S. 1339 纸背有《少年问老》八行，文字与《敦煌缀琐》一九所收大致不殊，只少年问在前，老翁答在后。刘半农先生的眉批是对的。

*　　*　　*

《韩朋赋》我一共看到四卷：S. 2922 一卷，首尾大致完整；S. 3227 只存卷首三六行；S. 4901 和 S. 3904 原是一卷，残余两段；前一卷存开始二七行，后一卷存中间二五行。《敦煌缀琐》一所收《韩朋赋》只到宋王得韩朋夫妇死后化为双鸳鸯落下的一毛，身为所磨粉为止，而伦敦所藏较完整的一本后面尚多出梁伯父子配在边疆的一段。韩朋夫妇的故事后来大约甚为流行，到明人作《韩朋十义记》，洋洋洒洒，可谓集传说之大成。《燕子赋》写的是燕雀相争，诉于凤凰,卒归和好的故事。伦敦所藏两卷皆不全;S. 214 存后一段七五行,S. 6267 存中间一段五〇行。两卷辞句,与《敦煌缀琐》三所收巴黎本间有异同。《燕子赋》末一段是鸿鹤讽谏燕雀,为其所讥,因赋诗一首见志,燕雀亦赋诗答之,词云:

大鹏信徒南,鹪鹩巢一枝;逍遥各自得,何在伦敦本作况,依巴黎本改。二虫伦敦本误作重。知!

《韩朋赋》与《燕子赋》是敦煌俗文学中一种特殊的体裁,全篇大体用四言,两句一韵。至于命名为赋,是否即取敷陈其辞,质直叙事的意义,却不得而知。

* * *

《太公家教》是唐末五代流行民间的一部通俗书,开端有"太公曰"的话头,因取为书名。书末自谓"本不程于君子,意欲教于童儿"。大约是因为过于俚俗,不登大雅之堂,宋以后书遂久佚;仅明(?)人所作的《明心宝鉴》中,尚引有不少的《家教》原文。敦煌佚书发见,《家教》原本的形式,始为世人所知。伦敦所藏四卷俱不全,希望有好事的人,将伦敦、巴黎所藏会合校勘,成一完本。这不仅是九世纪至十世纪间中国的一部格言谚语汇海,当时民间的人生观——或者说实用的道德观念的轮廓,也可以从这部《家教》里反映出来。

《新集严父教》的性质,与《家教》大同小异,用五言韵语,说明教子的道理。今举第一篇为例:

家中所生男,常依严父教。养子切须教,逢人先作喽! 礼大则须学，寻思也大好。

*　　　　*　　　　*

我在伦敦所见到的敦煌俗文学，内容大概，略如上述。所惜者自己非“敦煌学”专家，只能草率地记录一点。关于敦煌俗文学的真价，现在还不能下何种断论。说到思想方面，自然受佛教的影响最大，表现得最浓厚，如上举的《叹百岁诗》，就是一个好例。更进一步地去考察，这种俗文学的策源地，原来就是寺院。唐代的佛寺，实在是一个大市场。钱易《南部新书》曾说到长安戏场集于青龙、慈恩两寺；至于寺僧兼营高利贷的营生，不仅有现存许多文件可作证明，唐人小说杂记中也屡见不一。唐代寺院中有一种名为“俗讲”的，甚为风行。“俗讲”约略相当于宋代的说平话，此中高手以文溆法师为最有名，日本僧圆仁大师游学长安，即曾亲炙风采。据时贤考证，这种“俗讲”的“话本”，大约就是《目连变》一类的东西。敦煌所有俗文学的来源既然如此，其所表现的思想之近于佛教，那是丝毫不足为奇的。

不过从中国俗文学史的立场来看，鄙意以为敦煌发见的俗文学材料，对于中国俗文学的演进，至少有两点贡献。第一是题材方面。南宋说话人分四科，有所谓讲经说史之类。而敦煌发见的俗文学内容甚为繁复：以佛经为主题者，有《目连变》、《八相变》、《降魔变》，以及记维摩诘故事的长篇伟著；以历史为主题者，有《汉将王陵变》、《季布骂阵词文》，以及记伍子胥故事的小说；此外取材于相沿的传说，民间的小曲者，不一而足。不仅南宋说话人的分科，在这里已具有规模，所取的材料也上自佛经史传，下至乡里琐闻，无不信手拈来，收入笔底。为宋以后写小说杂剧传奇的人，预先展开一片广漠的新土;这真不是一件可以忽略的史实!

第二是活的辞汇的收集。宋以后的俗文学,无论是就诸宫调、杂剧、传奇,或者是小说而言,其所以能别焕异彩,为中国俗文学史上创一新纪元者,自然原因甚多。据我的浅见,其中最大的一个原因,应当是由于采用一种活的语言作描写的工具。但是用活语言作描写工具,绝不是变戏法一样,可以一下从无中生出有来的,其间一定要经过相当的准备的时期:一方面作收集网罗的工夫,一方面作提炼抉择的工夫。敦煌发见的俗文学材料,正是这一种情形的表现。即就《太公家教》来说,这本算不得文学作品,但是其中所有的谚语格言,大约在宋以后的戏曲小说里边,总可以找出不少的影子来。王梵志的诗也是如此。至于《目连变》之类,有一大部分都是当时日常的语言。因为有了这种的预备工夫,搜集抉择了日常通用的辞汇,后来的小说戏曲才能取用不竭,左右逢源。所以从历史的眼光看来,敦煌俗文学的本身不仅自有其价值,即就中国俗文学史的演进而言,这一个阶段也是必不可少的。

民国二十六年一月二十九日草于英京

（见《新中华杂志》第五卷第十三号
页一二三——一二八,一九三七年七月出版。）

龟兹苏祇婆琵琶七调考原

中国古乐之亡，说者以为始于魏晋，自是而后，所有雅乐，皆杂胡声。然外国音乐之入中国，亦已久矣。远在成周即已有靺师、旄人及鞮鞻氏之官，以掌四夷之乐舞。《周礼·春官·宗伯》曰：

> 靺师掌教靺乐。祭祀则率其属而舞之，大飨亦如之。旄人掌教舞散乐，舞夷乐，凡四方之以舞仕者属焉。凡祭祀宾客，舞其燕乐。鞮鞻掌四夷之乐与其声歌，祭祀则龡而歌之，燕亦如之。

《孝经·钩命决》曰：①

> 东夷之乐曰佅，南夷之乐曰任，西夷之乐曰林离，北夷之乐曰僸。

毛苌《诗传》曰：

> 东夷之乐曰靺，南夷之乐曰任，西夷之乐曰朱离，北夷之

① 《文选·东都赋》注引。

乐曰禁。

是皆先秦以及汉兴，外国音乐传入中国之可考见者也。至汉武帝时，张骞凿空，中西交通，始有可寻。是时汉之离宫别观旁，尽种蒲陶苜蓿极望，而由张骞传入中国者，尚有《摩诃》、《兜勒》二曲，李延年因之以更造新声二十八解。虽二曲之原辞失传，而二十八解，亦仅存《黄鹄》、《陇头》、《出关》、《入关》、《出塞》、《入塞》、《折杨柳》、《黄覃子》、《赤之扬》、《望行人》十曲，然其声韵悲壮，固犹可见。又就摩诃、兜勒之名考之，则摩诃显然为天竺语 Maha 之对音，天竺古歌诗有《摩诃婆罗多》(Mahābhārata)及《罗摩衍那》(Ramayana)二篇，则《摩诃》、《兜勒》二曲，或即其一鳞片爪，而为出于天竺者欤？顾无显证，今不具论。魏晋以降，古乐沦胥，外国音乐传入益盛。隋总前代，勒成九部，别为雅俗。其中天竺、龟兹之乐，俱各成部，唐益高昌，增为十部，复分立坐，是即燕乐，盖承隋俗乐之遗也。而当时雅乐且承坐立二部之弃余，①其衰可知矣。唐之燕乐，即辽之大乐，为雅俗所共用。故古乐沦亡而后，上承坠绪，而导后来南北曲之先路者，皆燕乐也。② 据《辽史·乐志》，则燕乐与九部乐中之龟兹部有渊承之雅，即为西域苏祇婆七旦之声。自隋以来，取其声四旦二十八调为大乐。四旦二十八调不用黍律，以琵琶弦叶之。姜夔《大乐议》谓郑译之八十四调出于苏祇婆之琵琶，大

① 白居易立部伎乐府注，太常选坐部伎无性识者退入立部伎，又选立部伎绝无性识者退入雅乐部。则雅乐可知矣。

② 南北曲出于燕乐，说见凌廷堪《燕乐考原·南北曲说》。

食、小食、般涉者,胡语云云。[1] 凌廷堪据此以著《燕乐考原》,谓燕乐之原出于龟兹苏祇婆之琵琶,以琵琶四弦定四均二十八调,后有作者,莫之能非。[2] 顾于苏祇婆琵琶七调之原,则未之考。《隋书·音乐志》纪龟兹苏祇婆琵琶七调始末云:

先是周武帝时,有龟兹人曰苏祇婆,从突厥皇后入国,善胡琵琶。听其所奏,一均之中,间有七声。因而问之,答云:"父在西域称为知音,代相传习,调有七种。"以其七调,勘校七声,冥若合符。一曰娑陁力,华言平声,即宫声也。二曰鸡识,华言长声,即南吕声也。(依凌氏考证,南吕声,当为商声之讹)三曰沙识,华言质直声,即角声也。四曰沙侯加滥,华言应声,即变徵声也。五曰沙腊,华言应和声,即徵声也。六曰般赡,华言五声,即羽声也。七曰俟利箑,华言斛牛声,即变宫声也。(中略)然其就此七调,又有五旦之名,旦作七调。以华言译之,旦者则谓均也。其声亦应黄钟、太簇、林钟、南吕、姑洗五均,已外七律,更无调声。

愚尝反复《隋书·音乐志》之文,则见所谓苏祇婆之琵琶七调,实与印度音乐中之北宗,即印度斯坦尼派(Hindostani School)有相似者,或竟出于北宗,为其一派。用敢忘其僿陋,谨就所知,予以申说。今先将《隋书·音乐志》所言,列表如次:

① 《宋史·乐志》。

② 陈澧《声律通考》于凌氏之书多所驳正,并诋姜尧章郑译八十四调出于苏祇婆之说。然于凌氏以琵琶说二十八调,亦谓为最得其要云云。

附表一

苏祇婆之七调	娑陁力	鸡识	沙识	沙侯加滥	沙腊	般赡	俟利箑
中乐七声	宫	商	角	变徵	徵	羽	变宫
华　　言	平声	长声	质直声	应声	应和声	五声	斛牛声
西洋音符	C	D	E	F	G	A	B

〔注一〕鸡识、般赡二调,《宋史·乐志》作稽识、般涉;娑陁力,《辽史·乐志》作婆陁力。

〔注二〕中乐宫声之当于西乐C音,说者未能尽同,然多以宫为C音,今从之。

又按印度音乐有南(Southern or Carnatic School)北(Northern or Hindostani School)二宗,南宗不在本文之内,故不之论。今为证苏祇婆琵琶七调之与北宗相似,或竟出于北宗起见,先附一北宗音名表如次:

附表二

北宗音名	Shadja	Śuddha Ri	Śuddha Ga	Śuddha Ma	Pañchama	Śuddha Dhai	Śuddha Ni
符　　号	Sa	Ri	Ga	Ma	Pa	Dha	Ni
西洋音符	C	D	E	F	G	A	B

而为叙述明便之故,用作四分陈说,络绎别见。

一　秦汉以来龟兹文化与印度之关系

《辽史·乐志》谓四旦二十八调,盖出九部乐之龟兹部云。按之《大唐西域记》,屈支国旧曰龟兹管弦伎乐,特善诸国。是龟兹音乐固著称西域。则苏祇婆之琵琶七调既出于龟兹部,或即为龟兹文化上之产物也。顾一考史实,龟兹文化实乃得诸印度。今试钩稽汉唐以来龟兹文化史迹之大略如次。

秦汉以前,龟兹古史,可考实少。今按《大藏·阿育王太子法益坏目因缘经》中述法益(Dharmavardhana)治乾陀越城,土丰民盛,所行真实,不杀不盗,顺从正法,人民之类,欢庆无量。有云:

> 阿育王闻喜庆欢怡,和颜悦色,告耶奢曰:"吾获大利,其德实显。法益王子,以理治化。率以礼禁,导以恩和,人民之类,莫不戴奉。今当分此阎浮利地,吾取一分,一分赐子。使我法益长生寿考,治化人民,如今无异。新头河表,至娑伽国,乾陀越城,乌特(亦作持)村聚,剑浮、安息、康居、乌孙、龟兹、于阗,至于秦土,此阎浮半赐与法益。纲理人民,垂益后世。"

阿育王即位在公元前二七三至二七二年,即周赧王四十二年至四十三年之间也。[1] 是在秦、汉以前,印度之势力,即已及于龟兹,且以之为太子法益之封地矣。而《大唐西域记》亦述无忧王时,放逐其太子,辅佐豪族,至于于阗,用有西主与东土帝子之争。[2]《三藏法师传》则直谓于阗王先祖即无忧王之太子。[3] 征之西藏《李域尔史》(Annals of Li-yul),亦谓阿育王一逐子建国于阗,[4]是皆足以明《坏目因缘经》中所纪非为孤证。虽《西域记》与《三藏法师传》所述矛盾。又阿育王时,曾遣大德,东西南北,宣传佛法。今日发见

① 阿育王即位时期参阅 V. A. Smith's *The Early History of India* 一五六页。

② 《大唐西域记》卷十二瞿萨旦那国。

③ 《三藏法师传》卷五。

④ 关于于阗之各种传说,斯坦因《古于阗考》第七章第二节论之綦详,可以参阅。

之阿育王摩崖第十三面及《善见律毗尼沙》卷二,历载宣扬正法所及地名,唯龟兹、于阗俱未之道,则上举诸说,似胥无稽矣。然阿育王刻石未发见者尚多,①不能以此致驳。而推籀传说之所指示,往古北印度居民,似曾有迁转至于于阗一带者。② 换言之,即谓依古代相传,往古龟兹、于阗之文化,盖与印度有渊承之雅云。③

秦汉以前,龟兹之可考者止此。自张骞凿空而后,西域诸国与中国交通渐繁,龟兹亦于是时始见于中国史籍。《汉书·西域传》述龟兹国胜兵二万余人,次于大国乌孙、康居、大月氏、大宛、罽宾、乌弋山离诸国而外,龟兹为最盛矣。后汉时,莎车强大,数攻龟兹。龟兹遂属于匈奴以自保。④ 三国时国势复振,姑墨、温宿、尉头,并属龟兹。⑤ 汉魏之间,龟兹政治上之形势约略如是。顾诸史于此期龟兹之文化,率不之及。然按之《出三藏记集》魏时译经沙门有龟兹国人。是则两汉龟兹与印度文化有无关系,固无佐证,而汉魏之际,佛教之曾及于龟兹,盖无疑也。⑥

晋以降,龟兹文化显然可寻。《晋书·四夷传》谓:

> 龟兹国有城郭,其城三重,中有佛塔庙千所。

而晋时译经,或传梵本,或任参校,亦有龟兹居士达官贵人。其国

---

① 说见 Macphail's *Asoka* 一书七六页。

② 斯坦因说。见《古于阗考》第七章第二节。

③ Smith's *The Early History of India* 一九三页亦持此论。

④ 《后汉书·西域传·莎车传》。

⑤ 鱼豢《魏略·西戎传》。

⑥ 佛教流布龟兹之情形,可参阅羽溪了谛《西域之佛教》第五章《龟兹国之佛教》。

王子帛尸梨密多罗(Srimitra 吉友),暗轨太伯,潋屣王位,悟心天启,遂为沙门。[①] 是晋时佛教之在龟兹,势力且及于王族。证以《晋书》佛塔庙千所之辞,[②]稽之慧皎《鸠摩罗什传》,龟兹佛教之隆,可以概见。而《出三藏记集》谓其国寺甚多,修饰至丽,王宫雕镂,立佛形像,与寺无异。[③] 是《晋书》之言为有征矣。自是而后,以至于唐,史籍纪述龟兹,止于分合系属,绝未及其文化。然如沙门法秀、法朗、法密诸人,或则卓锡东来,或则振袂西去,途经龟兹,莫不受其优遇,传戒受论。[④] 是知五马南渡,中原云扰,而龟兹文化,则仍承印度之衣钵,未之或替焉。

关于西域诸国史料,法显、惠生而外,大率一鳞片爪。至唐玄奘法师,轻万死以涉葱河,重一言而之柰苑,请益之隙,存记风土,于是坠绪复张,考古有征。而其记龟兹之文化也,有云:[⑤]

> 屈支国(旧曰龟兹)文字取则印度,粗有改变。管弦伎乐,特善诸国。服饰锦褐,断发巾帽。货用金银钱小铜钱。……
>
> 伽蓝百余所,僧徒五千余人,习学小乘教,说一切有部。经教律仪,取则印度。其习读者,即本文矣。尚拘渐教,食杂三净。……

---

① 慧皎《高僧传》卷一《帛尸梨密多罗传》。至于帛尸梨密多罗之为龟兹人,可参看《西域之佛教》第五章。

② 按法显《佛国记》,自鄯善西行,所经诸国,国国胡语不同,然出家人皆习天竺书天竺语云云。法显行程自鄯善入北道,过侷夷,然后西南行,以达于阗。当时鄯善、侷夷、于阗诸国皆奉法,学大小乘学。而龟兹在侷夷之西,律以法显所记,出家人当亦习天竺书天竺语矣。亦可为此作证。

③ 《西域之佛教》第五章第二节引。

④ 见《梁高僧传》。

⑤ 《大唐西域记》卷一。

> 大城西门外路左右各有立佛像，高九十余尺，于此像前，建五年一大会处。每岁秋分数十日间，举国僧徒，皆来会集。上自君王，下至士庶，损废俗务，奉持斋戒，受经听法，渴日忘疲。诸僧辇僧伽蓝庄严佛像，莹以珍宝，饰之锦绮，载诸辇舆，谓之行像，动以千数，云集会所。常以月十五日晦日，国王大臣谋议国事，访及高僧，然后宣布。会场西北渡河至阿奢理贰伽蓝（唐言奇特），庭宇显敞，佛像功饰，僧徒肃穆，精勤匪怠。并是耆艾宿德，博学高才，远方俊彦，慕义至止。国王大臣，士庶豪硕，四事供养，久而弥敬。

是唐时龟兹佛教之盛，虽未知比之晋代佛塔庙千所者为何如，然已足以左右全国之视听矣。而文字取则印度，粗有改变之语，尤足以见印度文化对于龟兹之影响。故自秦汉以来，龟兹文化实承印度文化之绪余，龟兹本国固无文化。则谓苏祇婆琵琶七调乃龟兹文化之产物，实未为探本之论也。

二　隋唐龟兹乐与天竺乐之比较

玄奘法师经行龟兹，谓其“管弦伎乐，特善诸国”，故吕光灭其国，乐入中国，至开皇中而其伎大盛。曹妙达诸人，新声奇变，朝改暮易，举时争相慕尚。① 即至于今，妜哥偎郎，犹称甚盛。② 是龟兹

---

① 《隋书·音乐志》。

② 偎郎之风，见谢彬《新疆游记》一八〇页。

之音乐,历千岁而不变,几与习以俱成矣。然即就隋唐九部乐中龟兹、天竺二部考之,乐舞颇多同者。龟兹文化,汉以后始有可考,而印度四《吠陀》中即屡及乐器之名,因陀罗天且有乐队。[1] 则论先河后海之义,固不能无因袭承藉之感。隋唐龟兹、天竺二部乐,其舞人乐器以及服饰,《隋书·音乐志》、《旧唐书·音乐志》、《新唐书·礼乐志》、《唐六典》、《通典》诸书俱有纪述,今试比录如次,以资观较。

(一)龟兹乐

《隋书·音乐志》:龟兹者,其歌曲有《善善摩花》,解曲有《婆伽儿》,舞曲有《小天》,又有《疏勒盐》。其乐器有竖箜篌、琵琶、五弦、笙、笛、箫、筚篥、毛员鼓、都昙鼓、答腊鼓、腰鼓、羯鼓、鸡娄鼓、铜拔、贝等十五种,为一部,工二十人。

《旧唐书·音乐志》:龟兹乐工人皂丝布头巾、绯丝布袍、锦袖、绯布裤。舞者四人,红抹额、绯袄、白裤、帑乌皮靴。竖箜篌一、琵琶一、五弦琵琶一、笙一、横笛一、箫一、筚篥一、毛员鼓一、都昙鼓一、答腊鼓一、腰鼓一、羯鼓一、鸡娄鼓一、铜拔一、贝一。毛员鼓今亡。

《新唐书·礼乐志》:龟兹伎有弹筝、竖箜篌、琵琶、五弦、横笛、笙、箫、觱篥、答腊鼓、毛员鼓、都昙鼓、侯提鼓、鸡娄鼓、腰鼓、齐鼓、檐鼓、贝,皆一,铜拔二。舞者四人。

《唐六典》卷十四太乐令所掌:六曰龟兹伎。竖箜篌、琵琶、五弦、笙、箫、横笛、觱篥,各一,铜钹二。答腊鼓、毛员鼓、

① 参阅 Popley's *The Music of India* 第二章。

都昙鼓、羯鼓、侯提鼓、腰鼓、鸡娄鼓、贝,各一。舞四人。

《通典》卷一百四十六四方乐:龟兹乐二人(案二人应作工人),皂丝布头巾、绯丝布袍、锦袖、绯布裤。舞四人,红抹额、绯白裤、双乌皮靴。乐用竖箜篌一、琵琶一、五弦琵琶一、笙一、横笛一、箫一、筚篥一、答腊鼓一、腰鼓一、羯鼓一、毛员鼓一(今亡)、鸡娄鼓一、铜钹二、贝一。

(二)天竺乐

《隋书·音乐志》:《天竺》者,歌曲有《沙石疆》,舞曲有《天曲》。乐器有凤首箜篌、琵琶、五弦、笛、铜鼓、毛员鼓、都昙鼓、铜拔、贝等九种,为一部,工十二人。

《旧唐书·音乐志》:天竺乐工人皂丝布头巾、白练襦、紫绫裤、绯帔。舞二人,辫发、朝霞袈裟、行缠、碧麻鞋。袈裟,今僧衣是也。乐用铜鼓、羯鼓、毛员鼓、都昙鼓、筚篥、横笛、凤首箜篌、琵琶、铜拔、贝。毛员鼓、都昙鼓今亡。

《新唐书·礼乐志》:天竺伎有铜鼓、羯鼓、都昙鼓、毛员鼓、觱篥、横笛、凤首箜篌、琵琶、五弦、贝,皆一,铜钹二。舞者二人。

《唐六典》卷十四太乐令所掌:四曰天竺伎。凤首箜篌、琵琶、五弦、横笛、铜鼓、都昙鼓、毛员鼓,各一,铜钹二,贝一。舞二人。

《通典》卷一百四十六四方乐:天竺乐乐工皂丝布幞头巾、白练襦、紫绫裤、绯帔。舞二人,辫发,朝霞袈裟,若今之僧衣也。行缠、碧麻鞋。乐用羯鼓、毛员鼓、都昙鼓、筚篥、横笛、凤首箜篌、琵琶、五弦琵琶、铜钹、贝。其都昙鼓今亡。

试较上述隋唐龟兹、天竺二部乐，虽隋时龟兹部舞曲之《小天》一曲，未能必其即为天竺部舞曲之《天曲》；又唐时龟兹、天竺二部乐乐工服饰头巾同。而龟兹部抹额皮靴，不脱胡人之气，天竺部则绯帔麻鞋，已是炎徼之风。气候各别，服饰遂殊，比而观之，似难强合。然更一较二部乐器，大都相同，则不能不生同原传授之想。故愚就隋唐龟兹、天竺二部乐器比较推论，敢谓九部乐之龟兹乐，实以印度为星宿海也。考之慧皎《鸠摩罗什传》，龟兹与天竺交往之盛，可以想见。梵僧既时有将《华严》梵本至龟兹者，[①]而木叉毱多游学印度，且历二十余载。[②] 文化交流，则龟兹乐之出于天竺乐，其说固不得诋为无稽矣。今更以表明二部乐器之同异如次：

附表三

龟兹部					天竺部				
隋书	旧唐书	新唐书	唐六典	通典	隋书	旧唐书	新唐书	唐六典	通典
竖箜篌	竖箜篌	竖箜篌	竖箜篌	竖箜篌					
琵琶	琵琶	琵琶	琵琶	琵琶	琵琶	琵琶	琵琶	琵琶	琵琶
五弦	五弦琵琶	五弦	五弦	五弦琵琶	五弦		五弦	五弦	五弦琵琶
笙	笙	笙	笙	笙					
笛	横笛	横笛	横笛	横笛	笛	横笛	横笛	横笛	横笛
箫	箫	箫	箫	箫					
筚篥	筚篥	觱篥	觱篥	筚篥		筚篥	觱篥		筚篥
毛员鼓	毛员鼓	毛员鼓	毛员鼓	毛员鼓	毛员鼓	毛员鼓	毛员鼓	毛员鼓	毛员鼓
都昙鼓	都昙鼓	都昙鼓	都昙鼓		都昙鼓	都昙鼓	都昙鼓	都昙鼓	都昙鼓
答腊鼓	答腊鼓	答腊鼓	答腊鼓	答腊鼓					

① 《西域之佛教》引惠英《华严经感应传》。
② 《三藏法师传》卷二。

续表

腰鼓	腰鼓	腰鼓	腰鼓	腰鼓					
羯鼓	羯鼓		羯鼓	羯鼓		羯鼓	羯鼓		羯鼓
鸡娄鼓	鸡娄鼓	鸡娄鼓	鸡娄鼓	鸡娄鼓					
铜拔	铜拔	铜钹	铜钹	铜钹	铜拔	铜拔	铜钹	铜钹	铜钹
贝	贝	贝	贝	贝	贝	贝	贝	贝	贝
		弹筝							
		侯提鼓	侯提鼓						
		齐鼓							
		檐鼓							
					凤首箜篌	凤首箜篌	凤首箜篌	凤首箜篌	凤首箜篌
					铜鼓	铜鼓	铜鼓	铜鼓	

龟兹、天竺二部乐器同异,征之右表,可以了然。至于龟兹一部,各书所纪,间有异同,是则由于后来变易,故至隋乃有西国龟兹、齐朝龟兹、土龟兹三部之别云。①

三　苏祇婆琵琶七调与佛曲

唐之燕乐,辽之大乐,其导源为苏祇婆琵琶七调。然如后来燕乐宫调及《辽·志》四旦二十八调,其所标举,仍存苏祇婆七调旧名者,仅般赡一调而已。② 惟近来发见之敦煌石室遗籍中,涵无数佛

① 见《隋书·音乐志》。

② 《唐书·礼乐志》,中吕调、正平调、高平调、仙吕调、黄钟羽、般涉调、高般涉调为七羽。《乐府杂录》别乐识五音轮二十八调图,平声羽上调,及《辽史·乐志》沙侯加滥旦七调,俱与《唐书》同。

曲。佛曲中有娑陁力及般赡二调焉。[1] 案《隋书·音乐志》西凉部有《于寘佛曲》。考之萧梁武帝为正乐十篇以述佛法,又有法乐梵呗之属,当亦佛曲之流亚也。惜其辞俱不传。至唐南卓著《羯鼓录》,于录存诸宫曲名而外,复有诸佛曲调及食曲之名。其诸佛曲凡十调,即:

《九仙道曲》、《卢舍那仙曲》、《御制三元道曲》、《四天王》、《半闍麽那》、《失波罗辞见柞》、《草堂富罗》、二曲《于门烧香宝头伽》、《菩萨阿罗地舞曲》、《阿陀弥案当为阿弥陀大师曲》。

食曲凡三十三调,即:

《云居曲》、《九巴鹿》、《阿弥罗众僧曲》、《无量寿》、《真安曲》、《云星曲》、《罗利儿》、《芥老鸡》、《散花》、《大燃灯》、《多罗头尼摩诃钵》、《婆娑阿弥陀》、《悉驮低》、《大统》、《蔓度大利香积》、《佛帝利》、《龟兹大武》、《僧箇支婆罗树》、《观世音》、《居麽尼》、《真陀利》、《大与》、《永宁贤者》、《恒河沙》、《江盘无始》、《具作》、《悉家牟尼》、《大乘》、《毗沙门》、《渴农之文德》、《菩萨缑利陀》、《圣主与》、《地婆拔罗伽》。

按之食曲调名,多述佛法,当亦诸佛曲调之类。而诸佛曲调中之

① 所举敦煌发见之佛曲名,胥根据《澎湃》第十三、十四两期徐嘉瑞君《敦煌发见佛曲俗文时代之推定》一文。

《九仙道曲》及《御制三元道曲》，当属于唐创之道调，余则所属诸调，俱无可征。今考之敦煌发见之佛曲，标举诸调，名俱可考。凡有婆陀调、乞食调、越调、双调、商调、徵调、羽调、般涉调、移风调九调。

婆陀调曲有:《普光佛曲》、《弥勒佛曲》、《日光明佛曲》、《大威德佛曲》、《如来藏佛曲》、《药师琉璃光佛曲》、《无威感德佛曲》、《龟兹佛曲》。

乞食调曲有:《释迦牟尼佛曲》、《宝花步佛曲》、《观法会佛曲》、《帝释幢佛曲》、《妙花佛曲》、《无光意佛曲》、《阿弥陀佛曲》、《烧香佛曲》、《十地佛曲》。

越调曲有:《大妙至极曲》、《解曲》。

双调曲有:《摩尼佛曲》。

商调曲有:《苏密七俱陀佛曲》、《日光腾佛曲》。

徵调曲有:《邪勒佛曲》。

羽调曲有:《观音佛曲》、《永宁佛曲》、《文德佛曲》、《波罗树佛曲》。

般涉调曲有:《迁星佛曲》。

移风调曲有:《提梵》。

按《辽史·乐志》于《隋书·音乐志》娑陁力调作婆陁力调，盖“娑”“婆”二字形近故误。而依翻译旧例，尾音每可省而不译。[①]故敦煌发见佛曲中之婆陀调即属《辽史·乐志》之婆陁力调。征之《唐会要》亦有沙陁之名，则知娑陁力、沙陁、婆陀、婆陁力，固为一辞之讹变矣。又般涉调即般赡调。婆陀调属宫声，乞食调、乞当为大

① 说见第四节。

之讹越调、双调、商调此商调当即林钟商调也。属商声，般涉调属羽声，惟移风调不知所属。然循按诸调，宫、商、徵、羽四声俱备，则移风调其为角声之类也欤？而所谓九调，多与燕乐诸宫调合。又婆陀、般涉二调，显然即为苏祇婆琵琶七调中之娑陁力、般赡二调。不仅此也，《羯鼓录》中诸佛曲有《菩萨阿罗地舞曲》一名，而舞曲固为九部乐中之物。又敦煌发见之佛曲中移风调曲有《提梵》一曲，提梵即提婆之异译。提婆义谓天也。故《提梵》一曲，疑即隋时天竺部舞曲中之《天曲》。则佛曲亦当出于九部乐，而为天竺部之别支矣。由此反证，可见不惟龟兹文化承袭印度，九部乐之龟兹乐与天竺乐同其渊源，即苏祇婆之琵琶七调，亦与佛曲及天竺乐通其消息。故愚意以为就佛曲证之，苏祇婆琵琶七调之当来自印度，盖理有可通者也。

愚于佛曲亦欲稍赘数语。近来有主张文学进化论之某学者论佛曲有云："由古典的初唐进而为解放的盛唐，由盛唐进而为白话诗的中唐。到了晚唐，佛曲产生，简直进成弹词体的俗文。"试一考核，未见其然。今用二证，以明愚说。

（一）本篇敦煌佛曲名录，系据徐君之文，不知有无遗漏。今即据此考之。九调凡备宫、商、徵、羽四声，而移风调之是否属于角声，尚难断定。然角声之废，在于宋时。① 故移风调疑属角声，佛曲当备宫商角徵羽五调。今考燕乐四声二十八调之起，为时已后。《乐府杂录》谓：

太宗朝三百般乐器内挑丝竹为胡部，用宫、商、角、羽，并

① 说详《燕乐考原》。

分平、上、去、入四声，其徵音有其声无其调。以上平声调为徵声。

故《新唐书·礼乐志》于俗乐只具宫、商、角、羽四调。自是而后，遂成定则。然《隋·志》明云五旦，而《羯鼓录》亦谓其余徵羽调曲，皆与胡部同。则元宗之时，诸宫曲调尚存五声。故论燕乐宫调演嬗，始为五旦，旦作七调，唐太宗以后，始渐更为四声二十八调耳。今敦煌佛曲徵声具在，盖犹存隋代之风，并合南氏所录，似为初唐之遗。

（二）南卓《羯鼓录》所录诸佛曲调及食曲，其名与敦煌发见之佛曲多有同者。（如婆陀调之龟兹佛曲当即食曲中之龟兹大武。乞食调之释迦牟尼佛曲，当即食曲中之悉家牟尼。阿弥陀佛佛曲当即诸佛曲调中之阿弥陀大师曲，及食曲中之婆娑阿弥陀二曲。而羽调中之永宁佛曲、文德佛曲、婆罗树佛曲，当即食曲中之永宁贤者、渴农之文德及僧箇支婆罗树诸曲也。《羯鼓录》诸曲句读，似多误者，惜无善本，以为校勘。今谨发疑以俟通人。）南氏之书成于唐大中二年及四年，叙述羯鼓源流形状及元宗以后诸故事。故佛曲之生，即不远溯乎魏周西凉之乐，亦当征存于南氏《羯鼓》一录，谓为产于晚唐，愚所未审也。

四　苏祇婆琵琶七调与印度北宗音乐

征之上来所述苏祇婆琵琶七调渊源之背景，则其出于印度，理实所许。然愚之所以主七调与印度北宗相似，或竟出于北宗者，尚别有说。今于申论之前，先标二端，希读者注意及之。（一）龟兹受佛教文化之影响,而佛教在其本土只盛于北天竺一带,故鸠摩罗什留学天竺,渡辛头河,历罽宾国,旁及月氏、沙勒诸地。卑摩罗义以罽宾律师先在龟兹,弘阐律藏。[①] 是知龟兹与印度交通,多在北方。此所以愚谓苏祇婆琵琶七调与印度北宗音乐有关,而置南宗于不论也。(二)印度北宗音乐即印度斯坦尼派。印度斯坦尼文与梵文同源,又其发音亦无大殊,音乐调名术语,印度斯坦尼文与梵文尤为相近。故以后举例,偶采梵文,此读者所当知也。[②]

按法显《佛国记》有云:

> 自鄯善西行,所经诸国,国国胡语不同,然出家人皆习天竺书天竺语。

法显行程自鄯善入北道过偽夷,即今焉耆然后西南行达于阗。当时龟兹位于偽夷之西,则其国出家人当亦习天竺书天竺语矣。征之玄奘法师所记,屈支国文字取则印度,粗有改变之语,更可见不仅龟兹出家人习天竺书天竺语,即其国文字,亦与天竺语同系。故考苏祇婆琵琶七调之原,即令前述三端皆不足信,而从七调名及旦之本身上考之,亦可见也。今以所考知之,般赡、娑陁力二调及旦与北宗诸音名比合,次叙如左:[③]

(1)**般赡调** 苏祇婆琵琶七调中之最足引起注意者是为般赡一调。《隋书·音乐志》谓"六曰般赡,华言五声,即羽声也"。是

① 《梁高僧传》。

② 关于印度斯坦尼文,可参阅 *Encyclopaedia Britannica New International Encyclopaedia* 文 Hindostani 一条。

③ 以后所举梵文,多据荻原云来《梵汉对译佛教辞典》。

般赡一辞，有第五声之义，此显为印度斯坦尼派七调中之 Pañchama（一作 Pañcama）一调，梵文作 Pañchamah，译云等五，又第五声。[①]此字全音本应为般赡摩。按印度斯坦尼文 AIU 收声例不发音，梵文中如此例者，其尾声译时亦多省略。是故梵文 Nirvana 译为涅槃，Samghârāma 译为僧伽蓝，般赡之译，亦同此例。印度斯坦尼派音乐之般赡摩与《隋书·音乐志》之般赡，音既无异，义亦相同。愚故谓般赡即般赡摩也。至于《宋史·音乐志》于般赡一调书作般涉，"涉""赡"可以对转，故般赡与般涉无别。而按之梵文 C 音时读为 ch，故 Pañcama 即 Pañchama，又可变为 S，是以 Asoka 亦作 Açoka。则般赡之即般涉，尤可明矣。然此调正音，应为般赡也。

（2）**娑陁力调**　又按七调之中一曰娑陁力，华言平声，即宫声也。《辽史·乐志》作婆陁力，《唐会要》作沙陁，佛曲作婆陀。以今考之，皆即《隋书·音乐志》之娑陁力，而为印度北宗音乐中之 Shaḍja（又作 Ṣaḍja，梵文作 Ṣhaḍjaḥ）一调也。证合之理由有二：（甲）北宗此调对音是娑陁阇，比之《隋书·音乐志》仅异末声，律以般赡之例，固可译为娑陁，与《唐会要》之沙陁正合。而沙陁即为娑陁力调，亦即婆陁力调及婆陀调。故就译音而论，苏祇婆琵琶七调中之娑陁力，当即北宗之娑陁阇调也。（乙）娑陁阇一辞，义为具六，又第一声，[②]具六者何？谓具鼻、喉、胸、腭、舌、齿所发之声也。[③] 第一声者何？谓为八音之首也。[④] 宫声之呼，固与具六等义，又其为

① 《佛教辞典》一四〇页。又 *The Music of India* 一四七页。Fox Strangway's *The Music of Hindostan* 三五九页。

② 《佛教辞典》一四一页。*The Music of India* 一四八页。*The Music of Hindostan* 二六三页。

③ *The Music of Hindostan* 二六三页。

④ *The Music of India* 一四八页。

八音之首,正属宫声。则北宗之Shaḍja当即苏祇婆琵琶七调之娑陁力调矣。至于尾声有异,则或缘于传讹,例之"娑""婆"、"赡""涉"之误,理实有然。

(3)旦 《隋书·音乐志》又云:"然其就此七调,又有五旦之名,旦作七调。以华言译之,旦者则谓均也。其声亦应黄钟、太簇、林钟、南吕、姑洗五均。已外七律,更无调声。"

《辽史·乐志》亦谓有四旦二十八调。四旦为:婆陁力旦、鸡识旦、沙识旦、沙侯加滥旦也。其所谓旦,所谓均,即律也,即西乐之C D E F G A B诸调也。试加考索,则苏祇婆所云之旦,即印度北宗音乐中之 thāt 一辞之对音。今述三证以明之:(甲)阿罗汉系译自梵文中之 arhat 一字,"汉"韵属十五翰,依珂罗倔伦(即高本汉 B. Karlgran)研究切韵之结果,十五翰一韵之字收声当为 âm,依钢和泰之说,亦当为 am。[①] 而 arhat 之可以译为阿罗汉者,则以"古音同部之字平入不甚区分,故 hat 亦译为汉(han),以 T 与 N 同为舌头音也"[②]。准是,thāt 对音当可为"旦"。愚为此说,或将起质,以为译"汉"及"旦"之二声中之 a,有 a 与 ā 之别,何能视同一例。应曰,是固然矣。惟验旧译 a ā 二音,似无所别。如毗婆诃(Vivāhaḥ)、毗婆罗(Vivarah)、苏婆呼(Subāhuḥ)、娑婆罗(Savaraḥ),同一"婆"字,而或以译 a,或以译 ā。又如摩诃那摩(Mahānamaḥ)、摩诃迦旃延(Mahākatyāyanaḥ)、摩诃槃迦陀(Mahāpanthakcaḥ)、摩鲁陀(Maludah)、摩鲁摩(Malumah)、焰摩天(Yāmāh),同一"摩"字,而

① 《国学季刊》第一号,钢和泰《音译梵书与中国古音》。

② 汪荣宝《歌戈鱼虞模古读考》。

或以译 a,或以译 ā。诸如此类,不胜枚举。是知准译阿罗汉之例,以“旦”thāt 为之对音,固当于理也。(乙)《隋书·音乐志》:“旦者,则谓均也。”按“均”字有调度之义,又“乐所以立均”,[①]“均长八尺,施弦以调六律五声”,[②]故所谓均,即后来之宫调。宫调明而后乐器管色之高低定矣。[③] 今考之印度北宗音乐之旦(thāt),义为行列,当奏某调时,知此然后宫调弦乐管色之高低因之以定。而一宫可容数调,故“旦”又有类析之义。[④] 即以音律表旋律之基础也。[⑤]是与调六律五声定管色高低,其功能固无异焉。(丙)按之印度音乐,调名繁赜,人各为制。[⑥] 故无论二十八调抑八十四调,求之印度,数辄难合。然而 thāt 之即为苏祇婆所云之“旦”,敢再举一证。雅乐宫调,率云某宫,如黄钟宫、仙吕宫之属是也。在苏祇婆之七调五旦,则曰娑陁力旦、鸡识旦等。征之印度北宗音乐之称某宫调,亦曰某旦,如 Bhairavī thāt 及 Kāfī thāt 即其例也。[⑦] 可见苏祇婆派音乐所用术语与今日所知北宗所用之术语,固大概相同。则苏祇婆琵琶七调之源出印度,固可想见矣。

《辽史·乐志》谓“大乐四旦二十八调不用黍律,以琵琶弦叶之,皆从浊至清”。凌廷堪《燕乐考原》据此加以推阐。陈澧于凌氏

① 《乐记》。

② 《文选·思玄赋》注引《乐汁图徵》曰:“圣人往承天助,以立五均,均者亦律调五声之均也。”宋均曰:“均长八尺,施弦以调六律五声。”

③ 吴瞿安先生《顾曲麈谈》。

④ *The Music of Hindostan* 一〇六页释“旦”。

⑤ *The Music of India* 四〇页。

⑥ 同上书四一页。

⑦ *The Music of Hindostan* 一〇六页。

说多所驳正,然亦谓凌氏以琵琶说二十八调为最得要。① 所谓以琵琶弦叶之者,即以琵琶之四弦,定宫商角羽之四均也。大乐出于苏祇婆琵琶七调,已见前引。今按印度音乐有《波利阇陀》(Pārijāta)一书,亦谓以琵琶弦之长短定十二律,今日所以犹能重奏当日诸声者,职是故也。② 至所谓以琵琶弦之长短定十二律者,即以琵琶弦叶之,皆从浊至清之谓也。由是观之,《辽史》以及凌氏之所推述,实为暗合。故苏祇婆琵琶七调之源出印度,于兹又得一证焉。

或又质曰:苏祇婆琵琶七调,依子所考,仅得其二,合旦而三,余多不可考。唐乐亦已若《广陵散》,绝于中土。然据《隋书·音乐志》所纪苏祇婆琵琶七调与中乐对照之叙,勘于今日,用西乐对比中乐之结果,则般赡属于西乐 A 调。惟按印度北宗音乐,般赡属于西乐之 G 调,而《隋书·音乐志》所纪,较之高出一调。则子所谓苏祇婆琵琶七调中之般赡即印度北宗音乐七调中之般赡,毋亦有难通欤? 应曰,是亦有说。苏祇婆琵琶七调,据《隋书·音乐志》所纪,其二半音一在第四音与第五音之间(即变徵与徵声间之音程为半音),一在第七音与第八音之间(即变宫与高宫声间之音程为半音),故其旋法属于吕旋。而印度北宗音乐以娑陁阇一调为始之音阶(Sa-grama),其各音音程之大小情形如左:③

① 《声律通考》卷六。

② *The Musif of India* 二〇页。

③ 见 *The Music of Hindostan* 一〇九页及一一〇页。又 *The Music of India* 三七页。又 *The New International Encyclopaedia* 之 Hindu Music 一条。按印度北宗音阶中有三种音程。一曰长音(Major Tone),为四倍四分之一音。通常以 4 表其比较之大小。二曰短音(Minor Tone),为三倍四分之一音。通常以 3 表其比较之大小。三曰半音(Semitone),为二倍四分之一音。通常以 2 表其比较之大小。

Sa	Ri	Ga	Ma	Pa	Dha	Ni
4	3	2	4	4	3	2

其 Ga Ni 二调,俱为半音。故若依日本雅乐旋法比对附照西乐音符,式当如左:

附表四

北宗音名	Sa	Ri	Ga	Ma	Pa	Dha	Ni
西洋音符	C	D	E	F	G	A	B
雅乐旋法	宫	商	婴商	角	徵	羽	婴羽

是盖属于律旋,极似旋律的短音阶之下行旋法。上有律吕之别,此所以苏祗婆琵琶七调中之般赡调高出于印度北宗音乐中之般赡调一调也。然北宗音乐旋法本不一律,又音乐每因人而异制。传者既殊,则旋律有别,亦事所必至者耳。

结论

印度北宗音乐,演嬗殊繁,体制时异。愚于论印度音乐之书所见者不多,重以于音乐之知识甚浅,是以苏祗婆琵琶七调,求之北宗仅得娑陁力、般赡二调,合旦而三。鸡识、沙识、沙侯加滥、沙腊、俟利箑五调,则俱无征。然以北宗音乐流别殊多,纷纭差异,亦固其所。而就上述四端考之,苏祗婆琵琶七调与北宗音乐之渊源,固甚显然。则《隋书·音乐志》所述今兹所论,其为北宗古乐之钩沈也欤!至于愚文谬误疏漏,自知不免。惟以自来学人于燕乐根源之苏祇婆琵琶七调与印度音乐之关系，少加讨究，用敢忘其浅陋，述为是篇。匡谬深究，谨俟来哲！

（见《学衡》第五十四期述学页一—二二，
一九二六年六月出版。）

论唐代佛曲

一　引子

民国十四年的夏天，我偶然翻阅《隋书·音乐志》，看到纪龟兹人苏祇婆（Suvajiva?）传来琵琶七调的一段话，觉得其中所有相当于中国羽声的般赡调，纯然是一种梵音，当时心中以为苏祇婆所传的七调，大约是出于印度。随查获原云来的《梵汉对译佛教辞典》有 Pañcamah 一字，释义为等五，又为第五及第七两音，Pañcamah 一字译梵字为汉音就是般赡。后来又得读 A. H. Fox-strangways 和 H. A. Popley 两家论述印度音乐的书，并把唐代十部乐中的乐器加以比较，愈觉我的假设颇有根据。于是搜集一些别的材料，综合起来，写成一篇《龟兹苏祇婆琵琶七调考原》，发表在民国十五年六月出版的《学衡》第五十四期上，[①]说明苏祇婆所传来的琵琶七调乃是印度北宗音乐（Hindostanic School）中的一派。那时不知是那一位朋友远远地从云南寄了几期《澎湃》给我，在十三、十四两期中得读徐嘉瑞先生所著《敦煌发见佛曲俗文时代之推定》一文，[②]因此

① 见本文集第二五二页至第二七四页。（本书第二五七至二七九页。——编者注）

② 此文后又发表于民国十四年十一月出版的《文学周报》第一百九十九期。

我于南卓《羯鼓录》所纪诸佛曲调而外，知道还有许多有宫调的佛曲。不过徐先生文内未说那些有宫调的佛曲，出于何书。罗叔言先生的《敦煌零拾》中收有俗文三篇，罗先生也漫然定名为佛曲。我那时没有过细研究，又没有将徐先生所举有宫调的佛曲寻得出处，便也循罗、徐两先生之误，以唐代佛曲与敦煌发见的俗文变文之类，混为一谈。所以在《龟兹苏祇婆琵琶七调考原》一文中附带论及苏祇婆琵琶七调与佛曲的关系时候，以为这些佛曲俗文，都是苏祇婆传来七调之支与流裔。后来我把《敦煌零拾》中所收的三篇俗文反覆阅看，毫不见有宫调之迹。我疑心所见敦煌发见的俗文只是一斑，不足以概全体，遂又托人从北京京师图书馆抄得敦煌卷子本俗文三篇，此外又在《支那学》第四卷第三号得见青木正兒介绍敦煌发见《目连缘起》、《大目乾连冥间救母变文》及《降魔变押座文》的一篇文章。知道敦煌发见的俗文变文体制大致相同，可是徐先生文中所举诸宫调却一律没有踪影。其后看梁廷枏《曲话》其中也曾约略提到徐先生所举诸宫调佛曲，始知所谓诸宫调佛曲原是唐时乐署供奉之物。因此疑心敦煌发见的俗文之类而为罗先生所称为佛曲者，与唐代的佛曲，完全是两种东西；佛曲大约与苏祇婆传来的七调一系音乐有关系，而为一种乐曲，而敦煌发见的俗文变文，则又是一种东西，大约导源于《佛本行经》一类的文学，而别为一种俗文学。近来找得徐先生所举诸宫调佛曲的出处，又将以前所假设的诸点，从头理董一过，自觉所立佛曲是佛曲，俗文变文是俗文变文，二者截然不同的说头，大致可以成立。遂不揣冒昧，写成这一篇东西，一方面钩稽唐代佛曲，考其来源；一方面申论佛曲与俗文变文是两种不同的东西，以正罗氏之失，并自己忏悔以前轻信之过。不过我还要声明一句：我于中国音乐同外国音乐的关系，知识很少，对于唐代的俗文学也是一位门外汉，如今徒凭直感，写成此文，其中疏漏错误，贻笑方家的处所自是不少，尚乞海内大方，不吝赐教。

二　佛曲钩沈

要讨论佛曲，就先得明白甚么是佛曲。但是唐代同唐以前的佛曲据我现在所知，可说是没有一首存留至今，所以要说甚么是佛曲，简直无从说起。现在知道的佛曲，无非是一些佛曲的名目同宫调，这是讨论佛曲之先所当知道的一点。

佛曲之名始见于《隋书·音乐志》。《音乐志》西凉部论述所有的乐曲道：

> 其歌曲有《永世乐》，解曲有《万世丰》，舞曲有《于寘佛曲》。

西凉部起于苻秦之末，吕光、沮渠蒙逊据有凉州之时，即公元后四世纪至五世纪之间，中国乐府之中便已有了佛曲了。这种佛曲之上冠以地名的不止《于寘佛曲》为然，此外尚有《龟兹佛曲》、《急龟兹佛曲》，为唐太乐署供奉之曲，《唐会要》卷三十三和《册府元龟》卷五百六十九曾加著录，起于何时，今不可考。唐代太乐署所供奉的佛曲，名目还很多，陈暘《乐书》卷一百五十九诸胡曲调云：

> 乐有歌，歌有曲，曲有调。故宫调胡名婆陁力调，又名道

调，婆罗门曰阿修罗声也。商调胡名大乞食调，又名越调，又名双调，婆罗门曰帝释声也。角调胡名涉折调，又名阿谋调，婆罗门曰大辩天声也。徵调胡名婆腊调，婆罗门曰郍罗延天声也。羽调胡名般涉调，又名平调，移风，婆罗门曰梵天声也。变宫调胡名阿诡调也。李唐乐府曲调有《普光佛曲》、《弥勒佛曲》、《日光明佛曲》、《大威德佛曲》、《如来藏佛曲》、《药师琉璃光佛曲》、《无威感德佛曲》、《龟兹佛曲》，并入婆陁调也。《释迦牟尼佛曲》、《宝花步佛曲》、《观法会佛曲》、《帝释幢佛曲》、《妙花佛曲》、《无光意佛曲》、《阿弥陁佛曲》、《烧香佛曲》、《十地佛曲》，并入乞食调也。《大妙至极曲》、《解曲》，并入越调也。《摩尼佛曲》，入双调也。《苏密七俱陁佛曲》、《日光腾佛曲》，入商调也。《邪勒佛曲》，入徵调也。《观音佛曲》、《永宁佛曲》、《文德佛曲》、《婆罗树佛曲》，入羽调也。《迁星佛曲》，入般涉调也。《提梵》，入移风调也。

这里一共是二十九曲，除去没有佛曲之名的越调二曲，移风调一曲，还有二十六曲。陈氏所举，《文献通考·乐考》二十一也曾引及。徐先生文中所云，即出于此。

唐代的佛曲自然还不止此。南卓《羯鼓录》卷末附有诸宫曲名，其中有诸佛曲调十一曲，曲名为：

《九仙道曲》、《卢舍那仙曲》、《御制三元道曲》、《四天王》、《半閦麽那》、《失波罗辞见柞》、《草堂富罗》、二曲《于门烧香宝头伽》、《菩萨阿罗地舞曲》、《阿陀弥大师曲》。

此中所云《阿陀弥大师曲》大约即是《乐书》诸胡曲调中乞食调的《阿弥陀佛曲》。唐玄宗时曾创道调，此中所举《九仙道曲》和《御制三元道曲》大约就是道调之类了。《羯鼓录》诸宫曲中还有食曲一种凡三十三曲，曲名如次：

> 《云居曲》、《九巴鹿》、《阿弥罗众僧曲》、《无量寿》、《真安曲》、《云星曲》、《罗利儿》、《芥老鸡》、《散花》、《大燃灯》、《多罗头尼摩诃钵》、《婆娑阿弥陀》、《悉驮低》、《大统》、《蔓度大利香积》、《佛帝利》、《龟兹大武》、《僧箇支婆罗树》、《观世音》、《居麽尼》、《真陀利》、《大与》、《永宁贤者》、《恒河沙》、《江盘无始》、《具作》、《悉家牟尼》、《大乘》、《毗沙门》、《渴农之文德》、《菩萨缑利陀》、《圣主与》、《地婆拔罗伽》。

食曲的起原是怎样，我还不大清楚，不过《羯鼓录》所举食曲同《乐书》中的诸胡曲调颇多相似之处：如《羯鼓录》的《散花》，大约就是《乐书》乞食调的《妙花佛曲》，《婆娑阿弥陀》就是乞食调的《阿弥陀佛曲》，《龟兹大武》就是婆陁调的《龟兹佛曲》，《观世音》与《永宁贤者》就是羽调的《观音佛曲》、《永宁佛曲》，《悉家牟尼》就是乞食调的《释迦牟尼佛曲》。由此看来，佛曲同食曲大概相同，俱为颂扬诸佛菩萨之作；只是食曲的材料，我所知道的比佛曲还少，也就无从定其然否了。

我们对于唐代和唐以前的佛曲，所知道的只有上面所举三十余曲同一些宫调，曲文是一字不存了。然则所谓唐代和唐以前的佛曲到底是甚么东西呢？我如今凭着这些佛曲的名目同宫调勉强下一个定义道：

佛曲者,是由西方传入中国的一种乐曲,有宫调可以入乐。内容大概都是颂赞诸佛菩萨之作,所以名为佛曲。大约为朝廷乐署之中所有,不甚流行民间。

关于佛曲之系西域传入中国的一种乐曲,有宫调可以入乐一端,本文第三节《佛曲考原》中尚有详细的考证,现在不去说他。我们所要知道的就是唐代同唐以前的佛曲与梁武帝所制正乐完全两事。《隋书·音乐志》云:①

(梁武)帝既笃敬佛法,又制《善哉》、《大乐》、《大欢》、《天道》、《仙道》、《神王》、《龙王》、《灭过恶》、《除爱水》、《断苦转》等十篇,名为正乐,皆述佛法。

《通志·乐略》于此作梁武帝述佛法十曲。武帝所作十曲,属鼓吹乐,鼓吹乐为汉以来中国旧乐。佛曲乃是外国,尤其是印度音乐传入中国以后,才逐渐兴起的。所以佛曲与梁武帝所制述佛法十曲的正乐,在音乐系统上各各不同。此外佛曲体制大都为颂赞诸佛菩萨之作,而武帝所制述佛法诸曲则敷陈教理,演述佛法,两者内涵亦异,不可混而为一。至于说佛曲体裁即为弹词体,那是无根之谈,不可为据。

① 亦见《通典》卷一百四十二。

三　佛曲考原

我们知道佛曲之名最先见于《隋书・音乐志》西凉部，约于公元后第四、第五世纪传入中国。《隋・志》述西凉部的起原有云：

> 西凉者，起苻氏之末，吕光、沮渠蒙逊等据有凉州，变龟兹声为之，号为秦汉伎。魏太武既平河西，得之，谓之西凉乐。至魏周之际，遂谓之国伎。

西凉乐既然是变龟兹声为之，所以舞曲中之《于寘佛曲》一定也受有龟兹的影响，观之唐代太乐署有《龟兹佛曲》、《急龟兹佛曲》，[①] 可见龟兹乐中实有佛曲一种。所谓《于寘佛曲》者或者是于寘人所创，而其乐调却不离龟兹乐部。所以我考究佛曲来原之后，就得了下列的一个结论：

> 佛曲者源出龟兹乐部，尤其是龟兹乐人苏祇婆所传来的琵琶七调为佛曲的近祖。而苏祇婆琵琶七调又为印度北宗音乐的支与流裔，所以佛曲的远祖实是印度北宗音乐。

至于佛曲同印度音乐之有关系，还有一个小小的证据：《乐书》所举唐代乐府曲调，移风调有《提梵》一曲，提梵一辞一见而知其为梵文

① 见《唐会要》。

天字(deva)之译音。而《隋书·音乐志》纪天竺部舞曲有《天曲》,《天曲》当然就是《提梵曲》的义译。所以唐代乐府诸佛曲与印度音乐的关系也不无蛛丝马迹可寻。

我们再看《乐书》所纪唐代佛曲,大致有宫、商、角(《乐书》不言角调,然移风一调所属不明,疑为角调也)、徵、羽五调。其中宫调胡名婆陁调,羽调胡名般涉调,故李唐佛曲五调中,有两调调名显然是外国音,乞食调大约也是译音,而为《隋书·音乐志》所记苏祇婆琵琶七调中的鸡识调。《隋书·音乐志》述苏祇婆琵琶七调云:

> 先是周武帝时有龟兹人曰苏祇婆,从突厥皇后入国,善胡琵琶。听其所奏,一均之中,间有七声,因而问之。答云:父在西域称为知音,代相传习,调有七种。以其七调勘校七声,冥若合符。一曰娑陁力,华言平声,即宫声也。二曰鸡识,华言长声,即南吕声依凌廷堪《燕乐考原》,南吕声当为商声之讹也。三曰沙识,华言质直声,即角声也。四曰沙侯加滥,华言应声,即变徵声也。五曰沙腊,华言应和声,即徵声也。六曰般赡,华言五声,即羽声也。七曰俟利箑,华言斛牛声,即变宫声也。(郑)译因习而弹之,始得七声之正。然其就此七调,又有五旦之名,旦作七调。以华言译之,旦者则谓均也。其声亦应黄钟、太簇、林钟、南吕、姑洗五均,已外七律,更无调声。

苏祇婆的娑陁力调,《唐会要》作沙陁调,《乐书》和《宋史》、《辽史》作婆陁力调,一作婆陁调;般赡调,《唐会要》、《乐书》和《宋史》作般涉调;鸡识调,《乐书》作乞食调,《宋史》作稽识调。至于《乐书》

之婆腊调恐怕是娑腊调之讹,即沙腊调也。佛曲之婆陁调、般涉调、乞食调与苏祇婆七调之娑陁力调、般赡调、鸡识调宫商悉同,音亦近似。所以佛曲之出于苏祇婆七调,实属信而有征。唐太乐署供奉二百十六曲中,沙陁调有《龟兹佛曲》和《急龟兹佛曲》,于天宝十三载(公元七五四年)改此二曲为《金华洞真》与《急金华洞真》。太乐署供奉的曲就是苏祇婆七调,而为燕乐一系,其中既有佛曲之名,则佛曲与苏祇婆琵琶七调之关系因此更为明了。[①] 而苏祇婆琵琶七调又出于印度北宗音乐,今将苏祇婆琵琶七调与中西宫调作一对照表如后:

苏祇婆七调	娑陁力	鸡识	沙识	沙侯加滥	沙腊	般赡	俟利箑
华　　言	平声	长声	质直声	应声	应和声	五声	斛牛声
中乐七声	宫	商	角	变徵	徵	羽	变宫
西洋音符	C	D	E	F	G	A	B

苏祇婆琵琶七调,据我的研究,出于印度北宗音乐,为其一派,我在《龟兹苏祇婆琵琶七调考原》一文中说得很详细。本文只在藉苏祇婆琵琶七调以说明佛曲之渊源于印度,所以于此仅能撮举大概,如要知道详细,当参看《考原》一文。在没有说苏祇婆琵琶七调以前先将印度北宗音乐与西乐作一对照表如后:

北宗音名	Shadja	Śuddha Ri	Śuddha Ga	Śuddha Ma	Pañchama	Śuddha Dhai	Śuddha Ni
符　　号	Sa	Ri	Ga	Ma	Pa	Dha	Ni
西洋音符	C	D	E	F	G	A	B

① 徐嘉瑞先生在《述学月刊》上又发表一篇论外国音乐译音改变的问题,以玄宗所创羯鼓诸调作为印度传来,大误,徐先生似未查《羯鼓录》也。

苏祇婆琵琶七调之源出印度音乐，就历史上言，有三个证据，今举其概如次：

一、龟兹与印度北部在种族上之相同 《太平御览》卷三百七十四《人事部》十四《发》：

龟兹国男女皆剪发垂与项齐；唯王不剪发。

《晋书·四夷传》龟兹国条说龟兹人“男女皆剪发垂项”，玄奘也说龟兹国《大唐西域记》作屈支。“文字取则印度，粗有改变。服饰锦氎，断发巾帽”。断发是伊兰民族（Iranians）的一种习俗，所以有人说龟兹人原是伊兰民族。[①] 北印度的雅利安人（Aryans）原也是伊兰民族。由此看来，龟兹同印度竟是同种同文之国了。

二、印度文化与龟兹古史 据古代传说，于阗、龟兹俱属印度人殖民之地，如阿育王太子法益《坏目因缘经》说阿育王以龟兹诸地赐与法益，《大唐西域记》卷十二瞿萨旦那国同《于阗史》（Annals of Liyul）[②]说阿育王一逐子建国于阗。这虽是一种传说，但是传说的后面却隐有一段民族迁徙的史实在内，很可以证明第一说之真。而民族迁徙的又一面就是文化的传布。汉晋以降，龟兹的佛教甚盛，国势也极兴隆。班超说，“若得龟兹，则西域未服者百分之一耳”。吕光也以为“唯龟兹据三十六国之中，制彼王侯之命”[③]。至于龟兹之吸收印度文化更为显著，不唯语文大同，如第一说所云，就拿佛教之兴盛而言，西域诸国除去于阗，未见其匹。而丁谷山千

① 见《史学杂志》四十编第三号松田寿男《西突厥王庭考》第三节。
② 《于阗史》传说见斯坦因《古于阗考》第七章。
③ 见《太平御览》引崔鸿《十六国春秋》。

佛洞的佛教美术，于敦煌以外，又别树一帜。所以龟兹史上之印度化，正不必去考查鸠摩罗什所译龟兹文经典，如何影响于中国佛教，才可知道。

三、龟兹乐与天竺乐　隋唐十部乐中，龟兹乐与天竺乐对立。但是我们试将两部的乐器作一对照表比较比较，就可知道两部大都相同。只不过龟兹部有竖箜篌、笙、箫、答腊鼓、腰鼓、鸡娄鼓、弹筝、侯提鼓、齐鼓、檐鼓，为天竺部所无；而天竺部的凤首箜篌、铜鼓也为龟兹部所无。但是如以琵琶为乐器之首，这却两部都是相同的。玄奘说龟兹国"管弦伎乐，特善诸国"。我们从种族上历史上考察，知道龟兹与印度有很深的关系，所以龟兹之特善音乐，说不定也受有印度影响，单就乐器之多同于印度而言，可以想知。陈暘《乐书》卷一百二十五至卷一百三十二有胡部乐器图，天竺、龟兹两部乐器一一有图。若有好事之士，将中国史籍上所举天竺乐器拿来同印度现存的乐器比较，对于中国音乐史上一定有不少的贡献。A. H. Fox-Strangways 同 H. A. Popley 两家论印度音乐的书上也记有不少的乐器，并有照片，很可用来对照研究。

此外在音乐上也有三个证据，可以证明苏祇婆琵琶七调之为印度北宗音乐之一派。今约举如次；

一、娑陁力调即北宗之 Shadjah 调　《隋书 · 音乐志》之娑陁力调《唐会要》作沙陁调。娑陁力调之为北宗 Shaḍja 调（梵文作 Ṣhaḍjah）有两个证据：（一）印度斯坦尼文与梵文大致相同，AIU 诸字收音者可以不发声，梵文也是如此。北宗音名同梵文一样，即可以梵文作例。梵文 Nirvana 译汉音为涅槃，Samghârāma 译汉音作僧伽蓝。所以Ṣhaḍjah 一调译汉音正是沙陁。至于《隋 · 志》之作娑陁力，力字大约是传讹，原文全译应作娑陁阇。作娑陁力是因"婆"

“娑”二字微近而误。（二）娑陁阇调义为具六，又第一声。具六者谓具鼻、喉、胸、腭、舌、齿所发之声也。第一音者谓为八音之首也。宫声之呼与具六同义，又为八音之首。这也可以证明娑陁力调之为北宗 Shadja 调。

二、般赡调即北宗之 Pañchama 调 《隋·志》说般赡华言五声，即羽声也。这就是北宗的 Pañchamah，梵文作 Pañchama。北宗的 Pañchama 调译云等五，又第五声，译汉音作般赡摩，准涅槃、僧伽蓝之例，摩音可省。至于般赡在《宋史》作般涉，“涉”“赡”可以对转，故般赡与般涉无异。

三、旦即北宗的 thāt 我说旦即北宗的 thāt，其中有三个证据。（一）《隋·志》说“旦者则谓均也”。均字有调度之意，均又是一种调六律五声之器，其长八尺。所以古乐中之均就是后来的宫调，“宫调明而后乐器管色之高低定矣”。北宗音乐的 thāt，“义为行列，当奏某调时，知此然后宫调弦乐管色之高低因之以定。而一宫可容数调，故旦又有类析之义”，“即以音律表旋律之基础也”。所以 thāt 与“旦”的功能正是一样。（二）旦字即 thāt 字之译音。旦字与汉字同属十五翰。梵文 arhat 汉译为阿罗汉，汪荣宝说“古音同部之字平入不甚区分，故 hat 亦译为汉（han），以 t 与 n 同为舌头音也”。t 与 n 收声的字，古音可以对转，所以 thāt 对音可以为“旦”。虽然译“汉”字音的 a 是短音，译“旦”字音的 ā 是长音，但是古来翻译梵音，a、ā 本来不分，以旦字音译 thāt，并无不合。（三）雅乐宫调的说法是黄钟宫、仙吕宫等等，苏祇婆之七调五旦，据《辽史·乐志》作婆陁力旦、鸡识旦、沙识旦等等。北宗音乐所用的术语与此大致相同，也称为某旦某旦。所以就音乐上的术语而言，两者也是相同。

由以上所举各种证据看来,苏祇婆琵琶七调之出于印度北宗音乐,为其一派之说,大概可以成立。不过我之所以说为北宗音乐之一派而不即为北宗者,因为苏祇婆琵琶七调中的般赡调属A调,而北宗的般赡调属G调,北宗音乐要低一调。苏祇婆七调,照日本所存雅乐旋法属于吕旋,而北宗音乐七调的音程大小约如左表。

北宗音名	Sa	Ri	Ga	Ma	Pa	Dha	Ni
音程大小	4	3	2	4	4	3	2

其Ga Ni二调俱为半音,依日本雅乐旋法,应为律旋。今作一北宗音名西洋音符和日本雅乐旋法对照表如次:

北宗音名	Sa	Ri	Ga	Ma	Pa	Dha	Ni
西洋音符	C	D	E	F	G	A	B
雅乐旋法	宫	商	婴商	角	徵	羽	婴羽

吕旋同律旋在音阶方面有上行与下行之别,因此苏祇婆七调中的般赡调比北宗的般赡调高一调。所以我说苏祇婆琵琶七调只是北宗音乐中的一派。这是因为印度北宗音乐自来派别繁夥,人各异制。苏祇婆所传大约又别是一派,名称和律吕因此多少有点不同。

佛曲源于苏祇婆琵琶七调;要晓得佛曲真正的来源,不能不先研究苏祇婆琵琶七调的来源。苏祇婆所传的音乐系统既传自印度北宗,佛曲的来源问题自然也迎刃而解了。

四 论敦煌发见之俗文变文与唐代佛曲之关系

一九〇七年供职印度政府之匈牙利人斯坦因(M. A. Stein)探

险中国新疆及甘肃西部一带,发见了敦煌千佛洞莫高窟石室的秘藏,佛画写本印本等等被他席卷而去的约莫有七八千卷。第二年法国伯希和(P. Pelliot)到此,又取去了两千余卷。这两大宗古籍分藏于伦敦的不列颠博物院和巴黎的国家图书馆两处。那时北京京师图书馆收拾残余,也在这里取得了八千余卷。谈中国文化史的,平空添了将近两万卷的材料,不仅许多古书可藉以校订,许多佚书可藉以考见一二,那时中国文化同西域文化在敦煌一带融合交流的情况因而著明;尤其重要的便是佛教美术同俗文学上的新发见。这都不是我的力量所能叙述的,我如今只能就其中所发见的俗文变文之类同佛曲的关系大略说一说。

最先介绍敦煌发见的俗文学给我们的,大约要算罗叔言先生的《敦煌零拾》,其中俗文学有《云谣集杂曲》、《季布歌》、俚曲、小曲、佛曲之类。我如今要说的就是《零拾》中称为佛曲的一类东西。《零拾》的佛曲后面有罗先生的叙录说:

佛曲三种,皆中唐以后写本。其第二种演《维摩诘经》,他二种不知何经。考《古杭梦游录》载说话有四家:一曰小说,谓之银字儿,如烟粉灵怪传奇公案,皆是搏拳提刀赶棒及发迹恋态之事。说经谓演说佛书。说参谓参禅。说史谓说前代兴废战争之事。《武林旧事》载诸技艺亦有说经。今观此残卷,是此风肇于唐而盛于宋两京,元明以后始不复见矣。

徐嘉瑞先生在《敦煌发见佛曲俗文时代之推定》一文中说道:

所以我断定敦煌所遗俗文,即是天竺乐中的佛曲。原抄

> 虽无佛曲之名，而罗振玉先生已在《敦煌零拾》上标目为佛曲，这是很妥当的。并断定天竺乐佛曲的体裁也是弹词体，因为印度经文的体裁，即是弹词体。

佛曲一辞，自唐以后，很少人说及，梁廷枏偶尔提到，也没有人注意。罗先生此文虽不知其何据，但因为近来研究俗文学之风大盛，于是敦煌发见的这些东西，大交其运，佛曲一辞也因罗先生的介绍，而时常有人谈到。徐先生更忙，还从古书堆里找出一些有宫调的佛曲，来凑热闹。其实都不对；《零拾》中所收敦煌发见的三篇佛曲自有其名目，徐先生所找出来的有宫调的佛曲，完全是另一种东西，同敦煌发见的俗文学风马牛不相及。前者是一种音乐，后者不过是民间流行的一种通俗文学。

佛曲之为一种乐曲，而不是罗先生在《零拾》中指鹿为马的假佛曲，已见上述。至于敦煌发见的俗文学，西谛先生别有一篇专文论此，我可不用饶舌。我现在只将我的几点意见写出来以供参考。我所要说的大约有两点：（一）敦煌发见的纯粹韵文和韵散相兼的俗文学之渊源及其发生的先后；（二）敦煌发见的俗文学所受外间的影响。

敦煌发见的有韵的俗文学大致可分成纯粹韵文和韵散相兼的两种。前者如《零拾》所收的《季布歌》以及不列颠博物院的《孝子董永》即是。后者如《零拾》所收的佛曲三篇，京师图书馆藏《佛本行集经俗文》、《八相成道俗文》、《维摩诘所说经俗文》，以及不列颠博物院所藏《大目乾连冥间救母变文》之类都是。至于俗文同变文的分别在那里，我还不知道。虽然有人举出张彦远《历代名画记》中所言净土变、地狱变等等以解释变文的起源，可是于其意义，还是不甚明了。这两种俗文学大概都受有佛教文学的影响。佛教经典中如《佛所行赞》、《佛本行经》一类的文学，洋洋数万言，纯为一种叙事诗。所以我疑心《孝子董永》、《季布歌》是从《佛所行赞》一类佛教文学蜕演而出。并且我以为《孝子董永》乃是摹仿竺法护所译《佛五百弟子自说本起经》而作，二十四孝人各一篇。《孝子董永》中有"阿耨池边澡浴去，先于树下隐潜藏"二句，阿耨达池是佛经中常见的名辞，两者的消息于此可见。至于俗文变文之类大约摹仿佛经的体裁，散文即是佛经中的长行，韵语即是佛经中的偈。

《佛所行赞》这一类文学在印度是很盛行的，义净《南海寄归传》卷四《赞咏之礼》一节中曾说及马鸣(Asvaghosha)道：

> 尊者马鸣亦造歌辞及《庄严论》(Sûtrâlaṅkârusâstra)。并作《佛本行诗》(*Buddhakaritakâvya*)，大本若译有十余卷。意述如来始自王宫终乎双树一代佛法，并缉为诗。五天南海无不讽诵。意明字少，而摄义能多，复令读者心悦忘倦。

而戒日王(Sîlâditya)极好文笔，下令征集释迦本生诗赞，总集得五百夹。这也可见印度当时搬演佛经颂扬大德的赞咏体文学盛行之一斑了。六朝时此类文学流入中国，乃有《本行经》一类的翻译，后来竟有唐代俗文变文等有韵与韵散相兼的俗文学出现于世，其间脉络渊源甚属分明。

至于敦煌俗文学发达的程序，大约先有《维摩诘经唱文》等等带宗教性的东西，然后有《孝子董永》、《季布歌》之类的世俗文学。我可以举一个旁证。中国印刷术的发明，就现存的文献同遗物看来都先起于寺院。佛教像印由印度传入中国，于是玄奘用回锋纸印普贤像,[1]敦煌发见的有千体搨佛,也是用像印印的。由像印进而为单片的发愿文以及最普通的经典如《金刚经》之类,然后民间为所影响,始有历日书小学字书出现。先有带宣传性质和祈求福利的印刷品,于是始由此一转而入于实用;俗文之类的俗文学其发达的程序,大约不外乎此。

还有一个问题,敦煌发见的这些俗文学,到底是本地所有,还是受有外来的影响?对于这一个问题,我们可以大概的说一句:敦煌发见的俗文学大约受有其他地方的影响,其中最显著的一处便是四川。巴黎藏广政十年(公元九四七年)写本《维摩诘经唱文》第二十卷,原书于西川之静真禅院传到敦煌的应明寺。可见唱文之类西川即已有之,敦煌发见的俗文学有自外间,尤其是四川传来的。《敦煌零拾》中又收有《云谣集杂曲子》三十首,王静安先生曾谓其中八调名均见崔令钦《教坊记》,又多见于《花间》、《尊前》诸集。今按欧阳炯《花间集·序》有云,"是以唱云谣则金母词清,挹霞醴则穆王心醉",敦煌的《云谣集杂曲子》大约就是欧阳炯所说的了。这都足以证明敦煌发见的俗文学是受有外来的影响的。

还有一个旁证可以证明敦煌发见的俗文学受有外来的影响。敦煌发见的遗物还有印本书籍,其中最古的一本要算不列颠博物院藏咸通九年(公元八六八年)王玠刊《金刚经》。其余都是唐末以至五代的印本,为数也不过二十几本。将近两万卷的卷子中写本居多,而印本却寥寥可数,可见九世纪以降以至五代,敦煌刊书之风犹未甚盛。但是在这一时期,中国其他各处刊书的事,却已司空见惯,长江、黄河两流域间都已有印本流行,大部头书如《玉篇》

---

① 见《云仙散录》引《僧园逸录》。

等至三十卷,《刘弘传》一印至数千本;而四川刊本,尤其出名。①唐末天下大乱,而瓜、沙两州独能晏然不见兵革,所以各处的人来归于敦煌者不少,外间的文化也随之以至。敦煌在昔本来绾毂东西交通,至此又益以各处人士的流寓,文化益呈错综之态;俗文学之受别处影响,自可不言而喻了。

附记

我这篇文章作好之后,曾送给西谛先生一看,承他给我提了许多的意见。其中一条是论佛曲的,西谛先生大意以为:佛曲似为当时流传的胡曲之一种,或用为舞曲,或用为歌曲,与《霓裳羽衣曲》之类并无大别。其所以名为佛曲者,或系其原来为颂佛之曲,或系来自佛国,故有此名云云。《隋书·音乐志》说西凉部舞曲有《于寘佛曲》,西谛先生说佛曲或用为舞曲,说亦可通。不过我们除了《于寘佛曲》之为舞曲而外,其他诸调佛曲,都没有以之为舞曲的。所以我们可说佛曲中如《于寘佛曲》之类有为舞曲的,至于是否都为舞曲,却不得而知。佛曲之为歌曲,自然是对的,因为既有宫调,当然有谱有辞。又说佛曲或者因来自佛国,故名佛曲,这也是一种解释,不过唐以前乐曲来自佛国的很多,如天竺部歌曲之《沙石疆》,舞曲之《天曲》,不名为佛曲,似乎佛曲并不见得是因来自佛国而后有此名的。总之佛曲的材料太缺乏了,我们还待有别的新材料发见,才可以说较为确定的话。现在只能勉强说是这样这样,到底是

① 关于唐代刊书问题,可以参看《唐代刊书考》一文,原载《中央大学国学图书馆第一年刊》,见本文集第一一七页至一三五页。(即本书第一三二至一五一页。——编者注)

否即是这样却不敢说了。所以西谛先生的意见同我上面所下的定义,都是可以并存不废的。承西谛先生的好意,供给许多意见,并以多种难得的材料相假,敬此致谢。

一八、四、二十夜于上海。

(见《小说月报》第二十卷第十号
页一五七九——一五八八,一九二九年十月出版。)

唐代俗讲考

本文初稿曾刊《燕京学报》第十六期。其后获见英法所藏若干新材料,用将旧稿整理重写一过。一九四〇年五月向达谨记于昆明。

一　叙言

光绪季叶,匈牙利人斯坦因(M. A. Stein)供职印度教育部,于吾国甘、新一带,首先发见敦煌石室藏书,捆载而归。法国伯希和(P. Pelliot)闻风继往,亦劫去一部分。于是清学部始收拾残余,运归北平。斯坦因所掠古写本以及刊本约七千卷,今藏英京不列颠博物院(British Museum)。[①] 伯希和所掠约二千余卷,今藏法京国

① 不列颠博物院所藏敦煌遗书,素未公开,目录编制最近告竣,而尚待印行,是以入藏确数,不得而知。个人浏览所及,曾到六九六三号,外刊本二十余卷,非汉文写本二百余卷,则入藏总数当不下七千卷也。至于所掠敦煌壁画及画幡之属,率存于印度 New Delhi 之 Central Asian Antiquities Museum, F. H. Andrews 所编之 *Catalogue of Wall-paintings from Ancient Shrines in Central Asia and Sistan* 及 A. Waley: *A Catalogue of Paintings recovered from Tun-Huang by Sir A. Stein…… Preserved in the Sub-department of Oriental Prints and Drawings in the B. M. and in the M. of Central Asian Antiquities* 二书叙述甚详,可以参阅。

家图书馆(Bibliotheque Nationale)。[①] 我国所得残余约九千余卷,[②]今国立北平图书馆所藏,称为唐人写经者是也。至于私家收藏,以目录绝鲜传布,确数不得而知,约计当亦近千卷。敦煌石室藏书总数,宜在二万卷左右,绘画之类,尚不在内也。

石室藏书率为写本,刊本约居百分之一二。写本之时代,自公元后第五世纪至十世纪,绵历凡六百年。形式多属卷子,间见蝶装小册。

咸、同间莫友芝获唐写本《说文》木部残叶,一时说者便诧为惊人秘笈。[③] 今敦煌石室藏书近二万卷,多属晋、唐旧写,莫氏所获,视此真微末不足道矣。石室书以佛经为多,其余四部诸籍亦复不少。四十年来以此二万卷新材料之发见,经史之考证,宗教史之研究,俱因而突焕异彩。时贤因为之特创一"敦煌学"之新名辞。[④] 至其大概,则东西诸老宿之书具在,学者可以覆按,非区区此篇所能尽也。

顾在石室藏书中,尚有一种通俗文学作品,论体裁则韵散间

① 自来所传法京国家图书馆藏敦煌书目,自二〇〇一号起,至三五一一号止,凡一千五百余卷。尚有五百余卷,在伯希和家,王君重民编国家图书馆所藏敦煌书目,始得尽窥其藏。伯希和所掠敦煌绘画之属,则另庋于 Musée Guimet 及 Musée Louvre。

② 国立北平图书馆所藏敦煌遗书目录,具见陈援庵先生所编《敦煌劫余录》,凡得八千六百七十九号。其后胡君鸣盛检阅未登记之残叶,又增编一千一百九十二号,都计九千八百七十一号。许君国霖《敦煌石室写经题记》与《敦煌杂录·序》述此甚详。私人庋藏确数,无从推知,惟德化李氏旧藏四百余卷有简目流传,今已售诸日本某氏,非我所有矣。

③ 曾国藩题莫氏所藏唐写本《说文》木部残叶诗云:"插架森森多于笱,世上何曾见唐本。"

④ 见陈寅恪先生《敦煌劫余录·序》。

出，其名称则变文、词文、押座文、缘起，不一而足；其内容则敷衍佛经，搬演史传。慧皎所谓"凡此变态，与事而兴"似正为此种作品而言。唯以作者之志在于化俗，是以文辞鄙俚意旨浅显。敦煌学者之于此种作品，非意存鄙弃，即不免误解；研究通俗文学者又多逞臆之辞，两者俱未为得也。旧为《敦煌丛抄叙录》及《唐代俗讲考》，①于此一问题，曾稍参末议。年来所见略多，颇有足以证成前说，勘正旧失者。因重写一过，藉以就正有道；至于论定，仍以俟诸博雅君子。

二　唐代寺院中之俗讲

梁慧皎《高僧传》卷十三《唱导》第十论曰：

> 昔草创高僧，本以八科成传。却寻经导二伎，虽于道为末，而悟俗可崇，故加此二条，足成十数。

经者转读赞呗，符靡宫商，导者宣唱法理，开导众心。盖俱以化俗为务也。转经唱导之制，逮于唐宋犹未尽衰，其间大师，具见道宣、赞宁所续《高僧传》中，顾敦煌所出通俗文学作品，有《禅门十二时》、《太子十二时》、《太子五更转》、《太子入山修道赞》、《两宗赞》、《辞娘赞》等，类似今日之小曲者甚夥。而为张议潮使唐之沙

① 《敦煌丛抄叙录》见《国立北平图书馆馆刊》五卷六号。《唐代俗讲考》，初稿曾发表于《燕京学报》第十六期。

门悟真且有《谨上河西道节度公德政及祥瑞五更转兼十二时》共十七首。[①]《乐府诗集》卷三十三伏知道《从军五更转》序引《乐苑》云：

> 《五更转》商调曲。按伏知道已有《从军辞》，则《五更转》盖陈已前曲也。

按《五更转》隶于《相和歌》，为清商旧曲，自能被诸弦管。则唐世僧人于转经唱导之外，并能度曲矣。然其时寺院中且流行一种"俗讲"，社会上亦复乐闻其说，成为风尚，而《高僧传》既未著录，后来论究李唐一代史实者，亦多未措意及此。唐人书中时有纪及俗讲之文，兹因加以钩稽，著其梗概如次。

俗讲之兴，始于何时，不得而知。唐书中纪及俗讲二字，而时次较先者，似为段成式之《酉阳杂俎》，《杂俎》续集卷五《寺塔记》述及长安平康坊菩提寺有云：

> 佛殿内槽东壁维摩变，舍利弗角而转膝。元和末俗讲僧文淑装之，笔迹尽矣。

"角而转膝"一语，不得其解，疑有讹误，又文淑乃文溆之误。张彦

① 敦煌本《禅门十二时》，《敦煌零拾》收一种，北平图书馆藏鸟字十号残本一卷。《太子五更转》等，法京国家图书馆有之，收入刘复先生之《敦煌掇琐》上辑三五至三八，又四二诸号。北平图书馆有乃字七四号《辞娘赞》文一卷，咸字一八号《南宗定邪五更转》一卷，俱收入许君国霖之《敦煌杂录》中。悟真所作《五更转》及《十二时》，见法京国家图书馆所藏 Pelliot 3554 一卷纸背，有序无词。北平图书馆周字七〇号《五更调》一卷，又露字六号《五更转》一卷，俱见《敦煌杂录》。

远《历代名画记》卷三记菩提寺画壁有云：

殿西东西北壁并吴画。其东壁有菩萨转目视人。法师文溆亡何令工人布色损矣。

作文溆，不作文淑，与后引圆仁诸人书合可证。至于“转膝”，明刊本《杂俎》如此，《学津讨原》本及《说郛》（商务本）卷三十六引段柯古《寺塔记》，俱作“角而转睐”，则“膝”字乃是“睐”字之误。“角”字，吴君晓铃谓疑与“日角龙颜”之“角”同义，唯如此用法，却甚罕见，则仍不无可疑也。元和末有以俗讲著称之僧人，则其兴不始于元和可知。会昌初日本僧圆仁入唐，长安小住，亦曾数闻俗讲。其《入唐求法巡礼行记》中屡纪此事云：①

开成六年正月九日五更时拜南郡了，早朝归城，幸在丹凤楼，改年号，改开成六年为会昌元年。及敕于左、右街七寺开俗讲。左街四处：此赀圣寺，令云花寺赐紫大德海岸法师讲《花严经》，保寿寺令左街僧录三教讲论赐紫引驾大德体虚法师讲《法花经》，菩提寺令招福寺内供奉三教讲论大德齐高法师讲《涅槃经》，景公寺令光影法师讲。右街三处：会昌寺令内供奉三教讲论赐紫引驾起居大德文溆法师讲《法花经》，城中俗讲，此法师为第一；惠日寺、崇福寺讲法师未得其名。又敕开讲道教，左街令敕新从剑南道召太清宫内供奉矩令费于玄

① 《入唐求法巡礼行记》卷三，八四、八七、八八页（《大日本佛教全书游方传丛书》一）。

真观讲《南花》等经；右街一处，未得其名；并皆奉敕讲。从太和九年以来废讲，今上新开，正月十五日起首至二月十五日罢。

九月一日敕两街诸寺开俗讲。

会昌二年正月一日……诸寺开俗讲。

五月奉敕开俗讲，两街各五座。

“从太和九年以来废讲，今上新开”一语如兼指俗讲而言，则其间中断，将近七载。至于何以废讲，以书阙有间，不易推知。今按《太平广记》卷二百四文宗条引《卢氏杂说》云：

文宗善吹小管。时法师文溆为入内大德，一日得罪流之。弟子入内收拾院中籍入家具辈，犹作法师讲声。上采其声为《文溆子》。

则会昌时俗讲第一之文溆法师，于文宗时曾因罪流废也。赵璘《因话录》卷四角部亦及文溆事，其辞云：

有文溆僧者，公为聚众谈说，假托经论，所言无非淫秽鄙亵之事。不逞之徒转相鼓扇扶树，愚夫冶妇乐闻其说，听者填咽寺舍，瞻礼崇奉，呼为和尚。教坊效其声调以为歌曲。其甿庶易诱，释徒苟知真理及文义稍精，亦甚嗤鄙之。近日庸僧以名系功德使，不惧台省府县，以士流好窥其所为，视衣冠过于仇雠。而溆僧最甚，前后杖背，流在边地数矣。

就上所引二则观之，俗讲之自太和九年以来废讲，与文溆之获罪流徙，或不无若干关系也。

至于《文溆子》一曲之起源，据上引《卢氏杂说》，谓为文宗所制，而段安节《乐府杂录》《文溆子》条云：

> 长庆中俗讲僧文溆善吟经，其声宛畅，感动里人。乐工黄米饭依其念四声观世音菩萨，乃撰此曲。

又以为系乐工黄米饭依文溆吟经声调，撰成此曲。两说未知孰是。唯《乐府杂录》以及《卢氏杂说》所纪之文溆法师，与《因话录》之文淑僧事迹大致相同，则文淑当即文溆之讹误；《酉阳杂俎》、《因话录》之文淑，与《卢氏杂说》、《乐府杂录》之文溆盖是一人，而假托经论云云，疑亦指俗讲而言也。

钱易《南部新书》戊云：

> 长安戏场多集于慈恩，小者在在青龙，其次荐福、永寿。尼讲盛于保唐，名德聚之安国，士大夫之家入道尽在咸宜。

此处所举慈恩、青龙、荐福、永寿、保唐、安国、咸宜七寺，全在长安城东，即所谓左街也。保唐寺原名菩提寺，在平康坊，会昌六年，始改名保唐，[1]故钱氏所述，当属大中以后事。关于尼讲一辞，赞宁《僧史略》卷上尼讲条云：

---

① 据《旧唐书·宣宗纪》，菩提寺改名保唐寺在会昌六年五月，徐松《两京城坊考》卷三平康坊菩提寺条谓在大中六年，盖承宋敏求《长安志》而误。

东晋废帝太和三年戊辰岁，洛阳东寺尼道馨，俗姓羊，为沙弥时，诵通《法华》、《维摩》二部。受大戒后，研穷理味，一方道学所共师宗，尼之讲说，道馨为始也。

是所谓尼讲者，指比丘尼之讲经而言。然菩提寺于会昌末易名保唐，为僧寺而非尼寺，故《南部新书》所云"尼讲盛于保唐"一语颇难索解。就文溆曾住锡菩提寺一事而言，所谓"尼讲"云云，或者系"俗讲"一辞之讹误耳。

圆仁所纪长安俗讲名家文溆法师，其活动时期之长，就上引诸家纪载观之，亦至足惊异：元和末住锡菩提寺，即以俗讲僧见称当世；宝历时移锡兴福寺（见下引《通鉴·唐敬宗纪》）；文宗时为入内大德，虽因罪流徙，开成、会昌之际，当又复回长安，是以圆仁至长安时，文溆依然执"俗讲"牛耳，为京国第一人。历事五朝，二十余年，数经流放，声誉未堕。《因话录》谓其"听者填咽寺舍，瞻礼崇奉，呼为和尚"，圆仁谓"城中俗讲，此法师为第一"云云，皆可见其实有倾倒世俗之处，初非浪得虚誉。至于俗讲一科，以及文溆之名，竟未见于《僧传》，则《因话录》所谓"释徒苟知真理及文义稍精，亦甚嗤鄙之"，实其主因也。

《通鉴·唐纪·敬宗纪》亦及文溆事，其辞云：

宝历二年六月己卯，上幸兴福寺观沙门文溆俗讲。胡三省注：释氏讲说，类谈空有，而俗讲者又不能演空有之义，徒以悦俗邀布施而已。

以胡氏所释与《因话录》所纪文溆一条合而观之，则俗讲宗旨，当可了然矣。

圆仁《入唐求法巡礼行记》卷一有云:①

又有化俗法师与本国导飞教化师同也。说世间无常空苦之理,化导男弟子女弟子,呼导化俗法师也。讲经论律记疏等,名为座主和尚大德;若衲衣收心,呼为禅师,亦为道者;持律偏多,名律大德,讲为律座主;余亦准尔也。

文溆当亦化俗法师之流,而其魔力足以倾倒世俗,故至欲尊为和尚也。赞宁《续高僧传》卷下《释宝岩传》述宝岩登座唱导有云:

每使京邑诸集,塔寺肇兴,费用所资,莫非泉贝。虽玉石适集,藏府难开。及岩之登座也,案邑顾望,未及吐言,掷物云奔,须臾坐没。方乃命人徙物,设叙福门。先张善道可欣,中述幽途可厌,后以无常终夺,终归长逝。提耳抵掌,速悟时心。莫不解发撤衣,书名纪数,克济成造,咸其功焉。

宝岩所为,与文溆曾何以异!故俗讲之与唱导,论其本旨,实殊途而同归,异名而共实者尔。

① 《入唐求法巡礼行记》卷一,一三页。

三 俗讲之仪式

唐宋以来寺院讲经，率有定式，宋元照《四分律行事抄资持记》卷三《释导俗篇》记其略云：①

> 夜下明设座，或是通夜，不暇陈设，故开随坐。三中六法。初礼三宝，二升高座，三打磬静众，今多打木四赞呗，文是自作今多他作声并秉炉说偈祈请等五正说，六观机进止，问听如法，乐闻应说，文中不明下座合加续之七说竟回向，八复作赞呗，九下座礼辞。《僧传》云："周僧妙，每讲下座，必合掌忏悔云：佛意难知，岂凡夫所测。今所说者，传受先师，未敢专辄。乞大众于斯法义，若是若非，布施欢喜。"最初鸣钟集众，练为十法。今时讲导，宜依此式。

赞呗云者，即慧皎《高僧传·经师》篇论所谓"赞法于管弦则称之以为呗"是也。大率以协谐钟律符靡宫商为妙。

元照所述讲经仪式，科别十法，而仍语焉不详。日本僧圆仁于唐文宗开成三年入唐，四年六月至山东文登县，住清宁乡赤山院，曾预讲经之会。其《行记》卷三纪赤山院新罗僧讲经仪式云：②

① 《大正新修大藏经》第四十卷，四〇四页。

② 《入唐求法巡礼行记》卷二，三九至四〇页。

辰时打讲经钟，打惊众钟讫。良久之会，大众上堂，方定众钟。讲师上堂，登高座间，大众同音，称叹佛名，音曲一依新罗，不似唐音。讲师登座讫，称佛名便停。时有下座一僧作梵，一据唐风，即云何于此经等一行偈矣。至愿佛开微密句，大家同音唱云，戒香定香解脱香等颂。梵呗讫，讲师唱经题目，便开题，分别三门。释题目讫，维那师出来，于高座前，设申会兴之由，及施主别名，所施物色。申讫，便以其状转与讲师，讲师把麈尾一一申举施主名，独自誓愿。誓愿讫，论义者论端举问。举问之间，讲师举麈尾，闻问者语，举问了，便倾麈尾，即还举之。谢问便答。帖问帖答，与本国同，但难仪式稍别，侧手三下，后中解白前卒尔指申难声如大瞋人，尽音呼诤。讲师蒙难，但答不返难。论义了，入文谈经。讲讫，大众同音，长音赞叹，语中有回向词。讲师下座，一僧唱处世界如虚空偈，音势颇似本国。讲师升礼盘，一僧唱三礼了，讲师大众同音，出堂归房。更有覆讲师一人，在高座南，下座便谈讲师昨所讲文至如会义句。讲师牒文释义了，覆讲亦读。读尽昨所讲文了，讲师即读次文。每日如斯。

圆仁尚纪及新罗一日讲仪式及新罗诵经仪式，①与上引赤山院论经仪式大致不殊。唐宋寺院讲经仪式，参照元照、圆仁诸人所述，当可得其梗概。讲经时讲师必登高座。苏鹗《杜阳杂编》卷下纪懿宗

① 《入唐求法巡礼行记》卷二，四〇页。唐代新罗人流寓今江苏、山东一带者为数不少。楚州以及泗州属涟水县俱有新罗坊；山东文登县亦有勾当新罗所；文登清宁乡赤山村新罗人聚居，成为村落，张宝高且建赤山法华院。新罗人在中国沿海一带之盛如此，是以赤山法华院讲经，参杂新罗语音，正无足怪也。

时事有云:[①]

> 上敬天竺教。(咸通)十二年冬,制二高座赐新安国寺,一曰讲座,一曰唱经座。各高二丈,斫沉檀为骨,以漆涂之,镂金银为龙凤花木之形,编覆其上。

此所谓讲座,疑是讲经律论疏记等座主大德和尚号为法师者所用,而唱经座则特为唱释经题之都讲而备者耳。

"俗讲"虽假托经论利诱愚氓,辞意浅显,见讥大雅。然会昌时固曾奉敕开讲,宝历时人主亲临礼听,则其开讲时必有庄严仪式,不能草草,盖不待烦言。唯以前以无确证,说者只有依据讲经法式,悬测比傅而已。其后得见法京国家图书馆所藏 Pelliot 3849 号敦煌卷子一卷,正面为京兆杜友晋撰《新定书仪镜》及黄门侍郎卢藏用《仪例》一卷叙。纸背文字二段,一为《佛说诸经杂缘喻因由记》,一为俗讲仪式,后附虔斋及讲《维摩经》仪式。纪俗讲仪式一段,适足以解旧来之惑,其文云:

> 夫为俗讲:先作梵了;次念菩萨两声,说押座了;素旧二字不解《温室经》法师唱释经题了;念佛一声了;便说开经了;便说庄严了;念佛一声,便一一说其经题字了;便说经本文了;便说十波罗密等了;便念念佛赞了;便发愿了;便又念佛一会了;便回向原脱向字,今补发愿取散云云。已后便开《维摩经》。讲《维

① 《旧唐书·懿宗纪》亦及此事,唯系于是年五月,不如《杜阳杂编》之详,只云"上幸安国寺,赐讲经僧沉香高座"。

摩》:先作梵,次念观世音菩萨三两声;便说押座了;便素唱经文了;唱日法师自说经题了;便说开赞了;便庄严了;便念佛一两声了;法师科三分经文了;念佛一两声,便一一说其经题名字了;便入经说缘喻了;便说念佛赞了;便施主各发愿了;便回向发愿取散。

此处之讲《维摩》,当亦指俗讲中之开讲《维摩经》而言。俗讲仪式之作梵,礼佛唱释经题,说经本文,回向发愿诸法,与讲经无甚出入。唯说押座,则元照、圆仁书俱未之及,不见于讲经仪式之中,盖为俗讲所特有者。汉魏以来释氏讲经,主讲者为法师,诵经论议者为都讲。谢康乐《山居赋注》所谓南倡者都讲,北居者法师是也。俗讲亦复具备法师、都讲二者。上引圆仁书纪文溆诸人俱为俗讲法师,而巴黎藏《长兴四年中兴殿应圣节讲经文》(见附录一)亦有都讲之名,是其明证。都讲唱释经题,与正式讲经亦无以异也。时贤对于俗讲仪式多所猜测,观以上所引,可以释然矣。①

四　俗讲之话本问题

宋代说话人以及傀儡戏、弄影戏者,俱有话本。② 而齐梁以来僧人唱导,亦各有所依据,如释真观著诸导文二十余卷,释法韵诵诸碑志及古导文百有余卷,《释宝严传》亦谓"严之制用,随状立仪,

① 北京大学《国学季刊》六卷二号有孙楷第先生一文,专论俗讲仪式,推断甚详,读者可以比观也。

② 参看吴自牧《梦粱录》卷二十,百戏伎艺条。

所有控引，多取《杂藏》、《百譬》、《异相》、《联璧》，观公导文王孺案当作王僧孺忏法梁高、沈约、徐、庾、晋、宋等数十家。包纳喉襟，触兴抽拔”①。至今《广弘明集》卷十五尚收有梁简文帝《唱导文》一篇，王僧孺《礼佛唱导发愿文》一篇。凡此皆所谓唱导之话本也。

据上引 Pelliot 3849 号一卷纸背论俗讲仪式，说押座乃俗讲所特有。所谓押座，即指押座文（或作柙座文）而言，法京国家图书馆藏 Pelliot 2187 号一卷为《降魔变柙座文》，下即为《破魔变》；②《破魔变》即《降魔变》，盖述佛弟子舍利弗降六师故事者也。押座文与变文相联属，则变文之与俗讲有关，而即为俗讲之话本，从可知矣。

《敦煌零拾》中收有敷衍《维摩经》故事之《文殊问疾》第一卷一篇；北平图书馆藏有敷衍此经之《持世井》第二卷（光字九四号）一卷；法京藏 Pelliot 2292 号一卷，为敷衍此经之第二十卷；英京藏 S. 4571 号一卷，亦属敷衍此经之作，顾不审卷第。英京又藏S. 2140 及 S. 2430 两卷，俱属《维摩经押座文》。依《降魔变柙座文》之例推之，上举敷衍《维摩经》故事诸篇，其即为俗讲话本，当亦无可疑也。

敦煌所出俗讲文学作品，大别之可分为三类：标题为押座文者为第一类，以缘起为名者可归入此类。押座文其正确解释如何，不得而知，今按押座之押或与压字义同，所以镇压听众，使能静聆也。又押字本有隐括之意，所有押座文，大都隐括全经，引起下文。缘起与押座文作用略同，唯视押座文篇幅较长而已，此当即后世入话、引子、楔子之类耳。

---

① 参看道宣《续高僧传》卷三十，真观诸人传。

② 卷末题记云：“天福九年甲辰祀黄钟之月蓂生十桼冷凝呵笔而写记。居净土寺释门沙（疑应作法）律沙门愿荣写。”

标题为变文者为第二类。如《目连变文》、《降魔变》、《王陵变》之属，其体制大概相同。他如《季布歌》，或《大汉三年楚将季布骂阵汉王羞耻群臣娍骂收军词文》之属，就体裁而言，亦可归入此类。

敷衍《维摩经》故事诸篇为第三类。此一类作品，大都引据经文，偈语末总收以"□□□□唱将来"之格式。敷衍全经者为多，摘述一段故事如《目连变》、《降魔变》之所为者甚少。俗讲话本之正宗，大约即为此类作品也。①

俗讲之当如齐梁唱导，宋代说话人应有话本，话本之即为敦煌所出押座文变文一类通俗文学作品，因有 Pelliot 3849 号一卷纸背所纪俗讲仪式一段文字，大致可以无疑。至于俗讲话本之名称如何，则议者纷纷犹无定论。罗氏《敦煌零拾》收俗讲话本三种，概名之为佛曲。按南卓《羯鼓录》有诸佛曲调之名。陈暘《乐书》并特著佛曲一部，凡收婆陀调八曲，乞食调九曲，越调二曲，双调一曲，商调二曲，徵调一曲，羽调四曲，般涉调一曲，移风调一曲。陈氏所著录者，与《羯鼓录》之诸佛曲调以及食曲名目多有同者。是所谓佛曲，乃属燕乐系统之一种乐曲，与俗讲话本固为两事。罗氏混为一谈，谬甚。拙著《论唐代佛曲》一文，②辨之甚悉，兹不赘。

说者亦有谓俗讲话本应一律称为变文者，③试加复按，可以知其不然。《目连变》、《降魔变》、《王陵变》、《舜子至孝变》等多以变

① 本文第二节引圆仁《行记》会昌元年长安敕开俗讲，海岸、文溆诸人所讲为《华严》、《法华》、《涅槃》诸经，敦煌所出此类作品，亦以演全经者为多，可证也。

② 《论唐代佛曲》一文，原载《小说月报》二十卷十号，见本文集第二七五页至第二九二页。（即本书第二八〇至二九八页。——编者注）

③ 郑振铎先生之说如此。参看其所著《中国俗文学史》上册第六章。

文名，固矣。然《季布骂阵词文》固明明以词文或传文标题矣。而所谓押座文，缘起，以及敷衍全经诸篇，非自有名目，即体裁与变文迥殊。今统以变文名之，以偏概全，其不合理可知也。

《敦煌零拾》所收佛曲第二种为《文殊问疾》第一卷，文中杂引经文，韵散兼陈。其引经之一段云：

> 经云文殊师利乃至诣彼问疾。
>
> 此唱经文，分之为三，一文殊谦让白佛；二赞居士；……三托佛神力，敢往问疾。

法京藏 Pelliot 2418 号一卷，大约敷衍《父母恩重经》故事，卷首一段有云：

> 经：佛告阿难，我观众生，虽沾人品，心行愚懞，不思耶娘，有大恩德，不生恭敬，况有人慈。
>
> 此唱经文，是世尊呵责也。前来父母有十种恩德，皆父母之养商，是二亲之劬劳。……

曩与孙楷第先生讨论俗讲话本名目，孙先生据上引诸篇，谓应称为“唱经文”。当时颇以为然。迩来反覆此说，不无未安之处。所谓“此唱经文”四字，盖指上引经文而言，引经一段之后，下即随以偈语。偈语大都反覆上引经文，出以歌赞，故云为唱。“此唱经文”之句读应为二二句，今云“唱经文”，断为一三句，以唱字属下读，未免有割裂原文之嫌。故以唱经文名俗讲话本，其依据不无可议也。

私意以为俗讲话本名称，第一类之为押座文或缘起，第二类可以变文统摄一切,大概可无问题,所不能决者唯第三类耳。一、二两类大都撷取一段故事,敷衍而成,而第三类则敷陈全经为多。法京藏 Pelliot 3808 号一卷,卷末题《仁王般若经抄》,盖演《仁王般若经》故事者,卷首标题作"长兴四年中兴殿应圣节讲经文"。文中偈语末收以"□□□□唱将来",亦引"经云",间注"念佛"二字,其体裁与演《维摩经》、《父母恩重经》诸卷全同,则俗讲话本第三类之名称,疑应作讲经文,或者为得其实也。(参看附录一)

五 俗讲文学起源试探

俗讲一辞,不见于唐以前书。唐人纪此,最早亦止于元和,然其兴于元和以前,似可以悬测而知也。顾其间自必有所秉承,而从来说者,于其渊源俱未之及。私意以为俗讲文学之来源,当不外乎两途:转读唱导,一也;清商旧乐,二也。今试申述之如次。

转读云者,既梵呗之谓也。齐梁以来相传,东土梵呗,创于陈思王曹植。慧皎《高僧传》卷十三《经师》论云:

> 自大教东流,乃译文者众,而传声盖寡,良由梵音重复,汉语单奇。若用梵音以咏汉语,则声繁而偈迫;若用汉曲以咏梵文,则韵短而辞长。是故金言有译,梵响无授。始有魏陈思王曹植,深爱声律,属意经音。既通般遮之瑞响,又感鱼山之神制。于是删治《瑞应本起》,以为学者之宗。传声则三千有余,在契则四十有二。

慧皎又云：

> 然东国之歌也，则结韵而成咏；西方之赞也，则作偈以和声。虽复歌赞为殊，而并以协谐钟律，符靡宫商，方乃奥妙。

梵呗所咏，即是偈语。上引圆仁纪赤山院讲经仪式，一僧作梵，即唱“云何于此经，究竟到彼岸。愿佛开微密，广为众生说”一偈，日本声明所谓《两界赞》者是也。而回向则多唱“愿以此功德，普及于一切。我等与众生，皆共成佛道。香花供养佛”一偈。圆仁并纪及赤山院之新罗诵经仪式，会众导师齐唱佛菩萨号，药师琉璃光佛及观世音菩萨。而俗讲仪式中亦有念佛，念菩萨念观世音菩萨。此皆属于梵呗，与转读有关。慧皎论转读，曾举十六字以明之，所谓“起掷荡举，平折放杀，游飞却转，反叠娇哢”是也。梵呗之学，中土久佚，日本传此称为声明。讲声明之书，即称为《鱼山集》。大概偈赞之属，各隶于一定宫调，而一字之中，又复高下抑扬，自具宫商，协谐钟律。所用乐器为横笛、笙、筚篥、琴、琵琶。至今规律具存，不难复演也。①

今日传世之俗讲话本，如《敦煌零拾》所收之《有相夫人生天因缘变》中时注以“观世音菩萨”、“佛子”辞句，英京藏《维摩经押座文》亦有“念菩萨佛子”、“佛子”等辞句。凡此皆指唱至此等处所，须行转读，会众同声唱偈也。此俗讲话本杂有转读成分之明证也。

① 关于日本声明，日本大山公淳之《声明の历史及じ音律》一书言之綦详，可以参阅。此处所举之《两界赞》及《回向段》，《菁花集》以之为半吕半律曲（见大山氏书三三六页），金刚三昧院藏《吕律闻书》则以之属于黄钟宫中曲（大山氏书三三六至三三七页）。所谓半吕半律曲，或者即中曲之异名耳。

至于《维摩经讲经文》中之偈语常注以“平”“侧”“断”诸字，甚难索解。颇疑此等名辞，亦与梵呗有关。日本所传声明有十二调子，或名为十二律。所谓十二调子，即一越、断金、平调、胜绝、下无调、双调、凫钟、黄钟、鸾镜、盘涉、神仙、上无是也。然则讲经文之平、侧、断诸辞，或者即指平调、侧调、断金调而言欤？姑悬此解，以待博雅论定。

唱导本旨，亦可于慧皎《高僧传》见之。《高僧传》卷十三《唱导》论曰：

> 唱导者盖以宣唱法理，开导众心也。……至如八关初夕，旋绕周行，烟盖停氛，灯帷靖耀，四众专心，叉指缄嘿。尔时导师则擎炉慷慨，含吐抑扬，辩出不穷，言应无尽。谈无常则令心形战栗，话地狱则使怖泪交零，征昔因则如见往业，覆当果则已示来报，谈怡乐则情抱畅悦，叙哀感则洒泣含酸。于是阖众倾心，举室恻怆，五体输席，碎首陈哀。各各弹指，人人唱佛。爰及中宵后夜，钟漏将罢，则言星河易转，胜集难留，又使惶迫怀抱，载盈恋慕。当尔之时，导师之为用也。

是唱导之用，盖在因时制宜，随类宣化。故“为出家五众，则须切语无常，苦陈忏悔。若为君王长者则须兼引俗典，绮综成辞。若为悠悠凡庶，则须指事造形，直谈闻见。若为山民野处，则须近局言辞，陈斥罪目。凡此变态，与事而兴”①。俗讲亦以化俗为务，与唱导

① 慧皎《高僧传》卷十三《唱导》论中语。

同。唯唱导就近取譬,仍以说理为主,而俗讲则根本经文,敷衍陈篇,有同小说,为稍异耳。《广弘明集》卷十五有梁简文帝《唱导文》一篇,王僧孺《礼佛唱导发愿文》一篇。法京所藏《长兴四年中兴殿应圣节讲经文》及英京所藏《回向文》,其体制与《广弘明集》所收,俱约略相似。则俗讲者,疑当溯其渊源于唱导,而更加以恢弘扩大耳。

唐代俗讲话本,似以讲经文为正宗,而变文之属,则其支裔。换言之,俗讲始兴,只有讲经文一类之话本,浸假而采取民间流行之说唱体如变文之类,以增强其化俗之作用。故变文一类作品,盖自有其渊源,与讲经文不同,其体制亦各异也。欲溯变文之渊源,私意以为当于南朝清商旧乐中求之,《旧唐书·音乐志》云:

> 清乐者,南朝旧乐也,……隋平陈,因置清商署,总谓之清乐。遭梁陈亡乱,所存盖鲜,隋室已来,日益沦缺,武太后之时,犹有六十三曲。今其辞存者有……《明君》……《长史》……等三十二曲。

《长史》本名《长史变》,《宋书·乐志》以之隶于徒歌,《尔雅》所谓徒歌曰谣是也。《宋书·乐志》述《长史变》云:

> 《长史变》者,司徒长史王廞临败所制。……凡此诸曲,始皆徒哥,既而被之弦管,又有因弦管金石造哥以被之,魏世三调哥词之类是也。

又谓“六变诸曲，皆因事制哥”。则《长史变》者，亦六变诸曲之一也。《乐府诗集》卷四十四《吴声歌曲》序引《古今乐录》曰：

> 吴声歌旧器有篪、箜篌、琵琶，今有笙、笛；其曲有《命啸》、《吴声》、《游曲》、《半折》、《六变》、《八解》。《命啸》十解，存者有《乌噪林》、《浮云》、《驱雁归》、《湖马》、《让皆》，余不传。吴声十曲：一曰《子夜》，二曰《上柱》，三曰《凤将雏》，四曰《上声》，五曰《欢闻》，六曰《欢闻变》，七曰《前溪》，八曰《阿子》，九曰《丁督护》，十曰《团扇郎》，并梁所用曲。……《游曲》六曲，《子夜四时歌》、《警歌》，并十曲，中间游曲也。《半折》、《六变》、《八解》，汉世已来有之。《八解》者……今不传。又有《七日夜》、《女歌》、《长史变》、《黄鹄》、《碧玉》、《桃叶》、《长乐》、《佳欢好》、《懊恼》诸曲，亦皆吴声歌曲也。

是汉世已来，南朝旧乐，自有所谓变歌，及以变名之《子夜》、《欢闻》、《长史》诸曲，合之《明君》，举属于清乐也。《乐府诗集》卷四十五《子夜变歌》序引《古今乐录》曰：

> 《子夜变歌》，前作持子送，后作欢娱我送。《子夜警歌》无送声，仍作变，故呼为变头，谓六变之首也。

由此可以推知变歌前后，俱有送声，惟今存于《乐府诗集》中之《子夜变》、《欢闻变》，以及《长史变》，不过为五言古诗四句。辞存声亡，所谓送声者，已无由窥其梗概矣。《明君》本中朝旧曲，唐为吴声。《乐府诗集》卷二十九《王明君》序引各家乐书，论此甚悉，今撮录如次：

> 《古今乐录》曰：晋宋以来《明君》只以弦隶少许，为上舞而已。梁天监中斯宣达为乐府令，与诸乐工以清商两相间弦为《明君》上舞，传之至今。王僧虔《技余》云：《明君》有间弦及契注声，又有送声。谢希逸《琴论》曰：平调《明君》三十六拍，胡笳《明君》二十六拍，清调《明君》十三拍，间弦《明君》九拍，蜀调《明君》十二拍，吴调《明君》十四拍，杜琼《明君》二十一拍，凡有七曲。
>
> 《琴集》曰：胡笳《明君》四弄，有上舞，下舞，上间弦，下间弦。《明君》三百余弄，其善者四焉。又胡笳《明君别》五弄，《辞汉》、《跨鞍》、《望乡》、《奔云》、《入林》是也。

是《明君》亦有送声，至于间弦及契注声，则不知应作何解。《旧唐书·音乐志》又谓：

> 旧乐章多或数百言。武太后时，《明君》尚能四十言。今所传二十六言，就之讹失，与吴音转远。

《乐府诗集》卷二十九所收晋乐《王明君》一曲，犹存三十句，百五十言。凡此皆可以见南朝清商乐中，本有变名之一种。其组织亦相当繁复，所谓前后送声，或即后世之楔子与尾声，而《明君》之属，多至数百言，三百弄，则其规模之宏伟，亦似非普通乐歌所能仿佛者也。

唐代变文宜亦可以被诸弦管，是以唐末吉师老有《看蜀女转昭君变》一诗，①变文之音乐成分，由此似可推知。而其祖祢，或者即出于清商旧乐中变歌之一类也。

六　俗讲文学之演变

北平图书馆藏云字二十四号《八相变文》卷末有云：

① 《全唐诗》第十一函第七册吉师老《看蜀女转昭君变》诗云："妖姬未著石榴裙，自道家连锦水湏。檀口解知千载事，清词堪叹九秋文。翠眉颦处楚边月，画卷开时塞外云。说尽绮罗当日恨，昭君传意向文君。"诗中"清词堪叹九秋文"一语，盖指转《昭君变》者所持之话本而言。当时之话本必为代图本，是以谓"画卷开时塞外云"也。传世诸敦煌俗讲文学作品，尚有可以见代图之迹者。法京藏 Pelliot 4524 号一卷，内容为《降魔变》，正面为变文六段，纸背插图六幅，与文相应。（参看本文第一图）张彦远《历代名画记》以及段成式《酉阳杂俎》纪述两京寺院壁画，多作种种变相，法京本《降魔变》纸背插图，当即变相之流耳。陈寅恪先生谓中国之变文与印度之所谓 Avadana 或者不无关系云云。案今人杨文瑛《暹罗杂记》僧讲经条云："暹俗凡有喜庆及丧葬事必延僧诵经。不论在家在寺，又有登座讲经之举，大抵皆说佛家故事，侨俗谓为和尚讲古。开讲时一僧趺坐高座，前供香花蜡烛，男女席地跪坐以听。主讲者若善滑稽，则听来常哄堂。察其大意，非以法化指迷，引人同归正路，不过藉此以博愚夫愚妇之欢心耳。盖讲经之僧，以座上蜡炬为敛财之法宝，凡善男子善女人环而听者，皆须纳纸币或士丹于烛台中，以为佛祖之香火费，及该僧之茶果资，名曰贴蜡烛。故听者愈众，入款愈丰。每当听讲人归，只闻说今日所听如何有趣，如何可听，未闻有道及三乘五戒者，各处寺院，每因捐款修筑，亦派僧至各市镇讲经，藉筹经费。与各高僧及中华佛教会所讲多佛门真谛者，不可一例看也。"（页十六）又明马欢《瀛涯胜览》爪哇国条有云："有一等人以纸画人物鸟兽鹰虫之类，如手卷样，以三尺高二木为画干，止齐一头。其人蟠膝坐于地。以图画立地。每展出一段，朝前番语高声解说此段来历。众人圜坐而听之，或笑或哭，便如说平话一般。"（冯承钧《校注》本页十五）今日暹罗之讲经似乎即为《高僧传》论《唱导》及《续高僧传·宝严传》所纪一段文字之重演。而马欢纪其在爪哇所见，与唐代转《昭君变》之情形，亦甚相仿佛。暹罗、爪哇之文化以秉承印度者为多，上举二例，当亦不能例外也。

况说如来八相，三秋未尽根原，略以标名，开题示目。今具日光西下，坐久迎时。盈场皆是英奇仁，阖郡皆怀云雅操，众中俊哲，艺晓千端，忽滞淹藏，后无一出。伏望府主允从，则是光扬佛日。恩矣！恩矣！

此为说唱以后之收场白。红日西下听众将散之际，讲师乃向施主以及听众致辞，冀其能听崇金言，光扬佛法。陆放翁诗："斜阳古柳赵家庄，负鼓盲翁正作场。死后是非谁管得，满村听说蔡中郎。"其情景与《八相变文》后收场白所云，似乎并无二致也。

现存诸俗讲文学作品多写于五代，地点则自西川①以至于敦煌；可见俗讲至唐末犹甚盛行，并由京城普及于各地也。

宋朝说话人分小说、说经及说参请、讲史书、合生商谜四科，为后来小说张本，至于说话人来源，则史无明文。今从敦煌所出诸俗讲文学作品观之，宋代说话人宜可溯源于此。纪伍子胥故事，《汉将王陵变》，《季布骂阵词文》，《昭君变》，以及《张淮深变文》之类，即宋代说话人中讲史书一科之先声，而说经说参请，又为唐代诸讲经文之支与流裔。弹词宝卷，则俗讲文学之直系子孙也。

赵令畤《商调蝶恋花》于序末用"奉劳歌伴，先听格调，后听芜词"三句引起以下一首之《蝶恋花》词，以后引传之末，俱用"奉劳歌伴，再和前声"二句，然后继之以《蝶恋花》词一首。《清平山堂话本》中《刎颈鸳鸯会》一篇，正用此体。唐代变文如《降魔变》等说白将终，每用"当尔之时若为陈说"引起以下韵语。《商调蝶恋

① 法京藏 Pelliot 2292 号一卷，为《维摩经讲经文》第二十卷。卷末题记云："广政十年八月九日在西川静真禅院写此第二十卷文书，恰遇抵黑书了。不知如何得到乡地去！"又题云："年至四十八岁，于州中应明寺开讲，极是温热！"

花》与《刎颈鸳鸯会》中之“奉劳歌伴，再和前声”，与唐人之“当尔之时若为陈说”功用神味相同，韵散相兼，亦复一致。话本中之入话似即出于俗讲文学中之押座文及缘起，而稍稍予以整齐简单。故由《商调蝶恋花》演至话本式之《刎颈鸳鸯会》，其线索虽难确知，而二者约略受有唐代俗讲文学作品之影响，则可以断言也。

至于由诸宫调演为院本杂剧，自应溯源于唐宋大曲，顾与俗讲亦不无些许瓜葛，如《文序子》即其一例。《文序子》即《文溆子》，据王灼《碧鸡漫志》，《文溆子》属黄钟宫，而在《刘知远诸宫调》及《董西厢》，则俱为正宫调。宋以后词及诸宫调中之《文溆子》，即当从唐代之《文溆子》嬗演而来，唯念观世音菩萨在梵呗中不知属何宫调，日本声明书亦未及此，致唐代《文溆子》之宫调无由推知，令人不无遗憾。又《因话录》纪文溆法师，谓“教坊效其声调以为歌曲”云云。颇疑唐代教坊歌曲中，除《文溆子》一曲而外，远承梵呗，近则俗讲，仿其声调，被诸弦管者，当尚不乏也。①

宋朝说话人中之合生一科，唐已有之。《新唐书·武平一传》云：

> 后宴两仪殿。……酒酣胡人袜子、何懿等唱合生，歌言浅秽……平一上书谏曰：……伏见胡乐施于声律，本备四夷之数。比来日益流行，异曲新声，哀思淫溺。始自王公，稍及闾巷。妖妓胡人，街童市子，或言妃主情貌，或列王公名质，咏歌蹈舞，号曰合生。

① 英京藏有道家所作变文一种，余未见到。王君重民以告余者。号码名目内容俱未详，据王君告语，则系完全摹仿佛家作风。唐代寺院中俗讲对于当时之影响，除教坊效其声调以为歌曲而外，此亦是一大事也。

是合生原出于胡乐。而与讲史书说经说参请以及杂剧有若干关系之俗讲,其中如变文之属,虽似因袭清商旧乐,不能必其出自西域,而乃大盛于唐代寺院,受象教之孕育,用有后来之盛。此为中国俗文学史上一有趣之现象,其故可深长思也。

俗讲一事,宋以后遂不见于史册,顾其痕迹未尽绝灭也。《佛祖统纪》卷三十九引《释门正统》曰:

> 良渚曰:准国朝法令,诸以二宗经及非《藏经》所载不根经文传习惑众者,以左道论罪。二宗者,谓男女不嫁娶,互持不语,病不服药,死则裸葬等。不根经文者,谓《佛佛吐恋师》、《佛说啼泪》、大小《明王出世经》、《开元括地变文》、《齐天论》、《五来子曲》之类。

二宗经指摩尼教经典戒律而言,《开元括地变文》,疑即唐代俗讲一类话本之遗存。良渚为南宋理宗时人,是俗讲至十三世纪时似尚未尽绝,唯以政治的原因,不幸与摩尼教等同其命运。殃及池鱼,俗讲有焉!

附录一　长兴四年中兴殿应圣节讲经文[①]

沙门△乙言：千年河变，万乘君生；饮乌兔之灵光，抱乾坤之正气。年□□日，彤庭别布于祥烟；岁岁重阳，寰海皆荣于嘉节。位尊九五，圣应一千。若非菩萨之潜形，即是轮王之应位。

累劫精修□惠因　　方为人主治乾坤
若居佛国名调御　　来往神州号至尊
徒世界安兴帝道　　要戈鋋息下天门
但言日月照临者　　何处生灵不感恩
金秋玉露裛尘埃　　金殿琼阶列宝台
扫雾金风吹塞静　　含烟金菊向天开
金枝眷属围宸扆　　金紫朝臣进寿杯
愿赞金言资圣寿　　永同金石唱将来

经　皇帝万乘……

以此开赞，大乘所生功功。谨奉上严尊号皇帝陛下，伏愿：圣枝万叶，圣寿千春。等渤澥之深沉，并须弥之坚固。奉为

念佛

① 此卷原本今藏巴黎，编号 Pelliot 3808。（参看本文第二图）案唐明宗生于九月九日，因以此日为应圣节。《旧五代史》卷三十七《明宗纪》三，天成元年秋九月“癸亥，应圣节。百僚于敬爱寺设斋，召缁黄之流于中兴殿讲论。从近例也”。正可为此卷证明。

皇后①伏愿：常新全范，永播坤风。隶万乘之宠光，行六宫之惠爱。

淑妃伏愿：灵椿比寿，劫石齐年。推恩之誉更言，内治之名唯远。然后愿君唱臣和，天成地平。峰烟息而寰海安，日月明而干戈静。　　念佛

适来都讲所唱经题，云《仁王护国般若波罗密多经·序品》第一者：仁者，五常之首，王者，万国之尊，护者，圣贤垂休，国者，华夷通贯；般若即圆明智惠，波罗密多即超渡爱河；经者，显示真宗；此即略明题目。然此经一释曰，大圣昔在灵山召集十六大国王，拥从百千诸圣众。尔时有菩萨天子波斯匿王，低金冠于海会众中，礼慈　于莲花台上。请宣《十地》，愿晓三空。希护国之金言，望安时之玉偈。于时②世尊宣扬外理，付嘱明君。远即成佛度人，近即安民治国。令行十善，以息三灾。心行调而风雨亦调，法令正而星辰自正。真风俗谛同行，而鱼水相须；王法佛经共化，而云龙契合。

意愿乾坤永晏清　　净心求法志心听
国中不忒雨风候　　天上无亏日月星
调御垂慈虽恳切　　君王求法更丁宁
如来与说安邦法　　故号仁王护国经
君王悲切礼花台　　只望金言为众开

① 明宗后夏氏薨于同光初。《旧五代史》卷三十九《明宗纪》五，天成三年春正月，“甲戌制，以楚国夫人曹氏为淑妃，以韩国夫人王氏为德妃”。又卷四十一《明宗纪》七，长兴元年三月，“庚寅制，淑妃曹氏可立为皇后，仍令择日册命”；五月“丁丑，帝临轩命使册淑妃曹氏为皇后”。又卷四十二《明宗纪》八长兴二年四月，“辛卯制，德妃王氏进位淑妃”。此卷中之皇后、淑妃，当即曹皇后、王淑妃也。

② 案原本“于”字下脱一“时”字，今以臆补入。

惠日照推心上恶　　慈风吹散国中灾
殷勤敢望慈尊许　　悟解方应翠辇回
未审此经何处须　　甚人闻法唱将来

经

将释此经，大科三段：第一序分，第二正宗，第三流通。三分之中，且讲序分。序分之中，依佛地论，科为五种成就。如是我闻，信成就；一时两字，时成就；佛之一字，教主成就；住王舍城鹫峰山中，处所成就；与大比丘众千八百人俱，听众成就。且第一如是我闻信成就者。如来说法，分付信心，或谈亿劫之因缘，动须河沙之功行。浅根难凑，深信方明。闻半偈而捐舍全身，求一言而祇供千载，若生信敬，方肯受持。信为入法之初机，智为究言之玄术。亦如我
皇帝翘心真境，志信空一，修持三世之果因，敬重十方之佛法。若不然者，曷能得每逢降诞，别启御筵。玉阶许坐于师僧，金殿高悬于睿像。躬瞻相好，自爇香烟。都由一片[1]信心坚，方得半朝闻法坐。

大觉牟尼化有缘　　亲宣护国向灵山
万千徒众闻金偈　　十六君王礼王颜
智惠宝舡希共上　　菩提花树愿同攀
不因有信君王请　　争得经文满世间
皇帝如今信敬开　　每凭三宝殄微灾
君王听法登金殿　　释道谭经宝台上[2]
寿等松椿宜闰盖　　福如山海要添陪

① 案原本“片”下有“之”字，疑是衍文，今删。
② “释道谭经宝台上”，应作“释道谭经上宝台”。

直缘万乘君王信　　天下师僧献寿来

第二一时两字时成就者。即世尊才江(?)徒众,使叩表然(?)所言无差,离师资之一相。人心渴望,佛口宣扬。如春风至而花开,似秋水清而月见。亦如我皇帝每年应圣,特展花筵,表八宏逢时主之时,歌万乘应流虹之日。一声丝竹,迎尧舜君暂出深宫;数队幡花,引僧道众高升宝殿。君臣会合,内外欢呼。明君面礼于三身,满殿亲瞻于八彩。牛香再惹,鱼梵虚徐。得过万乘之道场,亦是一时之法身。

佛每谈扬演大慈　　人天随从愿除疑
花中既礼端严相　　耳里还闻甘露词
佛以圣心观弟子　　人将肉眼见牟尼
直解泛听无苟复　　所以经文号一时
风慢香烟满殿飞　　人人尽有祝尧词
君王乐引升龙座　　释子宣来入凤墀
圣主净心瞻月面　　凡人洗眼看尧眉
每年此日闻佛道　　也似经中号一时

第三解佛之一字者,即是第三教主成就也。娑婆教主,大觉牟尼,一丈六身施,三十二般福相。圣凡皆仰,毁赞无摇,荡荡人天大尊师,巍巍法界真慈父。亦如我　皇帝万邦之主,四海之尊。入出公私尽礼瞻,卷舒贤圣皆呵护。当时法会,四生调御为尊;今日道场,万乘君王为主。

当时法会佛为尊　　解启清凉解解解(?)
心镜毫光含日月　　慈云法雨洒乾坤
身遇贤圣高低相　　法契人天深浅根
但有得超三界者　　思量还是法王恩

今朝法会帝王尊　　不掩羲轩治化门
普似云雷摇海岳　　明如日月照乾坤
慈怜解惜邦家本　　雨露能滋草木根
但是得居安乐者　　根基全是圣人恩

经王舍城鹫峰山中者,是第四处所成就也。佛宣护国,居在灵山。千重之翠巇摩天,百道之寒溪喷雪。莓苔斑驳,[1]斗锦缛之花纹,松桧交加,盘龙鳞[2]之巨爪。山既高大,佛每经行。法王正坐于云岩,徒众来奔于烟树。亦如我　皇帝每逢金节回彤庭,见天颜于上界宫前,排罪会于九重殿内。当时调御说经,居灵鹫高山,今日君王听法,在龙宫宝殿。

巍巍佛像类金山　　烦恼枯来万劫开
妙展慈悲开国界　　巧将功功润人间
心灯不碍千门照　　善果长交万众攀
命说护国仁王法　　鹫峰顶上见慈颜
吾王福德重如山　　四海无尘心自闲
圣应君临千载内　　秋丰夏稔十年间
禹汤道德应难比　　尧舜仁颜稍可攀
每到重阳僧与道　　紫烟深处见龙颜

与大比丘众千八百人俱者,第五卷属成就也。世尊行化,徒众相随,梵王帝释及龙神国主,天王兼士女端严菩萨拥从。如来头宝冠而足莲花,言悬河而心巨海。堂堂罗汉,落落真僧。两点眉头雪不消,一条帔上云长在。行随队仗,坐绕花台。如海涌于金山,若星

① “斑驳”原作“斑较”,今臆改如此。
② 原作“盘黑龙鳞之巨爪”,“黑”字疑是衍文,今删。

攒于明月。亦如我　皇帝圣枝万叶，皇祚千人。出则百璧欢忻，入则六宫瞻敬。后妃宫主，徘徊于日月光中；太子王孙，围绕于銮舆影里。几生修福，多劫因缘。佛即有菩萨壹叩(?)，王乃有金枝玉叶。

每遇慈尊转法轮　　圣贤围绕紫金身
慈风解热修来果　　甘露能清忘超尘
山似翠屏攀殿阁　　佛如明月统星辰
直解宿世修行到　　方得长随无漏人
皇帝临乾海内尊　　圣枝乘雨露唯新
宫围心似依冬月　　文武斑如拱北辰
舜殿徘徊千乘主　　尧天庥荫万重亲
总因多劫因缘会　　方得长时近圣人

臣闻：是知佛语为经，王言成敕。经若行而舍凡成圣，敕若行而远肃迩安，王恩及已命功商，佛惠布龙天释梵，佛心清净令神通之士度人；王意分明遣忠孝之臣佐国。当时佛会，已明四命之团圆；今日王宫，亦具五教之成就。

法会因缘及帝宫　　五教成就事应同
佛经是处皆看重　　王敕何人不敬崇
解稟宪章除祸害　　能依法治终神通
若非皇帝心如佛　　释子争能到此中

所以宋明帝谓求那跋摩曰："弟子尝欲斋戒不煞，迫以身徇物，不获从志。法师何以教之？"

宋帝藏疑未决开　　问宣释子向瑶阶
强行王道知无傥　　每念慈心尚有乖
抵我国章难断煞　　处他王位不能斋

今朝敢请高僧说　　一语分明醒我怀

跋摩曰:"帝王与疋夫所修各异。疋夫身贱名劣,言令无威,如不役以若躬,将何为益。帝王以四海为家,万民作子。出一嘉言,士女以悦,布一善政,人神以永。因当形不夭命,役无劳力。则风雨顺时,寒喧应节,百谷滋繁,桑麻郁茂。如此持斋,亦大矣。如此不煞,亦众矣。宁在阙半日之食,全一贪之命,然后方为弘济也耶!"帝抚几曰:"法师所云,真为开悟明达。百谭人天之际矣。懿哉若人,非独诱进于空门,抑亦俾兴于王化。是知四海皆永遣怀中履孝道广德新令力义亏仁者,①心惊胆慑。大鹏点翅,摩九万里之山河;玉兔腾空,照十千重之宇宙。至焉所化,广大如斯。振摇而不异云雷,沃润而还如春雨。"

佛行王心可以俦　　分明深广赞无休
只将国主半朝善　　便抵几夫万劫修
倏忽丝纶安大国　　滂沱雨露洒诸侯
垂衣端拱深宫里　　一片慈心盖九洲
圣主修行善不穷　　须知凡小杳难同
下为宇宙华夷主　　上契阴阳造化功
四海丰登归圣德　　万邦清泰荷宸聪
君王福是生灵福　　绾摄乾坤在掌中

我　皇帝欲清四海,先诫六宫。令知织妇之劬劳,交识蚕家之忙迫。貌无妆饰,手有胼胝。机梭抛处既辛勤,锦绮着时令爱惜。

蚕家辛苦事难裁　　终日何曾近镜台
叶似蝇头口得大　　蚕如蚁脚养将来

① 此句原本疑有脱文。

半笼茧就新蝉叫　　一络丝成旧债催

所以圣人诫宫女　　莫将罗绮扫尘埃

我　皇每临美膳，尝念耕夫。忧水旱之不调，恐赋租之难办。所以每宣品馔，不苦烹炮。重颗粒以如珠，惜生灵之若子。

每念田家四季忙　　支持图得满仓箱

发于须上刚然白　　麦向田中方肯黄

晚日照身归远舍　　晓莺啼树去开荒

农人辛苦官家见　　输纳交伊自手量

我　皇帝国奢示人以俭，国俭示人以礼。所以兢兢在位，惕惕忧民。操持契合于天心，淡素恭修于王道。意欲永尽图圄，长息烽烟。兴解网之仁慈，开结绳之政化。圣明两备，畏爱双彰。实为五运之尊，真是兆民之主。

招心平感国清平　　赏罚皆依天道行

雨露洗来怨气尽　　皇风吹□瑞烟开

经年不道干戈字　　满耳惟闻丝竹声

□□嵩山无动转　　万年常镇洛阳城

臣闻水流万派，终归四海之波，国列九洲，须贯中原之主。何以感东川之灾，息西蜀心回①遥瞻日月而归龙楼，远降丝纶而抚安龟郡。

修德修仁事莫裁　　山河荒鲠宛然在

从今剑阁商徒入　　自此刁州进贡来

数道朝臣衔命去　　几番□表谢恩回

圣人更与封王后　　厌却西南多少灾

我　皇帝去奢去泰，既掩顿于八荒，无事无为，乃朝宗于万国。祇

① 此句原本疑有脱文。

如两浙，远隔苍□，[①]感大国之鸿恩，受明君之爵禄。长时有贡，志节宁亏。天使行而风水无虞，进贡来而舟航保吉。龙扶神助，通万里之沧波；帆展风生，表十年之圣德。

两浙宣传知几回　　全无飘荡不虞灾
人攒丹阙千年至　　风蹴轻帆万里开
鲸眼光生遥日月　　蜃龙烟吐化楼台
还解知道贤明主　　多少龙神送过来

今则进加尊号重播天勋。显百辟之尽忠，表一人之实德。圣明之字，旌识见远之功，神武之言，称定辟安邦之业。法取则广道弘人弘人广于(?)取。[②]文德彰而肃静乾坤，恭孝厚而飨安宗庙。德过千古，美贯华夷。称一德而率土咸欢，添四字而普天皆贺。

为见君王契上天　　进加尊号义周旋
一身超越古今主　　四字包含造化玄
已表国耻令俗阜　　方知主圣感臣贤
法天广落称尊后　　更治乾坤万万年

我　皇帝贵安宗社，更固鸿基。维城之义方坚，盘石之心益壮。所以数州令哲，同日封王。尧风扇而金药芬芳，舜雨滋而玉潢澄湛。东西南北，列帝子以惊天，内外公私，贺皇亲而捧日。

封王数郡里还强　　已表琼枝次第张
湛湛玉潢滋大国　　巍巍金柱镇法方
乍冬车辂恩知极　　重拜天书喜莫量
何以效酬天地力　　只将忠孝报君王

---

① 原本“苍”下疑脱一字。
② 此句原本疑有脱文。

我 皇帝言非枉启，愿不虚陈。感百灵之消殄灾祥，荷三宝之祷祈福祚。玉泉山上，圣人圣人[①]重饰宝莲宫，金谷河边，皇后经藏殿[②]上资宗庙，下福生灵。表日月之同明，显阴阳之合德。

玉泉山上寺重新　　荷雨施功满国□
晓日虹梁光已合　　青烟鸳瓦色宁分
殿铺石地澄寒水　　堂烈仙僧拥乱云
释子力微何所建　　重修愿遇圣明君

我 皇帝宫闱西面，菌苑新成。[③] 斜分玉兔之光，平注金鹅之水。匠心台榭，安排起自于天机，御落弗峦，行烈全因于震期(?)。好花万种，布影而锦僦池中，瑞鸟千般，和鸣而乐陈弗里。皇居匪远，天步频游。撑舡而冲破莲荷，奏曲而惊飞鸳鹭。澄波似镜，影包万里之山河；瑞气如云，花捧千年之楼阁。

异木奇花烈几层　　一池常见绿澄澄
戏游鱼动开轮面　　赏翫人行绕镜稜
秩后莲荷蜀地锦　　夜深星月水仙灯
人人尽指黄龙舫　　愿见明君万遍升

今则四五叶之尧蓂，含烟袅娜；百千藂之金菊，若露芬芳。当流虹应瑞之晨，是大电绕枢之日。君臣合会，僧道徘徊。谈经上福于龙图，持论用资于凤展。

霜洒风驱众象清　　鸾飞凤舞九霄明
碧天才降千年主　　嵩岳连呼万岁声

① 原本疑重“圣人”二字。

② 此句原本疑脱二字。

③ 《旧五代史》卷四十四《明宗纪》十，长兴四年六月丙午朔，“诏宫西新园宜名永芳园，其间新殿宜名和庆殿”。卷中所云“菌苑新成”，当指永芳园而言。

每节幡花排御殿　　今朝丝竹满寰瀛

将知天补乾坤主　　恰向登高节日生

此日是人庆贺,是处欢呼。上应将相王侯,下至士农工贾。皆瞻舜日,尽祝尧天。有人烟处,罗烈香花;有僧道处,修持斋戒。醮荫麻道广虔祷心同,唯希国土永清平,只愿圣人长寿命。

今日多叩丝竹声　　满乾坤贺圣人生

恩同玉露家家滴　　贵并金花处处呈

宫上盘旋非雾重　　天边摇拽称云轻

臣僧祷祝资天筭　　愿见黄河百度清

三载秦王差遣臣　　今朝舜日进舜云

磨砻一轴无私语　　贡献千年有道君

只把宣扬申至道　　别无一路展功勋

又从今日帘前讲　　名字还交四海闻

宋王①忠孝奉尧天,筭得焚香托圣贤。未得诏宣难入阙,梦魂长在圣人边。潞王英特坐岐阳,安抚生灵称烈侯,既有英雄匡社稷,开西不在圣人忧。□□尽节奉明君,数片祥云捧日轮。自古诗书明有语,须知圣主感贤臣。几家欢乐梦先成,欠负官钱勾却名。烦恼之人皆快活,须交皇帝福田生。此时恩泽彻西东,功德河沙筭不穷。不计诸州兼县镇,共惊牢狱一时空。既沾恩泽异寻常,夜对星辰焚宝香。何路再申忠孝意,开经一藏报君王。万生修种行无差,方得身过帝王家。皇帝忽然赐疋马,交臣骑着满京夸。何人不解爱荣华,猛利身心又好夸。堪延忠臣延广,②舍荣剃发报官家。圣

① 明宗第三子从厚,于长兴元年封宋王,后为闵帝。从珂为明宗养子,长兴四年五月封潞王,后为末帝。

② 此句原本脱一字。

慈如似日轮升，照烛光明遍九垓。都是皇恩契神佛，又感西僧赴道场来。程过十万里流沙，唐国来朝帝主家。师号紫衣恩赐与，揔交将向本乡夸。江头忽见小蛇虫，试与捻抛深水中。因此碧潭学养性，近来也解使雷风。闵见枯池少水鱼，流波涓滴与沟渠。近来稍似成鳞甲，便道群龙揔不如。见伊莺武语分明，不惜功夫养得成。近日自如毛羽壮，空中长作怨人声。可憎猧子色茸茸，抬举何劳喂饲浓。点眼怜伊图守护，谁知反吠主人公。鸭儿水上学浮沉，住性略无顾恋心。可惜憨鸡肠寸断，岂知他是负恩禽。蜘蛛夜夜吐丝多，来往空中织网罗。将为一心居旧处，岂知他意别寻窠。玉蹄红耳槽头时，喂饲直交称体肥。不望垂缰兼待步，近来特地却难骑。樗榆凡木远亭台，茂倒何须又却栽。只是一场虚费力，终归不作栋梁材。人间大小莫知闻，去就升堂并不存。既是下流根本劣，争堪取自伴郎君。

仁王般若经抄

附录二　现存敦煌所出俗讲文学作品目录

敦煌所出讲经文、变文一类俗讲文学作品，大都分庋于伦敦、巴黎、北平三处，私家收藏亦有若干。兹就所知列一简目，其有已经刊布者，并注出处。唯以囿于见闻，不免疏漏，尚祈大方指正，幸甚幸甚。

（1）《目连变文》（北平，成九六号，见《北平图书馆馆刊》五卷六号，又《敦煌杂录》。）

（2）又　　（同上，丽八五号，同上。）

(3)又　　(同上,霜八九号,同上。)

(4)又　　(同上,盈七六号,见《敦煌杂录》。)

(5)又　　(德化李氏旧藏。)

(6)《大目乾连冥间救母变文》(伦敦,S. 2614,收入《大正藏》八五卷。)

(7)又　　(巴黎,P. 2319。)

(8)又　　(同上,P. 3107。)

(9)《目连缘起》(同上,P. 2193。)

(10)《八相变文》(北平,云二四号,收入《北平图书馆馆刊》六卷二号。)

(11)又　　(同上,乃九一号,同上。)

(12)又　　(同上,丽四十号。)

(13)《八相押座文》(伦敦,S. 2440,收入《大正藏》八五卷。)

(14)《降魔变》(胡适)

(15)又　　(罗振玉,收入《敦煌零拾》。)

(16)又　　(巴黎,P. 4542,带图。)

(17)又　　(伦敦,S. 4398 纸背。)

(18)《降魔变押座文》(巴黎,P. 2187,下即为《破魔变》。)

(19)《地狱变文》(北平,仁三三号,收入《北平图书馆馆刊》六卷二号,《敦煌杂录》作衣三三号,名《譬喻经变文》。)

(20)《舜子至孝变文》(巴黎,P. 2721,收入《敦煌掇琐》上辑。)

(21)《舜子变》(? 伦敦,S. 4654。)

(22)《汉将王陵变》(伦敦,S. 5437。)

(23)又　　(巴黎,P. 3627a。)

(24)又　　(同上,P. 3627b。)

(25)又　　(同上,P.3867。)

(26)《昭君变》(巴黎,P.2553,收入《敦煌掇琐》上辑,又《敦煌遗书》第二集。)

(27)《张淮深变文》(? 巴黎,P.3451。)

(28)《频婆娑罗王后宫彩女功德意供养塔生天因缘变》(伦敦,S.3491纸背。)

(29)《有相夫人生天因缘变》(?《敦煌零拾》。)

(30)《太子变》(? 北平,推七九号,收入《敦煌杂录》。)

(31)《大汉三年季布骂阵词文》(伦敦,S.1156纸背。)

(32)又　　(同上,S.5440。)

(33)《季布歌》(伦敦,S.5439。)

(34)又　　(罗振玉,收入《敦煌零拾》。)

(35)《大汉三年楚将季布骂阵汉王羞耻群臣拔马收军词文》(伦敦,S.2056纸背。)

(36)《捉季布传文一卷大汉三年楚将季布骂阵汉王羞耻群臣拔马收军词文》(伦敦,S.5441。)

(37)《秋胡小说》(? 伦敦,S.133纸背。)

(38)《伍子胥小说》(? 伦敦,S.328。)

(39)又　　(巴黎,P.2794。)

(40)又　　(同上,P.3213。)

(41)《维摩经讲经文》第一卷(罗振玉,收入《敦煌零拾》。)

(42)又,第二卷(北平,光九四号,收入《北平图书馆馆刊》六卷二号,又《敦煌杂录》。)

(43)又,不知卷第一卷(伦敦,S.4571。)

(44)又,第二十卷(巴黎,P.2292。)

(45)《维摩经押座文》(伦敦,S.2430,收入《大正藏》八五卷。)

(46)又 (同上,S.2140,同上。)

(47)《父母恩重经讲经文》(?北平,河一二号,收入《敦煌杂录》。)

(48)又 (?巴黎,P.2418。)

(49)《阿弥陀经讲经文》(?北平,殷六二号,收入《敦煌杂录》。)

(50)又 (?巴黎,P.2955,收入《敦煌掇琐》上辑。)

(51)《弥勒上生经讲经文》(?巴黎,P.3093。)

(52)《法华经讲经文》(?同上,P.2305。)

(53)《长兴四年中兴殿应圣节讲经文》(一作《仁王经抄》,巴黎,P.3808。)

(54)《身喂饿虎经讲经文》(?郑振铎)

(55)《佛本行集经讲经文》(?北平,潜八〇号,收入《北平图书馆馆刊》六卷六号。)

(见《国学季刊》第六卷第四号页一—四二,
一九五〇年一月出版。)

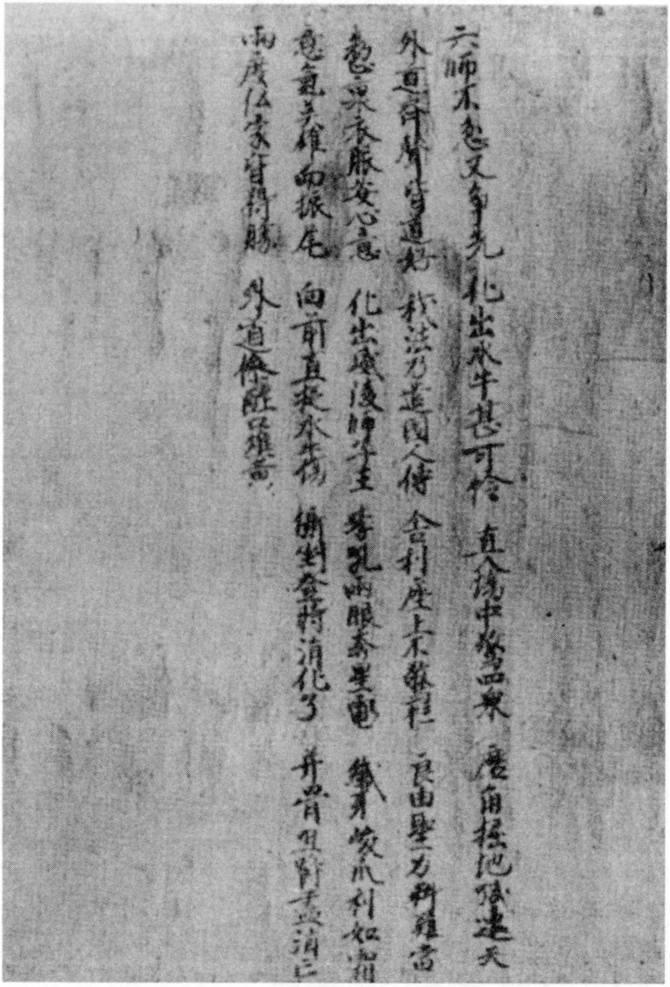

（一）六师外道化水牛变文

第一图　巴黎藏 P. 4524 号代图本降魔变

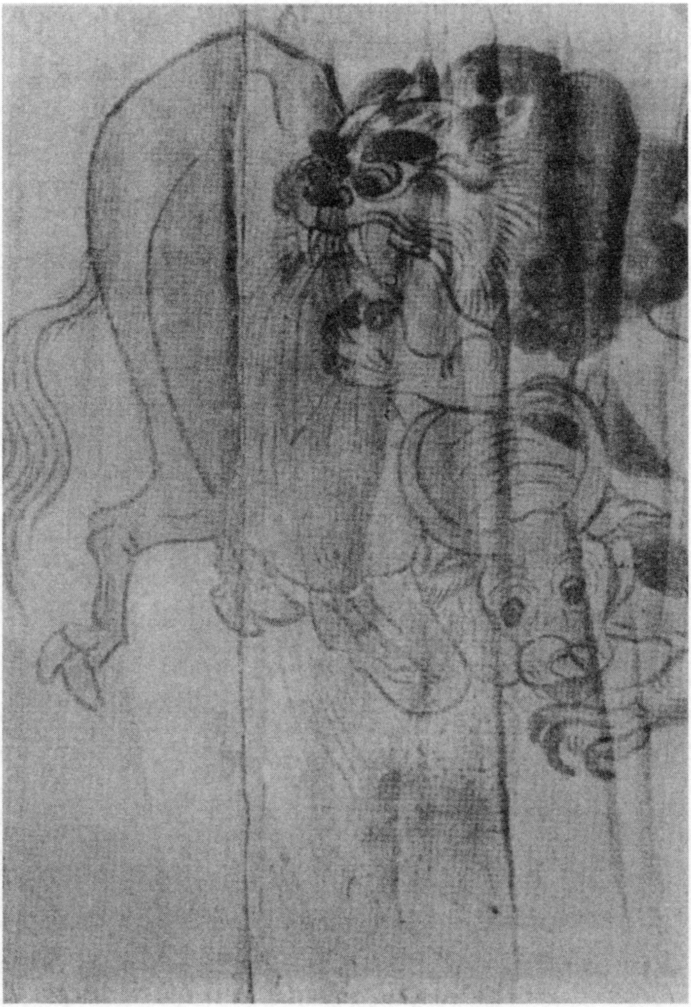

(二)六师外道化水牛变相

第一图　巴黎藏 P. 4524 号代图本降魔变

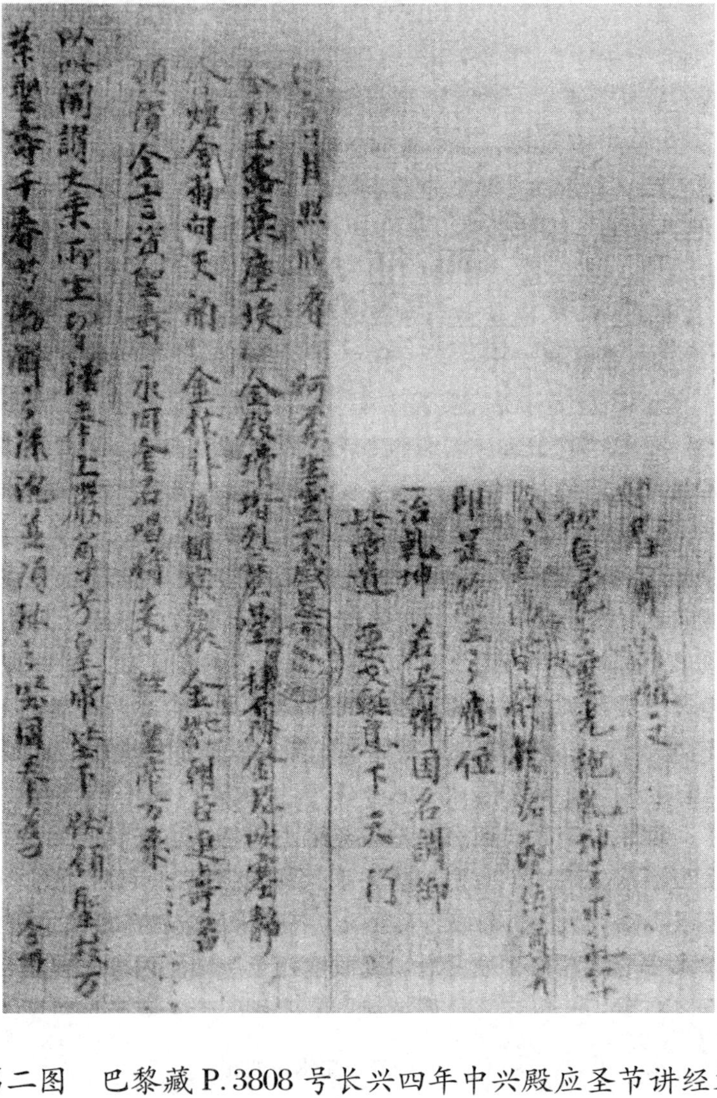

第二图　巴黎藏 P.3808 号长兴四年中兴殿应圣节讲经文

西征小记

——瓜沙谈往之一

一九四二年至一九四四年两次到敦煌。回来以后，打算根据所看到的材料，写一本《瓜沙谈往》小册子，内中包括：一、《两关考》，二、《莫高、榆林两窟杂考》，三、《罗叔言〈补唐书张义潮传〉补正》，四、《瓜沙曹氏史事攟逸》，一共四篇。前三篇都写好了，只第四篇始终未有成稿。此次重印，因将一九四三年所写《西征小记》作为《瓜沙谈往》第一篇，而将《瓜沙谈往》的总题移在每篇篇名之下，作为小题。

一九五五年一月九日补记。

* * *

近年以来开发西北之论甚嚣尘上。然欲言开发西北，几无在不与史地之学有密切之关系。今即就河西一隅而试论之。秦汉以后，河西为匈奴、大月氏、乌孙诸民族互争雄长之地。汉武帝思雪高祖平城之耻，乃收河西于版图之内，一以绝匈奴之右臂，一以建立通西域诸国之走廊。于是筑长城以限胡马之南下，移民实边以奠长治久安之局。海通以前二千年来，中国与外国在政治上经济上以及文化上之交光互影，几无不取道于此。其后河西四郡虽间有短时期沦于异族，不旋踵而仍归中国，此盖非偶然也。三十一年春，国立中央研究院有西北史地考察团之组织，考察范围为甘肃、宁夏、青海三省，其用意于纯粹的学术研究而外，盖亦思以其所得供当世从事西北建设者之参考，故为此筚路蓝缕之举。余应研究院之约，奉校命参加考察。以滇西变起仓卒，交通艰阻，迟至八月方克入川。九月下旬自渝抵兰，十月初西行，经武威、张掖、酒泉，出嘉峪关以抵敦煌。到敦煌后住千佛洞者历时九月，其间曾再游两关，一访榆林窟之胜，至三十二年七月方始束装返川。万里孤征，行旅匆匆，多未周览。今略依经历所至，分记见闻，各成段落，不尽衔接；聊以备一己之遗忘，供友朋之问讯而已，阅者谅之！

* * *

余于三十一年九月二十五日自渝抵兰，十月一日西行；三十二年夏东归，于七月二十日抵兰，二十六日赴渝。来去俱甚匆匆，故于此西北名都，所知殊浅。三十一年九月始抵兰州，以友人之介，得谒慕少堂（寿祺）、张鸿汀（维）两先生。慕、张两先生为陇右前辈，熟于关陇掌故，慕先生著有《甘宁青史略》四十册，张先生著有《陇右方志录》及《陇右金石志》，主编《关陇丛书》；并以藏书著称兰垣。两次过兰，匆遽未能多所请益，兼窥所藏，亦憾事也。兰垣旧书及骨董业不逮西安之盛，民十四陈万里先生西行所见之兰山市场已于三十年为敌机炸毁，今改建兰园，电影场茶肆球场纷然并陈，骨董铺不复可见。在南门内一铺中见到彩陶数件，花纹粗率不足观，价既不及以前之高，顾者亦复寥寥，盖盛极而衰矣。始至阅肆，于道陞巷河声书店得见石室本唐人写《金刚经》一卷，首稍残缺，字不甚佳。又西夏字残经一册，写本刊本俱备，首有一小篇磁青纸金书，极精，末又有刊本八思巴蒙古字及回鹘字残叶数篇，合贴成一厚册，索价二千元，以价昂未购。只选取刊本回鹘字残经十三篇。大约俱元代所刊写者。其西夏字一册，三十二年夏东归往询，则于旬日前为张大千所得矣。又获蒙古钱一枚，幂八思巴字“大元通宝”四字，其后在张掖又得一枚。唯在河西一带，始终未见西夏文钱，亦所不解也。金天观在西门外，俗名雷坛，壁画《金阙玄元太上老君应化图》，凡八十一化。三十二年东归，曾一往观，观内今为某干部学校所据，画壁画之两廊改为寝室，壁画剥落，视前加甚。其所绘与成都二仙庵刊《老君历世应化图说》同，画则清初之所作者耳。

* * *

武威为张介侯（澍）先生故里。先生一生于关陇文献，网罗放失不遗余力。生平著述等身。其《二酉堂丛书》，藏书家几于家喻户晓。先生著述未刊者极多，身后散失殆尽。二十二年在西安，从碑林碑估段某处得悉光、宣之际，法国伯希和自敦煌东归，道经西安，即从彼处购去先生著作未刊稿本不少。二十七年在法京国立图书馆见到数种，皆伯希和所购得者，摩挲遗编，感喟无既。介侯先生后家秦中。三十一年过武威，访问先生轶事，则知者寥寥，可慨也。武威又有一李树键先生，清末为山东学使，著《续通鉴纪事本末》数十巨册，在兰州曾见其书，民初逝世。家富藏书。两次过武威，俱以匆促不克往观也。武威古刹旧有大云、清应、罗什诸寺，民十四陈万里先生西行，尚俱栋宇无恙，民十六河西地震，武威受祸最烈，诸寺皆荡为云烟矣。罗什寺址今为武威中学校，大云、清应则只余断壁颓垣，两塔各塌去一半，其形制犹是唐代之旧也。大云寺旁一钟楼，上悬大钟一，“大云晓钟”，为昔日凉城八景之一。钟青铜铸，上镌天王像，形极奇诡，而无铭文。旁有乾隆时康伯臣碑，谓是前凉时物，实则唐代所铸耳。西夏文天佑民安碑及唐景云碑俱于震后移至文庙。清应寺西为藏经阁，内贮康熙时西宁写本番字《大藏》一部，原百零八函，今佚去数函，黄缎经袱，层层包裹，保存至佳。文庙在城东南隅，今改为民众教育馆。三十一年西行及三十二年东归两过其处，识王凤元、郝仁甫二先生。在陈列室见到有天禧三年题识之陶器一件，系三十年张掖西三十里古城所出。据历史语言研究所傅乐焕先生云，此是西夏李得明时物，其时西夏尚奉宋正朔，故题识云耳。又见一木塔，六面俱绘佛像，彩色如新，描绘极精，不失五代宋初规模。木塔中空，据说明书云，内中原有小银塔一，银塔上镌“于阗国王大师从德”云云。原出敦煌千佛洞，今银塔为马步青攫去，而以木塔存武威民众教育馆。五代时于阗与瓜沙曹氏互为婚姻，则此当是于阗国供养千佛洞之物。银塔所镌铭文虽未窥其全，然其有裨于瓜沙曹氏与于阗关系之研究则无疑也。馆内所藏，除西夏文天佑民安碑及唐景云碑外，又有高昌王世勋碑，虞道园撰文，康里子山真书，赵世延篆额，碑阴为回鹘字，于民二十二出土于武威城北二十里之石碑沟，今亦移存馆内。碑上半已断去，犹高一公尺九十公分，广一公尺八十公分，可谓巨制矣。馆中尚藏有武威南山中出土唐代墓志十余方。其中如大长弘化公主、青海王乌地也拔勤豆可汗慕容忠及河东阴山郡安乐王慕容神威迁奉诸志，皆可以补正两《唐书·吐谷浑传》，甚可珍贵。弘化公主一志，民十四陈万里先生西行已见拓本，著录于其《西行日记》中，今馆中说明谓与青海王志皆民十六出土，恐有未确。弘化公主墓出马俑二具，亦在陈列室中，腿已断去，身尚完整，彩色如新，姿态比例俱极佳妙；其后至敦煌见千佛洞诸唐窟壁画上之马无一不生动者，唐人之于画马似有特长，亦一奇也。青海王墓出二白磁罇，全体完好无缺，釉色甚佳。青海王乌地也拔勤豆可汗慕容忠卒于武后圣历元年，则此二磁蹲盖初唐时物矣。杜工部《又于韦处乞大邑瓷碗》诗云：

> 大邑烧瓷轻且坚，扣如哀玉锦城传。君家白碗胜霜雪，急送茅斋也可怜。

近人言唐瓷者，率艳称越窑，激赏其“千峰翠色”，而于邛州大邑白瓷则少有道者。唐代四川与河西交通频繁，武威青海王墓所出二白磁罇，疑即唐人所云之大邑瓷也。客中无书，姑识此以待考。又北凉沮渠蒙逊于凉州开石窟寺，唐释道宣《集神州三宝感通录》卷中述之云：

> 凉州石崖瑞像者，昔沮渠蒙逊以晋安帝隆安元年据有凉土，二十余载，陇西五凉，斯最久盛。专崇福业。以国城寺塔修非云固，古来帝宫，终逢煨烬，若依立之，效尤斯及。又用金宝终被毁盗。乃顾眄山宇，可以终天，于州南百里，连崖绵亘，东西不测，就而斫窟，安设尊仪，或石或塑，千变万化。有礼敬者，惊眩心目。中有土圣僧，可如人等，常自经行，初无宁舍。遥其便行，近瞩便止，视其颜面，如行之状。或有罗土坌地，观其行不，人才远之，便即踏地，足迹纳纳，来往不住。如此现相，经今百余年。彼人说之如此。所云土圣僧灵迹亦见《释迦方志》卷下《通局篇》。

其规模之大于此可以想见。所记土圣僧灵瑞，则中国敬奉宾头卢罗汉之最早见于记载者也。据《魏书·释老志》，前凉佛教从敦煌一转手，而北魏又得自前凉。是凉州石窟寺恰介乎敦煌与云冈之间，为研究中国佛教艺术史绝重要之材料。然其所在，唐以后便无人道及，存否至今成为一谜。或以安西万佛峡当之，非也。张掖东南百四十里有马蹄寺，石窟为数约四十，三十一年地理组吴印禅、李承三、周廷儒三先生自青海越祁连山至张掖，曾便道往游。据其所述石窟形式，层累而上，与道宣所纪亦复不类。在武威时曾以凉州石窟所在叩诸郝仁甫先生，郝先生亦不之知，唯云武威东南张义堡山中有大佛寺，佛为石镌，甚大，寺前一方石，上镌“晏筵石”三字，体类六朝。寺左右石崖上依稀有石窟痕迹，唯以凉城地震剧烈，石崩崖摧，多不可辨云云。则成为一谜之凉州石窟，或犹在武威南一带山中欤？安得好事者负粮裹糗一访之也！

*　　*　　*

武威以西是为张掖。汉武帝开河西四郡：立酒泉以为中权重镇，北控居延，南枕祁连，西有敦煌以为前卫，东有武威，张掖为之后路，卒能击破匈奴，以雪高祖之耻。时移代异，而形势依然。至于武威、张掖则流水争道，阡陌纵横，林木蔚茂，俨然江南。故唐以来即有“塞北江南”之称。地产米麦，又多熟荒。将来如能筑坝蓄水，改用机器耕种，用力少而产量增，以其所出供给河西，足有余裕，以前有“金张掖，银武威”之谚，洵非虚语。二十七年以后，西路闭塞，于是张掖市面逐渐萧条，武威以通草地，东路货物来源较易，商业状况转好，因又有“银张掖，金武威”之谣。总之二地在河西经济上之地位极为重要。昔人于武威、张掖深沟高垒，有金城汤池之固，良有以也。余于三十一年十月一日自兰州抵武威，休息一日，三日自武威至张掖，四日至各处游览。西来寺建于清代，后殿塑欢喜佛像，盖喇嘛教之制作也。卧佛寺兴修于西夏时代，其后累加修饰，今卧佛像乃臃肿不堪。四日下午往游南门外天主堂果园，晤常德辅神甫(Joachim Zacher,S. V. D.)。常神甫德国人,至华已五年,操华语极流利。元代甘州路有十字寺,《马哥孛罗游记》亦谓甘州有基督教教堂,以此询常神甫,谓元代十字寺寺址疑即为今城内城隍庙云云。张掖又有西夏时黑河建桥碑,旧在城南四十里之龙王庙,三十二年春为驻军辇致城内民众教育馆,其夏东归,无暇往观。碑一面为汉字,背阴旧传为西夏文,实西番字,西夏文云云传闻之讹也。十月五日自张掖赴酒泉,出西门三十里,地势略高,迤逦而上,道两旁土阜累累,即为土人相传之黑水国故址。三十年青海驻军骑兵韩师,在此大事发掘,将旧城拆毁,取城砖铺筑公路,长达十里。三十年于右任过此,曾检得有大吉二字铭文及草隶砖,卫聚贤并得有图像砖,俱是汉代物。疑今所谓黑水国,或即汉张掖故城亦未可知。武威民众教育馆所藏有天禧三年题识之陶器,即韩师发掘此城中古墓所得者。据云遗址发掘仅及其三分之二云。

五日下午抵酒泉,风日惨淡,始有塞外之感。酒泉城内外俱无可观览。所谓酒泉在东关外里许道北。同治十二年清军既下酒泉,大事修葺,颇有亭台之胜。数十年来变乱频仍,颓败不堪。酒泉东门门洞内两侧墙上各嵌石柱一枚,高约二公尺半,阔约半公尺,上俱镌回鹘字,三十二年夏东归,始克细览。疑此原是元代碑碣,一面汉文,一面回鹘字,修酒泉城时,解碑为二,用支门洞,另一面汉文嵌于墙内,遂不可见。近有人倡议于酒泉建西北文化陈列馆,则此回鹘文残石亦应在保存之列也。

玉门油矿,久已见于载籍,《后汉书·郡国志》酒泉郡延寿县注引《博物记》曰:

> 县南有山,石出泉水,入如管篪,注池为沟。其水有肥,如

煮肉卤,羡羡永永,如不凝膏。然之极明,不可食。县人谓之石漆。

《元和郡县图志》卷四十肃州玉门县条云:

石脂水在县东南一百八十里。泉有苔如肥肉,燃之极明,水上有黑脂,人以草盏取用涂鸱夷酒囊及膏车。周武帝宣政中,突厥围酒泉,取此脂燃火,焚其攻具,得水逾明。酒泉赖以获济。

石漆也,苔也,皆未经炼过之原油也。光绪季叶德人某曾取原油至上海化验,油居百分之五十,蜡三十,杂质二十。以所在僻远,交通不便,遂置之。神物湮沈几二千年,至今日始以供用,是知一物显晦,亦自有时也。余于三十二年七月东归,十二日自安西乘油矿局车赴矿,十三日留一日,周览各井及炼厂,十四日自矿赴酒泉。将来西北开发,利用机器垦荒耕地,其有赖于油矿之处正甚多也。

甘州河与北大河合流而后过鼎新北注居延海,是为额济那河,俗称曰二里子河。汉长城障塞自北大河北岸迤逦而东,沿额济那河以迄于居延海。此一带盖汉与匈奴百战之场。俄国科斯洛夫(Kozlov)于居延海旁之黑城子(Karakhoto)发现西夏文文书不少,英国斯坦因(M. A. Stein)在此亦有所得。瑞典海定(Sven Hedin)考察团之贝格曼(Bergmann)则在额济那河旁废墩中得汉简万余枚。是二里子河且亦为考古者之圣地矣。自酒泉东北行一百四十里至金塔,更三日是为鼎新,由鼎新驼行十许日即至黑城子。今则勉强可通汽车,视前远为便捷。

*　　　　*　　　　*

安西以风多著闻于世，故俗有“安西一场风”之谚，谓其一年到头皆是风也。余于卅一年十月八日自酒泉西行，至玉门尖，下午抵安西。以城内无住处，由人介绍与同行诸君往宿飞机场。场北即乾隆时所筑新城，西面城垣为风裂成缺口十余道，宽与昆明所辟便空袭时出城用之缺口同，风力之猛可见一斑。自玉门至安西，公路沿疏勒河北岸而西。北望戈壁大漠，平沙无垠，路南废城烽燧，迤逦不绝，皆汉、唐间古长城以及障塞之遗址也。汉、唐时代此种障塞，北有大漠北山可资屏障，南有长河以供灌溉。说者谓当时胡马南下，越过北山大漠以后，南方水草地域在汉族控制之下，千里赍粮，人劳马疲，军略上已处于不利之地，胜负之数不待决战而后知矣。自今视之，其言信然。自安西至敦煌，旧为四站，二百八十里。三十一年尚无公路，汽车即循大车辙道，顺三危山取西南向，在戈壁上行，道颇崎岖。出安西西门，沿飞机场西南行，七十里瓜州口。瓜州口北四五里瓜州废城，盖清代之所筑也。南行里许一小庙，四壁壁画残存少许，藻井画亦未全毁，尚是五代之物。自瓜州口西南行七十里甜水井，水苦涩。贰师将军之悬泉据云即在甜水井南十余里三危山下，俗名弔弔水，以其出自山崖，故名。又七十里疙瘩井，又七十里敦煌城。余于三十一年十月九日午抵敦煌，下午即去千佛洞，住其间者凡九阅月。中于同年十月中旬至南湖一访阳关遗址，三十二年三月旬往游大方盘、小方盘，探玉关之胜迹，访河仓之旧城。其年四月复自敦煌至南湖，由南湖北行越中戈壁以至西湖，再访玉关，然后东行以归敦煌。五月至安西，礼万佛峡诸窟，历时一周，复返千佛洞。七月遂东归返川。以在敦煌历时稍久，见闻较多。以下分两关遗址，敦煌附近之古城与古墓，西千佛洞、莫高窟与榆林窟,在此所见到之敦煌写经,凡四项,各纪大略。

(一)两关遗址 汉代之玉门关、阳关,皆在龙勒县境内。汉龙勒县,至唐曰寿昌,即今敦煌西南之南湖也。阳关即在南湖,玉门关位于敦煌西北,距敦煌凡二百里,今小方盘城即古玉门关遗址,自南湖北行一百四十里至其地。南湖有人户百余家,游览较便,三十一年十月既至敦煌,晤地理组吴、李、周诸先生。李承三先生以事先东归,吴、周二先生议游南湖,余与同行,往返四日。是为第一次访阳关。翌年三月油矿局敦煌木料采运处有至敦煌西湖勘察木料之举,途经大方盘、小方盘二城,乃古河仓城玉门关遗址,余与同行。往返六日。是为第一次访玉门关遗址。至四月,敦煌驻军因事往勘南湖及西湖,来邀同往。先自敦煌至南湖,复由南湖北行至西湖,沿小方盘、大方盘路以返敦煌,往返亦六日。是为再访两关。关于两关遗址之考证及其他问题,具见余所作《两关杂考》,为《瓜沙谈往》之第二篇。兹所记者沿途道里大概而已。先自阳关始。出敦煌西门,过党河(汉氐置水唐之甘泉也)。五里敦煌旧城,自此西南行,十五里南台,二十里双墩子,三十里大墩子,七十里南湖店,宿。店位于党河北岸,茅屋三间,炕上屋椽,烟薰若漆,蛛丝下垂,益以灰尘,喻者谓似瓦松倒植,又以为如藤花满架。偶一震动,灰尘簌簌下坠,自禅家视之,则此即是乱坠之天花也。清代于此设石俄博汎,今店东五里许党河北岸犹有房屋遗址,墙垣俱以鹅卵石砌,倾圮殆尽,当即其处。自南湖店西行,五里西千佛洞。党河发源于南山中,自东西流,至是成西北向冲破三危山成一峡谷,出峡后复折向东北以达敦煌,然后北流,汇入疏勒河中。自敦煌以至南湖店西约四五十里,俱行戈壁中,以后地渐陡,四面沙丘,俗呼沙窝子,车骑俱困。未至南湖十许里,一地曰山水沟,沙丘中时见版筑遗迹，今则杳无人烟。南湖于三十一年冬筑有一小城，名曰阳关堡，自敦煌入新大道即经堡前，而又适当南湖之中心。堡北俗呼工上，又分为南工、北工，因坝而得名。堡南俗名营盘，南湖诸泉，即在其东，方圆可十余里，夏日芦苇丛密，凫雁飞翔，一行猎之佳处也。阳关堡西北三里许有地名古董滩，自古董滩北里许即红山口，亦名龙首山，两山中合，一水北流。出红山口西北行十余里是为水尾，居户十余家，南湖一保所辖止于此。自水尾而北而西，戈壁大漠遥天无际。堡东北五六里是为古寿昌城，城东西北三面城垣尚未尽圮，城中北面沙丘堆积高与城齐。城东南隅有光绪乙巳春安肃兵备道和尔贯额书、知敦煌县事汪宗翰立之古阳关碑一，故世亦有以古寿昌城为即古阳关故城者，此不考之过也。案阳关遗址久已淹没，土人且有阳关隐去之说，用益增其迷罔。然阳关屡见于唐人地志，而其方位则实以寿昌县之所在为其考定之尺度。《汉书·地理志》谓龙勒县有阳关。据《新唐书·地理志》，寿昌县治龙勒城，是唐代之寿昌即因汉龙勒旧县而改也。《元和君县图志》卷四十沙州条寿昌县因县南寿昌泽为名。寿昌泽亦名寿昌海，敦煌某氏藏后晋天福十年写本《寿昌县地境》寿昌海下注云：

源出县南十里，方圆一里，深浅不测，即渥洼池水也。

此所谓寿昌泽或寿昌海，即今日之南湖，南湖垦地因此得名，正在古寿昌县南。《旧唐书·地理志》谓阳关在寿昌西六里，《元和志》同，《新唐书·地理志》则作十里，巴黎藏石室本又一《沙州图经》同。古寿昌县即唐寿昌城遗址，则必非阳关可知也。今红山口及古董滩位于寿昌城西约六七里。出红山口西北行百四十里是为小方盘城,即汉玉门关故址,自古董滩西行,则为通南疆之大道。古董滩去红山口不过一里而遥,今人时于其地得玉铜诸器以及陶片,临洮周炳南藏汉简十余片,其一有阳嘉二年五月二十日敦煌长史行诸字,亦出于此,故据唐人书,汉代之阳关应求之于今红山口及古董滩之间,以寿昌遗址为古阳关,不可信也。

汉玉门关亦在龙勒县境内。自斯坦因于今敦煌之小方盘城发见汉代属于玉门都尉诸版籍以后,小方盘城之即汉玉门关遗址,久已成为定论。今自敦煌至小方盘城有二道。一取道南湖,出红山口,十五里水尾。由水尾北行,循戈壁四十里至卷槽,其地以前可以耕种,后以来自南湖之水源不继,道光中叶以后遂归湮废。今沟渠阡陌遗迹尚历历可见,败壁颓垣巍然峙于荒漠之中。自卷槽更北行约三十里芦草井子,有井一,水尚可饮,自水尾至是七十里始略见水草。由芦草井子更北行五十余里,沿途渐见胡桐树,即至小方盘。一道出敦煌西门过党河,经飞机场西北行戈壁中七十里头道沟,牧羊人筑土房一,小庙一,有水,更二十里为人头疙瘩。或则出敦煌西门后,过党河即偏西北行,自飞机场北取道武威堡入戈壁。七十里硷泉子,小泉一泓,方圆数丈,水赤红如马溺,咸苦不可饮。自此西行二十里至人头疙瘩,与头道沟之道汇,为程亦九十里。唯取道头道沟以至人头疙瘩,俗云九十里,实在百里左右,视硷泉子一道为稍远。头道沟至人头疙瘩之间,道旁时见小阜,质为沙石,风化剥蚀,离乱零落,细者扬为灰尘,化作砂砾,戈壁小石以此为多。大者如房,或亦盈丈,散布道旁,如虎踞,如狮蹲,有时排列道左右绵亘里许,则又似埃及之人首狮身怪兽。自人头疙瘩以西七十里至大方盘城,景物尤奇。小阜或以剥蚀过甚,突立若率堵波,若墩台;或则四围环合,顶平若削,中为平沙,自缺口策马以进,如入古城，如游墟市。沿途胡桐树甚多，往往成林，汉、唐烽燧掩映其间。薄暮时夕阳斜照烽燧以及土阜上，反射作黄金色，则又似蜃楼，似海市。浑疑此身不在荒漠之中矣。始至人头疙瘩，即见其北远山一抹，横亘天际，是为北山，山南汪洋一片成银白色，则疏勒河下游，所谓哈喇脑儿，义为黑海子者是也。哈喇脑儿以东数十里，敦煌称之为北湖，安西称之为西湖。两县人每年春于此耕地种麦，雨多则丰收，是为撞田。疑即汉效穀县地。自人头疙瘩以西，俱沿疏勒河南岸行，春夏之间，河水泛溢，到处沮洳，颇碍车骑。行七十里至大方盘城。城在河南，城南戈壁陡起，一墩翼然耸峙其上。城北数十步即是苇滩。城分内外二重。外城城垣倾圮已尽，唯北垣仅存少许。原来四面俱有碉楼，今西南隅一碉楼尚完整，高约三丈，西北及北面者犹存残基。内城建于高约一公尺半之石台上，东西长南北狭，中分三室，隔以墙垣，更无门户以通往来。三室面南各自辟户。今东西北三面周垣犹存，南面略有倒塌。形制不类普通城堡。伦敦藏石室本《敦煌录》曰：

河仓城，州西北二百三十里，古时军储在彼。

《鸣沙石室佚书》影印巴黎藏石室本《沙州图经》亦有河仓城，谓周回一百八十步，文曰：

右在州西北二百卌二里，俗号河仓城。莫知时代，其城颓毁，其址犹存。

斯坦因据《敦煌录》所记，以为大方盘即古之河仓城，其说是也。河仓城唐又名河仓烽,据《太平寰宇记》,唐时敦煌西北与寿昌盖以此为界。自大方盘南循戈壁西行四十里是为小方盘城,汉玉门关之故址也。城周垣犹存,面西一门,北垣一门已堵塞。巴黎藏石室本残《沙州图经》亦有玉门关,谓城周一百卅步,高三丈,今犹如此,知尚是唐代之旧。城北稍东约一百公尺,一土阜形似废墩,斯坦因在此得汉简甚多,其玉门都尉诸版籍即出于是。城北土阜如废墩者合此骈列而三。东南距城约二百公尺,亦有数土阜,三十二年四月过此,曾以兵士一班掘之,历一小时才进一公尺许,土坚不可入,遂罢。是否真为古代烽燧遗址,尚未能决也。自小方盘西行三十里为西湖,俗名后坑子,泽中芦苇丛生,形稍屈曲,自西北略偏东南,古所谓曲泽,或即指此。三十里间汉代长城尚有存者,自小方盘迤逦于以迄于西湖东沿,高处往往达三公尺,版筑而成,每层之间铺以芦苇,错互相交。十里之间辄有一墩,成六棱形,墩下例有小室方丈许,隔成四间。室顶尽塌,而墙垣门灶痕迹尚可见。室旁砌土级上墩,今毁,迹仅有存者。此当是逻卒之所居也。长城其直如矢,自西湖至小方盘不稍邪曲。越西湖而西,不见长城,唯有烽燧。余两次游踪,俱只止于此。据云自此西行两站约百四十里,尚时见烽燧之遗迹云。自南湖至小方盘,中间一百四十里并无长城遗迹,唯水尾以北每约十里即有一墩台,以迄于小方盘,此盖汉代烽燧。疑两关之间即以此等烽燧为之联络为之眼目,以防行旅之偷渡也。

(二)敦煌之古城与古墓 以上所述之两关遗址以及河仓城古寿昌城,皆为敦煌有名之古城,为游历考古之士所艳称者也。然汉敦煌郡治敦煌、冥安、效榖、渊泉、广至、龙勒六县,其冥安、渊泉、广至三县在今安西境内,敦煌、效榖、龙勒三县在今敦煌境内。魏、晋以后,建置纷繁,典午之世敦煌一郡领县至十二,视汉且倍之。大率旋兴旋废,初鲜常规。至今敦煌境内除前举两关诸遗址外,古城残迹犹时时可以见之。今出敦煌城南门或东门,复东南行约十五里,过敦煌沙漠区边际,越沙丘,即至一地名佛爷庙,以有小庙一座故名。庙建于光绪十五年,至今将六十年,栋宇如新。其地弥望皆是土阜,绵亘南北可五六里,东距戈壁不足半里。西则沙丘连绵,土阜不复可见。然西面沙丘中间有平地,屋基痕迹,依稀可辨。土阜间陶器碎片到处皆是,形制与他处所见六朝以及唐代之陶器同。则其地必是一古城遗址也。《敦煌录》云:

> 州(沙州)南有莫高窟,去州二十五里。中过石碛,带山坡至彼,斗下谷中。其东即三危山,西即鸣沙山。

所谓州南当是州东南之误,千佛洞$\frac{\text{C300}}{\text{P17bis}}$C为张大千所编号,P为伯希和所编号。以下仿此号窟窟外北壁上有唐人书《莫高窟记》,亦曰:

> 右在州东南廿五里,三危山西。

可证《敦煌录》莫高窟条州南之误。是唐代之沙州去今千佛洞二十五里,在千佛洞之西北。今自敦煌城至佛爷庙约十五里,由佛爷庙东南行戈壁中约十五里,上小山坡,坡尽复为戈壁,鸣沙山即在其南。此一戈壁为程亦约十里,行尽然后向南折下谷中,即至千佛洞。其情形与《敦煌录》、《莫高窟记》所纪同,则今佛爷庙一带遗址,疑即为唐、宋时代之沙州也。唐、宋时代之沙州已在党河东岸,故自敦煌经阳关以入西域者,必须过党河。《新五代史·四夷附录》引晋天福间高居诲《使于阗记》曰：

瓜州南十里鸣沙山，云冬夏殷殷有声如雷，云《禹贡》流沙也。又东南十里三危山，云三苗之所窜也。其西渡都乡河曰阳关。

王静安先生以都乡河为即党河，恐有未谛。唐、宋时代之沙州固已在党河东岸，然唐名党河曰甘泉水，都乡河则都乡渠之别名也。《鸣沙石室佚书》影印巴黎藏石室本《沙州图经》七所渠之第四所为都乡渠，文曰：

右源在州西南一十八里甘泉水马圈堰下流，造堰拥水，□里，高八尺，阔四尺。诸乡共造，因号都乡渠。

因其诸乡共造，类乎总渠，水势较大，俗又名之为河耳。非党河也。

又出敦煌城西门，过党河五里敦煌旧城。城垣尚有存者，城内则悉夷为田畴矣。道光《敦煌县志》卷七《古迹》敦煌废郡条云：

今按沙州旧城即古敦煌郡治也。今在沙州之西，墙垣基址犹存。以党水北冲，城墙东圮，故今敦煌县城筑于旧城之东。

汉以后之敦煌郡治果在何处，尚无可考。唯按巴黎藏石室本《沙州图经》一所故堤条引《十六国春秋》言嘉兴五年（公元四二一年）沮渠蒙逊率众攻李恂，三面起堤，以水灌城。使其城在党河以东，蒙逊似难筑堤以引水也。故汉、魏以降以迄六朝，敦煌旧城，或竟在河西，如《道光志》之所云。自旧城西约十里，俗名南台县，亦名沙枣城，土阜累累，呈南偏西南向，长约十里。岂汉以来之敦煌郡治，当求之于此欤？此非发掘无由考定也。又《沙州图经》言古效榖城在州东北三十里，周回五百步，唐时北面颓基尚数十步。今敦煌城东北数十里，乡人云尚有古城遗址，是否即《图经》所云之效榖城，未曾目验，不敢定也。

凡此所陈，皆在敦煌附近之古城遗迹也。敦煌属之南山中尚有党城，自敦煌南行入南山约二百里即至其地，以位于党河上游之北岸，俗因呼之为党城，视寿昌城为大，不知筑自何代。案西凉李暠曾筑城于敦煌南子亭以威南虏。子亭一地至唐、宋时犹存。巴黎藏石室本《沙州图经》，卷首残缺，纪甘泉水自南山发源，沿途所经，以及抵敦煌附近，酾为诸渠情形。其中即有子亭之名，辞云：

> 上残多野马中缺狼虫豹窟穴。其中缺里至子亭镇西三中缺约九字烽。又西北流六十里至山阙烽。水东即是鸣沙流山。中略其水西有石山，亦无草木。又东北流八十里，百姓造大堰，号为马圈口。中略其水又东北流卅里至沙州城，分派溉灌。下略

所谓山阙烽大约即指西千佛洞西之党河口，党河西北流至是冲破三危山成一峡口，然后复转而东北。烽置于峡口，故曰山阙，清代有党河口卡汎，大约即在其地附近也。自山阙烽至子亭镇里程，以《图经》文有残缺，不能详知，疑不过百余里。今从党城西行至党河口两日程，与子亭镇距山阙峰之距离相近，则党城或即西凉以来之子亭镇遗址，亦未可知也。伯希和、羽田亨合编《敦煌遗书》收有

《敦煌名族志》残卷，其所载阴氏有阴仁干为沙州子亭镇将，又有阴琛者为行瓜州雍归镇将。万佛峡张编六号窟门洞南壁供养人像自东至北第一人为慕容逯盈，第三、第四两人题名结衔俱带紫亭镇遏使，今具录如次：

施主紫亭镇遏使银青光禄大夫检校散骑常侍保实第三人

施主紫亭镇遏使……第四人

慕容逯盈为曹议金婿，后唐清泰时知瓜州刺史，慕容保实盖其孙子，当在宋代。紫亭即子亭，天福本《寿昌县地境》可证。又巴黎藏石室本《罗盈达邈真赞》云：

誉播衙庭，兼受极任。紫亭贵镇，肎理边城。抚育疲徒，如同父母。又迁上品，委任马步都。

又赞曰：

注持雄镇，抚育孤危。荣超都将，名透丹墀。

是至唐、宋之际，子亭不仅犹为驻兵之所，且系瓜沙南藩一雄镇，非亲贵不能膺斯重寄也。又千佛洞$\frac{C214}{P130}$号窟，窟檐修于宋太平兴国五年曹延禄之世，窟主为阎员清，窟檐梁上有员清题名，其全部结衔作：

窟主节度内亲从知紫亭县令兼衙前都押衙银青光禄大夫检校刑部尚书兼御史大夫上柱国阎员清

是在瓜沙曹氏之世，且于紫亭设县置令矣。紫亭县既不见于《元和郡县志》，《太平寰宇记》亦未著录，千佛洞题名恰可以补史之阙文也。雍峄镇，亦见万佛峡张编六号窟，窟内门楣上元至正二年书《斋粮记》，地无可考，疑即今万佛峡南之石包城。

又按敦煌一地，汉、唐以来即绾持西陲锁钥，为华戎所支一都会，五代宋初瓜、沙曹氏且称王自娱。而二千年来此地土著与夫强藩之郁郁佳城究在何处，此亦至堪耐人寻味者也。《沙州图经》记有州东二十里之阚冢，为阚骃祖倞之墓，高三丈五尺，周回三十五步。巴黎藏石室本阴善雄《墓志铭》，谓葬于州东南漠高里之原；罗盈达《墓志铭》，谓葬于莫高里阳开河北原。又如《孔公浮图功德铭》，《索法律窟铭》，俱纪及葬地。凡此是否犹有可寻，盖考古之士所亟欲闻知者也。三十一年冬始至敦煌，即闻人言佛爷庙至千佛洞中途戈壁上有砾石堆甚多，疑是古代墓葬遗址。其后数次往观，则自佛爷庙以东此种砾石堆累累皆是，迤东以至于新店子，长达三四十里。大都中为砾石堆成之小阜，高者及丈，低则几与地平，为数三五不等。堆前亦有砾石铺成之狭长小道，稍稍高起。外以砾石堆成长方形之外围，高仅尺许，制同围墙，面南或西辟一甬道。三十二年三、四两月赴西湖，则见敦煌北面戈壁中亦有类此之砾石堆，唯不及佛爷庙东戈壁上之弥望皆是耳。敦煌西戈壁上以及南湖附近俱有此种砾石堆，形制大概相同。亦有于长方形外围之一端树以土墼砌成之二墩，形同双阙者，其余则无异也。土人相传称此为营盘，有七十二座连营之说，以为乃昔日兴修千佛洞时，监守军士驻扎之所,东向直达安西云云。就其形式观之,与斯坦因、黄仲良诸人在高昌所发掘之六朝以及隋、唐古墓绝相类似,则其为古代之墓葬群,盖无可疑也。三十三年夏西北科学考察团历史考古组至此从事发掘,以前之所推测者一一证实。佛爷庙东戈壁上者大都为六朝时代之墓葬,鸣沙山下及新店子有双阙者则率属唐代。此种墓葬,即就佛爷庙东戈壁上以至新店子一带而言,为数逾万,兹所及者不逮千分之一。其所蕴藏之有裨于汉、唐以来瓜沙古史以及西陲文化之研究者,可以臆测也。

(三)西千佛洞莫高窟与榆林窟　石窟寺之制度实起于印度,由印度以及于西域,然后传至中国。河西为中古时代中西交通之孔道,中外文化之交流几莫不由是,故石窟寺亦较他处为特多。敦煌有西千佛洞以及古名莫高窟之千佛洞;安西有古名榆林窟之万佛峡以及昌马之东千佛洞;玉门有赤金之红山寺;酒泉有文殊山;张掖有马蹄寺;武威有沮渠蒙逊所开今不知所在之石窟。此皆属于河西者也。自此逾乌鞘岭而东,则永靖有炳灵寺,天水有麦积崖,泾县有石窟寺,邠县有大佛寺。秦陇间之石窟寺约略尽矣。其间陇右多为石刻,河西率是塑像以及壁画;论时代则又以河西为先,陇右不过承河西之余波而已。河西诸石窟,凉州者已不可踪迹,马蹄寺疑受西番之影响,为时非古,文殊山、红山寺、东千佛洞大都残毁,所余无几。河西诸石窟寺壁画塑像之可称道,而为我艺术上之瑰宝者,仅西千佛洞、莫高窟、榆林窟三地而已。时贤或立敦煌艺术之名,要当合此三者而观之方可以知其梗概也。

西千佛洞在敦煌西南七十五里,以前唯二三外国游人至此,相与称道,近三数年则国人知之者亦渐众矣。出敦煌西门,过党河,西南行七十里,南湖店,更西行五里许,党河北岸戈壁上二窣堵波翼然峙立，半就倾圮，形制犹是宋、元之旧。自此缘坡斗下谷中，河北岸即为西千佛洞。窟下土屋三间，一道人携一幼女居此。屋前白杨成列，略有田畴，与莫高窟仿佛，而规模差小。窟即位于党河北岸。绝壁临流，凿崖为窟；党河即自窟下蜿蜒东逝。窟存者为数十五。以前大约俱有阁道通连，今已崩塌，另辟蹬道，并将窟壁凿通，以便往来。可以登临者计凡九窟。又六窟高踞绝壁，莫由攀跻，只能自崖下仰望，略窥仿佛而已。南湖店下临党河处亦有三窟，壁画仅有存者，窟亦崩塌过半。张大千共为编十九号：南湖店起十七号讫十九号；西千佛洞起一号讫十六号。就曾登临之诸窟言之，大都为元魏一代所开，唐及五代、宋初续加兴修。窟中央有中心座，座四面凿龛，中塑佛像。四壁多绘贤劫千佛及佛趺坐说法像，亦有绘佛涅槃像者。中心座及四壁佛像下绘金刚力士像，与莫高窟诸魏窟同。莫高窟诸魏窟四壁及藻井于贤劫千佛像外，间绘佛本生故事，而西千佛洞则此类作品甚少。只第九窟窟内南壁西段绘《睒子经》故事，东段绘牢度叉斗圣，此则又为莫高窟诸魏窟所未有者。诸窟供养人像男子着裤褶，女子窄袖长裙，与莫高窟诸魏窟同。塑像多是犍陀罗式，画法较之莫高窟诸魏窟更为真率简朴。第五窟中心座东面座下有发愿文一篇，可辨识者尚七十余字，盖佛弟子昙藏为其亡祖父母及父母造像之发愿文也。文上又遭为时少后之人涂抹，上一层不甚可辨，文末比丘尼惠密(?)供养佛时及亡母田青苟供养佛时二行可识。盖北魏人真书之极精者。第六窟窟内南壁西段有朱书“如意元秊五㊐”六字题记，日字下为人以刀子截去。案巴黎藏又一残《沙州图经》卷首有云：

右在县东六十里。《耆旧图》云，汉中缺佛龛，百姓渐更修

营。下缺

此一残卷所志为寿昌县。寿昌东六十里纯是戈壁，仅西千佛洞为可兴修佛龛，友人夏作铭先生因云此所记即西千佛洞，其言是也。就此残篇测之，西千佛洞之开创，纵不能早于莫高窟，当亦与之相先后也。其未能攀登诸窟，据张大千云一窟有于阗公主供养像，题名已漫漶，盖又是五代或宋初之所兴修矣。西千佛洞合南湖店下三窟，张大千凡编十九号，有壁画者只十八窟，以前疑不止此数，至今西千佛洞二号窟以西崩塌诸窟痕迹尚历历可见。遥想古代自西千佛洞至南湖店，沿党河北岸（或竟缘河南北两岸），当俱有石窟，迤逦高下，如蜂房，如鸽舍，其庄严华丽或者视莫高窟竟有过之。只以地当党河转向处，水流迅急，直趋北岸，水啮崖根，深入寻丈，危崖虚悬，崩塌自易。重以窟上即是戈壁，漫无遮拦，岩层虽与莫高窟同属玉门系，而所含石砾远较莫高窟者为粗，大者如盆如碗，小亦如拳如卵，更易崩裂。故自西千佛洞至南湖店，沿党河北岸，为风剥蚀，崖壁裂成深沟，形同峡谷。此亦为石窟毁坏崩塌之一重大原因。是以就自然毁坏言之，西千佛洞之危险程度，盖远过于莫高窟也。

安西之万佛峡古名榆林窟，位于安西南一百四十里之山中，适当踏实河两岸。出安西西门，西南行逾十工山（即三危山）七十里破城子，南行过戈壁四十里水峡口。斯坦因所云之小千佛洞，土人亦名曰下洞，即在峡口，两岸共存十一窟。自水峡口入山，沿踏实河南行，二十里蘑菇台子，又十里至万佛峡。亦有自安西先至踏实者，为程九十里，由踏实然后取道水峡口以至万佛峡，为程亦七十里。万佛峡有窟约四十，有壁画者张大千凡编二十九号。窟在踏实河两岸。东岸二十窟,上下二层,下一层自北至南为一至五号,上一层自南至北为六至二十号。西岸九窟,自南至北为二十一号至二十九号。两岸相距不及一百公尺。万佛峡诸窟窟门外大都有一丁字形甬道,长者至达十五公尺。以两岸相距甚近,峭壁陡立,反光颇强,故窟外虽有长十五公尺之甬道,窟内光线依然甚佳。而以有甬道以为保护,风日俱不易侵入,窟内壁画受自然损坏之程度亦不若千佛洞之烈。中如第十七窟壁画,颜色线条一一若新,盖千佛洞所未有也。窟多修于瓜、沙曹化之世,供养人题名足以补曹氏一代史事者,颇复不少,应与千佛洞诸题名合而观之。余可参看《瓜沙谈往》第三篇《莫高、榆林两窟杂考》,不复赘。

敦煌千佛洞,古名莫高窟,在敦煌城东南四十里。出敦煌城东门或南门,东南行,十五里佛爷庙。自此而东行戈壁中,南即鸣沙山,十五里上山坡。坡尽复为戈壁,约十里向南斗下谷中,是为千佛洞。即古之莫高窟也。窟在鸣沙山东端,峭壁削成,高达十丈,南北绵亘三里许。一小河发源南山,北流经窟前,蜿蜒北行,遂没入戈壁中;今名此水曰大泉,疑即唐人所云之宕泉。窟前白杨成行,拔地参天,盛夏浓荫四合,不见天日,几疑行韬光道中,皆二十年前道士王元箓之所植也。有上、中、下三寺。上、中二寺邻接,在最南端,大约创建于清乾隆时,中寺今犹存乾隆时雷音禅林寺额;二寺俱由喇嘛住持。下寺在最北端,与上、中二寺相距约里许,为道观,盖王元箓所创修者。隔河东望约四五里,即三危山,遥视山色青黑如死灰,薄暮时夕阳返照,色又紫赤,如紫磨金;近之石骨崚嶒,如植剑,如露刃,抚之则随手纷坠。三十二年教育部收千佛洞为国有,于其地设敦煌艺术研究所,以中寺为研究所所址;自张编第一号窟起至一六二号窟止,筑一长围。上寺划诸墙外,改为新运促进会服务所。复于下寺驻兵一排，以资保护。缁流黄冠风流云散。千佛洞自始创至今历千六百年，将以此为最大之革命矣！千佛洞诸窟张大千凡编三百零九号，复益以耳洞若干；伯希和编一百七十一号，而每一号之副号有达三十者；综计有壁画之窟数当在四百左右也。

关于莫高、榆林诸窟创建之年代，及其在中国佛教艺术史上之地位与价值，国内外时贤论之已众，兹不赘。今唯略记两处自魏至宋确有年代可考各窟之年号，此为明了壁画时代之尺度，研究敦煌佛教艺术者不可不知也。次则于莫高、榆林诸窟供养人像之题名有裨于唐、宋时代历史以及瓜、沙故闻之研究者，亦为之略述一二，莫高、榆林诸窟历史学上之价值，藉此可以知其梗概也。

榆林窟窟数不多，又多属唐、宋以后所重修，有年代题记者寥寥无几。只十七窟窟门外有光化三年题记一篇，墨色如新，唐人行书极为飞动。然窟固修于光化以前，壁画为中唐佳作，谓为开于光化三年者非也。十三窟窟门外有雍熙五年戊子重修题记，雍熙只四年，五年戊子为端拱元年。第十窟窟外甬道壁上有西夏人书《住持窟记》一长篇，末题国庆五年癸丑。国庆为天赐礼盛国庆之省书，乃西夏秉常年号，癸丑为国庆三年，五年为乙卯非癸丑，二者必有一误。榆林窟所有唐、宋时代纪年约尽于此。莫高窟诸窟有年代可考者以元魏一代为最早。$\frac{\text{C86}}{\text{P121}}$号窟北壁壁画下发愿文已漫漶，而“时正光□年”诸字犹隐约可见。莫高窟诸窟题识年代无早于此者。$\frac{\text{C83}}{\text{P120n}}$号窟窟内北壁发愿文有魏大统四年及五年诸年号，各魏窟壁画保存之佳年号之清晰，当以此为最。唯其中二方，不知是何妄人思欲以刀子截去，以致残损，诚堪痛恨。$\frac{C94}{P137a}$号窟窟内中心座北面座下有隋开皇四年六月十一日发愿文，$\frac{C96}{P137d}$号窟窟内北壁壁画下有开皇五年正月发愿文；文俱残缺。有隋代年号者只此二窟。$\frac{C270}{P64}$号窟原为初唐时开，复经宋人重修，三十二年冬为人全部剥离，唐初画居然完好。窟内北壁壁画下方一小牌子有贞观十六年岁次壬寅奉为天云寺律师道弘云云题记；窟内门楣上有□玄迈造像记，末亦有贞观十六年纪年。此为翟家窟，道弘、玄迈疑俱翟姓。李唐一代年号以此为第一。$\frac{C215}{P120}$号窟外飞檐上有大字朱书贞观二十二年阴仁本云云题记。贞观年号总凡三见。$\frac{C137}{P149}$号窟窟内门楣上有垂拱二年发愿文，大致完整。同窟北壁维摩变下有武后时张思艺造《维摩变发愿文》，文存下半，张思艺姓名上尚隐约可见圣历二字。$\frac{C26}{P28}$号窟窟内佛龛下发愿文已漫漶，文末万岁三年诸字尚可识。武后一代年号只此三事。$\frac{C289}{P41}$号窟窟内佛龛南菩萨像侧有“清信弟子张承庆为身染患发心造二菩萨天宝七载五月十三日毕功”题记。同窟南壁观音像侧一题记云，“观世音菩萨弟子阚日荣奉为慈亲蕃中隔别敬造”。是此窟于沙州陷蕃以后又经重修矣。$\frac{C287}{P48}$号窟窟内佛龛北菩萨像上有“天宝八载四月二十五日书人宋承嗣作之也”一题记。窟则亦经后人修过。$\frac{C186}{P156}$号窟窟内南壁壁画已剥落，上有上元二年题识，的是唐人书，盖未画以前之所题。然此是肃宗之上元，非高宗之上元，就壁画可以知之也。$\frac{C20}{P16}$号窟有咸通七年三月二十八日魏博弟子石弘载及浙江东道弟子□□□题记一方，为张大千所剥离，临行以赠敦煌艺术研究所，不知原在窟内何处。唯此乃开天时乐庭瓌所开窟，咸通题记当是重修时书耳。$\frac{C285}{P50a}$号窟窟内佛龛下有咸通十三年发愿文，窟内东壁一女供养人像题名有舍贱从良云云，亦莫高窟供养人题名之别开生面者也。唐代年号约尽于此，计凡十一见。又$\frac{C283}{P51c}$号窟窟内门楣上有□佛赞文，文内有河西节度使张公称谓，末作岁次癸亥，画属晚唐。则此所谓节度使张公，盖为张承奉，癸亥乃昭宗之天复三年，李唐年代此为殿军矣。至于五代则每姓恰有一年号以为代表，亦是一奇。$\frac{C61}{P96a}$号窟窟外有梁贞明五年造像愿发文残片。$\frac{C187}{P155}$号窟窟内佛龛下发愿文为唐清泰甲午所记，盖后唐废帝之元年。然此是隋窟，五代人重加修理耳。$\frac{C203}{P136n}$号窟窟门已崩塌净尽，佛龛下有晋天福□年发愿文一篇，此亦是隋窟，非五代人所开也。$\frac{C65}{P99}$号窟窟内东壁有汉乾祐三年发愿文一篇。$\frac{C25}{P26}$号窟窟外门楣上发愿文有大周广顺七年诸字尚可识，七字不甚清晰，广顺无七年，疑或是三字。窟内为唐初开，只窟外天王像系五代人笔而已。宋代有$\frac{C212}{P136}$号窟窟外窟檐，为乾德八年曹元忠修，乾德只五年，此盖开宝三年也。窟檐梁上有题记。此亦是隋窟，元忠重修门洞及窟檐，然窟檐内天王像为宋代佳塑，言塑像者所不可忽者也。$\frac{C214}{P130}$号窟窟外窟檐为太平兴国五年曹延禄之世阎员清所修，窟檐梁上有题记二段。原亦是隋窟，初唐重修，阎氏又修窟檐也。$\frac{C224}{P120z}$号窟窟外窟檐为开宝九年曹延恭之世所修，开宝九年即太平兴国元年也。窟檐梁上有题记。檐外北壁上有太平兴国三年及庆历六年宋人题名二则，宋人题名此为仅见。此窟亦是初唐所开。宋代年号只此五事。元人在各窟题名最多，亦最恶劣，明代则只成化十五年及正统十二年二则，清人题名始于雍正。此种题名年代虽似无关宏恉，然历代在河西之进退消长，几俱可于此见之，是亦治史者所当知也。又$\frac{C63}{P96c}$号窟为一晚唐窟，塑像全毁，壁画亦粗率，西龛壁上乃有宋元嘉二年题壁。不惟画非六朝，字亦是近人恶札。且莫高窟诸六朝窟皆在第二层或第三层，此在最下，殊为不类。其为近人赝作，毫无可疑；学人不必于此妄费考辨也。其$\frac{C110}{P128}$号窟窟内佛龛北壁上之梁大同八年题记，则敦煌任子宜先生游戏之作，谨书于此，以谂来者。西千佛洞仅武后如意元年一题记，已见前，不更赘。至于研究敦煌壁画，年号当然非唯一之尺度，此外尚应就各窟之构造形式，供养人像之服饰，绘画之色调技术作风诸项，参伍比互，始能明其大较，所谓年号不过尺度之一种而已。

敦煌自天宝乱后，遂沦吐蕃，凡百余年，至大中初张议潮兴复旧物，始以瓜、沙、伊、肃等十一州户口图籍来献，重奉唐家正朔。石室本《敦煌录》谓莫高窟“其谷两头有天王堂及神祠，壁画吐蕃赞普部从”云云。壁画吐蕃赞普部从之天王堂及神祠，以及《大蕃阴处士修功德记》所载兴修诸窟，今俱无可考。莫高窟诸窟今确知其为吐蕃据有沙州时之所兴修者，有$\frac{C10}{P6}$一窟，$\frac{C164}{P163}$一窟，$\frac{C169}{P166bis}$一窟，$\frac{C209}{P136c}$一窟，$\frac{C301}{P19bis}$一窟。$\frac{C10}{P6}$号窟窟内门楣上绘供养人像，北男南女，中间一牌子上大虫皮三字尚隐约可见。窟内东壁门南女供养人像第一人题名云：

> 夫人蕃任瓜州都督□仓曹参军金银间告身大虫皮康公之女修行颖悟优婆姨如济(?)弟(?)一心供养

$\frac{C301}{P19bis}$号窟窟内塑佛涅槃大像，门洞宋人重修，经张大千剥离，下露供养比丘像，北面一像上题云：

> 大蕃管内三学法师持钵僧宜

$\frac{C164}{P163}$号窟窟内塑七佛大像，佛座及四壁经宋人重修，佛座下今剥出藏文题识三行，喇嘛谓藏文末题虎年修云云，藏文下有汉字发愿文一长篇，唯无年号。而$\frac{C169}{P166bis}$号窟窟内门楣上绘供养人像，形貌服饰与$\frac{C10}{P6}$号窟窟内门楣上所绘者同，疑亦是吐蕃据有沙州时所修也。$\frac{C209}{P136c}$号窟窟内门楣上供养人像与$\frac{C10}{P6}$及$\frac{C169}{P166bis}$二窟同，唯窟内壁画塑像俱属隋代，则此不过吐蕃时代所重修者耳。大虫皮乃是吐蕃武职官阶，或者因其身披大虫皮，故名。《旧唐书·吐蕃传》纪贞元二年九月凤翔节度使李晟使将王佖夜袭吐蕃营，命“候其前军已过，见五方旗虎豹衣，则其中军也。出其不意乃是奇功”云云，是其证也。唐代吐蕃官制，书史纪载不多，此却可以补两《唐书》之阙。又《南诏德化碑》及樊绰《蛮书》俱纪有大虫皮之制，金银间告身亦见于《德化碑》。往治南诏史颇为不解。今见莫高窟供养人像题名，则南诏之制实袭吐蕃之旧。天宝以后阁罗凤臣服逻逤，贞元时始重奉唐朔，其文物制度受吐蕃之影响，亦势所必至也。因见莫高窟吐蕃时代供养人像题名结衔，遂拈此解。以西陲之残迹，证南服之古史，或亦治李唐一代故实者之所不废也欤？其莫高窟诸窟所有张议潮一代诸供养人像题名结衔之足以证明张氏一代之史事，补正罗叔言所撰《张议潮补传》诸点，已于《瓜沙谈往》第四篇《〈补唐书张议潮传〉补正》一文中具论之，不复赘。

张议潮收复瓜、沙以后，淮深、承奉继有其地，垂七十年，承奉且建西汉金山国号圣文神武皇帝。卒为甘州回鹘所迫，以致败亡。后梁贞明中遂由长史曹议金继长州事，历四叶至百四十年，瓜、沙晏然不见兵革。曹氏史事亦只散见于新旧《五代史》及《宋史》中。上虞罗叔言始裒集群书著为《瓜沙曹氏年表》，前后凡两易稿，而后曹氏一代一百四十年之史事，年经月纬，历历可考。然张氏败亡以后，议金继起，是否仅以长史之地位得掌州事？抑其间尚有其他因缘，因成张、曹继世之局？又其时甘州回鹘雄张东道，于阗李氏虎踞西陲。瓜、沙曹氏处两大之间，无一战之力，而竟能绵历四祀，未遭覆灭。果操何术，而能致斯？说者于此俱未之及。今证以莫高、榆林诸窟供养人像题名，则其中消息，似不难窥知也。关于曹氏与回鹘、于阗之关系，拟别为《瓜沙曹氏史事攟逸》一文述之，兹唯就前者而略论之。

张议潮妻宋氏，其兄议潭妻索氏，具见巴黎藏石室本《张氏勋德记》，及莫高窟$\frac{C45}{P79}$又$\frac{C300}{P17bis}$诸窟供养人像题名。而$\frac{C5}{P1}$号窟窟内北壁一女供养人像题名作：

河西节度使张公夫人后敕授武威郡君太夫人阴氏一心供养

此窟女供养人像与$\frac{C300}{P17bis}$号窟女供养人像衣饰形态俱相似，疑属同一时期，而武威郡君太夫人阴氏当是张淮深之妻也。$\frac{C75}{P117}$号窟窟主为曹元忠妻翟氏，窟内东壁门北女供养人像第七人为曹延禄妻于阗国天册皇帝第三女天公主李氏，第八人题名作：

故外母武威郡夫人阴氏一心供养

$\frac{C42}{P74}$号窟窟主为于阗国王，其后即曹议金女，题名作：

大朝大于阗国大政大明天册全封至孝皇帝天皇后曹氏一心供养

$\frac{C75}{P117}$号窟窟内东壁门南女供养人像第三人，亦是议金女之出嫁于阒者，其题名与上举者全同。而$\frac{C42}{P74}$号窟窟内南壁女供养人像第三人题名作：

故□王母太夫人武威阴氏

$\frac{C75}{P117}$号窟之故外母，外下脱一字，$\frac{C42}{P74}$号窟之故□王母，故下一字漫漶；合二者而参观之，当俱是故外王母。而$\frac{C42}{P74}$号窟门洞北壁俱是男供养人像，其第一人题名结衔大部分尚可辨识，作：

故外王父前河西一十一州节度管内观察处置押蕃落支度营田等使金紫光禄大夫检校尚书□□□□□中缺授中缺万户侯赐紫金鱼袋上柱国下缺。

此皆是张氏节度河西时所带之官勋，曹氏未之有也。故所谓故外王母阴氏与$\frac{C5}{P1}$号窟之河西节度使张公夫人后敕授武威郡君太夫人阴氏当即为一人，而故外王父则即是张淮深。以曹议金子女所修之窟，而称张淮深夫妇为外王父、外王母，则议金应为淮深之婿。然议金妻今可考者凡三，一为甘州回鹘圣天可汗之女，所谓天公主陇西李氏者是也。一为钜鹿索氏，大约元德、元深即索出；一为广平宋氏，则元忠之生母也。就莫高、榆林诸窟供养人像题名考之，议金之妻尚未见有姓张者。唯淮深女亦可能为议金之母。使后一推测为不误，则淮深应为议金之外王父，其子女而称淮深为外王父，殊为不伦！然上举二窟之为议金子女所兴修确然无疑，而故外王父、外王母诸题名又至为清晰，何以彼此枘凿，殊为不解。议潮妻宋氏，议潭妻索氏，而议金妻亦为索、宋二氏。或者议金二妻俱与淮深为侄辈，以内亲之故，元忠等因相攀附，称之为外王父欤？顾即所知者而试论之，则曹、张二家之有婚姻关系，为无可疑之事，是以张氏败亡而后，议金以长史遂能继长州事，历四世百四十年而不坠也。

（四）在此所见到之敦煌写经　敦煌石室藏书菁华既为斯坦因、伯希和所捆载以去，其残余遂于宣统二年由清学部命甘省全部辇送北京，今国立北平图书馆之所藏者是也。然自敦煌至北京几近万里，是以沿途之遗失以及到京后为有力者之所劫取，往往而有。而自光绪二十五年五月二十五日藏书发现，以迄于三十三年斯坦因东来之间，自有不少流入达官贵人以及当地人士之手。斯坦因、伯希和搜括以后，益之以学部之收买，而遗存于千佛洞者为数仍复甚多，一部分封存于$\frac{\text{C146}}{\text{P160}}$号窟内二转经桶中，一部分为道士王元箓所隐匿。民三斯坦因重至敦煌，尚从王道士手中购去五百七十余卷，而二转经桶中之所藏者，亦于民三前后散佚。民初张广建长甘，以石室写经为买官之券，民间所藏几为一空。民二十二任美锷先生漫游西北，至于敦煌。民二十五于英京晤任先生，话及此游，谓曾在敦煌一人家见到写经近二百卷。则敦煌私人所藏固未尽也。民二十七知敦煌县事某君于石室写经有特好，因此迭兴大狱，锁琅珰者不绝于途。匹夫无罪，怀璧其罪，此之谓也。自是而后敦煌人遂视此为祸水，凡藏有石室写经者，几无不讳莫如深，动色相告。余于三十一年十月抵敦，以之询人，辄不之应。三十二年二月以后，始辗转获见二十余卷。世变方殷，则此区区者将来或亦不免为有力者负之而趋，以致荡为云烟，化作劫灰！因于所见诸卷，凡稍有可取者，俱为略识数语，汇记篇末，庶几征文考献者有所稽焉。

敦煌人藏石室写经者，大都不愿告人，唯任子宜先生于此不甚隐讳。曾观其所藏，凡见写经六卷，残片三册。《大般若经》一卷是唐人写本。又长兴五年即后唐闵帝之应顺元年、废帝之清泰元年六月十五日三界寺比丘道真所书三界寺藏内经论目录一卷，首尾稍缺，长约三公尺半。道真有发愿文书于卷中，其辞曰：

> 长兴伍年岁次甲午六月十五日，弟子三界寺比丘道真，乃见当寺藏内经论部不全，遂乃启颡虔诚，誓发弘愿，谨于诸家函藏，寻访古坏经文收入寺，修补头尾，流传于世，光饰玄门，万代千秋，永充供养。愿使龙天八部，护卫神沙，梵释四王，永安莲塞。城隍泰乐，社稷延昌。府主大王常臻宝位。先亡姻眷，超腾会遇于龙花，见在宗枝，宠祐常沾于亲族。应有藏内经论，见为目录。

所著录者尚存一百四十八部。又梵夹式蝶装本一册，凡九十三叶，计收《菩提达磨南宗定是非论》、《南阳和上顿教解脱禅门直了性坛语》、《南宗顿教最上大乘坛经》及神秀门人净觉注《金刚般若波罗密多心经》，凡四种，只《定是非论》首缺一叶十二行，余俱完整。末有比丘光范跋云：

> 遗法比丘光范幸于末代获偶真诠。伏睹经意明明，兼认

注文了了。授之滑汭，藏保筐箱，或一披寻，即喜顶荷。旋妄二执，潜晓三空，寔众法之源，乃诸佛之母。无价大宝，今喜遇之；苟自利而不济他，即滞理而成悭法。今即命工雕印，永冀流通。凡下缺约一叶。

光范《跋》缺一叶，不知仅刻《心经》一种，抑兼指前三者而言。任君所藏，当是五代或宋初传抄本，每半叶六行，尚是《宋藏》格式也。《南宗定是非论》，英、法藏本残阙之处可以此本补之。《南阳和上语录》首尾完整，北平图书馆藏一残卷。《六祖坛经》，可与英、法藏本互校。净觉注《心经》，首有行荆州荆原作全，误长史李知非序，从知此注作于开元十五年。净觉乃神秀门人，书为《大藏》久佚之籍，北宗渐教法门由此可窥一二。四者皆禅宗之重要史料也。其残片大都拾自莫高窟，为之熨贴整齐，装成三册，写本刊本不一而足。汉字残片外，回鹘、西夏以及西域古文纷然并陈。中有版画残片十余，其一作女供养人胡跪礼佛像，傍有曹氏吉祥姐牌子，当是五代瓜、沙曹氏之世所刊。线条无咸通九年王玠刊《金刚经》扉画之劲挺，而婉转圆润，殊为可喜。残片一段后有元泰定时题记，又其所藏《龙种上尊王佛印法经》残卷末有至正题记。因此二事，任君遂谓石室閟封，当在蒙古之世。此恐不然。不惟英、法与我所藏石室遗书无咸平以后片纸，即藏经窟外壁上所绘菩萨赴会像，亦的是宋人笔，与蒙古无涉。泰定题记后人赝作，有至正题记残卷，出自他窟，俱不足以为推测石室閟封之典据也。

又在他处见唐人书《大般若经》残卷一卷，《大涅槃经》残卷一卷。《无量寿宗要经》五卷，一卷有张良友写题记，北平图书馆亦有张氏所写者一卷。又五代人书《羯磨戒本》残卷一卷，《大乘稻竿经随听手镜记》残卷一卷。《手镜记》存七十余行，末有题记一行，作：

大番国沙州永康寺沙弥于卯年十二月廿五日写记归正

盖吐蕃据有沙州时之写本也。又残《道经》一卷，存七十余行，全录《上元金录简文真仙品》，凡十余段。字体与以前所见神泉观道士马处幽写诸经类似，开、天时写本也。又《采华造王上佛授决号妙华经》一卷，首尾完具，凡五十一行。卷中授作䆒，臣作恶，俱武后所制新字，盖其时人书。原卷黄麻纸书，保存甚好。又天复二年翟奉达写《逆刺占》一卷，存二百九十六行，长四四一·七公分，首尾完具，仅卷中略有残损。纸背唐人书《诗毛氏文王之什诂训传》第廿三卷十六郑氏笺，存一百二十二行，卷首黏天成三年《具注历序》不全，一面为《历法立成》，只余数行。此与残《道经》等二种俱从张大千处见到。《逆刺占》藏敦煌邓秀峰处，三十二年归青海粮茶局局长韩某，装裱时将《逆刺占》褙去，亦一劫也。《毛诗诂训传》当可补英、法所藏之阙佚。《旧唐书·经籍志》有《逆刺》三卷，题汉京房撰，与翟奉达所写者疑是一书，唯未分卷为稍异。书中文辞鄙俚，且时杂像教话语，只以其中涉及京房，《旧书》不察，遂题为京房撰；《新唐书·艺文志》著录《逆刺》三卷，不题撰人，庶几得之。《逆刺占》末翟奉达题云：

于时天复贰载岁在壬戌四月丁丑朔七日，河西燉煌郡州学上足子弟翟再温记。

姓名旁注曰："再温字奉达也。"后又有七言诗二首、五言诗一首，皆奉达作，末复题云：

> 年廿作，今年迈见此诗，羞煞人，羞煞人！

奉达为历学世家，至显德六年尚从事于撰历工作。天复二载年二十，显德六年已七十七，可谓耄而好学矣。敦煌某氏藏有后晋天福十年州学博士翟上寿昌张县令《寿昌县地境》一卷，闕不视人，求之二年，仅从窦萃五、吕少卿二先生处得见传抄本，据以录副。瓜、沙地志传世者无虑十余种，而首尾完整者寥寥无几，此其一也。所谓州学博士翟即翟奉达。关于《地境》大概，余别有《记敦煌石室出晋天福十年写本〈寿昌县地境〉》一文，兹不赘。三十二年三月复于敦煌邮局蔺君国栋处见唐人写《地志》残卷一，存一百六十行，长三公尺，首尾残缺。存陇右道、关内道、河东道、淮南道及岭南道，余阙如。每州识其属县，州则记其距京都里程、贡品、州及县之公廨本钱。旁复以朱笔记其等第。其中如河东道之石州本离石郡，天宝元年改为昌化郡，此本已作昌化，是在天宝元年以后。关内道之坊州，此本著录中部、鄜城、宜君三县，天宝十二载析宜君置升平，此本不见升平之名。又河东郡蒲州之桑泉，于天宝十三载改临晋，此仍作桑泉。就此诸证，可知其为天宝初年写本。其所载公廨本钱，以及州县名称，可以补正《元和志》及两《唐书·地理志》者甚多。唐初地志传世无几，则虽残篇断简，亦可宝也。纸背另书《占云气书》一卷，存《观云章》、《占气章》，彩图下附注释。卷末有图无文，盖写而未完者。《新唐书·艺文志》兵书类有《兵法云气杂占》一卷，不知是否即为此书。在此所见石室遗书二十余卷，仅禅宗史料四种，《逆刺占》、《毛诗诂训传》、《寿昌县地境》及此为稍惬心怀耳。

余旧有《敦煌别录》之辑，英、法所藏石室遗书，其零篇断简较为别致者，无论经史与夫里巷小说悉为收录，凡得百数十种。此行所录，亦十余种，辑成一册，署曰《敦煌余录》。劫余之余，聊以资他日之怀念而已！

* * *

河西一地，将来在经济上究能开发至何种程度，今日尚难预言。唯其在政治上以及经济上之地位，以之与汉、唐相较，初不因时代迁移，而失去其重要，此则可以断言者也。历史上历代在此进退消长之机，地理上河西一隅人地相应之故，时贤自有宏篇巨制为之推究阐明，若余之不学盖不足以语此。今之所述，大都琐屑微末，无当宏旨，所谓不贤识小，故曰《西征小记》云尔。

三十二年一月十六日至二十一日写初稿于莫高窟，三十三年重来敦煌，九月十七日至三十日在鸣沙山下重写一过。一九五〇年春以此稿付《国学季刊》，仍旧稿不加更改，存其真也。向达谨记。

（见《国学季刊》第七卷第一期页一—二四，
一九五〇年七月出版。）

两关杂考

——瓜沙谈往之二

一　叙言

汉武帝通西域，于是列四郡据两关。两关者《汉书·西域传》所谓“东则接汉，阸以玉门、阳关”是也。据《汉书·地理志》，敦煌龙勒县有玉门、阳关，皆治以都尉，其地俱在今甘肃敦煌县境内。汉以来中国与西域之交通无不取道于此。唐人于役西陲者，尤喜以之入于吟咏。是故两关不仅在中外交通历史上有其地位，即在文学上亦弥足以增人伤离惜别之情。晋魏以后渐就湮废，遗址所在，久无定说。清光绪季叶，英国人斯坦因（Sir M. A. Stein）考古于我西陲，在敦煌北古长城废塞发见汉代简牍千余枚，经法国沙畹（E. Chavannes）及我国罗叔言与王静安先生先后为之刊布遗文，予以考释。① 不仅汉代西陲史事因而重光，即汉玉门关故址亦复显于世，诚近代中国史学及考古学上一盛事也。余幸得读诸老先书，三

① 斯坦因所著有 *Serindia* 及 *Innermost Asia* 诸书。关于斯氏所获汉晋简牍之考释，法国沙畹著有 *Les Documents chinois decouverts par Aurel Stein dans les Sables du Turkestan oriental* 一书，我国罗叔言及王静安先生据以作《流沙坠简考释》，俱可参看。

十一年冬至三十二年夏又获旅居斯土。其间曾再游两关，驰驱于大漠之间，游心于千载以上，摩挲残垒，我思古人。归来以后，以见闻所及，与友朋讨论，证之前人所说，亦有未能尽合者。因以暇日略陈疑惑，以相商榷，朋辈讨论之辞附著于后。博雅君子有以教之，幸甚幸甚！

二　两关遗址

《汉书·地理志》谓玉门、阳关俱在敦煌郡龙勒县境内，龙勒至唐为寿昌县，隶沙州。据《太平寰宇记》卷一百五十三沙州条，寿昌在州西南一百五十里，伯希和、羽田亨合编《敦煌遗书》收巴黎藏石室本P.2691号残《沙州地志》及敦煌某氏藏晋天福十年州学翟博士写本《寿昌县地境》，①俱作去州东北一百二十里，友人夏君作铭谓《元和郡县志》寿昌县东至州一百五里，其里数又不同，案寿昌距沙州里数诸书无作一百五里者，《元和志》五字下必脱一十字，《寰宇记》多据《元和志》作一百五十里，不作一百五里，可证也。今敦煌西南一百四十里有小腴壤曰南湖，居民百余户，居地东北约三里有古城，东、西、北三面周垣犹存，相传即唐寿昌故城。罗叔言刊《鸣沙石室佚书》收巴黎藏石室本残《沙州都督府图经》及前举《寿昌县地境》，俱谓寿昌因县南十里寿昌海得

① 敦煌石室本《寿昌县地境》卷末题云，“晋天福十一年乙巳岁六月九日州学博士翟上寿昌张县令《地境》一本”。原本今藏敦煌某氏。《地境》全文具见《记敦煌石室出晋天福十年写本〈寿昌县地境〉》一文，原刊于三十三年十二月国立北平图书馆出版之《图书季刊》新第五卷第四期。见本文集第四二九页至第四四二页。（即本书第四三九至四五三页。——编者注）

名。今古城南约十里为大泽，南湖水源出于是，所谓寿昌海舍斯莫属，则泽北古城，即唐寿昌城故址，盖无可疑矣。《寿昌县地境》又谓有西寿昌城，在寿昌城西五里。案今南湖西北隅有地名古董滩，流沙壅塞，而版筑遗迹以及陶片遍地皆是，且时得古器物如玉器陶片古钱之属，其时代自汉以迄唐宋皆具。古董滩遗迹，迤逦而北以迄于南湖北面龙首山俗名红山口下，南北可三四里，东西流沙堙没，广阔不甚可考。自此而西或西北更无其他古城遗址，颇疑唐人书中之西寿昌城即在今古董滩一带也。残《沙州地志》亦著录西寿昌城，惟谓在县西二十五里，今古董滩西或西北既无古城遗址，则县西二十五里者或系县西北五里之讹误耳。

至于阳关故址，据《史记》卷一百二十三《大宛列传》正义引《括地志》，谓阳关在沙州寿昌县西六里，①《元和志》卷四十、《寰宇记》卷一百五十三及《舆地广记》卷十七俱同。《新唐书》卷四十三《地理志》记边州入四夷道第五安西入西域道云：

> 又一路自沙州寿昌县西十里至阳关故城。

巴黎藏石室本又一残《沙州图经》亦纪及阳关，其文云：②

> 右在县西十里，今见毁坏，基迹见存。西通石门涧

① 《史记·大宛列传》正义引《括地志》原作："沙州西南玉门关，在沙州寿昌县西六里。"然同《传》正义又引《括地志》云："沙州龙勒山在县南百六十五里，玉门关在县西北百一十八里。"不应两歧。孙星衍因谓前引之寿昌县西六里之玉门关当是阳关之误。其说甚是，兹从之。

② 巴黎藏又一石室本残《沙州图经》，不见各家著录。友人王君重民始发见此卷，残破殊甚。本文所引俱据王君所寄照片。

□□□□,在玉门关南,因号阳关。

是唐人记阳关故址距寿昌城道里有六里与十里二说。顾寿昌城西除今名古董滩之西寿昌城外,更无其他遗址,则所谓阳关故城,当即是西寿昌城。作书者或称之为阳关故城,或称之为西寿昌城,其实一也。夏君作铭曰,《畿辅丛书》本《元和志》云,魏尝于此置阳关县,因废疑称为阳关故城者谓阳关县之故城也,而县废已久,名称罕闻,故后人或就当地仍存在之寿昌城而称之为西寿昌城。又按《晋书·地理志》,敦煌郡下龙勒与阳关并存,洪亮吉《补三国疆域志》遂以为立于曹魏,而不始于元魏,未知孰是。达按阳关县之置当即由于阳关,而县治或即在阳关故址,残《沙州图经》文可为证明也。里程所纪参差,则或由计算起点微异,因有出入耳。今自此出红山口,西北行过水尾入碛,一百四十里至小方盘,是为汉玉门关故址;西行经安南坝诸地以至于婼羌,则汉唐以来之南道也。红山口两山中合,一水北流,往来于两关者,在所必经,阳关适在口内,可以控制西北两路。口西山峰上一汉墩翼然高耸,自敦煌赴南湖未至四十里,即见此墩。阳关设于口内,而以此墩为其眼目,盖可想而知也。

玉门关亦在龙勒县界。沙畹及王静安先生据斯坦因所得简牍,谓斯氏地图上东经九十四度稍西、北纬四十度三十分稍南之古城地图上记号作TXIV(《流沙坠简》作敦十四)者,即汉玉门关故址。此东经九十四度稍西、北纬四十度三十分稍南之古城,今名小方盘。斯氏所得汉代玉门都尉诸版籍皆出于此。汉玉门、阳关治以都尉,则小方盘之即汉代玉门关故址,可以无疑。《史记·大宛列传》正义引《括地志》谓玉门关在汉龙勒县西北一百一十八里,《元和志》、《寰宇记》、《舆地广记》俱承其说。巴黎藏石室本残《沙州都督府图经》及《寿昌县地境》谓在寿昌北一百六十里,所记各异。今自南湖出红山口，西北行过水尾入碛，经卷槽、芦草井子以至小方盘，为程约百四十里，与唐代之一百六十里不甚相远，方位亦近。疑《括地志》所纪为别道也。巴黎藏石室本又一残《沙州图经》亦纪及玉门关，其下文字全泐，唯存"周回一百廿步，高三丈"诸语，所纪为玉门关城垣之周回及高度。今小方盘城垣尚完整，俱属版筑，北西二面有门。城为正方形，每面约长三十公尺，高约十公尺。疑残《沙州图经》所云之步，乃步测之步，非计里开方之步也。今一步约合一公尺，一百二十公尺与一百二十步，大致相合。是亦可为小方盘即古玉门关故城之一证也。

自阳关至玉门关，两关之间无长城遗址，唯每隔十里即有一墩，自水尾北迤逦不绝以至于小方盘南。墩作六棱形，构以土墼，每三层间以芦苇一层，与小方盘附近所见诸汉墩同。以西皆是长碛，敌骑入侵，殊为不易。汉代之所以于此仅置烽燧以为戍逻者，其故或在斯欤？斯坦因考古敦煌，自红山口西北行过水尾至卷槽，即取西北向至俗称为南大湖、西湖一带，未自卷槽直趋小方盘。故其地图只记小方盘南及红山口西北数墩，自小方盘南至卷槽，为程约八十里，阙略尚多也。①

又案陶保廉《辛卯侍行记》卷五汉玉门、阳关路所记北道云：

> 北道出敦煌西门，渡党河，西北行戈壁，七十里硷泉，五十里大泉。四十里大方盘城，废垣无人，汉玉门关故地也。四十里小方盘城。废垣高丈余，长四五十丈，无居民。

① 参看 M. A. Stein, *Innermost Asia*, vol. Ⅲ 后附地图，及同书附地图三十五、三十八、三十九诸幅。

陶氏以大方盘城为即汉玉门关故地。当时汉简尚未复显，陶氏失考，未可深责。静安先生《流沙坠简·序》以东经九十四度稍西之古城为即陶氏之大方盘城。盖涉陶氏之说而误。不知斯氏地图上 TXIV 所谓汉玉门故关者，乃陶氏之小方盘城，大方盘城尚在其东四十里也。静安先生所以致误之故，夏君作铭谓由于先生著书时，未及见斯坦因之 *Serindia* 及 *Innermost Asia* 二书所附地图，仅据斯氏著行纪（*Ruins of Desert Cathay*）后附略图摹绘，漏略甚多，致有此失。夏君之言是也。斯氏详图东经九十三度五十四分左右、北纬四十度二十二分一古城遗址图上注明为古玉门关者是为小方盘城，大方盘城尚在其东，正当东经九十四度、北纬四十度二十五分处，斯氏详图注曰古代仓库。至于东经九十三度三十分处，斯氏并未发见古城，亦未见录于地图。静安先生所云出于误会，可以不论。①

① 王静安先生《流沙坠简·序》曰："近秀水陶氏《辛卯侍行记》记汉玉门、阳关道路，谓自敦煌西北行百六十里之大方盘城为汉玉门关故地。又谓其西七十里有地名西湖，有边墙遗址及烽墩数十所。斯氏亦于此发见关城二所，一在东经九十四度以西之小盐湖，一在东经九十三度三十分，相距二十余分，与大方盘城及西湖相去七十里之说相近。然则当九十四度稍西者殆即陶《记》之大方盘城，当九十三度三十分者殆即陶氏所谓西湖耶？沙畹博士疑九十四度稍西之废址为太初以前之玉门关，而在其西者乃其后徙处。余谓太初以前玉门关当在酒泉郡玉门县。如在东经九十四度、北纬四十度间，则仍在敦煌西北，与《史记·大宛传》文不合。……当九十四度稍西之废址实为太初以后之玉门关，而当九十三度三十分者，当为玉门以西之他障塞"云云。案汉玉门关故址在今小方盘城。大方盘城，斯坦因据其所得石室本《敦煌录》，谓古名河仓城。石室本《沙州都督府图经》及残《沙州地志》俱有河仓城之名，其距沙州道里，《寰宇记》及石室本《沙州都督府图经》作二百四十二里，巴黎藏石室本残《沙州地志》作二百四十里，石室本《敦煌录》作二百三十里。今自敦煌西北行七十里硷泉子，四十里人头疙瘩，五十里大方盘，共一百六十里，与《辛卯侍行记》所记同。又一道自敦煌九十里至小塘，七十里至人头疙瘩，五十里至大方盘，同二百一十里，唐代沙州城在今敦煌城东南约十五里之佛爷庙，故取又一道至大方盘约为二百二十余里，与唐宋故书记载相近。是亦可为大方盘即河仓城之一证也。

三　太初二年以前玉门关在敦煌以东说质疑

汉武帝使张骞凿空通西域以后，遂开河西四郡。太初元年（公元前一〇四年）复命贰师将军李广利将兵伐大宛，《史记·大宛列传》纪此云：

> 拜李广利为贰师将军，发属国六千骑及郡国恶少年数万人以往伐宛。期至贰师城取善马，故号贰师将军……是岁太初元年也。……引兵而还，往来二岁，还至敦煌，士不过什一二。使使上书，言道远，多乏食。且士卒不患战患饥，人少不足以拔宛。愿且罢兵益发而复往。天子闻之大怒，而使使遮玉门曰，"军有敢入者辄斩之"。贰师恐，因留敦煌。

《汉书》卷六十一《李广利传》文与《史记》同，唯"而使使遮玉门曰"作"而使使遮玉门关曰"，增一关字。沙畹据《史记·大宛列传》文，因在其所著《斯坦因在东土耳其斯坦沙漠所获中国文书考释》（*Les documents chinois decouverts par Aurel Stein dans les sables du Turkestan oriental*）一书《序论》第六至第七页主张汉武帝太初以前之玉门关应在敦煌之东，是以武帝使使遮玉门，贰师将军乃留敦煌，不敢东向以入关也。敦煌西北之玉门关，则是太初以后所改置者。王静安先生《流沙坠简·序》亦赞成沙畹之说。三十年来言玉门关者，大都奉二先生之论无异辞。夏君作铭独送疑难，以为汉代玉门一关并无改置之事。细案《史》、《汉》文字，验之新近发见之汉简，夏君致疑不为无见，因考故书，申成其说如次。

汉武帝元狩二年（公元前一二一年）匈奴浑邪休屠王降汉以后，汉始夷河西为郡县，建置河西四郡。据《汉书》卷六《武帝纪》，武威、酒泉二郡之置即在元狩二年，元鼎六年（公元前一一一年）乃分武威、酒泉地置张掖、敦煌郡。《汉书》卷二十八《地理志》则谓张掖、酒泉二郡之置俱在太初元年，武威在太初四年，敦煌在后元元年（公元前八八年），与《本纪》异。依《地理志》，四郡之开，与贰师西征盖相先后。然《史记》卷一百十《匈奴列传》云：

> 乌维单于立十岁而死，子乌师庐立为单于，年少，号为儿单于。是岁元封六年（公元前一〇五年）也。自此之后，单于益西北，左方兵直云中，右方直酒泉、敦煌郡。

又《汉书》卷六十六《刘屈氂传》记征和二年（公元前九一年）巫蛊事，有云：

> 诸太子宾客尝出入宫门皆坐诛；其随太子发兵以反，法族；吏士劫略者皆徙敦煌郡。

《史》、《汉》所纪，皆在后元元年前若干年，其时敦煌已称郡矣。故河西四郡建置年岁，《本纪》所志疑得其实，不必待至贰师伐大宛始开边设郡也。清儒以及近代学人讨论四郡建置之文甚多，大多未从《本纪》，读者可以一一覆按，兹不赘。①

① 关于河西四郡建置先后诸家考证之说，可参看劳榦《居延汉简考释》考证之部卷一。

《史记·大宛列传》又纪赵破奴、王恢击破楼兰事,文云:

于是天子以故遣从骠侯破奴将属国骑及郡兵数万至匈河水,欲以击胡,胡皆去。其明年击姑师。破奴与轻骑七百余先至,虏楼兰王,遂破姑师。因举兵威以困乌孙、大宛之属。还封破奴为浞野侯。王恢数使,为楼兰所苦,言天子。天子发兵,令恢佐破奴击破之。封恢为浩侯。于是酒泉列亭鄣至玉门矣。《汉书·楼兰传》作“于是汉列亭鄣至玉门矣”。

据《汉书·景武昭宣元成功臣表》,赵破奴之封浞野侯在元封三年,王恢封浩侯在元封四年正月甲申,以故中郎将将兵捕得车师王侯。自是自酒泉至玉门始列亭鄣。此皆在太初二年以前。河西郡县之建置完成于元鼎六年,而酒泉至玉门列亭鄣即在元封三、四年之间,政治军事盖几于同时并进矣。如依沙畹、王静安二先生说,此处所云之玉门亦当在敦煌以东,今玉门县附近。然《汉书·地理志》敦煌郡效穀县下班氏本注云:

本鱼泽障也。桑钦说:孝武元封六年,济南崔不意为鱼泽尉,教力田。以勤效得穀,因立为县名。

鱼泽尉,石室本残《沙州都督府图经》作鱼泽都尉。依桑钦说,鱼泽障之立,最迟亦当在元封六年,与《史记·大宛列传》所纪合。如太初二年以前之玉门关在敦煌以东今玉门县附近,而《史记·大宛列传》所云自酒泉列亭鄣至玉门一语,为指敦煌以东之玉门关而言,则班氏本注引桑钦说元封六年崔不意为鱼泽障都尉之辞,将无从索解矣。

又太初三年贰师将军二次伐大宛,四年斩其王而还。贰师之行也。汉以李陵将五校尉随后行,军正任文则将兵屯玉门关,为贰师将军后距。李陵事见《汉书》卷五十四《李陵传》,任文事见《汉书》卷九十六《西域传·楼兰传》。《楼兰传》云:

> 楼兰既降服贡献,匈奴闻发兵击之。于是楼兰遣一子质匈奴,一子质汉。后贰师将军击大宛,匈奴欲遮之,贰师兵盛不敢当。即遣骑因楼兰候汉师后过者,欲绝勿通。时汉军正任文将兵屯玉门关,为贰师后距,捕得生口,知状以闻。上诏文便道引兵捕楼兰王,将诣阙,簿责。王对曰,"小国在大国间,不两属无以自安,愿徙国入居汉地"。上直其言,遣归国。亦因使候伺匈奴。匈奴自是不甚亲信楼兰。

如任文所屯之玉门关在敦煌以东今玉门县附近,则自此至楼兰为程二千余里,岂得云便道?又自敦煌以东并属汉地,匈奴生口岂能自投敌境,束手受缚,以泄其欲遮击汉使之状?唯以任文所屯之玉门关在今敦煌西北小方盘地,逻骑入碛游弋,是以截断匈奴与楼兰之往来,故能捕得往还于匈奴、楼兰之生口也。

说者又曰:"即令任文所屯之玉门关为在今敦煌西北,亦无害于太初二年以前玉门关在敦煌以东之说也。玉门关之西迁,或者即在太初三年贰师将军二次伐大宛之时,故任文得而屯之耳。"案之史文,亦有不然。《汉书·武帝纪》太初三年下云:

> 夏四月遣光禄勋徐自为筑五原塞外列城,西北至卢朐,游

击将军韩说将兵屯之。强弩都尉路博德筑居延。秋,匈奴入定襄、云中,杀略数千人,行坏光禄诸亭障。又入张掖、酒泉,杀都尉。

《史记·匈奴传》纪此云:

其秋,匈奴大入定襄、云中,杀略数千人,败数二千石而去,行破坏光禄所筑城列亭鄣。又使右贤王入酒泉、张掖,略数千人。会任文击救,尽复失所得而去。

《史记·大宛列传》述居延、休屠诸塞之筑云:

益发戍甲卒十八万。酒泉、张掖北置居延、休屠,以卫酒泉,而发天下七科適及载糒给贰师,转车人徒相连属至敦煌。

盖太初三年贰师将军二次伐大宛,汉因筑五原塞外列城至卢朐,并筑居延、休屠诸塞,以固张掖、酒泉北边,保持通西域门户。匈奴之于是年秋大入定襄、云中,张掖、酒泉,坏光禄诸亭鄣,正为破坏汉武帝防边之策。不谓挫败于任文之击救。以在张掖、酒泉之攻略未成,匈奴乃转而谋因楼兰以绝汉师后过者,又以任文之进屯玉门关,引兵捕楼兰王,而完全失败。此为太初三年贰师将军二次伐大宛,汉与匈奴在河西诸郡攻守之形势,据《史》、《汉》之文可以推知者也。(《通鉴》卷二十一孝武纪叙任文击救张掖、酒泉在太初三年,进屯玉门关在太初四年,与原所说合)若云玉门关之西迁即在是时,则光禄诸亭障以及居延、休屠诸塞之筑,班氏以及史公尚为之大书特书，而谓于玉门关之迁徙，其重要倍蓰于张掖、酒泉北诸鄣塞者，反不著一字，马、班虽疏，恐亦不至如是之甚也！

河西列四郡，为时俱在太初以前。《史记·大宛列传》使使遮玉门一语，其玉门当即指玉门县而言。太初二年贰师将军自大宛败归，已入玉门关抵敦煌，将自此东归酒泉。汉玉门县在今玉门县属赤金附近，适扼入酒泉之要道，故武帝使使遮之，使不得入酒泉耳。《后汉书》卷七十七《班超传》纪超以久在绝域，年老思土，上疏乞归，有云："不敢望到酒泉郡，但愿生入玉门关。"此二语正可作《史记·大宛列传》注脚。《汉书》于玉门下增一关字，恐有未谛。

敦煌为通西域门户，汉有事于西域，皆于敦煌集结士卒，屯积粮糒，然后出发。贰师将军两次伐大宛，即可为此说证明。匈奴欲绝汉通西域之道，必西击鄯善，东攻敦煌。汉欲救西域屯戍，亦以发敦煌兵为最近且便。敦煌之形势如斯，故汉于元鼎六年析酒泉另置敦煌郡也。石室本《寿昌县地境》玉门关下注云：

> 汉武帝元鼎九年置，并有都尉。

《地境》以玉门关之置在元鼎九年。然元鼎无九年，《地境》传写，或有讹误。三十二年十一月，西北科学考察团历史考古组夏作铭、阎文儒二君在敦煌西北斯坦因地图上 TX Ⅶ处，发见汉简数十枚，其中一枚，存字两行，首作酒泉玉门都尉云云。玉门都尉隶于酒泉，是玉门关之建置，尚在敦煌未自酒泉析出开郡以前。敦煌未开郡时之玉门都尉版籍既发见于敦煌西北玉门关故址附近，则太初以前玉门关并未在敦煌以东，因有此新发见而更无可疑矣。元鼎六年河西四郡先后建置蒇事；元封时自酒泉至玉门列亭鄣；太初三年复增筑张掖、酒泉以北诸鄣塞。政治上军事上之建置既次第告竣，而后贰师将军二次伐大宛遂无后顾之忧。太初四年贰师凯旋归来，西域城郭诸国相率慑服，故汉乃进一步经营西域。《汉书·西域传》所云："于是自敦煌西至盐泽，往往起亭"之语，盖谓自是以后，自敦煌西至盐泽亦列亭鄣，如元封时酒泉至玉门之所为耳。静安先生乃据此以为敦煌西北之玉门关置于太初四年贰师将军二次伐大宛归来以后之证，盖未深考也。①

四　六朝以迄隋唐之玉门关

汉代玉门关，自始置以至终汉之世俱在敦煌。唯至隋唐，则玉门关已徙至敦煌以东瓜州之晋昌县境。隋炀帝大业七年西突厥处罗可汗为射匮所败，走高昌，炀帝因遣裴矩将处罗可汗母向氏往谕之。《隋书》卷八十四《西突厥传》云：

> 处罗大败，弃妻子，将左右数千骑东走，在路又被劫掠，遁于高昌，东保时罗漫山。高昌王麴伯雅上状。帝遣裴矩将向氏亲要左右驰至玉门关晋昌城。矩遣向氏使诣处罗所，论朝廷弘养之义，丁甯晓谕之，遂入朝。

《元和志》卷四十瓜州晋昌县云：

---

① 亦见《流沙坠简·序》。

> 玉门关在县东二十步。

《隋书》亦云玉门关晋昌城，是自长安西去，必先至玉门关而后抵晋昌，与《元和志》所记合。《元和志》县东二十步一语，清王琦注《李太白集·胡无人》诗引《志》作二十里，疑通行本《元和志》或有讹误也。隋于玉门关并置有关官。《隋书》卷二十九《地理志》敦煌郡常乐县下注云：

> 后魏置常乐郡。后周并凉兴、大至、冥安、闰泉合为凉兴县。开皇初郡废，县改为常乐。有关官。

据《隋书》卷二十八《百官志》关置令丞，上关令、中关令为从八品，下关令、上关丞、中关丞为从九品。唐制略同。隋常乐县属瓜州，唐于敦煌置沙州，别于晋昌郡置瓜州，治晋昌，即在隋常乐县，而于旧广至则立常乐县。隋常乐有关官，其治所为玉门关无疑也。

唐贞观初玄奘法师西行，亦取道瓜州之玉门关出伊吾以至西域。慧立《大慈恩寺三藏法师传》卷一纪法师过凉州至瓜州出玉门关云：

> 乃昼伏夜行，遂至瓜州。时刺史独孤达闻法师至甚欢喜，供事殷厚。法师因访西路。或有报云：从此北行五十余里有瓠𬍛河，下广上狭，洄波甚急，深不可渡。上置玉门关，路必由之，即西境之襟喉也。关外西北又有五烽，候望者居之，各相去百里，中无水草。五烽之外即莫贺延碛，伊吾国境。

《传》云玉门关在瓜州北，出关西北行过五烽凡五百里，即入莫贺延碛伊吾国境。唐冥详《大唐故三藏玄奘法师行状》则谓五烽在玉门关西。[①] 唐瓜州治晋昌县，今人考证谓约在今安西县双塔堡附近。瓠𤬪河，冥详《行状》作胡卢河，即今窟窿河，经乱山子以入疏勒河。[②] 私意以为唐瓜州治晋昌县当即俗称为锁阳城之苦峪城，[③]玉门关则在其北。据岑嘉州《玉门关盖将军歌》，唐时守关戍卒数达

① 冥详《大唐故三藏玄奘法师行状》见日本《大正新修大藏经》第五十卷《史传部》二页二一四至二二〇。

② 参看《辛卯侍行记》卷五。

③ 《乾隆重修肃州新志·柳沟全册》中《古迹》记苦峪城东半里有故刹遗址，断碑没草莱中，《志》唐朝断碑条云："在寺基内。字画不甚剥落，一面逼真唐体，虽未为唐人之极佳者，而断非唐后之书。因首尾残缺，仅存中段，文义不能联贯。而总系大中时复河湟，张义潮归唐授爵，大兴屯垦，水利疏通，荷锸如云，百亿京坻称功颂德等语。其一面字体流入五代宋初，文意与前大略相仿，似颂曹义金之语。夫张、曹二公本治沙州，而瓜州亦其兼统。此处总系瓜州地方，但当日此处地名，碑文缺落无考。"乾隆初常钧著《敦煌杂抄》卷下苦峪城条亦著录苦峪城断碑，文字与《肃州新志》同，当同出于采访册。《西域水道记》卷三及此，则又承《肃州新志》之旧。唯张义潮于大中初收复瓜沙以及伊州，咸通二年收复凉州，咸通八年即归觐长安。十余年间戎马驰驱，曾未少息，诸书亦未有言义潮在瓜州境内兴复水利大事屯垦者。则苦峪城断碑不一定为颂扬义潮功德之作也。案《旧唐书》卷一百三《张守珪传》(《新唐书》卷一百三十三《张守珪传》文略同)云："(开元)十五年吐蕃寇陷瓜州，王君㚟死，河西恟惧。以守珪为瓜州刺史墨离军使。领馀众修筑州城，板堞才立，贼又暴至城下。城中人相顾失色，虽相率登陴，略无守御之意。守珪曰：彼众我寡，又创痍之后，不可以矢石相持，须以权道制之也。乃于城上置酒作乐，以会将士。贼疑城中有备，竟不敢攻城而退，守珪纵兵击败之。于是修复廨宇，收合流亡，皆复旧业。守珪以战功加银青光禄大夫。仍以瓜州为都督府，以守珪为都督。瓜州地多沙碛，不宜稼穑，每年少雨，以雪水溉田。至是渠堰尽为贼所毁，既地少林木，难为修葺。守珪设祭祈祷，经宿而山水暴至，大漂材木，塞涧而流，直至城下。守珪使取充堰，于是水道复旧。州人刻石以纪其事。"张守珪在瓜州兴复水利重整屯垦之举，与苦峪城断碑所纪颇相仿佛，则此残碑者或即史书所纪之州人纪事之刻石耳。故疑世称为锁阳城之苦峪城即唐代之瓜州故址也。

五千，规模之大可想而知。① 唯今双塔堡、乱山子一带仅余古烽墩二，其他遗迹悉化云烟，关址所在，疑莫能决也！

隋唐时代之玉门关关址应无所更动。惟《元和志》谓关在州东，《慈恩传》谓在州北；奘师自瓜州抵玉门关后，经五烽涉大碛以达伊吾。五烽，《传》谓在关西北；《状》则谓在关西，《传》、《状》互异，未知孰是。斯坦因据《慈恩传》，因谓奘师至伊吾，所取者即沿今安西经星星峡以至哈密之大道，其言甚辨。② 唯斯氏不知唐代瓜州治晋昌县在今安西县东，必以今安西西南七十里之瓜州故城为

① 《岑嘉州诗集》卷二《玉门关盖将军歌》有云："玉门关城迥且孤，黄沙万里百草枯。南邻犬戎北接胡，将军到来备不虞。五千甲兵胆力粗，军中无事且欢娱。"唐时之玉门关屯兵五千人，其规模可想而知矣。盖将军为盖庭伦非盖嘉运，说见《清华学报》第八卷第二期闻一多先生《岑嘉州系年考证》肃宗至德元载四十二岁条。

② 斯坦因考奘师自瓜州至伊吾行程，具见其所著 *Serindia*, vol III pp. 1097、1099、1142、1147。案唐释道宣《释迦方志》卷上《遗迹篇》第四记自唐至印度凡有东道、中道、北道之别。其东道取鄯州入吐蕃以至北印尼婆罗国。中道则"从鄯州东川行百余里，又北出六百余里至凉州。……从凉州西而少北四百七十里至甘州。又西四百里至肃州。又西少北七千（一本作十，疑俱有误）五里至故玉门关，关在南北山间。又西减四百里至瓜州。又（一本无又字）西南入碛三百余里至沙州。又西南入碛七百余里至纳缚波故国，即娄兰地，亦名鄯善"。此所谓中道，约略相当于汉以来之南道。唯自肃州至玉门关，自玉门关至瓜州道里，揆之诸书无一相合者，传讹致误，亦无从校正也。"其北道入印度者，从京师西北行三千三百余里至瓜州。又西北三百余里至莫贺延碛口。又西北八百余里出碛至柔远县。又西南百六十里至伊州。"清乾隆时常钧著《敦煌随笔》卷上哈密条记自嘉峪关以外取道哈密凡有三途，其第三道由安西之白墩子、小红柳园、大泉经马莲井子、博罗砖井、白石头、镜儿泉、北苦水、塔尔纳沁、黄芦冈，以达于哈密，计程八百一十里。夏君作铭谓道宣所云之北道与常钧书之第三道约略相当，由马莲井子至塔尔纳沁，然后西南至哈密。《辛卯侍行记》谓唐柔远即今之沁城（塔尔纳沁），两者所记正相符合。道宣北道较之奘师行程似乎稍北云云。夏君之言甚是。道宣所记盖即六朝以来之伊吾路也。明李日华《六研斋笔记》卷二有《西域僧锁喃嚷结传》，谓锁喃嚷结自高昌东行三千里过沙河至五烽，烽各有王云云。其所云略似《慈恩传》，而错乱不可究诘，述玉门关，且迳取《慈恩传》语。疑此是李氏故弄狡狯，虚构此僧，复剌取故书以相渲染。小说家言，不可据为典要也。

即唐代瓜州治所，则不无千虑之失耳。

至于汉以来原在敦煌西北之玉门关，何时始迁至敦煌以东瓜州境内，史无明文，不甚可考。惟按《三国志·魏志》十六《仓慈传》云：

> 仓慈……太和中迁敦煌太守。郡在西陲，以丧乱隔绝，旷无太守二十岁。

自太和中上推二十年，当汉献帝建安十五年十六年之际，其时马超败走凉州，陇右氐、羌继叛。延康元年（公元二二〇年）酒泉、张掖复大乱。敦煌太守马艾卒官，府又无丞，郡人遂推功曹张恭推行长史事。中枢失政，边陲云扰，西域因而阻隔。黄初三年（公元二二二年）鄯善、龟兹、于阗王来献，西域复通，因置戊己校尉，即拜行敦煌长史张恭为西域戊己校尉。[1] 典午继起，敦煌以僻在边裔，仍多篡乱。《晋书》卷三《武帝纪》咸宁二年二月甲午下云：

> 初敦煌太守尹璩卒，州以敦煌令梁澄领太守事。议郎令狐丰废澄自领郡事。丰死，弟宏代之。至是凉州刺史杨欣斩宏，传首洛阳。

唯其时地方虽多变乱，边防似未尽废弛。伦敦藏石室本 S.5448《敦

① 关于建安十五、六年陇右羌、氐之乱，可参看《三国志·魏志》卷三十注引鱼豢《魏略·西戎传》，延康初酒泉、张掖之乱可参看《魏志》卷二文帝延康元年五月条，又卷十八《阎温传》。戊己校尉之置在黄初三年，见《魏志》卷二，又卷十八《阎温传》附《张恭传》。

煌录》有云:[1]

> 河仓城,州西北二百三十里,古时军储在彼。

《太平寰宇记》卷一百五十三沙州四至八到云:

> 西北至河仓烽二百四十二里,与废寿昌县分界。

此所谓河仓烽即《敦煌录》之河仓城,以今地考之,即在古玉门关故址之小方盘城东四十里,俗名为大方盘城者是也。三十二年十一月夏作铭、阎文儒二君于大方盘城东面土台内掘得晋泰始十一年石碣一,石刻文曰:

> 泰始十一年二月廿七日甲辰造　乐生

晋武帝泰始只十年,十一年乃咸宁元年(公元二七五年)。其时敦煌正令狐氏窃据一隅,又以与中枢迥隔,是以改元逾岁,而石刻犹作泰始也。"泰始十一年二月廿七日甲辰造",当是指河仓城之建置而言。泰始十一年筑河仓城既蒇事,因立石以纪之耳。乐生为何人,无可考。[2] 泰始十一年上距黄初三年凡五十三载,犹从事于

① 石室本《敦煌录》全文收入《大正新修大藏经》第五十卷《史传部》。

② 案乐生为何人,不可考。《魏书》卷七《高祖纪》记有延兴三年"七月乙亥蠕蠕寇敦煌,镇将乐洛生击破之,事具《蠕蠕传》"之文。然今本《魏书》卷一百三《蠕蠕传》并无延兴三年七月敦煌镇将乐洛生破蠕蠕事,致乐洛生事迹遂无可考。《魏书》之乐洛生与石碣上之乐生是否一人?所谓泰始,究为晋武帝年号,抑系南朝宋明

筑河仓城以为屯积军储之需，则玉门关之尚未废弃，经营西域仍自未懈，可以推知也。其后五凉鼎沸，四郡鱼烂，割据独立，有如弈棋。然自前凉以至后凉，时有西征之举。前凉张骏曾以兵力慑服西域，以敦煌、晋昌、高昌、西域都护、戊己校尉、玉门大护军三郡三营为沙州。①晋孝武帝太元七年（公元三八二年）苻坚遣吕光伐龟兹，龟兹即平，坚以光为使持节散骑常侍都督玉门已西诸军事安西将军西域校尉。太元十年（公元三八五年）光据姑臧，又以其子覆为使持节镇西将军都督玉门已西诸军事西域大都护，镇高昌。②西域校尉，当即指戊己校尉而言。而西域都护、戊己校尉、玉门护军三营，疑俱承魏晋之旧而加以恢弘扩大耳。

玉门关之东徙与伊吾路之开通当有关系。《周书》卷五十四《高昌传》末云：

> 自敦煌向其国多沙碛，道里不可准记，唯以人畜骸骨及驼马粪为验。又有魍魉怪异。故商旅来往，多取伊吾路云。

帝之年号？如为晋武帝，则与北魏高祖孝文皇帝相去二百年，石碣上之乐生与为敦煌镇将之乐洛生自属二人。如为宋明帝，则乐生或即乐洛生。唯以北魏之镇将而又遥奉南朝之正朔，此亦事之不可解者也。又碣作泰始十一年二月廿七日甲辰，泰始十一年如为晋武帝年号，是为咸宁元年，据《二十史朔闰表》是年二月丁亥朔，二十七日癸丑。如为宋明帝年号，十一年乃后废帝元徽三年，二月丙申朔，二十七日壬戌。两都不合。岂以边陲与中原阻隔，历日遂有参差耶？

① 《魏书》卷九十九《张骏传》："分武威、武兴、西平、张掖、酒泉、建康、西海、西郡、湟河、晋兴、广武十一郡为凉州，以长子重华为刺史。金兴、晋城、武始、南安、永晋、大夏、武城、汉中八郡为河州，以其宁戎校尉张瓘为刺史。敦煌、晋昌、高昌、西域都护、戊己校尉、玉门大护军三郡三营为沙州，以西胡校尉杨宣为刺史。"

② 《晋书》卷百二十二《载记》二十二《吕光载记》："坚闻光平西域，以为使持节散骑常侍都督玉门已西诸军事，安西将军，西域校尉。"又曰："光以子覆为使持节镇西将军都督玉门已西诸军事，西域大都护，镇高昌。"

又《北史》卷九十七《高昌传》云：

> 自敦煌向其国多沙碛，茫然无有蹊径。欲往者寻其人畜骸骨而去。路中或闻歌哭声，行人寻之，多致亡失。盖魑魅魍魉也。故商客往来多取伊吾路。

据此是伊吾路之开通盖始于六朝也。《晋书》卷一百二十二《吕光载记》纪太元十年光自龟兹东归：

> 苻坚高昌太守杨翰说其凉州刺史梁熙距守高桐、伊吾二关，熙不从。……及至玉门，梁熙传檄责光，擅命还师，遣子胤与振威姚皓、别驾卫翰率众五万距光于酒泉。

杨翰劝梁熙守高桐、伊吾二关，二关今地无可考。然既以伊吾名关，必在伊吾，则吕光东归或已取伊吾路矣。又《晋书》卷八十七《凉武昭王李暠传》纪暠于庚子元年（晋安帝隆安四年，公元四〇〇年）。

> 又遣宋繇东伐凉兴，并击玉门已西诸城皆下之。遂屯玉门、阳关，广田积谷，为东伐之资。

此处之玉门已西以及屯玉门、阳关诸语中之玉门，皆当指玉门关而言，且疑已在敦煌以东。而都督玉门以西诸军事，以及玉门大护军营屯戍之所，亦当求之于唐代瓜州境内，而不尽如静安先生所云在敦煌西北之玉门关。玉门关之东徙，或者即在典午末叶，五凉鼎盛，伊吾路开通之际，亦未可知也。①

① 王静安先生《流沙坠简·序》云："至前凉时西域长史之官始见于史。而《魏书·张骏传》则又称为西域都护。《传》言骏分敦煌、晋昌、高昌三郡西域都护、戊己校尉、玉门大护军三营为沙州，以西胡校尉杨宣为刺史。案张骏时西域有长史无都护，都护二字必长史之误，或以其职掌相同而互称之。斯氏于此地所得一简云：今遣大侯究犁与牛诣营下受试。称长史所居为营下。又斯氏于尼雅北古城所得木简有西域长史营写鸿胪书语，此又《魏书·张骏传》之三营其一当为西域长史之证也。此三营者戊已校尉屯高昌，玉门大护军屯玉门，而西域长史则屯海头，以成鼎足之势。则自魏晋讫凉，海头为西域重地，盖不待言。"静安先生《序》认张骏时玉门关尚在敦煌西北，于其东徙不置一辞。夏君作铭云："《晋书·凉武昭王传》云：隆安四年暠遣宋繇东伐凉兴，并击玉门以西诸城，皆下之。遂屯玉门、阳关，广田积谷，为东伐之资。似玉门关时已东移。玉门与阳关并列，当为关名无疑。汉时之玉门关在沙碛中，不能广行屯田。其时暠初僭号，未得酒泉，凉兴郡乃段业分敦煌之凉兴、乌泽，晋昌之宜禾三县而成。似玉门在晋昌宜禾县之东酒泉之西，或即在唐时之瓜州境内欤？其所指之玉门，乃在敦煌之东，不独就其文句在东伐之下可证，且若指伐西域而言，则'玉门以西诸城'一语范围过泛。又下文暠自述功业谓前遣母弟繇董率云骑，东殄不庭，军之所至，莫不宾下。未提及有西征之举，亦可为旁证。疑此时以前玉门关便已东移，但敦煌西北之玉门关仍保存其旧名，关废名存，诸书记载，因生混淆耳。"夏君之言如此，因并著之。

案：此文初稿成于三十三年二月，三月稍予修正，题曰《玉门关阳关杂考》，以方回笔名发表于《真理杂志》第一卷第四期，自页三八九至页三九八。三十四年三月复加改定，重写一过，三月二十日写了，因记之。

莫高、榆林二窟杂考

——瓜沙谈往之三

一　叙言

敦煌千佛洞古名莫高窟，安西万佛峡古名榆林窟。二者创建之年代既相去不远，壁画之系统亦复同流共贯。三十一年十月至三十二年五月，余居莫高窟凡七阅月，朝夕徘徊于诸窟之间，纵观魏、隋、李唐以及五代、宋、元之名迹。三十二年五月初复往游榆林窟，摩挲残迹，几逾旬日。神游艺苑，心与古会，边塞行役之苦，尘世扰攘之劳，不复关情，平生之乐无逾于此也。两窟壁画塑像蕴蓄繁富，自经变中之佛经故事以至于历代宫室服饰之制度，皆属考古者无上可信之资料，为云冈、龙门之所不逮者也。余于艺术、考古皆无所知，兹唯杂记数事，琐屑微末，聊以供治敦煌学者之参观而已！

二　武周《李君修佛龛记》中之东阳王事迹考

自来论莫高窟创建时代者，多据武周《李君修佛龛记》，谓始于

苻秦建元二年（公元三六六年）。《修佛龛记》纪此云：①

> 莫高窟者厥𡨧秦建元二年，有沙门乐僔戒行清虚，执心恬静。当杖锡林野行至此山，忽见金光，状有千佛。□□□□□造窟一龛。次有法良禅师从东届此，又于僔师窟侧更即营建。伽蓝之起滥觞于二僧。复有刺史建平公、东阳王等（中阙）乐僔法良发其宗，建平、东阳弘其迹。推甲子四百他岁，计窟室一千馀龛。

说者谓清乾隆时在莫高窟积沙中尚发见乐僔所立碑残石，②信否不可知也。莫高窟$\frac{P17}{C300}$号窟窟外北壁上有唐末人书《莫高窟记》，其文云：

> 莫高窟记
>
> 右在州东南廿五里三危山西，秦建元之世有沙一行门乐僔杖锡西游至此，遍礼彝山，见三危如千佛二行之状，遂□窟□严□□龛。□□有法建窟下阙三行多诸□□复于僔师龛侧又建一窟下阙四行二僧晋司空索靖题壁号仙岩下阙五行可有五百□龛，又中阙灵迹与下阙六行大像高一百二十尺，又开元年中□处□百

① 《李君修佛龛记》原碑尚在莫高窟，碑文两面刻，今石已残破只馀三块。碑阴为进香人摩刓成槽十余道，字迹全毁。此据罗叔言《西陲石刻录》。近甘肃张鸿汀先生获一旧拓本，存字视罗录为多，行款亦可校罗录之失。张本具载于其所著《陇右金石志》中。

② 《西域水道记》卷三记乐僔碑云：彼土耆士赵吉云：乾隆癸卯岁岩畔沙中掘得断碑有文云：秦建元二年沙门乐僔立。旋为沙所没。

六十尺中阙造七行。大像高一百二十尺。开皇时中使□灵喜建于□使(以下阙)

所记莫高窟创建情形,与《李君修佛龛记》同。巴黎藏石室本 P.2691 号残《沙州土镜》卷首纪莫高窟创建有云:[1]

今时窟宇并已矗新。从永和八年癸丑岁创建窟,至今大汉乾祐二年己酉岁,笇得五百九十六年记。

乾祐二年己酉为公元后九四九年。永和癸丑为九年非八年,盖公元后三五三年。自永和九年至乾祐二年正得五百九十六年。据《晋书》卷六十《索靖传》,靖卒于晋惠帝太安末(公元三〇三年)。靖于莫高窟曾题仙岩二字,意其时梵宇琳宫或已辉映山阿,故靖题记云尔。则其卒后五十年凿建石窟,殊为可信也。《李君修佛龛记》中之乐僔、法良及刺史建平公俱无可考。东阳王则贺君昌群在其《敦煌佛教艺术的系统》[2]一文中曾举出《魏书》卷十《敬宗孝庄帝纪》永安二年(公元五二九)八月"丁卯,封瓜州刺史元太荣为东阳王"一事,证明《修佛龛记》中之刺史东阳王乃元太荣,其说是也。太荣刺瓜州时,曾广写佛经以为功德。贺君文引日本中村不折藏太荣所写《律藏分》第十四卷经尾题记云:

大代普泰二年岁次壬子三月乙丑朔二十五日己丑,弟子

---

① 石室本残《沙州土镜》见伯希和、羽田亨合编《敦煌遗书》第一集。《遗书》题曰《沙州志》,此依残卷文中《沙州城土镜》之语,为改定此名。

② 贺君文见《东方杂志》第二十八卷十七号。

使持节散骑常侍都督岭西诸军事车骑将军开府仪同三司瓜州刺史东阳王元荣，惟天地妖荒，王路否塞，君失臣礼，于滋多载。天子中兴，是得遣息叔和，早得回还，敬造《无量寿经》一百部：四十部为毗沙门天王，三十部为帝释天王，三十部为梵释天王。造《摩诃衍》一部百卷：三十卷为毗沙门天王，三十卷为帝释天王，三十卷为梵释天王。《内律》五十五卷，一分为毗沙门天王，一分为帝释天王，一部为梵释天王。造《贤愚》一部为毗沙门天王，《观佛三昧》一部为帝释天王，《大云》一部为梵释天王。愿　天王等早成佛道。有愿元祚无穷，帝嗣不绝，四方附化，恶贼退散，国丰民安，善愿从心，含生有识之类，咸同斯愿。

案太荣所写经除中村氏所藏外，国立北京图书馆尚藏有菜字五十号石室本《大智度论》残卷，亦太荣写本，经尾题记云：①

大代普泰二年岁次壬子□□乙丑朔二十五日己丑，弟子使持节散骑常中阙西中阙阳王元荣下阙。

盖与《律藏分》为同日所施写者。伦敦藏石室本 S. 4528 号《佛说仁王般若波罗密经》残存第五品末至第八品，又 S. 4415 号《大般涅槃

① 参看许国霖《敦煌石室写经题记》上辑。又同书记殷字四十六号《仁王护国般若波罗密经》经尾题云："永安三年七月二十三日佛弟子元□集为梵释天王（缺）若经一百部合三百部并前立须乞延年（缺）"，元字下缺一字，此卷疑亦是太荣所写施者。

经》卷三十一，两卷皆太荣所施写者，经尾题记完好无缺，并录如次：[1]

大代建明二年四月十五日，佛弟子元荣既居末劫，生死是累，离乡已久，归慕常心。是以身及妻子奴婢六畜，悉用为毗沙门天王布施三宝，以银钱千文赎。钱一千文赎身及妻子，一千文赎奴婢，一千文赎六畜。入法之钱即用造经。愿天王成佛。弟子家眷奴婢六畜滋益长命，及至菩提，悉蒙还阙，所愿如是！（S. 4528）

大代大魏永熙二年七月十五日，清信士使持节散骑常侍开府仪同三司都督岭西诸军事斗骑大将军瓜州刺史东阳王元太荣，敬造《涅槃》、《法华》、《大云》、《贤愚》、《观佛三昧》、《祖持》、《金光明》、《维摩》、《药师》各一部，合一百卷，仰为毗沙门天王，愿弟子所患永除，四体休宁。所愿如是！（S. 4415）

建明二年为公元后五三一年，普泰二年为公元后五三二年，永熙二年为公元后五三三年。由以上诸卷题记，可知自永安二年以后以至永熙二年（公元五二九—五三三年），历时五载，太荣犹守瓜州。元太荣亦写作元荣，并非有脱文也。

太荣事迹又散见《周书》申徽、令狐整诸传。《周书》卷三十二《申徽传》云（《北史》卷六十九《徽传》同）：

① Lionel Giles, "Dited Chinese Manuscripts in the Stein Collection", *Bulletin of the School of Oriental Studies*, vol. VII, part 4, pp. 820, 822, 935.

(大统)十年迁给事黄门侍郎。先是东阳王元荣为瓜州刺史,其女婿刘彦随焉。及荣死瓜州,首望表荣子康为刺史,彦遂杀康而取其位。属四方多难,朝廷不遑问罪,因授彦刺史,频征不奉诏。又南通吐谷浑将图叛逆,文帝难于动众,欲以权略致之,乃以徽为河西大使,密令图彦。徽轻以五十骑行,既至,止于宾馆。彦见徽单使,不以为疑。徽乃遣一人微劝彦归朝,以揣其意,彦不从。徽又使赞成其住计,彦便从之,遂来至馆。徽先与瓜州豪右密谋执彦,遂叱而缚之。彦辞无罪,徽数之曰:"君无尺寸之功,滥居方岳之重,恃远背诞,不恭贡职,戮辱使人,轻忽诏命,计君之咎,实不容诛。但受诏之日,本令相送归阙,所恨不得申明罚以谢边远耳!"于是宣诏慰劳吏人及彦所部。复云大军续至,城内无敢动者。使还迁都官尚书。十二年瓜州刺史成庆为城人张保所杀,都督令狐延等起义逐保,启请刺史,以徽信洽西土,拜假节瓜州刺史,徽在州五稔,俭约率下,边人乐而安之。

《徽传》所云之瓜州豪右即令狐整也。《周书》卷三十六《令狐整传》云(《北史》卷六十七《整传》同):

令狐整字延保,敦煌人也,本名延,世为西土冠冕。……整幼聪敏,沉深有识量,学艺骑射,并为河右所推。刺史魏东阳王元荣辟整为主簿,加荡寇将军。整进趋详雅,对扬辩畅,谒见之日,州府倾目。荣器整德望,尝谓僚属曰:"令狐延保西州令望,方城重器,岂州郡之职所可縶维。但一日千里,必基武步。寡人当委以庶务,画诺而已!"顷之魏孝武西迁,河右扰乱，荣仗整防捍，州郡获宁。及邓彦窃瓜州，拒不受代，整与开府张穆等密应使者申徽，执彦送京师，太祖嘉其忠节，表为都督。

荣婿，《申徽传》作刘彦，《令狐整传》作邓彦。不知孰是。就以上诸传观之，自永安二年至大统十年太荣守瓜州前后凡十六年。荣大约卒于大统十年，子康嗣位婿彦篡乱，当在大统十年至十一年之间，申徽定乱即在大统十一年。太荣为瓜州刺史，疑在永安二年以前，二年始封东阳王。令狐整为西州人望，太荣能辟为僚属，委以庶务，其器识自不可及，是以能守瓜州历十馀年，未闻变乱。顾于其婿以枭獍之质，竟引之于卧榻之侧而不之知，卒之祸延子孙，族姓倾覆。常人蔽于所亲，其此之谓欤？①

元太荣或元荣之名，不见《魏书·宗室传》，初疑其即烈帝拓拔翳槐第四子武卫将军元谓之后。及得读《中德学志》第五卷第三期赵万里先生所作《魏宗室东阳王荣与敦煌写经》一文，根据新出墓志及《元和姓纂》，于元荣家世考证详确。余旧说可以覆瓿，因不更赘。

又魏时高昌麴氏如麴嘉、麴光、麴坚所带官勋俱有瓜州刺史之号，而麴光之为瓜州刺史且在永安元年，即封元太荣为东阳王之前一年，②疑此皆是散官，并无职事也。

---

① 谢启昆《西魏书》卷十二《诸王列传》有《东阳王元荣传》，大都据《周书·申徽传》。唯首云："东阳王荣大统十一年为瓜州刺史，与其婿邓彦偕行。"置太荣刺瓜州之岁于大统十一年。案据《周书·令狐整传》已可见太荣之刺瓜州在魏孝武西迁之前。《西魏书·太荣传》只采《申徽传》而遗《令狐整传》，遂有此失。

② 关于高昌麴氏官勋俱带瓜州刺史一事，可参看罗叔言著《高昌麴氏年表》。

三 榆林窟小记

榆林窟俗名万佛峡，在今安西南一百四十里。三十二年五月往游榆林窟，出安西西门，西南行逾十工山（即三危山之俗名），七十里至破城子，汉之广至、唐之常乐也。[①] 古城周垣完整，城外遗址迤逦不绝。自破城子南行，过戈壁，四十里至水峡口。踏实河自南北流，至是折向东南，斯坦因书中所云之小千佛洞即在此[②]。小千佛洞亦名下洞，位于踏实河转向处之两岸峭壁上；南岸存十窟，北岸存一窟。南窟大率为五代及宋时所开或重修。自西向东第五窟有中心座，榆林窟张大千所编十九号、廿号构造亦与此同，以莫高窟形式证之，皆元魏遗制也。颇疑榆林窟创建时代与莫高窟应相去不远。莫高窟地处敦煌，去沙州城只二十余里，是以文献石刻流传綦夥。榆林窟距大道过远，巡礼者罕至，遂不见记载，亦无一石刻可资考证。唐释道宣《集神州三宝感通录》卷中《北凉沮渠丈六石像现相缘》十六文末有云：

> 今沙州东南二十里三危山，崖高二里，佛像二百八十龛，光相亟发云。

或据此以为沮渠蒙逊始创榆林窟，亦有谓沮渠氏所造凉州石窟盖

---

① 参看《辛卯侍行记》卷五。

② M. A. Stein, *Serindia*, vol. III p. 1109.

在敦煌者，皆非也[1]。道宣所纪自是敦煌莫高窟，错入纪沮渠丈六石像之后，说者不察，因以致误耳。小千佛洞水北只存一窟，窟内南壁门东绘菩萨赴会像，东壁近南绘三身佛下绘供养天女，线条刚健婀娜，赋色沈丽，盖晚唐高手所作，非宋人所能企及也。

榆林窟即在水峡口南三十里。自水峡口沿河谷南行，二十里蘑菇台子，更南十里即榆林窟。踏实河发源南山，蜿蜒北流。石窟位于河之两岸，东西相距不及一百公尺，峭壁矗立，有若削成，石窟错落点缀于两岸壁间。河水为石峡所束，奔腾而出，砰磅訇磕，其声若雷。春夏之际两岸红柳掩映，杂花蒙茸，诚塞外之仙境，缁流之乐土，莫高窟所不逮也。东西两岸石窟为数四十，有壁画者张大千氏凡编二十九号。东岸二十窟，上下二层，下层自北往南凡五号，上层自南往北起六号讫二十号。西岸九窟，自南至北起二十一号止二十九号。

东岸十七号窟窟门外南壁天王像下方有唐光化三年题名，文云：

> 光化三年十二月廿二日，悬泉长史夻乞达、宁庯柱、夻嬖磨，都知兵马使冯钵略，兵马使王仫奴，游奕使夻钵罗赞，兵马使杨仫奴，随从唐镇使巡此圣迹，因为后记。

唐昭宗光化三年正为公元后九百年。光化三年题名之北又一题记云：

---

① 参看伊东忠太著《支那建筑史》页二〇一（《东洋史讲座》第十一册）。

壬子年五月十五日，榆林□□□人田周石、阿力拙马军安清子、贺蔮、朱安、石乍奴、田□奴、郭苟奴、候一德、黄再德，同到人金都衙娘女及女□孙，刘儿女人充子、友定、高阿朵。

此壬子不知是何年，就题名字迹而论，或为元人所题也。东岸十三号窟窟门外南龛西壁又有宋雍熙时题名云：

雍熙五年岁次戊子三月十五日，沙州押衙令狐住延下手画□监使窟。至五月三十日……具画此窟周□□君王万岁，世界清平，田赞善□众……孙莫绝直主……严长发大愿，莫断善心，坐处雍护，□□通达，莫遇灾难，见其窟严□也。

宋太宗雍熙只三年，五年戊子是为端拱二年，公元后之九八八年也。十七号窟为中唐高手所作，保存极佳，为全榆林窟冠。十三号窟经宋人重修，重修痕迹尚可见，原来当亦是唐末或五季所开也。十号窟窟门外甬道北壁上有西夏人所书榆林窟记一长篇，其文云：

阿育王寺释门赐紫僧惠聪俗姓张住持窟记

盖闻五须弥之高峻，劫尽轮王；四大海之滔深，历数潜息。轮王相轮，无逾于八万四千；释迦装严，难过于七十九岁，咸归化迹，况惠聪是三十六勿有漏之身。将戴弟子僧朱什子、张兴遂惠子弟子佛兴、安住及白衣行者王温顺共七人，往于榆林窟山谷住持四十日，看读经疏文字，稍薰习善根种子。洗身三次，因结当来菩提之因，切见此山谷是圣境之地，古人是菩萨之身。不指锥门，就寺堂瑞容弥勒大像一尊，高百余尺。三十二相，八十种好端严，山谷内霅水常流，树木稠林，白日圣香烟起，夜后明灯出现。本是修行之界，昼无恍惚之心，夜无恶觉之梦。所将上来圣境，原是皇帝圣德圣感，伏愿皇帝万岁，太后千岁，宰官常居禄位，万民乐业，海长清，永绝狼烟，五谷熟成，法轮常转。又愿九有四生，蠢动含灵，过去现在未来父母师长等普皆早离幽冥，生于兜率天宫，面奉慈尊足下受记。然愿惠聪等七人及供衣粮行婆真顺小名安和尚，婢行婆真善小名张你，婢行婆张听小名朱善子，并四方施主普皆命终于后世，不颠倒兑离地狱，速转生于中国，值遇明师善友，耳闻好法，悟解大乘，聪明智惠者。况温顺集习之记。□□□□之理，韵智不迭后人切令怪责千万遐迹缘人莫□之心佛。国庆五年岁次癸丑十二月十七日题记。

国庆为天赐礼盛国庆省书，乃西夏秉常年号，癸丑为国庆三年，当宋神宗熙宁六年，公元后一〇七三年，五年为乙卯非癸丑也。（榆林窟九号窟窟门外门楣上有元至正十三年五月十五日书《大元重修三危山榆林窟记》，即全袭西夏惠聪《住持窟记》，仅首尾略易数字，不知何故也。）惠聪所修之弥勒大像疑即是五号窟之大佛，今尚保存完好，金碧如新，则近人之所重装者耳。十七号窟壁画作于中唐，时在光化三年以前，日本人松本荣一以为造于光化三年，盖由误以巡礼人之题名为窟主之题记。十七号窟窟外门楣上自有《功德记》一篇，文字十九漫漶，文末“……《功德记》推官保达撰敦煌郡□刺史……龙家十四人”诸字尚清晰可辨，此则是造窟人之题记也。[①]

① 参看松本荣一著《敦煌画の研究图像编》页四二〇。

至于榆林窟开创时代，虽乏石刻或文字上记载以为考较之资，然如十九号、二十号诸窟形制与莫高窟诸魏窟同，以此推之，疑亦始创于六朝，唯以迭经后人重修，遂致魏隋画迹悉归泯没耳。各窟题名，其有年代可考者，自光化三年以至国庆三年，俱在九世纪至十一世纪之间。斯坦因谓榆林窟创于九世纪至十世纪，题名率为元代云云。[①] 由上举诸证观之，其说不足据也。

又榆林窟一号至三号以及二十号四窟壁画，笔调与莫高窟$\frac{P117}{C75}$号窟门洞$\frac{P171a}{C160}$号窟窟内四壁及 C. 307、C. 309 号诸窟同，出于元人之手，所用线条皆是世所称兰叶描。清新飘逸，远胜于莫高、榆林诸宋人画之沈滞板拙。或以上举诸窟供养人像题名多用西夏字，遂目为西夏时代画，矜为创获。[②] 然榆林窟三号窟窟内门西壁画下供养人像与其上所绘水月观音俱属同一时代，并无补修痕迹。女供养人像皆戴姑姑，乃是蒙古服饰，与莫高窟$\frac{P146}{C134}$号窟门洞元代所绘供养人像同，时属元代，毫无可疑。元平西夏，河西以旧隶西夏，仍行西夏文，故西夏文亦曰河西字。上述诸窟壁画，虽成于西夏人之手，然已是元代之西夏，与天水一朝之西夏盖有别矣。诸窟大都绘密教曼荼罗，是亦可为属于元代之证明也。

① M. A. Stein, op. cit., vol. III, pp. 1109—1114.

② 近人张大千之说如此。

四　敦煌佛教艺术与西域之关系

敦煌之西千佛洞、莫高窟，安西之小千佛洞、榆林窟，在历史上既彼此互有关系，就艺术言亦为同一系统作品，故可总名之曰敦煌佛教艺术。关于敦煌佛教艺术在中国艺术史上之地位，以及与云冈、龙门、天龙诸石窟雕刻之关系，时贤讨论甚多，兹不备论。至于敦煌佛教艺术之渊源，则说者不无异议，亦有倡为源出汉画之说者。案中国之有壁画不知始于何时，唯战国、西汉已有画屋之风。屈子《天问》即见楚人神庙壁画有感之作。而汉广川王去殿门有成庆画，短衣大裤长剑，又命画工画其幸姬陶望卿舍；广川王海阳亦画屋为男女裸交接，置酒请诸父姊妹饮，令仰视画。① 是皆在秦以前及武帝、昭、宣之世，盖公元前第四世纪及第一世纪之上半叶也。战国以及汉代画屋在技术方面之情形如何？是否可以后世之壁画目之？史文缺略，俱无可考。若夫武梁石室一类之画像石，则属于浮雕，与壁画殊科。又其中时杂以跳丸及都卢寻橦之伎，树则左右交缠对称，与伊兰古代之浮雕手法相同，富于异国情调，非纯粹汉族文明所能解释。故谓敦煌壁画为继承汉代画屋之风，固近于臆测，以为出于汉画像石，亦有未谛也。夫敦煌佛教艺术导源西域彰彰明甚，兹就技术以及画理方面略举数证，以为解纷理惑之助，世之治敦煌佛教艺术者或有取焉！

一、论画壁制度　唐段成式《酉阳杂俎》续集卷五、卷六《寺塔

① 参看《汉书》卷五十三《景十三王列传》广川王诸传。

记》，张彦远《历代名画记》卷三记“两京外州观画壁”记两京寺观画壁甚详，唯于画壁制度初未之及。宋李诫《营造法式》卷十三泥作制度画壁条记画壁造作制度，文云：

> 造画壁之制，先以粗泥搭络毕，候稍干再用泥横被竹篾一重，以泥盖平。又候稍干，钉麻华以泥分披令匀，又用泥盖平（以上用粗泥五重厚一分五厘，若栱眼壁只用粗细泥各一重上施沙泥收压三遍），方用中泥细衬。泥上施沙泥。候水脉定收，压十遍，令泥面光泽。
>
> 凡和沙泥，每白沙二斤用胶十一斤，麻擣洗择净者七两。

盖先用粗泥夹竹篾麻筋将壁遍涂盖平，次加中泥细涂，最后施以和胶之沙泥，候干压平，摩治光洁。然后再于其上绘画。唐以前画壁制度，尚未在唐人著作中发见何种记载。唯石室本《坛经》记五祖弘忍大师堂前有三间房廊，五祖欲于此廊下供养，画楞伽变，并画五祖大师传授衣法，流行五代为记。画人卢玲看壁了，明日下手。此一段记载虽不甚明了，然大致可以推知者：画壁已先整治完好，画师只须看定壁之大小情形，明日即可下手绘画。此与《营造法式》所记皆属于西洋壁画中之 Tempera 一种，盖待壁面干后始施彩绘者。今莫高、榆林诸窟壁画，俱先以厚约半寸之泥涂窟内壁上使平；敦煌一带不产竹篾，故泥内易以铿碎之麦草及麻筋以为骨骼。泥上更涂一层薄如卵壳之石灰，亦有极薄如纸者。彩色施于干燥之石灰面上，初未透入石灰面下之泥层。敦煌画壁之石灰面应相当于《营造法式》中和胶之沙泥，石灰面中是否亦和以胶，现尚未经检查,不得而知。其画法亦应属于 Tempera 而非 Fresco。[①] 印度阿旃陁(Ajanta)等处石窟画壁,大都于磊砢不平之壁上涂以厚约八分之一至四分之三英寸用泥牛粪淡黑色石粉和成之泥一层,泥中时杂以斩切极细之碎草及谷糠末,其上复涂以一层薄如卵壳之石灰,然后画师施彩其上。印度画壁制度与新疆库车、吐鲁番以及敦煌所见者相同,惟所用材料因地域出产不同而略有出入,大体固不殊也。阿旃陁石窟最早者为第九、第十诸窟,约创于公元后第一世纪左右,早于敦煌者凡三世纪。[②] 此种画壁技术自印度经新疆以传至敦煌,唐代两京外州寺观画壁制度,则又承袭敦煌而加以恢弘扩大耳。

二、论粉本比例以及其他 印度绘制壁画,先由画工将所欲画者在石灰面上用红色打一粗样,粗样打就后加一层半透明之绿色,使所画轮廓从绿色中可以隐约透现。然后上手画师于半透明之绿色地上用黑或棕色为之描摹修正。粗样线条可以草率,修正者则必须明快深厚,线条修正蒇事始施彩绘。因一画出于众手,故往往可见修正痕迹。壁画以及普通绘画,俱有粉本,画家收藏粉本,父子相承,往往视为至宝。此种备摹拓用之粉本或画范制以鹿皮,于所画人物轮廓上刺成细眼,铺于画纸或画壁上,洒以炭末。画纸或画壁经此手续留下黑色细点,再用墨或朱笔连缀,即得所欲画之轮廓。印度画家绘制壁画及普通绘画,其初步手续大概如此。[③] 中国

---

① 参看 M. A. Stein, op. cit., vol. Ⅱ, pp. 846—847 引 F. H. Andrews 论敦煌壁画制作文。

② 关于印度阿旃陁诸石窟壁画制度,可参看 Percy Brown, *Indian Painting*, pp. 98—101。

③ 参看 P. Brown, op. cit., pp. 101—104。

自六朝以迄隋唐画家亦用粉本。张彦远《历代名画记》卷二《论画体工用拓写》有云：

> 好事家宜置宣纸百幅，用法蜡之，以备摹写（顾恺之有摹拓妙法）。古时好拓画十得七八，不失神采笔踪。亦有御府拓本谓之官拓。国朝内库翰林集贤秘阁拓写不辍。承平之时此道甚行，艰难之后斯事渐废。故有非常好本，拓得之者所宜宝之，既可希其真踪，又得留为证验。

唐弘文馆有拓书手六人，集贤殿书院有拓书六人。① 是拓写书画之法自六朝以至于唐相承不替也。段成式《酉阳杂俎》续集卷六《寺塔记》下记翊善坊保寿寺之先天菩萨帧云：

> 寺有先天菩萨帧（一作幢），本起于成都妙积寺。开元初有尼魏八师者，常念大悲咒，双流县百姓刘乙名意儿，年十一，自欲事魏尼，尼遣之不去。常于奥室立禅，尝白魏云：先天菩萨见身此地，遂筛灰于庭，一夕有巨迹数尺，轮理成就，因谒画工随意设色，悉不如意。有僧杨法成言能画，意儿常合掌仰祝，然后指授之，以近十稔工方毕，后塑先天菩萨，凡二百四十二首，首如塔势，分臂如意，蔓其榜子有一百四十日鸟树，一凤四翅水肚树。所题深怪，不可详悉。画样凡十五卷。柳七师者崔宁之甥，分三卷往上都流行。时魏奉古为长史进之，后因四月八日赐高力士。今成都者是其次本。

① 参看《旧唐书》卷四十三《职官志》二及《新唐书》卷四十七《百官志》。

所谓拓本或画样，皆粉本之别称也。敦煌石室所出经卷绘画中时杂有画范之属，而刺以细孔上施朱墨之画稿亦复不少，[①]当是利用画范故刺有细孔也。莫高窟魏、隋、李唐诸窟以历年过久，彩色剥落，露出最初用朱墨画成之粗样者为数颇多。至于起稿用淡墨，修正用浓墨，以致浓淡两种线条参差呈露者亦数见不鲜。凡此皆可见古代敦煌制作壁画或普通绘画，其初步手续几与印度全同也。[②]

清乾隆时西番学总管漠北工布查布译《佛说造像量度经》并为之解，于绘制帧像时自发至足各部分之比例叙述极详。兹录一段以见梗概：[③]

分别其节目则肉髻发际颈喉各纵四指，共凑成满一搩也。面轮及自喉至心窝，由是至肚脐，由是至阴藏各一搩，是上身之五搩也。髀枢（即胯骨也）膝骨足踵各纵四指，共凑一搩，股胫各二搩，是下身之五搩。合较满十搩。十搩即一寻，每搩十二指，十个十二，即一百二十，此乃比量竖纵之分法也。度横广之法则自心窝而上比至六指处（胎偶则六指零一足处），从正中横量至两腋各一搩。由是顺手至肘以里两臑各长二十

① 关于敦煌石室所出画范及画稿可参看 M. A. Stein, op. cit. vol. Ⅱ, p. 969, Ch. 00159条，及 Arthur Waley, *A Catalogue of Paintings Recovered from Tun-huang by Sir Aurel Stein*, p. 110 LXX Ⅱ—LXX Ⅲ。

② 莫高窟$\frac{P76}{C41}$号窟西龛外两侧文殊、普贤像下之天女，面部衣服线条，俱有修改痕迹，可为证明。

③ 工布查布译解之《佛说造像量度经》解有乾隆时刻本，及《大正新修大藏经》第二十一卷本。余又见一旧抄本，文字繁缛，与《大正藏》本异同甚多。兹据《大正藏》本，取其习见也。此处所引见《大正藏》二十一卷页九四一至九四二。

> 指，由是至手腕两臂各十六指，由是两中指梢各一搩。共计亦百二十指也。若造座像，其法阴藏中为正中，即身之半也。其下添四指处平弹绀线（绀音伻，以绳直物也）而彼与梵绀（窹像之主心准绳曰梵绀）相接处即跏趺交会之下隅也。又加四指为法身之下边宝座之上面也。从趺会下隅起，直上立弹绀线，比至眉间白毫中之分量，与其趺坐双膝外边相去间阔分长短平等，而两踵相离分得四指焉。

绘制佛像者以自手指为度量单位，十二指曰一搩，全身纵长横广各分为十搩。下手绘样之前，先用朱墨纵横画成比例格，然后依照规定绘画身体各部。《佛说造像量度经》附图十二幅，俱有比例格，所以示制作之矩范也。又据工布查布说，佛及菩萨像量度谓之十搩度；自初地菩萨以下，总摄世间圣及出世圣二种圣像之常制为九搩度；一切威怒像通作八搩度；诸矮身像度如吉祥王菩萨等则为六搩度，一名侏儒量。凡夫身量则竖八十四指，横九十六指，纵广不等。①

印度古代一书曰《画论》（*Citralaksana*，*The Theory of Painting*，*or The Essential Marks or Characteristics of Picture*）者，中论人物画像制度，亦以为神祇帝王之像较之常人应远为雄伟云云。案公元后三世纪时印度 Vatsyayana 著《爱经》（Kamasutra）论画有六法（Sadanga，or Six Limbs of Indian Painting），其二为 Pramanam，意即感觉量度结构俱须正确之谓，即近代所谓比例也。②《爱经》中之

---

① 参看《大正藏》二十一卷页九四五至九四八，一、菩萨像，二、九搩度，三、八搩度诸节。

② 参看 P. Brown，op. cit.，pp. 20—21。

画有六法，乃推阐前人之说，则绘画人物须有比例之观念在印度起源甚早。惟据《画论》及工布查布说，更证以阿旃陀诸窟壁画，比例固有等差，佛菩萨帝王以及凡夫各有不同，不可以等量齐观。印度种姓（caste system）观念渗入于印度社会生活各方面，此亦其一端也。

莫高窟魏、隋诸窟彩色剥落以后，往往露出用红土所绘之粗样，其贤劫千佛像及释迦像粗样大都有用红土画成之比例格，如$\frac{\text{P116bis}}{\text{C238}}$号窟即其一例。又魏、隋、李唐诸窟壁画中尊比例俱视旁侍诸弟子以及菩萨天龙八部为大。不仅佛菩萨像比例有等差，即供养人像亦复如是。如$\frac{\text{P16}}{\text{C20}}$号窟门洞北壁乐庭瓌南壁庭瓌夫人王氏像视其后随之子女仆婢像约大三分之一。又$\frac{\text{P17bis}}{\text{C300}}$号窟窟内南壁壁画下方绘张议潮收复河西图，北壁壁画下方绘议潮夫人宋氏出行图，议潮夫妇人马倍大于余像。敦煌当日画家接受印度绘画之技术及理论，即此所举可见一斑也。

三、论天竺传来之凹凸花法　印度画与中国画俱以线条为主。唯印度画于线条中参以凹凸法，是以能于平面之中呈立体之势。其画人物，如手臂之属，轮廓线条干净明快，沿线施以深厚色彩，向内则逐渐柔和轻淡，遂呈圆形。是即所谓凹凸法也。阿旃陀以及锡兰之 Sigiriya 诸窟壁画，其表现阴阳明暗，皆用此法。① 印度画传入中国，其最引人注意与称道者亦为此凹凸法一事，与明、清之际

① 参看 P. Brown, op. cit., p. 65。

西洋画传入中国之情形正后先同辙。[1] 故六朝以来画家以凹凸法作画者，后人著录辄注明其为天竺法，如梁张僧繇在建康一乘寺寺门画凹凸花，唐许嵩《建康实录》谓是天竺遗法，即其例也。[2]《酉阳杂俎》续集卷六《寺塔记》下记长安宣阳坊奉慈寺普贤堂尉迟画云：

> 普贤堂本天后梳洗堂，蒲萄垂实，则幸此堂。今堂中尉迟画颇有奇处。四壁画像及脱皮白骨匠意极崄，又变形三魔女，身若出壁，又佛圆光均彩相错乱目成讲。东壁佛座前锦如断古标，又左右梵僧及诸蕃往奇。然不及西壁，西壁逼之摽摽然。

所谓身若出壁，逼之摽摽然，皆言其有立体之感耳。此处之尉迟指尉迟乙僧。乙僧于慈恩寺塔画千臂千钵文殊亦用凹凸法。尉迟乙僧及其父跋质那并为于阗质子，故画用西域法。然此种印度传来之作画技术，唐代大家当亦有采用之者，如吴道玄画怪石崩滩若可扪酌，颇疑其用凹凸法，不然不能至此也。又世之论吴画者每谓其用笔如屈铁盘丝，又谓其如莼菜条。所谓莼菜条，盖融合中国固有之旧法与西域传来之新知，而另成一派者，此吴生之所以为古今一人也。以不在本文范围之内，兹不俱论。敦煌魏、隋、唐、宋诸窟壁画人物大都用铁线描，纤细之朱墨线条描绘轮廓，然后以浓朱沿轮

---

① 参看拙著《明清之际中国美术所受西洋之影响》一文，原载《东方杂志》第二十一卷第一号。见本文集第四九五页至第五三一页。（本书第五〇三至五四八页。——编者注）

② 许嵩《建康实录》卷六。

廓线条内部晕染一遍，如手臂之类，至中渐淡渐浅；远视中间突起，即之俨然如真。魏窟诸画朱色大都转黑，佛菩萨及力士像往往胸部成二大圆圈，腹部成一大圆圈，形如倒品字。然如$\frac{\mathrm{P120e}}{\mathrm{C83}}$及$\frac{\mathrm{P116bis}}{\mathrm{C238}}$诸窟，壁画尚保存原来颜色，胸腹诸部乃以粗朱线描成轮廓，内复用朱色晕染，渐中渐浅，遂成胸腹突起之形。（朱色变黑，乃成三大圆圈。诸窟佛像面部用晕染法，变色之后亦成圆圈。）此即所谓凹凸法也。用浅深晕染之。凹凸法技术自印度传至新疆，由新疆以至于敦煌，东西文化之交流，此其一端也。

四、论绘画中之空间观念　谢赫论画有六法，其五曰经营位置，此即近代所谓结构（Composition）也。宋以后之山水画，不仅山水本身须惨淡经营，使其一一停当，即画面所留空间，亦包罗于经营位置之内。空间与画面配置得当，则全画为之生色；失其均衡，名手亦因而减价。高日甫《论画歌》曰："即其笔墨所未到，亦有灵气空中行。"清笪重光《画筌》有云："虚实相生，无画处皆成妙境。"①山水画中空间之为用，一方面在保持全画之平衡，一方面则画家一段不尽之意，胥恃此空虚寥阔之境以为寄托。马远、夏圭之作最足以见此种境界。魏晋以降以至于唐则不然。张彦远《历代名画记》卷一《论画山水树石》曰：

> 魏晋以降，名迹在人间者，皆见之矣。其画山水，则群峰之势若钿饰犀栉；或水不容泛，或人大于山，率皆附以树石，映

① 高日甫诗及笪重光《画筌》，俱据宗白华先生《中国艺术意境之诞生》一文转引，宗文见《时与潮》文艺副刊。

带其地，列植之状，则若伸臂布指。详古人之意，专在显其所长，而不守于俗变也。国初，二阎擅美匠学，杨、展精意宫观，渐变所附。尚犹状石则务于雕透，如冰澌斧刃；绘树则刷脉镂叶，多栖梧菀柳。功倍愈拙，不胜其色。

据彦远所论，六朝人画山水人物树石，其比例观念专在集中表见，亦不用空间平衡画面，是以山水画中，“率皆附以树石，映带其地”。今即以敦煌壁画证之，莫高窟魏、隋诸窟所绘佛本生故事甚多，其中如鹿王本生大都作狩猎之状，因其所欲表现者为鹿王，是以所绘群鹿往往驰突于峰峦之间，高大几逾半山，彦远人大于山之论于此数见不鲜，又因画家欲表现画中情景之紧凑，于是峰峦之上必植丛树，“列植之状，则若伸臂布指”，可谓为最恰当之形容。总而言之，六朝人画象征的意味多而写实的意味少也。唐以后则约定俗成（Conventionalised），规矩日趋紧严，塑像如金刚力士之属，其肌肉表现亦极合于解剖学学理。盖已渐趋于写实，而不复如六朝人之挥洒自如矣。然于空间观念则仍循魏、隋以来之旧轨，未予以重视。其绘经变，佛坐中央，绕以菩萨罗汉天龙八部，上下左右隙地别绘与经变有关故事。如弥勒下生变，宝池下于七宝供养外，附以穰佉王子及王妃剃度之像，上方左右则为宝城及一种七收等故事。必使画面所有隙地几于全部填塞充满而后已。此在宋以后以山水画为正宗之中国画中便甚罕见。然而印度阿旃陁诸石窟壁画则与我国六朝、隋、唐之作，若合符契。此种作风自印度传于西域，如高昌、龟兹诸国，复由西域东被以至敦煌，其间传布途径斑斑可考。则敦煌佛教艺术之导源西域，固可深思也。

以上所举画壁制度、粉本、比例、凹凸法诸事属于技术，空间观念属于理论。敦煌系统之佛教艺术,自技术以讫于理论,在受有印度之影响,就上举诸证可明大较。然如龟兹诸石窟壁画中有所谓画家窟(Painter's cave)者,有西域画家 Mithradatta 之自画像及题名,斯坦因在磨朗(Miran)所得壁画亦有系出罗马名为 Titta 之印度画家题名。① 敦煌自古以来为中外交通门户,西域各国人士流寓其间者往往有之。中国佛教史上有名之敦煌菩萨竺法护,其先世即为月氏人而流寓敦煌者。与法护翻经之帛元信、帛延则为龟兹人。至于隋、唐,河西内附历六、七百载,犹杂蕃、浑,言音不同,羌、龙、嗢、末,杂居共处。敦煌石室所出书,具备西域各种文字,各种宗教,毡罽之类亦复参杂中国、伊兰以及希腊作风。凡此皆可以反映汉、唐间敦煌人种文化之复杂也。莫高、榆林诸窟巡礼人题记,汉文而外,梵、藏、婆罗谜(Brahmi)、西夏、回纥、蒙古文字不一而足,种姓繁复于此可见。莫高窟$\frac{P129}{C89}$号窟原为魏代所开,唐人重修,窟内供养人像上题名一面书回纥字,一面书汉文"商胡竺……"诸名,是莫高窟诸窟中亦有西域人施割财物之所修者矣。莫高窟诸窟亦有画家题记,如$\frac{P156}{C186}$号窟南壁上之上元二年题记即其一例。唯有姓名可稽者则只$\frac{P63}{C305}$号一窟,此为索勋时所修窟,门洞南壁有索勋供养像,题名结衔尚清晰可辨。窟内南壁上绘不知何经变,已塌毁过半,下绘菩萨赴会像,自东至西第六尊为南无大慈大悲观音菩萨像,像下西侧绘朱衣人幞头长跪供养像,下有题记云:

① 关于龟兹画家窟,可参看羽田亨著《西域文明史概论》页七七至八一。斯坦因在磨朗所得有画家题名之壁画,其大概可参看拙译《斯坦因西域考古记》页八八至八九。

弟子宋文君敬画菩萨四躯：一为已亡慈母，二为已息已亡索氏娘子。

字画拙劣，颇疑其即为画工所自题也。榆林窟第六、第七号窟亦有元代画工题记，文云：

临洮府后学待诏刘世福到此画佛殿一所计耳。至正二十七年五月初一日计。

刘世福为元人，唐、宋画家题记尚未之见。唯榆林窟诸窟大都重修于瓜、沙曹氏之世，其供养人像题名结衔颇有可以考见曹氏所设画院制度之梗概者，兹为汇录于次：

清信弟子节度押衙□□相都画匠作银青光禄大夫白般紽一心供养（二十三号窟）

□主沙州工匠都勾当画院使归义军节度押衙银青光禄大夫检校太子宾客竺（竺?）保（二十五号窟）

□□节度押衙知画手银青光禄大夫检校太子宾客武保琳一心供养（同上）

以上三则为与绘事有关之题名。又二十四号窟窟内东壁门南供养人像第二躯题名云：

社长押衙知金银行都料银青光禄大夫检校太子宾客郁迟宝令一心供养

由以上诸题名结衔推测，疑瓜、沙曹氏之世盖设有画院，掌院事者曰都勾当画院使。而都画匠作当亦为知绘事之官。知金银行都料则或是掌制作金银器如金银平脱之类者，略如唐制中尚署之金银作坊院，盖亦与艺术有关也。银青光禄大夫乃是散勋，依唐制为从三品。唯莫高、榆林二窟供养人像之在曹氏一代者题名结衔十九有银青光禄大夫以及检校太子宾客勋阶，疑多属僭窃自娱，非真受自朝廷也。郁迟一姓在伦敦藏石室本《新乡众百姓王汉子等谢司徒施麦牒》中尚有新乡监使郁迟佛德其人。[①] 郁迟即尉迟之异译，为于阗国姓 Visá 一字之对音。其为系出西域确然无疑。而龟兹王室俱以白为其国姓，自汉至唐一系相承，历七、八百载未之或替。其国人入中国并以白为姓。白一作帛，上述与竺法护译经流寓敦煌之帛元信、帛延，以及晋高座法师帛尸黎密多罗，皆籍隶龟兹，故以帛或白为姓也。[②] 榆林窟二十三号窟之供养人白般䋎，其姓既与龟兹国姓同，名亦不类汉人，必是流寓敦煌之龟兹国人，以知绘事而为曹氏画院供奉者。竺保疑是竺保之俗写，当为印度人。敦煌诸窟壁画中虽至今尚未发见西域画家题名，然而勾当画院者为印度人，都画匠作为龟兹人，而知金银行都料亦籍隶于阗。有此种种旁证，则假设以为制作莫高、榆林诸窟壁画之艺人中亦有西域画家从事其间，汇合中西以成此不朽之作，或者与当时事实不甚相远也！

（见《文物参考资料》第二卷第五期《敦煌文物展览特刊》下册

页七六—九五，一九五一年五月三十一日出版。）

---

① 王汉子等牒子见《沙州文录》。

② 法国故 Sylvain Lévi 教授研究龟兹语，于龟兹王室历史亦有极详细之讨论，冯承钧先生《史地丛考》所收之《龟兹语考》，即教授所著之节译也。

罗叔言《补唐书张议潮传》补正

——瓜沙谈往之四

唐自天宝安史乱后，河西、陇右相继沦于吐蕃，历时几七十年。宣宗大中初，张议潮始崛起敦煌，逐蕃归唐，以十一州图籍上献。河西遗黎之得重睹汉官威仪者，皆议潮之力也。然两《唐书》竟未为议潮立传，偶有所纪，亦复一鳞片爪，不足以窥其全。敦煌石室藏书出，罗叔言始据石室遗文以及石刻，为《补唐书张议潮传》。民国癸丑（二年，公元一九一三年）刊印巴黎藏石室本《张延绶别传》，于后《跋》中详考张氏事迹；甲寅（三年，公元一九一四年）加以重订，别著于《雪堂丛刊》中；丙寅（十五年，公元一九二六年）复据所见巴黎藏石室遗文重为写定。[①] 然石室藏书既散之英、法诸国，未尽刊布，莫高窟壁画供养人像题名亦有与张氏一代史事有关者。罗叔言限于见闻，是以《补传》不免疏漏。年来两履敦煌，略有所得，因就知见，补正如次；于所不知，谨从盖阙。

沙州陷蕃年代，《补传》据《陇西李府君再修功德记》及颜鲁公《宋广平碑侧记》，定为德宗贞元元年（公元七八五年），谓徐星伯

---

① 《鸣沙石室佚书》影印石室本《张延绶别传》，罗叔言《跋》历考张议潮事迹，是为《补传》初稿。民国甲寅重为写定，始刊于《雪堂丛刊》，继又布之于《永丰乡人杂著》中。丙寅复据所见巴黎藏石室本《张氏勋德记》等遗文改订旧稿，刊于丙寅稿中，上距初稿之成，盖已十四年矣。

《西域水道记》沙州以建中二年（公元七八一年）陷之说为无据。①然《水道记》之说固出于《元和郡县图志》也。《元和志》卷四十沙州条云：

> 建中二年陷于吐蕃。

罗叔言于《元和志》未加详检，遽肆诋諆，亦可谓失之眉睫也已。今案石室所出诸沙州地志足以证明《元和志》记沙州陷蕃年代者尚复不少。伦敦藏石室本 S.788 号残《沙州地志》记寿昌县云：②

> 右汉龙勒县。正光六年改为寿昌郡。武德二年为寿昌县，永徽六年废，乾封二年复改为寿昌置（？县）。建中初陷吐蕃。大中二年张议潮收复。

又晋天福十年写本《寿昌县地境》③亦谓寿昌于“建中初陷吐蕃”。寿昌属于沙州。上引二书俱谓寿昌陷于吐蕃在建中初，则《元和志》所记沙州陷蕃年代，固信而有征矣。

至于张议潮收复沙州，传世诸书率置于宣宗大中五年（公元八五一年）。《新唐书·吐蕃传》谓议潮：

---

① 徐松《西域水道记》卷三哈喇淖尔所受水条，记党河又北流过敦煌县城西旧沙州城东句，注曰：“建中二年陷于吐蕃。”

② 伦敦藏石室本 S.788 号卷子影片见 L. Giles, *A Topographical Fragment from Tunhuang BSOS*, vol. Ⅷ. Pt. 3, Plate V。

③ 参看拙著《记敦煌石室出晋天福十年写本〈寿昌县地境〉》，原载北平图书馆《图书季刊》新第五卷第四期页一至一一。见本文集第四二九页至第四四二页。（即本书第四三九至四五三页。——编者注）

以部校十辈皆操挺纳表其中,东北走天德城。防御使李丕以闻。①

《补传》从之。据石室所出遗文,则多谓议潮之收复瓜、沙,为时在大中二年。前引 S. 788 号残《沙州地志》及《寿昌县地境》俱谓寿昌"大中二年张议潮收复"。又伦敦藏石室本 S. 3329 号卷子记云:②

敦煌晋昌收复已讫,时当大中二载。……沙州既破吐蕃,大中二年遂差押牙高进达等驰表函入长安城,以献天子。

意者张议潮以大中二年收复瓜、沙,遂遣使者赴阙表闻。然据伦敦藏石室本 S. 936 号光启元年张大庆书《沙州伊州地志》残卷,③议潮收复西州在大中四年。《新唐书·吐蕃传》及伦敦藏石室本S. 6342 号卷子,④又谓凉州之复在懿宗咸通二年(公元八六一年)。是大中初瓜、沙诸州虽已光复,而甘、凉犹自未下,东道有阻,故使者诣阙上书,乃不得不迂道天德城,从此以入长安。道路险远,二年出发,大约四年岁暮或明年始达,五年方赐诏敕。史家据赐诏之年,遂谓议潮献表在五年耳。咸通二年凉州既下,八年议潮乃归觐长

① 李丕,《补传》作周丕,宋本及行世诸本《新唐书·吐蕃传》俱作李丕,无作周丕者,不知《补传》何所据也。

② 参看 L. Giles, op. cit. , p. 562。

③ 伦敦藏石室本 S. 936 号张大庆写本《沙州伊州地志》残卷影片见日本小川博士还历纪念《历史地理论丛》页一三一至一五二,羽田亨博士所著《唐光启元年写本沙州伊州地志残卷考》一文中。

④ 参看 L. Giles, op. cit. , p. 566。

安。瓜、沙收复以后，奉议潮命入觐长安者自不止一人一次，取道或亦不止一途。杜牧之《樊川集》卷二十有《沙州专使押衙吴安正等二十九人授官制》可以见之。牧之此制当草于大中五年冬也。① 至于押牙高进达等是否即为与吴安正等一同奉表入阙之人，则无可考矣。

河西归义，缁流亦与有功。奉使入觐之沙门悟真名见大中五年五月赐释门河西都僧统摄沙州僧政法律三学教主洪䛒诸敕。《樊川集》卷二十又有《敦煌僧正慧菀除临坛大德制》，慧菀亦当日奉使之一人也。《补传》谓慧菀即撰《华严音义》二卷之慧苑。案撰《华严音义》之慧苑，宋赞宁《高僧传》卷六有传，洛京授记寺沙门，华严三祖法藏法师上首门人。所撰《音义》收入开元十八年(公元七三〇年)智昇撰《开元释教录》卷十三。《僧传》未言慧苑曾移寓敦煌，又自开元至大中初几历百二十年，即使为一人，如此老寿，恐亦未能间关犯险远走数千里以奉使长安也。牧之《制》明谓"上人者生于西土"，与《僧传》所记慧苑之里贯不合。撰《华严音义》之慧苑与大中时奉使长安之慧菀自是二人，罗叔言未能详考，遂尔致误耳！

张议潮兄名议潭。② 收复瓜、沙后，议潭率李明达等"先身入

① 牧之于大中四年出守湖州，其拜考功郎中知制诰在大中五年秋，本集卷三有《八月十二日得替后移居霅溪馆因题长句四韵》诗可知。其内擢考功郎中知制诰当在是年七、八月间，得替后少歇，北上抵长安，或须在九、十月之交。则《沙州专使押衙吴安正等二十九人授官制》及《敦煌郡僧正慧菀除临坛大德制》二文之作，最早亦当在大中五年十月也。关于牧之系年考略，可参看浙江大学《文学院集刊》一、二两集缪钺著《杜牧之年谱》。

② 义潮、义潭及后来之曹义金，石室题名及遗文"义"俱作"议"，说见本文。

质”，已见《补传》。巴黎藏石室本P.2762号《张氏勋德记》[1]盖纪议潭子淮深修寺造窟功德者也。记述议潭官勋为前沙州刺史金紫光禄大夫检校鸿胪大卿守左散骑常侍赐紫金鱼袋，后加授左金吾卫大将军，卒赠工部尚书。除此而外，议潮兄弟家世官勋，尚可自莫高窟供养人像题名中考见一二。莫高窟$\frac{P80}{C46}$号窟大约为议潮侄淮深所开，经宋人重修者。近人予以剥离，露出供养人像题名结衔尚完整无阙。门洞南壁自西至东供养人像第一人为张议潭，北壁自西至东供养人像第一人为张议潮，其题名结衔兹备录如次：

敕封河西一十一州节度管内观察处置等使金紫光禄大夫检校吏部尚书兼御史大夫河西万户侯赐紫金鱼袋右神武统军南阳郡开国公食邑二千户实封二百户司徒讳议潮

金紫光禄大夫兼检校吏部尚书□左金吾卫大将军兼御史大夫赐紫金鱼袋南阳郡开国公讳议潭

窟内东壁门北一女供养人像，题名作：

叔母宋国郡太夫人宋氏

门南一女供养人像题名作：

---

① 巴黎藏石室本P.2762号《张氏勋德记》残卷收入伯希和、羽田亨二氏合编活字本《敦煌遗书》第一集。原卷失去题目，《勋德记》云云，伯希和、羽田亨二氏之所拟定也。

母□□郡太夫人钜鹿索氏

又$\frac{P17}{C300}$号窟当亦是张淮深所开，门洞南壁自西至东男供养人像第一人题名已漫漶，第二人题名结衔作：

侄男银青光禄大夫检校太子宾客……赐紫金鱼袋淮深一心供养

门洞右壁自西至东女供养人像第一人题名大部漫漶，可辨者为：

……河内郡君太夫人宋氏……

第二人题名作：

侄女泰贞十五娘一心供养

窟内北壁绘经变三幅，经变下绘河内郡宋国夫人出行图，题记尚清晰可辨；南壁上方亦绘经变三幅，经变下绘出猎图，题名已漫灭，犹隐约可见议潮诸字。淮深为议潭子，据巴黎藏石室本《张氏勋德记》，议潭夫人钜鹿索氏，则所谓叔母宋国郡太夫人宋氏及河内郡君太夫人宋氏，必议潮之妻无疑，而侄女泰贞或者即是议潭之女。又同号窟窟内西壁佛龛下绘女供养人甚多，北面一女供养人题名作新妇傅氏，诸字尚可识，其为何人之息，则不可考。议潮、议潭石室遗文以及壁画题名“义”俱作“议”，与后来之曹义金同；作“议”

者其原名,作“义”者盖史家之改称也。

议潮于咸通八年入朝,十三年八月卒于长安。据巴黎藏石室本《张氏勋德记》,议潭亦“入陪龙鼎”,“寿终于京”,其夫人索氏“连镳归觐”,卒后“附葬于月登阁北茔”。议潮“归阙之日,河西军务封章陈款,总委侄男淮深令守藩垣”。巴黎藏石室本 P. 2913 号卷子张景球撰张淮深《墓志铭》谓淮深之卒在昭宗大顺元年(公元八九〇年)[①],《补传》据乾宁元年(公元八九四年)《唐宗子陇西李氏再修功德记》,谓“淮深卒,弟淮氵嗣,淮氵卒,托孤于议潮婿瓜州刺史索勳。勳乃自为节度”。“议潮第十四女凉州司马李明振妻也,出定其难,率将士诛勳。请于朝,以议潮孙嗣为节度使”。《李氏再修功德记》中“所赖太保神灵,辜恩剿毙,重光嗣子,再整遗孙”诸语,即指李明振妻诛灭索勳,以及重立议潮后人而言。唯淮深之卒在大顺元年,索勳之受朝命为河西道归义军节度使,据《索勳纪德碑》在景福元年(公元八九二年),其间是否尚有所谓淮氵嗣立及托孤之事,又所谓嗣子遗孙,究何所指,凡此皆《补传》所未明言或未能言者。兹谨就莫高窟供养人像题名及石室遗文,试为推测如次:

《李氏再修功德记》末有“敕封宋国……伊西等州节度使兼司徒张淮深”及“妻弟前沙瓜伊西□河□节度使检校□□尚书兼御史大夫张淮氵”诸衔名。记文又云:“先君归觐不得,同赴于京华;外族留连,各分飞于南北。于是兄亡弟丧,社稷倾沦。假手托孤,几辛勤于苟免。”前者指议潭、议潮之先后入京,后者则指淮深兄弟之相继云亡而言。巴黎藏石室本张景球撰《归义军节度使检校司徒

① 张景球撰张淮深《墓志铭》,承王重民先生教。

南阳张府君墓志铭》云：

府君讳淮深，字禄伯，敦煌信义人也。……祖曰谦逸，工部尚书；考曰议潭，赠散骑常侍。……府君伯，大中七载便任敦煌太守。理人以道，布六条而土鼓求音；三事铭心，避四知而宽弘得众。乾符之政，以功再建节髦。特降皇华，亲临紫塞，中使曰宋光廷。……公以大顺元年二月二十二日殒毙于本郡，时年五十有九。葬漠高乡漠高里之南原，礼也。兼夫人颍川郡陈氏，六子，长日延晖，次延礼，次延寿，次延锷，次延信，次延武等，并连坟一茔，以防陵谷之变。其铭曰：

哀哉运蹙　赈必有时　言念君子　政不遇期　坚牛作孽　君主见欺　殒不以道　天胡鉴知　南原之礼　松楸可依　千古之后　世复何之　铭于旌表　用防改移

张景球文辞极隐约，细加推究，则大顺元年淮深夫妇以及六子大约同时遇难，故墓志铭一则曰“殒毙”，再则曰“坚牛作孽，君主见欺，殒不以道，天胡鉴知”。是以“并连坟一茔”也。淮深之弟疑与淮深同死，《再修功德记》因云“兄亡弟丧，社稷倾沦”。盖在大顺元年沙州骤乱，变生肘腋，淮深猝未及防，举室殒毙。作乱者即索勳其人也。索勳既杀淮深兄弟，遂自立为节度使，故《再修功德记》并无嗣立之辞；《补传》云云，纯出臆测，不足据也。景福元年朝命索勳为河西道归义军节度使，不过追认既成之事实而已。索勳既为议潮之子婿，李明振妻亦议潮之十四女，索、李二家俱属懿亲。索氏既肆篡夺，李氏遂以孤子遗孙为口实，大张挞伐。卒之“辜恩剿毙，重光嗣子，再整遗孙”。议潮之祚，盖又因李氏而复振。此一幕政权转移之争，其中当有若干勾心斗角流血杀戮之惨剧，惜乎书阙有间，已不可尽稽矣。

索勳篡夺以后，对于张氏子孙之情形，就石室题名亦可以推见一二。莫高窟诸窟中属于索勳时代所开者凡二窟。其一为$\frac{\text{P63}}{\text{C305}}$号窟，门洞南北壁俱绘男供养人像。南壁供养人像题名全漫漶，北壁供养人像自西至东第一人为索勳，其后一人为其子承勳，索氏父子题名结衔作：

> 敕归义军节度沙瓜伊西等州管内观察处置押蕃落营田诸使定□军检校吏部尚书兼御史大夫钜鹿郡开国公食邑贰阡户实封二百户赐紫金鱼袋上柱国索勳一心供养
>
> 男故……检校……守沙州长史兼御史中丞承勳一心供养

索勳父子官勳结衔可以补《索公纪德碑》之阙。又$\frac{\text{P167}}{\text{C155}}$号窟亦索勳时所开。门洞南北壁俱绘男供养人像。北壁自西至东第一人为张承奉，承奉后为李弘定；南壁自西至东第一人为索勳，勳后为李弘谏。兹分录诸人题名结衔如次：

> ……光禄大夫检校司徒同中书门下平章事……南阳郡开国公张承奉一心供养
>
> □□□□□□□瓜州刺史□□光禄大夫检校右散骑常侍□御史大夫上柱国陇西郡李弘定一心供养（以上北壁）
>
> □归义军节度管内观察处置押蕃落营使……检校右散骑

常侍兼御史大夫索勳

朝散大夫沙州□军使银青光禄大夫检校左散骑常侍兼御史大夫上柱国陇西郡李弘谏一心供养(以上南壁)

莫高窟诸窟绘供养人像,自魏隋以至李唐中叶,大都男供养人像居北,女供养人像居南。诸窟俱东向,是即上左也。瓜沙诸州陷于吐蕃以后,以迄于宋,所绘供养人像之位置,男南女北,与魏隋李唐互易其次,变而上右。① $\frac{P167}{C155}$号窟门洞供养人像以张承奉居北,索勳居南,揆诸当时之例,似有尊卑之别,然议潮子孙初未芟除净尽,索勳且引以为副贰,则固可知也。

《旧唐书》卷二十上《昭宗纪》光化三年有授张承奉归义军节度

① 钱大昕《十驾斋养新录》卷十左右条云:"唐宋左右仆射、左右丞相、左右丞皆以左为上,元左右丞相、左右丞则以右为上。科场蒙古、色目人称右榜,汉人、南人称左榜,亦右为上也。明六部左右侍郎、左右都御史、左右给事中、左右布政使仍以左为上。"今案若以尚书省为例,则上左之风江左北朝即已如此,其来甚旧。晋制尚书令阙,则以左仆射为省主,大驾卤薄亦尚书令在左,仆射在右。萧梁之制同于典午。此案之《晋书·职官志》、《隋书·百官志》而可知者也。《隋书·百官志》又纪炀帝改制,左光禄大夫为正二品禄七百石,右光禄大夫为从二品禄六百石。前夫此者则元魏广平王元飞龙自右光禄大夫迁左光禄大夫(《魏书》卷十六《飞龙传》),临淮王元孚自尚书右丞迁左丞(《魏书》卷十八《孚传》),是皆以左为上也。然上左本为匈奴之俗。《史记》卷一百十《匈奴列传》云:"匈奴谓贤曰屠耆,故常以太子为左屠耆王自如。"又曰:"其坐长左而北乡。"《正义》曰:"其座北向,长者在左以左为尊也。"《汉书》卷九十四《匈奴传》文与《史记》同,颜师古注曰:"坐者以左为尊。"古者居室南向,升降之仪主自东阶,宾自西阶,西即右也。故或以上左为胡化。《魏书》卷二十《齐郡王简传》,高祖尝与简俱朝文明太后于皇信堂,简居帝之右,行家人礼。孝文锐意汉化,此所谓行家人礼,或亦遵循中国古制耳。莫高窟东向,以北为左以南为右。魏、隋、李唐诸窟供养人像大都男居北,女居南。如云为胡化则何以晋亦上左?吐蕃与元又复上右?是左右之上,因时不同,当别有故,不尽可以胡汉文化释之也。姑揭所疑于此,以待通识教正!

使,文云:

> 八月己巳制:前归义军节度副使权知兵马留后银青光禄大夫检校国子祭酒监察御史上柱国张承奉为检校左散骑常侍兼沙州刺史御史大夫充归义军节度瓜沙伊西等州观察处置押蕃落等使。

大顺元年淮深兄弟殒毙。索勳夺取政权以后,更二年是为景福元年,朝命始以勳为归义军节度使,其时或即以张承奉为节度副使。莫高窟$\frac{P167}{C155}$号窟张承奉题名结衔之所残阙或者即《旧唐书·昭宗纪》之节度副使诸官勳耳。景福元年索勳受朝命以后,何时沙州即起政变,今无可考;疑最迟亦当在景福二年至乾宁元年(公元八九三—八九四年)之间。李氏发动政变,结果索勳被杀,而继勳为归义军节度使者即张承奉。伦敦藏石室本 S. 4470 号卷子,一面为乾宁二年(公元八九五年)三月初十日归义军节度使张承奉及节度副使李弘愿施物疏;又 S. 2263 号卷子为乾宁三年(公元八九六年)归义军节度押衙张忠贤所撰墓志铭,文中有归义军节度使南阳张公讳承奉之语,[①]凡此皆在光化三年以前,而乾宁二年且即作于《李氏再修功德记》之明年。则《再修功德记》所云之"重光嗣子,再整遗孙",以及"义立侄男"云云,固舍承奉莫属矣。光化三年制授承奉为节度使,亦不过事后之追认而已。自此以后,李氏则弘愿为沙州刺史,兼节度副使,弘定充瓜州刺史,弘谏为甘州刺史;分茅裂土,

① 参看 L. Giles, op. cit. , pp. 567—568。

以酬戡定之庸。究其实不过索、李二姓互争政权，同属懿亲而相残杀。李之所以异于索者以节度使之虚衔还之张氏，而自居其实位而已。然其事终有不可掩者，《李氏再修功德记》之隐约其辞，未著索勳姓名者，毋亦有所愧欤！

承奉既为节度使，至哀帝天祐二年（公元九〇五年）遂自立为白衣天子，建号西汉金山国。莫高窟$\frac{\mathrm{P51}}{\mathrm{C283}}$号窟内门楣上有敦煌龙兴寺沙门明□撰《□佛赞文》并《序》，末署“（上阙）岁次癸亥二月壬寅朔（下阙）”，癸亥盖昭宗之天复三年（公元九〇三年）也。[①]《□佛赞文》中有“愿我河西观□□置……节度使张公”云云之语，所谓节度使张公自属指张承奉而言。至天复末承奉犹以河西节度使奉唐正朔。天祐以后王室不振，秦失其鹿，于是承奉亦据有西陲一隅之地，建号称帝，以与中原群雄抗争。然终唐之世，始终不贰，亦可谓不忝祖德也。自天祐三年至后梁太祖乾化元年（公元九〇六—九一一年）之间，金山国曾数拒回鹘入寇。乾化元年回鹘可汗弟狄银率兵逼沙州，承奉力屈势穷，卒为城下之盟，相结为父子之国。承奉之卒大约在后梁末帝贞明五、六年间（公元九一九—九二〇年）。金山国事具详王重民先生所作《金山国坠事零拾》一文，兹不赘。[②] 承奉称帝以后，就石室所出诸史料观之，李氏诸子之名未尝一见，此亦事之不可解者也。据淮深《墓志》，淮深六子，疑俱殒毙，《功德记》谓再整遗孙，义立侄男，则承奉乃与张延绶诸人同其

① 据陈援庵先生《二十史朔闰表》，唐昭宗天复三年岁次癸亥二月癸卯朔，较此所纪后一日。唐末敦煌日历其朔闰与月之大小建，往往与中原互异，《东方杂志》三十四卷第九号王重民先生《敦煌本历日之研究》一文述此綦详，可以参看。

② 王重民先生《金山国坠事零拾》见《国立北平图书馆馆刊》九卷六号页五至三二。

行辈,究为何人之子,不可考矣!张氏自议潮于大中初复沙州至贞明中凡历三世七十年,而后由曹氏继长州事。

民国三十七年十二月二十五日改定于北平向达谨记

(见《辽海引年集》页八五—九三。)

记敦煌石室出晋天福十年写本《寿昌县地境》

敦煌石室出五代后晋天福十年（公元九四五年）写本《寿昌县地境》卷子，首尾完整，今藏敦煌某氏。余于三十一年冬至敦煌，即闻此书，而藏者始终閟不视人，仅从窦萃五、吕少卿两先生处得见钞本，据以录副。石室所出瓜、沙古地志，散在中外无虑十余种，大都残缺不全，似此卷之首尾完整者尚不多觏，因亟以所录副本刊布于世。以未见原卷，是以行数以及长短，俱付阙如，钞本误字，末由校正，亦悉仍其旧。原本文辞简略，误文脱句不一而足，因刺取他书，间予疏释，著之篇首。僻居边裔，书籍甚少，讹误在所不免，方闻君子有以进而教之，幸甚幸甚。三十二年九月十二日向达谨记于敦煌鸣沙山下。

寿昌本汉龙勒县地。《地境》谓魏正光六年始改为寿昌郡，属瓜州，伦敦藏石室本 S.788 号残《沙州志》亦作正光六年，两者皆是本土人记载。《太平寰宇记》卷一百五十三沙州寿昌县条谓在正光三年，疑所据有误，应以《地境》及《沙州志》为正也。周、隋俱为瓜州地，唐武德五年改瓜州为西沙州，徙瓜州于常乐，改常乐为晋昌县。别于故广至地置常乐县。贞观七年改西沙州为沙州。《地境》"后帝因为南沙，改为西瓜州"云云，文有脱误，以《元和郡县志》及两《唐书·地理志》证之可知也。《新唐书·地理志》又谓寿昌"开元二十六年又省",《地境》失纪,当缘陷蕃以后,文籍阙遗,致有脱漏耳。

敦煌唐改墩煌。唐沙州领燉煌、寿昌二县。自今敦煌出西门,过党河,西南行百四十里至南湖,清于其地置巴彦布剌汛。未至南湖四五里,有古城,东北西三面城垣犹有存者,南面塌毁略尽,其西有村庄,居民百余家,即南湖也。古城,土人相传为寿昌城。据《元和郡县志》及《太平寰宇记》,寿昌县因县南寿昌泽得名。寿昌泽,《地境》作寿昌海,巴黎藏石室本 P. 2691 号残《沙州土镜》及又一残《沙州图经》同,俱谓在县南十里,方圆一里,深浅莫测,即渥洼池水也。唯残《沙州图经》谓在县东南十里,与此稍异。今古城南数里有大泽,为南湖水源所自出,当即古寿昌海,则其北古城为唐寿昌、汉龙勒县故址,可以无疑。

《太平寰宇记》卷一百五十三沙州四至八到云:

> 西南原作南,误。以意改正至寿昌废县中界五十里,以破羌原作石,误。以意改正亭为界。
>
> 西北至河仓烽二百四十二里,与废寿昌县分界。

破羌亭,《地境》及 S. 788 号残《沙州地志》俱谓在寿昌县东六十五里。今自敦煌西南行七十余里,党河自南山发源西北行,至是北流出峡复转而东北以入敦煌境。清代于此设党河口卡及石俄博二汛,友人夏作铭先生谓破羌亭当即在此附近,为通南山以达青海之一道,辛武贤破羌戎于此,因筑亭以障之也。唐代燉煌西南即以此为与寿昌分界处。河仓烽当即伦敦藏石室本《燉煌录》中之河仓城，古时军储在彼，故以为名，即今之大方盘城也。沙州去河仓城道里，《寰宇记》作二百四十二里，《燉煌录》作二百三十里。自今敦煌城至大方盘城，凡一百六十里，取别道约二百二十里。唐代沙州疑在今敦煌城东南十余里之佛爷庙，合而计之，与《燉煌录》、《寰宇记》所志亦不甚悬殊。故今之大方盘城应即古代之河仓烽或河仓城，唐时燉煌与寿昌，西北盖以此为界。燉煌、寿昌分界，《地境》失载，因据《寰宇记》诸书，考其大概如此。

又唐自天宝乱后，河西、陇右相继沦于吐蕃者几七十载。大中初沙州人张议潮始振臂奋起，逐蕃归唐，以一十一州图籍上之朝，河西遗黎之得重睹汉官威仪复奉唐家正朔者，皆议潮之力也。然两《唐书》初未为议潮立传。石室藏书出，罗叔言始据石室遗文参以石刻，为《补唐书张义潮传》，前后凡三易稿。罗《传》据《陇西李府君再修功德碑记》及颜鲁公《宋广平碑侧记》，谓沙州陷蕃在贞元元年，诋徐星伯《西域水道记》沙州以建中二年陷之说为无据。案《水道记》记沙州陷蕃年岁，实本于《元和郡县志》，罗叔言未加详考，遽肆诋諆，可谓失之眉睫也矣。今《地境》亦谓寿昌于“建中初陷吐蕃”，伦敦藏石室本 S. 788 号残《沙州志》记寿昌陷蕃，文字与《地境》同。凡此皆可为《元和志》作佐证，足以正罗《传》之讹误者也。

寿昌在沙州之西南，《地境》首谓“西北去州一百二十里”，西北自是东北之误。又云“公廨一百九十五千”，伦敦藏石室本 S. 788 号残《沙州志》同。公廨者，公廨本钱之省称也。《新唐书·食货志》曰：

诸司置公廨本钱，以番官贸易取息，计员多少为月料。

唐代官吏每月食料，大约即取给于公廨本钱之月息，其详具见《唐会要》。寿昌在晋天福时犹行唐制，公廨本钱为一百九十五千。顾余在敦煌又见一中唐写本《地志》，沙州条寿昌下公廨本钱作二百五十千。有唐一代公廨本钱时有废置增改，寿昌自不能例外，唯其详则不可得而考矣。

《地境》又谓寿昌县有一寺曰永安，S. 788 号残《沙州志》同。巴黎藏石室本 P. 2250 号卷子纸背记敦煌佛寺名有永安寺，僧二十四人，徒十四人。马某藏千佛洞出宋天禧三年《造塔记》，亦有社官永安寺法律兴受以及永安寺法律戒辩之名。二者疑俱指寿昌之永安寺也。巴黎藏石室本又一残《沙州都督府图经》，所残存者大都属于寿昌一县，卷首有云：

> 右在县东六十里。《耆旧图》云，汉中缺佛龛，百姓渐更修营。下缺。

自寿昌东行六十里皆是戈壁，无地可以营建佛龛，唯今之西千佛洞差可以当之。西千佛洞在今敦煌城西南七十五里，正当党河自南北流转向东北处，于崖壁上凿龛，迤逦而东以至南湖店，约长五里，今有壁画可见者尚十八窟。画多属北魏以迄唐宋作品。夏作铭先生因谓残《沙州图经》之“佛龛百姓渐更修营”云云，必是指今西千佛洞而言，而永安寺或即是西千佛洞之唐代名称也。案西千佛洞唐属寿昌，夏君以残《沙州图经》中修营佛龛之语，谓即指今西千佛洞，其说甚是。唯此数语前尚有一段文字，其辞云：

> □□□□内，在县北十步处。中缺□□□□四年废，唐上

元中缺□□□□□置立，度僧人下缺。

既度僧人，是亦寺院之属。城内有度僧人之寺院，则永安寺亦可在城内矣。故唐代寿昌之永安寺是否即为今日之西千佛洞，尚待其他证据以为证明，非目前所能决也。

五代梁末帝贞明以后，瓜、沙曹氏继张承奉而掌州事。于是东连甘州之回鹘，西结西域之于阗，而又交欢辽、宋，贡奉不绝。自后梁末帝贞明以迄于宋仁宗皇祐凡历百四十年，瓜沙晏然不见兵革。曹氏一代之建置措施，书阙有间，不甚可考。今据石室遗书，复益以莫高、榆林诸窟供养人题名，参伍考证，于其建置，尚可略窥一二。张议潮之收复河西也，以一十一州图籍上献，故张氏一代官勋俱带河西一十一州节度，曹氏继世则稍稍衰替，仅克保瓜、沙二州而已。莫高窟$\frac{C39}{P52}$门洞北壁供养人像自西至东第四人题名结衔作：

故儿(?)归义军节度府(?)管内二州六镇马步军都头□□使检校司空兼御史大夫上柱国谯郡曹延祥(?)一心供养

此题名结衔中之二州，自指瓜、沙二州而言，六镇亦当在二州境内，而其名则不尽可考。伯希和、羽田亨合编《燉煌遗书》第一集收有巴黎藏P.2625号卷子，《遗书》题曰《燉煌名族志》，内载敦煌阴氏有阴仁干者为沙州子亭镇将，又有阴琛者为行瓜州雍归镇将。子亭应作紫亭，《地境》记寿昌县戍三，其三日西子亭，又西紫亭山《地境》自注云：

县西南一百九十八里。其山色紫，故以为名。时人讹为子亭山。

是其证也。宋初曹氏且于紫亭设县。莫高窟$\frac{C214}{P130}$号窟原开于北魏，唐初重修，宋初又修建窟檐及门洞，窟檐正梁有宋初题记云：

维大宋太平兴国五年岁次戊辰二月甲辰朔廿二日乙丑敕归义军节度瓜沙等州观察处置管内营田押蕃落等使特授检校太傅同中书门下平章事谯郡开国公食邑一阡五百户食实封七百户曹延禄之世创建此窟檐记

重修窟檐，窟主为阎员清，正梁侧阎氏亦有题名，结衔作：

窟主节度内亲从知紫亭县令兼衙前都押衙银青光禄大夫检校刑部尚书兼御史大夫上柱国阎员清

莫高窟$\frac{C42}{P74}$号窟亦为曹氏所修窟，窟内供养人像题名有“新妇娘子阎氏供养”，及“女第十五小娘子一心供养出适阎氏”诸题记，是曹、阎二家互为婚姻，故员清题名结衔有“节度内亲从”之称也。而紫亭一县初不见于《元和郡县志》及《太平寰宇记》，然在西凉时当已有之。《晋书·李暠传》云：

筑城于敦煌南子亭，以威南虏。

是子亭在敦煌之南也。又《鸣沙石室佚书》影写巴黎藏石室本《沙州图经》，卷首残缺，述甘泉（即今党河）自南山发源沿途所经，亦过子亭镇，其辞曰：

（上略）其中缺里至子亭镇西三中缺约九字烽。又西北流六十里至山阙烽。水东即是鸣沙流山，（中略）其水西有石山，亦无草木。又东北流八十里，百姓造大堰，号为马圈口。

此所谓山阙烽，当即在今西千佛洞稍西，党河至是北流，冲破山峡，复转而东北约八十里，以至敦煌附近，然后筑堰分水。今日敦煌分水灌渠，与此所纪犹无大异。子亭镇盖在党河上游，距西千佛洞稍西党河转向处之峡口，最多亦不过百余里。敦煌吕少卿先生谓李暠所筑之子亭城即今之党城，按之地望，或者近是。唐宋以后之子亭镇即依西凉之旧规。曹氏之世既设县置令，又于其地置戍设防，守之以镇遏使，镇将则镇遏使以下之部从也。榆林窟张编六号窟门洞南壁供养人像自东至西第一、第三、第四诸人题名结衔作：

皇祖检校司空慕容逯盈第一人

施主紫亭镇遏使银青光禄大夫检校散骑常侍保实第三人

施主紫亭镇遏使……第四人

慕容逯盈妻曹氏，为曹议金第十一女，逯盈于后周广顺初为瓜州刺史，其孙保实等至宋初复为紫亭镇遏使。《地境》之西子亭戍西紫亭山，又当因其在紫亭西，故以为名耳。雍归镇隶瓜州，其名亦见榆林窟张编六号窟窟内门楣上元至正二年书《斋粮记》，地无可考,疑即今榆林窟南七十里之石包城。紫亭、雍归当南山之冲要,为瓜沙之屏藩,故曹氏于此置重兵以资防守也。

曹氏六镇,紫亭、雍归而外,今可考者尚有悬泉一镇。唐、宋时代之悬泉堡或悬泉镇即在汉广至县旧地,今安西踏实西北之破城子是其处也。榆林窟张编二十五号窟门外甬道供养人像,其一题名结衔作:

节度都头悬泉镇遏使银青光禄大夫检校左散骑宋清儿。

又二十六号窟窟内东壁门南一供养人像,题名结衔作:

敕归义军节度内观察都头守悬泉镇遏使银青光禄大夫检校□□□□中缺都头南阳邓义之供养

皆有悬泉镇遏使一官,是悬泉与紫亭、雍归同属六镇之一,盖可知也。因《地境》西子亭戍及西紫亭山,遂附考瓜、沙曹氏六镇之梗概如上,虽似支蔓,或亦治瓜沙故闻者之所不废也欤!

大泽亦见巴黎藏残《沙州图经》。《图经》谓大泽东西十里,南北十五里,可补《地境》之阙。唯《图经》作在县南七里,《地境》南作东,疑以《图经》为是。曲泽,《图经》谓东西十三里南北十五里,今敦煌西湖俗亦名后坑子,或其地也。

龙勒泉,《地境》注有"按西域云"之辞,西域下当脱一传字。然据巴黎藏残《沙州图经》及光启元年写本《瓜沙伊西残地志》,俱应作《西凉异物志》,《地境》作《西域传》,疑误。寿昌海下《地境》注"长得天马之所",长字上脱暴利二字。大渠、石门涧、无卤涧,《地境》语殊简略，应以巴黎藏残《沙州图经》之所记者补之。

玉门关，巴黎藏残《沙州图经》谓周回一百二十步，高三丈。玉门关即今敦煌西北二百里之小方盘城，在大方盘城西四十里，南湖北一百四十里，小城周垣犹存，与残《沙州图经》所记合。《地境》注以为汉武帝元鼎九年置，元鼎无九年，疑是六年之误。案汉武帝通西域，先经营河西，元狩二年置武威、酒泉二郡，元鼎六年乃分武威、酒泉地置张掖、敦煌郡。即于元鼎六年置玉门关，以扼通西域之门户。元狩时自酒泉至玉门列亭鄣，太初三年复增筑酒泉以北诸障塞。河西在政治上军事上之建置俱已蒇事，而后太初三年贰师将军二次伐大宛遂无后顾之忧。沙畹（M. E. Chavannes）、王静安诸先生据《史记·大宛列传》纪贰师将军第一次伐大宛败归，"天子闻之大怒，使使遮玉门曰：军有敢入者辄斩之。贰师恐，因留敦煌"诸语，遂谓太初以前之玉门关在敦煌以东，太初以后始移至敦煌以西。今观《地境》之文，可知二先生说不尽然也。余别有《两关杂考》一文论此，辞长不备录。又阳关亦在寿昌县境内，《元和志》谓在县西六里，《新唐书·地理志》谓在县西十里。《地境》未著阳关之名，顾有西寿昌城，谓在"县西北五里，汉武八年创置"。"汉武八年创置"一语，伦敦藏 S. 788 号残《沙州志》作"武德八年置"，唯谓在县西廿五里，与巴黎藏石室本 P. 2691 号残《沙州土镜》同。岂《地境》之西寿昌城即指阳关而言耶？然巴黎藏残《沙州图经》固纪有阳关，其文曰：

右在县西十里，今见毁坏，基址见存。西通石门涧，□□□□在玉门关□，因号阳关。

是阳关遗址，唐时尚存，《地境》不应只著西寿昌之名而遗阳关旧称？不可解也！

破羌亭，《地境》脱破羌二字，从《地境》自注及他书可以知之。此下《地境》所著石城、屯城、新城、葡萄城、萨毗城、善鄯城、故屯城、蒲昌海、播仙镇、沮末河诸条，与巴黎藏光启元年写本《瓜沙伊西残地志》所记者大致相同。偶有出入，可以互校也。

《地境》末有题记，记云：

> 晋天福十年乙巳岁六月九日州学博士翟上寿昌张县令《地境》一本

后晋高祖天福只八年，十年乙巳乃是出帝开运之二年。寿昌僻在西陲，易帝改元尚不之知耳。州学博士翟当是翟奉达。奉达名再温，奉达其字也。余在敦煌见一石室卷子，一面为《毛诗诂训传》卷十六《大雅·文王之什》，背面书《逆刺占》，为奉达书，末记云：

> 于时天复贰载岁在壬戌四月丁丑朔七日，河西墩煌郡州学上足子弟翟再温记。

姓名旁注曰，“再温字奉达也”。奉达为历学世家，其所纂历今残存五种，俱题曰奉达，无作再温者，疑其后即以字行也。奉达所纂有天成三年戊子岁《具注历日》一卷，序文尚残存少许，即黏于《逆刺占》卷首，题：

> 随军参谋翟奉达撰

巴黎藏石室本 P.3247 号卷子为大唐同光四年《具注历》,亦题作:

随军参谋翟奉达撰

莫高窟$\frac{C42}{P74}$号窟窟内西壁画下供养人像自南至北第十七人即翟奉达,像已毁,其题名结衔作:

节度押衙行军参谋银青光禄大夫(国子祭)酒兼御史中丞上柱国翟奉达一心供养

与同光、天成二历合,则$\frac{C42}{P74}$一窟之修建,当亦在五代也。又伦敦藏石室本 S.95 号卷子,为奉达纂显德三年丙辰岁《具注历日》并《序》,撰人题名结衔作:

登仕郎守州学博士翟奉达纂上,校写弟子翟文进书。

巴黎藏石室本 P.2623 号卷子亦为奉达撰显德六年己未岁《具注历日》并《序》,题名结衔作:

朝议郎检校尚书工部员外行沙州经学博士兼殿中侍御史赐绯鱼袋翟奉达撰

自同光四年(即天成元年)以至显德六年,敦煌所行之历日,几俱成于奉达之手。而奉达在天复二年既已为州学上足子弟，其后为节度随军参谋、国子祭酒、守州学博士、行沙州经学博士，则天福十年（即开运二年）以《寿昌县地境》上寿昌张县令之州学博士翟固非奉达莫属也。而据罗福苌编《伦敦所藏敦煌卷子目》，其中尚有天福十年《具注历日》，亦上寿昌县令者（此卷余未之见），当亦奉达之所纂也。《逆刺占》卷末奉达所题年月后，尚有其所为七言诗及五言诗，今具录如次：

三端俱全大丈夫，六艺堂堂世上无。男儿不学读诗赋，恰似肥菜根尽枯。

又续前七言：

躯体堂堂六尺余，走笔横波纸上飞。执笔题篇须意用，后任将身选文知。

又五言：

哽噎卑末手，抑塞多不谬。嵯峨难遥望，恐怕年终朽。

末复题云：

幼年作之，多不当路，今笑，今笑！
已前达走笔题撰之耳。
年廿作，今年迈见此诗，羞煞人！羞煞人！

天复二年奉达年二十，天福十年年六十三，显德六年已七十七，尚未弃畴人之业，馀事并及于舆地，亦可谓博学老寿之士矣！

* * *

寿昌县地境

西北去州一百二十里　公廨一百九十五千　户三百五十九　乡一

右本汉龙勒县，魏正光六年改为寿昌郡，属瓜州。故书云旧瓜州即沙州是也。其州宜种美瓜，故号瓜州。后帝因为南沙，改为西瓜州，移瓜州在东，即今瓜州是也。宇文保定四年省入燉煌县。武德二年又析置寿昌县。永徽元年废，乾封二年又置。建中初陷吐蕃。寺一永安镇二龙勒、西关戍三大水、紫金、西子亭烽卅四栅二堡五。

黑鼻山　县西南五十里。连延西至紫金，亦号紫金山。又至五亭山，亦号五亭山。

姚阅山　县东南一百八十里。其山因启为名。

龙勒山　县南一百八十里。周时龙马朝出咸阳，暮至寿昌，因以此山之下，遗其衔勒，故名龙勒山。

西紫亭山　县西南一百九十八里。其山色紫，故以为名。时人讹为子亭山。

大泽　县东七里。水草滋茂，牧放六畜，并在其中。

曲泽　县西北一百九十里。其泽迂曲，故以为名。

龙勒泉　县南一百八十里。按西域云，汉贰师将军李广利西伐大宛，得骏马，愍而放之。既至此泉，饮鸣喷辔衔落地，因以为名焉。

龙堆泉　县南五里。昔有骏马，未至此泉，饮水嘶鸣，宛转回旋而去。今验池南有土堆，有似龙头，故号为龙堆泉。

寿昌海　源出县南十里。方圆一里，深浅不测，即渥洼池水也。长得天马之所。

大渠　县南十里，从渥洼池内穿入渠。

石门涧　源出县东南三里也。

无卤涧　源出县西南十里也。

玉门关　县北一百六十里。汉武帝元鼎九年置，并有都尉。《西域传》东即限以玉门、阳关也。

□□亭　县东六十五里。前汉破羌将军辛武贤败破羌戎讫，于此筑亭，故号破羌亭。

石城　本汉楼兰国。《汉书》云去长安六千一百里。地多沙卤，少田出玉。傅介子既杀其王，汉立其弟，更名善鄯。随置善鄯镇。随乱，其城乃空。自贞观中康国大首领康艷典东居此城，胡人随之，因成聚落，名其城曰兴谷城。四面并是沙卤。上元二年改为石城镇，属沙州。东去沙州一千五百八十里。

屯城　西去石城一百八十里。善鄯质子尉屠耆归，单弱，请天子，国中有伊循城，地肥美，愿遣一将屯田积谷，得依其威重。于是汉遣司马及吏士屯田伊循以镇之，即此也。善鄯大城遂名小善鄯，今名屯城。

新城　康艷典之居善鄯，先修此城，因名新城，汉名弩支城。东去善鄯三百三十里也。

蒲萄城　康艷典筑。在石城北四里，种蒲萄于城中甚美，因号蒲萄城也。

萨毗城　在镇城东南四百八十里。其城康艷典置筑，近萨毗城泽险，恒有土蕃土谷贼往来。

善鄯城　周回一千六百卅步。汉善鄯城见破坏，在石城镇二十步。

故屯城　在石城西北。

西寿昌城　县西北五里。汉武八年创置。

蒲昌海　在石城镇东北三百廿里。其海圆广四百里。《汉书·西域传》，此海西源一出葱岭山，一出于阗国南山之下。北流与葱岭东注蒲昌海，一名盐泽，流于积石，名中国河也。

播仙镇　故沮末城。《汉书.西域传》云，去长安六千八百廿里。随沮末郡。上元三年改为播仙镇也。

沮末河　源从南山大谷口出。源去镇五百里，经沮末城下过，用以为名。

已前城镇并落土蕃，亦是胡戎之地也。

晋天福十年乙巳岁六月九日州学博士翟上寿昌张县令《地境》一本。

（见北平图书馆《图书季刊》新第五卷第四期
页一一一一，一九四四年十二月出版。）

摄山佛教石刻小纪

摄山，俗呼栖霞山，位于南京东北四十里。梵刹之盛，著于南朝。而长松曲涧，怪石危崖，风物之美，尤足留连。山多南唐及宋人题名，自大小徐以下，无虑数十。年来好事者访寺寻碑，缒幽凿险，为之椎拓，遂先后复见于世。[①] 然就中国佛教美术史上言之，则摄山之千佛岩及隋舍利塔，其可珍异，固超前贤题名而上之，而前人著述于此率语焉不详，惜哉！十四年十二月，余等自京口便道至此，穷一日之力于千佛岩、舍利塔皆有所度考。因记其崖略如次，庶足以为他日观省之资云耳。

一　千佛岩

南朝摄山梵刹有栖霞、止观、庆云诸寺；[②]惟栖霞一寺，代有修

① 《栖霞小志》记宋人题记约三十余种；缪筱珊跋谓，“近年翁铁梅宿山中十余日，所得四十余段”。最近南京古物保存所亦遍拓兹山题名，其所得又超前贤而上之矣。

② 《南朝佛寺志》据《景定建康志》，知摄山于栖霞寺外，尚有庆云寺。今按道宣《高僧传》卷九之《慧布传》谓布“从建初寺琼法师学《成实论》，通假实之旨，物议所归。而布恨斯至理，未尽怀抱。承摄山止观寺僧诠法师，大乘海岳，声誉远闻，乃往从之，听开三论”。同《传》又谓“陈至德中，邈引恭禅师建立摄山栖霞寺”。是栖霞与止观固为二寺。而日人大盐毒山所著《支那佛教史地图》谓栖霞寺后改称止观寺云云，恐未得其实也。

葺,至今犹存。[①] 今以此寺为中心,以说千佛岩。(千佛岩一称千佛崖,亦称万佛崖,别称千佛岭。今以千佛岩为无量殿以及千佛岭之全称,而千佛岭则特指纱帽峰一带。)

栖霞寺大雄宝殿门向西方。殿稍偏东南隅,则隋舍利塔在焉。舍利塔之东是为千佛岩之起点。舍利塔附近石窟之稍巨者有罗汉弥勒诸洞。稍折而南一小窟,窟外石上有大徐题名;不知是何俗子,将徐字加以钩勒,虽一见了然,而真意浸失矣。自此更折而东,经大小石窟佛龛数十,遂至无量殿。殿依山以石筑成,中镌无量寿佛,及观音、势至二菩萨,宏伟庄严,盖千佛岩中之冠冕也。由无量殿迤逦东上,则为纱帽峰,为千佛岭,至是凿山为石窟及佛龛;大小错落,点缀崖石间,若蜂房,若鸽舍,依山势为高下。石质属红色砂岩;梵像绀紫,蔓以绿萝。岭下有石磴积累而上,至最后明万历时御马监右少监暨禄所修一窟而止。磴下两山中合,用成一谷,有小涧,有石磴。遥对千佛岭之麓,稍平衍,亦有一精舍。夕阳西下,斜晖映岭上,似庄严世界即在人间矣。

南朝佛教大盛,樊川所谓"南朝四百八十寺",盖可以见之矣。其名不可尽考,据陈作霖《南朝佛寺志》所述,尚得二百二十有六寺也。教理方面据日人松本文三郎所云,则净土思想特盛民间,而尤以弥勒净土为最。顾弥勒净土虽盛行于世,而弥陀净土却亦为民间所崇信。故自晋至隋,为无量寿佛造像者仍代有所闻;隋以后弥

① 按《南朝佛寺志》谓栖霞寺至"唐高祖改为功德寺;会昌中废,旋复。南唐号妙因寺。宋太平兴国中号普云寺;景德初仍为栖霞禅寺;元祐中改严[公]崇报寺,又号虎穴寺。然至今人皆呼之为栖霞"云云。

陀净土遂夺弥勒净土之席而有之矣。① 今就艺风堂所收六朝诸造像拓本目录考之,则是说固匪无据。② 夷考摄山之千佛岩诸造像,盖亦此弥陀净土海中之一滴也。今略考其沿革如次。

萧齐建元间明僧绍自青州归,住江乘摄山;抗迹人外,高尚不仕。挹沙门法度之清真,待以师友之敬;因舍宅为栖霞精舍以居之。度常愿生安养,故遍讲《无量寿经》,积有遍数。于是西岩石壁中夜放光,现无量寿佛及殿宇煜煌之状;僧绍等遂谋凿石为像。既而僧绍卒,不果。僧绍于永明元年征为国子博士,不就,卒,法度游京师在宋末,而僧绍次子仲璋之造无量寿佛在永明二年;则僧绍之舍宅,栖霞寺之创立,皆在建元末及永明元年之间矣。僧绍既卒,次子仲璋为临沂令克荷先业;于永明二年庄严龛像。首于西峰之石壁与法度镌造无量寿佛,坐身高三丈一尺五寸,通座四丈;并菩萨倚高三丈三尺。外又造尊像十有余处。是为今日无量殿之起原也。至梁大同二年,齐文惠太子,豫章文献王,竟陵文宣王,始安王,及宋太宰,江夏王霍姬,雍州刺史田复等,俱深晓正见,妙识来果,各舍泉贝,并于岩阿,琢磨巨石,影拟法身。梁太尉临川靖慧王道契真如,心宏檀蜜。见此山制置疏阔,功用稀少,以天监十年八

---

① 松本文三郎著《支那佛教遗物》书中有《自六朝时代之雕像题名所见之净土思想》一章,即专论此事。谓虽有慧远白莲一社,于"无量寿像前,建斋立誓,共期西方,然弥勒净土终盛于民间。隋唐而复,弥陀净土始勃然大兴云云"。并推论其迭为盛衰之故甚详。

② 《艺风堂金石文字目》卷二所收自魏至隋造像碑记,无虑千余通。今仅就其所记龙门各种造像三百六十九段考之:其中弥勒佛造像为四十三段,释迦文佛造像为五十六段,而无量寿佛造像仅十一段。又卷三所收自唐至宋龙门造像题记五百八十一段:其中弥勒佛造像仅十一段,观世音造像得五十段,释迦文佛造像九段,而阿弥陀佛造像乃得七十六段,又无量寿佛造像二段。是亦可见矣。

月爰撤帑藏，复加莹饰，缋以丹青，缕之铣鋈。是则千佛岩之起原也。① 综计自永明二年始镌无量寿佛以至天监十年，历时凡二十八载。大同石窟始于北魏文成帝兴安二年，至孝文帝太和十七年迁雒为止，历时近四十载，先于摄山之千佛岩者凡三十一载；龙门石窟则自北魏宣武帝景明元年至孝明帝正光四年，历时二十四载，为时后于摄山之千佛岩者凡十七载。② 然摄山千佛岩之宏伟瑰奇，则逊大同、龙门者远矣。唐宋以还，摄山千佛岩曾否有好事者为之庄严佛事，漫无可考。惟按明盛时泰《栖霞小志》所纪赵伯晟诗一条，知自宋之宝元至淳熙，其间柱饰庄严之具，已有更易者矣。至明嘉靖中海盐郑晓重装无量寿佛及左右二菩萨。③ 隆庆以后，补造佛龛佛像者纷起。今日所存几皆明代之遗，此按之造像之形态而可知也。（参看补注）南朝诸造像无一造像记遗存至今，唯明代诸造像多完好，又补镌诸人以太监为多，是为可异耳。今将明代诸造像记移录如左，或足为谈摄山文献者之一助焉。（所录以时代为先后）

---

① 见《南齐书》卷五十四及《南史》卷五十《明僧绍传》，慧皎《高僧传》卷九《释法度传》，《江宁金石记》卷一陈江总《摄山栖霞寺碑》、又卷二唐高宗《明徵君碑》。《南朝佛寺志》栖霞寺条谓僧绍于宋泰始中游此山，又云舍宅为寺在齐永明七年。今考《南齐书》诸书及《栖霞寺碑》、《明徵君碑》，《佛寺志》所言皆误也。又按慧皎《高僧传》卷十三《释僧祐传》："祐大精律部，有迈先哲。齐竟陵文宣王每请讲律，听众常六七百人。祐为性巧思，能自准心计，及匠人依标，尺寸无爽。故光宅摄山大像，剡县石佛等，并请祐经始，准画仪则。"又卷十四《释僧护传》亦记僧祐造剡县石佛事。是梁大同二年齐文惠太子，豫章文献王，及竟陵文宣王诸人于摄山所造像，工程师乃为僧祐。此可与王文载、徐知谦并传矣。

② 见《魏书·释老志》，《支那佛教遗物》一书中之《大同佛像》一章，及佐藤孝正《云岗大石窟》第三章《论云岗之佛教美术》。

③ 《栖霞小志》乔《司马诗》条。

金陵摄山栖霞寺补塑佛像记

栖霞寺自齐梁来号称名刹;沿岩凿佛,庄严殊丽,天下希有。经年既久,内有风雨苔藓侵蚀,致摧剥者有之。善士张玉国玺者参话诸方,归心祖道。以隆庆三年春入山礼谒云谷素庵诸老。游历□间,见岭岩洞壑,种种清静,而一龛独失圣容。欲为凿补,艰于相类,乃以佳材塑而代之。至秋日迎置旧龛。……隆庆三年春上浣天界吉沙门宗春漫书。

其他造像记

北京司礼监文书房太监潘朝用重修佛龛。万历二十七年佛成道日立。

信官董保、李朝共发心修佛一龛。万历庚子夏月立石。

信士客养心同男客廷秀修佛二龛。万历庚子夏月立石。

重修石佛记

栖霞寺丛林兴于六朝,石凿佛至千数;以世相迁流,而不无陵夷。万历庚子春司礼监太监刘海不惮凝寒之劳,独有向上之念,故誓庄严是龛。……万历庚子仲春之吉燕沙门仁宽书。

摄山栖霞寺重修石佛记

栖霞寺六朝崇尚,累代名刹;明徵君始凿石像,隋文帝又建浮图。国中四绝此其一也。然以岁月弥深,不无残断。钦差直隶、仪征等处地方抽税御马监右少监暨禄,不惜金宝,贵植净因。庄严既讫,而纪事入石,又讵得为靡耶!夫佛者觉也,盖不离凡夫日用二六时中,觉知之性。而凡夫果于日用之间,动静之际,悟此觉性,本来是佛,则凡圣兴衰,悉皆如梦。是为记。万历庚子仲春之吉太白比丘然定漫书。

万历庚子秋日祝得一记造像因缘碑

碑文未录。

修佛记三则

南京内官监左监丞信官李臣发心重修佛一龛。祈如意福,有所归者。万历三十年吉旦立石。

南京内官监太监御马监掌印修佛一龛。弟子刘宇□□□万历辛丑年造。

南京内官监太监进吴□惠妃马氏共修佛一龛。万历三十一年孟春之吉立石。

千佛岩之沿革约略如上。盖自齐梁以来,固已屡经修缮。然以山中石质属于红色砂岩一类,不耐剥蚀,故明隆、万以来所补修者,至是又成子章之骷髅,模糊不可辨析矣。于是现住持僧乃异想天开,将旧日造像概用水泥涂缮一过;为事省而程工易。余等之往为十二月二十一日,时无量殿左右各窟已悉用水泥涂缮一新;璎珞光背,以及庄严之具,俱灿然可观。千佛岭诸大窟亦有已经修缮者。此虽可以取悦世俗,而艺术上则无足道矣。虽然,水泥补塑者固无可言,其未补造诸像,以石质柔脆之故,亦已模糊依稀;面貌衣褶,俱不可辨,全身轮廓,率漫漶剥落,无殊顽石。齐梁旧物,明代补作,至是俱成一丘之貉;惟明代诸造像记以石质较坚,嵌入壁间,用克幸存至今。故摄山千佛岩在今日观之,除无量殿之雄伟,及千佛岩一带石窟佛龛,大小错落,足以生庄严之想,与在佛教美术史上为南朝惟一之石刻而外,艺术上之价值,殆无足道矣。

复次，千佛岩造像，世俗率云千数，或夸为万佛（见汪锡祺《栖霞山揽胜记》）。而渔洋漫游摄山，且以为“岩间凿石为像，华鬘俨然，如百千万亿化身”（《游摄山记》）。他如《栖霞小志》、《摄山志》、《江宁府志》诸书率囫囵其辞。余等穷半日之力为之遍加计度，则自舍利塔附近以迄千佛岭暨禄所修一窟止，共计石窟佛龛大小才二百九十有四，造像大小五百十五尊而已。即有错误当亦不甚相远也。造像之首毁折及失去者甚夥。

二　隋舍利塔

隋舍利石塔在大雄宝殿之东南隅。塔石似有多种：第一层石质坚黝细致；第二层以上为质稍粗，似俱属于花岗岩一类。塔连顶共为七级，而说者多误为五级；又塔七级，级凡八面，寺僧谓只五面。《栖霞小志》谓：“先即地甃石为基；基四围有石楯阑环绕。”今阑檐俱不可见，惟承阑楯之石址则犹存于塔南一面；俱以白色花岗岩为之，植阑槛之榫眼尚有可见者。又址上刻有飞马之属，姿态生动。阑檐石址高距塔基约一呎许，下为塔基。其与阑楯石址相接处铺以白石，上镌龙凤，花纹绝精细。惟此亦只西南二面有之，东北二面，瓦砾四塞，白石俱不知何往矣。塔基亦有五级，始至第一层；五级累叠而上，渐上渐狭。余等以卷尺将每级粗加度量，所得长阔高之数字约略如次。

级次	长	阔	高	围长（八面合）
第一级	九呎十一吋	一呎十吋	十吋	八十呎二吋

续表

第二级	八呎五吋六分	一呎八吋	一呎四吋六分	六十七呎八吋
第三级	六呎十吋	一呎二吋	一呎二吋	五十四呎八吋
第四级	五呎七吋		五吋	四十四呎八吋
第五级	五呎四吋		五吋	四十二呎八吋

案:各级约成弧形,迤逦而上。此所谓长指每级每面之长;阔系各级自底至顶之度;高则各级自底至顶之垂直距也。又四五两级势若连鸡,当时匆匆,仅度其长高而止。又所用长度,全系英呎。

由此可知基高约为四呎二吋六分。塔连顶共七级。第一层及第二层间承以莲花露盘,石质微黄,莲花瓣凡三层。塔自第二层以上则檐牙四张,上覆筒瓦。《栖霞小志》舍利塔条谓檐角“上悬以铁索,垂以铃,今已断绝”云云。第二层飞檐承尘之下,别有横楣,琢为天女飞游空际之像;八面,面为天女像二,夭矫飞动,无有同者,盖亦名作也。余等当时除卷尺、罗针外,别无他物,欲测塔之全高,颇属不易。惟第一层第二层之间为莲花露盘,广呎余,堪受足,又距基匪峻,可梯而上。第三层以往,檐牙高啄,不可即矣。然飞檐俱有破阙处,似可以竿测也。因向寺僧假长竹竿及短梯各一,以短梯攀登露盘上。初以卷叹量露盘至塔基第五级,凡高八呎四吋六分。继以竹竿缚卷叹上抵第二层飞檐承尘,至露盘上,凡高十呎二吋;自第三层飞檐承尘至露盘上,高为十六呎六吋六分,故可知自第三层飞檐承尘至第二层飞檐承尘之高约为六呎四吋六分也。复次,自第四层之飞檐承尘至露盘上,其高为二十三呎;减去第三层飞檐承尘至露盘之高,则第四层飞檐承尘至第三层飞檐承尘之高,当得六呎五吋七分。故第三层飞檐承尘至第二层飞檐承尘之高,与第四层飞檐承尘至第三层飞檐承尘之高试相平均,则此二层之高,俱约在六呎五吋左右也。惜竿长仅能达第四层飞檐承尘而止。然凭目测及所附舍利塔全形图中塔之各级之比例观之,五六两层连顶之高似各与三四两层之高相等。今假定自第三层至第六层(此所谓层,系指自甲层飞檐承尘至乙层飞檐承尘间之一段而言)及顶之高各约为六呎五吋,益以第二层,飞檐承尘至露盘上之十呎二吋,及露盘上至塔基第五级之八呎四吋六分,更加塔基之高四呎二吋六分,则全塔之高当得五十四呎十吋矣。惟此种测度,至为粗陋,五层以上,且凭臆计,其不准确,自无待言;是惟有俟他日能以测高仪重为计度,庶几可信耳。塔之第一层八面镌佛本行至涅槃诸变;第二层八面则镌四天王像,外有佛像一尊,门二扉及毁去之像一;三层以至六层,则八面各镌佛龛二,龛藏结跏趺坐之佛像一尊;塔顶微毁,有小树生其上,临风摇曳,飘飘欲仙。各层飞檐多毁阙者。至《栖霞小志》舍利塔条谓"又上一级则稍高,为四金刚,间以四门"云云者,误也。塔前旧设接引二佛,各高丈许,亦以白石为之。说者谓其像貌衣缕,有顾恺之笔法。[①] 今接引二佛尚存,在塔之西侧,惟为寺僧重加修缮,傅以金彩;所谓以白石为之,有顾恺之笔法云云者,今皆不可见矣。

舍利塔外形,略如上述。今就《广弘明集》及《摄山志》诸书考其建置沿革大略;而以第一层及第二层余等曾为之一一量度考察,用亦述其概要如次焉。

佛教初入中国仅有画像,晋以后造像之风始盛;于是大同、龙门之石窟,遂成天下之奇观焉。至隋造塔之风蔚兴,入唐石经经幢

① 《摄山志》卷二《形胜》。

又代造塔而起；说者以为是与当时译经有关，理或有然也。① 按隋王劭所作《舍利感应记》，谓隋文帝潜龙之际，有婆罗门沙门送舍利一裹与之。后以感于神尼智仙重兴佛法之言，故隋兴后，因于仁寿元年诏天下于三十州起舍利塔，塔内各作神尼之像焉。而按文帝《立舍利塔诏》谓：

请沙门三十人谙解法相，兼堪宣导者，各将侍者二人，并省文官各一人，薰陆香一百二十斤，马五匹，分道送舍利往前件诸州起塔。其未注寺者就有山水寺所起塔，依前山。旧无山者于当州内清静寺处建立。其塔，所司造样送往。当州僧多者三百六十人，其次二百四十人，其次一百二十人，若僧少者尽见僧，为朕、皇后、太子广、诸王子孙等，及内外官人，一切民庶，幽显生灵，各七日行道，并忏悔。起行道日打刹，莫问同州异州，任人布施；钱限止十文已下，不得过十文。所施之钱以供营塔。若少不充，役正丁及用库物。率土诸州僧尼普为舍利设斋，限十月十五日午时同下入石函。总管刺史以下，县尉已上，自非军机，停常务七日，专检校行道及打刹等事。务尽诚敬，副朕意焉。主者施行。仁寿元年六月十三日内史令

① 见《支那佛教遗物》一书中之《支那佛教遗物》一章。惟造塔一事，隋以前未尝无有也。三国时笮融之大起浮图，垂铜槃九重；（见《三国志·刘繇传》）北魏永宁寺九层浮图之有承露金盘三十重，似皆与印度伽腻色迦王所造之雀离浮图体制相同，而属于覆钵塔一类。慧皎《高僧传》及《洛阳伽蓝记》俱及造塔与浮图之事，三五七层不等。征之惠生以铜摹写雀离浮图及释迦四塔变之事，（皆见《洛阳伽蓝记》）可知东土所有浮图及浮图上镌释迦本行至涅槃诸变之作，实皆导源西域。惟隋以前塔多木建，又造像之风甚盛；隋以后塔多石制，且建造遍于域内耳。松本文三郎之《印度佛教美术》谓永宁诸塔与日本现存诸塔体制约略相仿云云。今以奈良法隆寺之五重塔，兴福寺之五重塔，及药师寺之东塔与永宁寺九层浮图体制比对，其言盖可信也。

豫章王臣昧宣。

《舍利感应记》并记舍利入州境之情形云：

诸沙门各以精舍奉舍利而行。初入州境先令家家洒扫，覆诸秽恶。道俗士女，倾城远迎。总管刺史诸官人夹路步引，四部大众，容仪齐肃。共以宝盖幡幢华台像辇佛帐佛舆香山香钵，种种音乐，尽来供养，各执香华，或烧或散，围绕赞呗，梵音和雅；依《阿含经》舍利入拘尸那城法。远近翕然，云蒸雾会；虽盲躄老病，莫不匍匐而至焉。

其盛盖可见矣。① 至于起塔之三十州，及塔所在之寺，《广弘明集》卷十九皆一一为之著其名称。今为表列如次，以资览观。

州名	舍利塔所在寺名	州名	舍利塔所在寺名	州名	舍利塔所在寺名
雍州	仙游寺	郑州	定觉寺	蒋州	栖霞寺
岐州	凤泉寺	嵩州	闲居寺	吴州	大禹寺
泾州	大兴国寺	亳州	开寂寺	苏州	虎丘山寺
秦州	静念寺	汝州	兴世寺	衡州	衡岳寺
华州	思觉寺	泰州	岱岳寺	桂州	缘化寺
同州	大兴国寺	青州	胜福寺	交州	禅冢寺
蒲州	栖岩寺	牟州	巨神山寺	番州	灵鹫山寺(洪杨乡崇杨里)
并州	旧无量寿寺	隋州	智门寺	益州	法聚寺
定州	恒岳寺	襄州	大兴国寺	廓州	法讲寺
相州	大慈寺	扬州	西寺	瓜州	崇教寺

征之《摄山志》所载《立舍利塔诏》，今日栖霞寺舍利塔之建于

① 俱见《广弘明集》卷十九《佛德篇》。

隋仁寿元年，益可信焉。① 仁寿元年为公元六〇一年，故栖霞寺之舍利塔至是盖已历时一千三百二十五年矣。至仁寿二年，以舍利真形犹有五十余，遂于正月二十三日"复分布五十一州，建立灵塔。令总管刺史已下，县尉已上，废常务七日，请僧行道打刹，施钱十文，一如前式。期用四月八日午时，合国化内，同下舍利，封入石函"。《广弘明集》卷十九曾举四十三州之名，益以《艺风堂金石文字目》所收，合得四十四州。② 今表列如次。

州名	灵塔所在寺名	州名	灵塔所在寺名	州名	灵塔所在寺名	州名	灵塔所在寺名
恒州	龙藏寺	安州		洺州	汉王寺	德州	
瀛州		赵州	无际寺	幽州	弘业寺	郑州	
黎州		豫州		许州	辨行寺	江州	
观州		利州		荆州		兰州	
魏州		明州		济州		慈州	
泰州		卫州		楚州		雍州	慈善寺?
兖州	普乐寺 瑕丘县	洛州		莒州		陕州	大兴国寺
曹州		毛州		营州		信州	
晋州		冀州		杭州			
杞州		宋州		潭州			

① 按《摄山志》卷四，所录仁寿元年《立舍利塔诏》有"先往蒋州栖霞寺"云云，故可知栖霞寺今存之舍利塔，必为是年所作也。惟按《艺风堂金石文字目》所录仁寿元年造之岐州、青州、同州诸舍利塔，仁寿二年造之同州诸佛舍利宝塔，及仁寿四年造之梓州舍利塔，或则有铭，或则有额，俱志作塔之年月日，栖霞寺舍利塔当亦有此。顾当时遍检未得，则铭额之属或系庋于塔内者欤。

② 按《艺风堂金石文字目》卷二所收有信州舍利塔下铭一通，为"仁寿二年岁次壬　四月戊申朔八日乙卯"所造，正与五十一州建立灵塔舍利下入石函之期同；则信州舍利塔必为五十一州之一，故补入表中。

续表

徐州		怀州	长寿寺（州城）	潞州			
邓州		汴州	惠福寺	德州			

至今隋时所造诸舍利塔除蒋州之栖霞寺外，尚有同州之兴国寺，青州之胜福寺，及岐州之凤泉寺，其舍利塔之雕刻及铭额尚有残存于世者；房山智泉寺之塔亦为隋代遗物；而梓州亦有舍利塔，造于仁寿四年，其铭犹存于三台学宫云。①

栖霞寺舍利塔雕刻俱为一种浮雕。以第一层所镌释迦本行以至涅槃诸变八面为最佳；第二层则天女飞游空际之像亦精，四天王及佛像则雄伟有余，而精妙远逊。第三层以上诸龛佛像，以莫由攀登，无从谛察，惟遥观诸像身首俱完，是则受地位之赐，否则亦归残破矣。今就所观第一、第二两层述其概要如次。

第一层八面，每面相间有半圆形柱。余等观察，以释迦苦行为第一面，左数为第二第三等面。各面相间之半圆形柱上刻有龙及天王像。今以第一面之右一柱为第一柱，左数为第二第三诸柱；到表如左，以纪其所刻之物及完整之状。

第几柱	柱上所刻	现　状	第几柱	柱上所刻	现　状
第一柱	龙	完　好	第五柱	天王像	尚完好
第二柱	天王像	首　毁	第六柱	龙	同　上
第三柱	?	全　毁	第七柱	龙	同　上
第四柱	?	同　上	第八柱	天王像	模　糊

① 《支那佛教遗物》书中之《支那佛教遗物》章谓："当时制作，存于今者，有同州兴国寺，青州胜福寺，及房山智泉寺等数塔而已。"（一〇三页）今《艺风堂金石文字目》所收岐州、青州、同州三舍利塔铭俱为建于仁寿元年者，而岐州舍利塔尚存画像四石。又信州舍利塔系仁寿二年所造五十一塔之一。别有梓州舍利塔铭尚存，盖建于仁寿四年□月八日者也。

柱上所刻龙及天王像线条工致,形态飞动。至于刻释迦本行以至涅槃诸变之八面,每面之长高如次表。

各　面	长	高
连　边	三呎三吋六分	二呎一吋
去　边	三呎一吋六分	一呎六吋

今将第一层八面各面所刻释迦本行以至涅槃诸变中人物之数,完毁之状,及其他诸项,述其梗概如次。至于各面之定名则系根据日人所刊之《江南史迹写真帖》(常盘大定等所编之《支那佛教史迹》第三册亦有摄影)及常盘大定之《佛传集成》诸书而来者也。

第一面释迦苦行图

此面正对接引二佛。按之《写真帖》,盖释迦苦行之图也。释迦偏袒右肩;双手结法印;结跏趺坐于中央莲华座上。魔师之属,左右围合,似欲得释迦而甘心者。释迦坐像高七吋;首毁。莲华座高一呎零六分而弱;广七吋六分。座之上部刻莲华瓣;瓣下约成工字形,分六级,一五同长,二四稍次,而三则工字中之一竖也。座上刻云雷纹。释迦左右。为魔十二:是中举剑以迫释迦者一,持挡者一,持锏者一,乘龙手持不知何物者一,手持一物而足踏云际者一,此为释迦座左所有诸魔;座右则踏火轮者一,立于火轮之后者一,举剑以向释迦者一,持枪欲刺者一,翱翔空际者三。魔为数十二,而首全毁者二,半毁者数亦如之云。魔外有师子一、龙二、蟒一;各作攫拏之状。别有鼓三,俱完好。

第二面释迦涅槃图

按帖此面盖释迦涅槃图也。释迦偏袒右肩,右胁而卧,以入无余涅架。释迦及所卧师子座,在图之右方;座长九吋而强,高六吋。

座下中央别有一工字形座，上置一炉；炉座共高五吋，座广四吋，俱刻云雷纹。释迦卧像长八吋六分，首毁。师子座后长者围侍者十二：有扶释迦首者；有捧其足者；有掩泣者；有拊心者；有对语者；有侧首合掌者；十二人之姿态各各殊异，而首毁者凡十一人焉。图左有一火座；长十吋六分，高七吋六分而强。围火座像亦十有二：有合掌稽首者；有注目而视者；有合掌者；不一而足，而毁其大半者为数凡五，首毁者二，差完者五像而已。师子座后是为娑罗双树；叶干作法，双树无别。树后则刻山海，以为映照云。是面露盘下侧出石额上有莫友芝题记，其辞云，"同治七年七月独山郘叟莫友芝访碑于此山"，凡十八字。（《写真帖》所摄此面，左方尚阙其半。）

第三面释迦自兜率天宫下降母胎图

此面《写真帖》无有，盖释迦自兜率天宫下降母胎之图也。图右释迦跨六牙白象上。释迦像高四吋六分，连象高九吋，象足似托以云，合此共高十一吋；象长七吋。图左为一殿；殿脊长二呎三吋三分，檐长一呎十一吋六分，瓦面共阔一呎六吋六分；柱高九吋三分。盖俱用界画法为之。殿中巍坐一王者；后立四宫监，各持羽葆，以为荫蔽云。

第四面释迦受生图

此面按《帖》盖释迦受生之图也。图右有一菩提树。树右，摩耶夫人作以右手攀东枝，庄严端立之状。后有婇女五；二执羽葆，椭圆及方者各一，外若有所持者三。树左，形似婇女者二。树右诸像，首完者一，余俱破损；左则一像上身俱毁，一则首毁其半。图之左方一五级累叠而成三棱之座，座上复有一莲花座。莲花座上趺坐一像，似为释迦诞生后之像也；像高二吋，连师子座高八吋。座右二像，当为婇女，手执羽葆，俱毁，一去其半；座左有像三，亦为婇女；一执羽葆，首则俱半毁矣。图右角人物之后，有殿宇一角，筒瓦及瓦槽清晰可数。迤逦而左，似为一长垣，垣中一长段，俱刻花纹，绝细致，人物衣褶，细入毫芒，曲折劲挺。垣上云霞纷披；上有四龙，夭矫其间。

第五面释迦出游图

此面按《帖》为释迦出游之图；盖释迦为太子时，四门游观，见生老病死诸苦也。图右为城，城垣上花纹作形；城高至地一呎六吋；城门高一呎三吋，广六吋，深二吋六分。释迦乘马已出城外，像连马共高九吋，马高五吋，长八吋。释迦首半毁。马首左右驭者各一，手执马缰；马后一人执曲柄伞，一人执扇，一人倚城门。门内则三甲士，手俱有所持，不识为何物。迎马首有二人，形似比丘，拱手叩马而立，若有所应者然。图左上半方为屋；长一呎七吋，高一呎六吋六分，柱高六吋。屋复厘为二；似一为堂，一则室也。室中为床一，上倚一病者；床后一人作掩泣状；床隅一人则似为病者扶持抑搔；室右一人，伛偻而进，手中似托有汤药者然。堂中亦为床一；床下一人手足卷曲，展转若将死者；床上一人则已就木；床后二人作倚视悲泣之状；室右一人，床外右隅一人，则趋跄若有所事者。堂下有阶；阶及屋宇，皆用界画法也。迎马而立之二人，其左地上一妇人盘膝而坐，若将分娩者，旁立一小女侍扶之。妇人左一老者，左手扶杖，伛偻而行；右手携一小儿；一壮者侍于后。更左大树三章，干叶与菩提树同，惟叶形积叠，上下俱锐，是其微殊耳。图上下别有边一道，作牡丹花图案，甚精致。

第六面释迦出城图

此面《写真帖》无有，盖释迦出家出城之图也。图之背境俱作波纹形。右方则为释迦乘马出逃之状。释迦连马共高九吋六分，马长七吋。驭者一,当即车匿。稍左二树,各高一呎三吋。树下一像趺坐,当为林中仙人郁陀迦罗摩子也;仙人像高六吋六分。仙人之前一像鞠躬若有所谒问者,高六吋。更左一仙人结跏趺坐于座上,连座高七吋六分;仙人趺坐高四吋六分,当是阿罗逻迦兰也。座下有侍像二,右高七吋,左高六吋六分。此面上方石额有近人陈万里题记二则,其一云:"北朝石刻如大同云冈,洛阳龙门,巩县北邙,太原天龙,余均见之;南朝石刻,惟此山耳。甲寅三年一月由京到此,流连竟日。吴县陈万里。"又云:"此舍利塔尤精美,足以代表隋朝一代作品。"

第七面释迦成道图

此面《写真帖》无有,盖释迦成道时之图也。图左释迦结跏趺坐,首毁;像高六吋,连师子座高十一吋,座广六吋。释迦光背径四吋;作尖圆宝珠形。座左右为树各一;左高一呎五吋,右高一呎三吋。座右一像,似即为牧牛女难陀波罗(一作善生),以乳糜奉献;像高七吋,首毁。难陀波罗右侧一树,树左下方牛二头;牛首俱毁。更右则为一大花钵,高九吋六分。钵左右女侍各一,作顶礼状,姿态极为婉娈。图右作大海之形;岸上有树。一男像袒上体,腾跃海涛之中;空际微云荡漾,一像翱翔云中作飞投而下之势,而海中男像伸臂若迎之者然。

第八面鹿苑说法图

此面《写真帖》无有,盖释迦成道后,始在鹿苑初转法轮之图也。图左,大树一章,高一呎六吋。斯图背境山海俱备。释迦结跏趺坐;像高六吋六分,连师子座高一呎一吋,座广八吋。后光二重,小者径四吋六分,大者径七吋;俱作尖圆宝珠形。一香炉高四吋六分。释迦之外,有造像十,当为憍陈如诸人也;十像首毁者五。一像跪释迦座右，若有所献者然。别有师子二。

以上为第一层八面所雕释迦本行至涅槃诸变之大概。第二层则当以梯攀登，察其所刻。第二层之八面亦各间以三面柱一，柱上刻有各种经赞；《栖霞小志》舍利塔条谓“各柱之上有诸佛及经咒等书，高不可辨”云云，未能详也。今以第二层中与第一层第一面释迦苦行图相当之一面为第一面，以次左数为第二第三等面。以第一面右方一柱为第一柱，以次左数为第二第三等柱；将八柱所刻经赞移录如次。原柱双行直下，方围系原刻漫漶者，围内之字，盖勉可辨识，因为补入者也。

第一柱

经云：凡造福塔，先书此偈，使瞻礼之人，获福无量。

[诸]法从缘生，诸法从缘因；□□□□□，[常]作如是观。

第二柱

《楞严经》赞佛□□

楞严王世稀，有消(?)我亿(?)勤；颠倒想不生，僧祇护法身。

第三柱

《提谓经》云：常行绕塔三匝者，表供养三尊，止三毒；净三业；

灭三恶道;得值三宝。时提谓长者白佛言供养。

第四柱

《金刚经》四句偈云:

一切有为法,如梦幻泡影,如露亦如电,应作如是观。

第五柱

佛赞迦叶佛塔偈云:

真金百千担,持用行布施,不如一团泥,敬心诏佛塔。

第六柱

绕塔得何等福?佛言旋塔有五等福:

一复得端正好色;二得声音好;三得生天上;四得□□□;五得□□□。

第七柱

喜见菩萨礼日月灯明佛偈云:

容颜甚奇妙,光明照十方,我适曾供养,今复还亲觐。

第八柱

佛翘一足赞底沙来偈云：

天上天下无如佛，十方世界亦无比；世界所有我尽见，一切□□□□□□。

八柱所书经赞，字体约同率更，而间架无其紧严，盖为唐人导其先路也。又隋承六朝之遗，俗体，别字，时有所见；（参阅下纪之第七面）如第七柱之灯字，即其一例；而第二柱之"稼"字，且不之识云。至于第二层八面高阔之情形，则自飞檐承尘至莲花露盘。计高十呎二吋，去上下边高八呎九吋；阔三呎，去左右边阔二呎七吋。今述八面之梗概如次。

第一面

此面为天王像。像连胄缨共高六呎四吋，缨高四吋。天王首长一呎；面阔七吋；鼻长三吋；胸广二呎七吋；腹广一呎九吋；腰下共长四呎十一吋；中指至腕长七吋六分；披甲袖阔一呎五吋六分；足长十一吋。托足之座高六吋六分。天王右手执金刚杵，长二呎四吋。天王之目俱以凹下之圆孔显之。足下有明万历十七年蜀西邑贾春守题名。又按《栖霞小志》舍利塔条谓"今其下犹有工匠姓名可考"云云，细审此面，上方镌有"作石人王文载"六字，凡一行。

第二面

此面为释迦骑于六牙白象上之像，当为自兜率天宫下降也。释迦结跏趺坐象背，连象高五眠。释迦首长十吋，已毁；像自肩以下，高一呎六吋六分；趺坐双膝距一呎六吋六分。象右一象奴侍其侧，高二呎。释迦有头光二重，小光背径一呎八吋六分；大光背径二呎六吋；俱作尖圆宝珠形。此面有明隆庆时之题名。

第三面

此面为一赤足天王像。像高六呎二吋；首长一呎二吋；鼻长三吋六分；肩阔二呎二吋；胸阔二呎；腹阔一呎八吋；中指至腕长十吋；足长一呎二吋。手执法器，似为金刚杵，长一呎十一吋。

第四面

此面为门二扉。除去上方之横楣，门高八呎，去花檐及阈，高六呎一吋；广三呎，去两侧之阃，广二呎二吋。兽环二；环之两侧乳钉各二枚，环上下乳钉各十八枚，即每扉上下乳钉各九枚也。

第五面

此面亦为一天王像。像长六呎一吋六分；首长一呎四吋；鼻长四吋；肩阔一呎十吋；袒胸，阔一呎九吋；腹阔一呎八吋。手执三钻杵，长二呎八吋。足毁。

第六面

此面全毁，微见花纹隐显而已。案塔石尚坚致，而此面竟似铲去者然，不知以何法致此。说者谓太平天国之役，斯山曾罹浩劫，则此面之毁，其当斯时耶？

第七面

此面亦为天王像。像背有火焰。像高六呎；首长一呎一吋；鼻长四吋；面阔七吋；肩阔一呎十吋；胸阔一呎四吋；腹阔与胸同；二手俱毁；足长十吋。手执之法器尚存，似为金刚杵；尖毁，余长三呎一吋六分。此面上方镌有“近人徐知谦”五字；“近”即“匠”字，盖犹六朝别字之遗也。此与第一面之“作石人王文载”六字，风姿与八柱所刻经赞字体同近率更，而间架松懈，似不脱六朝之余风云。

第八面

此面亦为门二扉。体制与第四面同，不赘。

* * *

摄山千佛岩及隋舍利塔外形大概，约如上述。千佛岩残毁修缮，古意已亡；虽为南朝惟一石刻，然在艺术上论，方之北朝诸刻已无足道矣。综观全山佛教石刻，所可留连往复，令人不忍去者，惟一隋舍利塔而已。而舍利塔尤以第一层之八面为最足观赏。其人物之生动，衣褶线条之劲挺，各部分比例之匀称，允推艺苑上选；就其雕刻之精妙言，盖可与大同云冈之第十窟至第十二窟媲美。（参阅《支那佛教史迹》第二册）而其室宇制作，胥用界画法为之，为唐画导其先河，是又研究中国美术史者所当致意者也。不仅此也，就其第二层八柱所镌各种经赞字体观之，微近率更，而无其紧严，比之北朝诸碑又较工整，与道光时出土之宁越郡钦江县正义大夫《宁䝨碑》比观，间架整饬，约略相同，是亦可见隋代文化上承六朝之余绪，而为唐代树之风声矣。① 余等此行，匆匆过客，仅能穷一日之力以事观览，又所携惟卷尺、罗针各一具，不能详加测度。事后追纪，徒凭当时匆匆所记录，以致简陋笔误，不一而足。重以余等于佛教美术之赏鉴，缺乏素养，佛传亦无研究，是以所纪，偏于叙述外形；轻重既未能别白，所言亦颇多谬误。是则希大雅君子为一匡正耳。

然余等之为此文，于自纪当日之游踪而外，尚有微意，愿以陈诸国人。夫中国佛教史迹，言者率知推重大同云冈，洛阳龙门，且有提议以政府之力为之保护者，②意固善矣。然如摄山诸石刻，毁

① 按日人关野贞《天龙山石窟报告》（见《学林》二卷二期杨志章译）内论隋造之第七窟，“此等佛菩萨及罗汉之姿势及式样，经属于北魏、北齐之系统，不见有何等新生面之开拓。惟工作颇浑朴，姿势稍完整；吾人于此，可见隋初之艺术，系蹈袭南北朝之式样而来”云云。天龙山唐代造像姿势完整，工作甚精；此亦可见隋代文化承前启后之一斑矣。

② 民国十四年夏中华教育改进社开会于太原以后，美育组曾函山西省政府，请设法保护云冈石窟。函见各报，兹不赘。

坏之度，与日俱增。隋时所造诸舍利塔惟岐州凤泉寺者尚存四石，[1]差完者栖霞一寺而已。而其有关于中国美术史者又如是其巨；不于今日速筹保护之方，一付之无识之寺僧，恐更数年，将与岐州诸塔同其命运矣。今者江苏已有筹设江苏美术馆之议，摄山诸佛教石刻如何保护，当在意计之中。余等愿更贡微意，以为智者千虑之助。（一）将摄山隋舍利塔拆下，运至南京，存之古物保存所内，复依原形重建，返其旧观。（二）若以前说为难行者，则于塔之四周树立栏栅，以资保护，庶几不致为游人顽童所毁。[2] 诗曰“惟桑与梓，必恭敬止”，东南之贤士大夫，其亦有意于斯乎？

十五年三月十六日脱稿于上海

补 注

前文既尽，尚有馀意，补陈于此。

①南京古物保存所所拓摄山题名亦四十余通；中有梁中大通栖霞题名一段，为兹山最古之题名，而诸家所未著录者也。据所中马君博先生之言，

---

① 见《艺风堂金石文字目》卷二，《目》上仅云岐州舍利塔云云，惟按造塔之年月日，信为仁寿元年所造三十塔之一，因定之为凤泉寺。

② 所言二者，他国行之甚夥，今略举数例：印度佛陀伽耶（Buddha Gaya）大寺四十年前，败塌不可名状，今则大加修复，几反旧观。而僧齐（Sanchi）大窣堵波，十九世纪初正门亦相率倾圮。以有科尔少佐（Major Cole）及麻沙尔（John Marshall）诸人为之收拾残余，复其原位；于是二千年前故物，又克重睹往日之威严矣。华尔刻之《印度古代佛教寺塔记》（F. Deavrille Walker’s“*The Early Shrines of Buddhism*” *in Wonders of the Past*, Vol II）述此綦详。此为已经颓圮而后修复者。他如移古刻于博物院，建栅栏以资保护诸端，印度诸佛教遗迹，多有行之者。（参看日人天沼俊一等编之《印度美术写真集》）仿而行之，以使佛物常存，观感有资，是在贤士大夫之能发菩提心耳。

此段题名在一佛龛之内，颇不易寻云云。惟所中碑录于此既未著题名者之姓名，又未指明其所在，（当时格于所章不能一察兹拓）后有求之者，能毋迷惘？鄙意以为摄山佛龛为数非夥，尤宜编列号次，著其造像制作之时完毁之状以及龛中题名诸项，庶几研究、游览者皆可按图以寻也。

②古物保存所墨拓目录有隋栖霞妙因塔柱碣赞，隋栖霞妙因塔柱联语，隋栖霞妙因塔释迦转身图三种。此中标题微误；栖霞寺至南唐始改称妙因寺，今云隋妙因，误矣。

③古物保存所藏有南朝各种造像数十尊。其中第一号为文惠太子石佛；第二十四号为竟陵太子石凿千尊佛像之一，系高文卿藏。第一号为石佛一尊系立像；惟标签仅云南齐栖霞，而未著来历。第二十四号标签谓为竟陵太子石凿千尊佛像之一，窥其形制，盖为一砖，长约一呎而强，高约六吋。一释迦像偏袒右肩，结跏趺坐中央；像左右各有一树，枝叶扶疏，左右围合；树下各有一兽，作仰视状。释迦像金彩哗然，当为后世装修者也。唯愚对于第一号及第二十四号佛像是否为文惠太子石佛及竟陵太子石凿千尊佛像之一，颇有所疑，今揭之如下：（一）江总《碑》谓文惠太子等"并于岩阿，琢磨巨石，影拟法身"云云，于是乃有无量殿及千佛岩。然一则丈六金身，一则千龛历落，与第一号之立像及第二十四号之结跏趺坐者皆有不合。（二）摄山千佛岩石质属于红色砂岩，不耐剥蚀，故至今日，即明代补造诸龛亦已模糊不可辨认。而第一号及第二十四号佛像以南朝遗物，独能完善如新，又其石质亦与摄山者有异；谓为文惠、竟陵之所作，盖不能无疑矣。（三）第一号无来处，第二十四号只云高文卿藏。是传流来源亦无可考。（四）古物保存所藏器第八号及第五十七号为明报恩寺砖佛四方，今以第二十四号与此对比，虽报恩寺砖物微形整饬，而第二十四号较为古朴，然意态相去不远，形制亦复略同。第一号亦然。故疑第一号及第二十四号皆为明代作品也。

十五年五月四日补记

（见《东方杂志》第二十三卷第八号页四九一六六，
一九二六年四月二十五日出版。）

此文原来由我执笔，发表时用我和郑鹤声先生两人的名字，特此说明。

摄山佛教石刻补纪

十四年十二月，余与郑君鹤声便道游摄山，礼六朝之胜迹，谒千佛之名蓝，而于千佛岩、舍利塔之庄严巧妙，尤徘徊不能去。归稽故籍，遂撰为《摄山佛教石刻小纪》一文，揭之本志二十三卷八号，以志其欣感之忱。当时匆匆属草，未暇博考，诸多遗漏。年来检阅群书，续有所获；十六年及十七年夏，又曾以旅居之便，两游摄山。摩挲残迹，静听梵音；万斛尘氛，荡涤净尽。既归海上，因复理董旧闻，益以新得，撰为斯篇，以补前陋；于所不知，谨发其概，以俟来哲。

一　千佛岩

《小纪》所录千佛岩造像记，以匆匆纪录，讹误遗漏，不一而足。两次重游，复加移写，今为补正如次：

金陵摄山栖霞寺补塑佛像记

栖霞寺自齐梁来号称名刹；沿岩凿佛，庄严殊丽，天下希有。经年既久，内有风雨苔藓侵蚀，致摧剥者有之。善士张玉国玺者参访诸方，归心祖道。以隆庆三年春入山礼谒云谷素庵诸老。游历□间，见岭岩洞壑，种种清静，而一龛独失圣容。欲为凿补，艰于相类，乃以佳材塑而代之。至秋日迎置旧龛。又惧岁月易迁后人罔识，乃谒余言，以纪其事。余因叹曰，若汝真可谓在家佛弟子也。夫佛之法身，犹若虚空，本无形相也。岂汝所能雕刻乎？虽然，消人业识之妄，然人本佛之真，向今时门头，大作佛事，又不能无赖于雕刻之相也。汝今捐赀重造，苟能一瞻相好，顿空识漏，返妄归真；即雕刻之有形，悟法身之无相。然后相与无相，一切拈却。果如此已，乃可谓善造佛相者也。汝其勉焉。是为记。佛弟子无形撰。隆庆四年春三月上浣天界寺沙门定椿漫书。

重修石佛记

栖霞寺丛林兴于六朝，石佛凿至千数；以世相迁流，而不无陵夷。万历庚子春，司礼监刘海不惮凝寒，独有向上之念，故誓庄严是龛佛，忆与客佛，光耀无殊。回嘱纪岁月事迹，置佛左右间。期佛光时时照烛，致官资显达，寿命延长。情流与定水俱澄，心焰暨慧灯并照。是为记。万历庚子仲春之吉，古燕沙门仁宽书。

感应佛记

此何佛也？乃只手千身佛也。齐建康人徐保者，来游栖霞，见一断佛，取归以为砺石，砺久而佛之右臂具断。是夜梦一神人告曰，尔断我臂，当有断尔臂者。徐保觉而心动，右臂且隐隐作楚。即发心将原石造佛一尊，庄以金彩，送入山中，焚香顶礼而去，且遍以其故告人。夫佛本无相，手着何处？有相非佛，报应者谁？此必徐保之神为徐保告。或佛现无相相，接引人三宝心。是时中贵王公庄严千佛，闻之益坚信心。余因纪其事，且说偈云：佛毁佛成，尔断尔造；只手化身，丈六茎草。万历庚子秋日祝得一手记。

修佛龛记三则

书刻南无佛，析之□□氏。尊三何大而不坏，一切有情类。见闻无触佛，尽发菩提心。消除无尽业，同赴龙华会。大明嘉靖壬辰。（此在纱帽峰顶南无佛龛中）

信官董保、李朝共发心修佛一龛。万历庚子夏同立石。

南京内官监太监张进募化惠妃马氏共修佛壹龛。万历三十一年孟春之吉立石。

栖霞寺二首

绀宇空王宅，香台佛子筵。钟声流万壑，雨色散诸天。暂远人间世，聊寻物外缘。到来心境寂，一扣野狐禅。一壑路千盘，青霞客可餐。日斜山气紫，溪晚蓼花残。雀语喧颓塔，藤阴覆讲坛。淹留钟磬寂，孤月万松寒。万历壬午秋日秀岩山人李言恭书。（此在《感应佛记》一龛上）

凡此诸记，《摄山志》、《栖霞志》诸书俱不载，因不辞重赘，录其全文如右，庶几言摄山文献者有所征焉。

千佛岩佛龛，自齐梁以后以至隋唐，曾否修饰，今不可知。《小纪》据盛仲交《栖霞小志》，知自宋之宝元至淳熙，柱饰庄严，已有更易。嘉靖间郑晓重装无量寿佛及左右二菩萨。至于隆、万以后，诸修佛龛记具在，可按而知。而祝得一《感应佛记》末之“是时中贵王公庄严千佛”云云，祝氏此文作于万历时，则千佛岩诸龛除补造外，万历时且曾全体庄严一过也。在文献方面明代续修千佛岩之举，

尚有可征者。明乔宇《游摄山记》有云:①

> 山千岩盘绕,处处皆凿释像于中,饰以金碧,顶上俱有火焰。岁久剥落,深隐者其饰犹存。身皆有孔,云当时有璎珞置其上。大者数丈,小者盈尺,望之如蜂房燕垒,皆有径可到。名千佛岭。《志》云,齐明僧绍故宅,舍为寺。释佛皆齐文惠太子所凿,尽工师之妙。今佛头皆断而复续。

宇为成化进士,武宗时官南京兵部尚书,其所述当为正德时事也。明祝世禄《重修栖霞寺记》又云:②

> 越岁己亥(万历二十七年),三空法师僧定者,自关西来,访寺衲明通师,解行双修,机缘多耦。见千佛岭剥落殆尽,无复相好,遂与明通谋庄严之,而中贵人客君仲乞诸当事者二三公,合金为助。一佛一龛,栉比于甗岫之中者,金碧辉映,山亦生色。客君短衣徒跣,冒风雪,披星霜,往来栖霞道中,躬自荷锸畚土,引绳叠石,与工师共拮据之;等心循乞,无不响应。而侪伍中王寿者,亦斋心矢力,竭蹶昏朝。自庚子至丙午,历七载而落成之。③

① 乔宇《游摄山记》见明何镗《古今游名山记》卷二。

② 祝世禄《环碧斋集》未之见,此文见民国十五年栖霞乡村师范编《栖霞导游》引。

③ 今摄山无量殿左一龛琢石不作佛像而为一石工,手握锤凿,解衣磅礴。山中故老相传,谓造像时最后一尊,百计不能成,石工某执事最力,自琢其像,遂就云云。此当从祝世禄《重修栖霞寺记》所云王寿之故事蜕变而出者也。以其可资谈助,附记篇末。十八,四,三十,又记。

据祝氏此文,是千佛岩在明万历二十八年至三十四年曾因僧定及明通之倡议,由中贵客氏庄严修缮一过,与祝得一《感应佛记》所纪中贵王公庄严千佛之语正可比照。唯当时之庄严修缮亦甚鄙俗,颇为通人所不满,冯梦祯《游摄山记》述此云:①

> 循崖梁人所凿佛菩萨甚多,然多毁缺;补续颇不称。唯弥陀像一躯约丈五六,副以二大士,完好生动,其为六朝名手无疑。

冯氏不知嘉靖时郑晓曾重装无量寿佛及观音、势至二菩萨,故以为唯此尚完好生动,出于六朝名手;而不知即此亦已非齐梁旧迹也。十四年游摄山时,寺僧用水泥涂缮千佛岩诸佛像,无量寿佛及观音、势至尚未竣工,今岁重往,则璎珞庄严,俨然具备。匪独齐梁古迹久归湮灭,即嘉靖郑氏重修者,亦不可复见矣。明冯时可《再游摄山纪略》有云:②

> 明隐君感佛光,其子仲璋琢石为无量寿佛像可四丈,左右观音、势至稍亚,工等导引二佛。往即石为龛,今更以石砌为殿,觉益壮观。其傍千佛则文惠太子豫章竟陵王琢。

无量殿今犹全体为大石砌,顶亦用大石板琢成筒瓦形覆盖其上。就冯时可此文观之,今日之无量殿当犹明代之遗;时可为隆庆进

① 冯梦祯《快雪堂集》卷二十八。
② 冯时可《再游摄山纪略》,见明葛寅亮《金陵梵刹志》卷四栖霞寺条。

士，无量殿之成最迟当在斯时也。

二 隋文帝所建诸舍利塔

《小纪》中关于舍利塔纪述，遗漏颇多，如：仁寿元年造诸舍利塔之文献，仁寿二年造五十余州舍利塔之各州名，摄山舍利塔柱上所刻经赞之补正，舍利塔之建造时期等等，皆为前文所未讨论，或讨论而多所遗漏。今因补纪如次。关于摄山舍利塔之种种问题，则见第三节，今不赘。

隋文帝仁寿元年诏天下于雍、岐、泾、秦、华、同、蒲、并、定、相、郑、嵩、亳、汝、泰、青、牟、隋、襄、扬、蒋、吴、苏、衡、桂、交、番、益、廓、瓜三十州起舍利塔。《艺风堂金石文字目》卷二有岐州、青州、同州三舍利塔铭之目，《金石文字记》收有同州舍利塔下铭，《金石萃编》卷四十收有青州舍利塔下铭（日人常盘大定、关野贞合著《支那佛教史迹》第四册有青州舍利塔下铭拓本），《八琼室金石补正》卷二十六收有京兆（长安）舍利塔下铭，为三十州以外者，说见下。陆耀通《金石续编》卷三收有岐州舍利塔下铭。盖当时诸州皆奉诏起塔，并皆撰文刻石也。据叶昌炽所考：①

> 今所存者有同州兴国寺、邓州兴国寺（今在河南布政司署）、青州胜福寺（今名广福寺）、永济栖岩寺、长安龙池寺、岐山凤泉寺、房山智泉寺、毕节金轮寺、番禺宏教寺。其中惟首

① 见叶昌炽《语石》卷四。

山一刻，整齐宏瞻，巍然钜制。

叶氏所举惟同州、青州、永济、长安、岐山五地舍利塔为仁寿元年所造，余俱仁寿二年以后造，叶氏概指为仁寿元年，失考。今就所存五地之舍利塔刻石观之，唯栖岩道场舍利塔碑为大业初制，而同州、青州、长安、岐州四地所存舍利塔铭，则刻于仁寿元年。今引青州舍利塔铭以见一斑。而以同州、岐州、京兆异同，附注于下。

舍利塔下铭

（石横广三尺五寸余，高三尺四寸，十二行，行十二字，而京兆舍利塔铭石高一尺一寸五分，宽一尺，十一行，行十二字。）

维大隋仁寿元年岁辛酉十月辛亥朔十五日乙丑，皇帝普为一切法界（京兆塔铭作象），幽显生灵，谨于青州逢山县胜福寺（京兆铭作京兆大兴县龙池寺，同州铭作同州武乡县大小兴国寺，岐州铭作岐州岐山县凤泉寺），奉安舍利，敬造灵塔。愿太祖武元皇帝元明皇后（京兆、岐州两铭作元明皇太后）皇帝皇后皇太子诸王子孙等，并内外群官，爰及民庶（同州铭作爰及于民庶），六道三涂，人非人等，生生世世，值佛闻法；永离苦空（京兆、岐州两铭俱作因），同升妙果。孟弼书□敕使大德僧智能侍者昙瞀　侍者善才　敕使羽骑尉李德谌　长史邢祖俊　司马李信则　录事参军丘文安　司功参军李佸

案释道宣《高僧传》卷三十六有《智能传》，其他诸州送舍利之敕使大德僧，道宣《高僧传》中可以考见者尚多，今为列表如后。送舍利至蒋州栖霞寺之敕使大德僧为明璨，传见道宣《高僧传》卷三十六，

是亦言摄山佛教石刻史者之一珍闻也。（表中数字指道宣《高僧传》卷数，书据《明藏》本。）

州名	舍利塔所在寺名	敕使大德僧	州名	舍利塔所在寺名	敕使大德僧	州名	舍利塔所在寺名	敕使大德僧
雍州	仙游寺	童真（一三）	郑州	定觉寺		蒋州	栖霞寺	明璨（三六）
岐州	凤泉寺	昙迁（二二）	嵩州	闲居寺（一作嵩岳寺）	宝袭（一四）	吴州	大禹寺	辩相（一四）
泾州	大兴国寺		亳州	开寂寺	昙良（三六）	苏州	虎丘山寺	道嵩（三六）
秦州	静念寺		汝州	兴世寺	法彦（一二）	衡州	衡岳寺	净辩（三六）
华州	思觉寺	宝积（三六）	泰州	岱岳寺	慧重（三六）	桂州	缘化寺	
同州	大兴国寺	道密（三六）	青州	胜福寺	智能（三六）	交州	禅冢寺	
蒲州	栖岩寺	僧昙（一二）	牟州	巨神山寺（巨一作拒）	慧畅（一二）	番州（广州）	灵鹫山寺（果实寺）	僧朗（一二）
并州	旧无量寿寺	彦琮（二）	隋州	智门寺	法总（一二）	益州	法聚寺	智隐（三六）
定州	恒岳寺	慧海（一三）	襄州	大兴国寺（上凤林诗）	明诞（三六）	廓州	法讲寺	
相州	大慈寺		扬州	西寺（栖灵寺）		瓜州	崇教寺（教一作敬）	智嶷（三六）
京兆	龙池寺							

又案仁寿元年各州所造舍利塔，隋文帝《诏》、王劭《舍利感应记》俱云三十州，而《八琼室金石补正》卷二十六著录仁寿元年京兆

龙池寺舍利塔下铭,又在三十州外。意者京兆不与外州同列欤?复次,就今所知同州、青州、岐州、京兆四地之舍利塔下铭观之,文辞俱同,偶然有异,亦只一二字之微。则当时三十一州所有舍利塔下铭,大概一致,唯于州县寺名,各易以本州之名而已。然道宣《高僧传》卷三十六《释道密传》所纪铭文,与现存者大异。《道密传》文云:

仁寿元年,帝及后宫同感舍利,并放光明,砧锤试之,宛然无损。遂散于州郡,前后建塔百有余所,随有塔下,皆图神尼,多有灵相。故其铭云:"维年月,菩萨戒佛弟子大隋皇帝坚,敬白十方三世一切三宝。弟子蒙三宝福祐,为苍生君父,思与民庶共建菩提。今故分布舍利,诸州供养;欲使普修善业,同登妙果。仍为弟子,法界幽显,三涂八难,忏悔行道。奉请十方常住三宝,愿起慈悲,受弟子等请,降赴道场,证明弟子,为诸众生,发露忏悔。"文多不载。

岂当时舍利塔铭有两种耶?抑《道密传》所载,乃后世所谓青词之类者耶?

隋文帝《立舍利塔诏》有云:"其塔,所司造样送往。"今按道宣《高僧传》卷二十二《释昙迁传》曾述及文帝立舍利塔事,有云:

文帝昔在龙潜,有天竺沙门以一裹舍利授之云:"此大觉遗身也。檀越当盛兴显,则来福无疆。"言讫莫知所之。后龙飞之后,迫以万机,未遑兴盛。仁寿元年,追惟昔年,将欲建立,乃出本所舍利,与迁交手数之。虽各专意,而前后不能定数，帝问所由。迁曰："如来法身，过于数量，今此舍利，即法身遗质，以事量之，诚恐徒设耳。"帝意悟，即请大德三十人安置宝塔，为三十道；建轨制度，一准育王。

是仁寿元年所造之三十余塔，其塔样盖一准育王故制。英人斯密士（V. A. Smith）著《阿育王传》（*Asoka, The Buddhist Emperor of India*），中述阿育王时塔制，辞云：①

阿育王时窣堵波（St'û, pa）底部约成半圆形，以砖或石制，其下平坦，可以回旋而上。基作祭坛状，更上益以石座，形同伞然，重重相叠。塔底围以栏循，栏杆及柱头，或不加雕饰，或刻以各种浮雕。栏循进门处有时极为精致，名曰 torahas，上有各种雕刻；今中国各处犹多此式也。

此即覆钵塔式也。今就摄山舍利塔观之，亦似此式。摄山舍利塔，据盛仲交《栖霞小志》所纪本有栏楯；今栏楯虽毁，而承栏檐之石址尚在，榫眼犹存，址上及塔基与石址相接处之白石上，并雕有海马龙凤花纹之属。遥想此塔初建，栏楯未毁，其庄严华丽，必有异乎寻常也。所谓塔基，即半圆形底部；覆钵之名，盖由于此。此外各层，亦与育王时遗制相似。故摄山舍利塔当亦为覆钵一式也。（今摄山舍利塔建轨制度，一准育王，至其是否即为隋时所建，辩别见后，兹不赘）

隋文帝于仁寿元年、二年、四年三次造舍利塔。元年于三十一

① V. A. Smith: *Asoka, the Buddhist Emperor of India*, p. 111.

州立舍利塔；摄山一塔，即造于元年。二年又于五十余州，各立舍利塔。唯二年所造灵塔数目，说各不同。隋文帝《答安德王雄庆舍利感应表诏》，作五十；《广弘明集》作五十一；而《法苑珠林》作五十三。《大正新修大藏经》所收《法苑珠林》以宋、明、丽三本对校，其五十三州之名为恒、泉、循、营、洪、杭、凉、德、沧、观、瀛、冀、幽、徐、莒、齐、莱、楚、江、潭、毛、贝、宋、赵、济、兖、寿、信、荆、兰、梁、利、潞、黎、慈、魏、沈、汴、许、豫、显、曹、安、晋、怀、陕、洛、邓、秦、卫、洛、郑、杞；依元本尚有一梓州。[①] 与《广弘明集》所载相较，多恒、泉、循、洪、凉、沧、齐、莱、寿、梁、沈、显、秦十三州，依元本增一梓州为十四州；而少泰、明、雍三州。泰、明、雍三州，《广弘明集》俱纪其所感瑞应；道宣《高僧传》卷十三《法侃传》纪仁寿二年敕侃往宣州永安寺安置舍利；卷三十六《道颜传》纪仁寿二年敕颜送舍利至桂州。是仁寿二年所造灵塔，盖不止五十三州矣。因合诸书所纪，表列如后。（表中数字，指道宣《高僧传》卷数，书据《明藏》本）

州名	灵塔所在寺名	敕使大德僧	州名	灵塔所在寺名	敕使大德僧	州名	灵塔所在寺名	敕使大德僧
			齐州	神通寺	法瓒（一二）	梁州		
泉州			莱州	宏藏寺	僧世（三六）	利州		
循州	道场塔寺	智光（三六）	楚州		道生（三六）	潞州	梵境寺	道瑞（三六）

① 《元藏》有梓州，《大正大藏经》以宋、明、丽三本对校去此。证之现存有仁寿四年之梓州舍利塔铭，则梓州当在四年造塔之列，因以道宣《高僧传》卷十四释善胄奉敕送舍利往梓州华林寺之举，系之四年；仁寿二年五十余州中自不应有梓州。

续表

营州	梵幢寺	宝安（三六）	江州	东林寺（庐山）	法顺（三六）	黎州		法侃（一三）
洪州		宝宪（三六）	潭州	麓山寺	净愿（一二）	慈州	石窟寺	明芬（三六）
杭州	天竺寺	慧诞（三六）	毛州	护法寺	僧昕（三六）	魏州	开觉寺	智揆（三六）
凉州			贝州			沈州		
德州	会通寺	道贵（三六）	宋州		道顺（三六）	汴州	惠福寺(一作福广寺）	僧粲（一一）
沧州		僧盖（三六）	赵州	无际寺	玄镜（三六）			
观州		慧藏（三六）	济州	崇梵寺	明驭（三六）	许州	辨行寺	道粲（三六）
瀛州	宏博寺	慧迁（一四）	兖州	普乐寺	法性（三六）	豫州		静端（二二）
冀州	觉观寺	僧范（三六）	寿州			显州		
幽州	弘业寺	宝岩（三六）	信州			曹州		法楷（三六）
徐州	流沟寺	辩寂（三六）	荆州	大兴国寺	慧最（一二）	安州	景藏寺	净业（一三）
莒州	定林寺	昙观（三六）	兰州			晋州	法吼寺	昙遂（三六）
怀州	长寿寺	灵璨（一二）	陕州	大兴国寺	法朗（三六）			
洛州			邓州			秦州	永宁寺	智教（三六）

续表

卫州	福聚寺	洪遵（二七）	洺州	汉王寺	灵斡（一四）	郑州		
杞州		静凝（三六）	恒州	龙藏寺	灵远（三六）	泰州		
明州			雍州			宣州	永安寺	法侃（一三）
桂州		道颜（三六）						

仁寿四年，文帝又下敕造塔，道宣《高僧传》卷二十七《洪遵传》载文帝诏曰：

> 朕祗受肇命，抚育生民，尊奉圣教，重兴像法。而如来大慈，覆护群品，感见舍利，开道含生。朕已分布远近，皆起灵塔；其间诸州，犹有未遍。今更请大德，奉送舍利，各往诸州，依前造塔。所请之僧，必须德行可尊，善解法相；便能宣扬佛教，感悟愚迷。宜集诸寺三纲，详共推择，录以奏闻。当与一切苍生，同斯福业。

至于四年所造塔数，书无明文，唯《洪遵传》有"遵乃搜举名解者用承上命。登又下敕三十余州一时同送"之语。而同书《童真传》又云：

> 仁寿元年，下敕率土之内，普建灵塔，前后诸州，一百一十一所，皆送舍利。打刹劝课，缮构精妙。

是仁寿四年所造诸舍利塔，最少亦当有二十所也。道宣《高僧传》中曾及四年奉敕送舍利诸大德僧事迹，因更为表列如次。（表中数字指道宣《高僧传》卷数）

州名	舍利塔所在寺名	敕使大德僧	州名	舍利塔所在寺名	敕使大德僧	州名	舍利塔所在寺名	敕使大德僧
复州	方药寺	彦琮（二）	吉州	发蒙寺	慧最（一二）	邢州	汎爱寺	宝袭（一四）
昕州	善应寺	法彦（一二）	熊州	十善寺	慧海（一三）	海州	安和寺	慧迁（一四）
殷州	智度寺	僧昙（一二）	蕲州	福田寺	明舜（一三）	莘州		慧迁（三六）
泽州	景净寺	灵璨（一二）	郢州	宝香寺	智梵（一三）	隆州	禅寂寺	慧重（三六）
韩州	修寂寺	法周（三六）	广州	化成寺	圆超（三六）	密州	茂胜寺	僧世（三六）
浙州	法相寺	僧盖（三六）	熙州	山谷寺	昙阶（三六）	陇州		法显（三六）
梓州	华林寺	善胄（一四）						

仁寿二年及仁寿四年诸舍利塔铭，犹有存者。二年造舍利塔铭今存者有邓州、信州二塔；四年造舍利塔铭今存者有梓州塔。邓州塔铭见《金石萃编》卷四十，信州塔铭见《金石补正》卷二十六；两者互异，今并录如左，以资参览。

信州舍利塔下铭

维大隋仁寿二年岁次壬戌四月戊申朔八日乙卯，皇帝普为一切法界幽显生灵，谨于信州金轮寺奉安舍利，敬造灵塔。

愿太祖武元皇帝、元明皇太后、皇帝、皇后、皇太子、诸王子孙等，并外郡官□及民庶，六道三涂，人非人等，生生世世，值佛闻法，永离苦因，同升妙果。

邓州舍利塔下铭

大觉湛然，昭极空有，慈愍庶类，救护群生。虽灵真仪，亦同灭度；而遗形散体，尚兴教迹。皇帝归依正法，绍隆三宝，恩与率土，共崇善业。敬以舍利，分布诸州，精诚恳切，大圣垂佑。爰在宫殿兴居之所，舍利应现，前后非一。顶戴欢憘，敬仰弥深。以仁寿二年岁次壬戌四月戊申朔八日乙卯谨于邓州大兴国寺奉安舍利，崇建神塔。以此功德，愿四方上下虚空法界，一切含识，幽显生灵，俱免盖缠，咸登妙果。

王兰泉《书邓州塔铭后》，谓“此文非敕语，不知是诸臣，抑是寺僧所记”云云。梓州塔铭，《艺风堂金石文字目》卷二曾著其目，铭文不见诸家著录。

三　关于摄山舍利塔之种种问题

以上言千佛岩及隋文帝所建诸舍利塔既竟，因将与摄山舍利塔有关之种种问题，为前文所漏陈者补记于此。

前文于摄山舍利塔第二层八面各柱所刻经赞，一一迻录，唯多讹错，今为补正如次。（前云柱八面，实只六面。）

第一柱

经云：凡造佛塔，先书此偈，使瞻礼之人获福无量。诸法从缘生，诸法从缘灭；□□□□，□常作如是说。

第二柱

《楞严经》赞佛四句偈：□□□妙法，总持不动□。楞严王世稀，有消我亿劫。颠倒想不历，僧祇获法身。

第三柱

《提谓经》云：常行绕塔三匝者，表供养三尊；止三毒；净三业；灭三恶道；得值三宝。时提谓长者白佛言供养。

《金刚经》四句偈云：一切有为法，如梦幻泡影，如露亦如电，应作如是观。

第四柱

佛赞迦叶佛塔偈云：真金百千担，持用行布施，不如一团泥，敬心治佛塔。

绕塔得何等福？佛言旋塔有五等福：

一复得端正好色；二得声音好；三得□生天上；□四得生王侯家；五得泥洹道。

第五柱

毁

第六柱

毁

又前文于舍利塔上所刻匠人姓名，曾举“作石人王文载”及“近人徐知谦”二人；今按第五面尚有丁延规，镌石作“丁延规作石”五字。余之知此，盖老拓碑工李祯祥所告也。李君自缪筱珊先生修江南志时，即为各处拓碑；摄山题名李君莫不罗罗清疏，若指诸掌。梁中大通二年题名，在无量殿东一佛龛上，即因李君之指示，始得亲往摩挲云。

前文于摄山舍利塔第二层第六面之全毁，疑其在太平天国时。续加稽考，知其不然。南宋曾极《金陵百咏》咏摄山诗云：①

一丈唐碑今露立，十寻梵塔已低摧。层层石佛云间出，坐阅齐梁成劫灰。

由极此诗，可知舍利塔在南宋时即已呈摧毁之状。明李言恭、曹学佺，清方文、厉鹗皆有诗及舍利塔，足以考其完毁，因并录如左。（李言恭栖霞寺二首已见前，不赘。）

曹学佺《栖霞寺》：

双林初创迹，六代自重名。古塔无全影，疏钟尚旧声。佛频掘地得，僧偶卓泉生。漫复追兴废，忘言在化城。

① 观古堂刻《金陵百咏》“十寻”作“千寻”，今依八千卷楼藏旧钞本。

方文《同王阮亭祠部宿摄山再宿华山纪游六十韵》(摘录):①

东偏舍利塔,隋帝之所治。兵燹缺其角,塔身尚未亏。

厉鹗摄山杂咏《舍利塔》:②

隋文遗浮图,石函瘗云峤。下镌佛涅槃,绘事顾陆肖。奈何完颜军,缺落付劫烧。

由以上诸诗观之,舍利塔之残毁,南宋已然;明清诸家叠有纪述;樊榭且直以为毁于金人。樊榭最熟宋代文献,所云当非无据,唯不知果出何书耳。

前为《小纪》,谓摄山舍利塔为隋文帝所造,不加疑虑。后得阅日本鸟山喜一所作《论南京栖霞寺舍利塔浮雕》一文之梗概,及瑞典赛棱教授(Prof. Osvald Sirén)之《中国雕刻论》(*Chinese Sculpture*),始知东西学者对于此塔年代,异说滋多。虽其所论俱难断定,要亦言之成故。因将二家之言,移译大略,录之于次,然后附以私见,以相商榷。余亦为主隋代说者,唯自知于兹塔年代问题,亦无十分之见;此不过聊揭所知,以供大雅君子之参览而已。鸟山喜一《论南京栖霞寺舍利塔浮雕》梗概略云:③

① 曹学佺诗见陈毅《摄山志》卷六;方文诗见卷七。

② 见《樊榭山房续集》卷四,又见《摄山纪游集》。

③ 鸟山喜一所著此文未见,所译见《史学杂志》第二十七编第六号,盖记者所纪之梗概也。

南京栖霞寺舍利塔，石造五层，各层饰以佛像及四天王像浮雕，基部八面各刻浮雕释迦八相图。常磐大定博士据《摄山志》以为建于隋代。或因仁寿元年于雍、岐、泾、秦等三十州立舍利塔；二年又于恒、泉、循、营等五十三州建塔，故从文献上以兹塔属于仁寿二年所建。亦有据《金陵梵刹志》所引《景定建康志》，谓栖霞寺舍利塔毁于唐武宗时，现存系重建于宣宗大中五年者。更有以为系南唐高越、林仁肇所建者。然考此说所据，显系将隋塔为之重建耳。《金陵梵刹志》云："舍利塔，高七级，在无量寿佛之右，隋文帝造，高数丈。五级，雕琢极工，南唐高越、林仁肇复建塔。"依此是舍利塔有二，一为七级，隋建；一为五级，南唐建，文意甚为晦塞。要之此塔年代究属于隋，抑为再建，或造自南唐，尚未能决，文献上亦无充分之证据。今暂定为隋代。复次，印度、中国之佛教美术，在绘画及雕刻方面率以佛本行及佛传为资料，而以八相图为资粮者现在甚少。然所谓八相之内容，小乘之智觊《四教仪》与大乘之《大乘起信论》，所说各异。栖霞寺舍利塔八相图，就出游一图观之，可知其不属于小乘，而亦非大乘；其故何在，尚不之知。舍利塔八相图浮雕自降胎至涅槃，俱极为精好，描写方法，甚为简约，而表现颇属巧妙。常磐博士以为其中采有中国式之特殊意匠，颇有研究之价值，盖足为佛教美术上之一珍例也。

更就舍利塔形式以定年代，为说亦各各不同：松本博士持隋代说，据常磐博士所记，关野博士主中唐说，伊东博士及中川忠博士主南唐说，而太田博士则泛指为宋元时代。就浮雕论之，主中唐、南唐说者，盖以雕刻虽精，而有微弱之感，近北魏雕刻而无其劲挺。试以龙门宾阳洞进香浮雕与天龙山北齐诸窟比较观之,栖霞寺舍利塔殊无隋代之感。栖霞寺舍利塔近北魏一派,而稍弱者,或因受江南之影响故耳。(关野贞博士曾将其主张修改,以为栖霞寺舍利塔当建于唐末,并谓使《金陵梵刹志》所纪为确,其大致当亦不殊云)

赛棱于其《中国雕刻论》中,释摄山舍利塔诸图,有云:①

此塔年代,说者不一。当地传说以为创自萧梁;谓为造于隋唐及明者,亦大有人。然就其雕刻风趣观之,显然与杭州诸刻相似,盖吴越钱氏建国时之作也。

综斯二家之言,可知对于摄山舍利塔之年代,东西学者多主南唐,盖以文献与作风两方面之理由为其根据。虽未得诸家之说遍观之,然其大概,可得而言。今试以其所据分文献与作风两者而分别论其当否如次。

持南唐说者在文献方面之根据为《金陵梵刹志》引《景定建康志》之言。《梵刹志》卷四《古迹》所引见《景定建康志》卷四十六《祠祀志》三寺院栖霞寺条考证,辞云:

寺有舍利塔,乃隋文帝葬舍利处。南唐高越、林仁肇建塔,徐铉书额曰妙因寺。

然《景定建康志》此文,实本于张敦颐《六朝事迹编类》卷十一栖霞

① Prof. Osvald Sirén, *Chinese Sculpture*, Vol. I. p. 160.

寺条，其文曰：

> 唐高宗尝建寺碑，并书寺额；武宗会昌中废，宣宗大中五年重建。本朝太平兴国五年改为普灵寺，景德五年改赐景德栖霞禅寺。寺有舍利塔，乃隋文帝葬舍利处。南唐高越、林仁肇建塔，徐铉书额曰妙因寺。

《梵刹志》所引源出于此，唯文句增益，以为“舍利塔高七级，在无量寿佛之右，隋文帝造，高数丈。五级，雕琢极工，南唐高越、林仁肇复建塔。”顾三书所言，辞意俱甚晦塞；不知究系隋文帝建塔，南唐重修；抑隋时无塔，南唐始建？陈毅《摄山志》述此，辞意较晰，其言曰：①

> 南唐高越、林仁肇并为江南国主大臣，勋贵无二，尊礼三宝，钦隆佛法。隋文帝所造舍利塔岁久剥蚀，金碧毁落，二公同志兴修，复加严饰。

然《六朝事迹编类》初无此言；高越、林仁肇信佛，马、陆之书亦无明文；陈氏所云，或据《梵刹志》复建一语而为之润色耳。而《事迹编类》以含混之辞，述隐微之事，取为佐证，实有未谛。《宋史·艺文志》有高越《舍利塔记》一卷。摄山舍利塔之是否为越与仁肇所建，抑为重修，《六朝事迹编类》、《景定建康志》、《金陵梵刹志》以及《摄山志》所云，皆含混难决，非高氏《舍利塔记》重见于世，不能定

① 见《摄山志》卷三《人物》。

也。至以雕刻作风定为南唐，似亦无据，其辨见后。

或谓栖霞寺毁于会昌废佛之役，重建于宣宗元年，舍利塔当亦在被毁之列，而复兴于大中五年。征之明徵君碑被毁之事，似若可信。然会昌毁佛，史记其事，以为：①

会昌五年秋七月庚子敕并省天下佛寺。中书门下条疏闻奏，据令式诸上国忌日，官吏行香于寺。其上州望各留寺一，所有列圣尊容使令移于寺内。其下州寺并废。其上都、东都两街，请留十寺，寺僧十人。敕曰，上州合留寺工作精妙者留之，如破落亦宜废毁。其合行香日官吏宜于道观。其上都、下都每街留寺两所，寺留僧三十人。上都左街留慈恩、荐福，右街留西明、庄严。中书又奏天下废寺铜像钟磬，委盐铁使铸钱；其铁像委本州铸为农器；金银鍮石等像销付度支。衣冠士庶之家所有金银铜铁之像，敕出后限一月纳官。如违，委盐铁使依禁铜法处分。其土木石等像合留寺内。

明言土木石像留于寺内，则摄山舍利塔宜亦逃此浩劫。如谓会昌毁佛，塔亦被毁，是谓其毁于德宗之时，亦为可通矣。唐赵元一《奉天录》云：②

时淮南节度陈少游领卒戍于盱眙。闻难，即日还广陵，深沟高垒，缮甲完守。镇海军浙东西节度使润州刺史韩滉閇关

① 引文见《旧唐书·武宗本纪》。
② 赵元一《奉天录》卷二。

> 梁,筑石头五城。自京口至玉山,禁驴马出境。以战舰三十艘,舟师五千人,自海门扬威武至于申浦而还。拆上元县佛寺观宇四十六所造坞壁,自建业抵京岘楼雉不绝。穿大井,深数十丈,下与京江平,凡数百处。滉将邱岑严酷,士卒日役数千人,去城数百里内,先贤邱墓,多被侵毁,故老以为自孙权、东晋、宋、齐、梁、陈兵垒之故,未始有也。滉下三千人先戍宋州,即日追还,以其所亲吏卢复为宣州刺史,采石军使,增置营垒。部内佛寺铜钟,并铸戎器。本司取处分,韩公判云:"佛本无形,有形非佛。泥龛塑像,任其崩颓;铜铁之流,各还本性。"既而并付炉焉。

当时建康一带像教之厄何殊会昌。使会昌被毁之说可据,则赵氏所记,亦自信史矣。然其羌无实据,依附比会,盖非考史者之所许也。故就文献上言之,持南唐说及大中说者所有证据,俱嫌薄弱。此外就舍利塔本身及作风观之,亦足证南唐、大中二说之不足恃也。

按前云舍利塔上所镌匠人姓名凡三:曰作石人王文载、曰匠人徐知谦、曰丁延规作石。匠人徐知谦之匠作"近",其"匚"从"辶",《小纪》谓为六朝别字之遗,初未举证。今案爨龙颜碑第十七行"骞骞匪躬"之"匪"字作"逛",不作"匪",又二十三行"匠碑府主簿益州杜苌子"之"匠"字,正作"近"。是知六朝别字"匚"固多书作"辶",而"匠"字直书作"近"。中唐之时尚有书"匚"作"辶"者,如润州魏法师碑之"匮"字书作"遺",即其一例。中唐以后,不复见矣。①

① 可参看罗振望《碑别字》及罗振玉《碑别字补》二书。

复次，摄山现存舍利塔式样，仿育王遗制，属于覆钵塔一类，与道宣《高僧传·释昙迁传》所纪仁寿元年造塔制度相符。准此而言，谓今塔为仁寿元年之遗，不无可信也。

又赛棱诸人判定年代，动以作品风趣相近为言，以为摄山舍利塔属于唐末或南唐。余意不然。判定雕刻年代，于用已知之同时代雕刻品比较研究，明其同异而外，尤当明一代画学之流变，此于研究浮雕为尤然也。东西学者讨论摄山舍利塔年代，于此层似少注意。今案唐张彦远《历代名画记》卷一《论画山水树石》有云：

> 魏晋以降，名迹在人间者，皆见之矣。其画山水，则群峰之势若钿饰犀栉；或水不容泛，或人大于山，率皆附以树石，映带其地，列植之状，则若伸臂布指。详古人之意，专在显其所长，而不守于俗变也。国初，二阎擅美匠学，杨、展精意宫观，渐变所附。尚犹状石则务于雕透，如冰澌斧刃；绘树则刷脉镂叶，多栖梧菀柳。功倍愈拙，不胜其色。吴道元者天付劲毫，幼抱神奥，往往于佛寺画壁，纵以怪石崩滩，若可扪酌。又于蜀道写貌山水。由是山水之变，始于吴，成于二李（李将军、李中书）；树石之状妙于韦鸥，穷于张通（张璪也）。

观彦远此文，于六朝画山水树石之法，可知其概。今以此为准，反观摄山舍利塔八相成道诸图，与彦远所说，冥合符契。如释迦受生图中摩耶夫人手扶之菩提树，释迦出游图中之三树，释迦涅槃图中释迦身后之娑罗双树，释迦出城图中林中仙人身畔之诸树，释迦成道图、释迦说法图中之诸树，莫不刷脉镂叶，雕干析根；而成道图中河畔一树叶干俱加雕镂，树根且析为六瓣，琢成文理，尤足见此。

山水之概，亦复不殊。赛棱以为舍利塔八相图作风，与杭州烟霞洞诸刻相同，今以彦远之言案之，未见其然。松本文三郎谓其雕刻之法约与龙门宾阳洞进口所刻帝后进香图相近，[①]不识其说当否。要之，就画学之流变论之，摄山舍利塔八相图之时代欲不谓为唐以前作品，不可得也。

虽然，摄山舍利塔之时代，欲为决定，尚有二证，俟诸将来之发见也。一曰舍利塔下铭之发见。仁寿元年、二年所造诸塔皆有舍利塔下铭，摄山当亦有之，如能发见，则舍利塔之年代，大致可决。次曰岐州凤泉寺舍利塔四画石与摄山舍利塔八相图之比较研究。据《艺风堂金石文字目》卷二，知艺风老人收有仁寿元年岐州凤泉寺舍利塔现存四画石拓本；能得其拓本或原石照相，与摄山舍利塔八相图比较，必可呈若干之光明。盖元年造塔，塔样颁自京都，三十余塔塔样相同，则二者相较，必可以知其异同也。第一说不可必，而艺风堂金石全部归北京大学，并辟专室以储之，海内当不乏好事之士，以艺风所藏定摄山一塔之时代者，企予望之矣！[②]

至于摄山舍利塔八相图之渊源，图中宫室衣冠之研究等等，俱属专门之学，谨俟通人，祛其迷罔，兹篇不能尽也。

（见《东方杂志》第二十六卷第六号
页七三—八六，一九二九年三月二十五日出版。）

---

① 见松本文三郎《支那佛教遗物》四六页。

② 缪氏所藏金石拓本归于北京大学，而岐州凤泉寺舍利塔画像石拓本竟未能觅得一决此疑。盖在若存若亡之列矣。一九五六年五月三日，补记。

明清之际中国美术所受西洋之影响

引　子

自利玛窦(Mathæus Ricci,1552—1610)泛海东来,西方学术开始传入中国。历算格致哲理之学,先后崛兴;以康熙为极盛,至乾隆而始衰。当时远西诸儒携来彼中图书七千余部,[①]比之玄奘求经西竺,盖不多让;虽其书今不之知,然所成就,亦已灿然可观矣。近世学者于明清之际西学,为之表章甚力,至于美术,言者盖寡。因摭中外学者之说,纂为此编;起明神宗万历之初,终清高宗乾隆之季,凡二百年。所有此一时期中国美术与西洋之关系,俱就所知,为之排比,著其流变。唯关于此题之文献甚多,或以语文之隔阂,或以见闻之不周,仅能示其大略。世有方闻君子,起而正其阙失者,是所望也。

---

① 明王徵《奇器图说录最》有云:"《奇器图说》乃远西诸儒携来彼中图书。此其七千余部中之一支,就一支中此特其千百之什一耳。"李之藻《刻职方外纪·序》云:"金子者赍彼国书籍七千余部,欲贡之兰台麟室,以参会东西圣贤之学术者也。"《译寰有诠序》云:"时则有利公玛窦浮槎开九万之程;既又有金公尼阁载书逾万部之富。"《刻天学初函题辞》云:"又近岁西来七千卷,方在候旨;将来问奇探赜,尚有待云。"是王徵所云,盖指金尼阁也。(所谓西来七千卷,今北京西什库北堂图书馆内尚存若干部。一九五五年一月一日补记。)

一　明清之际中西交通之梗概

历史上至十五、十六世纪，东方、西方俱亟谋彼此交通：在中国则有明永乐至宣德时三宝太监七下西洋之举，足迹远及于非洲东岸今意属索马利兰（Italian Somaliland）；声威之盛，伊古以来所未有也。在西洋则一四九二年哥伦布发见美洲；一四八六年地亚士（Bartholomew Diaz）发见好望角；一四八七年柯维汉·彼得（Pedro de Caviiham）发见印度洋；一四九六年伽马·华斯噶（Vasco da Gama）抵印度南部之古里国（Calicut）。自是印度洋诸岛及印度沿海一带欧洲人殖民其地者前后不绝。

一五一四年葡萄牙人阿尔发耳（Jorge Alvares）至广东之上川岛，一五一六年彼斯得罗（Rafaël Perestrello）至广东，一五一七年，安得勒德（Fernão Peres d' Andrade）至广州，一五二〇年并遣使者至北京。欧洲人之于中国，自元以后，至是始又复通。① 自葡萄牙人至中国以后，荷兰、西班牙、英、法诸国，俱相继至，麇聚于广东香山县之澳门；沿海如漳、泉、宁波等处，莫不有此辈之踪迹。而广东一隅尤为诸番荟合之地，文武官月俸，且多以番货代；嘉靖间禁止通商，番舶几绝，公私因而皆窘。嘉靖十四年，葡萄牙人正式入居澳门（《明史》作壕镜），高栋飞甍，栉比相望，闽粤商人，趋之若鹜。其后广州一带，外人来商者益众，于是十三行之名因之而起。屈大

① 关于明清之际中西交通，可参看 Henri Corier, *Histoire Générale de la Chine*, Tom. III, Chaps. X—XIX.

均《广州竹枝词》云:①

> 洋船争出是官商,十字门开向二洋。五丝八丝广缎好,银钱堆满十三行。

彭玉麐亦云:②

> 咸丰以前各口均未通商,外洋商贩,悉聚于广州一口。当时操奇计赢坐拥厚赀者比屋相望。如十三家洋行,独擅利权,丰亨豫大,尤天下所艳称;遇有集捐之事,巨万之款,咄嗟可办。

彭氏所述为咸丰以前事,然在清初,情势当亦不殊,此观之翁山竹枝之词而可知也。当时十三行不仅以财富雄天下,即其建筑结构,亦若洋画,③而碧堂尤为世所称道。④ 此中国之十三行,一称为公行者也。西洋如丹麦、西班牙、法、美、瑞典、荷、英诸国,亦于广州建立商馆(factory)⑤。

---

① 见屈氏《广东新语》卷十五纱缎条。又黩货条云:"东粤之货,其出于九郡者曰广货;出于琼州者曰琼货,亦曰十三行货;出于西南诸番者曰洋货。"

② 见《彭刚直公奏稿》卷四《会奏广东团练捐输事宜折》。

③ 沈复《浮生六记》第四《浪游记快》云:"十三洋行在幽兰门之西,结构与洋画同。"

④ 李斗《扬州画舫录》卷十二纪澄碧堂有云;"盖西洋人好碧。广州十三行有碧堂,其制皆以连房广厦,蔽日透月为工。"

⑤ 关于中国公行及外国商馆,可参看 H. F. MacNair:*Modern Chinese History Selected Readings*,chap. Ⅱ. §5. The Co-Hong and the Factories.

十七世纪时西洋教士自中国返欧洲，于中国情形多所陈述。中国载籍如《大学》、《中庸》之属，多译成西文。[①] 中国之耶稣教徒随西洋教士观光欧洲者亦复不鲜，说者以为杜尔克(Turgot)之经济学说即颇受此辈之影响。[②] 而欧洲重农学派(Physiocrats)之学说，得力于中国思想者亦多云。[③]

二　明清之际之西洋教士与西洋美术

明世宗嘉靖二十九年(一五五〇)，卧亚主教圣方济各·沙勿略(St. Francois-Xavier，1506—1552)谋入中国传教，至上川岛，不得达而病殁。圣方济各逝后三年，圣多明我会、圣奥斯定会及圣方济各会修士间有至广州及福建传教者，为时不久，即被驱逐。万历七年，耶稣会士罗明坚(Michael Ruggieri，1543—1607)至广州。[④] 后二年(一五八一)，利玛窦继来中国，而后中国之天主教始植其基，西洋学术因之传入；西洋美术之入中土，盖亦自利玛窦始也。万历二十八年利玛窦上神宗表文，有云：

① 参看 A. Reichwein：*China and Europe*，p. 20. 又艾儒略《大西利先生行迹》云："利子尝将中国《四书》，译以西文，寄回本国。国人读之，知中国古书，能识真原，不迷于主奴者，皆利子之力也。"又《墨井集》引费氏《教士传略》谓柏应理回罗马，于"一千六百八十二年西十月初抵荷兰，后往罗马，以教士所译华文书四百册呈献教皇。教皇悦，饬置御书楼，用示珍重"。

② 北京大学《社会科学季刊》第一卷第一号李永霖著《经济学者杜尔克与中国两青年学者之关系》即讨论此事。文中并及十七、十八世纪至欧洲之中国诸耶稣教徒，可以参览也。

③ 参看 A. Reichwein，*China and Europe*，pp. 101—109，The Physiocrats。

④ 参看耶稣会萧司铎著《天主教传行中国考》上册一〇三页至一一二页。

谨以天主像一幅，天主母像二幅，天主经一本，珍珠镶嵌十字架一座，报时钟二架，万国图志一册，雅琴一张，奉献于御前。物虽不腆，然从极西贡来，差足异耳。

利氏所献天主像及天主母像，即为最初传入中国之西洋美术品。伯希和(P. Pelliot)曾据姜绍闻《无声诗史》之辞，以为利氏献像之可考者仅此。姜氏之言曰：①

利玛窦携来西域天主像，乃女人抱一婴儿，眉目衣纹，如明镜涵影，踽踽欲动。其端严娟秀，中国画工，无由措手。

姜氏所云天主像，实即圣母像，姜氏不识，混而为一。明万历时顾起元亦及见利氏所携画像。顾氏曰：②

利玛窦，西洋欧逻巴国人也。面皙虬须，深目而睛黄如猫。通中国语。来南京，居正阳门西营中，自言其国以崇奉天主为道；天主者，制匠天地万物者也。所画天主，乃一小儿；一妇人抱之，曰天母。画以铜板为幪，而涂五采于上，其貌如生。身与臂手，俨然隐起幪上，脸之凹凸处正视与生人不殊。人问画何以致此？答曰："中国画但画阳不画阴，故看之人面躯正平，无凹凸相。吾国画兼阴与阳写之，故面有高下，而手臂皆轮圆耳。凡人之面正迎阳，则皆明而白；若侧立则向明一边者

① 参看 P. Pelliot, *La Peinture et le Gravure Européennes en China au Temp de Mathieu Ricci*(*T'oung Pao*,1922,pp. 1—18)。

② 见顾起元《客座赘语》卷六利玛窦条。

白；其不向明一边者眼耳鼻口凹处，皆有暗相。吾国之写像者解此法用之，故能使画像与生人亡异也。”携其国所印书册甚多，皆以白纸一面反复印之，字皆旁行；纸如云南绵纸，厚而坚韧，板墨精甚。间有图画，人物屋宇，细若丝发。其书装钉如中国宋摺式，外以漆革周护之，而其际相函用金银或铜为屈戌钩络之；书上下涂以泥金，开之则叶叶如新，合之俨然一金涂版耳。所制器有自鸣钟，以铁为之，丝绳交络，悬于簴，轮转上下，戛戛不停，应时自击钟有声，器亦工。他具多此类。

顾氏所记。较《无声诗史》为详，且于西洋画用光学以显明暗之理，亦有所纪（《国朝画徵录》亦及此事，唯无顾氏之详，引见后《综论》）；故西洋画及西洋画理盖俱自利氏而始露萌芽于中土也。又就顾氏所云察之，可知利氏东来，所携美术品除天主像及天主母像而外，西洋之雕版图画亦随之而为中国士大夫所知，且其范围甚广，人物屋宇，一一俱备，固不仅此二像已也。顾氏又云：①

后其徒罗儒望（João da Rocha）者来南都，其人慧黠不如利玛窦，而所挟器画之类亦相埒。

是知利氏而后，布教南都诸西教士多有挟西洋画以俱者。流风所被，中国画苑为之兴感，盖亦有由矣。

利玛窦所赍来之西洋雕版画今不甚可知，唯程大约（君房）《墨苑》中收有西洋宗教画四幅，并附罗马字注音，明代西洋教士携来

① 《客座赘语》卷六利玛窦条。

之西洋美术品,现存者当以此为最古矣。四幅名目:一为信而步海疑而即沈;二为二徒闻实即舍空虚;(参看本文第一图)三为淫色秽气自速天火;四则圣母怀抱圣婴耶稣之像。并附以罗马字注音解释前三画内容。此四画俱为利玛窦持赠程大约者,大约以之刊入《墨苑》。顾起元所见利玛窦携来间有图画之西书,或即有此类在内也。《墨苑》所刊之西洋宗教画,民国十六年陈援庵先生曾假王氏鸣晦庐藏本景印行世,题曰《明季之欧化美术及罗马字注音》,今将四画复制以备参览。陈氏于景印本卷末附一《跋》文,今为节录如次:

右西洋宗教画四幅说三则,见程氏《墨苑》卷六下三十五叶后,未编叶数者书成后所增也。又利玛窦赠文一篇,见卷三,自为叶数,亦书成后所加。今所传《墨苑》,有阙此图及说者,有图存而西洋字画阙者;疑禁天主教时所削去。此为通县王氏鸣晦庐藏本,图说皆全,实为难得。《墨苑》分天地人物儒释道六集,今书口题曰缁黄者即释道合为一集,而以天主教殿其后也。时利玛窦至京师不过五六年,而学者视之,竟与缁黄并;其得社会之信仰可想也。

明季有西洋画不足奇,西洋画而见采于中国美术界,施之于文房用品,刊之于中国载籍,则实为仅见。其说明用罗马字注音,亦前此所无。金尼阁(Nicolas Trigault)著《西儒耳目资》,即师其法,当时以此为西洋人认识汉字之捷诀。其间偶有误注,如以宝为窦之类,则不可解也。

陈氏此《跋》,除正《四库总目》以程大约与程君房为二人之误,及发汪廷讷《坐隐奕谱》所附罗马字为割裂《墨苑》而成之隐以外，于四画本身无所发明。其后徐景贤君复著《明季之欧化美术及罗马字注音考释》，[①]于《墨苑》宗教画第一、第二、第三、第四诸幅所附诸拉丁字俱为译其大概，并疑利玛窦进呈像及徐光启圣母像赞所指即为《墨苑》所刊圣母像。徐君此疑，按之顾起元之言，可以释然；徐光启在南京所见之圣像，[②]当即顾氏所见，而进呈图像又必非简陋之雕版像。利子进呈表文明言极西贡来，而《墨苑》中之雕版画原本出自东方（见后），是可知利子进呈者必非《墨苑》所刊也。

陈、徐二家之《跋》文考释，于此四幅来源，俱未道及。今按洛孚（B. Laufer）曾于一九一〇年发表《中国之基督教美术》（*Christian Art in China*）一文，讨论程氏《墨苑》中之西洋宗教画。一九二二年，伯希和作一文，论利玛窦时中国之西洋画及西洋雕版画，以为利子持赠程大约之原本，为耶稣会尼各老修士（P. Jean Nicolao）之作品。[③] 尼各老意大利人，于一五九二年至日本，以画教日本少年，后服务于长崎耶稣会士所设之画院（Seminailre des peintures）。《墨苑》中圣母像下方所附拉丁字末行作 in Sem Japo 1597，Sem 即画院之缩写，而 Japo 即为日本之译音，一五九七年，尼各老尚在日本。故此画当为一五九七年耶稣会士据尼各老所画雕成，利子得之，更以赠诸程氏耳。伯希和之言甚确，大足以补陈、徐二家之说所未备也。

---

① 徐君文见《新月月刊》第一卷第七号。

② 案《徐文定公行实》云："癸卯秋公复至石城。因与利子有旧，往访之不遇。入堂宇，睹圣母像一，心神若接，默感潜孚。"

③ 关于《墨苑》西洋宗教画之研究，可参看注十二所举伯希和一文。（即本书第五〇七页注①。——编者注）

当时西洋教士携至中国之西洋画，于利玛窦进呈之天主像、天主母像及《墨苑》所刊利子持赠之宗教画四幅而外，尚有汤若望(Joannes Adam Schall von Bell,1591—1666)所进呈之图像，黄伯禄《正教奉褒》纪其事曰：

崇祯十三年十一月。先是，有葩槐国(Bavaria)君玛西理(Maximilianus)饬工用细致羊韖装成册页一帙，彩绘天主降凡一生事迹各图，又用蜡质装成三王来朝天主圣像一座，外施彩色，俱邮寄中华，托汤若望转赠明帝。若望将图中圣迹，释以华文，工楷誊缮。至是，若望恭赍趋朝进呈。

若望所进呈之图像，后曾刊印行世，不知尚有传本否。杨光先《不得已》中有《临汤若望进呈图像说》一篇，其引言云：[1]

上许先生书后，追悔著《辟邪论》时，未将汤若望刻印国人拥戴耶稣及国法钉死耶稣之图像刊附论首，俾天下人尽见耶稣之死于典刑，不但士大夫不肯为其作序，即小人亦不屑归其教矣。若望之进呈书像共书六十四张，为图四十有八；一图系一说于左方。兹弗克具载，止摹拥戴耶稣及钉架立架三图三说，与天下共见耶稣乃谋反正法之贼首，非安分守法之良民也。图说附于左方。

① 余所见《不得已》系涵芬楼传钞刘泖生藏钞本。临汤若望进呈图像三幅描绘尚佳，唯第四十二图与第四十三图图像误贴，应彼此互易，方得其真也。

所附三图为第二十八图天主耶稣返都像，第四十二图耶稣方钉刑架像，第四十三图天主耶稣立架像。（参看本文第二图）若望原本今不可得，《不得已》所临者，犹可以窥见一斑也。唯察此三图，其中人物面容，以及第四十二图中之长矛方天画戟，第四十三图之单刀，皆已华化，非复欧风，不若《墨苑》四幅之典型独存。然《墨苑》作画为丁云鹏，刻手为黄鏻，皆一代名家，而其书又备文房清玩，自当精致可观。《不得已》为宣传之作，所求唯速，宜乎不能髣髴其一二也。然若望之作竟藉以传其梗概，吉光片羽，弥足珍矣。

明季传入中国之西洋画，大率为宗教画，盖教士审知中国人士爱好图画，故以此为宣传之具。一六一五年金尼阁（P. Nicolas Trigault，1577—1628）所刊拉丁文利玛窦著《中国布教记》（*De Christiana Expeditione apud Sinas*），一六二九年毕方济（P. Franciscus Sambias，1582—1649）所著《画答》，皆言及用西洋画及西洋雕版画以为在中国传教之辅助而收大效之事；一五九八年，龙华民（P. Nicolaus Longobardi，1559—1654）致书欧洲，求画像书，以为西洋画有阴阳明暗，俨然若生，为中国画所未有，故中国人士颇为爱好云云；[①]盖可见也。

明季西洋画传入中国，为数甚夥，然教士而兼通绘事，以之传授者，尚未之闻。[②] 至清初始有西洋教士供奉画院，若郎世宁（Joseph Castiglione，1688—1766）、艾启蒙（Ignatius Sickelparth，1708—1780），其最著者也。郎世宁，意大利人，家世善画。康熙五十四年

① 参看注十二所举伯希和一文。（即本书第五〇七页注①。——编者注）

② 案日人大村西崖谓："万历十年，意大利耶稣会教士利玛窦来明，画亦优，能写耶稣圣母像。"（见陈彬龢译大村西崖《中国美术史》一九六页）唯历观诸书，未云利子能画，大村不知何据，今谨存疑。

（一七一五）至北京，随入值内廷；卒于乾隆三十一年。[①] 说者谓其"工翎毛花卉，以海西法为之"。又谓："世宁之画本西法而能以中法参之。其绘花卉，具生动之姿，非若彼中庸手之詹詹于绳尺者比。"《石渠》著录五十有六，大都为花卉翎毛之属，而画马尤夥（参看本文第三图）。其中有阿玉锡持矛荡寇图一卷，作于乾隆乙亥，玛瑺斫阵图一卷，作于乾隆已卯；则平定准噶尔及回部奏凯图之一部分也。[②] 清高宗乾隆三十年，即平准噶尔及回部，因思著之丹青，爰选当时供奉画院之西洋教士为之作图，并送法国雕版。法人科狄（Henri Cordier）述其事云：[③]

---

① 案郎世宁卒年，《正教奉褒》作乾隆二十九年。然据伯希和所作《乾隆准噶尔回部等处得胜图考》（*Les Conquêtes de l'Empereur de la Chine. T'oung Pao*, 1920—1922, pp. 183—274）一文，一七六五年（乾隆三十年），七月，郎世宁尚致函法国，申述对于雕刻准噶尔回部等处得胜图应注意正确精好两点；则《正教奉褒》所纪，当有误也。（雍正时年希尧著《视学》，即承郎氏之教，可参看本论文集《记牛津所藏的中文书》一。一九五五年一月五日补记。）

② 见胡敬《国朝院画录》卷上。

③ 见 Henri Cordier, *Histoire Générale de la Chine*, Tom. III, pp. 349—350。按乾隆时西洋教士供奉画院者，有郎世宁、艾启蒙、王致诚、潘廷璋、安德义诸人，伯希和之《乾隆准噶尔回部等处得胜图考》述之甚详。当时送至法国雕铜版之得胜图共凡十六幅，伯氏文中于各幅作家以及雕工俱有所考证，今为列表如次，以资参览：

次序	图　名	作　家	雕　工
1	平定伊犁受降	艾启蒙	B. L. Prevost
2	格登鄂拉斫营	郎世宁	J. P. Le Bas
3	鄂垒札拉图之战		J. P. Le Bas
4	和落霍澌之捷	王致诚	J. P. Le Bas
5	库陇癸之战	安德义	J. Aliamet
6	乌什酋长献城降	安德义	pp. Choffard
7	黑水围解	郎世宁	J. P. Le Bas
8	呼尔满大捷	安德义	Augustinus de St. Aubin
9	通古斯鲁克之战		Augustinus de St. Aubin
10	霍斯库鲁克之战		B. L. Prevost
11	阿尔楚尔之战	王致诚	J. Aliamet
12	伊西洱库尔淖尔之战	安德义	N. De Launay

平定准噶尔图凡四幅。三幅命供奉画院之耶稣会修士郎世宁、艾启蒙、王致诚(Jean Denis Attiret,1702—1768)为之。后以三人过缓,复益以意大利修士潘廷璋(Giuseppe Panzi,1733—1812)。第四幅则命圣奥斯定会修士安德义(Jean Damascéne)为之。画既竣,高宗谋雕诸欧洲,以期精美,因敕广东总督董其事。广东总督初拟寄至英国,时广东主教范布尔(P. La Febure 汉名不知)力绳法国美术,冠于欧陆,以图付之,必能胜任愉快云云。乾隆三十年五月二十六日,因敕送图至法国,时西历一七六五年七月十三日也。图既至,王家画院院长(Directeur de l' Académie royale de Peinture)马立涅(Marigney)侯因命柯兴(Charles-Nicolas Cochin)董其事;并妙选雕刻名工,如勒巴(Le Bas)、圣多本(Saint Aubin)、布勒佛(B. L. Prévot)、阿里默(Aliamet)、马斯克立业(Masqulier)、讷伊(Née)、学法(Choffard)诸人俱隶其内。一七七四年,刻成,送至中国。高宗见之,深为嘉许云云。

法国所雕铜版平定准噶尔图,今附刊两幅;(参看本文第四图)观此

13	拔达山汗纳款	安德义	pp. Choffard
14	平定回部献俘	王致诚	L. J. Masquelier
15	效劳回部成功诸将	安德义	Fran cus Dion ius Née
16	凯宴成功诸将		J. P. Le Bas

王致诚见《院画录》卷下,称其工画马,《石渠》著录十骏图一册,然未言其为西洋人也。安德义、潘廷璋诸人中籍无考。乾隆英使马戛尔尼伯爵(Earl of Macartney)入使中国日记(刘复译作《乾隆英使觐见记》)中曾及潘廷璋之名,刘译本并据巴洛(John Barrow)所著《中国游记》(*Thavels in China*),谓潘氏与又一教士名贺清泰(Louis Poirot,1735—1814)者同于乾隆三十八年入为画院云云(见译本四四页至四五页)。遍检巴氏《游记》,未见此说;不知刘译果何所据也。

所谓“本西法而能以中法参之”之辞，益可见矣。郎世宁画今犹有存者，其百骏图掩仰俯侧，姿态各异，阴阳明暗，纯属西法。艾启蒙画，《石渠》著录凡九，中籍称其工翎毛。①

康、乾之际，画院供奉以及钦天监中颇多西洋教士，流风所被，遂有焦秉贞诸人，为东西画学融合之大辂椎轮，而开清代画院之一新派。秉贞画见后，今不赘。

乾隆时英使入觐，其所献物品有法国绛丝画十四幅，今北平古物陈列所尚存四幅。所刻为五彩西洋人物。是亦清初时传入中国之西洋美术品，今尚可考者也。以与教士无关，附陈于末。

三 明末清初画坛中之西洋写真术

明季清初西洋教士布道中国，既多投合心理以宗教画为宣传之具；清初画院供奉复多西洋教士；西士东来，亦不少明通画理者；益以各处教堂供养圣像，②中国教徒中且多画学大家；则西洋美术在中国艺苑上发生影响，实至为自然之事。此种现象，最初表见于

① 艾启蒙所作《石渠》著录九幅，目见《国朝院画录》卷下；今北平古物陈列所尚存其画马八轴。又乾隆三十六年所作尚有香山九老图，见吴长元《宸垣识略》卷十一，有文职九老武职九老致仕九老之目；名画家邹一桂亦在致仕之列也。

② 案印光任、张汝霖著《澳门纪略》卷下《澳番篇》谓三巴寺有海洋全图，《广东新语》卷二澳门条亦及此。南京教堂中有天主及天主母像已见本文及注一六（即本书第五一〇页注②。——编者注）。赵翼《檐曝杂记》卷二西洋千里镜及乐器条：“天主堂在宣武门内。所供天主如美少年，名邪酥，彼中圣人也。像绘于壁而突出，似离立不著壁者。”《瓯北诗钞·同北墅漱田观西洋乐器》诗有云：“引登天主堂，有象绘素壁。靓若姑射仙，科头不冠帻。云是彼周孔，崇奉自古昔。”吴长元《宸垣识略》卷七：“天主堂中供耶稣像，绘画而若塑者；耳鼻隆起，俨然如生人。”

美术上者,是为采用西法之写真术;首开其风者,据近世学人所云,乃明末闽莆田人曾鲸波臣也。明周晖《金陵琐事》纪波臣云:①

曾鲸字波臣,莆田人。流寓金陵,写照入神。

姜绍闻述之较详,其辞云:②

曾鲸字波臣,莆田人,流寓金陵。风神修整,仪观伟然,所至卜整以处。回廊曲室,位置潇洒磅礴。写照如镜取影,妙得神情。其傅色淹润,点睛生动。虽在楮素,盼睐嚬笑,咄咄逼真,虽周昉之貌赵郎,不是过也。若轩冕之英,岩壑之俊,闺房之秀,方外之踪,一经传写,妍媸唯肖。然对面时,精心体会,人我都忘。每图一像,烘染数十层,必匠心而后止。其独步艺林,倾动遐迩,非偶然也。年八十三终。

张庚曰:③

写真有二派:一重墨骨,墨骨既成,然后傅彩,以取气色之老少;其精神早传于墨骨中矣。此闽中曾波臣之学也。一略用淡墨钩出五官部位之大意,全用粉彩渲染。此江南画家之传法。而曾氏善矣。余曾见波臣所写项子京水墨小照,神气与设色者同,以是知墨骨之足重也。

---

① 见《图书集成·艺术典》引。

② 见姜绍闻《无声诗史》卷四曾鲸条。

③ 见张庚《国朝画徵录》卷中顾铭诸人传。

故陈师曾以为:“传神一派,至波臣乃出一新机轴。其法重墨骨而后傅彩,加晕染,其受西画之影响可知。”[①]大村西崖云:[②]

> 万历十年,意大利耶稣教士利玛窦来明,画亦优,能写耶稣圣母像。曾波臣乃折衷其法,而作肖像,所谓江南派之写照也。

波臣流寓金陵,正在利玛窦东来之时。西洋画天主像、天主母像供养于金陵教堂中,顾起元、徐光启诸人,俱及见之,波臣当亦睹此。姜氏所云烘染数十层之语,非中国以前之写真家所知,而波臣乃突开一新派,且与西洋法近,则陈氏、大村折衷之言,匪尽诬也。唯大村谓利子东来在万历十年,又云波臣之学为江南派,为失考耳。利子能画与否,辨见注二〇[③],今不赘。

波臣之学,传授甚众,谢彬、郭巩、徐易、沈韶、刘祥生、张琦、张远、沈纪诸人号称最著。而徐氏瑶圃写真,不独神肖,笔墨烘染之痕亦与之俱化,不愧沈韶高弟。[④] 康、乾之际,写真一术,盖以波臣一派为盟主矣。迄乾隆时上官周《晚笑堂画传》出,乃集波臣之学之大成云。

波臣一派重墨骨而后傅彩,加煊染,虽作一图必烘染数十层,然犹不过以中法参以西法而已。至清初西洋画学传入渐盛,于是

① 见陈衡恪《中国绘画史》三九页。
② 见陈译大村西崖《中国美术史》一九六页。
③ 即本书第五一二页注②。——编者注
④ 徐瑶圃见《画徵录》卷中下允诸人传。

始有纯用西洋法以写真者。此派之著者曰莽鹄立,《画徵续录》云:①

> 莽鹄立,字卓然,满洲人,官长芦盐院,工写真。其法本于西洋,不先墨骨,纯以渲染皴擦而成。神情酷肖,见者无不指曰是所识某也。弟子金玠,字介玉,诸暨人。

曰丁允泰及其女丁瑜,《画徵续录》云:②

> 丁瑜字怀瑾,钱塘人。父允泰,工写真,一遵西洋烘染法。怀瑾守其家学,专精人物,俯仰转侧之势极工。

是盖于波臣参合中西一派之外,别树一帜,而以纯遵西法,见称于世者也。唯莽、金、二丁之外,更无闻人,则其不为中国当时艺苑所欢迎,亦可知矣。

四 清初画院与西洋画

清制,画史供御者无官秩,设如意馆于启祥宫南;凡绘工文史及雕琢玉器装潢帖轴皆在焉。初类工匠,后渐用士流,由大臣引

① 见《画徵续录》卷上《莽鹄立传》;《清史稿》亦有传,即袭《画徵续录》文也。
② 见《画徵续录》卷下闺秀《丁瑜传》。

荐,或献画称旨,召入,与词臣供奉体制不同。① 康熙时西洋教士以画学供奉内廷,而钦天监中主其事者,又多属西洋教士,中国人士上下其议论,濡染其图绘,遂亦潜移默化而不自觉。自焦秉贞创开风气,画院多相沿袭。康、乾之际,不少名家。乾隆季叶西教被禁,钦天监中西士渐绝,于是中国画坛中揉合中西之新派,亦斩焉中绝矣。

张庚《画徵录》云:②

> 焦秉贞,济宁人,钦天监五官正。工人物,其位置之自远而近,由大及小,不爽毫毛,盖西洋法也。

胡敬《院画录》云:③

> 焦秉贞,工人物山水楼观;参用海西法。伏读圣祖御临董其昌《池上篇》识云:"康熙己巳春偶临董其昌《池上篇》,命钦天监五官焦秉贞,取其诗中画意。古人尝赞画者,曰落笔成蝇,曰寸人豆马,曰画家四圣,曰虎头二绝,往往不已。焦秉贞素按七政之躔度,五形之远近,所以危峰叠嶂,中分咫尺之万里,岂止于手握双笔。故书而记之。"臣敬谨按海西法善于绘影,剖析分刌,以量度阴阳向背斜正长短,就其影之所著而设色,分浓淡明暗焉。故远视则人畜花木屋宇皆植立而形圆;以

① 参看《清史稿》列传艺术传三《唐岱传》。

② 参看《画徵录》卷中;咸丰《济宁州志》卷八方术总传亦及秉贞,即袭《画徵录》之文。秉贞行谊别无可考。

③ 见《院画录》卷上。

至照有天光,蒸为云气,穷深极远;均粲布于寸缣尺楮之中。秉贞职守灵台,深明测算,会悟有得,取西法而变通之。圣祖之奖其丹青,正以奖其数理也。

焦秉贞画,《石渠》著录者六,而以耕织图为最著;关于秉贞所画耕织图后别有说。秉贞入直内廷在康熙二十八年(一六八九年)以前,郎世宁之至北京在康熙五十四年(一七一五年),艾启蒙之入直如意馆在乾隆十年,潘廷璋、王致诚诸人之入直,亦在乾隆时。故秉贞之画疑受自当时钦天监诸西洋教士,与郎、艾诸人无关也。

秉贞之后如冷枚、唐岱、陈枚、罗福旻①诸人,皆以西洋画法,著称于世。冯金伯《国朝画识》据《娄县志》云:

陈枚画初学宋人,折衷唐解元寅,参以西洋法。能于寸纸尺缣图群山万壑,以显微镜照之,峰峦林木屋宇桥梁,往来人物,色色俱备,其用笔之妙,与巨幅同。雍正四年,以供奉内廷,赏给内务府郎中衔,给假归娶;恩赉优渥,艺林荣之。

盖用透视法作画,是以危峰叠嶂,咫尺万里,较之中国旧传平远高远之法其层次更为分明,远近更为逼真也。

---

① 案《画徵录》卷中有《冷枚传》,又见《院画录》卷上。《陈枚传》见《国朝画识》卷十一,又《院画录》卷上。唐岱见《院画录》末,又《清史稿》列传艺术传三《唐岱传》。罗福旻见《院画录》卷下。道光《胶州志》卷三十艺术《冷枚传》云:"冷枚字吉臣,别号金门画史。旧《志》:工丹青,妙设色。初师五官正焦秉贞,后与秉贞名相埒;画人物尤为一时冠。国朝康熙时供奉内廷。为桐叶封弟图,尤著名于时,有数本,盖因仁皇帝友爱庄亲王而作。又尝奉敕作南巡图。秉贞奉敕绘耕织图,枚复助之。"

康、乾之际画院风气因焦秉贞创用西法，遂开新派；而最足以代表此辈新派之作品者则焦秉贞所绘耕织图是也。南宋楼璹有耕织图，至清圣祖康熙三十五年，爰命秉贞仿楼图重绘。今按《院画录》，乾隆时又曾命冷枚、陈枚各绘耕织图一册，[①]冷、陈两家之作，未闻雕版，唯焦氏所绘四十六幅曾镂版以赐群臣，合之后来翻刻，传世版本不下十余种，犹可以睹往昔画院之盛也。

楼璹耕织图宋本已不传，日本有延宝四年（一六七六年）狩野永纳翻刻明天顺刻本，尚存，可以见宋刻之彷佛。洛孚著《佚书重获记》（*The Discovery of a Lost Book*）[②]，夏德（F. Hirth）著《中国美术所受外国之影响》（*Ueber Fremde Einflüsse in der Chinesischen Kunst*. 1896）及《鉴古杂论》（*Scraps from a Collector's Note Book*）[③]，于楼氏耕织图及焦氏耕织图俱曾加以比较研究；日人中村久四郎著《耕织图所见宋代之风俗与西洋画之影响》[④]一文，即根据二家之言而为之发挥者也。今综三家所说述其梗概如次。

楼璹耕织图与焦秉贞耕织图相较，其不同之点有三。楼图耕图二十一：浸种、耕、耙耨、耖、碌碡、布秧、淤阴、拔秧、插秧、一耘、二耘、三耘、灌溉、收刈、登场、持穗、簸扬、砻、舂碓、簏、入仓；织图二十四：浴蚕、下蚕、喂蚕、一眠、二眠、三眠、分箔、采桑、大起、捉

---

① 按《院画录》卷上谓冷枚、陈枚二人各另作耕织图四十六幅，陈作《院画录》有目，与楼、焦二图次序俱异。唯《胶州志》谓冷枚助秉贞绘耕织图，未云另作，不知孰是也。

② B. Laufer, The Discovery of a Lost Book (*T'oung Pao*, 1912, pp. 97—106).

③ 案 F. Hirth, *Ueber Fremde Einflüsse in der Chinesichen kunst*, 1896—书未之见，其 Scraps from a Collector's Note Book 见*T'oung Pao*。

④ 中村久四郎著《耕织图に见元る为宋代の风俗る西洋画の影响》见《史学杂志》第二十三编第十一号一七页至三九页。

绩、上簇、炙箔、下簇、择茧、窖茧、缫丝、蚕蛾、祀谢、络丝、经、纬、织、攀花、剪帛。焦图耕织各二十三图,耕图多初秧、祭神二图;织图省下蚕、喂蚕、一眠三图,而加染色、成衣二图,次序亦异。就二图之异同,可以见宋、清两代耕织风尚之变迁。此其一也。

复次楼图简单朴素,而焦图则纤细丽都。今试以楼图之二耘与焦图之二耘比观之:(参看本文第五图)二图布景大致略同,俱作四农人去莠之状。田塍上有二妇人,一手携小儿。唯楼图于担壶浆手携小儿之一妇外,另一妇作蹲踞扇炉之状;焦图则不蹲而起,一手携篮,一手遥指行于担者之前。楼图四农人戴笠束衣,俯身去莠,状极忙碌;焦图则益以蕉扇,一老者袒衣挥扇,一以扇插背上,为状暇豫。楼图四农人去莠在图之正面;焦图置之左隅,阡陌相望,竹木森森。楼图妇女身短面圆,小儿裸上身持蕉扇;焦图妇女颀身细腰,姿态婀娜,小儿持风车裸下身,(按风车亦为意大利最普遍之玩具,焦图用此,疑受当时意大利教士之影响也)盖楼图真率忙促之意味多,而焦图则纤丽点缀,雍容暇豫,一似木天清暇,冥想农家风物,因以楼图为蓝本,益以画人想像,不自觉其纤细,而不近实际也。

焦氏之图大致模仿楼作而加以变通,点缀,于是全部风趣为之丕变,自然呈暇豫和平之气,而其最为不同者则焦图应用西洋之透视法以作画是也。焦画四十六幅,张浦山所云"其位置之自远而近,由大及小不爽毫毛"者,盖幅幅可以见之。树木庐舍人物山水仍守旧习,唯于远近大小,采用西法;盖于中画之中参以科学方法。揉合中西,而异军突起,成一新派。惜当时士大夫俱不之喜,是以帝王之护法一去,而画院新派亦随之夭矣。

乾隆时画院中有门应兆者,其作画亦颇用西洋法。乾隆四十三年曾编《西清砚谱》，于敏中、梁国治等校订，门应兆绘图。内府藏砚，一一为之绘图，谱中所画诸砚高低凸凹，明暗隐显，莫不逼真，描绘阴影，纯用西法。明万历时李之藻著《頖宫礼乐疏》，书中礼器乐器，图绘工细，参西洋画法。他如明末清初王徵之译《奇器图说》，南怀仁之著《灵台仪象志》，所附诸图，录自西书，是以阴阳明暗，俨然立体；门氏之作，当即受自此辈也。①

五　民间画家与西洋美术

明清之际，西洋美术以受帝皇之扶掖奖励，稍有生气，然其活动之范围，终以宫廷为多，民间所受影响，盖寥落可数矣。《笛渔小稿》谓："张僧繇画花，远视作凹凸状，近看却平；曹子十经重颇得是意。"此当为西法也。《扬州画舫录》云：②

> 张恕字近仁，工泰西画法，自近而远，由大及小，毫厘皆准法则；虽泰西人无能出其右。

曹重、张恕，盖民间画家之效西法者也。《画徵录·崔鏏传》云：③

> 崔鏏，字象州，三韩人。工人物士女，学焦秉贞法。傅染净丽，风情婉约，虽未能方驾古人，而翩翩足隽一时矣。墨梅

① 参看上文。
② 见《扬州画舫录》卷二《草河录》下。
③ 见《画徵录》卷下《崔鏏传》。

亦佳，今官州牧。

凡此皆在画院之外，可以归诸民间画家一类。康熙初又有孔衍栻者，著《石村画诀》，发明渴笔烘染，与元四大家法微异，似亦受有西洋之影响，然此尚待画学名家，为之论定，兹未能决也。①

以前所陈诸家，大都折衷中外，在画坛上别开新派，对于西洋其他方面之文明，初未闻有慕而化之者。有之则自吴历渔山始。吴历一号墨井，江苏常熟人，与王时敏、王鉴、王翚、王原祁、恽格称清初六大家，王麓台论历画，至以为在石谷上。其事迹略见于《画徵录》、《墨井集》。历与石谷绝交事，羌无故实，姚大荣、徐景贤两君，已先后辨之，今不赘。兹唯言历与西洋画之关系。

叶廷琯《鸥陂渔话》纪吴渔山有云：②

道人入彼教久，尝再至欧罗巴，故晚年作画，好用洋法。

《清史稿·渔山传》即袭叶氏之语，辞云：③

晚年弃家从天主教。曾再游欧罗巴。作画每用西洋法，云气绵渺凌虚，迥异平时。

---

① 《石村画诀》中渴笔烘染一则，咸丰《济宁州志》卷十杂稽曾引全文，可以参看，文长不录。

② 见《东方杂志》第二十三卷第二十一号姚大荣《辩〈画徵录〉记王石谷与吴渔山绝交事之诬》引此。

③ 见《清史稿》列传艺术传三《王翚传》。

皆谓渔山曾两游欧洲,晚年作画,并参西法。今按康熙十九年耶稣会司铎比利时人柏应理(Phililppe Couplet,1624—1692)奉教中檄回罗马,渔山欲与俱往。康熙二十年与柏司铎登程,比抵澳门,寓三巴寺,遂留修省;二十一年入耶稣会。渔山所著有《三巴集》,即寓澳门作也。其《墺中杂咏》二十九首云:①

西征未遂意如何,滞墺冬春两候过。明日香山重问渡,梅边岭去水程多。柏先生约予同去大西入岙不果。

是渔山并未去欧,徒以入耶稣会后,一意修道,少与世通,传闻因而致讹耳。世又传渔山晚年作画用西洋法。今按渔山寓填时,于中西风俗书画俱有所比较;其辞云:②

墺门一名濠镜,去墺未远,有大西小西之风焉。其礼文俗尚,与吾乡倒行相背。如吾乡见客,必整衣冠;此地见人,免冠而已。若夫书与画亦然,我之字以点画凑集而成,然后有音;彼先有音而后有字,以勾划排散,横视而成行。我之画不取形似,不落窝白,谓之神逸;彼全以阴阳向背形似窝白上用工夫。即款识我之题上彼之识下。用笔亦不相同。往往如是,未能殚述。

---

① 见李问渔编《墨井集》卷三《三巴集》。

② 见《墨井集》卷四《墨井题跋》。

然观渔山画跋二:①

古人能文,不求荐举,善画,不求知赏。曰:"文以达吾心,画以适吾意。"草衣藿食,不肯向人。盖王公贵戚,无能招使,知其不可荣辱也。笔墨之道,非有道者不能。

画不以宋元为基,则如弈棋无子,空枰何凭下手。怀抱清旷,情兴洒然;落笔自有山林之趣。画要笔墨酣畅意趣超古;画之董、巨,犹诗之陶、谢也。

可知渔山作画,特主意趣,不重形似。又从现存渔山诸画观之,不见所谓云气绵渺凌虚者,唯湖天春色一帧远近大小,似存西法,树石描绘与郎世宁诸作微近;然其他诸帧,一仍旧贯。则所谓晚年作画,好用西法者,毋亦耳食之辞耳。

六　清初中国建筑上所受西洋之影响

自明季葡萄牙人来中国,聚居澳门,高栋飞甍,栉比相望;其后广州商馆,十三洋行,先后建立;所有建筑,大都模仿西洋。《澳门纪略》述其地之房屋云:②

多楼居。楼三层,依山高下,方者、圆者、三角者、六角八

① 见《墨井集》卷四《墨井题跋》。

② 见《澳门纪略》卷下《澳蕃篇》。

角者、肖诸花果状者;其覆俱为螺旋形,以巧丽相尚。垣以砖或筑土为之,其厚四五尺,多凿牖于周垣,饰以垩牖,大如户,内阖双扉,外结琐窗,障以云母。楼门皆旁启,历阶数十级而后入,窈窱诘屈;己居其上,而居黑奴其下。门外为院,院尽为外垣,门正启又为土库。

此为明末清初澳门之西洋建筑。其后教士传教内地,建筑教堂,屋宇形式,多仿西制。明万历二十八年北京于时宪局东建天主堂,清顺治间修,乾隆四十一年重建。堂制狭深,正面向外,而宛若侧面,顶如中国卷棚式,而覆以瓦,正面止启一门,窗则设于东西两壁之巅。① 说者谓其屋圆而穹如城门洞,而明爽异常。② 是皆内地西洋人所经营者也。

十三洋行结构有若洋画,碧堂"连房广厦,蔽日透月",中国民居模仿西制,此其先河矣。乾隆时数次南巡,扬州一带遂修饰园林点缀升平,其中如澄碧堂,即仿广州十三行碧堂之制而作。③ 绿杨湾门内厅事左靠山亦效西法,《扬州画舫录》纪此云:④

左靠山仿效西洋人制法。前设栏楯,构深屋,望之如数什

① 参看《宸垣识略》卷七。

② 参看《檐曝杂记》卷二,西洋千里镜及乐器条。

③ 《扬州画舫录》卷十二,《桥东录》:"涟漪阁之北,厅事二,一曰澄碧,一曰光霁。平地用阁楼之制,由阁尾下靠山房一直十六间,左右皆用窗櫺,下用文砖,亚次阁尾。三级,下第一层三间,中设疏寮隔间,由两边门出。第二层三间,中设方门出。第三层五间为澄碧堂。盖西洋人好碧,广州十三行有碧堂,其制皆以连房广厦,蔽日透月为工。是堂效其制,故名澄碧。"

④ 见《扬州画舫录》卷十二《桥东录》。

百千层，一旋一折，目炫足惧，惟闻钟声，令人依声而转。盖室之中设自鸣钟，屋一折则钟一鸣，关捩与折相应。外画山河海屿海洋道路。对面设影灯，用玻璃镜取屋内所画影；上开天窗盈尺，令天光云影相摩荡，兼以日月之光射之，晶耀绝伦；更点宣石，如车箱侧立。

幼读薛叔耘游巴黎油画馆纪，恍若置身其中。今览此文，似薛氏所述，又历历在目矣。而徐履安所作水竹居尤奇，《扬州画舫录》云：[①]

徐履安，赞侯兄弟之子孙也。作水法，以锡为筒一百四十有二，伏地下，上置木桶，高三尺以罗罩之。水由锡筒中行至口，口七孔，孔中细丝盘转千余层。其户轴织具桔槔辘轳关捩弩牙诸法，由机而生，使水出高与檐齐，如趵突泉。即今之水竹居也。

此即今日之喷水池也，与圆明园中之水木明瑟同为仿西洋法之作。《奇器图说》曾及其理，然以施诸建筑供人观赏，则徐氏之制，固入于美术范围矣。此外尚有西洋墙，西洋踏脚，西洋钩子，西洋拨浪，[②]西洋屏风[③]之名；当时建筑上应用西洋制作以为装饰者固甚夥也。而康、乾之际，中国建筑采用西法，今尚有遗迹可见，而又为世

① 见《扬州画舫录》卷十四《冈东录》。

② 参看《扬州画舫录》卷十七《工段营造录》。

③ 《红楼梦》一书虽属小说，然其所纪亦颇足以见当时之风俗。书中屡纪西洋器物，如四十一回纪怡红院有用西洋机括之玻璃屏风，而与刘老老碰头之西洋画壁则《扬州画舫录》卷十四《冈东录》中亦纪其制也。

界所艳称者则圆明园中诸西洋建筑是也。

圆明园肇自明季，康、雍两朝，复加宏构，为世界四大建筑之一。咸丰十年，为英法联军所毁。园中西洋建筑，据西人所说，盖有当时之耶稣会教士参预其间，英人布谢尔（S. W. Bushell）著《中国美术》（*Chinese Art*），中云：①

> 其后有基督教徒王致诚、郎世宁者，参预圆明园工程，创建欧式宫殿。由是圆明园中井栏上之泐药，栏柱上之绘画，及屏风上雕绘之甲胄徽章等物，始有意大利天主教之装饰焉。

案圆明园中效西洋法者有水木明瑟一景，（参看本文第六图）高宗曾作《秋风清》一词咏之，《序》云：②

> 用泰西水法引入室中，以转风扇，泠泠瑟瑟，非丝非竹，天籁遥闻，林光逾生净绿。郦道元云："竹柏之怀，与神心妙达；智仁之性，共山水效深。"兹境有焉。

此即徐履安水竹居之制也。此外圆明园中西洋建筑之可考者大都在圆明园东长春园中。最近陈文波君著《圆明园残毁考》，述之颇

① 见戴岳译《中国美术》卷上，五三页。

② 见《御制圆明园图咏》下册。据伯希和《得胜图考》，乾隆九年以前，圆明园中并无西洋建筑，十二年蒋友仁（Michel Benoist，1715—1774）始为造西洋水法。其后并为造若干西洋式园亭。又据福开森（J. C. Ferguson）《中国画史》（*Chinese Painting*，1927），郎世宁初于圆明园绘西画以为点缀，后始供奉内廷。其后 Gherardini（聂氏？）辈亦曾于圆明园中绘西洋画等。

详，今录其言如次：①

> 圆明园东曰万春园，又东北隅曰长春园。园本隙地，旧名水磨村，因添殿宇，依圆明园中长春仙馆故名。园北部有意大利建筑，楼台俱系白石，雕刻系罗马式。上图（按陈君原文附图）为谐奇趣，《日下旧闻考》仅存其名。楼制系泰西式，俗谓西洋楼，其中皆系游戏之所。下图为万花阵，阵植短松分列小道无数，往往对面见人，而行道最易迷惑。阵东又有白石建筑之楼，曰海源堂。正西向，堂为清帝水戏之所，前有喷水池，而其顶可蓄水。楼中则长形，由西而东，如一工字。老人陆纯元谓堂中水戏最多，大概上下可流转也。今犹可见其水漕。
>
> 远音观（参看本文第七图）在海源堂东南向，石刻最精致，说者谓意大利人造，但未见记载。观其门窗石柱方圆之准正，刻镂之精美，中国人不能作此也。

圆明园西洋建筑今可考者止此。长春园乾隆时建，则所谓谐奇趣等等，当俱造于斯时矣。至其雕刻果属意大利何派，尚有待于研

① 陈君文原载《清华周刊》十周年纪念号，程演生《圆明园考》一七页至三〇页曾引其文。

（圆明园东长春园西洋楼，建造时曾制有铜版图二十幅。自西至东为一长方形，共有谐奇趣、蓄水楼、花园、养雀笼、方外观、竹亭、海宴堂、远瀛观、大水法、观水法、线法山、湖东线法画，凡十二景。今文化部、故宫博物院、北京大学俱藏有原铜版图。一九三一年沈阳东三省博物馆以铜版图影印行世，名曰长春园图。一九三三年滕固又根据其在德国所得一八六〇年以后照相，印成《圆明园欧式宫殿残迹》一书，由上海商务印书馆出版。陈文波、程演生及作者著文时，上述二书尚未出版。兹补制原第十四幅远瀛观正面图及一九三七年前远瀛观残迹图，以见一斑。一九五五年一月五日补记）

究;非兹文所克尽也。

七 清初瓷器与西洋化

宋元以来,中国与西南亚及南洋诸国懋迁往来,输出商品,瓷器为其要宗;沿至明清,此风不更。① 其后西人至呼瓷器为china,与以前之以丝地(Seres)称中国者后先辉映,②则中国之瓷器为外人重视之概,亦可知矣。然自万历以后,中西交通渐繁,于是中国之瓷器制作绘画亦间有采用西法者,其风至道光时始渐衰歇。

明代瓷器彩料多采自外国:如青花初用苏泥浡青,继用回青。红色则有三佛齐之紫硃,浡泥之紫矿胭脂石。至清初遂至形式花色图案亦有采用西法者。然案其蜕演之迹,西洋瓷器传入在先,其后中国始模仿为之。西式瓷器在一六四〇年左右,即已因耶稣会教士之力,传入日本;器底所绘,多属《圣经》故事,所以供信士之用也。③ 中国明末清初,当亦有此种瓷器传入,至康、乾之际而为数愈多。其中如绘女神像及自由神像者尤恢诡可喜,为世所珍。④ 而中

---

① 关于宋元以来中国与西南亚及南洋诸国瓷器贸易之情形,可参考武堉■君著《中国国际贸易史》。

② 参看Henry Yule, *Cathay and the Way Thither*, vol. I.

③ 参看W. G. Gulland, *Chinese Porcelain*, vol. II. p. 323. 关于中国瓷器与外国之影响,亦可参看此书vol. I. pp. 237—240; vol. II. pp. 321—324。

④ 寂园叟《匋雅》卷上:"洋瓷亦分粗细两种。其乾隆贡品颇有华字年识,侔于料款,东西人皆争购之。尤以女神像之属为极珍秘。"又曰:"洋瓷种类亦不一,康、乾以来,输入良多,大氐为奥海关监督所定制,精细绝伦。"许之衡《饮流斋说瓷·说彩色》第四:"洋瓷有两种。一为泰西流入之洋瓷,本不入考古家赏鉴。然清初流入之品有极精者。如绘女神像、自由神之属,恢诡可喜。至旧至精者,亦堪藏庋一二也。"

国最先仿烧洋瓷者当为广窑。蓝浦《景德镇陶录》云：①

广窑始于广东肇庆府阳江县所造，盖仿洋瓷烧者，故志云广之阳江县产瓷器。尝见炉瓶盏碟碗盘壶盒之属，甚绚彩华丽，唯精细雅润，不及瓷器，未免有刻眉露骨相；可厌。然景德镇唐窑曾仿之，雅润足观，胜于广窑。

而广窑有似景德镇者。说者以为粤商于景德镇贩素器至粤，重加绘画，以与西人接触多，故多画以洋彩，工细殊绝。（参看本文第八图）近人刘子芬云：②

蓝浦《陶录》据地志所载之广东阳江县产瓷器遂谓尝见炉瓶盏碟盘碗壶盒之属，甚绚彩华丽，盖仿洋瓷烧者。《匋雅》则称或谓嘉、道间广窑瓷地白色，略似景德镇所制。审其所说，实即粤人所称之河南彩，或曰广彩者。海通之初，西商之来中国者，先至澳门，后则径趋广州。清代中叶，海舶云集，商务繁盛，欧土重华瓷，我商人投其所好，乃于景德镇烧造白器，运至粤垣，另雇工匠仿照西洋画法，加以彩绘，于珠江南岸之河南，开炉烘染，制成彩瓷，然后售之西商。盖其器购自景德镇，彩绘则粤之河南厂所加者也。故有河南彩及广彩等名称。此种瓷品始于乾隆，盛于嘉、道。

① 见蓝浦《景德镇陶录》卷七《古窑考》。

② 参看《东方杂志》第二十三卷第十六号刘子芬《竹园陶说》。

当时广州十三行所用茗具白地彩缋，精细无伦，且多用界画法，能分深浅，[①]当即广窑所出耳。凡此皆为瓷器，上绘西画，所谓洋彩者是也。范铜为质满浇釉汁，加以彩绘，是为洋瓷，粤中亦能仿制。

然清初瓷器模仿西洋，当以乾隆为最盛之时期。乾隆八年，唐英为九江关监督窑务，英于雍正六年曾监景德镇窑务，至是复来，在事先后十余年。所造精莹纯全，仿古名窑，模制名釉，可与媲美。[②]著《陶冶图说》，为图二十，各附以说。其十七日圆琢洋彩，说云：[③]

> 圆琢白器，白彩绘画仿西洋曰洋彩。选画作高手，调合各种颜色，先画白瓷片烧试，以验色性火候。然后由粗入细，熟中取巧，以眼明心细手准为佳。所用颜色与佛郎色同。调法有三：一用芸香油，一用胶水，一用清水。油便渲染，胶便拓刷，清水便推填也。

景德镇有洋器作。洋器之用滑石制作器骨工值重者曰滑洋器，洋器之用滑石者，亦只半数；用不泥作器质，土值稍次者是为粗洋器。[④]其仿古各渤色有西洋雕铸像生器皿，画法渲染，悉用西洋笔意；有西洋黄紫红绿乌金诸色器皿；有洋彩器皿，新仿西洋法琅画法，山水人物花卉翎毛，无不精细入神。[⑤]凡此皆雍、乾之际，唐氏监督窑务时之盛况也。唯景德镇之烧制洋器，当不始于唐氏。蓝

① 参看《匋雅》卷下。

② 参看《陶录》卷五《景德镇历代窑考》唐窑条；又《清史稿》列传艺术传四《唐英传》。

③ 唐英《陶冶图说》一书未之见，此见朱琰《陶说》卷一《说今》引。

④ 参看《陶录》卷四《陶务方略》。

⑤ 参看《陶录》卷三《陶务条目》。

氏《陶录》云:[1]

> 洋器专售外洋者,商多粤东人,贩去与洋鬼子载市,式多奇巧,岁无定样。

此种洋器疑以素瓷为多,在景镇烧样,转粤加以洋彩,始贩外洋。唐氏视事始为之恢弘扩大耳。

总而言之,康、雍、乾三朝,中国瓷器以受西洋瓷器输入之影响,于是继起模仿:一方面则效新式,以偿一己好奇之心;一方面即以之输出,投外国之习好。而论其所受西洋之影响,约有三端,可得而言。一曰新形式之采用也。如三孔瓶洋彩碗具,即其例也。[2]一曰瓷器渲染,颇效西洋画也。朱琰云:[3]

> 按陶器彩画盛于明,其大半取样于锦段,写生仿古十之三四。今瓷画样,十分之,则洋彩得四,写生得三,仿古二,锦段一也。

乾隆之时洋彩画样居十之四,写生、仿古、锦段俱不之逮,则其时一般之好尚可知矣。一曰新图案之采用也。乾隆官窑多作锦地,参入泰西几何画法,穷妍极巧,错彩镂金。盖又一种风趣矣。[4] 至世以郎廷左之郎窑误为郎世宁,以郎廷佐仿制宝石釉之祭红亦谓为

① 参看《陶录》卷二《镇器原起》。
② 参看《说瓷·说瓶》第七及《说杯盘》第八。
③ 见《陶说》卷一《说今》。
④ 参看《说瓷·概说》第一。

郎世宁制,皆出贾人臆造。为有识者所不道也。

八　综论

以上所述曰明清之际之西洋教士与西洋美术;曰明末清初画坛中之西洋写真术;曰清初画院与西洋画;曰民间画家与西洋美术;曰清初中国建筑上所受西洋之影响;曰清初瓷器与西洋化。自明神宗万历初年以迄于清高宗乾隆末叶二百年间,中国美术所受西洋之影响,俱为之举其大概,著其盛衰;虽见闻不周,遗漏难免,然约略具于是矣。顾西洋美术播种于中国,萌生蘖长,历二百年,而竟夭折者,其故果何在耶?间尝考之,十七、十八世纪时,法国与葡萄牙同争东方传教之权,法国一派对于中国祀祖释奠等仪,绝不宽容,于是铎罗(Tournon)东来,而天主教在中国之生命亦因之以蹙。至乾隆末叶,西教之禁愈严,西洋文明因而大受打击,美术之不能发荣滋长,固其所也。然当时所谓西洋美术其本身亦有不能发展之大原因三,今为阐陈如次。

一曰当时中国美术界对于西洋美术之不满也。吴渔山之评衡中西画学,以为有神逸形似之别(见上论民间画家与西洋美术),即隐存轩轾高下之心。而张浦山之言,尤足以见此,其辞曰:①

① 见《画徵录》卷中焦秉贞等人传。又按乾隆《御制诗三集》,《命金廷标抚李公麟五马图法画爱乌罕四骏》:"泰西绘具别传法,没骨曾命写裹蹄。著色精细入毫末,宛然四骏腾沙堤。似则似矣逊古格,盛事可使方前低。廷标南人擅南笔,抚旧令貌锐耳批。骢骈骁骏各曲肖,卓立意已超云霓。副以于思服本色,执靮按队牵駃騠。以郎之似合李格,爰成绝艺称全提。"其意与浦山之论无异也。

> 明时有利玛窦者,西洋欧罗巴人,通中国语,来南都居正阳门西营中。画其教主作妇人抱一小儿为天子像,神气圆满,采色鲜丽可爱。尝曰,中国祗能画阳面故无凹凸;吾国兼画阴阳,故四面皆圆满也。凡人正面则明,而倒处即暗;染其暗处稍黑,斯正面明者显而达矣。焦氏得其意而变通之。然非雅赏也,好古者所不取。

邹一桂论西洋画亦曰:①

> 西洋善勾股法,故其绘画于阴阳远近,不差锱黍。所画人物屋树,皆有日影。其所用颜色与笔,与中华绝异。布影由阔而狭,以三角量之。画宫室于墙壁,令人几欲走进。学者能参用一二,亦具醒法;但笔法全无,虽工亦匠,故不入画品。

一桂自为画家,其于中西画学之不同,观察细密,知西法之远近明暗各有其妙,毅然主张参用一二,而终以匠气摈之于画品以外。则以清初画坛汲元末四大家之余波,模仿古人,成为风尚,如释道济之大气磅礴自出机杼者盖不多觏。则西洋画派之讥为非属雅赏,不入画品,亦不足怪矣。

一曰当时西人对于中国之西洋教士所画参合中西之新画,亦

① 见《小山画谱》卷下西洋画条。《画谱》卷上画有八法四知,八法之七论树石法有曰:"黑白尽阴阳之理,虚实显凹凸之形。"福开森(J. C. Ferguson)《中国画史》(*Chinese Painting*,1927)卷末谓一桂曾与郎世宁、王致诚(福氏误以 Attiret 之汉名为安德义)等游,故作画颇识西法云云,验之所引,不为无据也。

备致不满也。乾隆时英使马戛尔尼至北京，属员巴洛亦随之至，于圆明园装设天文仪器，归著《中国游记》，曾记其在圆明园中得睹郎世宁画，辞云：①

余在圆明园中见风景画两大幅，笔触细腻，然过于琐屑，又于足以增强画幅力量与影响之明暗阴阳，毫不注意；既不守透视法之规则，于事物之远近亦不适合；然其出于欧人之手，则犹一望可知也。（中略）后于画隅见郎世宁名，始审所测非诬。郎世宁为一有名之西洋教士，供奉内廷，作画甚夥，顾以听从皇帝之指挥，所作画纯为华风，与欧洲画不复相似，阴阳远近，俱不可见。某教士曾谓描绘自然，竟失其真，谓为眼目不全，尚不足以释之也。钦使东来，进献画像，鼻部以广阔之阴影为之烘染，皇帝一大臣指此而言曰："白璧之玷，良可惜哉！"是可见矣。

可知当时西人于此种参合中西而实为不中不西之美术盖亦不之善也。

一曰当时供奉画院之西洋画家于其所自画者亦不满意也。乾隆时王致诚、郎世宁之流供奉内廷，以画学受知中朝。其始此辈亦思以西洋画之风骨明暗诸端，输之中国，于是写真花卉，悉遵西法。然其肉色之渲染，浓淡之配合，阴影之暗射，卒不为帝所喜，而强之师中国画家，学中国画法，王、郎诸人心知其非而莫之敢忤。一七

① 见 John Barrows, *Travels in China*, pp. 324—325。

四三年十一月一日,王致诚曾驰函巴黎而言其事云:①

> 若就以上所述,是余抛弃其平生所学,而另为新体,以曲阿皇上之意旨矣。然吾等所绘之画,皆出自皇帝之命。当其初吾辈亦尝依吾国画体,本正确之理法,而绘之矣。乃呈阅时不如其意,辄命退还修改。至其修改之当否,非吾等所敢言;惟有屈从其意旨而已。

今观胡氏《院画录》,郎世宁与张廷彦之合画马枝图,与唐岱、沈源之合画豳风图,而爱乌罕四骏图,高宗命世宁画马,金廷标写执靮人,如李伯时法。皆足证致诚之言。高宗于此方沾沾自喜以为"以郎之似合李格,爰成绝艺称全提",而不知其为非驴非马也。

由以上所阐陈之三端观之,可见明、清之际,所谓参合中西之新画,其本身实呈一极怪特之形势:中国人既鄙为伧俗,西洋人复訾为妄诞,而画家本人亦不胜其强勉悔恨之忧;则其不能于画坛中成新风气,而卒致殇亡,盖不待蓍龟而后知矣。语曰:"前事之不忘,后事之师也。"然则,鉴于明清之际中国所有西洋美术之失败,今日吾辈宜采如何途径,以应付此新来之局势乎?余于美术了无所知,今谨引中外两家论画之说,以为未来作一参考。所论虽止于

① 参看戴岳译《中国美术》卷下,一九六页。又福开森《中国画史》一八〇页至一八二页亦述及王致诚供职宫廷事,与布氏语同。两人盖同本《教士书札》(*Lettres Edifiantes*)中王致诚之书而言也。福氏书又谓王致诚初至北京,以画受知于高宗,于郎世宁为后进。高宗不喜其油画,因命工部转谕曰:"王致诚作画虽佳,而毫无神韵,应令其改学水彩,必可远胜于今。若写真时,可令其仍用油画。"由此可见西洋画家供奉内廷,其束缚拘执之苦,盖不可胜言,是以所画皆非其衷心所欲作,宜不见称于中外也。

画，其他可以类及也。

英人秉雍（Laurence Binyon）曾著论言东西美术根本异同，以为西洋画学卒与东方画学殊途而有今日，应归功于科学之兴起。其言曰：①

> 东方绘画，最初形为宗教美术，与古意大利之壁画同宗，其后渐形发达，致入于自然主义一途，然而宗教上唯心主义之气味，固时弥漫于其间也。西洋近代之画学，使无文艺复兴以后之科学观念参入其中，而仍循中古时代美术之故辙，以蝉嫣递展，其终极将与东方画学同其致耳。

秉氏之言以为近代西洋画与中国画之别，即在有无科学观念为其根本。康有为论近代中国画学，深慨其敝，有曰：②

> 今特矫正之，以形神为主，而不取写意；以着色介画为正，而以笔墨粗简者为别派；士气固可贵而以院体为画正法。庶救五百年偏谬之画论，而中国之画乃可医而有进取也。

又曰：

> 中国画学至国朝而衰敝极矣！岂止衰敝，至今郡邑无闻画人者。其遗余二三名宿，摹写四王二石之糟粕，枯笔如草，

① 参看 Laurence Binyon, *Painting in the Far East*, Chap. I, The Art of the East and the Art of the West。

② 见《万木草堂藏画目》。

味同嚼蜡，岂复能传后以与今欧、美、日本竞胜哉！盖即四王二石稍存元人逸笔，已非唐宋正宗，比之宋人，已同郐下，无非无议矣。惟恽、蒋二南，妙丽有古人意，自余则一邱之貉，无可取焉。墨井寡传，郎世宁乃出西法，他日当有合中西而成大家者。日本已力讲之，当以郎世宁为太祖矣。如仍守旧不变，则中国画学应遂灭绝。国人岂无英绝之士应运而兴，合中西而为画学新纪元者，其在今乎！吾斯望之。

康氏于浪漫派之文人画颇不以为然，而主张复反于古典派之院体，神明于规矩之中，以汇合中西，别开新派。秉氏之言，表曝中西画学之根本同异，而康氏所说，则启示未来之中国画学以新途径。二家之言，俱可以供言中国画史者之参考也。

（见《东方杂志》第二七卷第一号
页一九一三八，一九三〇年十月一日出版。）

（一）信而步海疑而即沉

（二）二徒闻实即舍空虚

第一图 《墨苑》中之西洋宗教画

（一）天主耶稣返都像　（二）耶稣方钉刑架像　（三）天主耶稣立架像

第二图　汤若望进呈图像

第三图　郎世宁百骏图

第四图　准噶尔回部等处得胜图

（一）焦秉贞耕织图中之二耘

（二）楼璹耕织图中之二耘

第　五　图

第六图　圆明园中之西洋建筑——水木明瑟

（一）长春园西洋楼远瀛观原铜版图

（二）长春园西洋楼远瀛观焚毁后残迹图

第　七　图

（一）洋彩瓷瓶

（二）洋彩蛋壳瓷碟

第　八　图

关于三宝太监下西洋的几种资料

引子

在中国历史上最大的探险家而对于古代地理学及历史贡献最多的，自然要推汉代的张骞和唐代的玄奘了。张骞凿空，开通西域，中西交通自此始盛。后来西方文化之流入东土，中国文化之渐次西传，都以张骞为始点。至于玄奘的贡献，又自不同。印度文化自汉末传入中国，经过六朝仍然不脱萌芽时代，只是穿了一套美丽的华服，戴了老庄哲学的帽子；同基督教的入中国之依附儒家一样。到了玄奘，才知道印度学术的真实面目。中国与西方交通的历史，其趋势大致不过是：最初中西双方图谋接触，接着中印文化上发生关系，到后来中西交通又旧事重提起来。

在这旧事重提的当儿，元朝自然是占很重要的位置。元朝在陆道上是替中西交通开了一条大道，中西一时交通无阻。然而后来突厥人兴起，陆道阻塞。西洋方面于是有不少的探险家想从海道上寻出一条到东方的路来，同时在中国方面，也有一种趋势，想在海道上同西方交通；代表这种趋势的就是郑和——即所谓三宝太监。郑和之下西洋，虽然只到非洲东部为止，没有将中西交通实现，但是中国的文化移殖南洋，却因此而蓬蓬勃勃，怒长起来。所以在中外交通史上,代表最初图谋中西交通的是张骞,代表中、印文化交通的是玄奘,而重兴中西交通的旧话,打算别辟一条新路的,就要以郑和为代表了。

可是张骞的游踪,虽远及于中亚一带,而遗下来的材料,除了《史记》、《汉书》所记以外,一部《张骞出关志》,只剩得《古今注》中所收的一条。玄奘的材料可多了,并且因此而引起很多的故事,成了民间传说的中心。然而游历所及仍复有限。郑和可就不同了,游历所及,比之张骞、玄奘,可说有过之无不及,而材料遗留之富,民间传说之盛,却不亚于玄奘。

不仅是这样。南宋以至元明,中国同亚洲南部即现今的南洋一带交通很盛;现今有几百万的华侨移殖在南洋一带,追溯根源,却始于宋末以至元明的时候,日本人桑原隲藏曾作了一部《宋末泉州提举市舶使蒲寿庚的事迹考》,以蒲寿庚为中心,叙述唐宋时代中国与阿拉伯人在海上交通的情形。若是有人以郑和为中心,而叙述元明时代中国与西方之交通,钩稽群书,疏通证明,其成就一定不会比桑原的书坏。

梁任公先生曾作了一篇《郑和传》,可是所根据的只有《瀛涯胜览》同《星槎胜览》两部书,对于其他的文献却未提及。王庸先生曾有一篇《宋明间关于亚洲南方沿海诸国地理之要籍》(见中国史地学会编《史学与地学》第一期),因为范围很广,对于研究郑和的书籍,也未能尽量介绍。

我这篇文字,自然不敢说有甚么心得,不过将梁、王两位先生所未说过的,就一己所知,择要介绍介绍,可算是作了一番研究三宝太监下西洋的目录学工夫;作高深的研究,自当另待高明。旁人已经说过的,我便不去重说。其中错误的地方,自然很多,希望读者不弃,加以指教。本篇的次序是:(一)郑和的家世及其贡献;(二)研究的资料;(三)论罗懋登著《三宝太监西洋记通俗演义》。

一　郑和的家世及其贡献

郑和,世称三宝太监,因为宫中呼之为三宝(亦作三保),所以一般人也这样称他。《明史》卷三百四有他的传,但是叙述简略。永乐三年华亭李至刚替郑和的父亲撰有一篇墓志铭,很足以考见他的家世,铭文曾载入石屏袁嘉穀著《滇绎》卷三,全文如左:

> 故马□□□铭一行公字哈只,姓马氏,世为云南昆阳州人。祖拜颜,妣马氏;父哈只,母温二行氏。公生而魁岸奇伟,风裁凛凛可畏。不肯枉己附人,人有过辄面斥三行无隐。性尤好善,遇贫困及鳏寡无依者,恒保护赒给,未尝有倦容。以四行故乡党靡不称公为长者。娶温氏,有妇德。子男二人,长文铭,次和;女五行四人。和自幼有材志,事今六行天子,赐姓郑,为内官监太监。公勤明敏,谦恭谨密,不避劳勚,缙绅咸偁誉七行焉。呜呼!观其子,而公之积累于平日与义方之训,可见矣!公生于甲八行申年十二月初九日,卒于洪武壬戌七月初三日,享年三十九岁。长子九行文铭奉柩安厝于宝山乡和代村之原,礼也。铭曰:十行身处乎边陲,而服礼义之习;分安乎民庶,而存惠泽之施;宜其余庆十一行深长,而有子光显于当时也;十二行时十三行永乐三年端阳日资善大夫礼部尚书,兼左春坊大学士李至刚撰。十四行

从这篇墓志铭里，我们可以知道郑和原来姓马。又按伊斯兰教之例，凡朝天方而归者称为哈儿只，犹言师尊，郑和的祖父和父亲都名哈只。哈只即哈儿只，大约李至刚不懂伊斯兰教规律，以致将称号误作名字，曾祖拜颜，妣马氏，拜颜想即是伯颜，大约先世乃是西域人氏，至其祖父华化而后方改马姓，故曾祖母仍为马氏也，他的一家既信伊斯兰教，郑和也应是伊斯兰教徒，所以永乐十五年前往西洋忽鲁谟斯的时候，曾到泉州仁风门外伊斯兰教先贤冢行香，以求灵圣庇祐，如不是伊斯兰教徒，大概就不会这样了。[①] 郑和家世，我们所知止此。关于他的形貌，和他同时的人袁忠彻所著《古今识鉴》中曾约略说及。袁忠彻就是大名鼎鼎的神相袁柳庄的侄儿，他在所著《古今识鉴》卷八说起郑和道：

> 内侍郑和即三保也，云南人。身长九尺，腰大十围，四岳峻而鼻小；法反（我所见景泰本《古今识鉴》如此，谅有误，疑应作及）此者极贵。眉目分明，耳白过面，齿如编贝，行如虎步，声音洪亮。后以靖难功授内官太监。永乐欲通东南夷，上问："以三保领兵何如？"忠彻对曰："三保姿貌才智，内侍中无与比者。臣察其气色诚可任。"遂令统督以往，所至畏服焉。

黄省曾《西洋朝贡典录》爪哇国条所论郑和，就是根据《古今识鉴》一书来的。据说现今暹罗尚有三宝庙，而南洋三宝垅大觉寺中尚有郑和像，不知道庙貌比之袁忠彻所说的相去几何？

---

① 关于郑和在永乐十五年到泉州的事，可参看《史学与地学》第四期张星烺先生著《泉州访古记》一文。

又按《图书集成·职方典》第六百六十一卷《江宁府部汇考》江宁府祠庙说道：

静觉寺在府治三山门内，明洪武间敕赐，宣德年重修。郑和题请其子孙世守之。

而袁嘉穀的《滇绎》也说道：

宋孝廉（昆阳宋藩）云，闻郑家尚有和著作，当访之。

这样看来，郑和一家现在尚有后人；昆阳固然是有，就是南京以前也曾有过。至于郑和家中所藏郑和的著作，不知是些甚么，我们很望在云南的好古之士去寻访寻访，为之表彰出来。明胡文焕刻《格致丛书》，将费信的《星槎胜览》题为郑和著，那是耳食之谈，不足为据；观其所刻《百名家书》作费信不作郑和，可知。

自张骞开通西域以后，中国人对于西方的地理，渐渐有一点明确的知识，西方的苜蓿、蒲陶也传入中国。当时张骞足迹约及中亚一带，后来甘英也只到波斯湾而反。吴时大秦商人秦伦来到中国，但是中国人的足迹有没有到过大秦，在文献上却无可考了。法显、玄奘诸人游踪，都不过现今中亚细亚、印度和爪哇一带。到了唐代，大食势盛，东西两大帝国势力接触，于是中国商舶常常发见于波斯湾一带。中国工匠也已到了大食，如杜环所纪京兆人樊淑、刘泚，河东人乐隈、吕礼，就是一例。可是当时足迹及于大食，所有纪述如今尚可看见的不过残阙的杜环《经行记》所纪，寥寥几十则而已。

中国和西方的交通，唐以前大都是陆上为多。六朝时候，海上交通方始萌芽,唐宋以后,才大盛起来。但是那时候中国人在海上的足迹,西边大约只到阿拉伯,南边不过爪哇。元代虽曾一时间中西交通大盛,陆上东西往来可以无阻;海上如马哥孛罗(Marco Polo)返国,也是从中国乘海船历经印度、波斯一带,然后从忽鲁谟斯上陆回国。但是要讲中国人对于亚洲西南一带地理知识的广博和明确,所传的材料之多而可靠,那就只有明朝郑和下西洋的一举了。还有以前所有的材料如赵汝适《诸番志》之类,大都得诸传闻,而郑和下西洋一役,费信、马欢各以亲历所至纪述一万余言(巩珍所著《西洋番国志》也是纪述亲历,参看下第二节论资料),这是以前所未有的盛事。

明成祖想耀威异域,于是打发郑和去下西洋,自永乐三年至宣德八年前后七次。成祖这种政略,只算是继承太祖的遗绪。太祖有鉴于元代征伐日本之失败,知道中国将来在海上一定要有番举动,所以在钟山设桐园漆园,植树数千万株,以备将来造船之用;立四夷馆,养成通译人才;太学中收受外国学生,①以华化外国人。洪武时在陆路方面有傅安诸人,留西域至十三年始反;在海道方面,曾屡次派赵逑、张敬之、沈秩、刘叔勉诸人使三佛齐、浡泥、西洋琐里等国。成祖即位,距洪武开国已三十余年,休养生息,国势强盛,于是才有郑和下西洋之举,大规模地进行。单就宝船一项而言:大船长达四十四丈,阔达十八丈,中船之长也有三十七丈,阔十五丈。就在近代,这种大船,也就少见。所以黄省曾说郑和下番,“维绡挂席,际天而行”;顾起元说“此一役视汉之张骞、常惠等凿空西域尤

① 关于明代南雍之收容外国学生,可参看明黄佐《南雍志》。钟山的桐园漆园,可参看《客座赘语》及朱国桢《涌幢小品》。四夷馆可参看日本京都帝国大学文学部覆印《四夷馆则例》。

为险远”。就是航海方法,也有很明确的记载:茅元仪《武备志》卷二百四十有郑和下西洋的舆图,后面附有宝船牵星过洋图。可见当时航海于知用罗针而外,且借助于天文学;后来又绘有详细的海图,这种规模,都是以前所未有的。

郑和自永乐三年至宣德八年,前后七下西洋。德国人夏德(Frederick Hirth)在《通报》(*T'oung Pao*)上曾译注过《星槎胜览》和《瀛涯胜览》,于两书所记诸国,俱有考证,指明是现在甚么地方。梁任公《饮冰室文集》卷四十一有一篇《祖国大航海家郑和传》,将郑和使节所至诸国注以西文,同夏德所考大致相同,现在不去说他。只说郑和以前,中国人对于西南亚洲的地理知识,大约最远不过阿拉伯半岛。到了郑和才到如今红海边上的亚丁(Aden),由此向南,沿着非洲海岸南下,到木骨都束(英译 Mogdushu、德译作 Mogadischo、意译作 Mogadiscio),卜剌哇(Burava 一作 Brava),竹步(Juba 一作 Djuba)三国。这三国都在现今意属索马利兰(Italian Somaliland)殖民地木骨都束区内。这条从亚丁向南以到非洲东岸的航线,如今还是一样,而在中国历史上首先发见这条航路(即是从西洋古里投正西兑位到亚丁,从亚丁再沿着非洲沿岸到木骨都束等三国),大概就是郑和第五次下西洋的成绩了。中国人在十五世纪初年,就已发见了非洲东部,即是从赤道以北的非洲东北部沿海一带,在一四二二年左右,即已有中国人的足迹,而欧洲人之发见威德角(Cape verde)在一四四五年。在这十五世纪的时候,中国人与欧洲人都在非洲沿岸一带作探险的工作,只不过一个稍前,一个稍后;一个在东,一个在西罢了。这不能不算是世界史上的一点奇缘,而在中国地理学史上也不能不算是一点光荣呢。

郑和下西洋以后,足迹几遍南洋各处,所以对于后来中国移民南洋很有一点影响，至今三宝大人的威名，犹遍传南洋，而费信、马欢这些人所作的游记，其中于亚洲东南一带在十四、十五世纪的情形纪载很多，都是研究这些地方的好材料。所以在中国移民南洋的历史和东南亚洲中古史的研究上，郑和都有一番贡献。

自从张骞开通西域以后，蒲陶、苜蓿之属遂入中国。我们读《星槎》、《瀛涯》诸书，其中所述各国的方物，真是令人眼花撩乱。其中由郑和带回中国的有：薝卜花、五谷树和一种海棠。[①] 此外如西域画的水陆罗汉以及沉香雕的罗汉，都是艺术上的上品。[②] 郑和下西洋，以取宝为名，所取来的奇珍异宝，自然不止这几样；可惜文献不足，此外还有些甚么东西是经郑和之手传入中国的，也就无可稽考了。

二　研究的资料

郑和下西洋前后七次，自永乐三年至宣德八年绵亘二十八年；下番宝船至六十三号，下番军士至二万七千八百余人。这种大规模的远征队，其创始、经营、出发，以及沿途情形，历次文移，如果文

① 周珲《金陵琐事》卷一，薝卜花条：“白云寺，一名永宁寺，在凤台门外，与牛首山相近，太监郑强葬地。坟旁多名花异卉；有薝卜花一丛，乃三宝太监西洋取来者。”卷三，五谷树条：“五谷树有二株，一在皇城内，一在报恩寺，不但结子如五谷，亦有似鱼蟹之形者。乃三宝太监西洋取来之物。”顾起元《客座赘语》卷一，花木条：“静海寺海棠，云永乐中太监郑和等自西洋携至，建寺植于此，至今犹繁茂。乃西府海棠耳。”

② 《图书集成·职方典》第六百六十七卷江宁府部纪事：“静海寺有水陆罗汉像，乃西域所画，太监郑和等携至。每夏间张挂，都人士女竞往观之。”沉香罗汉见本文三论罗懋登著《三宝太监西洋记通俗演义》一节内。

献具存，一定很有可观，于研究十四、十五世纪亚洲西南部的历史和海运一定也有莫大的价值。可是距今才五百年，当时的公牍等等，便不可考了。顾起元说道：

> 旧传册在兵部职方。成化中中旨咨访下西洋故事，刘忠宣公大夏为郎中，取而焚之。意所载必多恢诡谲怪辽绝耳目之表者。所征方物亦必不止于蒟酱、邛杖、蒲桃、涂林大鸟卵之奇。而《星槎胜览》纪纂寂寥，莫可考验，使后世有爱奇如司马子长者无复可纪，惜哉！①

历史上像刘大夏这类焚琴煮鹤的道学先生真是不少，实在令我们考史的惋惜不止！所以现在研究三宝太监下西洋的事迹，并无正式的公家文移报告可据，所有者只不过几部译人的纪载和文人学士所编纂的几部非正式的书籍而已。我现在将我所知道的几种书籍依着各书著作的时代，作一提要，略述其著者、版本和内容的大概如次。至于《明史·外国传》中与郑和下西洋有关诸条，无非采自明人著作，暂且不去说他。

（一）《西洋番国志》（述古堂藏本，知圣道斋藏本，浙江采进四库馆本。）

《西洋番国志》一书为南京巩珍所作，书成于宣德九年，即公元一四三四年。此书最初著录于《读书敏求记》，其次见于《四库提要》地理类存目。是否至今仍然存在？除了述古堂以及知圣道斋

① 明自宣德以后，重提下西洋的不始于成化。《明史》卷一百六十四《张昭传》纪明英宗复辟甫数月，就想遣都指挥马云等使西洋，为张昭所谏而止。成化之举，只算旧事重提而已。

藏本和浙江采进四库馆的钞本而外，是否尚有其他的本子？现无可考。《读书敏求记》作《西洋番国志》一卷，说道：

永乐初敕遣中外重臣，循西海诸国。宣宗嗣位，复命正使太监郑和、王景弘等往海外，遍谕诸番。时金陵巩珍从事总制之幕，往还三年，所至番部二十余处，在处询访，记录无遗；宣德九年编次成集。予观其议事详核，行文瞻雅，非若《星槎胜览》等书之影略成编。盖三保下西洋，委巷流传甚广，内府之剧戏，看场之平话，子虚亡是，皆俗语之流为丹青耳。今更考之：此册首载永乐十八年十二月初十日敕太监杨庆往西洋公干。永乐十九年十月十六日敕内官郑和、孔和、卜花、唐观保：今遣内官洪保等送各番国使臣回还，合用赏使，即照依坐去数目关给予之。宣德五年五月初四日敕南京守备太监杨庆、罗志、唐观保、大使袁诚：今命太监郑和往西洋公干，大小海船该关领原文南京入库，各衙门一应正钱粮并赏赐，并原下西洋官员买到物件及随船同用等物，敕至，即照数放支与太监郑和、王景弘、李兴、朱良、将杨真、右少监洪保等，关领前去应用。详观前后敕书，下西洋似非郑和一人，郑和往返亦似非一次。惜乎国初事迹，纪载阙如，茫无援据，徒令人兴放失旧闻之叹而已。

《四库提要》说道：

《西洋番国志》，明巩珍撰。珍应天人，其仕履始末未详。永乐中敕遣太监郑和等出使西洋。宣宗嗣位，复命和及王景宏等往海外遍谕诸番。时珍从事总制之幕，往还三年，所历诸

> 番曰占城、曰爪哇、曰暹罗、曰旧港、曰哑噜、曰满剌加、曰苏门答剌、曰那姑儿、曰黎代、曰喃勃里、曰溜山、曰榜葛剌、曰锡兰山、曰小葛兰、曰阿枝、曰古里、曰祖法儿、曰忽鲁谟厮、曰阿丹、曰天方,凡二十国。于其风土人物,询诸通事,转译汉语,覙缕毕记,至宣德九年编成。所记与《明史·外国传》大概相同,疑史采用此书也。

巩珍的书,乾隆时尚存,现今有无传本,不可知。我们仅从这两篇提要知道一个大概。大约巩珍是那时郑和第七次下西洋的总司令部中一位幕僚,不通西洋文字。《西洋番国志》的体裁大约是首载诏敕之类,随后才是郑和第七次下西洋所经历的二十国纪载。《提要》说他覙缕毕记,内容一定是很详尽了。原书虽未得见,但从两篇提要我们知道永乐十八年曾遣太监杨庆往西洋公干;永乐十九年郑和第五次下西洋,同去的尚有孔和、卜花、唐观保诸人,又曾遣内官洪保等送各番国使回国;宣德五年郑和第七次下西洋之役,王景弘而外尚有李兴、朱良、杨真、洪保诸人,又郑和第七次下西洋,所历诸国有作二十余国,有作十七国,今据此书所载郑和亲身所历,大约是二十国,其余就是遣使节前往招谕的。所以《西洋番国志》一书虽未得见,然此数点,已经足以补诸书之未备。若有一日复见于世,对于郑和下西洋的研究上,一定有不少的贡献呢!①

(二)《星槎胜览》(天一阁两卷本,东方学会覆刻天一阁两卷本,《纪录汇编》四卷本,《格致丛书》本,《百名家书》本,《历代小

① 知圣道斋钞本《西洋番国志》后归天津周叔弢先生,解放后捐给北京图书馆。于是这一部书始复显于世。

史》本,《古今说海》本,《学海类编》本,《借月山房汇钞》本,广州中山大学印本。)

《星槎胜览》,昆山费信撰,书成于正统元年,即公元一四三六年。费信所著的书,据黄虞稷《千顷堂书目》所载,尚有《天心纪行录》一卷,不知有无传本。此书现今通行的有前后集两卷本和四卷本。两卷本为天一阁藏钞本,罗振玉曾用珂瑡版印行过;四卷本则自《纪录汇编》本以下俱是。中山大学印本为覆东方学会两卷本。据两卷本的《自序》,“前集者亲览目识之所至也;后集者采辑传译之所实也”。又纪他于永乐七年、十年、十三年,宣德六年四次随郑和下西洋之回往年岁甚详。文字朴僿已极。每一国后并附五言诗一首,所谓“逐国分序,咏其诗篇”是也。以二卷本与四卷本较,四卷本文彩烂然,远胜二卷本,四卷本每国后也无附咏的诗篇,就连费信《自序》也繁简各异,文质不同,所以四卷本一定是经过修饰来的,而二卷本大约乃是原书。但是删订费信原著的两卷本《星槎》,易为四卷,究竟是谁的大手笔呢?案乾隆《昆山新阳合志》卷三十五《艺文》有周复俊《星槎胜览·序》,《序》末说道:

> 予屏居多暇,稍加删析,录一净本,置六梅斋中,他时隐囊卧游,又何必识九洲而临五岳也!

据此是《星槎胜览》一书,周复俊曾加删析:删是删其繁芜,析是析其篇章。周氏是一位选学大家,费信那种朴僿的文字,自然看不上眼,要加删析了。

同书卷二十四《人物》文苑有《费公晓传》,传文大概采自周复俊《星槎·序》。传末提到《星槎胜览》,有云:

邑人周复俊得之颇加删析，附《玉峰诗纂》行世。

《玉峰诗纂》是周复俊所辑昆山人的诗，按《费公晓传》，《玉峰诗纂》有一种刻本后面还附有《星槎胜览》删析本。可是长沙叶氏观古堂所藏明刻本《玉峰诗纂》，后面并未附有删析本《星槎胜览》，大约不是原刻了。所以现在通行的四卷本《星槎胜览》删定的人只好假定是周复俊，留待明刻足本《玉峰诗纂》出来证明。归有光《题星槎胜览》文谓：

余家有《星槎胜览》，辞多鄙芜。上海陆子渊学士家刻《说海》中有其书而加删润。

归氏自藏的大约是两卷本，《说海》所收是四卷本，归氏未说是否陆氏所删润。不过周复俊生在陆楫之前，在当时颇有一点文名，或者《说海》所采即是周氏删本，也未可知。总之四卷本《星槎胜览》，尚须别的证据，才能确定是否为周复俊所删定之本。

前后两卷本《星槎胜览》虽屡见备家著录（如《千顷堂书目》、《振绮堂书目》），我却只看见罗振玉影印的天一阁钞本和东方学会覆印本，影本钞手虽精而讹谬百出。覆印本稍为校正了一些，错误仍是不少。所以《星槎》足本仍待精细的校勘，方才可读。[1] 四卷本《星槎胜览》传世最多，但是比较起来，要算沈节甫《纪录汇编》中

---

① 《星槎》、《瀛涯》二书尚有《国朝典故》本，（有明刊本及明钞本），都是未经删节的原本。此外《澹生堂说集》本《瀛涯胜览》以及天一阁钞本《三宝征彝集》，也都是未经删节的《瀛涯胜览》，为以前所不知者。《说集》本今存科学院图书馆，《征彝集》今在北京图书馆。

所收为最好，像《历代小史》本，无费氏《自序》，无分卷目，且脱去真腊一条，自不足取。

两卷本《星槎胜览》前集共计二十二国，是为亲览目识之所至，后集也是二十二国，是为采辑传译之所实。其间分卷都有道理。可是四卷本就不同了，次序与两卷本全然有异，亲览、采辑的分别全然看不见，两卷本有四十四国，而四卷本只四十一国。两卷本有而四卷本无者为龙牙菩提、琉球国、三岛国、渤泥国、苏禄国五国；四卷本有两卷本无者为阿鲁国。两本都有的名称亦不尽同，如：两卷本作龙牙菩提，而四卷本作龙牙加貌；两卷本作大小唄喃，而四卷本作大小葛兰。所以四卷本之改删不是仅仅删削原书，一定还参考其他书籍的。此外四卷本因删削时没有详细推寻原书语意以致错误的也不少。例如宾童龙国一条，两卷本作“其国隶与占城，山地接连”，意思是宾童龙国隶属占城，而以山地互相接连。可是四卷本作“其国与占城山地连接”。把隶属占城的语气便全然不见了。所以归有光《题星槎胜览》以为“当时所记，虽不文，亦不失真”云云，真是名言。

（三）《瀛涯胜览》（《纪录汇编》本，《征信丛录》本，《广百川学海》本，《宝颜堂秘笈》本，《续说郛》本，《胜朝遗事》本。）

《瀛涯胜览》，会稽马欢撰，书成于景泰二年，即公元一四五一年。这一部书，平常都以为是马欢一人所著，而《纪录汇编》本《瀛涯胜览·后序》却说“今观马君宗道（欢字）、郭君崇礼所纪”云云，似乎又是两人合著，但是书末有“景泰辛未秋月望日会稽山樵马欢述”字样，不知到底是否两人合著？今暂依一般的说法，认为马欢所著。马欢会稽人，据《纪录汇编》本《后序》，欢字宗道，而《澹生堂藏书谱》史部收此书作马汝钦撰，汝钦想必也是马欢的别字了。

又据《后序》，知道马欢同郭崇礼皆是伊斯兰教徒，善通译番语，所以“遂膺斯选，三随辀轺”，因著是书。《澹生堂藏书谱》还著录马欢《瀛涯纪行诗》一卷，载《说抄》中。《说抄》一书未见过，《纪录汇编》本《瀛涯胜览》卷首有欢诗一篇，历纪行役，所谓《瀛涯纪行诗》或即指此而言。

《纪录汇编》本有马欢《自序》，作于永乐十四年丙申，即公元一四一六年。梁任公据此遂说《瀛涯胜览》出版于永乐十四年。其实不然，天方国条曾纪到宣德五年郑和奉使复下西洋的事，自然此书不是成于永乐十四年了。书末有“景泰辛未秋月望日会稽山樵马欢述”一行，《瀛涯胜览》大概即是成于此年。

《瀛涯胜览》也有足本与删订本之别。《纪录汇编》本有马欢《自序》、《纪行诗》和无名氏《后序》，内中文字真可当得通俗两字，这大约是马欢的原本了。《征信丛录》是祁承㸁所辑的一部丛书，所收多关明朝掌故，只有祁氏澹生堂自藏钞本，世无传本，内中的《瀛涯胜览》是否足本，无从得知。他如《广百川学海》本、《秘笈》本、《续说郛》本皆是张昇删本，后来再说。只有吴弥光《胜朝遗事》本却与张昇本不同，又是经一文章大家润色过的；可是只润色原本的文辞，并未删削过甚。即以马欢原本、《胜朝遗事》本和张昇本三本中的忽鲁谟斯国一条来作例：原本此条有一千三百五十五字，《遗事》本有一千三百五十二字，而张昇本只删剩七十七字，这种大刀阔斧的手段，真正可惊。所以《遗事》本还去原本不远，张昇本那就只馀一点形迹了。《遗事》本无《自序》，无《纪行诗》，无《后序》，不知系何人所润色；大约就是吴弥光所为，也未可知。

张昇，明朝南城人，号启照，曾做过礼部尚书，正德中刘瑾当权，谢归，卒谥文僖，所著有《柏崖集》。他所删定的《瀛涯胜览》，明朝人都称之为《改正瀛涯胜览集》。《澹生堂藏书谱》说《改正瀛涯胜览集》附见《张文僖集》。《柏崖集》，我没有见过，以我所知道的大约要以《纪录汇编》本为最好了。此本卷前有小《序》一篇，《广百川》本、《秘笈》本、《续说郛》本俱未载，今录如次：

> 永乐中有人随从太监郑和出使西洋，遍历诸国，随所至辄记其乡土风俗冠服物产，日久成卷，题曰《瀛涯胜览》。余得之，翻阅数过，喜其详瞻，足以广异闻。第其词鄙朴不文，亦牵强难辨，读之数叶，觉厌而思睡。暇日乃为易之，词亦肤浅，贵易晓也。

《广百川》本和《续说郛》本都是《改正瀛涯胜览集》，而直题曰《瀛涯胜览》；又著者马欢作马观，俱误。《广百川》本与《续说郛》本大约就是一个版子。《四库提要》也作马观，恐怕当时馆臣所见就是这种版子的《改正瀛涯胜览集》了。

改正本《瀛涯》所述也只十九国与原本同，可是改正本的诸国次序，却与原本大异，又改正本删削太多；前面所举忽鲁谟斯国一例，可见一斑。

《星槎》所述凡四十四国，《瀛涯》所述只十九国。但是《瀛涯》所纪国数虽少，事实有时却比《星槎》来得详细。不过《瀛涯·自序》开首即道：

> 余昔观《岛夷志》，载天时气候之别，地理人物之异，慨然叹曰，普天下何若是之不同耶？

马欢所见的《岛夷志》，不知是陈元靓的《岛夷杂志》还是汪大渊的《岛夷志略》，已无可考。总之《瀛涯胜览》著作之时，曾受前人的影响，是无可疑的。不仅《瀛涯》一书曾受前人的影响，就是《星槎》也是如此；以《瀛涯》、《星槎》同《岛夷杂志》、《岛夷志略》比较，所述大多相同，可见一斑。

至于马欢、郭崇礼二人的行谊，随郑和三下西洋的经过，俱有待于新材料的发见，现且不谈。

（四）《自宝船厂开船从龙江关出水直抵外国诸番图》（《武备志》本）

这一部郑和下西洋道程舆图，不知是谁所作，附见茅元仪辑《武备志》卷二百四十，茅元仪有一篇小《序》说道：

茅子曰：《禹贡》之终也详哉言声教所及。儒者曰，"先王不务远"，夫劳近以务远，君子不取也。不穷兵，不疲民，而礼乐文明，赫昭异域，使光天之下，无不沾德化焉，非先王之（疑作与）天地同量哉！唐起于西，故玉关之外将万里；明起于东，故文皇帝航海之使，不知其几十万里，天实启之，不可强也。当是时臣为内竖郑和，亦不辱命焉。其图列道里国土，详而不诬。载以昭来世，志武功也。

从这篇《序》里看来，大约这一部舆图，是郑和时下西洋所绘。四卷本《星槎胜览》费信《自序》有云：

至永乐、宣德间，选随中使至海外，经诸番国，前后数四，二十余年。历览风土人物之宜，采辑图写成帙，名曰《星槎胜览》。

似乎费信于《星槎》而外还别有一种图。不过两卷本《星槎·自序》并无此语,所以《武备志》所采入的《直抵外国诸番图》,究出何人之手,不得而知。但依茅元仪所说,此图之绘于郑和之时,并不后于《西洋番国志》、《星槎胜览》、《瀛涯胜览》三书,这是可以无疑的。

《武备志》所收此图,共是二十四叶,末有过洋牵星图二叶(参看附忽鲁谟斯回古里国过洋牵星图),首有茅元仪小《序》一叶;其余都是舆图,舆图刻绘,很多重复讹脱的地方,山势也很粗率;不过原绘之好,从此还可以看见一二。只是路线太错杂了,到了第二十叶,路线既是那样复杂,指示路程方向又罗针与牵星并用;看来真是头昏。所以我们对于这幅四百多年以前的海图,第一步先将其中所有不合理的错误如庚坤针之类,以及其他的误处,以《东西洋考》中的二洋针路与此互参校勘;然后用近代详细的西南亚洲以及南洋地图,依据校正过的海图航路,作一近代式的郑和航海图,那么四百余年前这位大航海家的航程,自可灿若列眉了。像现在这部图,航程方向以及里数,常有错误不明之处,自难据为十分可靠的材料。

但是这一部图的价值却仍然存在。第一:这一部图起程于龙江关,以忽鲁谟斯为终点,最后又自忽鲁谟斯直反古里,很像郑和第七次下西洋的行程。有了这部图,郑和这次下西洋的事实,因而更为明白。第二:中国人航海的技术,在十二世纪时,就已很为发达,知道利用罗盘。后来如周达观之《真腊风土记》,所记针路已很详细,但得此图,方才可如伏波聚米为山,一览便晓;这于考究中国古代航海的情形，的确是一桩重要的资料。

（五）《西洋朝贡典录》（《指海》本，《借月山房汇钞》本，《粤雅堂丛书》本，《别下斋丛书》本，旧钞本。）

《西洋朝贡典录》三卷，明黄省曾撰；书成于正德十五年，即公元一五二〇年。黄氏的行谊，附见《明史·文苑传·文徵明传》中。关于这部书的内容，《四库提要》和王庸先生的《宋明间关于亚洲南方沿海诸国地理之要籍》已经说得很详细，我不必多说。

《四库提要》说此书有孙胤伽及赵开美二《跋》，今本《典录》无此二文，只孙《跋》见于《读书敏求记》中。又祝允明有《西洋朝贡典录序》，见《怀星堂集》卷二十五，不过只是一篇空论，毫无可以参考之处。

至于此书的本子，《借月》本即为《指海》本，二者实为一本；《粤雅》本与《别下斋》本也无甚出入。而《指海》本与《粤雅》本也互有短长，例如卷上爪哇国条“其都曰满者伯夷国”这一句下面，以及同卷满剌加国条“而岁输黄金焉”这一句下面，在《粤雅》本还各有小注一段，《指海》本漏而不载。《别下斋》本与《粤雅》本同。而卷中阿鲁国条论曰一段，《粤雅》本自“虽”字以下，《别下斋》本自“四十有二其”下，俱阙，《指海》本独全。所以这两种本子都各有短长，不可偏废；应取而互校，取祝氏之《序》，孙氏之《跋》，一并附入，并参考旧钞《典录》，方算完善之本。

（六）《海语》（《宝颜堂秘笈》本，《四库全书》本，《学津讨源》本，《纷欣阁丛书》本，《岭南遗书》本。）

《海语》三卷，明黄衷撰，书成于嘉靖十五年，即公元一五三六年。此书内容，已见《四库提要》，今不赘。其风俗一类所记西洋诸国只暹罗、满剌加两国；不过物产、畏途、物怪三类佚闻异事很多，

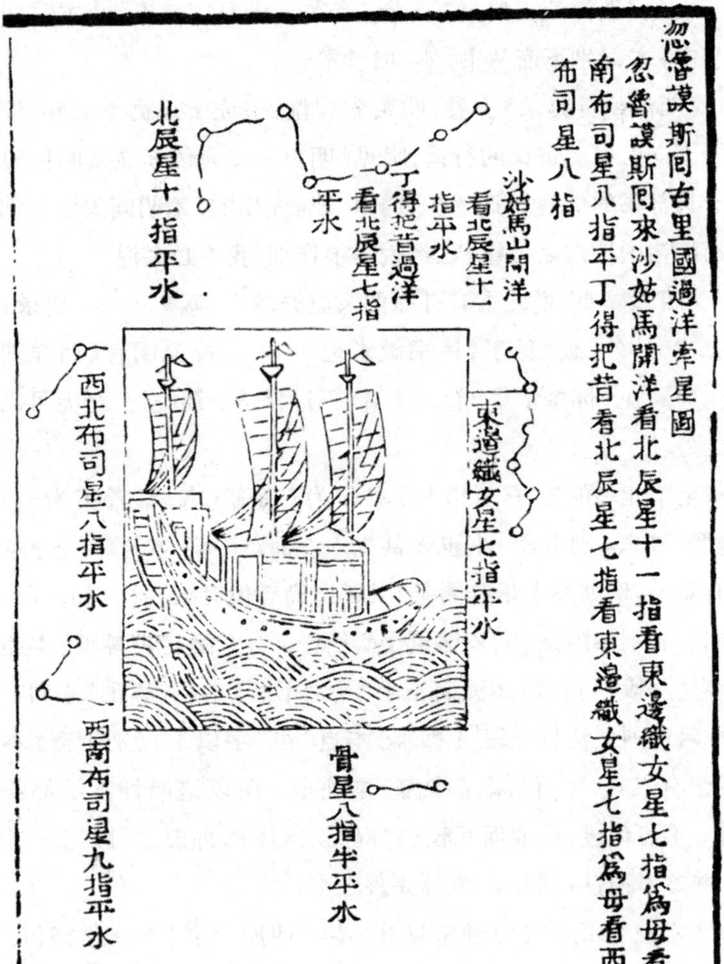
忽魯謨斯回古里國過洋牽星圖
忽魯謨斯回來沙姑馬開洋看北辰星十一指看東邊織女星七指爲母看西
南布司星八指平丁得把昔看北辰星七指看東邊織女星七指爲母看西北
布司星八指
沙姑馬開洋
看北辰星十一
指平水
丁得把昔過洋
看北辰星七指
平水
北辰星十一指平水
東邊織女星七指平水
西北布司星八指平水
西南布司星九指平水
骨星八指半平水

可供参考。

《岭南遗书》本以江郑堂藏钞本与《学津》本互勘，注其异同，加以校正；卷末伍崇曜《跋》于黄氏著作约略道及，在各家刻本中大约要算是好的了。

（七）《皇明四夷考》（明嘉靖刊《吾学编》本）

《皇明四夷考》二卷，明海盐郑晓撰；书成于嘉靖四十三年，即公元一五六四年。《明史》卷一百九十九有《郑晓传》。郑晓生平著作甚富，详见《嘉兴府志·经籍志》中。《四夷考》本是《吾学编》中的一部分。《吾学编》在清朝是一部禁书，所以《四夷考》也少有人说及。

《明史》说郑晓“通经术，习国家典故”，又说他“谙悉掌故，博洽多闻，兼资文武；所在著效，不愧名臣”。他是一位讲经济的学者，他所主张的治国根本大法就是“德惟善政，政在养民”。至于用兵外域乃是“慎封守者，非直御外侮，亦以固内防也”。所以他著《皇明四夷考》，作了一篇公羊式的《自序》，说道：

四夷何以首安南也？我郡县也。次兀良哈何？我武卫也。哈密、女直非欤？羁縻之虏，非我官长也。兀良哈之有三卫，以靖难欤？非也。大宁之北，有三卫也，盖自洪武始也。其南据大宁也，乃自永乐始也。将复交趾而收大宁乎？都统之议，夷且嗤我，革兰台以骎骎乎我贰矣。弃哈密而抚女直乎？哈密罣我河西，女直扞我辽东也。土番入哈密而嘉峪不惊；胡虏通女直，而山海弗靖矣。朝鲜何以次兀良哈也？知礼教也；大国也。琉球小国，何以次朝鲜也？学于中国也。何以终鞑靼也？非勍寇乎！我胜国也，盛衰之运，中国有安危焉，以故别考而存之，战守之略可几而得矣。高皇何以有海外之使也？更始也。成祖西洋之艘，不已劳乎！郑和之泛海，与胡濙之颁书也。国有大疑焉尔。

郑晓用军事地理学的眼光来估量中国与外国的关系，对于成祖之经营西洋很是不满，以为与中国无甚关系。《四夷考》中所述也以安南、朝鲜、兀良哈、女直、琉球、日本诸国为多，就是因为与中国的关系密切的原故。至于西洋诸国，叙述颇形简略。不过书成于嘉靖时，嘉靖以前西洋诸国入贡中国，大概都有纪载，可补黄省曾《西洋朝贡典录》之阙（黄书不载天顺以后事），其述西洋诸国过于简略，乃是因为书名《四夷考》，自不能专纪西洋诸国。

此外叶向高也有一部《四夷考》，收于《宝颜堂秘笈》中，叶氏全集中有此书，也是清朝的一部禁书。于西洋诸国纪述很略，全书中心在女直诸国；今不论。

（八）《殊域周咨录》（故宫博物院藏杨惺吾藏明刊本，又排印本，陈援庵先生藏钞本，北海图书馆藏不全本，天一阁藏不全本。）

《殊域周咨录》二十四卷，明嘉禾严从简撰；书大约成于万历十一年癸未，即公元一五八三年。此书在清朝列为禁书，所以传布很少。严从简所著尚有《诗教》和《使职文献通编》二十二卷（书甚罕见，章太炎《清建国别记》曾引此书）。

《殊域周咨录》一书我没有见过。杭州丁氏善本书室本来藏有明刊本一部，原为海虞吴蔚光藏书。后来丁氏书移到南京以后，不知怎样，这一部书竟不见了。陈援庵先生在北京大学国学门讲演《回回教入中国史略》（笔记曾登在《北大研究所月刊》和《东方杂志》第二十五卷第一号），内中曾述及《殊域周咨录》，有云：

明万历间行人司行人严从简曾著一书,名《殊域周咨录》,系类集档案而成,今颇少见,余藏有写本。

《善本书室藏书志》卷十二有一篇《殊域周咨录》的提要,对于此书内容也曾说及:

是《录》载于《千顷堂书目》。一卷,朝鲜;二至三,日本;四,琉球;五至六,安南;七,占城;八,真腊、暹逻、满剌加、爪哇、三佛齐、勃泥、琐里、古里;九,苏门答剌、锡兰、苏禄、麻剌、忽鲁谟斯、佛郎机、云南、百夷;十,吐蕃;十一,拂箖、榜葛剌、默德那、天方国;十二,哈密;十三,吐鲁番;十四,赤斤蒙古、安定阿端、曲先、罕东、火州;十五,撒马儿罕、亦力把力、于阗、哈烈;十六至二十二,鞑靼;二十三,兀良哈;二十四,女直。万历癸未资治上卿吏部尚书滇浙居士寅所严清撰《序》,谓谏议侄绍峰子携所著《殊域周咨录》乞序,乃知其官行人时所辑。名以周咨者,因靡及之怀,勤采访之博,虽于耿光大烈,未克兼总其全;若门类分编,岂非为天下九经中柔远人怀诸侯之模范哉!

我所知道的《殊域周咨录》止此。细看内中所记诸国国名,大部见于郑晓《皇明四夷考》。不过《皇明四夷考》只是上下两卷,而《殊域周咨录》乃有二十四卷十册(澹生堂亦藏此书,作十册,千顷堂亦然),又是根据行人司等处的档案编纂而成,其中一定有不少的新材料,而为《星槎》、《瀛涯》所未载的。

(九)《东西洋考》(明万历刊本,《四库全书》本,《惜阴轩丛书》本,商务印书馆排印本。)

《东西洋考》十二卷,明张燮撰;书成于万历四十六年,即公元一六一八年。燮为福建龙溪人。此书内容大概,《四库提要》史部地理类四和王庸先生《宋明间关于亚洲南方沿海诸国地理之要籍》都说得很扼要,我不必多讲。

这是一种半官性的官修书,据卷首王起宗的《序》,知道这部书的著作起始于前澄令陶镕,而完成于王起宗之手。书中所述不限明代,很带有一点历史的性质。所收材料,也很复杂,散见各种类书里面的六朝时代地理学家的著述,也偶然采入。东西洋诸国纪事中兼附考证。这确是一部很经意很重要的著作。

本子方面自以万历刊本为好,《惜阴》本未经校勘,错字最多。不过明刊本也有极不经心的地方,如:目录卷八作《舟师考》,卷九作《税珰考》,其实《舟师考》应在卷九,《税珰考》应在卷八。《惜阴》本沿袭明刊本错误。至于《四库》本以未见过,不谈。

(十)其他各种资料①

上面所述,一共是九种,关于研究郑和下西洋和明朝经营南洋一带的资料,重要的大概都尽于此。其他散见各书的材料也还不少,如:徐学聚《国朝典汇》(卷一百六十六朝鲜、卷一百六十七琉球、卷一百六十八安南附东南诸夷、卷一百六十九日本、卷一百七十五西番附诸西戎、卷二百市舶),章潢《图书编》(卷五十至卷五十二四夷),沈德符《万历野获篇》(卷三十外国补遗、卷四外国)诸书,都有关于明代亚洲南部及西南一带的长篇纪事,可供参考。此

① 关于抗战前国内外新出有关郑和的资料,可参考郑鹤声先生的《郑和遗事汇编》。

外何乔远《名山藏》卷末《王享记》五卷，尤其是重要的材料。《王享记》中所述四夷诸国，国名之多，便是郑晓的《皇明四夷考》、严从简的《殊域周咨录》视之也有逊色。其中如陈诚的《使西域记》全部采入，由此一端，也可见《王享记》所收的材料之丰富了。

又在南洋一带，还有所谓《三保大人传》一类的书籍，并且还有马来文的《三保大人传》，可惜我没有见过。日本人中目觉所著《阿弗利加视察谈》曾说道：

> 爪哇一带的华侨对于郑和一事，很是重视，有若神明。我从非洲回国的时候，道经爪哇三宝垅，下榻台湾银行分行。离行约六十余丈，就是大觉寺，寺中有三保大人像；香火很盛，每年舆像出巡各处一二次。我想这里对于三保太监的事迹，既然如此尊崇，说不定还有三保传略一类的书；问了书店，果然有中文的《三保大人传》二册，不幸那时书已卖完了。书贾告诉我说还有马来文《三保大人传》约有十五册之谱。我以为马来本《三宝大人传》或者就是取材中文本而成也未可知。①

三宝垅就是因三宝太监而得名的。流行那里的中文《三保大人传》，不知内容怎样，或许就是汇集华侨传说中的三宝太监，而成此书。至于马来文的《三保大人传》那更有趣了。我想其中一定有许多材料，为上述各书所未说过的，若有好事的人，把南洋这种中文和马来文的《三保大人传》介绍到中国学术界来，我想对于郑和的研究上，一定有不少的贡献哩。

① 中目觉此文见昭和三年九月份《地学杂志》内。

三　论罗懋登著《三宝太监西洋记通俗演义》

郑和下西洋，前后七次，历二十八年；足迹遍于南洋群岛，势力远至非洲东部，声威所被，遂成为一般民间传说的中心。例如台湾的三宝姜和南洋的榴莲，后人都把它拉去同郑和发生关系。而明谢肇淛《长溪琐语》又云：

菩萨岭在支提那罗岩之下。成祖文皇帝时铸天官千身，赐寺中。遣太监郑和航海而至。中流飓风大作，舟人惧，取其半沉水中。及舟抵寺，而沉水者已先至矣。先数夜时，远近村人望见冠盖数百，鳞次登岭，若傀儡然，光采异常。及是始悟，故又呼傀儡岭。又有晒衣台，则皆沉水者晒衣其处，迄今寸草不生。

清金鳌《金陵待徵录》卷十又有这样一条：

钟山书院铁矛或以为郑和遗物，按《应天志》坊厢类有铁矛局坊。书院为前明铁厂，鼓铸之所，兼及铁冶耳，石头城外，卧地之矛甚多。

像这种同郑和发生关系而流行民间的传说，当然不止区区几条。所以钱曾说：

> 盖三保下西洋，委巷流传甚广。内府之戏剧，看场之平话，子虚亡是，皆俗语之流为丹青耳！

遥想当时三宝太监下西洋，流传民间，开场说书的人居然取来演为平话，而内府中且演为戏剧，真是热闹极了。只可惜在钱曾时已说：

> 惜乎国初事迹，纪载阙如，茫无援据，徒令人兴放失旧闻之叹而已。

到了现在，关于郑和的传说异闻，寥寥可数；至于戏剧，则除《也是园书目》所载《奉天命三保下西洋》一本杂剧而外，不见有其他的东西。最近上海某家电影制片公司摄演白燕女侠一片，据说是根据三宝太监下西洋的故事编成的；所谓流传委巷的戏剧，大约要以此为灵光了。所幸罗懋登《三宝太监西洋记通俗演义》一书还在，明代关于郑和的传说从此可以窥见一二。

中国的学士大夫自来就看不起小说，像《也是园书目》之立小说一门，采及宋人词话，并收杂剧传奇，真是一种很大胆的行为，可是后来也就继起无人。说到清朝学者之敢于推奖民间通俗小说，正式为之誉扬的，只怕要算俞樾了。《三侠五义》一书，因有俞氏为之鼓吹润色，方渐为世人所知，以至成为风气，一般文人也注意到此。后来缪荃荪发见《京本通俗小说》，开最近言俗文学者的先河；这真是中国文学史上不可忽视的一桩大事，而罗懋登《三宝太监西洋记通俗演义》之见知于世，也是俞樾之功。俞氏《春在堂随笔》有云：

> 郑和之事，赫然在人耳目间，光绪辛巳岁（按光绪七年即公元一八八一年），老友吴平斋假余《西洋记》一书，即敷衍和事。作者为罗懋登，乃万历间人。其书视太公封神、玄奘取经尤为荒诞，而笔意恣肆，则似过之。乃彼皆盛行，而此顾不甚著，何也？文章之传不传，若有数存，虽平话亦然欤？平斋曰："此必明季人所为，以媚权奄者。"余谓不然。读其《序》云："今者东事倥偬，何如西戎即叙；当事者尚兴抚髀之思乎！"然则，此书之作，盖以嘉靖以后倭患方殷，故作此书，寓思古伤今之意，抒忧时感事之忱；三复其文，可为长太息矣！书中却有一二异同，如：术家有金木水火土五行遁法，见于诸书者字皆作遁，此独作囤，未详其义。又世俗所传八仙，此书则无张果、何仙姑，而别有风僧寿、元壶子，不知何许人。岂明代有此异说欤？《图画见闻录》，孟蜀、张素卿画八仙真形，有曰长寿仙者，或即此风僧寿乎！书虽浅陋，而历年数百，更有可备考证者，未可草草读过也。

俞氏之称此书，以为有过于《封神榜》、《西游记》，可算得是推崇备至了。后来上海申报馆用铅字排印此书，也在光绪辛巳岁。到底俞樾所见吴平斋假本；是否即为申报馆本？还是申报馆本乃是因俞氏之推重此书，而后印行？现无可考。《西洋记》一书，有明刻本，大约是万历时所刊。内作三山道人绣梓，明时金陵三山街为书业荟萃之所，所谓三山道人或者就是三山街的一家书贾，而《西洋记》原来或是刊于金陵。明刊本书名作《新刻全像三宝太监西洋记通俗演义》，每回有图二幅，颇为古雅，不是俗手所绘，如第二十五回《姜金定水囤逃生》一图，小卒所持的幡上有一梵文阿字，很是清楚,并不是胡乱涂画可比,可见一斑。到了光绪年间,才有申报馆本。自申报馆排行以后,别有上海商务印书馆铅印本,及上海中原书局石印本两种;后两种附有绣像,粗俗不堪。从现在看来,三种翻本中以申报馆本为最老,次为商务本,又次为中原本。

罗懋登的籍贯行谊,我不甚知道。他所著的《三宝太监西洋记通俗演义·自序》作二南里人,二南里不知道究竟是甚么地方,《西洋记》里面所用的俗语如"不作兴"、"小娃娃"之类,都是现今南京一带通行的言语,似乎罗懋登不是明时应天府人,便是一位流寓南京的寓公;只是没有旁的证据,暂置不谈。

罗懋登大约也是一位爱好文学之士。他所著的书,除了《西洋记》以外,我们知道他还注释过《拜月亭》和丘濬的《投笔记》二书。罗注《拜月亭》现有暖红室《传奇汇刻》本,只不过注释字音,疏解典故,没有甚么了不起的地方。但是以汲古阁《六十种曲》本《拜月亭》与罗本相校,既多移动之处,关目亦自不同,所以王静庵先生说罗本"在今日可云第一善本"。注释《投笔记》一书,与《拜月亭》的注释一样,书言班定远投笔从戎事,比之《拜月亭》更为罕见;除明刊本外不见他本。

《西洋记》卷首,有罗懋登《自序》,作于万历丁酉岁,即万历二十五年(公元一五九七年)。万历二十年的时候,正是那日本大野心家丰臣秀吉远征朝鲜,想"一超直入大明国。易吾朝风俗于四百余州,施帝都政化于亿万斯年"①。二十一年正月李如松败于碧蹄馆;二十三年三月以杨镐经略朝鲜军务。朝鲜有失,则北京震动,

① 此为丰臣秀吉侵明时致朝鲜国王檄文语,见朝鲜人安邦俊著《隐峰野史·别录壬辰录》。

一般吃闲饭而爱说风凉话的官儿们，便议论纷起了。罗懋登《自序》说："今者东事倥偬，何如西戎即叙；不得比西戎即叙，何可令王、郑二公见，当事者尚兴抚髀之思乎！"大约也是眼见当时国事危急，而当局的人又多是柔弱无能，于是"摅怀旧之蓄念，发思古之幽情"，作为此书，以讽谕当局。

《西洋记》中所根据的材料很多，现在考起来，马欢的《瀛涯胜览》，罗懋登一定是看见过的，所以卷十九第九十三回说三宝太监夜得一梦，到了次日侯显找到译字马欢来替郑和圆梦；可见著者之知道马欢。卷二十第一百回开首就是一篇长诗，这就是《瀛涯胜览》原本卷首所附马欢历纪行役之诗，《纪录汇编》本《瀛涯》有此诗，与《西洋记》所载文字些微有一点异同，现在把《纪录汇编》本《瀛涯》此诗录下，注明两本的异同，以资参考：

> 皇华使者承天敕，宣布纶音经夷域。鲸舟吼浪泛沧溟（《记》作沧溟深），远（《记》作经）涉洪涛渺无极。洪涛浩浩涌（《记》作湧）琼波，群（《记》作犀）山隐隐浮青螺。占城港口暂停憩，扬帆迅速来阇婆。阇婆远隔中华地，天气烦蒸（《记》作蒸人）人物异。科头裸（《记》作跣）足语休𠌯，不习衣冠疏（《记》作兼）礼义。天书到处多（《记》作腾）欢声，蛮魁（《记》作首）酋长争相迎。南金异宝远驰贡（《记》作名），怀恩慕义摅忠诚。阇婆又往西洋（《记》作南）去，三佛齐过临五屿。苏门答剌峙中流，海舶番商经此聚。自此分䑸往锡兰，柯枝古里（《记》作俚）连诸番。弱水南滨溜山国（《记》作谷），去路茫茫更险艰。欲投西域遥（《记》作还）凝目，但见波光接天绿。舟人矫首混西东（《记》作东西），惟指星辰定（《记》作辨）南北。

忽鲁谟斯近海傍，大宛米（《记》作未）息通行商。曾闻博望使绝域，何如当代覃恩光。书生从役何（《记》作忘）卑贱，使节叨（《记》作三）陪游览遍。商山巨浪罕（《记》作岂）曾欢，异宝奇珍今始见。俯仰堪舆无有垠，际天极地皆王臣。圣明（《记》作朝）一统混华夏，旷古于（《记》作及）今孰可伦。使（《记》作圣）节勤劳恐迟暮，时值南风指归路。舟行巨浪（《记》作四海）若游龙，回首遐荒隔（《记》作接）烟雾。归到京华觐紫宸，龙墀献纳（《记》作纳拜）皆奇珍。重瞳一顾天颜喜，爵禄均颁雨露新（《记》作深）。

不仅这两点之可以见出《西洋记》所根据的材料与《瀛涯胜览》有关，其他的处所还多。《瀛涯》一书，纪述占城、爪哇、暹罗、旧港、满剌伽、哑鲁、苏门答剌、那孤儿、黎代、南浡里、溜山、榜葛剌、锡兰、大小葛兰、柯枝、古里、祖法儿、忽鲁谟斯、阿丹、天方，一共二十国；这在《西洋记》中都曾一一述及，事实也大概相同。自然也有少些殊异之处，如：《瀛涯》作榜葛剌，《西洋记》作吸葛剌；榜葛剌本在东印度，而《西洋记》作在西印度之类。不过榜葛剌之作吸葛剌，《西洋记》也有所本，顾起元《客座赘语》卷一宝船厂条历记郑和下西洋所经诸国，榜葛剌也作吸葛剌；可见并非罗氏所创，明代原有此说了。

《西洋记》一书所述外国诸事之以《瀛涯胜览》为主要材料，我还可以举几个例子：卷十第五十回、卷十一第五十一回讲到苏门答剌国黄虎化人和龟龙的事，这都见于《瀛涯》满剌伽条；卷十五第七十三回木骨都束国佗罗尊者戏虎一节故事，亦见《瀛涯》，不过《瀛涯》是说榜葛剌有耍这种把戏的一个人，而《西洋记》则移之于木骨都束;卷十六第七十九回忽鲁谟斯搏戏中的猴戏羊戏,就是袭取《瀛涯》的忽鲁谟斯条中所记。读者试将《瀛涯》与《西洋记》比读比读,就可明白。

因为《西洋记》一书是大半根据《瀛涯胜览》演述而成,所以有些地方,很可用来校正今本《瀛涯》之失。现在且举一个例,《瀛涯》古里国条有云:

> 永乐五年朝廷命正使太监郑和等赍诏敕赐其王诰命银印,给赐升赏,各头目品级冠带。统领大䑸宝船到彼起建碑庭,立石云:"去中国十万余里,民物熙皞,大同风俗,刻石于兹,永乐万世。"

这种刻石文,我们看来,实在不明白。可是《西洋记》卷十三第六十一回所载古里国立的石碣铭文却是"此去中国,十万余程,民物咸若,熙皞同情,永示万世,地平天成",大足以校订《瀛涯》的错误。

自然,《西洋记》所据不完全是《瀛涯》一书,所采其他的资料还很多,就中如卷四第二十回的李海遭风遇猴精,以及卷二十第九十七回的李海告诉夜明珠,这一段故事,其实是根据陆采《冶城客论》中所纪蛇珠一条推演扩充而成。《冶城客论》蛇珠条原文如次:

> 永乐中下洋一兵病疟殆死,舟人欲弃海中。舟师与有旧,乃丐于众,予锅釜衣糗之属,留之岛上。甫登岛,为大雨淋漓而愈;遂觅嵌居焉。岛多柔草佳木,百鸟巢其中,卵鷇布地,兵取以为食,旬日体充,闻风雨声自海出,暮升旦下,疑而往觇焉。得一径滑润如蛇所出入者。乃削竹为刃,俟蛇升讫夜往

插其地。及晨声自岛入海;宵则无复音响。往见腥血连涎满沟中皆珍珠,有径寸者。盖其蛇剖腹死海中矣。其珠则平日所食蚌胎云。兵日往拾,积岩下数斛。岁余海舩还。兵望见大呼求济,内使哀而收之,具白其事,悉担其珠入舟。内使分予其人十之一,其人归成富翁。

《西洋记》中所谓猴精,所谓夜明珠,都是罗氏所渲染烘托,以增加故事的声色。又如卷十二第五十六回所载张三峰在琼花观题诗的故事,见于杨仪《高坡异纂》(《异纂》原文不赘录)。总之《西洋记》所采明代的佚闻异事,自是不少;不过明代说部,浩如烟海,我们难以遍览群书,为之搜证,如我所举,只算是聊举一隅而已。

《西洋记》卷末又说:

后来静海禅寺建于仪凤门外;天妃宫、宗三庙、白鳝庙俱建于龙江之上;碧峰寺建于聚宝门外。静海寺有篇重修碑可证;天妃宫有篇御制碑及重修记可证;碧峰寺有篇《非幻庵香火记》可证。

静海寺、天妃宫、宗三庙、白鳝庙、碧峰寺几处地方,我都没有去访过,不知道还在不在;各处碑文之类,也没有见过。《图书集成·职方典》江宁府部有静海寺、碧峰寺的纪事,第六百六十七卷江宁府部纪事有云:

碧峰寺非幻庵有沉香罗汉一堂,乃非幻禅师下西洋取来者。像最奇古,香更异常。万历中有人盗其一。僧不得已,以他木雕成补之。后忽黑夜送回前像。罗汉之灵异可推矣！

这样看来，连所谓非幻禅师者，也是真有其人了。

《西洋记》一书，俞曲园极意推崇，以为同《封神榜》、《西游记》相比，也不相上下。依我看来，《西洋记》的作者一定看见过吴承恩的《西游记》，所以模仿的形迹很重。例如：《西洋记》卷十第四十六回说到右先锋刘荫在女儿国影身桥上照影有孕误饮子母河水等等，这完全是袭取《西游记》第五十三回唐三藏师徒们在子母河受灾的故事。又《西游记》中滑稽的意味很丰富，而《西洋记》中也时常应用浅俗的笑话来插科打诨。这都可以见出承袭之迹。所以说到创造的方面，《西洋记》不及《西游记》远甚了。

一九五五年一月七日补记

（见《小说月报》第二十卷第一号页四七—六四，
一九二九年一月十日出版。）

汉唐间西域及海南诸国古地理书叙录

南齐陆澄撰《地理书》一百四十九卷,合《山海经》已来一百六十家以为此书。梁任昉复增澄书八十四家,别撰《地记》二百五十二卷。然澄书至唐时才存二十四家,昉《记》别行者亦只十二家;宋以后即所存数十家亦散佚殆尽。清金豀王谟为《汉唐地理书抄》,所收近四百种,其行役四裔诸门所辑亦三十余家,可谓富矣。顾其书未刊,稿存亡不可知。稍后会稽章宗源采获经史群籍传注,辑录唐宋以来亡佚古书盈数笈。自言欲撰《隋书·经籍志考证》,书成后此皆糟粕,可鬻之。今《经籍志考证》唯史部仅存,所辑书更不可问。至于专辑一书者有严可均之沈怀远《南越志》五卷,丁谦之杜环《经行记》,吴承志之《唐贾耽记边州入四夷道理考实》五卷。王静安先生亦有古行记之辑。唯汇辑古佚四裔地理书为一书,为之比勘考证者尚未之闻也。

汉唐之间世乱最亟,而地志之作,亦复称盛。其时佛教初入中国,宗派未圆,典籍多阙,怀疑莫决。于是高僧大德发愤忘食,履险若夷。轻万死以涉葱河,重一言而之柰苑。魏晋以降,不乏其人,纪行之作,时有所闻。又斯时南海一带海上交通甚盛,天竺海上尝有安息、大秦贾客懋迁往来。广州亦成外商辐辏之所。当代典籍时时纪及。凡此诸作,举足以羽翼正史,疏明往昔,其价值与正史不相轩轾也。

数年前曾就《御览》诸书比辑汉唐间此种资料,得数十种。欲仿董沛《明州系年录》例,以所辑各书为主,汉唐间他书可以互证者低一格著录于下,时贤考证又低一格用小字比辑于次,已有所见则冠以按字赘录于后。书首冠以叙录,略述全书体例以及作者姓氏爵里。然后合所辑汉唐间此类古地理书为一集,而于卷首为一长序,以述此一时期西域及海南诸国古史要略,中外交通梗概。顾少暇日,又见闻不广,关于考证之作,至今未蒇。兹先布叙录,现存诸书,亦时择要叙入。大率以今佚诸书居首,现存者附录于后,亦不尽依时次为后先。至于考订之疏,知所不免,尚祈并世君子有以进而教之是幸耳。

《吴时外国传》《扶南记》

《吴时外国传》及《扶南记》二书,卷亡,孙吴时中郎康泰撰,今佚。《梁书·海南诸国传》称泰与宣化从事朱应通海南诸国,经历传闻百数十国,因立记传云云。康泰书不知佚于何时,今散见于《水经注》、《艺文类聚》、《太平御览》诸书。《吴时外国传》、《太平御览》引书目作此,而卷九百七十一及卷九百七十五引作《吴时外国志》,《艺文类聚》卷八十七引亦作《吴时外国志》。《扶南记》、《水经注》卷一引作《扶南传》,卷三十六引作康泰《扶南记》,《太平御览》卷七百八十七引作《扶南土俗》。今按《梁书》有因立记传之文,康泰所作书如有两种,疑当名为《吴时外国传》及《扶南记》也。朱应别有《扶南异物志》一卷,《隋书·经籍志》及《唐书·艺文志》

俱著录。

康泰书不见《隋书·经籍志》,《梁书·海南诸国传》大都依据康氏书。顾卷帙无考,全书体制若何不甚可知。今就散见群书之《吴时外国传》与《扶南记》观之,所述大致相同,《外国传》纪扶南事颇夥,而《扶南记》所志亦不尽为扶南。如《水经注》卷一引《扶南记》,从迦那调洲西南到枝扈黎大江口,渡江而西,极为大秦之一段文字,与《御览》卷七百七十一帆引《吴时外国传》文略同,少有繁简之殊而已。如属两书,似不应如此雷同。故杨守敬氏以为"《吴时外国传》其总书名,《扶南传》又其书之一种"(《水经注疏要删》卷一)。余疑不惟所谓《扶南传》者为即《吴时外国传》中之一部分,即《扶南记》、《扶南土俗》与《外国传》亦实为一书。《扶南记》等名如非原书之子题,则系传抄者以意分之,后时沿袭,遂成二书耳。

康泰事迹仅见《梁书·海南诸国传》,顾亦甚略。今按孙权既定江左,屡耀兵海外,黄龙二年遣将军卫温、诸葛直将军士万人浮海求夷洲及亶洲,赤乌五年遣将军聂友、校尉陆凯以兵三万讨珠崖、儋耳。先是黄武五年交阯太守士燮卒,因分交阯为交、广二州,燮子徽自立为交阯太守,拒不受命。吕岱被诏讨徽,平定交州。《三国志·吴书·吕岱传》称岱"既定交州,复进讨九真,斩获以万数。又遣从事南宣国化,暨徼外,扶南、林邑、堂明诸王各遣使奉贡。"朱应、康泰之通海南,当受岱命。岱平交州、九真,遣使外国,在黄武六年左右,康泰书之成,似在斯时,即公元二二七年左右也。《吴书·吴主传》又称赤乌六年十二月扶南王范旃遣使献乐人及方物。今按《梁书·扶南传》谓范旃为前王范蔓之子长所杀。旃部将范寻又杀长而自立。康泰、朱应使扶南,正寻在位之时。《吴书》却云在黄武六年后十六年范旃尚遣使贡献,不知此时范旃死已二十年矣。此必《吴书》之误也。孙吴时遣使海南一事,日本人驹井义明有《孙权遣使南方考》一文(见日本《历史卜地理》第二十五卷第六号,民国十八年出版),于朱应、康泰二人南行所历之路程,康泰书所述各地名今地之考证,一一为之疏通证合;大都比辑诸说,加以断制。将分见后辑康氏书中,兹不能赘也。

《扶南异物志》

《扶南异物志》一卷,朱应撰,《隋书·经籍志》著录,今佚。应事迹只略见《梁书·海南诸国传》,谓为吴时从事,南宣国化,与康泰同使扶南诸国。康泰之于朱应,疑亦如巩珍之于郑和也。朱应书《初学记》、《类聚》、《御览》诸书俱未辑录,不知佚于何时。章宗源氏举《通典·边防门注》、《史记·大宛列传》正义引宋膺《异物志》,疑宋膺即为朱应之讹,不知然否。按《北堂书钞》卷一百三十二帐引有"应《志》云:斯调国王作白珠交给帐,遣遗天竺之佛神"。所谓应《志》,岂即指朱应之《扶南异物志》而言耶?

《南州异物志》

《南州异物志》一卷,吴丹阳太守万震撰,《隋书·经籍志》著录,今佚。万震事迹不见《吴书》,只《隋书·经籍志》注其为吴丹阳太守,未言孙吴何时。今按孙权、黄武、黄龙时屡耀兵海外,比之明代,约同成祖永乐之时。又丹阳太守在黄武初为吕范,至嘉禾三年诸葛恪为丹阳太守。自吕范至诸葛恪中间相隔十余年,未闻他人继范为丹阳太守者。疑万震之为丹阳太守,即在吕范之后诸葛恪之前,正当海外征伐甚盛之际。震在丹阳,接近国都,见闻较近,故有《南州异物志》之作,以志殊方异俗。虽以异物名书,所述多海南诸国方物风俗,无异一地理书也。

汉时南方渐与中国相通,殊异之物,多为中原所未有。览者异之,遂有《异物志》一类书籍出现,与《山海经》、《博物志》相先后。《隋·志》著录此种书籍十余种,而以汉议郎杨孚孝先《交州异物志》为最早。万氏此书即仿之而作。全书体例,今无可考。就残存者考之,其书时杂四言韵语,如《御览》卷八百七珍宝部贝引万氏《南州异物志》曰:“乃有大贝,奇姿难俦。素质紫饰,文若罗珠。不磨不莹,《类聚》八十四作不磨而莹彩辉光浮。《类聚》作彩耀光流思雕莫加,欲琢靡逾。在昔姬伯,用免其拘。”此外如卷七百八十八类人,卷九百八风母,引万氏书俱作四言韵语。而《御览》卷九百六十摩厨、榕、坑梁、簹竹,引无名氏《异物志》亦作韵语,如摩厨引云:“木有摩厨,生于斯调。厥汀肥润,其泽如膏。馨香馥郁,可以煎熬。彼州之民,仰为嘉肴。”《御览》卷九百七十二桶引陈祁畅《异物志》云:“馨子之树,枝叶四布。名曰种异,味实甜酢。果而无核,里面如素。析酒只醒,更为遗赂。”亦属四言韵语。岂诸家之书先后相袭耶?抑其时自有此一体也?

万氏书多记海南诸国,如林阳、无论、歌营、加陈、师汉、扈利、姑奴、察牢、类人,皆前书所不载者。又《御览》卷七百六十九舟部上叙舟中引万氏书云:“外域人名船曰舶。案原误船,今据《广韵》“舶,海中大船”之文改正大者长二十余丈,高去水三二丈,望之如阁道。载六七百人，物出万斛。”又卷七百七十一舟部四帆引万氏书云：“外徼人随舟大小式作四帆，前后沓载之。有庐头木，叶如牖，形长丈余，织以为帆。其四帆不正前向，皆使邪移相聚，以取风吹。风后者激而相射，亦并得风力。若急则随宜增减之，邪张相取风气，而无高危之虑。故行不避迅风激波，所以能疾。”《御览》卷七百六十九舟二叙舟中引康泰《吴时外国传》亦云：“扶南国伐木为船，长者十二寻，广六尺，头尾似鱼，皆以铁镊露装。大者载百人。人有长短桡及篙各一，从头至尾约有五十人，或四十余人，随船大小。行则用长桡，坐则用短桡，水浅乃用篙；皆撑上应声如一。”又《御览》卷七百七十一舟四帆引《吴时外国传》云：“从加那调州乘大舶，船张七帆，时风一月余日，乃入大秦国也。”今按慧琳《一切经音义》卷二十五《大般涅槃经》第八卷音义大舶条云：“《埤苍》，大船也。大者长二十丈，载六七百人者是也。”又卷四十七《三具足论玄应音》船舶条云：“《字林》，大船也。今江南凡泛海舡谓之舶，昆仑及高丽皆乘之。大者受盛之，可万斛也。”又卷六十一《根本说一切有部毗奈耶大律》第三十二卷音破舶条云：“司马彪注《庄子》云，海中大船曰舶。《广雅》，舶海舟也。入水六十尺，驰使运载千余人，除货物。亦曰昆仑舶。运动此船多骨论为水匠。用椰子皮为索，缚葛览糖灌塞，令水不入。不用钉鍱，恐铁热火生。累木枋而为之，板薄恐破。长数里，前后三节张帆，使风，亦非人力能动也。”合此诸说观之，汉唐间南海船舶之状，可得梗概，而其时海上贸易之盛，亦于斯可知矣。法国 Gabriel Ferrand 著 *Le Kouen Louen et les Anciennes interoceanigues Dans les mer du Sud*（冯承钧译名《昆仑及南海古代航行考》），于万、康二氏及慧琳书所引，俱未见及也。

《外国事》

《外国事》卷亡，支僧载撰，《隋书·经籍志》未著录，今佚。支僧载不见《高僧传》诸书，《水经注》及《御览》引之，只云支僧载《外国事》，未著其为何时人。杨守敬据《水经注·河水篇》引支僧载《外国事》："一据据者，晋言十里也。"文谓支僧载为晋时人（《水经注疏要删补遗》卷一），日本人藤田丰八亦以杨氏说为然，并引《水经注·河水篇》引《外国事》："菩萨于瓶沙随楼那果园中住一日。日暮便去半达钵愁宿。半达晋言白也，钵愁晋言山也"，以证杨说。藤田氏以为一据据者应为一据栌左之讹，即梵语 Krosa 之译音。半达，梵语作 Punda，钵愁梵语作 Vasu。（藤田氏说见日本《史学杂志》三十八编第七号其所著《叶调斯调私诃条考》附注二十三）其说甚谛。魏晋时外国沙门东来，辄以国名之一字冠于名上，如竺佛图澄，为天竺人，康僧会为康居人，安世高为安息人，则支僧载者当亦晋时自月氏东来沙门之一也。

支僧载《外国事》卷帙多寡，内容若何，今不可知。今就《水经注》、《御览》诸书所引者观之，其书所述大都为北印度诸国，如维邪离国（Vaisali《水经注》卷一《河水篇》引，又《御览》卷七百一引作维耶离国），舍卫国（Srāvasti《御览》卷七百一引），迦维罗越国（Kapilavastu《御览》卷七百一引），摩竭提国（Magadha《御览》卷七百一引），皆在北印度境。所谓拘郝含国（《御览》引），当系拘舍郝国，即拘夷那竭（Kusinagara）。罽密（《御览》引）疑即迦湿弥罗。《外国事》所述诸国有名私诃调国（《御览》卷七百一，卷八百十二，卷九百三十二,卷九百九十九引)者,在大海中。据藤田氏考证,谓即今锡兰,私诃调乃 Sinhala-dvipa 之对音,说虽异乎前人,而宜若可据也。

又据《御览》卷七百一引《外国事》:"播黎日国者,昔是小国耳。今是外国之大都,流沙之外,悉称臣妾。"又谓舍卫国、迦维罗越国俱属播黎日国云云。今按播黎日国既为外国之大都,疑即 Pataliputra 对音之讹,后世书中所称为波吒釐子,一译华氏城者是也。华氏城自孔雀王朝以降以至㝹多王朝,历为国都,相继勿替,旅人因即以国都之名名其国;梁《高僧传·释智猛传》所云华氏国阿育王旧都之语,即其证。华氏城至㝹多王朝国王三摩陀罗㝹多(Samudragupta)以后,虽仍人民殷庶,而政府中枢,已移至阿逾陀城(Ajodhya)。今支僧载《外国事》仍称播黎日国,疑其漫游五印,乃在三摩陀罗㝹多即位初叶,㝹多帝国征服四境之大业未告厥成之际,为时尚早于法显之游印度。惜其书只存断简零缣,否则必足以补苴第三、第四世纪间之印度古史,而可与法显、玄奘之书成鼎足之势也。

《游行外国传》

《游行外国传》一卷,释智猛撰,《隋书·经籍志》著录,今佚。梁《高僧传》卷三有猛传,谓猛以姚秦弘始六年(晋安帝元兴三年,公元四〇四年)甲辰之岁,招结同志沙门十有五人,发迹长安。出自阳关,西入流沙。历鄯善、龟兹、于阗诸国以登葱岭,而九人退还。至波伦国,同侣竺道嵩又复无常。仅余四人,共度雪山,渡辛头河，至罽宾国、奇沙国。于是西南行到迦维罗卫国。后至华氏国阿育王旧都，得《大泥洹》梵本及《僧祇律》诸梵本。乃于甲子岁（宋元嘉元年，公元四二四年）反国。同行三伴于路无常，唯猛及昙纂俱还。自出发至印度，前后留二十一年而后归。归途仍循旧道，至高昌小住。过凉州出《泥洹经》一部。十四年至建业，同年入蜀。十六年复反建业，七月七日于钟山定林寺造《游行外国传》。元嘉末卒于成都。今按西域龟兹为北道大国，汉魏以降，国势颇盛。是以班超以为："若得龟兹，则西域未服者百分之一耳。"前秦吕光讨平西域，上疏亦云："惟龟兹据三十六国之中，制彼王侯之命。"（《御览》卷八百九十五引崔鸿《十六国春秋》）《晋书·龟兹传》称其"王宫壮丽，焕若神居"。《载记》吕光入龟兹城"大飨将士，赋诗言志。见其宫室壮丽，命参军京兆段业著《龟兹宫赋》以讥之"。段业《龟兹宫赋》今不传，不知其所述何如。智猛历游西域诸国，途经龟兹，时距吕光之伐西域尚未三十年（吕光之伐西域在东晋孝武帝太元七年，公元三八二年。智猛至龟兹当在元兴三年至义熙元年之间，才二十余年耳）。吕光自西域反，虽以驼二万余头致外国珍宝及奇伎异戏之属，而于龟兹宫室未加燔毁。智猛游龟兹，犹及见之，故曰："龟兹国高楼层阁，金银雕饰。"（《初学记》卷二十七银二引）颇足以证《晋书》之言。惜乎全书不传，现存者亦只寥寥数条（僧祐《出三藏记集》中收有一条），否则其可以补正西域史地者当不鲜也。

《外国传》

《外国传》五卷,释昙景撰,《隋书·经籍志》著录,今佚。昙景,《通典》卷一百九十一《西戎传总序注》引作昙勇,今按即《高僧传》卷三之《释昙无竭》。昙无竭,此云法勇,《隋·志》、《通典》截取首字之音,无竭则译其义,而《隋·志》又讹勇为景,其实一人也。《高僧传》称其所历事迹,别有记传。《历代三宝记》第十,昙无竭著述有《外国传》五卷,竭自述西域事。

《高僧传》述昙无竭以宋永初元年(公元四二〇年)招集同志沙门僧猛、昙朗之徒二十五人,发迹北土,远适西方。初至河南国,仍出海西郡,进入流沙,到高昌郡,经历龟兹。此一段行程与法显、智猛同路。唯法显、智猛自龟兹折而南,而昙无竭则自此至沙勒诸国,登葱岭度雪山,进至罽宾、月氏。然后停檀特山南石留寺,受大戒,以天竺禅师佛驮多罗为和上,汉沙门志定为阿阇梨。停三月日,复去中天竺。其归国于南天竺随舶泛海到广州。据《历代三宝记》,"昙无竭游西域二十余年,自外并化,唯竭只还。于罽宾国写得别件梵本经来。元嘉末年达于江右"。则昙无竭自南天竺反国,当在元嘉二十年左右,比之智猛之留五印,为时更久矣。与勇同行之僧猛、昙朗,俱不见《高僧传》。

又按唐时日本飞鸟寺僧信行撰集《翻梵语》十卷。其卷四刹利名第二十,僧伽达,引《外国传》第四卷;卷六杂人名第三十,尸梨、俱那罗、佛陀多罗、拘罗祇、梵摩丘罗,引《外国传》第二卷;卷七龙名第三十四,芸叶阿婆罗罗,引《外国传》第二卷;卷八国土名第四十二，村婆村婆施、国多国，引《外国传》第二卷，迦罗奢木引第四卷；同卷城名第四十四，一慈园、尸那竭、婆屡亩、迦罗越、不沙伕，引《外国传》第一卷，醯罗、卑罗、提毗罗、沙竭罗、宾奇婆罗、婆吒那竭、阿伽留陀、卢颉多、遮留波利、阿瞿陀，引《外国传》第二卷，摩头罗、迦拏忧阇、提罗、阿罗毗、拘黎罗波利、苏韩阇、阿娄陀、瞿那竭，婆陀漫、不那婆檀、摩梨、耶快囊，引《外国传》第三卷，阿波利、波头摩、婆留城、比栌罗、槃耆城、俱罗波单、褒多梨、摩诃都吒、多摩那竭，引《外国传》第四卷；又同卷村名第四十七，婆陀漫、陀毗陀、诃梨伽蓝、毗醯伽览、罗阇毗诃，引《外国传》第二卷；卷九山名第五十一，那陀利引《外国传》第一卷，扶罗尸利，引《外国传》第三卷，尸梨漫陀、干吒尸罗、石婆尸罗、阿婆尸罗、阿鞞耆利、支多耆利、摩尼优利、呼漫山，引《外国传》第四卷；又同卷林名第六十一，徙多陀林引《外国传》第一卷，昙摩罗若，引《外国传》第三卷；卷十花名第六十五，摩罗毗诃，引《外国传》第一卷。细加考察，《翻梵语》卷六杂人名第三十中有佛陀多罗，与《高僧传·昙无竭传》所云南石留寺天竺禅师佛驮多罗之名合，则其所引之《外国传》必为昙无竭书无疑。《隋·志》及《三宝记》谓昙勇书五卷，《翻梵语》只引四卷，必有所遗也。昙无竭书唐宋以后不见各家征引，今竟与法盛《历国传》同籍日本僧一书而得传其一二，（法盛《历国传》见下）可谓幸矣。

《历国传》

《历国传》二卷，释法盛撰，《隋书·经籍志》著录，今佚。法盛不见《高僧传》诸书。释道宣《释迦方志·游历篇》第五于宋世高昌沙门道普之后别著法盛，谓为高昌人，则亦宋世一沙门也。其书诸家少见征引，《通典》间采一二，《西戎总序注》云："诸家纂西域事，皆多引诸僧游历传记，如法明《游天竺记》、支僧载《外国事》、法盛《历诸国传》、道安《西域志》、惟《佛国记》、案惟《佛国记》疑应作法维《佛国记》。昙勇《外国传》、智猛《外国传》、支昙谛《乌山铭》、翻法师《外国传》之类，皆盛论释氏诡异奇迹，参以他书，则纰缪，故多略焉。"《太平御览》引书目不及法盛此书，疑其佚在唐宋之间也。

信行《翻梵语》引有《历国传》。卷一杂法名第六，大般舟瑟坛，引《历国传》第二卷；卷二比丘名第十一，佛陀多罗、昙摩沙、佛陀椰支、昙摩练儿、呵利难陀罗汉，引《历国传》第一卷，昙摩末底道人引《历国传》第三卷；卷四婆罗门名第十九，逻阁桑弥陀罗门，引《历国传》第二卷；同卷刹利名第二十摩贤王子，引《历国传》第三卷；卷五外道名第二十四，睒摩道士郁卑罗迦叶，引《历国传》第二卷；卷六杂人名第三十，因那罗人、摩贤陀罗、豆迦、波罗河、尸婆摩提、迷伽跋摩、此奢，引《历国传》第三卷；卷七鬼名第三十三，呵利陀鬼子母、毗摩鬼、佛陀波罗夜叉鬼王，引《历国传》第一卷；同卷龙名第三十四，须那摩龙，引《历国传》第三卷；卷八国土名第四十三，伽沙国、波卢国，引《历国传》第一卷，富那跋擅国、乾若国、伽鼻国、婆施彊国，引《历国传》第三卷，波私国、阿那罗国，引《历国传》第四卷；同卷城名第四十四，波庐瑟城、那竭呵城，引《历国传》第一卷，婆楼那城、裴提舍城、多留罗城、烦耆城、拔吒那竭城、须变钵名城、摩头罗城、僧伽沙城、多摩致城，引《历国传》第三卷；同卷寺舍名第四十八，沙毗河等寺、波罗寺、离越寺、陀林寺、一迦延寺，引《历国传》第一卷，阿婆耆梨寺、摩呵比呵寺、祗那比呵罗，引《历国传》第四卷；

卷九山名第五十一，乾婆伽山、支多哥梨山、金毗罗山，引《历国传》第一卷；同卷河名第五十二，酯连然钵底小河，引《历国传》第三卷；同卷洲名第五十五，楞伽洲，引《历国传》第四卷；卷十果名第六十六，摩头菓、迦多离菓，引《历国传》第三卷。按汉唐间以《历国传》名书者仅法盛之作，法盛书《通典》作《历诸国传》，《隋·志》作《历国传》。信行《翻梵语》所引《历国传》当即法盛书。《翻梵语》引《历国传》四卷，与《释迦方志》"又高昌法盛者亦经往佛国，著传四卷"之语合。《隋·志》著录法盛书，只云二卷，抑为载笔之误耶？

又按《翻梵语》卷二比丘名引《历国传》亦有佛陀多罗之名；又卷八国土名引《历国传》有伽沙国，为法勇西行所曾经。则法盛者，其为与法勇同适西土之同志沙门二十五人之一耶？或即《高僧传》所云之昙朗，亦未可知矣。

《佛国记》

《佛国记》，卷亡，竺法维撰，《隋书·经籍志》未著录，今佚。《通典》卷一百九十三，《太平寰宇记》卷一百八十三，俱引竺法维《佛国记》，《水经注》卷一《河水篇》数引竺法维说，当即《佛国记》文也。法维不知何许人，《释迦方志·游履篇》第五有云："至如法维、法表之徒，标名无记者，其计难缉。"所云法维，疑即著《佛国记》之竺法维，盖亦一曾游西域之沙门也。杨守敬云："《释迦方志》有法维、法表之徒云云。又《高僧传》竺法雅河间人，《佛图澄传》法雅为澄弟子，又称中山竺法雅。'雅'、'维'形近，未知是一是二。"今按《高僧传·法雅传》，未言其曾游西域，疑为二人。又《水经注》卷一引竺法维《佛国记》记罗阅祇国文。熊会贞氏据晋译《十二游经》及《史记·大宛传》正义引《括地志》，以为罗阅祇国即王舍城(《水经注疏要删补遗》卷一)，盖 Rajgriha(Rajgir) 之音译。罗阅祇一名为晋时译音，疑竺法维亦晋时人也。

《扶南记》

《扶南记》，卷亡，竺枝撰，《隋书·经籍志》未著录，今佚。《水经注》引作竺枝，《御览》引作竺芝，未知孰是。竺枝不见诸家书，《水经注》卷三十六引竺枝《扶南记》云，"扶南去林邑四千里，水步道通。檀和之令军入夷浦"云云。檀和之见《宋书·夷蛮传·林邑传》，高平金乡人，檀凭之(《宋书》作檀冯)子。宋元嘉时为龙骧将军交州刺史。元嘉二十三年(公元四四六年)，以林邑王范阳迈违慠，因命和之伐之。《水经注》卷三十六引竺枝书所记，盖即和之伐林邑事。又《水经注》卷一引竺枝书，纪一道人尸六十年不朽，末云"竺枝目见之"。则竺枝乃刘宋时人，曾亲至扶南；其所著《扶南记》，盖目识亲览之作也。

(叙录只成前半，后半未就。一九五五年一月十日补记)

(见《北平图书馆馆刊》第四卷第六号
页二三一三六，一九三〇年十一月十二日出版。)

方玉润著述考

我小时候读《诗经》,用的读本是《毛诗郑笺》。《诗经》读完了,大部分仍是茫然。民国八九年间,在南京听王伯沆先生讲《诗经》,往往妙绪纷纶,豁然开朗。王先生讲说之余,常提到方玉润的《诗经原始》,称道不置;后来在王先生那里看到《原始》,才明白王先生的议论全是得力于方氏的书。我之知道方玉润,始于此时。民国十一年回湖南,在长沙市上得到方氏的《鸿濛室诗文集》一部。民国十四年买到《云南丛书》本的《诗经原始》。民国十七年在上海一家书铺里又见到方氏所著写好待刻的《书纬》底本,以价昂未购,后来不知流落何处。

前两年得到方氏的《鸿濛室墨刻》。今年四月在西安又看到方氏的《星烈日记汇要》刻本同日记的原稿三十余册。自己也不知道是甚么原故,同方玉润的著作会如此的有缘!

方氏著述甚多,有《鸿濛室丛书》三十六种,其见知于世是近十余年来的事。不过近人大都只称道他的《诗经原始》,而于他的生平同其他著述,很少提及。《星烈日记汇要》卷首有他自辑的年表两卷分年分月分日,记载行事甚为详尽。他的日记稿本里也有他的著述目录,并常常记有纲要。这都是研究方氏生平同著述的资料。方氏在"诗经学"同其他学问上的地位,可以让别的博雅之士去仔细评量,我只把他的著述就所知者略为叙述,这对于要知道方玉润的人，或者不无微补。

按方玉润，号友石，又号黝石，云南宝宁人。据方氏所撰《预拟坝东阡表》，他生于嘉庆十六年辛未。祖天锡，父凌瀚。凌瀚四子，长即玉润，次玉树，次玉铭，次玉筠；树、筠均早逝，玉润卒年不可考，其《预拟坝东阡表》撰于光绪六年四月，我所藏的《鸿濛室文钞》于此文后有添写的宋体字一行，开始于“亦越明年”。明年即光绪七年，是玉润最少当活到七十一岁，也许不只此数；惜无他证，只好阙疑。玉润娶雷氏，在滇中纳姬胡氏，后来服官陕西陇州，又于同治六年五月纳姬人史氏。有子思勤、思元、思濬、思桓、思极，大约俱史出；勤、元、濬、桓俱早夭。

玉润在咸丰五年乙卯以前，踪迹不出云南一步。那时洪秀全据有金陵，天下不可终日。玉润生在那个时候，耳濡目染，留心于经世致用之学。到咸丰五年，遂决意赴荆楚大营投效。于是由滇而黔，由黔而蜀，由蜀而楚。先后寄食于王国才锦堂、李孟群鹤人的幕府之中；此后展转于吴头楚尾之间；总凡三入湘军，历易主人，终以所遇不合，稍停即去。（咸丰十年，曾一度入曾国藩幕，不数月，又弃去）又自安徽经湖南到广东，打算回滇，阻于兵乱，仍复北反，经河南到北京。北京小住，大约是在同治元年的时候。此后以至三年春，俱随友人寄寓于房山、大城诸县。三年夏铨选陇州，遂入潼关，十月始到陇州。自此以后，以到光绪七年，都在陇州。那时正值大乱之后，玉润防地长宁驿已焚毁净尽，不能到任，不得已只好寄寓州城。这十几年在边陲占一有名无实的冷官，他的一片用世之心至此大概是消磨净尽了。因此他在《陇上柝声集》的《自序》里说：

佐陇今八年矣。不惟廨宇全非,即人民亦多散尽;虽有实心,何存实政,况又无政可存耶?……不得已开户佣经,藉消岁月,亦间与诸生讲道论文,不过聊避素餐之诮!……

但是他的功名心并未死绝,所以《六十初度偶成》的诗里有"小有文章留宇宙,都无福命到公卿"之句,把他的心事和盘托出。看来这位先生的穷途末路,可叹亦复可怜了!玉润的暮年不甚清楚,《预拟坝东阡表》有"今拟告归,不知天命何如,人事何如"之语,疑终成虚愿。大约不是终老陇上,便就客死长安,所以他的日记稿本、藏书(我在西安曾得到他所藏的聚珍本《岭表录异》,后钤友石寓目朱文章)都散落在那里。

《鸿濛室文钞》金石文中有《方氏板茂庄田碑记》,是玉润自记其在板茂地方庄田的情形,庄田地广十余里,招佃户三十家,此外还有阿科庄田。由此看来,玉润即或不能算是一位阔公子,也可当得席厚履丰四字。万方煦的《鸿濛室文钞序》上说玉润的著作:

博大纵横无不备。虽未能纯乎中道,顾自往往俱有特识;要为不向古人颐下乞气者。先生其霸于文矣!

王柏心的《序》也以俊杰之士相称。玉润为人大概是才气纵横,抱负不凡,而又不拘小节,所以往往狎伎。在诗集中常有投桃赠芍之辞。他的学问方面实在也很广。他的《星烈日记汇要》从日记中分类选入,其中经济一门,内有治道、选举、农桑、河渠、财用、屯田、牧令、荒政、兵策九项,游艺一门则天文、地理、医药、卜筮、禄命、风鉴、书法、绘事、铁笔、音乐、枪法、骑射,无所不能。王柏心也说他的文章"犹长于论兵及形势"。"下蜀江入楚、入皖、入江右、入豫州,干诸阃帅,皆一时巨公伟人;为条上攻讨机宜,临阵指示成败"。然而玉润毕竟是一个席厚履丰出身的文人,善于放言高论,纸上谈兵。他于咸丰十年四月初二日见了左宗棠共谈时务,左氏以为"近日楚将中多朴诚士。由诚实以生智虑者其人必可大用"。玉润在日记中记了这一次的会谈,并加以批评道:"其言亦有所见。然天下才有自诚而明,亦有自明而诚者,未可以一概论。要在用之者何如耳!"

这种好高骛远的聪明人的议论,自然不为主张稳扎稳打的曾国藩所赏识。方玉润之在曾国藩幕府中不得意而去,其原因应由于此。大概说来,方玉润之为人,同王闿运所传的严咸差不多,都是那一个时代的产物,二人的不同者寿数有修短,因而造诣有深浅耳!

闲话不提,如今且一述方玉润著述的大概。玉润在同治四年的日记末了曾有鸿漾室拟著丛书目录,其书名为:

○《太极元枢》

《易经通致评解》

○《易卦变图说补》

《书经通致评解》

《诗经通致评解》

《礼经通致评解》

《春秋通致评解》

《四书通致评解》

《易纬新编》 太元 潜虚 太极 泰律

《书纬鸿文》

〇《诗纬所正集》 古诗 唐诗

《礼纬会通》

《史纬直削》

《历代四科名贤传》

《四科言行录》

《乾象钩元杂记》

〇《坤舆图隘新编》

〇《皇极明史卦验》

〇《运筹神机智略》

〇《平贼廿四策》

〇《中兴论》

〇《上时帅书》

〇《运筹神机守略》

〇《运筹神机战略》

〇《技艺图》

《骚坛俎豆》

〇《评点杜诗》

〇《本朝十二家诗选》 梅村 阮亭 初白 荔裳 愚山 竹坨 简斋 心馀 沤北 船山 芷湾 默斋

《风雨怀人集》

〇《鸿濛室文钞》

〇《鸿濛室诗钞》

〇《星烈日记》

〇《心学日记》

〇《元学存真》

《地学存真》　峦头折衷　罗经疏补

《命学存真》

○《相学存真》

《数学存真》

《月影鬓光录》

《评点聊斋志异》

《评点红楼梦传奇》

他在目录之后有一段按语：

> 右共三十六种，与在湖南所订之目微有不同；学问随时增长，故志向与年变迁也。其圈头者皆已成书。忆自壬子冬至今岁周一纪，除《卦验》一书为前所著外，已获成书廿一种，为时亦不算虚度。但不知此后岁月，可能统观所成，为宇宙添一家言否？吾辈立德言功，均已让诸他人，惟此区区之言一端，差能权操自己。倘再蹉跎，甘心暴弃，则三不朽之谓何。恐与草木同腐而已矣！乙丑元夕。

我所看到的《星烈日记》稿本，湖南部分并未及此事，故其在湖南所拟的《鸿濛室丛书》目录如何，无从知悉。今就此目而言，如《诗经原始》即不见此目，《四科言行录》至丙寅年改名为《历代四科衍绪》，《书纬鸿文》到后来大约改名为《书纬》，《诗纬所正集》则后成《唐诗纬》；大约后来还有所订正，不过三十六种的详目却已不甚可考了。今以乙丑年目为据就刻本《星烈日记汇要》，日记稿本，《鸿濛室文集》诸书，略考各书内容梗概如次。

*　　　*　　　*

《太极元枢》(存否不可考)

《鸿濛室文钞》卷一《太极丛说》中收有《太极元枢总说》一篇。此书大约是玉润居大城时所写成的。《心烈日记》卷六,同治二年十一月初一日日记曾说到此书的内容:“自八月杪拟著《元枢》一书,今甫两月余亦已告成。拟分三卷:上卷言天道,中卷言儒理,下卷则天文地理旁及兵术元功。所谓率性者尚其理,修心者尚其气,制作者尚其象,卜筮者尚其占;原同而用异者也。书中一图一说,说有不尽则附以杂说。图仿易象,说法八家,杂说略似语录;汇三体而为一,则是书之创格耳。其曰《太极元枢》者,以天下万事万物,无不各有一太极在,故执太极可以为万化枢也。读古人书应天下事,必先有一主宰于心。然后可以顺应而曲当;主帝即太极也。此《元枢》一书所由作也。”

《易经通致评解》

《易卦变图说补正》(存否不可考)

《易经通致评解》大概没有成书,《易卦变图说补正》初名《易卦变图说补》。《文钞》卷二有《易卦变图说补正序》。据《序》此书大概就武林沈氏所刊《易卦变图说》而予以补正。《序》有云:“爰依原序列图,分系传辞于下,俾知卦序有定,勿容紊乱,如此。更分卦逐解补图于后。本错综以取大象,参卦变而穷意旨。更远取诸物,近探文象,触类以旁通。不泥一象,不拘典要,唯以求合卦象者为是。虽不知于古圣序卦之意有当否也,其亦庶乎可以告无罪于汉宋诸儒者矣!”

《书经通致评解》

后来成书与否,不可考。

《诗经通致评解》

后来成书与否,不可考。

《诗经原始》二十卷　同治辛未陇东分署刊本,《云南丛书》本(今存)

《诗经原始》卷首有同治辛未小阳月朔日玉润所作《自序》,此书开雕于陇州也始于是年。按《星烈日记汇要》卷三,同治八年己巳七月初五日的日记里曾述及计划著作《诗经原始》的梗概,以为:"诗无定解,臆测者多,故较他经尤为难释。愚拟广集众说,折衷一是,留为家塾课本,名之曰《原始》,盖欲探求古人作诗本旨而原其始意也。其例先始诗首二字为题,总括全诗大旨为立一《序》,题下如《古乐府》体式而不用伪序,使读者一览而得作诗之意。次录本诗亦仿《古乐府》一解二解之例,而不用兴也比也恶套,庶全诗联属一气而章法段法又自分疏明白也。诗后乃总论作诗大旨,大约论断于小序集传之间,其余诸家亦顺及之。末乃集释名物,标明音韵。本诗之上眉有评旁有批,诗之佳处亦点亦圈,以清眉目。然后全诗可无遁义,足以沁人心脾矣!"后来的《诗经原始》,其雏型早已完成于此时了。

同治辛未刊本《诗经原始》列于《鸿濛室丛书》三十六种之三,其第一第二两种为何书,今无可考。

《礼经通致评解》

《春秋通致评解》

《四书通致评解》

以上三种后来成书与否,不可考。《星烈日记汇要》卷三至卷五有论《礼经》、《春秋》以及《四书》的注甚多,玉润的宗旨,由此可以窥见大体。

《易纬新编》 太元 潜虚 太极 泰律

后来成书与否,不可考。所谓《泰律》大约即指玉润同乡葛见尧著的《泰律篇》而言。见尧生当明季,其书金正希、焦澹园、董见龙诸人俱有《序》;金正希的《序》见同治元年五月二十七日《心烈日记》中,极致推重之意。《星烈日记汇要》卷二十七音乐丁卯九月二十四日日记曾略述此书大概,以为:"古来言音乐者皆以律求音,先生独以音求律。黄钟、大吕等字,人皆以为律名,先生独援《周礼》,以为阴阳之声与五音相交洽,足以括天下之声。而开合平仄一一消嵊有伦,故能挈造化于形声,吞吐阴阳,招翕元气,上而与夔龙、师旷契合无间也。……"并录其《含少论》一篇。大约以阴阳变易说乐理,与《太玄》诸书性质近似,故玉润置之于《易纬新编》之中。

《书纬鸿文》

《书纬》(今存)

《书纬》是否即《书纬鸿文》后来的改名,今无可考。《书纬》已有成书,民国十七年,我在上海中国书店见到《书纬》写成待刻的清样,大约是四册,以价昂未购,如今不知归于谁氏。《鸿濛室文钞》收有《书纬·自叙》一篇,有云:"因即汉后诸史博稽而慎择之,纂为斯编。命名《书纬》,非敢谓上读圣经,亦将使后之王者尚论古先,善善从长,且有以见世道之隆替,惟人心可以特移,今虽不古若,而未始不可以古若也。则庶几乎帝可三而王可四,岂不盛哉!"

《诗纬所正集》 古诗 唐诗(存否不可考)

《诗纬所正集》大约只成《唐诗纬》一种,那是同治二年癸亥在大城时所写成的。全书计分为风、雅、颂三体七十二门,二十八卷，内中风体六卷，雅体二十卷，颂体二卷。《鸿濛室文钞》卷二有《唐诗纬·自序》。《心烈日记》卷一，癸亥六月初三日日记说："何以纬名，以别于经，亦将继诸经后也。"窥方氏的意思，以为分诗为风、雅、颂三体，最为赅括，三百篇而外，无代无此三体。他打算"先从唐人编起，然后溯而上之"，庶几古今诗的渊源，可以粲然大明。同月初二日日记说："余以风、雅、颂体分选唐诗。先成风诗六卷，中复别为二十一门：曰宫词、曰闲闺、曰春情、曰秋思、曰匹耦、曰豪游、曰绮怀、曰宫怨、曰弃捐、曰惜别、曰离恨、曰寄远、曰漂泊、曰感奋、曰叹老、曰悼亡、曰孤栖、曰节烈、曰田家、曰游仙、曰感讽。"（此下尚有一大段解释。从略）七月十六日《唐诗纬》编成，又曰："小雅三十八门：曰述怀、励志、闲适、量物、游瞩、宴集、赠答、呈献、旌扬、劝勖、寻访、游艺、技能、贶遗、器用、咏史、送别、涉远、羁旅、寄怀、登临、凭吊、放歌、迁谪、退休、灾变、乱离、军戎、边塞、灵迹、异景、感事、伤怀、叙述、谴诃、谒祭、哀輓、隐逸，共二十卷。自述怀至咏史，中间皆士大夫往来赠答游宴欢娱之辞，为正小雅；自送别至隐逸皆时事变迁人生愁苦之状，故为变小雅。又成大雅二卷，亦分十二门：曰朝会、庙陵、德瑞、勋烈、封拜、燕飨、赉赐、侍直、游幸、巡狩、扈跸、使命。巡狩前半以上朝政清明，天下承平为正大雅；巡狩下半以后正变参半六时世为之也。唐一代诗各体咸备，独无颂诗。仅以白居易《七德舞》一章附于大雅之末，聊备其体。行当广为搜罗，以成全书。"在六月十九日的日记里曾说明唐朝一代颂体所以少之故，以为："唐诗风体甚多颂体极少。盖其时竞尚风华，而国家又无大功德可述，故诗人略而不言。世所传者惟香山《七德舞》诸篇，亦非用于郊庙者。是风雅未已,而颂声成辍。噫!可以观世道矣!"至于何以分七十二门二十八卷,方氏在六月十八日的日记里有一段说明,以为风、雅、颂三体共七十二门,分编二十八卷。卷以象经星二十八宿,门以象月令七十二候,合之则一百成数。以人事上应天象,这是五行家的说头。

《礼纬会通》

《史纬直削》

以上二种成书与否,不可考。

《历代四科名贤传》

同治十年十一月十一日,玉润时在宿松,因阅《阙里文献考》,有慨于历代"从祀孔庙者大概多以讲道论学者为重",孔门原以德行、言语、政事、文学四科设教,而后来只重德行,遗弃其余三项,其悖圣门初意,所以他想力矫此弊,"本夫子四科之意,收古今名臣贤儒传分类而互辑之,纂为成书,名曰《历代四科名贤录》"。这一部书大约只有一个理想,始终没有编成。

《四科言行录》

《历代四科衍绪》(存否不可考)

《四科言行录》是否成书,不可考。按《鸿濛室文钞》卷二有《历代四科衍绪·自序》,以为:"爰即汉初以迄明季诸儒列传,摘其言行卓然可师,不离乎圣道者,分为四科,各录数则,并系鄙论其后,以为私淑孔孟之一助。是书也只崇实德,不尚虚声。故虽尝从祀庙堂,而无实行可纪者黜之,其不必定从祀庙堂而大德不逾者录之。非好异也,以为天下古今之公论固如是耳。"大约《四科言行录》一书后来定稿易名为《历代四科衍绪》,并且已有成稿了。

《乾象钩元杂记》

成书与否,不可考。

《坤舆图隘新编》(存否不可考)

此书成于同治四年乙丑,玉润在这一年三月初八日的《心烈日记》里曾记到此书的大概说:“余旧有《江淮筹备要编》一书,然仅为江淮言耳。后足迹渐广,所历关隘尤多,因并图之。自客腊中旬至今凡三阅月合之旧图,共获图六十,编为二卷。其未图而无紧要者尚二三十图,俟有所获再为续编。虽未能编览寰区,而为战守所必争者因已十得三四。名曰《坤舆图隘新编》,亦举其隘者而图之耳。”

《皇极明史卦验》(存否不可考)

《探元录》

《酌经录》

咸丰十年九月十一日的《星烈日记》里曾提及这三部书,以为:“余初在滇尝有志讲学而苦无同志,故著《探元录》、《酌经录》、《明史卦验》诸书。后此事遂废。《明史卦验》虽亦成书,而未能校订,《探元》、《酌经》则尚未成编。”《星烈日记汇要》卷三癸亥九月十六日日记曾摘录《酌经录》中关于《书经》语数则,可见此书一斑。其他二书不可考。

《运筹神机智略》(存否不可考)

《平贼廿四策》(今存)

《中兴论》(今存)

《上时帅书》(今存)

《运筹神机守略》(存否不可考)

《运筹神机战略》(存否不可考)

《技艺图》(存否不可考)

《智略》、《守略》、《战略》三书而外还有《艺略》,总名《运筹神机》,《艺略》大约后来括入《战略》之中,故乙丑目录不载。《运筹神机》一书当是玉润在云南时所著,同治十年入曾国藩幕,曾以呈览。曾国藩有一篇《序》甚为称赏,说:“《运筹神机》一书精力毕萃。《战略》、《守略》、《艺略》三编虽多辑古人之说,而自具经纬,别立条目,即一器一技亦必绘画分明。至《智略》一编,则窥天地之奥,识鬼神之情,冥心孤往,所得独多。”《运筹神机》一书至今存否不可知。《平贼廿四策》、《中兴论》、《上时帅书》三篇今俱存《鸿濛室文钞》中。《平贼廿四策》作于咸丰六年,时在李孟群幕府,那时清军围攻武汉正紧之时,咸丰八年玉润去安徽,在弋县小住,又加修改,由其门人李嘉乐诸人为之付刊。二十四策为:废幕府以重兵权、扼险要以争地利、破资格以守才能、慎召募以选精兵、习战阵以精纪律、炼技艺以充胆量、明赏罚以示无私、和将士以期共济、增水军以遏贼势、调滇弩以助兵威、定征期以收勇效、治贸易以绝奸细、广屯粮以济军饷、重五金以纾国用、办游勇以除残害、严关隘以禁横行、悬重赏以求行间、宽胁从以分贼势、修备御以守城池、筑村堡以防土寇、联保甲以清户口、练乡兵以保民命、选守令以重司牧、砭人心以复元气。玉润亲历行间,以见闻作根据而成此廿四策,这于研究太平天国一代的史事不无可以裨益之处。《中兴论》成于同治元年,寓居房山之时。玉润在此论引首云:“壬戌孟冬寓房署,时畿南贼势甚张,江淮诸军尚少捷音,征西大帅束手无策。兴言时事,曷胜浩叹。乃为是论。”此论所言为讨贼、求贤、理财三大端,于讨贼主统一指挥权，于求贤主仿孔门四科以立取士之方，理财主生发储聚量度撙节核实变也。《上时帅书》中上曾国藩者三，曰论学、曰论用人、曰论天下大局，与董子中一书。

《骚坛俎豆》

《评点杜诗》(存否不可考)

《本朝十二家诗选》梅村　阮亭　初白　荔裳　愚山　竹垞　简斋　心馀　瓯北　船山　芷湾　默斋　(存否不可考)

《风雨怀人集》

以上四种，除《评点杜诗》、《十二家诗选》玉润自云成书外，其余俱不可考。即所谓成书之二种也不甚可考，《星烈日记汇要》卷十一至卷二十二悉论韵语，玉润对于杜老同清代十二家的评论，于此可以窥见一斑。

《鸿濛室文钞》(今存)

《鸿濛室诗钞》(今存)

《文钞》为《鸿濛室丛书》的第二十八种，《诗钞》为《丛书》的第二十七种。《文钞》第一集收有《太极丛说》，《著述并言》，《当今名将传》(多隆阿、王鑫、李孟群、王国才)，《鸿濛室金石文》，《中兴论》，《上时帅书》；第二集即《平贼二十四策》。《诗钞》前集成丰辛酉春刊于长沙，后集同治甲戌夏刊于陇州，一共是二十卷。卷一至卷四为《俯仰集》，都是道光十年到咸丰三年的诗；卷五为《问天集》，是咸丰四年到五年的诗；都是未出云南以前所作。卷六为《侨襟集》，出云南以后作。卷七为《江汉从军集》，咸丰五年到七年在李孟群幕府时所作。卷八为《皖豫从军集》，自咸丰七年离开李孟群幕府辗转于安徽、河南之间所作。卷九为《渡江集》，咸丰八年合肥城陷以后，流转以至光州所作。卷十为《暂息集》,寓光州作。卷十一为《浮湘集》,咸丰九年到长沙以后再入湘军幕所作。卷十二为《桃花潭集》,咸丰十年离曾国藩幕府以后又入湘军复行辞去寓于宿州所作。卷十三为《湘帆再转集》,咸丰十一年从湘入粤拟回云南作所。卷十四为《望洋集》,咸丰十一年留粤时所作。卷十五、卷十六为《北辙集》,从粤入京作。卷十七为《房山集》,咸丰十一年至同治元年随杨卜臣寓房山作。卷十八为《平舒集》,同治二年至三年春随杨卜臣寓下城作。卷十九为《入关集》,同治三年入陕西作。卷二十为《陇上柝声集》,同治三年至十三年佐陇州时所作。光绪以后的诗,似乎都未收入。

《星烈日记》(残存一部分)

《心学日记》(残存一部分)

《星烈日记汇要》(今存)

光绪元年冬玉润在《星烈日记汇要》的《自序》上说:“乙卯五月出滇,迄今廿有一载,透日所记积二百余卷,不下七千余条。”这所谓二百余卷大约总括《星烈日记》与《心学日记》而言。我今年在西安所见的玉润日记原稿共三十五册,今归国立北平图书馆,恐还不到原来十分之一。在这三十五册中一大部分是属于所谓《星烈日记》,凡二十七册,又一小部分是属于所谓《心学日记》,凡八册。“星烈”、“心学”(亦作“心烈”,果何所取义,今不之知)二书不知原本若干卷,《星烈日记》今存卷十至卷十三凡四册(咸丰六年二月初一日至五月二十九日),卷二十至卷二十六凡四册(咸丰六年十二月初一日至七年五月三十日),卷六十一至一百凡十九册(咸丰十年闰三月初一日至同治二年五月三十日)。《心学日记》今存卷一至卷二十四凡八册(同治二年六月初一日至同治四年五月)。《星烈日记汇要》卷首有乙卯后从军江淮及游历南北年月日表,以此对勘北平图书馆藏日记原稿,其存佚各卷,可以一目了然。到光绪元年,玉润遂将两种日记“分门择要另汇成册,用备参稽”,是为《星烈日记汇要》,为《鸿濛室丛书》的第三十六种,凡四十二卷,而《汇要》之开雕于陇东分署则始于同治十二年夏天。玉润的日记范围正当咸丰五年至光绪元年太平天国由极盛而至于灭亡之际。他曾三入湘军,历游南北,有许多大战他都亲历其境(如清军之围攻武汉,宿松之战等),并且亲预攻守的谋划,日记中记载甚详,对于并时将帅据其见闻,常有批评之处。所以研究太平天国一代的史事,这部日记中当有不少异闻佚事可供我们参考。可惜日记原本缺失过多,其中如武汉之战、宿松之战的日记现今都只存一半,实是一大憾事。然而一鳞片羽,还是不无可采之处。如咸丰六年日记所说围攻武汉时战殁于汉阳的李奉贞的事迹,他书所纪即无如此之有声有色,本末备具。杨秀清劝围攻武汉诸清军将帅书的梗概也见于咸丰六年四月十一日的《星烈日记》之中。同月十三日日记又系有李孟群《鹤唳篇》中所载道光二十七年十二月桂平生员王大作等告发冯云山案一禀,以及冯云山呈诉府控府批同贾县令详文。这都是研究太平天国史事的好材料!

《元学存真》(存否不可考)

《地学存真》峦头折衷　罗经疏补

《命学存真》

《相学存真》(存否不可考)

《数学存真》

据乙丑拟目，《元学存真》、《相学存真》两种玉润已有成书，其稿存否，今不可知。《星烈日记汇要》卷二十三至卷二十五，汇录日记中论天文、地理、医药、卜筮、禄命、风鉴诸项，玉润在这一方面的言论，可见一斑。

《月影鬟光录》(存否不可考)

据乙丑拟目，玉润此书已有成稿，今存否不可知。所谓《月影鬟光录》果是何书，如今无从知悉，咸丰十一年二月廿七日的《星烈日记》卷七十二及同治四年正月廿六的《心烈日记》卷二十都提到此书，大约总是一种言情绮丽之作。

《评点聊斋志异》

《评点红楼梦传奇》(存否不可考)

《评点聊斋志异》，据乙丑拟目并未成书，《评点红楼梦》已成。玉润对于《聊斋志异》和《红楼梦》的见解，在咸丰十年十二月二十八日的《星烈日记》(丑七十)中曾发挥一二，可以参看。意思平平，无甚可喜之论。

《鸿濛室墨刻》(今存)

《鸿濛室墨刻》成于光绪五年，故不见乙丑拟目。《墨刻》之末有玉润的识语："以上杂临历代钟鼎彝器款识共十八页，既无伦次，复乏考据，只取章法长短参差配合便于书写屏册而已。识者谅诸！"玉润于郑板桥的字最为心折，取法乎下，我们真的只有原谅他！

以上所采玉润著作共得四十三种。乙丑以后一定另有增订，惜无可考只好分别著录为上。

我在上面已经说到方氏同曾国藩见解不合因此托故辞去。关于这一点玉润自己也知道，他在咸丰十年九月十四日的《星烈日记》里曾记有一段作学论而未成的话：

> 讲乐自朱子后道已大略，元明以来学者或出或入，皆不能出其范围。本朝考据家乃欲拔其帜而树以己帜，庸可得乎？姚姬传出，调停于义理、考据、词章三者之间，近代学者翕然从之，盖亦善于立教也。唯河洛一传，未有所归，故余欲引其端，以与天下学人推阐其教；而名誉既残，学术尤陋，谁能信之！当今道学唯涤帅是归，乃先拟此篇，冀求订正。然涤帅所学，务求实践，一切高深之论，在所弗尚。此篇虽出，恐亦在摈斥之列。而当今讲学，舍涤帅更无从质正，奈何奈何！

在玉润《上曾涤帅论学书》中曾讲到他的怀抱。他以为："河洛蕴蓄虽精，而其大要则不过理、气、象、数四者而已。"他颇有志于阐发此学，"纂泰古以来性道之书符乎河洛者萃为一编，分别理、气、象、数四端，以阐夫子不言之道，为聪明颖悟者启其机而导之窍，庶使其自明而诚，有所从入不致昧厥旨归也"。玉润分入道的方法为三，曰颖悟、曰讨论、曰实践。讨论实践，俱是自明而诚；颖悟则是自诚而明。换一句话说，所谓自明而诚即是注重经验，由经验以归纳出原理来；自诚而明则是注重形而上的探讨，由形而上的认识以来印证世间经验。玉润以颖悟为入道的最高着手方法，又以河图洛书为即夫子不言之道。他所说的河洛之学，全是一派阴阳五行家的话头。他也知道曾国藩的主张是"以义理为质，躬行是励。守程朱之绳墨，参马郑之宏通，折衷姬传，私淑望溪，又将以所学范围天下，胥归实践，而一切高深神奇之论，在所弗尚"，同自己的路数不对。但是那时候除去曾氏以外，别无出路，所以玉润仍然希望，"泰山不以其高而忘丘垤，大海不以其深而遗细流”。曾国藩的日记里曾记到玉润，而并未加评语，推想起来，大约对于玉润颇欲予以挫折，玉润狂简成性不能忍受，便绝裾而去了。

在陇州时，玉润曾仿宋朝胡瑗的办法，列举四科学程以告学生。他分四科为性道、经济、文学、游艺四斋。玉润颇不以颜习斋为然，而四科学程似与习斋约略相同。不过习斋注重实行，而玉润之四科仍以口耳之学为主，注重书本上的知识，尤其是《太极通书》、《西铭》、《正蒙》、《皇极经世》一类缥渺玄虚的书的研讨。这去习斋未免太远了！

民国二十二年十一月十四日作

（见《文学季刊》创刊号页三三〇—三四〇，
一九三四年一月出版。）

明清之际之宝卷文学与白莲教

明朝末叶，民间——尤其是今日的河北省一带——流行一种仿佛经式的经卷作品。这种作品大多数称为宝卷，也有叫作甚么经甚么忏以及科仪与夫论一类的名称。然而体裁大概相同，所以可以归纳到“宝卷文学”这一个名辞底下。

这种宝卷文学大都仿照佛经的形式：长一点的分若干卷，卷分若干品；一卷或者一品末了并附有用《驻云飞》、《清江引》、《黄莺儿》、《红绣鞋》、《耍孩儿》、《锁南枝》、《红罗怨》、《浪淘沙》、《傍妆台》、《绵搭絮》、《五更绵搭絮》、《粉蝶儿》、《上小楼》、《挂金锁》、《四朝元》、《柳摇金》、《雁儿落》、《步步娇》、《罗红怨》、《朝天子》、《满庭芳》、《青天歌》、《后庭花》（以上俱见《销释印空实际宝卷》）、《风入松》、《鹧鸪天》（以上见《弘阳苦功悟道经》）、《五更梧叶儿》、《五更黄莺儿》（以上见《销释真空宝卷》）、《白莲词》（见《破邪详辩》，详后）等曲牌所写成的小曲。所用的曲牌以《驻云飞》、《清江引》、《红绣鞋》、《黄莺儿》等为最习见。大都用一篇七言的赞同偈为全卷的开始，以下则语体的散文同韵语相间而出，韵语有时五言或七言，有时是三、三、四的句子，也有时是五言或七言之后，间以一段三、三、四的句子的。文章大都叙说教中老师求道的经过，或者借一段故事来劝惩世人，宣传教义。

这是明末以至清初初期宝卷文学大概的体裁；到了后来，体制不无增减,那又是后事,不在话下了。

佛教传入中国以后,到了魏晋南北朝,净土一宗渐渐兴盛。净土宗分弥陀、弥勒两派,弥勒一派在六朝后期的民间尤为流行,所以北魏、周、齐民间多造弥勒佛像,以为亡者同本身求福。隋唐之际,弥勒净土之势稍衰,然而仍有藉着弥勒佛出世的话来进行政治活动的,可见这时的弥勒信仰已逐渐带有一点人间的味道了。宋代是中国的思想大融合时代,不唯儒释道混糅而成宋代的理学,就是所谓“左道”也大盛于此时。宋、元、明、清对于左道的禁遏,都律有明文,其所禁的左道中就有弥勒佛、白莲社、明尊教、白云宗诸名目。明尊教是摩尼教的末流,白云宗是佛教的别一派,姑置不论。只有弥勒、白莲都是净土中弥勒、弥陀两派的旁门,以往生西方或兜率天为目的,最易引起民间希求侥幸的心思。元末韩林儿就是打的白莲教的旗子。其后韩林儿虽然为明太祖所扫平,而白莲教的种子仍然在民间潜生萌长。

明代左道之兴,大约以万历前后为极盛。据道光时黄育楩著《破邪详辩》引的《古佛天真考证龙华宝经》所纪,明末有:飘高倡的红阳教,净空僧的净空教,四维的无为教,吕菩萨的西大乘教,普静的黄天教,米菩萨的龙天教,孙祖师的南无教,南阳母的南阳教,悟明的悟明教,悲相的金山教,顿悟的顿悟教,金禅的金禅教,还源的还源教,石佛的大乘教,菩善的圆顿教,收源的收源教。此中的飘高,据说系山西洪洞县人,名高阳,明万历时倡洪阳教,谄事魏忠贤等,以为护法。无为教祖或以为普明,名李陛官。吕菩萨名吕牛,黄村人;西大乘教外还有东大乘教,教祖名王坤,石佛口人。顿悟教祖名僧种。还源教祖还源系永平府滦州东胜卫人,万历初年创教。其他人名不尽可考。

以上各教的教义以及经卷流传至今者不多，不如①究竟如何，据《破邪详辩》所说，其所宣传者大都不外“真空家乡无生父母”八字真言。《破邪详辩》又引到《普静如来钥匙通天宝卷》，内中有云：

燃灯佛子兽面人心，释迦佛子人面兽心，弥勒佛子佛面佛心。

由此可见这一派同弥勒净土的关系是怎样的了。此外如《销释真空宝卷》、《销释印空实际宝卷》所赞颂的都是弥陀，似乎是弥陀净土一派。而其中说到重整莲宗，自是白莲教一宗，又说到真空老祖，以及无生，其与弘阳一派的关系，更是显然。

这一种的左道之兴，自然同当时的环境有关系，或者换一句话说，就是那一个时代不良的政治情形同经济状况的产物。汉末的天师道是如此，元明间的白莲教也是如此；源出白莲教的飘高的弘阳教诸派自然不能例外。到了世乱年荒，壮者死于兵刃，老弱转徙沟壑，人命轻于鸿毛，富贵有如弹指，免不了生死无常之感，因而有希求乐土之想。所以在《弘阳叹世经》里有赞叹生死无常不牢之物，有赞叹荒旱年景，叹富贵，叹四生受苦诸品。正是此意。

在《弘阳叹世经》同《弘阳苦工悟道经》的卷首具有如下的一篇《赞》：

① 此处原书似误排，“如”应为“知”。——编者注

自从万历年中初立混元祖教，二十六岁上京城，也是佛法有应，先投奶子府内，转送石府宅中，定府护持大兴隆，天下春雷响动。御马监程公公，内经厂石公公，盔甲厂张公公。

据《破邪详辩》所记，飘高一派的经卷，卷首大约都有这样的一篇序文。天启元年封魏忠贤为定国公，此处定府护持，即指魏忠贤而言；御马监程公公即太监陈矩之讹；内经厂石公公即太监石亨；盔甲厂张公公即太监张忠。当时太监同左道中人勾结的情况，于此可见一斑；此所以天启五年徐鸿儒之乱，后来清朝嘉庆年间天理教林清之乱，也因内廷的太监勾引，以致变起肘腋。

《破邪详辩》中有一段说到宝卷一类经卷体裁的来源，解云：

尝观民间演戏，有昆腔班戏，多用《清江引》、《驻云飞》、《黄莺儿》、《白莲词》等种种曲名。今邪经亦用此等曲名，按拍合版，便于歌唱。全与昆腔班戏文相同。又观梆子腔戏，多用三字两句，四字一句，名为十字乱谈。今邪经亦三字两句，四字一句，重三复四，杂乱无章，全与梆子腔戏文相似。再查邪经白文，鄙陋不堪，恰似戏上发白之语，又似鼓儿词中之语。邪经中《哭五更曲》，卷卷皆有，粗俗更甚，又似民间打拾不闲、打莲花乐者所唱之语。至于邪经人物，凡古来实有其人，而为戏中所常唱者，即为经中所常有，戏中所罕见者，即为经中所不录；间有不见于戏中而见于经中者，必古来并无其人，而出于捏造者也。

《弘阳叹世经》卷下叹酒色财气品第十一，历举古来因此四字而亡国败家丧身的一些名人，这些人大都是稗史流传；叙述的文章又是别字连篇；使我们不能不相信《破邪详辩》作者的推测。在这初期的宝卷文学中如《土地宝卷》之类，固然也不乏构思奇幻描写入微的，然而这类作品总自有其宗教上的目的，并不能视为文学的作品！

我在这篇小文中，并没有想把白莲教同宝卷文学的关系仔细检讨一番的意思，我也没有这种能力。我所能说的只是介绍一部与初期宝卷文学有关而不大为近人所知的书——黄育楩著《破邪详辩》——以及这部书中所举的初期宝卷文学的一些名目。

黄育楩字壬谷，甘肃人，于道光时历任今河北省清河、钜鹿二县县令及沧州州牧。那时的河北省自经嘉庆年间林清之乱，白莲教的余裔犹然潜伏在民间。黄育楩居官清河，便刊严禁邪教告示，到了钜鹿，以其地"为邪教出没之薮"，于此更加严厉，"旋于民间抄出邪教经卷，并前任所贮库者共二十种，系刊板大字，印造成帙，经皮卷套，锦缎装饰。经之首尾，绘就佛像，一切款式，亦与真正佛经相似。查其年限，系在万历、崇祯等年。阅其文词则妖妄悖谬，烦冗错杂，总不离乎真空家乡，无生父母之语"（《破邪详辩·自序》）。于是始刻《破邪详辩》三卷，对于所谓"邪教"，逐卷予以辩驳；继又刊宗王化所著《邪教阴报录》。道光己亥（十九年），升任沧州，又"遍阅庙宇，细搜经卷。旋即查得城内有无生庙碑一座，庙已无存，碑犹如故，捷地有无生庙一座，旧州有无生庙一座。又查得城内外及四乡四庙，好藏邪经，共有三十一种之多"，"此地邪经有与钜鹿相同者，仅止五种，其余二十六种则为钜鹿所未有"（《续破邪详辩·自序》）。乃刻《续破邪详辩》一卷。"复从邻邑查出邪经二十余种，即刻《又续破邪详辩》一卷。"（《又续破邪详辩·自序》)在这几卷《破邪详辩》中,对于各种经卷的名目,每一种的大概内容,各述大略,然后逐条予以驳斥。所收的经卷都是宝卷文学一类的作品。欲知初期的宝卷文学梗概,此书可算是一个宝库。现在将此书所收各种经卷顺序列一目录如次,以供言近代俗文学者的参考。

(一)《古佛天真考证龙华宝经》

此经共分二十四品:混沌初分品、古佛乾坤品、家乡走圣品、弓长领法品、慧眼开通品、圣来投凡品、警中游宫品、真香普赴品、戊己安身品、南北展道品、东西取经品、三佛传灯品、五祖承行品、芦伯点杖品、祖续莲宗品、诸宗斗宝品、末劫众生品、走马传道品、龙华相逢品、排造法船品、地水火风品、天真收圆品、万法皈一品。

(二)《销释悟性还源宝卷》

此卷共分二十四品:接当人归家品、柱杖圣宝品、青龙拏珠品、正道显光品、从新留经品、对合同品、通行无为品、不动不摇品、度众生显性品、灵山证菩提品、盘古不坏经品、留三教经品、见当人留经等四品、古人怕死奔山二品、还源显性等六品。

(三)《开心结果宝卷》

分二十四品:无相菩萨开心品、真菩萨养性等五品、十步功菩萨显光等六品、三教菩萨等五品、出九宫菩萨开花等三品、度尽王位菩萨品、无毁无坏菩萨等三品。

(四)《下生叹世宝卷》

分二十四品:争名夺利品、坚固解脱品、明针解脱品、见性解脱品、扫心解脱品、脱壳解脱品、长远解脱品、归家解脱品、归空解脱品、拈花度众生品，此下十四品，品名不详。

（五）《明证地狱宝卷》

分二十四品：还源游地狱品、黑暗地狱品、无边地狱品、滦河女人品、酆都城好苦品、铁床地狱品、刨心割舌地狱品、刀山地狱品、寒冰地狱品、抽肠地狱品、火池地狱品、磨研地狱品、铁汁地狱品、黑风剁手地狱品、枉死城好苦品、剐脸地狱品、油锅地狱品、打烂地狱品、吊脊地狱品、地狱接家书品、出狱度众生等四品。

（六）《科意正宗宝卷》

分二十四品：了凡身脱苦品、气眼显光品、肉眼发亮品、月州城里会贤人品、慧眼遥观品、天眼开通品、净土脱心通等六品，以下十二品，品名不详。

（七）《归家报恩宝卷》

分二十四品：戳碎酆都城救父母品、一身菩萨不离一性品、真性腾空菩萨从修等三品、三身菩萨显光品、一心菩萨显羊车等三品，以下十五品，品名不详。

（八）《护国佑民伏魔宝卷》

今存二本，分二十四品：伏魔宝卷品、三人和合万法皈一品、三官保本玉帝封神品、关老爷转凡成圣品、关老爷圣心喜悦品、关老爷出苦救众生品、敕封伏魔品、伏魔功德品、参禅打生脱苦离沉品、调神出性品、见性明心品、伏魔显灵降圣品、伏魔爷化人为善品、万神拥伏魔品、伏魔宝卷结果品、伏魔宝卷功德大品、伏魔爷安邦定国品、伏魔大帝成登证觉品、（十九品不详）、劝众参禅品、伏魔洒乐品、伏魔爷保当今品、伏魔老爷护民品、收元结果品。

（九）《混元红阳显性结果经》

红阳教原名弘阳教，《破邪详辩》弘阳俱作红阳，是否避清高宗弘历讳而改，今不得知。

（一〇）《混元红阳大法祖明经》

（一一）《混元红阳血湖宝忏》

（一二）《混元无上大道元妙真经》

（一三）《苦功悟道卷》

（一四）《正信除疑无修证自在卷》

（一五）《巍巍不动太山深根结果卷》

（一六）《叹世无为卷》

（一七）《破邪显证钥匙卷》

（一八）《姚秦三藏西天取清解论》

（一九）《普静如来钥匙通天宝卷》

（二〇）《普明如来无为了义宝卷》

据云此系无为教祖普明一名李陞官所作。

（二一）《三义护国佑民伏魔功案宝卷》

此与第八之《护国佑民伏魔宝卷》俱叙关羽事，据云照《三国演义》铺叙；二者有无异同，不得而知。

（二二）《泰山东岳十王宝卷》

（二三）《地藏菩萨执掌幽冥宝卷》

（二四）《灵应泰山娘娘宝卷》

今存二本，二十四品：初展泰山宝卷品、敕封天仙圣母品、普天下三歇马堂品、圣母娘娘问送生品、善恶分明果报无差品、眼光娘娘神通广大品、国泰民安万民乐善品、因正果正菩提正品、圣母娘娘舍子孙品、转凡成圣不来往品、娘娘发心留经品、施财刊板功德无量品、娘娘增福延寿品、娘娘护国救民品、夫人告娘娘察看虚实品、圣娘娘化人听天由命品、天仙圣母游行三界品、有福修福高迁一步品、娘娘出巡回泰山品、圣母娘娘灵光发现品、舍财刊板求子品、善恶不差因果不昧品、施财造经功德无边品、收回结果宝卷完成品。其中说到无生老母,以为在泰山娘娘之上。

(二五)《护国威灵西王母宝卷》

据云西王母即无生老母化身,在儒、释、道三教之上。

(二六)《佛说离山老母宝卷》

内云:无生老母在灵山失散,改了号名,叫离山老母云云。

(二七)《千手千眼菩萨报恩宝卷》

此述报忠、报孝弟兄同母妻往香山还愿,路遇无生老母,用白牛驾车,令彼等坐车到天河仙水洞得见千手千眼佛事。

(二八)《销释白衣观音菩萨送婴儿下生宝卷》

述员外常进礼同妻随氏祷告菩萨求子,生下金哥、银姐,修庙还愿。以后夫妻子女以及家童同往菩陀山,得见白衣菩萨事。

(二九)《佛说弥陀宝卷》

(三〇)《救苦忠孝药王宝卷》

此卷今存,余未之见。内述药王治秦王及永乐之病事。

(三一)《佛说梁皇宝卷》

大约即脱胎于《梁皇忏》。

(三二)《销释孟姜忠烈贞节贤良宝卷》

述孟姜女事。内中有云:"若不是你留下寒来暑往,大地人难通晓春夏秋冬。"这是以前的孟姜女故事中所没有的!

（三三）《佛说如如老祖宝卷》

（三四）《佛说无为金丹拣要科仪宝卷》

（三五）《佛说明宗显性科仪》

（三六）《佛说通元收源宝卷》

（三七）《普度新声救苦宝卷》

说无生化观音，观音化吕祖，吕祖化疯婆，劝阻正统皇帝北征事。

（三八）《销释授记无相宝卷》

亦述无生老母事。

（三九）《销释大宏觉通宝卷》

（四〇）《销释印空实际宝卷》

今存，内分二十四品：（第一品不详）、觅道菩萨勇猛品、观音菩萨证明品、慧眼菩萨降魔品、悟外菩萨逍遥品、净朗菩萨无量品、真如菩萨妙用品、证道菩萨显真品、动用菩萨无边品、如意菩萨发现品、印证菩萨空寂品、自在菩萨妙达品、三昧菩萨真宗品、无碍菩萨显形品、（十五品品名不详）、无际菩萨明彻品、妙用菩萨真如品、证空菩萨玄妙品、巍德菩萨小恭品、（第二十品品名不详）、真觉菩萨证道品、传灯菩萨证眼品、印空菩萨还真品、圆觉菩萨达本品。

此卷每品后俱有曲牌一支或两支；所附曲牌名已见前。

（四一）《销释金刚科仪》

（四二）《佛说大方广圆觉修多罗了义宝卷》

（四三）《佛说三回九转下生漕溪宝卷》

（四四）《佛说黄氏女看经宝卷》

述黄五娘七岁诵经吃斋，后游地狱事。

(四五)《佛祖传灯心印宝卷》

(四六)《皇极金丹九莲正信皈真还乡宝卷》

(四七)《混元红阳临凡飘高经》

二本,二十四品:无天无地混沌空虚品、敬天做事品、与老祖想儿女品、老祖看沿天册品、老爷差二位祖临凡证教品、无极祖讨护教品、老祖宗临凡品、充天六祖临凡品、灵山如意佛1临凡品、四难四业临凡品、九混沌临凡品、无量古佛净肚修行作证品、老母催赶飘高品、飘高哀告老母说人情品、老祖劈碎全身品、无生哀告混元老爷品、混元老祖发怒品、骊山观音劝飘高临凡品、辞混元老祖品、飘高到灵山赞叹品、飘高在云城吃茶品、说一祖十号品、取三教圣人品、众僧作证品。

(四八)《混元红阳悟道明心经》

二本,十八品:无上深品、皇明圣谕品、请祖宗祝明香品、行功巡会品、昏沉打盹瞌睡捉魔王品、无生老母排鸾驾品、大道明心得惺品、排祖顺十杆品、现家乡圣景留紫金城品、先请老母祝香文品、报恩忏悔品、讨无字真经品、指金灯金炉作偈品、老母临凡顺十杆品、排祖到十杆品、谈天宫劈魔品、论地府品、讲一身大道譬如天地品。

(四九)《混元红阳叹世经》

此经全名《混元教弘阳中华宝经》,又名《弘阳叹世经》。今存二本,十八品:先叹自己品、叹世人呆痴不回头品、赞叹生死无常不牢之物品、赞叹荒旱年景品、叹富贵品、叹行凶放党暴横品、叹四生受苦品、赞叹诲谤善事一昧胡行品、赞叹光阴似箭品、搜坛巡会开斋破戒品、叹酒色财气品、二人度脱不信心品、赞叹师父品、老爷返拜品、赞叹四众人造业品、赞叹三位人等品、赞叹由命不由人品、说自心生品。

内中如叹酒色财气品全是取的小说上有名的人物。

(五〇)《混元红阳苦功悟道经》

二本,二十四品:苦功悟道品、恭敬三宝品、从我成人五七岁知道生死品、要想出家又见悍荒父母留当品、他乡在外母想亲人又想道友回家品、老翁赞叹品、拜投朱师傅领修行品、赞叹四字佛六字佛十字佛弥陀不是出身之路品、拜别父母出家访道品、良南楚地虚无云门行脚品、投拜王师傅点方寸品、却说我今回家度老母品、辞别老父回家度老母品、师徒二人过黄河品、师徒二人一路辛苦品、度老母收元人品、劝老母长儿上河南居住品、□圣中催赶徒弟品、看龙王庙赞叹品、一心想要归山寻安身品、过湖进白云洞打坐品、白云洞打坐看金牌品、仙斋化斋作嚼品、金山寺打坐悟道品。

(五一)《混元红阳明心宝忏》

分上、中、下三卷,言苦海众生死后打入地狱,请红阳道众,启建红阳道场,可以超渡。

(五二)《混元红阳拔罪地狱宝忏》

(五三)《混元红阳救苦升天宝忏》

(五四)《混元无上拔罪救苦真经》

(五五)《混元无上普化慈悲真经》

(五六)《红阳宝忏》

此为一名韩太湖之飘高所传。韩太湖广平府曲周县人,传教于清顺治十七年,与明万历时之飘高为又一人。

(五七)《销释阐通救苦宝卷》

(五八)《观音释宗日北斗南经》

（五九）《敕封刘守真君宝卷》

述药王降生刘守庄刘各昇家故事。

（六〇）《销释地狱宝卷》

述净空和尚入地狱事。

（六一）《东岳天齐仁圣大帝宝卷》

分上下两本。据云羊儿庄刘焰红造《天齐宝卷》未成，浮河铺刘斗璇为之续成。斗璇之父初造《西王母卷》，次造《骊山老母卷》，又造《观音送婴儿卷》云云。

（六二）《金阙化身元天上帝宝卷》

（六三）《福国镇宅灵应灶王宝卷》

（六四）《佛说皇极收元宝卷》

（六五）《苦功悟道卷略解》

据云《苦功悟道卷》、《叹世无为卷》、《破邪显证钥匙卷》、《正信除疑无修证自在宝卷》、《巍巍不动太山深根结果宝卷》，皆明正德戊寅罗祖所著。罗祖山东即墨人，在北京密云卫古北口祖辈当军，先居悟灵山，后移司马台，苦行十三年因集此五部宝卷云云。

（六六）《悟道心宗觉性宝卷》

（六七）《销释收圆行觉宝卷》

（六八）《销释真空扫心宝卷》

以上六十八种，俱见《破邪详辩》著录，此外还看见两种，为《破邪详辩》所未收，今为记其大略如下：

（六九）《销释真空宝卷》

《北平图书馆馆刊》第五卷三号登有此卷全文。这当然是《销释印空实际宝卷》一类的东西，也赞颂弥陀，宣扬真空，里边也说到重整莲宗的话。大概是万历中叶的作品。

(七〇)《先天元始土地宝卷》

二本,分□□□品:混元初化品、旷劫功行品、供养诸佛品、诸佛游乐品、元始赐宝品、南天门开品、神兵大战品、地金水泛品、树林火起品、地摇物动品、问佛因由品、普贤如意品、土地回心品、佛赞土地品、随方安住品、土地分理品、土地显化品、土地出巡品、察看幽冥品、善恶察对品、护善降魔品、行善增福品、孝感神护品、普济群生品。把土地的故事敷衍到近两万字的一长篇宝卷,其间不少希奇可喜之处。

以上一共是七十卷。见于《破邪详辩》者六十八种,此外二种,同以"真空家乡无生父母"为八字真言的白莲教一派的左道旁门全有关系。明清之际,这一类的宝卷文学,因为此种秘密教门的盛行,为数当然甚多。我所知道的只有上面的七十种,亲自见过的不过《护国佑民伏魔宝卷》、《灵应泰山娘娘宝卷》、《弘阳叹世经》、《弘阳苦功悟道经》、《先天元始土地宝卷》、《销释真空宝卷》、《销释印空实际宝卷》,一共七种,大约只得原数的百分之一。

就这一类的宝卷文学看来,弥勒、弥陀两派净土往往都有,而所谓真空无生的话语,几乎是各种经卷里的口头禅;十足表现白莲教一派的臭味。但是虽然打着弥勒、弥陀的旗帜,推究起来,所表现的宗教的意识形态其实甚为模糊,只是一些凭空杜撰以及敷张推演的故事,并无整齐的系统。这些作品自有其政治的目的,宣传的作用;偶然带着文学的意味,那只是一种副作用!换一副眼光说,这些初期的宝卷文学,倒是研究明清之际白莲教一类秘密教门的一宗好资料。

在本文末了,我得谢谢郑西谛、马隅卿两位先生。承他们的好意借给我五种宝卷，使我得写完这一篇“希里胡突”的文章！

五月二日于北京

（见《文学》二卷六号页一二一八——二二五，
一九三四年六月一日出版。）

记牛津所藏的中文书

——瀛涯琐志之一

一

牛津 Bodleian Library 之有中文书，据 F. Madan 和 H. H. E. Cruster 合编的 *Summary Catalogue of Western Mss. in the Bodleian Library* 所记，最早的是一六〇四年（明万历三十二年）有名 Henry Percy 者，赠石马书林陈瑞斋刊《翰林校正柏台分章》正文一册；一六〇六年 Matthew Chubbe 赠《脉诀》卷一残本一册，John Clapham 赠嘉靖苏州刊本《方广类集》的《丹溪心法附余》残本一部三册；一六〇七年入藏者，为《医学入门》外集残本二册，金陵周日校刊《黄帝内经素问》一部残存九册，马时注《证脉诀正义》残存一册；一六〇九年入藏者，为万历丙申叶会廷刊《海篇心镜》残存五册；一六一三至一六一五年入藏者，为闽南书林余明泉刊《四书程墨会元》五册。一六二九年至一六四一年 Archbishop Wm. Laud 为牛津校长（Vice Chancellor），曾于一六三五、一六三六、一六三九、一六四〇年，前后四次赠大批抄本（一二五一册）给 Bodleian Library，其中也有若干刊本及抄本的中文书在内。还有富春堂刊的《重修政和本草》残存二册，崇祯元年一经堂刊增补《素翁指掌杂著》全集一册，也是明季入藏，确实年代，不甚明了。十七世纪牛津所藏中文书，其可考者，约略如此。这都是就大学图书馆(Bodleian Library)而言，其他各学院图书馆(College Libraries)的情形，我不大明白，今置而不论。

现在Bodleian Library的中文书都藏在Schola Philosophaia Naturalis室中，约由两大Collection集合而成：一是Alexander Wylie(伟烈亚力)的藏书，一是Edmund Backhouse(巴氏)的藏书。总数约在五万册左右，其中属于巴氏者约三万册，属于伟氏及其他者约两万册。伟氏书入藏在一八八一年左右，巴氏书入藏在民国初年。五万册中，除去总理衙门石印本《图书集成》五千册，基督教书籍约两千册，其余四部书籍约占四万多册；此外还有字画一百多件，古董十余件。

牛津所藏中文书中，有《永乐大典》十二册，这是大家都知道的。此外明版书约二百余部，旧抄本若干部。清代刊本无甚好书。整个书藏的内容是：正经正史，大致齐全。子部集部极为贫乏，宋儒家除《朱子全书》外其余名家可以说是全无，集部中无汉魏六朝人集，无《李太白集》，宋、元、明、清重要作家俱无；丛书倒有三十多部，重要的约略俱备。法律方面只有一部《大清律例》。关于民国以及清季之书寥若晨星。佛教方面无《大藏经》；道家方面除《老》、《庄》、《列》诸子外并无其他；伊斯兰教书只有五薄本；基督教的书籍还不少。关于太平天国的书也有十五种，五十余册。

二

牛津中文书藏内容大概如上。但是其中亦不无一二善本可以值得纪载的。今为分成四节，叙述如次：本节所述限于普通版本书；第三节关于小说戏曲；第四节关于明代针位篇；第五节为基督教书籍，或非基督教书籍而与之有若干关系者。至于《永乐大典》，国内已有副本，兹不赘述。

本节将牛津所有版本较好的中文书略依四部列目如次，版本及藏印即注于书名之下，识语可记者附录于后。

【经　部】

《春秋经传集解》三十卷（明嘉靖刊本，半叶八行，行十七字）

有“宝沙堂陈氏收藏印”、“廉斋过眼”、“姜氏家藏图书记”、“许印自昌”、“衍生”、“重生”诸印。吴文定公批。

《周易全书》（无撰人，明刊本）

有“乾隆御览之宝”一印。

《周易传义大全》二十卷

《诗传大全》二十卷

有“慕斋鉴定”、“宛平王氏家藏”、“宝翰堂藏书印”诸印。

《四书集注大全》

以上三书俱永乐时官版。

《洪武正韵》（明刘以节刊本）

《古今韵会举要》（嘉靖戊戌刘储秀补刊本）

有“大司成章”、“琅邪王士祯贻上氏一字曰阮亭”、“国子监印”诸印。

【史　部】

《战国策》（张一鹍刊本）

有“光绪辛巳南海孔广陶检阅”题识。

《史记》（汪谅刊本）

《宋书》

《唐书》

二书俱明代递修元刊十七史本。

《旧唐书》（闻人诠刊本）

《辽史》（万历二十三年沈漼等校刊本，白棉纸，初印，宽大）

有“枕经阁”、“襄青家藏”二印。

《汉书》（德藩本）

《晋书》（南监本）

《梁书》、《周书》、《北齐书》、《新唐书》、《新五代史》、《金史》、《辽史》（清代修补明北监本）

《建文书法儗》五卷（明朱鹭辑，万历苏州刊本）

《人代纪要》卅卷（明顾应祥编，嘉靖三十七年黄扆刊本）

《本朝京省分郡人物考》百十五卷（明过庭训纂，天启元年刊本）

有“北海孙氏万卷楼图书”一印。

《资治通鉴》（元刊，明正德嘉靖递修本）

《文献通考》（明刊，半叶十行二十二字本）

又一部（嘉靖三年司礼监刊本）

《通志》（元福州路刊，万历十七年补修本）

有“曾在李鹿山处”一印。

《职方外纪》（天启刊本）

《石墨镌华》(万历刊本,白棉纸,初印)

有“汪士钟读书”一印。

《天下金石志》(明刊本)

有“迪庭图书”、“古歙浩溪黄氏鉴藏书画之印”二印。

《天下郡国利病书》(旧抄本)

有“百二兰亭斋藏书之印”一印。

《贞观政要》(成化内府本)

【子 部】

《纂图附注五子》残存四子(明刊本)

《二十家子书》(吉府刊本)

《三子口义》(万历甲戌蒲州刊本)

《朱子语类大全》(明成化本)

有“恭邸藏书”、“安乐堂藏书记”二印。

《孔子家语》(明嘉靖本)

此是屠敬山先生故物,卷末识云:光绪十二年秋七月,据日本信阳太宰纯增注本略校一过。武进屠寄识于武昌使院。

《黄氏日抄》残存十九卷(明正德刊,半叶十二行,行二十二字本)

《五伦书》(正统内府本)

有“中和甫”、“潞国敬一道人世传宝”二印。

《幽怪录》(旧抄本,出自明正德本)

有“谦牧堂藏书记”、“谦牧堂书画记”、“韩氏藏书”诸印。

《广列仙传》七卷(明张文介辑,万历刊本)

有“明善堂览书画印记”、“安乐堂藏书记”二印。

《符箓秘诀》(明内府抄本,“朱丝阑”)

《丹溪心法附余》二十五卷(明《方广类集》,嘉靖十五年刊本)

又二部，俱不全。

《医学入门外集》残存二卷（明汤建中刊本）

《医方考》残存二卷（明吴昆著，万历刊本）

《药性歌诀雷公炮制大全》残存六卷（万历丁亥岁周对峰刊行）

《新刻京版小儿良方全婴》（明金陵都前太医院版）

《药方》（明蓝格袖珍抄本）

飞页上有拉丁文题识，时在一六二二年。

《皇极经世全书》（万历辛巳刘尧诲刊本）

《兵钤》十六卷（清卢承恩、吕磻辑，开花纸，旧抄本）

有“曾存定府行有耻堂”一印。

《文公先生经世大训》十六卷（嘉靖三年河南按察司刊本）

《乐律全书》（万历刊本）

《丹铅总录》（嘉靖三十五年福州刊本）

《历代君鉴》（景泰四年内府本）

《辍耕录》（明玉兰草堂刊本）

有“燕庭”、“喜海”、“吉父”、“岳英珍藏”诸印。

《太平御览》（明刊，半叶十一行，行二十二字本）

《艺文类聚》（明刊，半叶十四行，行二十八字本）

有“季印振宜”、“沧苇”二印。

又一部

《初学记》（明安国刊本）

《事文类聚三集》（万历甲辰唐富春刊本）

《锦绣万花谷四集》（嘉靖丙申秦汴刊本）

有“宛平王氏家藏”、“慕斋鉴定”、“朱燮臣父藏书印”、“古歙州吴氏瀚涛藏书”、“坠之鬻之为不孝”、“吴积庆堂”、“剑华堂藏书印”、“朱焦孙”诸印。

《古今合璧事类备要》(嘉靖丙辰夏相刊本)

【集　部】

《集千家注杜工部诗》(嘉靖刊本)

《朱文公校昌黎先生集》

《增广注释音辨唐柳先生集》

二书俱明刊本,书贾冒宋版。

《司马温公文集》八十二卷(崇祯元年吴特亮刊本)

《范文正公集》十二卷(万历戊申毛一鹭刊本)

《薛文清公全集》五十三卷(弘治己酉张鼒刊本)

《弇州山人四部稿》(万历世经堂本)

《岱宗藏稿》五十卷(明济南杨梦衮撰,万历刊本)

《睡庵稿》三十六卷(明汤宾允撰,万历壬子刊本)

《四然斋藏稿》二十卷(明黄体仁撰,万历壬子刊本)

《榖山笔麈》十卷(明于慎行撰,万历癸丑于氏刊本)

《文选》(嘉靖癸丑汪谅刊本)

又一部十二卷(万历乙未吴近仁刊本)

有“广川”、“宋弼”、“河上草庐”诸印。

又一部(张凤翼纂注本)

《续文选》(万历三十年希贵堂刊本)

《文苑英华》(隆庆元年福州刊本)

有“长沙陶澍”、“资江陶氏云汀藏书”、“赐书楼陶氏之记”及陶澍象印。

《唐文粹》(晋藩本)

《宋文鉴》(天顺九年严州刊本)

有"养德书院之记""沂阴胡氏家藏"、"遂性草堂胡氏所藏"、"读书为善作人家"、"南清河胡氏遂性草堂鉴藏金石书画印"、"红榈书屋"诸印。

又一部(弘治胡韶刊本)

《文章辨体》(天顺八年刊本)

《崇古文诀》(嘉靖松陵吴氏刊本)

有"朱印柽之"、"玖呥"、"侯官杨俊"、"太史之章"、"帝里师模"、"金氏仁父"、"元龄私印"诸印。

《古文真宝》(万历十年司礼监刊本)

《选诗补注》(嘉靖刊,半叶十行,行十九字本)

《唐雅》(嘉靖辛丑刊本)

《八代诗乘》(万历丙申刊本)

太平天国所刊诸书,牛津计藏有《天父上帝言题皇诏》、《天父下凡诏书》、《天命诏旨书》、《天条书》、《太平诏书》、《太平条规》、《太平礼制》、《太平军日》、《幼学诗》、《三字经》、《太平救世歌》、《旧遗诏圣书创世传》、《资政新编》、《太平天国癸好三年新历》、《太平天国癸丑三年新历》,共十五种。此中仅洪仁玕所著《资政新编》一种较为重要,然剑桥大学图书馆亦有一部(关于太平史料,当以剑桥所藏为最好,王有三先生已有文述之)。关于太平三年历则牛津有癸丑与癸好两种,只封面不同,内容一样,显然初印时为癸丑,随即改为癸好,所以癸丑本甚为少见。又太平所刊《圣经》,照理应该不少,而只见《旧遗诏圣书创世传》一种(所据即马礼逊本),何以流传不广?亦所不解。

在这些书中间有几种东西曾引起我一时的感慨。其一是台湾郑氏所刊《大明中兴永历二十五年大统历》。牛津计藏有两部(大英博物馆亦有一部,而不及牛津者之清晰)。永历二十五年即清康熙十年。历本黄绸封面,标签作"大明中兴永历二十五年大统历",本书第一叶第一行标题作"大明永历二十五年岁次辛亥大统历"。以此与康熙十年《广城陈良骏详选便览通书》相较,两者微有不同,如:康熙《通书》正月大癸丑朔,而《大统历》作正月小甲寅朔,计迟一日,于是雨水在十一日,惊蛰在二十六日,俱较康熙历迟一日;康熙历春分在二月初十日,清明在二月二十五日,而《大统历》则在二月十二日和二月二十八日,计迟两日到三日。大约康熙历是照西法推算,而《大统历》犹循旧术,致两者差异如此。《大统历》封面印有识语五行,今录如次:

> 嗣藩　　颁制
> 皇历遥颁未至本藩权宜命官依
> 　大统历法考正刊行俾
> 中兴臣子咸知
> 正朔海内士民均沾厥福用是为识

识语上钤"招讨大将军印"朱印。台湾郑氏孤悬海外,奉明正朔,可是所印的历书我却从未见过,这一次算是看到了。(参看本文第一图)

其二是光绪二十一年八月间"台湾民主国"的股份票;牛津图书馆藏有元字八〇一号和八〇二号凡两张。当甲午之战,我国战败以后,将台湾割归日本。其时中国方面守台湾者为有名的黑旗军刘永福,抗不受命,于是建"台湾民主国",举唐景崧为大总统,与日人抗战。虽其后不幸失败,然而孤军奋斗情有可原,较之不战而丧地辱国者高出万万矣。那时候刘永福等人因为财政困难,于是想出发股份票的办法,这大约同现代发公债一样。票面最上一阑横行自右至左为“台湾民主国”五字,下一阑“股份票”三字,亦自右至左,右方骑缝为“元字列第八百零一(二)号勘合”十一字,票面正文十一行。(参看本文第二图)因移录正文如次,以资对照。

安全公司

给票执据事照得全台广大军饷需用孔多招集股份以舒饷源以七三兑每票以一元五元十元为限如有买票者将此收执为据若彰化台北均皆克复台湾全国太平之后即准其持票到局支回股本照数加三倍给还如买票一元连本即给还银四元买票十元连本即给还银四十元听其支回本局言本由衷示人以信不致有悮此照

现收来圳银五大员此据

该票给与买票之人本总局认票不认人尚有损坏图记一颗至不能认识者不许领回此布

光绪二十一年八月二十三日元字八百〇一号

以上两件事现在是已成过去,远的固然已经两百多年,近的也有四十多年。在当时,那些孤臣孽子,单悬海外,于鲸波落日之中,作九死一生之想;可惜的是鲁阳之戈虽挥,既倒之澜难挽。但是不有此辈,如何能为天地存一分正气,为国家争一分人格!在此曾几次翻阅这两样东西,每看一次,便增加一番感慨。

牛津中文书藏中还有字画一百余件,如王羲之、颜真卿、苏东坡的字,动辄十余大幅;其来源大约不外乎正月间北平厂甸的芦席棚。不过其中有两件,却有一种另外的意义。一幅是“和平审固图”，画的是清文宗端坐执弓之像，上端文宗御题五律一首：

弓矢承家法，勤修考训遗。（皇考习射诗有家法勤修志莫移之句）和平百体慎，审固一心知。时习所无逸，成图念在兹。文皇喻国政，端本契深思。咸丰癸丑嘉平下澣御题

下钤“存诚主敬”、“咸丰宸翰”二玺，又有“三希堂”、“昭阳赤奋若”、“律中大吕”、“敬天勤民”、“养心殿鉴藏宝”、“寿”诸印。还有一轴是云龙朱笺上书“虎”字，两侧另书“咸丰八年十二月，御赐，总管内务府大臣臣文丰”凡十九字。咸丰十年英法联军焚圆明园，文丰时为圆明园总管，于英法联军入园之际，投福海而死。这两件东西都非赝品，不知如何流落人间，辗转至此？每看到此物，便想起圆明园被焚，琼楼玉阙，荡为尘灰，不禁百感交集！

三

伟烈亚力在他的 *Notes on Chinese Literature* 书中，曾有专篇论中国小说，他的藏书中所收中国小说也颇有几十种，而无甚好书。可是在牛津图书馆的整个中文书藏中，关于小说戏曲之书，却不无一二善本，今记大略如次。

小说方面最好的要算二十卷本的《全像英雄三国志传》。此书名称扉页作《全像英雄三国志传》，书内每卷开始作《新锓全像大字通俗演义三国志传》（只卷十三作《新镌京本大字通俗演义原脱义字三国志传》）。上图下文，每半叶十五行，短行行二十五字，图两侧

长行行三十二字。扉页书名外，有“笈邮斋藏版”一行，书内或作“书林乔山堂梓行”，或作“书林乔山堂刘氏”（卷九），或作“书林刘龙田梓行”（卷十三）；卷二十末有“闽书林笈邮斋梓行”牌子。（参看本文第三图）卷首有李祥的《序》。今录如次：

序《三国志》传

语曰：前事之不忘，后事之师也。余观炎祚之季，三强鼎峙，英雄迭出，然吴魏僭窃，竟不能与蜀共居正统，固知神器有主，不可以智力奸也。至若毅然不拔，关将永为称首；而托孤寄命，矢志靡贰，孔明又何忠贞乎？试读《出师》二表，令千载而下慷慨激烈，宁非扶纲植常之一大枢哉！余故重订其传，以言弁其额云。

岁在屠维季冬朔日清澜居士李祥题于东壁

此所谓“岁在屠维”，不知究竟指的是那一年，就版本形式看来，大约是万历刊本。李氏说“余故重订其传”，似乎他曾加以改订，所以全书二十卷，节目等等与余象斗梓《新刻按鉴全像批评三国志传》虽然大概相同，而文句之间，不无小异。全书二十卷，六册，只卷四缺去第一至第十五叶，余俱完好，不知比之孙子书先生所见的盐谷温藏本为何如？

此外还有《新刻按鉴全像批评三国志传》一册，结衔作：

东原	贯中	罗道本	编次
书坊	仰止	余象乌	批评
书林	文台	余象斗	绣梓

每叶上评中图下文，半叶十六行，行二十七字。可惜只存卷十一至卷十二共两卷，首尾还有残缺。这是Laud所赠的一种，入藏已在明季（参看本文第四图，在万锦情林书影右方）。

《新刻芸窗汇爽万锦情林》一书，孙子书先生在日本见到一部，牛津亦存卷五至卷六共一册。书分上下栏，上栏半叶十四行，行十二字；下栏半叶十三行，行二十字。结衔作：

三台馆山人仰止余象斗纂

书林双峰堂文台余　氏梓

孙子书先生记载此书甚为详细，读者可以参证，故不详赘。这也是Laud所赠诸书之一。（参看本文第四图）

戏曲书甚少。伟烈亚力藏书中有《钱塘梦》一册，大约是李卓吾评《西厢记》的残本；首为西厢图二十帧，次为《钱塘梦》，次为《园林午梦》，次为《围棋闯局》，次为《西厢摘句骰谱》。此书董氏曾为翻刻，兹不赘。在伟烈氏藏书中尚有《新锲梨园摘锦乐府菁华》一书，凡十二卷。书分上下栏，各六卷，结衔作：

豫章刘君锡辑

书林王会云梓

卷末有一牌子，作：

万历庚子岁仲秋月

三槐堂王会云绣梓

这是一部传奇的选本，所选共三十四种，每种选一折至四折不等。所选的三十四种传奇，我不知道的很多，此间又无书可查，因不避烦琐，将目录钞下，尚望同好不弃，赐予指教。

上栏		下栏	
一卷		一卷	
三元捷报	四德记	五娘分别长亭	
兄弟叙别 忆子平胡	香囊记	伯喈中秋赏月 五娘剪发送亲	琵琶记
香山还带	还带记	伯喈上表辞官	
冯商还妾	四德记	伯喈书馆相逢	
潘葛思妻	鹦歌记	莺莺月下听琴	西厢记
二卷		二卷	
冷宫自叹	和戎记	班超别母求荣	
元和访妓	剔目记	姑恕金钱问卜	投笔记
公子思忆	五桂记	班超夷地赏月	
四老饮社	金貂记	陈琳妆盒匿主	
芦林相会	跃鲤记	刘后考鞫宫人	妆盒记
玉钗赠别	玉钗记	韩氏四喜四爱	红叶记
渭河分别	玉环记	西域父老饯别	投笔记
三卷		三卷	
安安送米	跃鲤记	蒙正破窑居止	
槐阴分别	识绢记	蒙正夫妻祭灶	
桑园戏节	金貂记	蒙正冒雪居窑	破窑记
鱼精戏真	牡丹记	刘氏破窑问捷	
仁桀思亲 申生赴约	望云记	王氏取女还家 端明迎亲诉亲	洛阳记

		妓女送别情郎	
四卷		四卷	
周氏对镜 周氏当钗	金印记	必正妙常对操 玉莲抱石投江	玉簪记 荆钗记
秋江哭别	玉簪记	十朋母子相会	
尼姑下山 僧尼调戏	目莲记	翠云禁中诉冤 昌国为友保孤	
五卷		五卷	
东坡赤壁	四节记	张氏卖环奉姑	箱环记
点化阳明	护国记	廉颇相如争功	
旷野奇逢	拜月亭	雪梅观画有感	
递柬传情	胭脂记	秦氏断机教子	
六卷		六卷	
继盛修本	鸣凤记	淑英冒雪逃回	断发记
邹孙表敕 百花诏品		禹锡郊外游赏 裴兴娘还青衫	青衫记
玉娘忆夫		国文中式及第	
亚仙争能		国文修书传情	
鲁肃求计		潘葛筵中思妻	
思忆美人		二元加官进禄	
		窦氏五喜临门	五桂记

有一种记陈伯卿（又作必卿）和黄五娘因抛荔枝和假装磨镜而成姻缘的故事，在福建——尤其是闽南——大约甚为流行。伟烈氏藏书中有《新刻荔镜奇逢集》小说（二卷，嘉庆甲戌尚友堂刊本），又有一种福建的民歌，名为《绣像荔枝记陈三歌》，所演者都是陈、黄二人恋爱的故事。而此中比较罕见的要算《荔镜记戏文》，这

也是伟烈氏的藏书。书名全题为《重刊五色潮泉插科增入诗词北曲勾栏荔镜记戏文全集》。每叶分三栏：上栏颜臣全部，半叶十四行，行五字；中栏插图，图两旁各系七言诗二句；下栏戏文半叶十一行，行十六字。全书一百五叶，收戏文五十五出，而无第一出，故实只五十四出。末叶上栏有书坊告白九行，今录如次：

重刊《荔镜记》戏文（计有一百五叶）。因前本《荔枝记》字多差讹，曲文减少，今将潮、泉二部增入颜臣勾栏诗词北曲，校正重刊，以便骚人墨客闲中一览。名曰《荔镜记》。买者须认本堂余氏新安云耳。……寅年。

可惜最后一行上有残缺，不能知道此书究竟刊于何时；就字体和插图形式看来，颇似明万历左右刊本。（参看本文第五图）书为一种传奇的体裁，时杂福建方言，所用曲牌也不是普通南北曲中所常用的，大约采用民间小曲调子不少。上栏颜臣全是曲子曲牌同戏文，所用大概相同，也杂有福建方言。所谓北曲勾栏，都是《西厢记》中的曲子，这大约是一种半民间性的文学，如今福建一带是否尚有流传，不得而知。戏文的描写和文辞都不见佳，今摘录开场的《西江月》和第三出作例，聊示一斑。

【西江月】（末上）世事短如春梦，人情薄似秋云；不须计较苦劳心，万事自然由命。公子伯卿，佳人黄氏，窈窕真良因。严亲许配呆郎，自登彩楼选同床，却遇陈三游马过，荔枝抛下绿衣郎。陈三会合无计，学为磨镜到中堂。益春递简，得交鸾凤，潜地私奔，被告发遣，逢伊兄运使把知州革除，夫妇再成双。襟怀慷慨陈公子,体态清奇黄五娘。荔枝为记成夫妇,一世风流万古扬。

【第三出】花园游赏【粉蝶儿】(旦)考韵莺声警醒枕边春梦,起来晏,日上西窗。(占)见窗外尾蝶双飞,相赶日头长春花发得通看。(占白)(哑娘万福)(旦)(几阵莺声微微轻,双双紫燕叫黄莺。困人天气未成热,力只寒衣脱几重。)(占)(三十六春日晴明,诸般鸟雀弄巧声。宅院深沉人什静,赖依绣床无心情。)(旦)(念阮是黄九郎诸娘仔名叫五娘,挑花、刺绣、琴、棋、书、画,诸般都晓。爹爹花无男嗣,单养阮一身。来哑益春,今旦正是新春节气,不免相共行到花园内赏花。)(占)(好花不去赏也可惜除。)【锦田道】入花园简相随。满园花开,蕊红白绿间翠双飞燕尾蝶,成双成对,对只景忝,人心憔碎。(占)娘身是牡丹花正开,生长在深闺。好时节空虚费,怨杀窗外啼子规。枝上莺声沸,一点春心,今来交代乞谁。【扑灯蛾】(旦)整日坐绣房,闲行出纱窗,牡丹花正开。尾蝶同飞来相弄,上下翩翻,阮春心着伊惹动。(占)折一枝,浼一枝,插入金瓶。(旦)畏引惹黄蜂尾蝶,寻香入绣房。【余文】牡丹花开玉栏干,管乜尾蝶共黄蜂,须待凤凰来穿花丛。

满园花开绿间红
花开花谢不胡化(?)
一年那有春天好
不去得桃总是空

全书一百五叶,残去数叶,故五十四出名目中第四十九出已不可知。这一部戏文在正统派的文学上是不登大雅之堂的作品,但就民间文学而言,未尝不可以备一格;用特介绍,以请教于福建的郑西谛先生。

伟烈氏的藏书中还有刊本福建民间歌谣若干种,并有一些与台湾有关的,如:《新刻莫往台湾歌》,《选刊花会新歌》(道光七年),《新刻神姐歌》,《绣像荔枝记陈三歌》(会文堂刊本),《新刊台湾十二月想思歌》,《新刻鸦片歌》,《潘必正陈妙常情诗》(又作《新刻潘必正陈妙常村歌》),《新刊东海鲤鱼歌》,《图像英台歌》(又作《新刻绣像英台念歌》,会文堂刊本),《新传台湾娘仔歌》(道光丙戌),《新刻台湾陈办歌》,《新刊台湾十八闯歌》附《节妇》,《新刊台湾风流女子歌》(又作《新刊台湾林益娘歌》),《新刊台湾查某五十闯歌》,《新刻拔皎歌》,《新传离某歌》,《新选笑谈俗语歌》(道光已酉),《新设十劝娘》附《落神歌》(丁未西园书屋),《绣像王抄娘歌》(道光六年),《新刊戏闯歌》,《绣像姜女歌》(又作《新编孟姜女歌》,会文斋刊本),一共二十一种。这都是道光初年的刊本,在今日要再觅一份,恐也不甚容易,因将名目录下,以供留心歌谣学者的参考。

四

牛津所藏关于中国同西洋以及海南诸国交通的史料并不多,其中如万历四十五年票及《达衷集》,许地山先生已为印行,兹可不赘。我于许先生所发表的两种之外,还找到一点,今略述于此。

明黄省曾在《西洋朝贡典录》的《序》上说:

余乃摭拾译人之言若《星槎》、《瀛涯》、《针位》诸编，一约之典要，文之法言，征之父老，稽之宝训。……

张燮在《东西洋考》的《凡例》上也说：

舶人旧有《航海针经》，皆俚俗未易辨说，余为特考而文之。其有故实可书者，为铺饰之，渠原载针路，每国各自为障子，不胜破碎，且参错不相联，余为镕成一片，沿途直叙。中有迂路入某港者，则书从此分途，轧入某国；其后又从正路提头直叙向前；其再值迂路亦如之；庶几尺幅具有全海，稍便披阅。……

黄省曾所说的《针位编》，以及张燮所说的《航海针经》，俱不见藏书家著录，仅从《东西洋考·凡例》中得知大概。大约是因为出自舶人之手，文章俚俗，又无刊本，只有舶人流传的钞本，遂不为一般所注意。三年前我在长沙的一个冷书摊上偶尔得到一部抄本，并无书题，内中所说的都是由福建到南洋以及台湾、日本海道的方向和更数。当时就疑心是所谓《针位编》一类的书，而后边残缺，大约只到安南一带为止，因也不敢十分断定。此次在牛津的 Laud Collection 以及 Backhouse Collection 中又看到两种钞本，和我旧藏的一种，大致相同，而较为完备，和《东西洋考·凡例》所说无一不合；拿来和《武备志》卷二百四十所收“自宝船厂开船从龙江关出水直抵外国诸番图”比较，所记针位更数，也大致吻合；其即为明代相传的《针位编》或《航海针经》，可以无疑。

Laud 的一本，书中副叶上题有赠书的年代：

Liber Guib：Laud Archirbi Cant. et Cancillor Universit. Oxon. 1639.

一六三九年是崇祯十二年。Laud 赠给牛津图书馆的抄本有一部分原是欧洲一耶稣会大学的藏书，据我的推想，这一部大约由在中国的耶稣会士携到欧洲，归于耶稣会大学，后来辗转为 Laud 所得。抄本上未注明年代，最迟也当为启、祯间的旧抄。

原本无书名，封面上题“顺风相送”四大字，似乎只是一种吉利话头，和普通商家账簿上题“日进万金”的情形一样，并不能算为书名。本书开始有《小引》一篇，今钞《小引》的第一段如下，以见一斑：

> 昔者周公设造指南之法，通自古今，流行久远。中有山形水势，抄描图写终误，或更数增减无有之，或筹头差别无有之。其古本年深破坏，有无难以比对。后人若抄写从真本，惟恐误事。予因暇日，将更筹比对稽考，通行较日于□天朝南京、直隶至太仓并夷邦巫里洋等处，更数针路山形水势澳屿浅深，攒写于后，以此传好游者云尔。

由此可见原来还有古本。《小引》的末一段又说：

> 永乐元年奉差前往西洋等国开诏，累次较正针路，牵星图样，海屿水势山形图画，一本山为微簿。务要取选能谙针深浅更筹．能观牵星山屿探打水色浅深之人在船。深要宜用心反覆，仔细推详，莫作泛常，必不误也。

永乐元年往西洋等国开诏的是郑和，大约后来舶人推崇郑氏，所以关于针路更数之书，也要假藉他的大名。我藏的那一部，开首《小引》也提到郑和和杨敕（敏）诸人，但是罗经下针请神文中明明提到大清国康熙年字样，其为假藉名义，可想而知。

此书大致可分成两部分：第一部分除《小引》和地罗经下针祝文以外，便是叙述行船更数、取水、下针、观风势、定潮水消长、观星辰、定日月出入等等关于海上气象方面观察的方法，继之为各处州府山形、水势深浅、泥沙地、礁石的一般记载，后面并附符篆之类；第二部分便是各处往回的针路。以福建及广东为出发点，东至台湾、琉球、日本，南至勃泥、爪哇、文莱，西边一直到忽鲁谟斯、阿丹和祖法儿，于沿途经过的地名，罗针方向，相去更数，以及水势深浅，礁石有无，无不详记。此种记载的可靠性到甚么程度，固然还待考证。但是在十四五世纪间，中国的艨艟巨舰，纵横于今日的南海和印度洋上，往还万里，布帆无恙，其间并非是全凭命运。这班海上健儿实在是有他们精密的组织（参看《纪录汇编》中《前闻记》所记郑和事），并且有详细的纪录作他们的指导和参考。所以这一部明代的《针位编》，在实用上固然已成过去，但是最少在研究十四五世纪中国航海史的人看来，却总是一件可以注意的资料。

Backhouse 藏书中类似《针位编》的一种也是钞本，附于卢承恩和吕磻辑的《兵钤》后面。吕磻，沈阳人；卢承恩，广甯人，父名卢崇俊。卢承恩的《自序》，说他的父亲“指划运筹，威制贺兰；勘定南粤，督师九省”，又说“自余高曾暨祖及父，家世元戎，勒功麟阁”。卢氏原为将门之后，学于山阴何良栋，乃与同学吕磻，就其父所著《卢子兵略》，辑为是篇，分内外书各八卷：内书杂采《孙子》、《鬼谷子》、《素书》、《卫公问答》而成；外书分为军政、军例、阵图、军器、火攻、水攻、军药、军占,凡八篇。牛津藏此书开花纸旧抄,全书七册,有"曾存定府行有耻堂"图书。《针位篇》在第七册,不入目录,前面也有《小引》一篇,题曰"指南正法",是书名还是《小引》的名称,无从考定。这又是一种清代改定的本子。《小引》第一段说:

> 昔者圣人周公设造指南之法,通行海道,自古及今,流传久远。中有山形水势,描抄终悮,或更数增减,筹头差错,别查本年朽损,难以比对,指定手法。乃漳郡波吴氏寓澳,择日闲暇,稽考校正。……

以下与前一本差不多,只没有永乐元年云云的末一段。而定罗经中针祝文中有"伏念大清国某省某府……某船主某人兴贩某港……"字样,是此本乃是清初一吴姓者改定之本也。(《兵钤》首有何良栋《序》,作于康熙乙卯)此外与前本大同小异,唯所记各地往回针路不及前本之多,马来群岛以西的地方,俱不见于本书。这或者是由于清初中国商船在南海航行的范围,不及前明之广,因而削去许多不必要的记载,亦未可知。

五

关于基督教的中文书籍,牛津所藏虽近两千册,而多属耶稣教的宣传册子(Christian Pamphlets),无甚可取,今择其比较罕见者,虽非基督教书籍而其人或书与教士有关者,以及其他可资谈助者;并记梗概如次。

第一先说天主教的书籍。此中比较罕见的要数朱宗元著的《答客问》和《拯世略说》二书。朱氏鄞县人,顺治三年贡生,五年举人,《康熙鄞县志》称其博学善文。曾助阳玛诺译《轻世金书》,又和张能信帮孟儒望撰《天学辨敬录》。《答客问》和《拯世略说》俱见《康熙鄞县志》,牛津所藏犹是初印原本(《答客问》有康熙间重刊本及一八九三年香港排印本,而旧本言天处大都易为天主,盖其时议"礼"纷纷,朱氏书用亦不免为教中人所追改)。《拯世略说》全书六十八叶,每半叶九行,行二十二字,据论天地原始一段(原书叶十六),知此书之著在顺治甲申。书分二十八节,其目为:学以明确生死为要、宇宙之内真教惟一、物必返其所本、儒者独见大原、二氏不知尊天、天释不可相浑、为善不可以无所为、天主性情美好、天地原始、天主必须降生、罪人之功无功、义人之罪非罪、闻教与不闻教者功罪有辨、祸福皆系上主、死后必有赏罚、赏罚迥别人世、爱仇复仇说、禁妾守贞之训、祀先当循正道、世俗鬼神皆非、气质所以不齐、圣事寓奥于迹、神功万不可已、空中自能变化、魔鬼能为变幻、轻弃世福为先、受苦为大吉祥、天地之终有期。乃是一部用天主教的逻辑来建设基督教哲学的书。《答客问》之作较《拯世略说》为早,原书四十三和四十八叶都提到西士至中国仅五十年的话,利玛窦至中国为万历九年,由此下推五十年当是崇祯四五年左右;《答客问》之作当在此时,据卷首张能信《序》,其时朱宗元才二十三岁。到崇祯末年壬癸之交重加改订,成为今本。此书与《拯世略说》的体裁稍有不同,设为主客问答之辞,于天主教义,世俗迷信,俱详为剖析说明。若以此书与《辟邪集》比读,对于明季天主教与非天主教人双方的思想及其论据,必可得一有趣的对比。其中有一段辨华夷之别,今为摘录如次。

客曰:“儒者之学,莫大于《春秋》,《春秋》莫谨于华夷之辨;身教纵有种种妙义,其如来自殊域何?”曰:“孔子作《春秋》,夷狄而中国,则中国之;故楚子使椒来聘,进而书爵。中国而夷狄,则夷狄之;故郑伯伐许,特以号举。是其贵重之者,以孝弟忠信仁义礼让也,不以地之迩也。其贱弃之者,以贪淫残暴,强悍鄙野也,不以地之遐也。若必以方域为据,则是季札不足贤,范蠡不足智,令尹子文其忠不足称,繇余其能不足道也。况大西诸国原不同于诸蛮貊之固陋,而更有中邦亦不如者。道不拾遗,夜不闭户,尊贤贵德,上下相安;我中土之风俗不如也。大小七十余邦,互相婚姻,千六百年不易一姓;我中土之治安不如也。天载之义,格物之书,象数之用,律历之解,莫不穷源探委,与此方人士徒殚心于文章诗赋者,相去不啻倍蓰。则我中土之学问不如也。宫室皆美石所制。高者百丈,饰以金宝,缘以玻璃;衣裳楚楚,饮食衎衎。我中土之繁华不如也。自鸣之钟,照远之镜,举重之器,不鼓之乐,莫不精工绝伦。我中土之技巧不如也。荷戈之士皆万人敌,临阵勇敢,誓死不顾;巨炮所击,能使坚城立碎,固垒随移。我中土之武备不如也。土地肥沃,百物繁衍,又遍贾万国,五金山积。我中土之富饶不如也。以如是之人心风俗,而鄙之为夷,吾惟恐其不夷也已!”

就在三百年后的今日,求之于一班主张全盘西化论的人们当中,还没有几个敢发这样大胆的议论的!

明版的天主教书籍还有艾儒略的《天主降生出像经解》(崇祯丁丑晋江景教堂刊本)和孟儒望的《天学辨敬录》(崇祯壬午刊

本)。此外如金尼阁的《况义》,汤若望述王徵译的《崇一堂日记随笔》,张星曜的《天儒同异考》,皆是以前我所想看而没有看到的书。牛津有同治时的抄本,以非原刊旧抄,故不备述。

耶稣教(Protestant)的书最多,约在一千六七百册以上,新、旧《约》译本之外,全为宣传册子。新、旧《约》译本之中并有不少是用罗马字拼各地方言的。可惜的是并不完备,大约要说到这方面,将来非到伦敦的 Bible Society 去作一番研究不可,牛津所藏是不够的。如今只能选几桩比较有趣的略记一二。在一八五九至一八六〇年艾约瑟(Rev. Fdkins Joseph)所辑的《中西通书》上有一篇《译印约书备考》(叶二九),其文云:

> 时英马礼逊(R. Morrison)、米燐(W. Milne)、维琳已至中国(按指道光二年),精心翻译,三年译竟,印于麻剌甲,为袖珍本,十二年再印大版。后麦都思(Rev. W. Medhurst)在噶啰吧成《新约》。十九年重印袖珍本于新嘉坡,继又印大版。二十年麦都思偕郭士腊(Rev. Gutzlaff)译《新约》,郭又独译《旧约》。香港教会印新、旧《约》十余次。二十七年教中选士数人,群集上海麦都思舍译《新约》,阅数载而成,咸丰二年印,继译《旧约》,五年付印。(这大约就是 Delegation Version)其高德(Rev. Goddard)、裨治文(Rev. Bridgman)所译新、旧《约》皆未全。他若粤东、香港、上海、宁波所译《圣经》,有全有否,有英字有华字,有文理有方言,其细莫得而核焉。统计各处方言文字已经译印者,不下百余次。其译而未印,或印仅一二卷者,尚不下数十种。……

耶稣教人翻译《圣经》的初期历史，由此文可以知道一个大概。

同治八年，美国医生柯为梁（Dr. Oesgood）到福州，同治十年著《医馆略述》；十二年到十三年又作《医馆略述二书》和《三书》。在同治十年的《医馆略述》卷首，有《西医莅中国设院送诊叙由》一文，略云：

> 嘉庆九年，英国公司沈医官始来中国，往广州经理医事；寓澳门传种牛痘；留寓二十七年，道光十二年始去。嘉庆二十四年公司医官同纂译汉文马礼逊亦在澳门盖修医院。道光七年公司医官高呢士亦来澳门施医。道光十五年美国巴家来广州，专治眼科，留院十八年。十八年又有医官牧司总商等在广州立总院。十九年合信（Dr. Hobson）及雒二人来中国。合氏历游香港、澳门、广州、上海等处，著书甚多。雒在舟山设院，又往上海设仁济医馆，经办十二年；后有韩雅各暨赞先生继之。前数年厦门、福州、宁波、广东之惠州有医院，迩来北京、潮州、广州、台湾亦各设院。咸丰五年美国家医生（嘉约翰？John Kerr）原为广州总院首，又另在广州府分设两院，又于佛山、石龙地方送诊。向有中国王医生学习西医，过海至英京，入医馆，依例考试，已获简拔，现帮理家医生事务。前福州于道光十七年有美国怀得先生，讲书兼理医事。后又有英国温敦先生（Rev. Weddon）暨美国怀礼继之。同治三年，英国司徒医生于南台梅坞山设立医馆，嗣鲍、葛两医生帮理医事；先在天安铺，后移东姚设济世医馆。余自同治八年冬间航海抵闽。次年二月念一日先在福州城内太平街福音堂设立施济医馆。……柯为梁志。

按西洋医学，在明季即已传入中国，邓玉函译《人身说概》，罗雅各译《人身图说》，康熙时白进、张诚等用清文译解剖学。马国贤等并以西药进呈御用。想当时的天主教士也必有“讲书兼理医事”的，至于是否也正式设立医馆，却不得而知。柯为梁这篇叙文，最少对于初期耶稣教人在中国设馆行医的情形，可以供给一个大概的观念。

既然设馆行医，西医之逐渐流行，可想而知，而其中影响最大的要算西洋种牛痘法之传入。牛津藏书中有一八五八年香港排印本英国哆啉文辑的《新订种痘奇方详悉》一书，此书原刊于一八〇四年，这是后来翻印本。书末有云：

> 英吉利国公班衙命来广统摄大班贸易事务哆啉文敬辑，英吉利国公班衙命来广医文收臣敬订，英吉利国世袭男爵乾隆五十八年随国使臣入京朝觐现理公班衙事务斯当东翻译，与外洋会隆行商人郑崇谦敬书。一千八百零四年新刊书。

书中说的是种牛痘的方法。一八〇四年距 E. Jenner 发明种牛痘新法不过六年。新法种痘传入中国，大约要以此书为最早了。记得以前《语丝》和《现代评论》上有人考过西洋种牛痘法传入中国的事，是否提及此书，一时却想不起，因姑记于此，以备遗忘。

此外还有一部虽与基督教无关，而实是受了当时耶稣会士的影响，并与西洋画传入中国的历史有一点关系的书，那便是年希尧著的《视学》。年希尧是年遐龄的儿子，官至工部右侍郎，雍正间大约因为年羹尧的关系夺去官职。他是清代一位西法算学家，《畴人传》著录他的算学书甚多，而不及《视学》，《书目答问》中著录此书而入之于算学类中。其实《视学》乃是一部专言投影画的书,牛津所藏为 Douce Collection 中的一部。

我以前研究明清之际西洋美术传入中国的情形,看见清初耶稣会士如郎士宁、艾启蒙、巴德尼、潘廷璋诸人俱供奉画院;金廷彪等且常与郎氏合作;宫廷中固然大造其西洋楼,民间如苏州桃花坞张星聚也大刻其翻版的或仿西洋风的版画;西洋美术之在当时的中国可算是蓬蓬勃勃的了。但是一说到画学,如邹一桂等虽然提到西法,总是表示鄙视的意思。那时觉得奇怪的是何以言西洋画学的书当日竟没有一部呢?在此看到《视学》,才多少明白当时未尝没有人鼓吹西洋画学,只是一开始就用数学来解释,未免使人见而却步,其所以不流行,其所以为当时的中派画家所反对,大半都由于此。《视学》一书,全部都是投影画,间附解释,版刻精工之至,单就版画而论,也值得珍视。此书既见于《书目答问》,想必国内藏书家总有收藏者,而各家书目似少著录,不知何故。书刊于雍正乙卯,卷首有年氏《自序》两篇,批评到中国画的画理方面,是讲明清之际西洋美术传入中国的历史中值得注意的文字。因不避累赘,转录如次,以供留心此事者的参考。

《视学·弁言》第一篇

余曩岁即留心视学,率尝任智殚思,究未得其端绪。迨后获与泰西郎学士数相晤对,即能以西法作中土绘事。始以定点引线之法贻余,能尽物类之变态;一得定位,则蝉联而生,虽毫忽分秒,不能互置。然后物之尖斜平直,规圆矩方,行笔不离乎纸,而其四周全体,一若空悬中央,面面可见。至于天光遥临,日色旁射,以及灯烛之辉映,远近大小,随形呈影,曲折隐显，莫不如意，盖一本乎物之自然，而以目力受之，犁然有当于人心，余然后知视之为学如是也。今一室之中，而位置一物不得其所，则触目之顷，即有不适之意生焉。矧笔墨之事，可以舍是哉！然古人之论绘事者有矣。曰仰画飞檐，又曰深见溪谷中事，则其目力已上下无定所矣。乌足以语学耶？而其言之近似者则曰透空一望，百斜都见；终未若此册之切要著明也。余故悉次为图，公诸同好。勤敏之士得其理而通之，大而山川之高广，细而虫鸟花鱼之动植飞潜，无一不可穷神尽秘而得其真者。毋徒漫语人曰，真而不妙。夫不真，又安所得妙哉！

己酉二月之朔偶斋年希尧书。

第二篇

视学之造诣无尽也，予曷敢遽言得其精蕴哉。虽然，予究心于此者三十年矣。尝谓中土工绘事者或千岩万壑，或深林密菁，意匠经营，得心应手，固可纵横自如，淋漓尽致，而相赏于尺度风裁之外。至于楼阁器物之类，欲其出入规矩，毫发无差，非取则于泰西之法，万不能穷其理而造其极。先是余粗理其端绪，刊图问世。特豹之一斑，而鼎之一脔，虽已公诸同好，终不免于肤浅。近得数与郎先生讳石宁者往复再四，研究其源流。凡仰阳合覆，歪斜倒置，下观高视等线法，莫不由一点而生。迨细研一点之理，又非泰西所有，而中土所无者。凡目之视物，近者大远者小，理有固然。即如五岳最大，自远视之，愈远愈小。然必小至一星之点而止。又如芥子最小，置之远处，蓦直视去，虽冥然无所见，而于目力极处，则一点之理仍存也。由此推之，万物能小如一点，一点亦能生万物。因其从一点而生，故名曰头点。从点而出者成线，从线而出者成物，虽物类有殊异，与点线有差别，名或不同，其理则一。再如物置面前，远五尺者若干大。远一丈者若干大，则用点割之，谓之曰离点，而远近又有一定不易之理矣。试按此法，或绘成一室，位置各物，俨若所有，使观之者如历阶级，如入门户，如升堂奥而不知其为画。或绘成一物，若悬中央，高凹平斜，面面可见，借光临物，随形成影，拱凹显物，观者靡不指为真物。岂非物假阴阳而拱凹，室从掩映而幽深，为泰西画法之精妙也哉！然亦难以枚举缕述而使之赅备也。惟首知出乎点线而分远近，次知审乎阴阳而明体用，更知取诸天光以臻其妙，则此法之若离若合，或同或异，神明变化，亦略备于斯三者也。予复苦思力索，补缕五十余图，并为图说以附益之。亦可云充物类之变法，而广点线之推移，直探斯法之源流，为视学之梯航矣。倘于退食之暇，更得穷无尽之造诣，精思以殚其蕴，而质诸高明君子，藉所裨益焉，即又予之愿也夫！

雍正乙卯二月之朔偶斋年希尧书。

这部雍正乙卯刊本，是第二次补订本，己酉序的当是第一次刊本，不知至今是否尚有传本？（参看本文第六图）

前面提到苏州桃花坞张星聚所刻翻雕或仿西洋风的版画，日本黑田源次所印《版画集》中曾收有一套，矜为孤本。雍、乾间中国民间所刻版画带西洋情调者，以前所知，仅止于此。最近我在牛津的 Douce Chinese Collection 又看到好几幅版画，都是黑田氏书中所未收的。其中两幅是西湖景，一幅是苏州景，两幅是翻雕西洋画。西湖景中一是断桥残雪，上端题词云：

断桥雪，和靖梅，天然点尽西湖；缀胜景名标，无复著画图，补羡占花魁。

又一幅是雷峰奇迹，上端题字作"雷峰奇迹，白状元西湖认母，姑苏桃花坞张星聚戏写"；左下角刊"姑苏桃花坞张星聚发客"一行。这两幅和苏州景，阴影黑白分明，其为采西洋法无疑。翻雕西洋画的两幅上端西洋字亦照样翻刻，可惜不易辨认，难以考知原本。今将翻雕的西洋画制版一幅，以示一斑；（参看本文第七图）其上虽无张星聚字样，而刻工形式与"雷峰奇迹"诸幅大致相同，其为出自一家，可以无疑。

最后我要藉徐光启的一部书来作这篇文章的结束。前年文定逝世三百年，国内不少的人，为文纪念这位三百年前首先介绍西学的先进，文定的著作从海外传录回国，以及重刊行世的也颇不少。不过牛津还藏有一部文定的选著，似乎还没有人注意到，那就是《徐文定公诗经传稿》。这是伟烈氏藏书中的一种。书名作《徐文定公诗经传稿》，书内标题又作《徐文定公诗经传》，目次前面结衔作：

上海徐光启著　后学徐时勉/王光承/闵峻参评　孙尔默辑

曾孙以嘉/以衲/以性/以慎/以恪较

录后有"旌邑刘元珍刊吴郡张九扶书"两行，书口有"渊源堂"三字。内收《诗经》制义一百篇，乡墨会墨，无不具在。首有王光承《序》一篇，缺去第一叶，今录如次：

(前阙)剿窃耳食,猎取科名,经义一道,瞠乎后矣。吾郡先达相国徐文定公,抡元京国,树帜词坛。生平制艺,才法兼备,海内人士,久已奉为山斗矣。文孙容庵中翰志怀绳武,向集经义百篇,藏为家宝。今令子若孙孚于开初谋付剞劂,广示同好,问序于余。余捧而读之,觉温良而乐易者如读《风》,广博而疏达者如歌《雅》,宽静而正大者如歌《颂》。且比物连类,一唱三叹,庶几乎上如抗,下如坠,曲如折,止如槁木,累累乎端如贯珠焉!此季札所为叹观止,嵇生所为称绝散也,微言未泯,典型尚存,还醇复古,舍此而谁。犹忆文定公当年经济大业,爰立未几,功在史册,固不仅以文词著。即所著《明农治历毛诗六帖》等书数万言,探赜索隐,不仅以制义著。而即经义一编,已足有功风雅,嘉惠来学;若此,视世之剽窃耳食者,不大相迳庭欤!吾闻之言为心声,文为国华,吾愿后之学者因心而生文,因文而华国,于以鼓吹中和,力追正始,斯世斯文,实嘉赖之。谁谓古今人不相及哉?谨序。

康熙癸丑孟秋同郡后学王光承玠右氏拜手谨题。

这部书的本身不过尔尔,但是书以人存,用特介绍给留心文定著述的人!

廿五年九月十八日草于英京

(见《北平图书馆馆刊》十卷五号页一—三六,
一九三六年十月出版。)

第一图　明永历二十五年大统历书影

第二图　台湾股份票图影

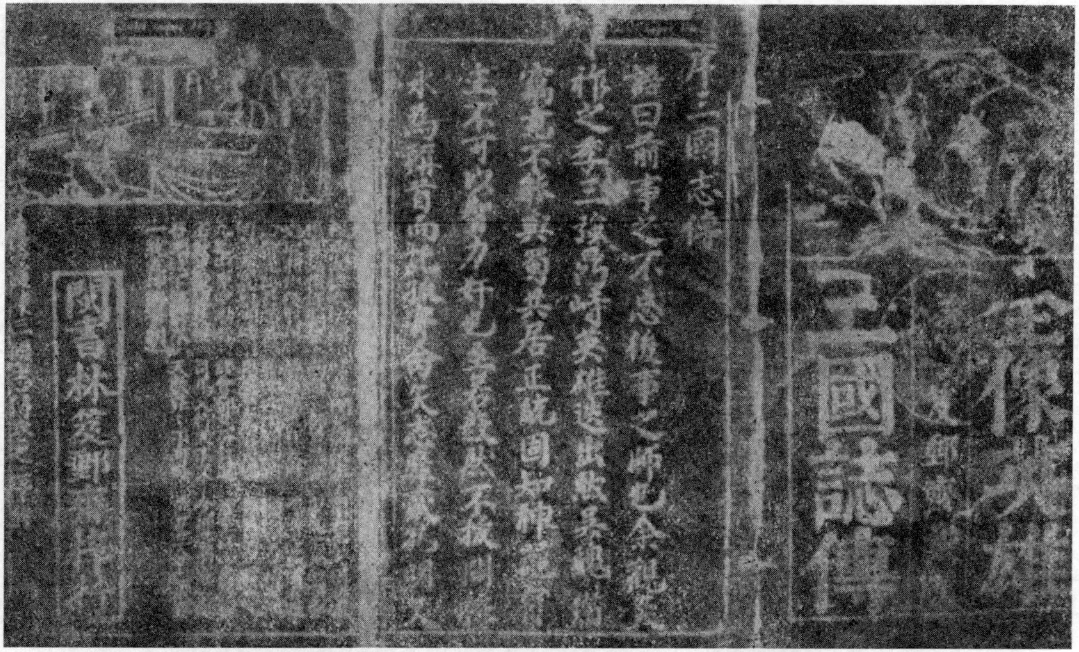

第三图　《全像英雄三国志传》书影

第四图　《万锦情林》书影

第五图　《荔镜记戏文》书影

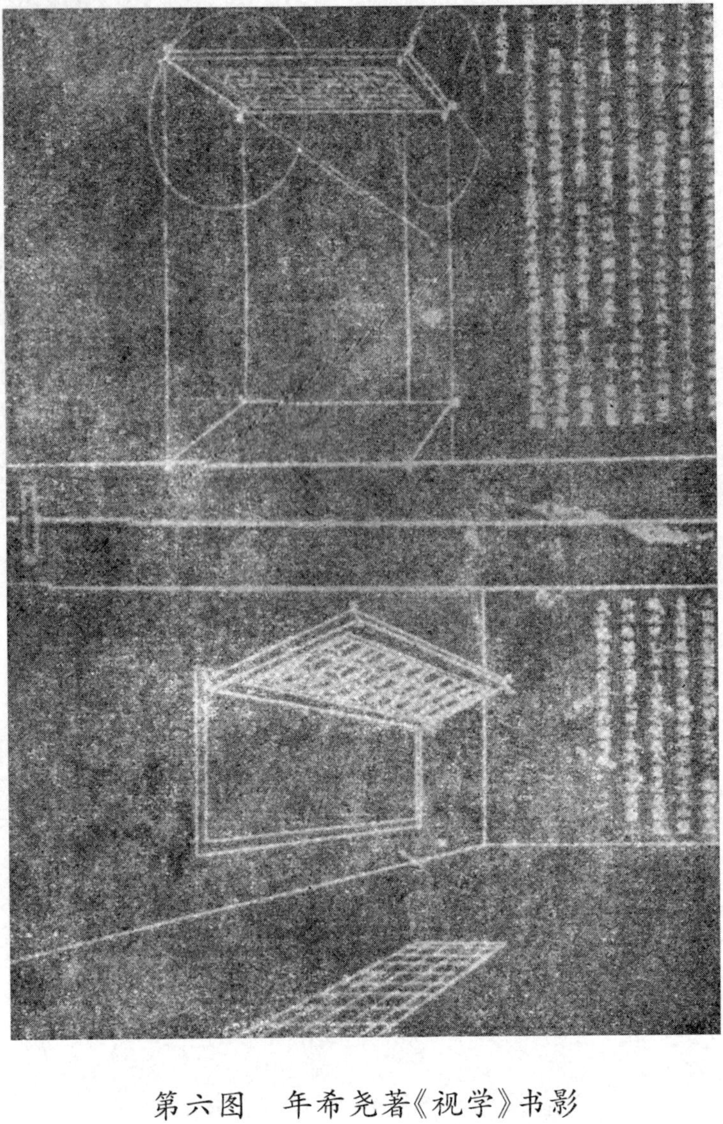

第六图　年希尧著《视学》书影

第七图　苏州桃花坞张星聚翻雕西洋画图影

记巴黎藏本王宗载《四夷馆考》

——瀛涯琐志之二

《四夷馆考》上下二卷，明王宗载撰。宗载字时厚，号又池，湖广京山人。嘉靖壬戌进士，授海盐令，有政声。行取广西道监察御史；其《兴都事宜疏》抗陈五事，不畏权贵，为世所称。继按闽中，已而视京营。万历六年，以大理寺少卿提督四夷馆事，未几以佥都御史巡抚江西，转左佥都御史罢归，年八十二卒。宗载《明史》无传，仅《食货志》著其隆庆中请停免上供加派银两一事。兹据光绪八年续修《京山县志》卷十一《宦迹列传·宗载传》，节述其生平如上。提督四夷馆事，《志》亦失载，则依《四夷馆考》宗载《自序》补之。光绪《京山志》卷十九收有宗载《兴都事宜疏》，卷廿一有宗载《游观音岩二首次座师尧山吴公韵》，宗载杂著见于志籍者，如此而已。

《四夷馆考》二卷，则宗载提督四夷馆时之所编辑者也。其书不见于诸家簿录。《千顷堂书目》卷八史部舆地类下有《四夷馆考》九册，卷九史部职官类汪俊《四夷馆则例》二十卷后有《四夷馆考》二卷。顾俱不著撰人，是否即宗载书，不得而知。民国十三年，上虞罗叔言氏始据旧本付之铅印。宗载书湮沉三百余年，至是复显于世，罗氏之功不可没也。然罗本中多残阙，宗载《自序》亦佚去，致罗氏《跋》臆测为汪俊书，令人不无遗憾。二十六年终在巴黎，因王有三先生之介，得见东方语言学校所藏旧抄本《四夷馆考》，首尾完善，宗载《自序》不阙，于是此书作者可以灼然无疑。因亟过录一本，藏之行笈，时无罗本，莫由勘对。去秋避地昆明，又得见黄陂陈士可氏所藏钞本《四夷馆考》，取勘罗本，无一不合。始知罗氏所据以付印者，即陈士可氏所藏钞本也。于是取罗、陈二本与巴黎本互较，行笈有江蘩《四译馆考》，盖挦扯宗载书而成，偶亦取以勘正。辜较之余，凡得异同四百余事，具见余所写定《四夷馆考》中，兹惟略述其荦荦大端如次，好事者或有取焉。

案黄陂陈氏本副叶有陈氏题记云：

此明叶向高著《四夷馆考》。癸卯秋在京师借曹中书君直藏本，托冒鹤汀弟倩工抄得。曹藏亦抄本，得自王文敏家。士可记。

叶向高著有《四夷考》，通行有《宝颜堂秘笈》本，陈氏偶而失记，谓叶氏所著有《四夷馆考》，又误谓宗载书即叶氏所著，皆属逞臆之谈。陈本末罗叔言题云：

《明史·艺文志》史部职官类有汪俊《四夷馆则例》二十卷，《四夷馆考》二卷。此或即汪氏书。丁未十二月寒中借观并题记。

民十三罗氏印本《四夷馆考跋》略有增损，而大致不殊，其文云：

此明人钞本。下卷之首已缺损，无目录序跋，亦无撰人姓氏。卷中凡诏敕朝廷我明等字皆抬行。传录颇多讹脱。校以《明史·外国传》,每有异同,不能据以勘定。考《述古堂书目》有《四夷馆考》十卷,不著撰人名;《明史·艺文志》史部职官类有汪俊《四夷馆则例》二十卷,《四夷馆考》二卷。此本与《明·志》卷数相同,或即汪氏所草。爰遣写官录副存之。光绪戊申正月。此文亦见松翁近稿。

今案罗氏此跋,其失有二。《明史·艺文志》即出于《千顷堂书目》。《千顷堂书目》卷九史部职官类于《四夷馆则例》后出《四夷馆考》二卷一部,顾于《四夷馆考》上并未著撰人姓名,罗氏以其在汪俊《四夷馆则例》之后,遂妄指为汪俊所著,羌无依据,此一失也。罗氏所据本无目录序跋,亦无撰人姓氏,固矣。然卷下《暹罗馆》中尚有"时宗载承乏提督"之语,核以康熙补刊吕维祺《增定四译馆则》,此书著者不难考知。罗氏以此为即《明史·艺文志》所著录,又以为即汪俊所著;指鹿为马,此二失也。至于汪俊则《明史》卷一百九十一有传,举弘治六年会试第一,授庶吉士,进编修,正德中与修《孝宗实录》,以不附刘瑾、焦芳,调南京工部员外郎。瑾、芳败,召复原官,累迁侍读学士,擢礼部右侍郎。嘉靖时为礼部尚书。以议大礼,持论不阿,为世所称,初未尝提督四夷馆。吕维祺《增定四译馆则》卷十八有汪俊撰翰林院《四彝馆题名记》一文。黄虞稷《千顷堂书目》或即因有汪氏题记,而以《四夷馆则例》之著者归之于汪氏。《明史·艺文志》因袭于前,罗氏沿误于后,斯又不足深责也已。

巴黎本《四夷馆考》宗载一《序》,首尾完整,以其可以见成书之经过,因移录全文如次,以资博闻。

《四夷馆考》序

国朝自高皇帝以神武肇基，奄有万国。列圣继作，文命覃敷。舟车所至，罔不稽首称藩，献琛恐后。王会之盛，盖自昔罕俪矣。顾遐陬裔壤，声教隔阂，语言文字，各成一家。典象胥者不有专业，何以宣圣德而达夷情。此四夷馆之设，猷虑甚宏远也。当是时为馆傅者多征自外国，简吾子弟之幼颖者，而受学焉。是以能习彼中之故实，虽数十年后，籍记无征，而为之徒者，犹能忆其师说，不烦考镜。迄今二百余年，曩之遗老尽矣。官师之所肄习者，即语言文字，尚不必该贯，况其他乎！上嗣历之六年，余承乏提督。会暹罗使者来庭，始辟馆授译。课业少间，辄进夷使而询之，具述彼国之山川道里食货谣俗，如在掌股间。因以询于鞑靼诸馆，则其详不可得闻矣。夫宇内冠带之国，守官者驭临其方，犹必藉乘史以征一方之文献，故措注不谬，而与民攸宜。矧魋结丑类，疆殊风异。辞命往复，脱有抵牾，斯情实眩而彼我携矣。我不彼知，彼乘而匿端，彼不我知，我安能令其怀且詟哉？余因是搜辑往牒，参稽国朝故实。于是本馆所译诸夷，建置沿革，山川岩易，食货便滞，谣俗庞漓，与夫叛服之始末，战守之得失，略诠次成编，并于各馆译语之首。俾初学之士，时有所考，以知夫彼国之委悉，庶于译学不无小补耳。或谓创籍纪事，似也，战守诸计，毋尸祝而庖乎！盖陆敬舆有言，中夏之盛衰异势，夷狄之强弱异时，事机之利害异情，措置之安危异便。形变不同，胡可专一。则夫辨方计事，随事考文，以备卒然之应者，亦安得而不详也。方今明良交泰，四夷咸宾。象胥之所译者非请求职事，则表献方物也。盖亦为我能是，是亦足矣。然事变不同，容有出于职贡之外者。如近者俺酋请经于西竺，暹罗失篆乎东牛，其文移奏请皆曩所未有者，非多识其何以应之乎！乃遗书解聊城之围，传檄定邛筰之乱，古昔之士，盖有以尺牍而当三军者。苟用之中机，虽蛮貊之邦行之矣。然则文事武备，可以不并讲哉。顾余不敏，无能为役，过不自量，创为此编。未及脱稿，辄已得代。其中采摭叙述，多所讹缺。言且无文，奚有于武乎！所赖增辑润削，以足本馆之文献者，盖有待于博雅君子云。万历八年岁次庚辰孟冬月吉日，赐同进士出身中宪大夫奉敕巡抚江西地方兼理军务都察院右佥都御史前提督四夷馆太常寺少卿京山王宗载书。

陈、罗诸本俱缺此序，故于撰人，横生猜测之辞。两本西番馆宣德“九年阐化王贡使乩藏等还以赐易茶”至以下全缺，另杂入自“者多征”至“如在掌”凡一百三十五字。今案即王氏《序》文，唯陈、罗二氏不之知耳。

宗载《四夷馆考》分上下两卷。据巴黎本，上卷收鞑靼馆，附兀良哈；回回馆，附土鲁番、天方、撒马儿罕、占城、日本、真腊、爪哇、满剌加；西番馆，共凡三馆。下卷收高昌馆，附哈密、安定阿端、曲先、罕东、鲁陈、亦力把力、黑娄；女直馆；百夷馆，附孟养、孟定、南甸、干崖、陇川、威远、湾甸、镇康、大候、芒市、景东、鹤庆、者乐甸；缅甸馆；西天馆；八百馆，附老挝、车里、孟艮；暹罗馆，共凡七馆。今以巴黎本对勘：则陈、罗两本除王宗载《序》及目录脱去以外，女直一馆，全文凡一千二百七十三字，两本全缺。两本上卷卷末西番馆自宣德“九年阐化王贡使乩藏等还以赐易茶”以下至卷末，凡缺一千一百四十六字，另错入《序》文一百三十五字；下卷卷首高昌馆自“昌王”以上，凡缺一百二十七字。凡此俱赖有巴黎本，而后可以补其残阙，正其脱误也。

又如百夷馆开端“命西平侯沐英遣使往谕之，始从化来王”以下，陈、罗两本俱作“其所部猛象之孕小象也。……”文意不通，罗本于猛字下附以小注，致其疑惑，谓有脱误。今案原本猛字下象字上实尚有二百三十四字，全文作：

> 其所部猛密自宝井，为木邦利府，陶猛司歪领之。陶猛者，犹华言头目也。木邦宣慰使罕揲以其女曩罕弄妻司歪。罕揲死，其孙罕空立，嗜酒好杀。曩罕弄遂以猛密叛木邦。成化初南宁伯毛胜守云南，墨猛密宝石，许得自贡，不关木邦。太监钱能尤利其珍赂。曩罕弄遂怙势无忌，略地自广。十六年太监王举索猛密宝石不得，因疏猛密叛木邦罪，请征之，曩罕弄大惧。会有江西人周资五者，逋猛密，因为曩罕弄计，遣人赍金宝，赂政府，求释罪，且请授官。政府许之。遂授意都御史程宗往抚之。宗至猛密，曩罕弄恃有内援，益倨傲不出迓宗。且要宗过南牙山就见坐讲。宗不得已从之。曩罕弄乃曰，我猛密之于木邦，犹大象之字小象也。

江蘩《四译馆考》卷五百译馆此段文同，罗氏献疑是也。他如八百馆原本之末文作：

> 境内有南格剌山。山上有河，南属八百，北属车里。土产犀象、金宝、白檀香、安息香，附老挝、车里、孟艮于后。

陈本则南属八百以下作“北属车里、孟艮于后”，罗本迳改作“北属车里、孟艮”。凡此如无巴黎本，乌足以知陈、罗诸本之谬误也乎。

罗氏所印《四夷馆考》，即出于黄陂陈士可所藏抄本，上已言之矣。然以陈、罗二本互勘，则罗本时有增删之处，不尽依据原本。前举八百馆条末数语，陈本作“北属车里、孟艮于后”语意不明，读者尚可知其必有脱误。罗本作“北属车里、孟艮”，迳删“于后”二字，使读者误会以为南格剌山上河北之地，并属车里、孟艮，贻误后人，是诚不可以为训也。江蘩《四译馆考》八百馆一条尚不误。罗本之增删原书，尚不止此也，今试更举一例以明之。下卷高昌馆哈密条，纪嘉靖七年哈密满速儿速坛令牙木兰据沙州，索羁留贡使，牙木兰不肯，率众奔肃州，乞住白城山金塔寺，守臣议留城州。是春用辅臣张璁、桂萼、方献夫、霍韬议，起王琼兵部尚书，兼右都御史，代王宪提督军务。此段原文，巴黎本、陈本、江蘩《四译馆考》并作“是春，用辅臣张、桂、方、霍议，起琼兵部尚书，兼右都御史，代宪。”而罗本则作“是春，用辅臣张璁、桂萼、方献夫、霍韬议，起王琼兵部尚书，兼右都御史，代宪。”虽于史实无所违失，揆之校雠通例，毋乃不可乎。

巴黎本胜处甚多，固矣。然以陈、罗诸本校之，亦时有可相补正者，盖不可以尽非也。如下卷高昌馆哈密条永乐三年下，巴黎本作“三年，忠顺王卒，兄子脱脱嗣王，赐印诰”，下即接以“十二年行在验封员外郎陈诚使西域还，言哈密城在平川可三四里”云云。其间似尚脱去数字，今以陈、罗两本校之，则巴黎本赐印诰上固脱去七十八字，全文应作：

三年，忠顺王卒，兄子脱脱嗣王，赐金印诰命玉带文绮。四年，赐王及其祖母速哥失里母妃从母绮币有差。六年，脱脱暨祖母各遣使朝贡。九年，脱脱卒，封免力帖木儿为忠义王，赐印诰玉带，守哈密。卒，从父子孛罗帖木儿嗣，封忠顺王，赐印诰。

陈、罗两本全同，唯陈本免力帖木儿作力帖木儿，当是写官失误耳。

以上所举，乃诸本互校，其异同最为显著者。至于单文只字，可以校定者毋虑四百余事，则已备识于余所写定本中，此不更赘。

巴黎本《四夷馆考》，红格抄本，今藏东方语言学校，原属 G. Deveria 藏书，编号 D—68—17。《序》前有“翠竹山房”椭圆形朱文印，目录后有“子桂氏”白文印一，“李梦虞印”白文印一，“时雍”朱文印一，卷首复有朱文“李攀之印”白文“子桂氏”印各一，皆用朱笔摹成，并非原本。目录后有“八百馆李攀子桂氏录于有”二行。不知何人从李攀抄本过录此本，连印章亦为摹绘。今按李攀为清四译馆八百馆序班。日本京都印本《四译馆则》卷二十叶八，八百馆教师序班冯志达、李攀二人。此李攀当即字子桂而录《四夷馆考》者。《四译馆则》之原本，约刊于康熙二十七年左右，李攀之为八百馆教师，当亦在康熙时，盖约略可以推知也。

（见《北平图书馆图书季刊》新第二卷第二期
页一八一——一八六，一九四〇年六月出版。）

附录：

敦煌考古通信*

一九四二年

（一）

昭燏先生左右：

十八日目送"长远"下驶后上岸，始觉人生聚散靡常，惆怅无既。当日下午上"渝丰"轮，次晨离叙，夜宿泸县。廿日下午六时抵渝，即赴上清寺，见到王毅侯及陶、梁诸公。今晨接到通知谓：廿三日可以飞兰。拟明晨赴沙坪坝一行，应办之事，匆匆了结，一切只有到西北后再说。全君汉昇大约于十月间返李庄，托带短书数册，即以奉赠。所抄《人间词》，书写恶劣，句读错误，亦无暇更正，聊供左右之一笑而已。舍下在李，敬祈推屋乌之爱，曲予庇护训诲，感

* 此为向达先生1942—1943年在敦煌考察期间与友人曾昭燏先生的一组通信。曾发表于南京师院《文教资料简报》总第107、108期。

盼之至。到西北后，并望不遗在远，时赐教言，下情祷祝。孟真先生处，俟到兰后再详细函告。左右见到时乞先为致意，幸甚！幸甚！匆匆即叩

著安，并祝

珍重

向达载拜　九月廿一夜

今日清晨在沙坪坝会到大缜、大絪两先生，精神甚佳，堪以告慰。至于舍下将来是否迁居镇上，还恳左右代为斟酌。琐屑劳渎，五衷感荷！

廿二日又上

（二）

昭燏先生左右：

廿二日在渝曾发一函，想荷察及。廿三日因飞机未能起飞，耽搁一日，遂往访大纲兄，纵谈甚欢。晚间同大纲兄往谒其太夫人，并见到令妹，候大维先生未归，怅然而返。廿四日仍未能成行，连日阴雨，无聊之至。廿五日午刻，始自渝起飞，下午四时，安抵兰州，堪以告慰。自上空下窥，甘蜀两省，似以秦岭为其大限。蜀省重岭叠嶂，青翠扑人；一入甘境，便是黄土地带，俨然塞外风光。兰州城外，满目荒凉，城内市容，甚为整洁。中山先生以兰州为沿海区与内陆区之交点，诚有所见也。此地水果绝佳，菜蔬亦好，冬季与北平不相上下。在平时不失为一居住佳地，唯近来物价上涨，与重庆不过伯仲之间，未免有居大不易之感耳。劳、石二君有信来，敦煌工作大致告一段落，留抄题记一事，待达结束。彼等折往居

延,从事发掘。二君盛意,颇可感激。达拟在此稍稍准备过冬用具,并参观私人所藏敦煌遗物及附近古迹,然后西行,独游河西一带,至敦煌留月余日,即行东归。所注重者,仍在将来考古工作之可能程度,以及工作站地点之选择诸项,希望于此等事能稍献刍荛。若云发见,则只有另待高明矣。不识左右将何以教我?达西行之期,大约在十月初,到敦煌恐须在十月下旬,如荷赐教,请迳寄甘肃敦煌转千佛洞达收。航快半月可到,平信则不知何日矣。孟真先生处,稍迟当去函告知一切,见到时便乞先为致声,感荷感荷。率陈,不尽所怀,即颂

著安

向运载拜上自兰州　九月廿六夜

天木兄托带挽对,已请人送去,乞转告释念为幸

(三)

昭燏先生著席:

抵兰后曾上一函。想已登记室矣。十月一日有便车赴河西,是否能去,明晚即可决定。参观兰州私人收藏一事,因无有力者介绍,颇为不易,拟俟河西漫游归来后,再作计较。廿七日阅市,在一旧书铺中收到回鹘字刊本残书十余叶,亦是敦煌遗物,不知如何归入估人之手(全部计费四百元)。敦煌所出回鹘文书,大部分散英法两国,北平图书馆收拾丛残,为数寥寥。今兹所得,在国内或可推为甲观矣。居兰数日,寂寞之至,唯此事可以稍快旅怀耳。率此上闻,即颂

著安

向达拜启　九月廿九夜

(四)

昭燏先生著席:

抵兰后曾上一函,想荷察及矣。尊恙近日复发否?深以为念。大难未已,伏维珍重,下情祷祝。达于一日附水利林牧公司经理沈君怡先生车西行,当日抵武威,次日休息一日,凭吊罗什、大云、清应诸寺,参观民教馆所藏凉州出土墓志、明器之属。三日晨发武威,暮抵张掖,预计停一日,五日赴酒泉。近日言西北者,有里外之分,而以乌稍岭为其界限,外西北即所谓河西四郡也。越岭而西,平川大野,一望无际,南北束以祁连山及北山。武威、张掖一带,泉多水富,树木茂密,秋林黄叶,俨然图画。自来有"金张掖,银武威"之称,诚非虚语。惜经咸、同兵燹,至今未尽恢复,沿途废堡残垒,断壁颓垣,极目皆是。益以荒原石碛,靡觉凄楚。山丹附近驿路,尚有左公柳迤逦成行,合抱参天,余处斫伐殆尽。缅怀前贤,感慨无既。前年一百师在张掖附近修筑公路,发见古城遗址一座,当地俱谓系黑水国故基。其言是否,旅次无可稽考。唯在武威民教馆见到张掖古城出土瓦器一件,其上墨书题记云:"天禧三年三月廿四日,众社等廿六人重发誓愿,于此造塔子一所,不得别人妄生搅扰。如若有此之徒,愿生生莫逢好事者。"案天禧年号,辽、宋俱有之。宋代版图,似不及河西,则此或系辽代遗址,亦未可知。手头无书可查,幸左右为一决之。凉州出土大长弘化公主及青海王墓志,并附泥俑、磁尊,皆是武后时物。磁尊白色,釉彩极佳,完好无缺。言唐磁者,率推越窑,在开、天之际,此又早于越窑,盖中国陶磁史上之一珍品也。河西考古工作,只就三日来见闻言之,似有可为。如六朝时之凉州石窟寺,自来不知所在,日昨在武威,以此询民教馆中人,谓:古浪武威间张义堡南祁连山中尚有大佛寺一,小小雕像亦复不少。如能详细调查,一决斯疑,或者可为敦煌与云冈增一连系,对于中国佛教美术史之研究,当有所发明也。又如武威,古为月氏姑臧城地,今武威东北数里,尚有古城遗址,诚能得其故处,是亦大月氏研究上之一新发见也。河西类此者,尚不计其数,唯须有人能在此作长期考察与发掘工作耳。至于西北穷苦,并不如传言之甚。武威、张掖生活低廉(米斤三元,面一元半,肉三元,羊肉二元)。气候亦不甚冷(十六年地震以后,武威天气转暖,前昨两日,武威晨间华氏五十八度,日中以后六十四度,张掖较暖,今日六十六度)。酒泉生活较高,以视兰州、四川尚远不及。就生活而论,诚避秦之桃源也。左右与作民兄其亦有意乎？傅、李二公,想已联袂赴渝矣。昨日在武威曾发一函,略告行踪。劳、石二君,约于九月廿四、五间结束敦煌工作。后日达赴酒泉,如能晤见,当与之同往居延。如赶不上,则仍去敦煌一行,以了宿愿。匆此上闻,不尽一一。即颂

著安

向达再拜上自张掖旅次　十月三日灯下

天木兄并祈代候。子衡先生托寄之函,已付邮矣。恳转告为幸。

(五)

昭燏先生左右;

四日在张掖曾发一函。五日自张掖继续西行三十里,即黑水

国故城,现已荡然无存。一百师拆城砖铺路,长达十里,可叹之至!下午四时抵酒泉,即赴酒泉测候所打听,则劳、石二君已于一星期前赴金塔、毛目一带,地理组于三日前西去,为之怅然。现决定仍乘原车于明日去安西,大约九、十日左右可抵敦煌。劳、石二君处,姑发一函至毛目一带探交,告以大概。至于在敦煌停留久暂,俟到后看情形而定,大概不会太长也。张掖以西荒凉之概,与时俱增,沙丘石碛,一望无际,既乏水草,复鲜人烟,西行至此,始有塞外之感。张掖、酒泉城垣甚为整齐,唯酒泉市面不如张掖,更不及武威,而物价之高,不止一倍(武威、张掖米每斤三元左右,肉三元,羊肉二元;酒泉米六、七元,肉六元,日用诸物,比武威、张掖俱贵)。以油矿局在此,工人招雇,亦甚不易。将来如设工作站,张掖、酒泉二者之间,恐尚须仔细斟酌也。玉门油矿,拟于东归时再去参观。玉门所产汽油,官价三十元一加仑,煤油约一百元左右一桶。最近所出汽油,虽尚含有少许煤油柴油蜡质,已着实可用(每加仑可驶八公里左右)。再加精炼即可不逊于美、俄所出。现每日出油量达三万五千加仑。新近所辟第八号井,产量尤为丰富,以可用之锅炉,只有八具,第八号井供之即有余裕,故目前已将八号井塞住。月前因油产过多,汽油库不够,不得已将存储煤油五万加仑之油库全部煤油泄去,易储汽油,其丰富可想而知。现在油桶奇缺,交通不便,若此二事能设法解决,则前途希望甚大。此亦西行所闻最可令人兴奋之一事也。率闻,不尽一一,即颂

著安

向达拜启　十月七日

四日所发函中,“弥觉凄楚”,“弥”误书作“靡”。见笑大方,惭愧惭愧!

（六）

昭燏先生著席：

五日抵酒泉，七日曾发一函，略告行踪。酒泉无可观览，所谓“酒泉”，即在东门外约一里，曾一往游，清泉一泓而已，掬饮并无酒味。尽信书不如无书，此之谓也。八日晨发酒泉，五十里嘉峪关，车路距关尚二三里。关外沙碛石砾遍地，是为戈壁。玉门以西，尤其荒凉。车路沿苏勒河北岸，长城废塞，迤逦不绝，大约皆汉代遗迹也。下午四时抵安西，宿飞机场。窗外戈壁，直抵山麓，荒凉之概，可想而知。机场即在安西废城南面。废城面西城垣，二百年来为西北风所蚀，已裂成缺口十余道。安西风力之猛，于此可见。九日晨发安西。沿南山北麓向西南行戈壁中，七十里瓜州口，七十里甜水井（旧名苦水井，汉悬泉即在其南十余里），七十里疙瘩井，俱不过一二家，败壁颓垣，冷落不堪。途中时见黄羊，三五成群，差足为荒漠中添少许生意。又七十里敦煌，林木茂密，水泉甘美，产棉及瓜果。甜瓜之佳，不让哈密。下午二时抵敦煌城，进餐后即偕同行诸君骑马赴千佛洞。地在城东南四十里，中隔沙丘戈壁。四时半启行，晚八时抵千佛洞。泉声淙淙，白杨夹道交荫，恍若行韬光、云栖道中。即宿中寺（今名雷音禅林）。中庭大树合抱，宿处房舍新建，甚为清洁。沙漠中有此，真疑身在武陵源矣！数年来梦寐怀想之处，一旦亲履其地，反觉心中有空洞茫漠之感。岂此为一定必经之境界耶？次晨陪同行诸君匆匆一览，浼教部艺术文物考察团卢君为导。六朝诸窟，素朴庄严，李唐诸窟，雍容华丽。唐窟诸供养女像最佳，面容丰满，仪态万方，几欲拜倒，真可称为国宝！唯风水剥蚀,流沙壅塞,洞窟淹没者,与年俱增,保护之举,正不宜缓耳。今日进城送同行诸君东归,明晨仍返千佛洞。考察团地理组亦于数日前抵敦煌,昨日在千佛洞相晤甚欢,更三数日拟同往阳关一看,往复需时一周。回敦煌后,地理组自此返渝。达独留千佛洞住一两月再作计较。张大千亦已会到,此君住千佛洞年余,雇十余人为之描画,于壁画年代推究,不无可取之处,并发见唐人书壁莫高窟记,及上元二年画工题记,皆可贵也。秋意日深,诸维
珍重,下情毋任祷祝。

向达载拜上自敦煌　十月十一日灯下

致刘士能先生一函,便恳转致,感荷感荷。

济之先生想已赴渝矣。天木、子衡诸先生并乞道念。

(七)

昭燏先生史席:

九日抵敦煌,十二日曾上一函,想可登记室矣。十二日午,即自敦煌返千佛洞,两日来泛览全局,然后再图逐洞纪录。日内拟先同地理组往阳关一行。正式工作,须俟阳关归来以后也。昨日在伯希和编第六号洞中,见大虫皮康公之女修行颖悟云云题记一行,今日又在第七十一号洞中,见二金刚力士塑像,背亦披大虫皮。二洞皆吐蕃据有沙州时所凿,因思《蛮书》记南蛮条教及德化碑皆有披大虫皮之语,则南诏此制,盖沿袭吐蕃之旧。据《大番故敦煌郡莫高窟阴处士公修功德记》,阴嘉政之弟嘉珍,为大蕃瓜州节度行军并沙州三部落仓曹及支计等使。仓曹亦南诏官名。吐蕃之影响于南诏者,恐不下于李唐也。此间唐代诸窟所绘女供养人,头饰甚

为繁复，面额贴有花钿，口角处间绘鸥鸟一对。张大千谓：唐人诗有“醉鸥”之辞，却亦不能举其出处。日本原田淑人曾作《唐代女子化妆考》一文，见于日本《史学杂志》第九编（大概是此编，请一查史语所所藏总目），收罗唐人记载不少。今拟拜请左右将原田氏此文所收资料抄出，从邮赐寄，藉资参考，感荷之至。不情之请，尚祈谅之，率陈，即颂

著祺

向达百拜上自敦煌莫高窟　十月十四日

晚间张大千来谓：北湖所收抚之哈萨，最近叛变。敦煌已派兵往堵，是否影响千佛洞工作及南湖之行，则不得而知矣。觉明又渎

（八）

昭炼先生著席：

十六日曾发一函，当日自千佛洞进城，次日偕地理组同人及教育部艺术文物考察团一卢君雇大车赴南湖，七十里宿南湖店。戈壁荒滩中，破屋三间，幸有党河流水之声，稍破岑寂耳。次晨发南湖店，行五里即西千佛洞，前人从无述及此地者，最近张大千到此，始渐喧腾人口。洞在党河北岸，峭壁耸立，质为砾岩，多已崩塌。尚存十五窟，可以攀跻者九窟。壁画十九完好，纯是北朝遗物。佛像古拙可爱，供养人男俱胡服，女披肩巾，人各异态，婀娜生姿，其飞动之势，不下于莫高窟诸唐画供养人像。一窟中供养人发愿文尚有比丘昙藏、比丘尼惠密诸名可识。字是北朝气味，甚佳。是晨匆匆一看，即复西行。沿途戈壁沙丘，迤逦不绝，草木生物，杳不可见。将近南湖，是为古寿昌县，城郭遗迹，历历可睹。下午四时抵

南湖，为祁连山麓一沙漠田。南北十五里，东西约三四里，住民千余，回回、缠头、蒙古、汉人俱备。十九晨乘马赴南湖西面之古董滩，沙丘林立，其中陶片遍地皆是，绳纹者甚多。同行卢君拾得铜铗一枚，形制约同今日之烫发夹而小，遍体翠绿。地理组吴君拾得残带钩一具，又锈铁块不少。是否为一石器时代遗址，抑系汉唐废城，俱不得而知。自古董滩北行约五里，为红山口，流泉清澈，垂柳四映，沙山黄叶，别有风味。出红山口十里为水尾，居民十余家，种瓜为业。自此以北以西，一片大漠，遥望无际，北达玉门，西通新疆，古代西行，取南道者所必经也。自水尾向东南行约十余里，为寿昌故城，其中有光绪时敦煌县令汪宗翰所立"古阳关"一碑。阳关是否即属此地，尚待详考也。南湖为甘肃最西之一沙漠田，为敦煌之门户，扼南疆之咽喉，一旦西陲有事，此为必争之地。而水草丰美，畜牧垦殖俱宜。若能在此屯田，不失为国际上之一要图。当夜自南湖东归，月华如水，风利如刀，车行沙漠中，万籁无声，静穆之至。廿日晨四时抵南湖店，九时复至西千佛洞一游，瞻礼北朝遗迹，徘徊不忍去。洞上戈壁中二土塔，俱已倒塌。塔是天竺形式，现存六朝古塔中之可以称道者也。下午自南湖店启行，晚八时抵敦煌。自南湖至敦煌，一百四十里，途中废城烽燧，到处可见。将来皆可发掘，非一览所可尽也。归后得王有三函，属为口候，今附陈一览。明日即返千佛洞。哈萨问题，已告平息。堪慰锦注，率陈，即颂

著祺。不一一

向达载拜上自敦煌　十月廿二日

（九）

昭燏先生左右：

南湖归来后，曾上一函，略告游踪。比又奉十月八日赐教，真不啻空谷足音，欣慰之情，匪言可喻。入冬渐寒，伏维起居万福，下情不胜祷望之至。自上月廿三日归千佛洞，至今又将半月，诸窟流览，已得三分之一。最近骝先先生来电，嘱暂留此，不必亟返，西北工作，尚待继续，正拟明年计划云云。达拟在此再留三月，将千佛洞逐窟作一详细纪录，于每一窟之壁画塑像名目、保存情形、前人题记等一一备录，整理蒇事，往安西万佛峡一游，再访布隆吉遗存洞窟，然后东归酒泉，以待后命。唯近日在此耳目闻见，深觉目前千佛洞最急迫之事，为收归国有，正式在此设立管理机关，此实为刻不容缓之举。盖张大千氏以一江湖画家，自去岁以来，举室迁居此间，雇用喇嘛四人，益以子侄学生之助，终日在此临摹北魏隋唐五代壁画。临画本是佳事，无可非议，而此辈对于壁画，任意勾勒，以便描摹，梯桌画架，即搁壁上，是否损及画面，毫不顾惜。并即以洞窟作为家人卧室，镇日上锁，观者裹足。而最足令人愤恨者，为任意剥离壁画一举。千佛洞各窟，往往有为北魏隋唐原开、经五代宋元人重修者。画面偶尔剥落破损，原来面目，暴露一二。张氏酷嗜北魏隋唐，遂大刀阔斧，将上层砍去。而后人重修时，十九将原画划破，以使灰泥易于粘着。故上层砍去后，所得者仍不过残山剩水，有时并此残山剩水而亦无之者。如张氏所编三〇二号窟，窟外经宋人重修，张氏将宋画剥去，现唐人所画二天王像，遂续将此窟门洞宋人所画一层毁去，下乃一无所有，而宋人画已破碎支离，不可收拾矣。诸如此类,不一而足。夫千佛洞乃先民精神所聚,为中国艺术上之瑰宝,是国家所有,非地方个人所得而私。张氏何人,彼有何权,竟视千佛洞若私产,任意破坏,至于此极?此而可忍孰不可忍!因以三日之力,写成《论敦煌千佛洞之管理研究以及其它连带的几个问题》一文,约近万言,主张将千佛洞收归国有,交由中央研究院或中央博物馆一类之学术机关管理,在此设立千佛洞管理所。对于研究千佛洞艺术应注意之点,亦略陈鄙见。千佛洞如不收归国有,设立管理机构,张氏在此更二三年,将毁坏殆尽,不可救药矣。文今随函附呈,伏恳左右为仔细斟酌,文辞主张如有不妥之处,即请痛加删正(第四段迹近蛇足,如觉不妥,可以完全删去,将题目稍为改正。文中有数处,亦行删去。一切请不必客气,予以教正为感为幸),交孟真、济之两先生一看。如觉可用,请找人另抄一份,一寄重庆《大公报》,一寄昆明《云南日报》,能在十二月二十五日全国美展前后发表更佳。希望能引起社会注意,使千佛洞收归国有,托付有人,不致竟葬送于妄人之手,岂不幸甚!(用真名或"方回"笔名发表,请代为斟酌。并请孟真先生函介《大公报》。)离川时本自约不写一字有关敦煌文章。此是宣传文字,与作研究论文不同。左右或不致笑其出尔反尔也。关于研究院寄滇二千元事,承告济之、孟真两先生盛意,感激之至。毅侯先生为人,达虽未深知,然曾与育伊兄有同事之雅,分属前辈,岂容有所误会。近来在此,微有所悟,以为河西四郡与千佛洞萦诸梦寐,已历年所。七月间举室入川,倾家荡产,在所不惜,所为者即此一事。今竟得酬素愿,朝夕晤对古人,自视此身,已同尘土,何况区区身外之物。请告孟真、济之两先生,此事不必再提。方命之处,并祈宥谅。幸甚幸甚。舍下诸承嘘咈,衷心铭感。启示种种,具征高谊,冒昧云云,

日晨在此盘桓时许，二十日上午又在此徘徊半日。西千佛洞各窟大都北魏所开，壁画以及窟内中心座形式，与千佛洞大致相同，而更真率，时代或较敦煌者稍早。供养人题名有比丘昙藏、比丘尼惠密及女供养人田青等可识。艺术造诣上虽不及敦煌之博大精深，而在历史上却颇耐人寻思。此为斯坦因、伯希和游踪所未及者。十八日下午四时抵南湖，次晨策马游古铜滩、红山口、水尾、古寿昌城诸地。阳关遗址，聚讼纷纭，陶保廉氏谓应在红山口，揆诸形势，似乎近是。十九日下午六时，即驱车东归。廿日晨四时抵南湖店休息半日，往看西千佛洞。下午一时东行，晚八时返抵敦煌。吴、周二君留城候车东归（二君于一日搭便车赴安西）。卢君与达于廿三日返千佛洞。归后至今，又将半月，泛览诸窟，已毕三分之一。目前计划，拟普看三遍，将各窟壁画、塑像保存情形，供养人题识诸项，逐窟详予纪录。其中北魏、隋、唐、五代诸窟，供养人题识，明著年代者，往往有之。今即以此诸窟为尺度，藉以鉴别各窟年代及其异同。预计再有三月，可以蒇事。最近得骝先先生廿四日自渝来电，谓：西北工作，尚拟继续，正准备明年计划，属达留甘，勿遽返川云云。达拟俟敦煌工作，整理就绪，即赴安西，往访万佛峡。布隆吉传有洞窟，亦拟一看，然后东归酒泉，以待后命。明年计划如何，有何指示？并恳随时示知。感盼感盼。至于千佛洞目前最迫切之举，为亟应收归国有，交由学术机关负责管理，否则后悔无既。张大千氏以一江湖画家，盘据此间，已历年余，组合十余人，作临摹工作，任意勾勒原画，以便描摹，损坏画面，毫不顾惜。且以洞窟作为卧室，镇日关锁，游人裹足。尤其令人愤慨者，为擅自剥离壁画。张氏崇拜北魏、隋、唐，遂以为宋以下无一可取，凡属北魏、隋、唐原开而经宋元重修者，辄大刀阔斧，将宋元壁画砍去，以求发见隋、唐作品或年号、题识,唯日孜孜,若恐不及,似此更二三年,千佛洞遭罹浩劫,将不知伊于胡底矣!因以三日之力,写《论敦煌千佛洞的管理研究以及其他连带的几个问题》一文,亟论千佛洞有收归国有及设立管理机关之必要。于研究方面及其他问题,亦略陈鄙见,希望能引起舆论注意。文亦寄交曾昭燏先生,请其转陈求教。如以为尚有可采,拟恳孟真先生代为介绍,送登重庆《大公报》;另觅人重抄一份寄昆明《云南日报》(抄费若干,请从昆明寄达薪水中扣除)。以能在十二月廿五日全国美展开会前后刊登为最好。文中如有不妥,并祈赐予刊正,幸甚幸甚。重庆寄滇二千元事,亦承昭燏先生转达两先生盛意,极感殷勤。育伊兄与达有同事之雅,毅侯先生分属前辈,达绝不敢有所误会。毅侯先生已将借据收下认可,事成过去,两先生可以不必再提。方命之处,仍祈有以谅之。在兰时以制备行装等等,西行时款不够用,当向科学教育馆借二千元,方能成行。九月卅日曾发一电又一航快函,请毅侯先生将此款电汇兰州科学教育馆。月来未闻消息,是否照汇,不得而知。科学教育馆经费奇绌,希望不致因此累及友朋也,日昨敦煌县长陈冰谷先生至此,谓:敦煌近因征购粮食,市面面粉小麦顿形短缺,属为未雨绸缪。因即托其设法购存小麦一石,以备缓急(此间麦价每石五百六七十元至六百元,重四百斤)。所余款项,恐难维持至阴历年底。前数日曾迳电骝先先生,请其汇款矣,祈释锦注为幸。此间温度,早晚已至摄氏零度,以燃料困难,室内并未生火,唯尚能忍耐,不碍工作。谨此上闻,唯希垂察。即颂

道安

后学向达上自敦煌千佛洞　十一月五日

(十)

昭燏先生左右:

五日曾有一函,又文一篇,于十一日付邮,想可登记室矣。文中误字累累,又语意亦多重赘,可笑之处,务恳毫不客气,痛加删正。感荷感荷。舍下日前来函谓:萧君纶徽告语,史语所借垫生活费,不能太久,希望另筹办法云云。联大薪水,在昆明时本已同汤锡予、郑毅生诸人说好,以后按月汇川,今竟食言,不知何故。在兰州时,曾有函致汤先生提到此事,十一日又有一函致郑先生,并发一电问讯。今日寄孟真先生一函,附寄伯希和千佛洞笔记底片。函中及此,谓如联大汇款稽延,达愿将行前寄存史语所之抄本、照片等等,扫数让予史语所,藉作抵偿一部分垫款之用,作价若干,凭孟真先生估定,达毫不计较。万一孟真先生见到左右,说及此事,尚祈力为赞成,感荷无既。入川以还,能在史语所寄居,得免流离,已是万幸,岂可复以此等琐事带累友朋。卖书抵债,是读书人常事,想孟真先生必能谅之也。千佛洞生活,如止水不波,平静已极。九日,四十八师派兵一排,驻千佛洞下寺。十二日驻兵变去三分之二,凡二十一人。一时枪声四起,不知何事。达时适在洞中,目睹变兵迳趋南山,过中寺、上寺,不顾而去,并未劫掠,可云大幸。(兵士口粮,每日面粉一斤,今只发十二两。变兵过上寺时,对寺门观望者曰:君等勿惊,我辈食不果腹,不得已变去云云。)次日城中派兵一排往追,至今尚无消息。(昨日有人谓:排长于兵变后率残余往追不获,畏罪已逃往青海矣。确否待证。)此亦止水中一微澜也。近又回复其寂静生活。左右可以释念。近日阅窟第一遍已蒇事,而以个人修养、准备俱嫌欠缺，只有慨叹而已。作民兄将来，仍以返川为是。西北工作，大有可为，正可于大漠中一显身手，何必老死牖下？左右寄书时，幸为转致下忱。率陈，不尽一一，即颂
著安

向达再拜上自莫高窟　十一月十七日

千佛洞壁画中，北魏、隋唐坐车甚多。将来得描图用透明纸，当各摹一份，寄天木兄也。

（十一）

昭燏先生史席：

十一月卅日进城，连奉十月廿六、卅日两次赐教，敬悉张掖、酒泉及十一日自敦煌所发诸函，俱已上达记室，欣幸之至。入冬渐寒，伏维起居万福，下情祷望。达在千佛洞，寄住中寺，即以前劳、石二公所住之地。粮食菜蔬，以前张大千有一熟人刘某住城，每三日为彼送菜一次，达等所用之物及信件等，即由县政府托刘某车代为带来。最近刘某因间谍嫌疑下狱，张氏送菜车虽照常，县政府为避嫌起见，改为每六、七日派警专送一次，尚无不便之处。并派一警士在此招呼做饭，“一日三餐面又面，条儿面和片儿面”（套陈梦家夫人句），甚为卫生，几不思人间烟火矣。天气尚不甚冷，今晨至摄氏零下五度，手足微感僵痛。日间阳光甚佳，约在四五度之间，洞中抄录等等，可以无碍。唯在兰时以携款不够，向科学教育馆借一出差用老羊皮大氅，太薄而又破旧不堪，不足以御严冬，不日渝款汇到，拟在此另购一件，即可高枕无忧。足下有毡窝子，在零下三四度尚行所无事。头上曾购鞑子帽一顶，上缀貂尾，迎风飘荡，

颇为有致。入城时戴此,敦煌城风头,几为区区个人出尽。日昨同住之江西卢君不服,亦购一顶,于是遂成平分秋色局面。至于山上景物,则可以“午夜风来,铃铎交响;朝阳始上,千窟争辉”十六字尽之,颇为不恶。唯燃料困难,生火大成问题。写信等等,俱于后院太阳光下为之,极是暖热。今日为足下写信,晚间于室内为之,笔墨俱冻,遂成满纸蚯蚓,真见笑方家矣。敦煌现驻中央军四十八师一四二团。其一营营长彭培根,湖南新化人,青年军人,而颇留心边事,因曾奉有入新疆南路之命,故于敦煌通和阗之路,研究亟为仔细,极思得斯坦因所绘自和阗至敦煌路线图。达所携 Stein:*Innermost Asia* 之附图,仅至敦煌为止,其西俱留李庄,不识在李庄能找一人用描图纸为将 Stein:*Serindia* 所附地图中敦煌至和阗一段,详细照描一份否?如能找人,所有用费,达愿担负。描好后寄敦煌县政府转四八师一四二团一营彭营长培根收。彭君是一有为军人,希望吾辈帮忙甚恳切。如可找到妥人,则好极矣。乞足下为一打听,至盼至盼!武威所见唐磁尊,是否可以出卖,不得而知,将来过武威,当为一访。大佛寺必去一看,唯恐非北凉之石窟寺耳。张掖南百四十里之马蹄寺亦有三四十窟,地理组吴、李、周诸君自青海入甘,曾一往观,据其所述,与凉州石窟寺不侔。贺昌群君又谓:安西万佛峡即凉州石窟寺。无根之谈,不足为据。唯道宣、慧皎所述,当非虚语。则凉州石窟寺所在,竟成一谜,亦怪事也。卅日在城,晤县政府一科长任君子宜,彼谓藏经洞最下层所藏经卷,大都系元代番经之属,彼收有元代路引及其他杂件多种,皆他人所不取者。以前谓藏经洞封于宋初西夏之乱。任君所云,虽不尽可靠,可备参考。任君又藏有南湖古铜滩所出陶器一具,带人物花纹之陶片若干种,已约好下次进城往看。据任君言,彼愿将所藏捐于国家,其言是否由衷,不得而知,唯可以商量,则大致可决。乞足下与济之先生一谈,如其有意,达可与之一商也。天禧年号,承傅君相告,感荷感荷。傅君谓为西夏,甚是甚是。此外拟请教傅君者尚多,拟另写一信,见到乞为致谢。考察团明年继续事,骝先先生曾有二电,济之先生亦有一函及此。唯达近来深感西北工作,绝非旅行式之考察所可尽,非设一工作站作长期工作不可。至于个人,不惟修养不够,难望有何成就,即人事方面,亦非不才所能应付。达来西北固无与人争名之意,而此意总难见谅于人。廿六日曾草一长函致骝先先生,于卅日付邮,略陈个人对于西北史地工作意见,函末表示辞意,希望最迟能于明年秋季,仍返昆明。此中情况,只有面罄,非笔墨所能尽也。(与凌公一谈可明大较)若得作民兄与足下来此,则诚妙选矣。呵冻作书,不能尽意,并祈恕其草率,幸甚幸甚。率陈,即颂

著祺,不一一

向达再拜上自莫高窟　十二月四日灯下

致傅、李二公函,看后乞为代转。

文从何日上山?到山上后可即在舍下用饭,不必客气,客气是见外矣。六日晨又渎

一九四三年

(十二)

昭熽先生足下:

急景凋年,百无聊赖,乃迭奉十一月廿四日及卅日两次手教,快同面对,欣慰之至。拙作承为删正,使不致有攻讦之嫌,君子爱人以德,此之谓也。良朋箴规,谨百拜以谢。作民兄可来西北,尤为感奋。文从如亦能命驾一游,岂不甚善。如来西北,衣服准备,不可不周。稍迟当条疏所知上闻,藉供足下及作民兄参考也。游女士所云《西域文明史论》,当是日本人羽田亨所作,史语所有日文及中译本(中译有钱稻孙及杨炼译两本),达俱看过。惟敦煌所有供养人服饰等等,不尽有图画流传外间,因思从原田所引文献中比对唐画,求知梗概。当时求足下抄示所引原文,其意不过如是而已。此间壁画观玩愈久,迷罔愈深。达于佛教美术,修养太浅,至此大有刘姥姥进大观园之概,不可不知难而退。去岁函骝先先生言辞,实自顾阙然,非故为谦退,足下当能谅之也。渝汇五千元,已由酒泉转到此间,乞告济之先生释念为幸。承达济之先生盛意,感铭无既。有种事物在敦煌有钱亦无处购置,如木柴即其一端。张大千在此,俱自备骆驼,向百里、二百里外驮运。吾辈如何可以办到!只求能对付过去,从所住寺中取用,大概可无问题。昔文正公教人扎硬寨,打死仗;又曰阳气愈提则愈盛,精神愈用则愈出。达九月底在兰州曾伤风一次，十月西行，至今遂未再犯。始知前辈话语，皆有至理也。tracing paper 已托渝友购寄十张，寄到后拟选描数幅六朝隋唐车马，描就当即寄奉。率陈，不尽一一。即叩
著安

向达再拜上自莫高窟　卅二年一月二日

致舍下及宋印禅先生信，恳饬转为幸。琐屑劳渎，感愧感愧。

致孟真先生一函，便乞代转。感荷感荷。

傅、李二公公函及拙作油印，复乞寄重庆美专校街一号陈叔谅先生一份，请其转陈布雷先生为盼。

（十三）

昭燏先生著席：

十二月七日及十八日两次手教，俱于一月十日递到山寺，并承赐寄油印本拙作一份，诸荷删正，感谢感谢。张氏所剥离诸窟，当为列一详表，少迟即可寄奉。唯以无照相机及胶片，摄影之事恐难办到耳。不过鄙意此事最好不打架，因剥离壁画，劳、石二公在此，亦所不免，一旦反唇相讥，将何以对？故曰最好不必打架也。已往不究，来者可追，如此而已。拙作油印本如有多余，乞寄昆明龙泉镇北京大学文科研究所汤锡予先生一份，至恳至恳。另草《西北旅行须知》附呈，以供作民将来参考。西北苦寒，生活极为寂寞。

左右来此作田野工作，殊不相宜，以前一时高兴云云，左右幸勿见罪为荷。近在千佛洞至敦煌中途戈壁上，见到古代墓葬群百余，大都作长方形。中有墓堆三座以上，用石砾堆成，至今尚高出戈壁地面二三尺，大概成品字形。四围用砾石围成一长方形茔圈，

面南为一甬道，其长有时几达半里。敦煌人告张大千云：以前曾有一甬道忽然下陷，其下乃是隧道，用砖砌成，唯有无发见，则未之闻。达以为此是唐代沙州人墓地，毫无可疑。盖唐代沙州，距千佛洞二十五里，在其西北，适当今敦煌人称为佛爷庙之地，至今其地废基颓垣，弥望皆是，迤逦长达数里。按诸距千佛洞里数、方位，俱甚相合，而墓葬群即在古沙州东南约五里左右，南为鸣沙山，不能营葬地，则此必是墓地也。最近张氏拟请敦煌驻军帮忙发掘一二座，以瞻究竟，与达言之数四，无可如何，只有漫应之。私意作民如能同石君璋如来此，正式作有系统之发掘，绝不至于毫无所得。或者较石君所拟之伟大计划，更切实际，亦未可知。不识左右以为何如也？至于准备以后工作计划，不知从何处说起。第一，达目前求去甚亟；第二，所走过之地方太少。劳君不日返川，对此当有所见，请先听劳君之意见如何，再作计较可也。日昨叶企孙先生来函，为研究院月报征求报告一篇。达思此亦题中应有之义，因拟写《西征识小录》一文，略述西行见闻，聊当报告。不过手头无书，难免错误，不日写就后，仍欲先呈左右，请为刊正，然后再寄叶先生处。工作意见，或在文中提起一二，并恳指教。屡次烦渎，还祈宥谅。幸甚幸甚。烟甚，书不成字，羞煞人，羞煞人。率陈，即叩

著安

向达载拜上自莫高窟　卅二年一月十三夜

（十四）

昭燏先生大鉴：

前接十二月七日及十八日赐教，曾于十三日上复，十四日托人

带进城付邮，想荷察及矣。前函发后，始忆尚有一事忘告作民，因补陈于此。作民来川后，尚祈以此示之为幸。现在自酒泉至敦煌驻军，为中央四十二军，玉门以西，为四十二军四十八师。军长杨德亮，云南昭通人，回教徒。四十八师师长谢某，湖南耒阳人。两人皆于十一月底在千佛洞见到，俱甚朴实。杨氏以有重庆友人介绍过，有事甚愿帮忙。敦煌驻军为四十八师一四二团，团长郏国选（字国宣），浙江温州乐清人，与作民同乡，军校五期生。一营营长彭培根，湖南新化人。两人达俱与谈过，甚洽，思吾辈帮忙亦甚殷。前次托左右找人代描斯坦因所绘自敦煌至和阗路线图，如能找到人，还恳费神一办。此等戍边将士，真是扎硬寨、打死仗者。我等能帮忙，不仅对于国家有益，即对于我等在此作考察工作，亦可便利不少。将来作民如来敦煌工作，借助于郏团者甚多，不可不知之也。文从已搬至山上，可常去舍下，不必客气。小儿辈顽劣不堪，亦望视同子侄，加以训诲，则感同身受矣。率陈，幸恕草草。即颂著安

向达载拜　一月十五夜

今晨得凌公书，知左右颇为拙作忙碌。不安之至，不安之至！十六晨

（十五）

昭燏先生左右：

前奉十二月七日及十八日两次赐书，曾于十三日上复，又于十五日致舍下函中附陈短笺，想不日可蒙鉴及矣。《敦煌千佛洞各窟剥离剜损略表》，兹寄上乞察。《西征小记》一文亦草就，并随函附

会材料不少，著《神会传》，而《南阳和上直了性坛语》似未之见。近日假来录副，已得一半，更三数日，即可蒇事。《小记》关于此一段，请为酌改是幸。又拙作票姚“票”误作“骠”，并祈勿笑，幸甚幸甚。达又及

又：“元嘉”是“阳嘉”之误。

（十七）

昭熵先生左右：

《西征小记》、《千佛洞诸窟剥离剜损略表》及岷州庙六朝石刻拓本想先后可达记室矣。献岁发春，伏维起居万福，为无量颂。向骝先、企孙两先生再度辞职函，已于日昨付邮。乞告孟真先生谅之，幸甚幸甚。个人在此，安全无问题，张某当不敢有何妄动。尚祈诸友好释念为荷。拙作承寄来油印本一份，陈君叔谅又剪寄《大公报》一份，现俱赠陈冰谷县长，聊当备案。此间驻中央军四十八师一四二团。正月初二曾为其官佐讲演《西北在国防上之地位》一次，感情尚好。以如是因缘，诸君可以不必为我担忧也。作民有消息否？不胜企盼之至。率陈，即颂

春祺。不一一

向达载拜上自敦煌　二月十五夜

（十八）

昭熵先生著席：

前奉一月七日赐书，即于二月十日上复，又于十六日致舍下信

中附陈短笺,想俱荷鉴及矣。比又获读一月廿六日教言,复得济之先生二月二日书,敬悉一一。承开示八点,谨分别条答如次,伏祈垂察为幸。(一)考察团经费已定,甚善甚善。至于历史考古十万元之支配处置,俟作民来再说,或竟请作民负责计划动用何如?达于银钱向来不愿负责经手,自知是胡涂虫,于此等事,最无能耐,故不如不管。微衷尚希察谅。并恳向孟真,济之两先生,婉达下情,幸甚感甚。石君将来工作如何,此非达所能过问,可不必谈。(二)所需人材,个人无意见,悉听孟真、济之两先生处置办理。(三)关于个人工作,骝先、企孙两先生曾有一电,命就个人工作范围拟一简单计划。此事已于十六日用航快函上复。所拟个人工作计划,时间止于今夏。主要工作为河西陇右古代佛教艺术史迹之整个考察,地点西起敦煌,东止天水。工作报告,当然照例缴送,绝不偷懒。最近所寄《西征小记》即是一种初步报告性质,此外则非达所得而知也。(四)千相塔及古墓葬群之发掘,决俟作民来,然后进行。(五)任子宜为人浮夸,其言殊不可信。日昨在城相晤,曾将中博院意转达,彼顾左右而言他,其事可想而知。达现在打算,为将其所藏经卷较有价值者,全部录副(南宗史料四种已抄毕,约三万字,又一残篇,疑是《论衡》,亦已录副。只余《一切经音义》残片及五代时经录名目二种而已),大约可无问题,其所藏古铜滩出陶缶,当是唐代物,谈不到艺术价值也。(六)据贺君昌群函告(贺君在《大公报》所刊一文,并未见到):负千佛洞保管之责者,即有某氏在内,夫复何说!总之,达已尽其在我,可告无罪矣。陈、程二函,承检示甚感,今仍缴还。骝先先生之工作站计划,已见二月一日付邮函内,左右当可窥知一二也。近得汤锡予先生函,谓北大有与中研院、中博院合作,在西北设立历史考古工作站之意云云。不知北大方面负责人，是否有函来正式接洽此事？又不知孟真、济之两先生是否赞成此举？济之先生函，命达拟一工作站详细计划。自思于考古既是外行，于野外工作又毫无经验，岂可妄有所论，见笑通人。故复济之、孟真两先生函，于此只愿就个人所知，聊贡刍荛；至于正式计划之拟定，最好出自孟真、济之两先生之手，或由作民负责，亦无不可。区区之意，敬求垂谅，毋任感幸。（七）在此所需普通应用物品，已见前寄《西北旅行须知》，稍事损益，即可对付。（此地拓碑工人，技术极坏，劳、石二君托上寺喇嘛拓千佛洞诸碑，拓本送来，尚不如达所拓岷州庙残石，几不能用。故在西北，碑版最好自拓。唯此地墨极坏，黄而不黑，能从川带一两斤中等碎墨，亦可备不时之需也。）所有工作必须之照像绘图材料、测量器具，非自带不可，邮寄全不可靠，而到此后，又无处可购也。（去岁十月，全君汉昇为自渝寄小书数册，至今未到。十二月初，渝友为寄 tracing paper 等件，十二月底陈君叔谅为托人带书二包至兰转敦，至今俱无下文。邮寄之难与托人之不可靠，可以想见矣。）至于图书，自然最关紧要，然既不能借，谈亦无用。地图有达所带之 Stein’s *Innermost Asia* 附张掖至敦煌十余幅，勉强可以应付，此外能带一两种与西北及新疆有关者亦好。（有牛津之 Advanced Atlas，无妨带来，亦有用也）。唯河西各处，除武威李氏尚有藏书外，其余各处，书籍俱极缺乏。敦煌窦萃五有四部备要本廿四史，此为仅见。近窦君作古，书亦无从借起。此则不可不知者耳。（在此作工作，第一年自不能希望书籍齐备，唯廿四史不可不备。达有开明本廿五史一部，存浙大谭季龙处，谭君不用此书，作民经过遵义，可以带川。在西北有此，便可称富有矣。作民处请左右负责通知，谭君处达即去函通知，乞斟酌为幸。又罗叔言之《沙州曹氏年表》，影印之《沙州图经》，不知能为觅人代抄一份见寄否?《西陲石刻录》单本能假一本见寄尤佳,否则抄示其中之《索勋碑》及《敦煌长史武班碑》二种即可。)(八)去岁九月,自渝动身,毅侯先生付五千元,在兰州借二千元,十二月又汇来五千元,共领一万二千元。在兰置备行李,购买应用杂物约用四千,自兰至敦,约用八百,在敦五月,约用四千,尚存约三千余元。最近汤锡予先生函告,谓北大允为协助小款,将来以此为自敦煌至天水、由天水返川费用,大概可以对付,乞告济之先生,以后可不必汇款。劳君月初自渝来函,谓去岁在酒泉曾存一万元,专供达支用云云。此事以前从未谈到。十二月十四日石君璋如自兰来函,谓酒泉存一万元,供明年工作之需,未言专供达支用,仅云达如需用,不妨提取若干云云。顾二君所存之款,俱未示达以如何取法,岂非滑天下之大稽?此俱是麻烦事,乞告济之先生,即属劳、石二君将此款从速提回。达此刻无此必要,乞人馂余也。感盼感盼。世岂有将自己身体开玩笑之人?有之,其惟释迦牟尼与墨子乎?达何人斯,岂敢希踪古圣?自苦云云,形容太过,诸公不必为我过虑也。盛意仍极铭感。

承为转达孟真、济之两先生意,命达在敦煌继续工作,极感殷勤。达所以今夏必须东归之故,已具以前诸函,可不更赘。唯可在此候作民到后,于地方情形弄熟悉后,然后东去安西,下情当蒙宥谅也。去岁九月,自李赴渝,从博物院借一千元,顷函舍下命将此款归还。请左右代交济之先生,将达所立借条收回销毁,并达谢忱,感荷感荷。十二月十八日航寄孟真先生照相底片一盒,共三种,如已收到,下次左右赐教,便乞示知为盼。玉关之行,以油矿局车尚无定期,至今迟迟。三月间南湖新修水坝行放水礼,陈县长拟亲去主持,其时或与俱去,重访阳关,然后再及其他也。舍下来函谓:每星期三、六晚间,请左右为小儿补习英文,此事既感高谊,复增愧怍。左右甚忙,岂可以此相烦?舍下殊不晓事。左右能为介绍游女士帮忙,即感激之至矣。舍下不恭之处,还祈勿罪,幸甚幸甚。致济之、彦堂、贞一诸先生函,并恳转致。率陈,即叩

著安

向达载拜上自莫高窟　二月廿八夜

昭燏先生:

前函草就后,尚有余意未尽,因更补陈,希察为幸。(一)设立西北工作站,在学术上固为极重要之举,唯达绝不愿且亦不能主持此事,其故有二:第一,个人无作头领才干,只是跑龙套材料。打边鼓、凑热闹则可,一旦粉墨登场,便手足无所措。故生平于"长"字避之唯恐不及,此次荣任历史组组长,为生平第一次,亦即最末一次。足下知我,当能谅之。第二,一种新事业之创立,开始主持之人,最为重要。达于西北史地,只因治交通史而偶然涉猎,并未下过功夫,于考古尤其外行。致骝先先生函所谓:"搜奇有心,济胜无具",即是此意。此事请作民负责,最为适宜。作民不唯于考古学出色当行,即于史学、人类学以及其他相关各部门,亦有相当修养。若再能在西北驰驱一二十年,自可开一代风气。足下知作民甚深,当知达非过论也。作民初来,人地不熟,达愿在旁协助,将工作站成立,然后东归;过此,则非达之力量所能胜矣。(二)舍下寄居李庄,终非长策。李庄情形复杂,内人忠厚有余,应变不足,且寄居其间,师出无名,此事达等常怀不安。以前读《离骚》,深感其缠绵往复之情,而于屈子忧谗畏讥一至于此,殊不了了。至李庄后,始有所悟。一日为傅公言之,傅公大笑。(似亦曾以此告足下,足下亦不以为然。)然此终是事实。最近凌纯声先生因骝先先生力促其去

新疆，曾函询达意见，达复函力赞其去。凌公如果去新，凌府不知是否仍住李庄？如其因男女公子上学方便移家乐山，舍下亦愿同去，乐山武大有一小同乡在彼教书，与达一家感情甚好。如凌府真去，达当函乐山同乡，请其至李庄接舍下同去也。见到纯声先生时，乞为一探其意，感荷感荷。舍下寄居问题不定，则一切俱无从说起矣。

三月二日晨达又上

大纲告，谓足下在某报上刊登读《离骚》一什，辞意佳绝。不知何日始能一拜读也。附陈一纸，可否不公开与人观之。劳、石二君函并附呈览，此俱不足为外人道也。

（十九）

昭燏先生史席：

一日曾草一长函，于三日清晨托人带进城付邮，想不久即可登记室矣。内附致劳君贞一一函，左右当可过目。其中小注一则，如以为过于露骨，代为抹去，以存忠厚，固感盛意，如不抹去，却亦无妨。青年人初开始从事学术工作，便走上邪路，卖弄智巧，以不合作与经济封锁拒人于千里之外，如不稍予点破，将以为天下人皆是笨虫矣。鄙见不审高明以为然否？至于此次历史组因达学问资历不孚众望，以致演成同床异梦之局，为识者之所笑，每一思及，辄为汗颜。其所以如此，一方面固由于达迟迟其行，授人以柄，此外以为尚有一大误会在乎其中，今愿为足下一陈之。前年达在滇向北大方面及孟真、济之先生自告奋勇，愿作西北之行，始意不过欲以个人之经历，促研究院、博物院及北大通力合作，在西北为历史考古之学另辟一工作地方，一方面可以消纳许多新起人才，一方面因此为中国中古史、交通史，以及域外史之研究，另奠一合理的基础，进而与欧洲学者在中亚之历史考古研究取得联系，以提高吾国历史考古学学者在国际学术上之水准与地位。初志不过如此而已，并无其他私人之企图在乎其中也。区区之意，既为北大及孟真、济之先生所采纳。七月初，在昆明曾上适之先生一长函，详告此意。八月底，在李庄复与孟真先生面罄此衷。十一月廿六日，在敦煌上骝先先生一长函（此函渝，已录副寄李，足下或已见到矣），复以此为言。皆愿以个人之经历为刍荛之献，并不以为成功必在于我也。是以去春考察团组织就绪，一电见召，欣然就道，万里孤征，曾不返顾。至于个人学问资历之是否胜任愉快，可孚众望，初未尝思虑及之。盖亦知一新事业之开创，自须有一二笨汉，负辟山通道之责，而后，后来者始有坦途可循也。所不幸者，西北史地考察团之组织，虽出自研究院与博物院，而历史组则为两者与北大合作之事业。而达之来，亦为代表学校，并非以个人资格参加，此种情形，最少北大方面，有此谅解。惜乎考察团自组织以至出发，于此点未尝正式声明；历史、考古两组中人，于此中经过，尤其未能明了。总以为研究院与博物院所组织之考察团，乃横来一野汉，撞入上苑，并荣膺组长，而靦然不辞，此而可忍孰不可忍。于是始之以不合作，继之以经济封锁，酿成笑柄，见讥识者。而达以清白之身，竟成众怨之府，实则与达个人初无关涉，此有致适之、骝先、孟真、济之、纯声诸先生及足下函可为佐证，初不必指天日以为誓也。所谓有一大误会在乎其中者，此也。今劳、石二君，虽不来西北，而考察团之组织主持，仍与去岁无异，时序迁移，而形势不改，其足以使人误会依然如故，并有加剧之势。去岁荣膺组长，几乎冻馁而死，今年如再不度德量力,毅然负起筹备主持工作站之责,恐真非埋骨于戈壁滩上不可矣。殷鉴不远,来者可追。孟真、济之先生及足下来函,殷勤劝譬,责以主持工作站事,具征诸公见爱之深,信托之真。而达实有不能贸然相许之私衷在,故复不辞覼缕为足下陈之,幸垂谅焉。昆明汤锡予先生来书,谓北大有与研究院、博物院合作在西北设立历史考古工作站之意,嘱达勿遽归去。达于日昨以长函复锡予、毅生两先生,详陈去岁以来经过情形,并谓欲留达在此工作,亦无不可,唯有一先决条件必须解决,即北大与今年之西北科学考察团关于历史考古方面之合作,必须商妥,得到正式承认,而以达为正式代表北大参加工作之人,如此方不至于徒使个人成为怨府,而于学术前途,实际无所裨益。如其能办到此一点,则达之负责与否,不足轻重矣。作民循循君子,其学其识,俱胜达百倍,如其肯来此主持一切,而达则以客卿式地位从旁协助,如此既不害其为合作之局面,亦不至更起误会,而于工作前途,则有百利而无一害,于公于私,两俱得之。此达致北大汤、郑二公函之大意也。足下以为然乎?否乎?至于舍下在李,既承孟真先生殷勤垂顾,又得足下及凌公为之曲予庇护,因获枝栖,免于流离,私衷感激,永铭五内。唯内人出身乡曲,读书识字太少,于大道理不甚了了;重以从达甚久,耳目熏染,自亦养成一段乖僻性情,忠厚或者有余,而胸襟不阔,环境稍形复杂,便不知应付。如此久之,于人于己,两无是处。近去函命其考虑迁居乐山,即是此意。“靡不有初,鲜克有终”,诗人垂诫,能不三复?并非于居停主人有何不满,足下知我,当知吾言之非饰辞也。此事只须凌府决定,乐山房屋可以找到,而敝同乡又能来李庄一接,即可成行。路费一项,近亦思一策:一月间袁守和先生来函征稿,达拟将《蛮书校注》初稿交守和先生印行,如此可得数千

有一种脾气，无论做事做学问，从不喜趁热闹。去岁入川，已自惭为趋炎，今来西北，一身为怨府之不足，并以此累及友朋，既深惭愧，复违素志。以前迭函足下，详述衷情，坚求瓜代，皆是此意。现东归之意已决，西北事业，留待他生矣。忝在交末，当能谅之。其他一切，俟西湖归来后，当更详陈。傅、李二公处，已另具一函，匆匆，恕不恭。即叩

著安

向达上自敦煌　三月十三夜

（二十二）

昭獝先生左右：

十九日玉关归来，又奉二月廿五日赐教，良深感愧。生平于应事接物，往往出以直道，不解婉转。在昆明时，即因此不能取悦于人，致蒙脾气太坏之称。入川后体察情形，知不能复萌故态，故至西北遇有较费周折之处，辄托足下为之代达，以为如此，或不致以言辞直率，开罪于人。初不料足下竟因此代我受过，集谤一身。惶愧之情，匪言可喻。达与足下相知八载，居心无它，天日可誓。幸乞有以谅之，幸甚感甚。至于达今日之情形，大似蒙主人厚意相招，在人家作客帮闲。主人事忙，无暇照料，一切托诸管事。管事不体主人之意，始则荐以草具，渐乃三餐不继。作客者无可如何，只能作种种暗示，暗示无效，乃向主人婉辞求退。而管事者对人曰：某某何必客气！无饭无钱，向吾辈说可耳，世能有如此忝职诬罔之管事，绝不可有如此厚颜之客人。足下试为达设想，达之屡函求退，当乎？否乎？（达于去岁九月廿日抵渝，廿五日飞兰。廿二

晚毅侯先生命全君汉昇交达五千，曰：先拿此应用，并无任何其他言语交代。廿二以后，亦并未再见毅侯先生一面。抵兰后置备一切，所余无几，幸有骝先先生致科学教育馆馆长袁君翰青介绍函，请其帮忙，遂向之商借二千，蒙其慨允。达于十月一日西行，九月卅日在兰发一航快函及一电致毅侯先生，说明携款不够，不得已向科教馆借二千，请即电汇还清云云。达经济窘迫情形，尚待其他说明耶？因惧渝方不灵，故又函汤老师请北大为汇二千。直至十一月下旬，毅侯先生处迄无一字，因有十一月廿四一电、廿六一函致骝先先生，请其汇款接济。至十二月初旬，毅侯先生始来一电，谓汇五千至酒泉。直须作客者向主人要钱，管事者方一致答汇款，天下有是理乎？达自抵渝以迄飞兰，始终无人告我以后需钱，向何人接洽，而管钱者亦始终缄默不发一言。地理组人知之而不敢言，以之告袁君翰青，袁君不能忍，于石君抵兰，以汇款为言，乃有石君十二月中旬一函及劳君二月初一函。他人不惮为此言之，至再至三，而同组中人乃木然无所动。图穷匕见，则诿之于善忘。二月十二劳君又来一函，则直谓为达"客气"。天下事又岂有是理乎？总会计如此，会计诸人亦如此，欲谓之为不忝职、不诬妄，可乎？至于敦煌工作，并未结束而遽匆匆离去。（敦煌碑一份未拓，以之交诸喇嘛，喇嘛偷工减料，昨曾为一检点，《李怀让碑》后欠五行未拓，因不愿拼纸。又所余残石，只拓一面，又一面付之缺如。《索公碑》、《杨公碑》、《吐蕃赞普碑》、六朝残经幢俱未拓，不知何事匆匆如此也。）至酒泉不能待，七日而又北行。（实则自居延归来，在酒泉闲居半月，则何不少待数日，容下走得附骥尾，岂不甚盛。）在川购文具用品万元，返川不能带，弃置兰州，命达随便取用。而九月自酒泉北去，曾不留支笔片纸。达函二君，请其至兰为购铅笔、粉连纸，托油矿局带来。石君函复迳谓：君可自购。劳君稍讲乡谊，为寄铅笔一打，以表善意。如此，欲达不托友人在重庆购寄得乎？劳君十二日函，今并附呈一览。先后所寄劳、石诸君函，及致凌公函中附呈之袁君函，并恳保存，他日如重论此一公案，凡此种种，皆是证据，皆是史料，可以公诸有众，以待公评。观此则达所谓“先之以不合作，继之以经济封锁”，并非达之神经过敏，或危言耸听，又可知也。至于劳君十二日函，直是“满纸荒唐言”，惜区区无此精神，为洒“一把辛酸泪”耳。渝友垫款已汇还，足下可以释念。凡此具是私人不识大体，乱开玩笑，绝无訾议研究院之理。）作民来川，务乞劝其来此，负起主持之责。为学术前途，为个人事业，西北工作，俱不能不努力从事也。至于达个人态度，具详三月十日致足下及孟真、济之先生诸函中。只要今年考察团历史考古工作，愿与北大合作，达当可遵命留此协助作民；如不能与北大合作，这亦当助作民将工作站成立，然后东归。盖如不能合作，北大何必年糜万余，送一人供他人差使，与己无丝毫利益！而达一年食此虚禄，又何颜以归见北大诸同人！足下知我谅我，或不致责达为固执耳。以前足下于达来函，率公开与人观之，故亦不敢尽吐积郁。今既于西北事，避嫌绝口不提，用为略告经过，想足下必能终闷之也。达于十四日赴西湖，访玉门遗址，十九日归来。目睹汉代边墙故迹，一酬素愿。稍息数日，尚欲去南湖，再访阳关，三礼西千佛洞。归后拟草《两关游记》一小文，以寿柳劬堂老师。草成后定先寄足下一看，藉求教正也。率陈，不尽一一。即叩

著安

向达载拜上自敦煌　三月廿日

(二十三)

昭燏先生:

日昨晤四十八师师长谢某,湖南耒阳人。谓蒋先生意欲在汉玉门、阳关故址处建一牌坊,以资纪念。拟命敦煌驻军一四二团派人详为勘察两关遗迹,备它日建造牌坊有所依据。约达同行。建牌坊劳民伤财,殊无意义,唯借此得重游两关,未始不可,因即应允。明晨先上山稍息数日,俟彼等准备就绪,再下山同行。为期或在十日以后,归来当在四月中旬。《两关游记》草就,即寄求教益也。率闻,即颂

著安

向达上自敦煌　三月廿二夜

信草就后,方将就寝,冰谷县长来言:距千佛洞南三十里之大泉,已发现哈萨。嘱勿遽上山,云云。关外闻哈萨,几于谈虎色变。正月间,南山蒙古遭哈萨大掠,流离失所者六七十人,曾至千佛洞住十余日,至可悯也。不知何日始能一清萑苻耳!

(二十四)

昭燏先生著席:

三月间曾上数函,想陆续可达记室矣。其中时不免有激愤语,皆缘禁制功夫不深,故有此失。规过劝善,惟足下有以进而教之,幸甚幸甚。济之先生所发感电,已于卅日拜悉。作民之来,有如泥牛入海,杳无消息,真急煞人也么哥。济之先生电亦如尊教,命勉

为其难；凌公来书，且劝达立即在此招兵买马，进行一切。其实西北情形，远不可与他处相提并论。此间欲聘一小学教员，尚不可得，何况其他专门人才？此一难也。英庚会所办玉关小学，征求一办事员，薪水津贴，可至九百；考察团能出重薪以延揽好手乎？此二难也。故欲在此间工作，非带齐班子，备好一切应用行头，直无从动手。借才云云，绝不可能。济之先生谓：作民夏初来川，即转西北。假定作民果能如期而至，然在未来之前，达赤手空拳，能作何事？此又是一难题矣。达目前打算，此间哈萨问题，四月初旬大约可有眉目。（三月廿二日，哈萨数人，已至千佛洞张氏所编一号洞前，执一挖金者，询千佛洞情形。挖金者答以千佛洞有驻军三、四连，哈萨始匆遽退去，唯命挖金者至城中报告，彼等有投诚之意，并冀能指定驻牧地点。如不之许，彼等或将至敦煌一游云云。当日张氏全家，避至三〇二号窟。下寺驻军一连，前一日进城听师长训话，只一指导员在，携手榴弹十二枚，亦上三〇二号窟预备万一。并即派人进城送信。廿三日清晨，驻军返防。廿四日达等亦上山。廿五日所派与哈萨接洽之代表，向南山出发。廿八日郑团长上山，询知代表尚无消息。据云：哈萨实数约五六百，已退至五个泉子，距敦煌约三四百里。则代表往返，非十余日莫办矣。日来安谧无事。）中旬，驻军或可抽暇派人前往南湖、西湖，勘察两关遗址。郑团长亲去，达拟偕往，重游两关。行程自敦煌至南湖，由南湖北行至西湖勘察大小方盘城，将来或须由西湖再西行三四站，然后返敦煌，为时当可半月。归后将千佛洞工作，稍一整理，作一小结束，于五月初旬或中旬先去安西，巡礼万佛峡及东千佛洞，为时暂定半月，已至五月将尽。如其时作民尚无来川消息，则真是俟河之清，达只有襆被东归之一策而已。此事究应如何处理，维左右为一决之,企盼之至。至于两关遗址,除阳关大致可以决定外,玉门一关,尚难遽定。清人书大都谓大方盘城即玉门故关所在。大方盘城在敦煌西北一百六十里,为东西向之一长方形小城,有内外二重,外城东西长约一百六十公尺,南北约五十公尺,内城四面各损十五公尺,内城分为三大间,用墙隔开,各不相通。四周墙上下两端,凿有高约一公尺之三角形洞,斯坦因谓系流通空气之用者。外城则四隅各有碉楼。就现存形式而言,谓为关城,恐古今无此制度。斯氏谓系屯粮之所,或得其实。唐人著《敦煌录》,谓沙州西北二百三十里有河仓城,古时军储在彼。所谓河仓城,疑即今大方盘城。至于里程,唐人所纪与今悬殊,如写本无误,则当由于碛中道路,迂回曲折,本无一定,故古今不同耳。而其非汉唐时代之玉关故址,则大致可决也。大方盘城西四十里为小方盘城(斯氏谓两者相距五哩,恐有误)。城成正方形,每面约长三十公尺,城东北约七十公尺,一土阜隆起。斯氏曾在此掘得汉代简牍甚多,因谓汉玉门关故址即在今小方盘城。案:两关所在,汉魏以来载籍无征,唯唐人书屡及其地。言两关者,求之文献,舍唐人书,即无可稽。岑嘉州诗,数及玉关,其《玉门关盖将军歌》有云;"盖将军,真丈夫,行年三十执金吾。身长七尺颇有须,玉门关城迥且孤。黄沙万里白草枯,南邻犬戎北接胡。将军到来备不虞,五千甲兵胆力粗。"又《苜蓿烽寄家人》诗自注云:"玉门关外有五烽,苜蓿烽其一也。胡芦河上狭下广,回波甚急,深不可渡,上置玉门关,即西域之襟喉也。"胡芦河当今何地,已无可考,唯今小方盘城,方只三十公尺,北面苇湖,西抵后坑子(小方盘西三十里),东经大方盘,以迄于哈利淖尔(义为黑海子,疏勒河之所入也),绵延百余里,城南毗连戈壁,弥望无际。城固不足以容甲兵五千,城外又三面平旷,无可屯驻之所。至于城北苇湖，虽到处沮洳，不可渡涉，而嘉州所云之"上狭下广，回波甚急"之语，并不相似。是谓小方盘城为即古玉门关，征之唐人书，实有不合。斯氏在小方盘发掘情形，具见其所著 *Serindia*，所得简牍，则见于沙畹之 Document Chinois，etc，及罗叔言、王静安之《流沙坠简考释》中。诸人所考，都已不复省忆，手边又无其书，无从覆按。不识斯氏之言，是否有简牍遗文以为佐证，抑仅凭推论得之。左右亦能抽暇为检斯、王诸氏书（斯氏发掘汉代长城记载，似在 *Serindia* 第二册中，《坠简考释》则检屯戍丛残及静安先生前后二序，可知梗概），举其所考大概见告否？如能觅人为录静安先生《考释》二序及有关玉门故址诸简牍原文及考释见寄，尤为感荷。屡以琐屑上渎清神，死罪死罪。敦煌艺术研究所常书鸿偕高一涵诸人于廿七日抵千佛洞，晤谈甚少，不知于此千秋胜迹，有何伟画。佛言成住坏灭，今千佛洞已过第三阶段，不灭何待？唯在此半载，眼见有计划大规模之剥离破坏，举出于所谓考古学者以及艺术家之手，而愚夫愚妇不与焉，此则颇难为怀者耳。临洮近来"匪"氛甚炽，啸聚至五千余人，保安队一团往剿，全军覆没。距兰州东南四十里之阿干镇，已为所攻陷（阿干出煤，为兰州日常燃料来源）。其口号为"征粮不公，抽丁不公"，不知将来如何了结也。敦煌自限价以后，百物绝迹，猪肉久已无市（黑市每斤廿余元，猪油每斤卅余元，却亦甚少）。牛羊肉偶尔一见，亦转瞬即尽。面粉限价三元一斤，黑市六元亦无购处。陈县长前数日首途赴渝受训（本定十五日成行，以军部派专员征购骆驼，在敦坐索，坚不放行，十五日竟大闹县署，打翻办公桌，亦西北一小沧桑也）。首途前为拨平价粮小麦十石，吃饭可不成问题。无肉尚可，唯白菜、罗卜亦绝迹，此则不了也。吾人见面，动问"吃饭与否"，今则真只有吃饭矣。限价未几，即已如此，

如不急图补救,后患将不堪设想。李庄当亦与天下老鸦同黑,不胜悬悬之至。敬闻,不尽一一。即叩
著安

向达载拜上自莫高窟　四月一日灯下

致舍下一笺,便恳饬交。感荷感荷!

(二十五)

昭熵先生侍席:

一日曾上一函,于昨日托人带进城付邮,其中于玉门关引岑嘉州诗,当时颇为不解,以为嘉州所纪,何以与现在所见大小方盘附近情形悬殊至此。昨夜检《辛卯侍行记》引《元和志》,始知唐代玉门关已东徙至今布隆吉双塔堡东,所谓葫芦河,今名窟窿河,即疏勒河之一支流。至于汉代之玉门故关,《元和志》谓:在寿昌县西北一百十七里。天福写本《寿昌地境》则谓:玉门关在县北一百六十里。以地望考之,汉玉门关在今西湖左近(敦煌西北二百三十里)或者可信。唯于斯氏所云小方盘之说,仍不能无疑。小方盘不过一三十公尺见方之小城,除城北俯临苇湖,一土阜有烽墩残迹外,此外三面全是戈壁,一无居住痕迹。而自小方盘西行三十里至后坑子,其间尚存二墩,每墩相距约十里。现存西面第二墩,在后坑子、苇湖(略成南北向)西岸戈壁上,自此西望,有数墩尚隐现于戈壁地平线上(三月十七日只至后坑子西岸汉墩为止,未能更西一考其他诸墩也)。与东面诸墩,俱成一直线,东面诸墩即为汉代边墙之碉楼,颇疑汉长城自后坑子往西,尚延展数十里也。如汉长城迤逦及于小方盘西六七十里,为西域襟喉之玉门关,乃远在长城终点

之后，此亦不可解者。不知左右亦能为一祛疑惑否也？《敦煌余录》，近又钞得数种，其中一县道地名（原名已佚）甚好。各县道名称上并用朱笔注明上中下及赤紧望三辅六雄诸等级，下注距西京、东都里数、贡品以及公廨本钱数目，犹是中唐以前写本。石室中类此者尚不多见也。此间哈萨问题，竟成一谜。昨日晤千佛洞驻军连长乔某，谓：派去接洽之代表，至南山中行三四日，不见哈萨，废然而返。军政方面，对此作何处置，则不得而知矣。常书鸿来，谓教育部曾电张氏，命其离开敦煌，云云。近闻张氏有于月底东归之说，不知确否。济之先生任考察团团长，已确定否？极以为念。率陈，即叩
著安

向达载拜上自莫高窟　四月三日

（二十六）

昭燏先生侍右：

廿四日重游两关，归来得读三月廿二、廿九两次赐教，并承钞示《索勋碑》及《曹氏年表》，感荷无既。关于拙著《小记》，蒙为改正，敬此谢谢。《道宣三宝感通录》，试查《昭和法宝总目录》，当可知其在《大正藏》何部。沙州墓葬一段，缺者为"茶"字。千佛洞北口，筑有一亭，四月八日备有茶水，以供进香者之用；并悬一钟，声闻数里，行戈壁者，聆此可以不致迷路。故名其地为茶亭子。如拙稿寄回时，敬恳注明为幸。西北工作足下殷勤开示，以国家学术为言，达虽顽钝，能不感奋！唯达之所以不愿为此，与客气无干，而系个人实有能有不能也。今仍守以前诺言，俟作民到此，助之将工作

站成立,然后再图实行个人所拟对于河西陇右中国古代佛教艺术遗迹作一整个考察之计划。张大千五月初离敦赴万佛峡,达大约亦于此时去彼,留一星期,五月中旬返敦,将千佛洞工作整理结束(描图纸已寄到,拟摹乐舞图十余幅),再作他计。足下所云返川一行,甚是甚是。达已于今日电骝先先生,请求于六月间赴渝面商一切,求其复示。大约在六月下旬或七月初必可至渝,然后赴李谒傅、李诸公,恭聆训诲,至时仍望足下能痛予开示也。舍下亦已于今日去电,命其迁乐山,如有困难,则暂时赴渝,居沙坪坝。儿辈上学,以及照料,俱可无大问题。舍下在李,承蒙关注,儿辈复劳督教,真所谓古道照人,求之今日朋友,岂复可得。此情只有永铭五内。对于舍下及儿辈,唯恐足下训诲之不嫌,督教之不严。古人易子而教,即是此意。达及内人尚略明道理,足下不必鳃鳃过虑也。小儿燕生,进空军幼年学校,似不相宜;因其头脑不清,性情太浮,学空军只有出乱子,不如进一好中学,尚可略望成材耳。能进南开中学,自然最好,迁居沙坪坝,亦即为此。达已另函舍下,将来如迁渝,或即与凌、刘二家同行。傅公居停之谊,殊不可忘,已作函敬谢矣。北大与博物院、研究院合作事,骝先,企孙、孟真先生日昨来一电,谓无问题。锡予先生亦有一函,谓郑毅生、姚从吾赴渝开史学会,与骝先先生面洽。来电大约即系洽商结果。将来如果合作成为事实,还以请作民主持为宜。不惟作民于考古为当行,即在人事方面,亦可减少许多麻烦与磨擦。至于达个人,自知赋性愚钝,生平为学,谨守"安分藏拙"四字,任何方面,俱不敢存专家妄念,能尽一份力量,少效奔走之劳,于愿已足,其他非所望也。去岁以来,只以个人修养不足,以致朋友代我受过,成为怨府,物议因而蜚腾,一己亦不能克制,愤懑之情,形于言表,斗筲之量,言之增愧。近来亦已少少省悔。去岁如经济充裕，则养尊处优，何从有机会受室内摄氏零下廿二度之训练，自亦无从有今日之一副顽躯。（三月中去西湖，策马往返六日，归来后腰背酸痛，一月始克平复。此次亦骑马往游两关，十九日赴南湖，夜宿西千佛洞，次日抵南湖，廿一日下午自南湖北行八十里，宿卷槽北，廿二日宿小方盘，廿三日上午往看西湖，下午东归，夜宿大方盘，廿四日自大方盘疾驰一百六十里返敦煌，夕阳犹未西下。同行兵士，下马时腿脚俱软，达尚能行所无事，精神上战胜家兄。对于个人身体，颇为自慰。此不能不感谢去冬所受之严格训练也。）来日大难，此刻能有机会锻炼身体，即他日可多受一分艰苦。劳、石二公，为德甚大，正感激之不暇，足下以后于此亦可不必介怀也。渝汇兰二万元，决留待作民来用。北大已汇五千，将来东行，以及返川，此款当可敷用，如有不足，再行商借。舍下还博物院一千元，济之先生不受，令人惶悚。研究院汇昆二千元，承足下盛意，代为报销，已不敢当，此款决不能再报（世间出旅费只有一次，岂有至再至三之理。此例不可自达而开也）。六七月间返川，达只有面缴而已。尚乞谅之。《沙州图经》，似曾印入罗氏铅印之《敦煌石室遗书》中，史语所似有其书。又史语所有《内藤还历纪念支那学论丛》，其中收有羽田亨所作《论光启写本沙州地志》一文，附地志原文。亦能为觅人代钞一份否？钞费若干，连《曹氏年表》，尚恳见示，以便奉缴。感盼感盼。率陈，不尽一一，即叩

著安

向达再拜上自敦煌　四月廿五日

(二十七)

昭燏先生史席:

达定于五月六日乘车赴安西,转万佛峡,在彼留一星期,至十日即返敦煌,整理结束一切。如骝先、济之先生允达返川一行之请,则于六月中旬离敦去兰,六月底或七月初飞渝。张大千、常书鸿亦去万佛峡,有安西驻军派队保护,安全无问题。黄仲良于四月廿九日至千佛洞,扬言将在此住月余,不知尚有何举动,亦奇闻也。率闻,即颂著祺。不一一

向达上自莫高窟　五月一日

(二十八)

昭燏先生侍右:

日前曾上一函,又命舍下转陈短笺,想不日可达记室矣。达原定乘六日班车赴安西转万佛峡,因班车人太拥挤,临时变计,改于十日搭油矿局车东行。七日无事,策马往千佛洞一瞻庙会之盛(千佛洞庙会始四月二日,至七日即毕,八日移至城内大佛寺)。上午抵山,香客寥寥,盖今年有停止庙会之谣,故来者裹足耳。下午五时返城,获读四月十一日手教,既感且愧。足下与凌公因达事致起龃龉,区区之罪,真百身不足以赎矣。凌公赋性率直,兼有傲骨,处世接物,往往率性而行,以此开罪于人者不少,然居心无他,而笃于友朋,则与足下同也,幸有以谅之,不复以此介意。下情祷祝!下情祷祝!至于劳、石二君,在达视之,安知非塞翁之失马,方感激之

不暇,前曾对左右一明此意。今重荷开示,良友箴砭,敢不加勉。内人量狭,容有怨愤之语,当去书告诫。左右如有所闻,尚祈海涵不胜拜祷之至。研究院寄滇二千元事,屡蒙劝譬,兹复承凌公与足下代为报销,高谊盛情,感激之至。七月返川,当再叩谢。负荆云云,言重言重,令达何以克当!自李赴渝所假一千元,俟返川谒见济之先生请命后,再行决定,不识以为何如?作民启程赴川,想尚无确期。此公行止,大有千呼万唤始出来之概,唯祝其抵川以后,不再有变化,则不仅区区得代,可庆生入玉关而已也。西北情形,尤其就历史考古立场言之,年内恐有剧变。交通既视前为便,形形色色之考察团,亦如雨后春笋,层出不穷。于是河西一带,游客络绎不绝,而一般实际上与找宝者无异。表面上乃自命为历史学家与考古学家者亦不绝于途,此辈伪考古学者一来,可谓为考古学上之一浩劫。今试举一例以明之:黄君仲良到千佛洞之日,即昌言可将壁画剥离一部分,以资彼比较研究之用。差幸敦煌艺术研究所常君书鸿于此尚不胡涂,对于黄君提防甚严。故千佛洞方面,大概可以无虑。唯此公兴致不浅,颇思独游两关。自小方盘以西,尚存汉代边墙三十余里,法显所云之敦煌塞,当即指此。斯坦因在此一带发见汉简甚多,唯于边墙烽燧,未大加破坏,至今犹可窥见当时规模。三四两月,两游其地,亦只徘徊凭吊,不敢妄动锹锄,因自知于发掘全无训练,率尔从事,徒然损坏遗迹,见讥识者,而于学术曾无补益也(斯坦因之讥橘瑞超,可为殷鉴)。将来甘疆公路(自甘通南疆)开通,游人日多,若黄君者,比比皆是,则保留千数百年之敦煌塞,不毁于外人之手,乃毁于冒牌之中国考古学者之手,不亦大可悲乎?去岁汤锡予先生来书,即以此为虑。当时以为或不至此,今遇黄君,始知前辈所见,究自不同,而于作民之迟迟其来,亦未免有遗憾焉!敦煌县长陈冰谷先生奉省令缓训,行至酒泉,又复折返。日前已以此事函陈骝先先生矣。明晨即赴安西,此函即于安西付邮,大约廿三可返敦煌。率陈,不尽一一。即叩

著安

向达载拜上自敦煌　五月九日

(二十九)

昭燏先生左右:

九日一函,于十日发自安西,想可蒙察及矣。达于十日晨八时乘油矿局车发敦煌,下午三时至安西十工。距城三十里,车陷沙中,机件又生故障,修理推挽,至六时始入安西城,夜宿空军招待所。得知张大千氏已于八日赴万佛峡。(张氏之子及其门人、喇嘛等,于上月卅日自千佛洞乘骆驼迳赴万佛峡,由敦煌驻军派兵一排护送。张氏诸人则乘六日班车赴安西。启行之日,敦煌军政商学重要人物举至车站相送,其声势之浩荡,虽谷正伦氏离敦,亦远有不逮。张氏抵万佛峡,复由安西驻军派兵一连驻彼保护,一排驻万佛峡北之蘑姑台子,两排驻万佛峡。询之,俱曰为保护张委员作画来也。安西驻军为中央四十二军四十八师一四三团。团长田某,在安西相见,属达勿住洞中,曰恐碍张老先生看画也。气焰之大,可以想见。达与张氏在敦煌于启行前小有龃龉,固缘个人量小,亦张氏咄咄逼人有以致之,其过不尽在区区也。)十一日在安西略购什物,并借锅碗等用具。团长田某并允假驴以为乘坐驮物之用。十二日晨九时发安西西门。(此行教部艺文考察团之卢君亦同往,并带敦煌警察一人作勤务,田团复派士兵二人招呼牲口,安西县政

府亦派一警士引路，共计六人，驴五头，声势视张氏逊色多矣。一笑。）十一时十工尖。自此迳南入十工山，山不甚高，岩石颜色与三危同，盖即三危一脉也。约行十里出山，豁然开朗，平原无际。南望群山起伏，如在目前，相距约七八十里，东西极广，一望无涯。在十工山上遥望南面平原，绿树数丛，点缀其间，是为破城子。下山后沼泽纵横，泥泞遍途，地上白如霜雪，俱是盐质。下午四时，抵破城子，宿一杨姓家。破城子为安西桥蹈乡（桥资、蹈实）第十甲，有十余户，以其南三里，有一破城，故名。六时饭后，与卢君往游破城。城约一百五十公尺见方，正南向，城东北隅一碉楼，又形似烽墩，外有短墙一道，高可及肩，以为围护。有狭径可以拾级而上。墩上中央突起一方台，土呈黑色。细审之，则烬余之芨芨草也。墩亦以芨芨草夹泥土、土墼垒筑而成。城东面中央尚有一墩，西面有三墩，形制略同。西南一墩，上有芨芨草余烬与前墩同，当是举烽后之余痕也。其夹用芨芨草筑墩，与在敦煌小方盘一带所见之汉墩同。拾得破陶片，其花纹形制亦与小方盘一带所得者类似，颇疑其为汉代故城。城中现有一龙王庙及一狐仙庙，龙王庙内住道士数人，附设一国民学校，学生十余人，教员孙姓。在龙王庙中见一铺地方砖，花纹与莫高窟所有之唐砖同。城北一破屋，瓦砾堆中亦有破砖，花纹与在龙王庙所见者无异，则此当是汉代旧城，宋以后始归于沦废耳。陶保廉《辛卯侍行记》疑破城子为即汉之广至，唐之常乐，又引章怀太子《盖勋传》注，谓：广至今谓之悬泉堡。十三日在万佛峡见一窟，供养人像题名屡云悬泉镇，今自破城子至万佛峡约七十里，所谓悬泉镇，当即在今破城子，则陶氏之言，不为无见也。自破城子南望，一片戈壁，直至山麓。山上一缺口，成凹字形，俗呼水峡口。进峡即为万佛峡。十三日晨七时半发破城子，引路警士有公事至踏实,辞去。遂别雇一孙姓老人引路,直南行戈壁中。十一时半抵水峡口,踏实河自南北流至此,突破东西走向山脉,转而东南。将至峡口,即闻水声如雷。遥望南岸绝壁上,亦有洞窟十余,引路孙姓老人谓名下洞。斯坦因地图则作小千佛洞,因嘱引路诸人至峡内小歇,烧水。达与卢君循小道下,过水往看下洞,计存十窟,壁画尚未甚残破者只二窟,皆晚唐及宋代作品也。下洞水流甚激,两岸红柳掩映,绝壁上点缀洞窟,风景佳绝。北岸尚有数窟,水流激湍,深可过膝,隔水遥望,废然而返。进峡后景物益奇,两岸石壁宽者寻丈,狭才盈尺。水为所束,流益激,声亦愈大。夹岸细草蒙茸,间以青苔荡漾水际,浑忘身在塞外矣。小息后,复南行,乱石碍路,时有沙塴,涉水三次,约二十里,始至蘑姑台子。庙宇甚大,以哈萨肆虐,久无居人,今驻兵一排。自蘑姑台子向南,行戈壁中十里,是为万佛峡。自戈壁循小径而下,踏实河流经其间,东西两岸,俱有石窟,庙宇房屋不少,可住者俱为驻军及张氏诸人所据。达等不得已,以卧佛殿为"行辕",夜即卧供桌上。以臭皮囊供养佛,佛当亦不我罪耳。十四日泛览各窟一遍。其有壁画者,张氏编二十九号,西岸有画者九窟,无画者二窟,东岸有画者二十窟,无画者及供居住者十余窟,总计为数在四十窟以上。今日起复逐窟为之纪录,拟于十九日纪毕,廿日返安西,廿三日班车回敦煌。万佛峡各窟,最早亦不过为晚唐所开,迟至元代尚有修建。就画而论,自不及千佛洞之精博。其中唯张氏所编第九号、第十二号(皆在东岸)二晚唐窟,保存甚好,为千佛洞所不逮。其十二号窟,且有光化三年题名,清晰可辨。顾有三元窟(张氏所编一、二、三号窟)俱绘密教曼荼罗,为千佛洞所未见,画亦工致可喜,其蒙古西夏人供养像,亦极清晰(一为俺答皇太子像)。或指此为西夏窟,恐有未谛。诸窟大都开于沙州曹氏之时,故其供养人题名,不乏可以补沙州曹氏一代史文之阙者(如张氏所编廿五号窟,门洞女供养人有:大朝大于阗金玉国皇帝的子天公主李氏一心供养。题名对面即为曹延禄、延瑞兄弟像。延禄题名结衔作:"敕竭诚奉化功臣归义军节度、瓜州等州观察处置管营田押蕃藩等使、特进检校太师兼西平公、敦煌王、谯郡开国男、食邑一千七百户、曹延禄供养";延瑞题名结衔作:"节度副使、守瓜州团练使、金紫光禄大夫、检校营田大使兼御史大夫、谯郡开国男、食邑三百户曹延瑞供养",皆可以补正史之不足。此外,从供养人题名中,知尚有瓜州节度、县泉节度、县泉镇遏使、都头、押衙、衙推之名。于推究曹氏一代官制,亦不无裨补),唯恐不甚多耳。总之,从美术上见地言之,中国佛教美术,至万佛峡盖已成强弩之末矣。在安西遇到中央社摄影部主任罗寄梅(长沙人)夫妇及摄影记者顾廷鹏二君,受敦煌艺术研究所之托,拟遍摄千佛洞各窟壁画,携带材料甚多,计划工作半年,今日亦抵万佛峡,大约于六月三日班车赴敦煌。如能为千佛洞、万佛峡留一详细纪录,诚盛事也。万佛峡南行四十里,即石包城。马行当日可返,颇思借机一游,惜安西驻军无马为憾耳。明日有人返安西,因托寄此函,匆匆,恕未能尽。见到内人,并恳以达行踪告之,感荷感荷。敬叩

著安

向达载拜上自榆林窟　五月十五夜

万佛峡古名榆林窟,有西夏天赐礼盛国庆五年一题壁记

论敦煌千佛洞的管理研究*

一 绪言

敦煌千佛洞的兴建,自西元后第四世纪中叶开始,以后隋唐五代以至宋元西夏,代有兴造,绵历千年。在中国的佛教史迹上,时间方面只有房山的石经洞勉强可与一较短长。就规模而言,大同的云冈,洛阳的龙门都是雕刻,似乎与敦煌千佛洞的壁画塑像不能相提并论。然而敦煌与云冈、龙门在艺术系统上自有先后继承的关系,而千佛洞壁画题材之复杂,所包涵的范围之广大,云冈、龙门都不能望其项背。所以敦煌千佛洞在中国艺术史上的地位,真可以弟视云冈,儿蓄龙门!但是敦煌一地自宋以后久沦异族,中原士大夫少至其地,是以文献上殊少记载。今日千佛洞诸窟,除去曹元忠一家所建窟檐题有宋代年号而外,更不见有其他的宋人题名,明代我只见到成化的一个。直到清康熙时平定准噶尔,敦煌始重奉中原正朔。这种政治上的变迁,从千佛洞的题名上可以一一表现出来。其后徐星伯的《西域水道记》始记载到敦煌的千佛洞,而只

* 本文曾以"方回"笔名发表于《文史杂志》第四卷第1、2期合刊。

考订建窟的年代,于壁画塑像之壮丽,却未提及。以后的人于此也就逐渐忘记了。光绪二十五年五月二十五日石室藏经出现,偶有一二流传世间。光绪末年,英国的斯坦因和法国的伯希和二人先后至此,将石室藏经以及唐人画幡捆载而去。剩下一点经卷,收归京师图书馆,今归国立北平图书馆。伯希和并将敦煌壁画摄影,印成敦煌千佛洞壁画集六大册。于是中国士大夫始知在石室藏书之外,还有最可宝贵的壁画存在。自斯坦因伯希和至敦煌以后,至今整整三十五年,在抗战以前,除去美国人、日本人偶尔有到过此地的以外,中国方面专诚为研究壁画而至敦煌的,只有民国十四年陈万里先生一次。而这一次陈先生因为旁的原因,也失败了。自十四年至二十六年抗战开始,自然很有一些人到过敦煌,瞻仰过千佛洞,然而他们只是游览,说不上研究,故可以不论。抗战以后,西北的交通比以前便利,来游敦煌和研究壁画以及塑像的人逐渐增多起来,于是千佛洞的名字也常常见诸报端。去年有创立敦煌艺术学院的建议,最近听说敦煌艺术研究所也正式成立了。千佛洞湮沈一千多年,否去泰来,能有今日,山灵有知,也将为之庆幸不置。我以下所说,只就千佛洞之亟应收归国有交学术机关管理,以及研究敦煌艺术应该注意的几点,约略发表一点个人的意见,此外并提出其他有关的几个问题,请大家注意。我希望自己所说的不致有偏激过高之论。如若读者对于我的意见有疑问,尽管可以平心静气的来讨论。如若觉着我的意见有道理,我也希望大家从旁鼓吹,把这种意见逐渐化成舆论,因而见诸实行。如此,可使千余年来先民心血所聚,而为中国最可珍重的一个国宝,能够付托有人,不致日益毁坏丧失,其应额手称庆者,岂止我个人而已!

二　论千佛洞亟应收归国有交由纯粹学术机关负责管理

千佛洞在今敦煌城东南四十里，中隔戈壁，位于鸣沙山东端。自南至北，约长三里，洞前一道小河，唐代名为宕泉，今名大泉，从南山流出，向北经过千佛洞前，逐渐没入戈壁之中。隔小河遥对着一排带青灰色成东西走向的山，即是三危山。鸣沙山自敦煌西南七十五里西千佛洞稍上一点，党河自南向北冲破三危山的峡谷处起，沿着党河南岸迤逦而东，至敦煌的千佛洞为止，全部为沙所掩。但是沙下实是地质学上称为玉门系的砾岩层累而成，千佛洞即就这种砾岸凿成无数洞窟，砾岩中含无数小石粒，靠着中间所涵一点点石灰质粘住，质地极松，不任雕镌。敦煌千佛洞之所以只有壁画和塑像的发展，而无像云冈、龙门那样伟大的雕刻。受自然上的限制，大约是一个最主要的原因。千佛洞创始于西元后第四世纪中叶，至元为止，其中前后窟数究有多少，无从考起。以前伯希和编号将近二百窟，最近张大千先生所编到三百五号为止，其中有许多小洞他并未算入，加上最北伯张二氏所未编号而有壁画的四窟，现存有壁画而未完全或部分破坏的窟数，当在三百二十个左右。毁去的总不在少数。其所以毁坏的原因，大概可分作自然的与人为的两方面来说。

自然的原因　千佛洞的岩层，是一种玉门系的砾岩，本身粘力不大，容易风化。而敦煌一年到头的风，以西北风与东北风为最多，这两种风对于千佛洞有些洞窟之自然崩场，影响最大，尤其是西北风。千佛洞上面是一片戈壁。在太古时代，原无所谓鸣沙山，后来祁连山上冰河下来，逐渐溶解，一些小石砾慢慢堆积，鸣沙山的成因大约如此。其中有一道冰河，沿着今日大泉的河床下来，在三危山鸣沙山之间，冲成一条河谷。如今大泉没入戈壁的口子上，还散布着许多大花岗岩石块，自大泉北口起向东北方向散布。这些花岗岩大石块就是冰河漂石，而散布的方向也就是当年冰河流动的方向。现在的大泉不过是涓涓细流，而在太古时代，想来应是一道大河。大约在唐代，所谓宕泉，也就比现在大。所以唐大历时的《李府君修功德碑记》上有“前流长河，波映重阁”之语，若在今日，便不能如此说了。千佛洞便是被这一道古名宕泉今称大泉所洗刷出来的一堵断崖，上面那一块戈壁面积不小。西北风起所刮的沙正对着千佛洞的方向吹。上面毫无遮拦，流沙便像河水一样自千佛洞上面直往下流。这一方面增加岩石的风化崩塌程度，一方面有许多窟，特别是最下面的一层，就此一年又一年地为流沙湮塞起来，最后以至于埋没为止。这种情形现在如此，以前想必也是如此。在以前如何防止这种流沙的办法，无明文记载，难以考知。不过就现存曹元忠诸人所修窟檐看来，以前在上窟前面，大约另修一道走廊，廊底是在岩石上打洞支起大木作架子，然后在木架上支起走廊。上面既可使流沙沿着屋檐下流去，不致侵入窟内，走廊另有门窗可以启闭，以防风日，廊外还有道虚阁，便巡礼的人来往瞻仰。以前这种窟檐为数大约不少，如曹延禄之世，阎员清修窟檐的发愿文即有“檐楹倾摧”的话，可以证明。现在窟檐既然大都毁坏，消极防御流沙的设备不存，各窟为自然剥蚀，风化崩塌的机会，也因而加多了。

人为的原因　说到千佛洞受人为的原因所摧毁的话，就复杂了。敦煌千佛洞本是为供养佛而创建的，创建是一种功德，创建之后,便又成了灵山圣地,引起一般人的巡礼瞻仰。敦煌为古代东西交通的要道:《后汉书·郡国志》注引《耆旧记》说是"华戎所支一都会也";裴矩的《西域图记·序》也有"总凑敦煌,是其咽喉之地"的话;所以佛教东来,敦煌首先受到影响。六朝时的高僧如于道开之流,不少是敦煌人。《魏书·释老志》说敦煌"村坞相属,多有塔寺"。故敦煌与佛教自古以来,即有很深的渊源。元祖时意大利人马哥孛罗东来,经过沙州,说沙州人崇拜偶像教,这种情形一直到现在还是如此。每年到阴历四月初八日,敦煌人几乎倾城的来到千佛洞礼佛。千余年来这些善男信女到千佛洞来礼拜烧香,每一个人只要在壁画上轻轻的摩一下,壁画就算是铁铸的也会摩穿了。如今千佛洞壁画上供养人像和供养人题名之所以十九漫漶,不能辨识,原因大半是由于礼佛的人,挨挨挤挤摩摩擦擦所致。还有千佛洞离城四十里,中隔戈壁,礼佛的人不能当天来回,势非在此住夜不可。千佛洞现有上中下三寺,(下寺是盗经的王道士所新修的,原无下寺之名)房屋不够住,和尚道士为省事方便起见,便在一些比较大的窟里或窟外,筑起炕床,打起炉灶,以供礼佛的人过夜烧饭之用。这一来壁画自然毁了。礼佛本来是一种功德,如今反而成为罪恶,这真是始意所不及料的!千佛洞壁画有一部分毁坏成为黑漆一团,这是一个原因。另一种原因是民初将白俄收容在千佛洞里,于是凿壁穿洞,以便埋锅造饭出烟,好多唐代的壁画都因此弄坏了,熏黑了。如今在许多窟里,壁上还有当时白俄的题壁、漫画,甚而至于账目也写上去了。这些罗宋朋友固然不够交情,而那位"始作俑者"的县长某君,"其无后乎"!此外中国人喜欢到处留名,上自学士大夫,下至贩夫走卒,无不如此,敦煌自然不能例外。不过敦煌人于普通题名之外,还喜欢题字谜,什么一字破四字破的字谜,千佛洞随处可以看见,月牙泉的壁上,也是如此。最有趣的,是光绪三十一年,一个人被别人拿去了二十两烟土,满怀抑郁,于是在一个唐窟的门洞壁画上用铁器刻上了一大篇叫屈的文章。这种情形看来,真教人啼笑俱非。据唐人所著《敦煌录》上说,千佛洞“其小龛无数,悉有虚槛通连,巡礼游览之景”。《李府君修功德碑记》上也说,“由是巡山作礼,历险经行,盘回未周,轩槛屹断”云云。是在古来千佛洞各窟的外边都有阁道,可以往来巡礼。现在这些阁道都坏了,而木架的遗迹以及岩石上所凿架木的孔穴尚有存留,还可以看出一点当时“虚槛通连”的情形来。阁道既毁,有许多窟就此无从上下,于是那位以盗经著名的王道士王圆箓又想出一个绝妙的办法。他将许多窟壁凿穿,因之以前不能登临的窟,如今都可以彼此往来。不过这一来却糟了,窟中的壁画在平空开了一个以至于两个大洞。千佛洞壁画所遇的劫,以这一次为最大。千佛洞所有最早的魏隋以及初唐诸窟都聚集于今称为古汉桥的一带,而凿壁通路也以这一带为最甚。单就这一点而言,王道士真是罪不容诛。(可惜他早已死了,不然真应该好好的治他一下。)至于有些人士如华尔讷之流,借着研究考察的名义,将千佛洞的壁画一幅一方的黏去或剥离,以致大好的千佛洞弄得疮痏满目,这种盗窃和破坏古物,律有明文,国有常刑,自不在话下,(华尔讷所黏去的壁画,曾见过四幅,一团黑漆。千佛洞如今尚有好几窟,窟上壁画一小方块四面都凿穿了,预备移下而未移的,大约都是华尔讷诸人的成绩!)

以上所说千佛洞毁坏的原因,除去自然一方面比较严重以外,其余人为的诸点,都是可以事先预防的。就是自然的毁坏,要完全免去固然甚难,而用窟檐方法,也未尝不可作消极的保护。然其所以不能者,乃是由于无专人肯负这个责任。于是千佛洞逐成为无父无母的孤儿,人人得而嘘咈,也人人得而欺凌。要说无人负责,似乎人人都是主人,真的一追究起来,便没有一人肯挺身而出了。要免这一切毛病,只有将千佛洞定为国宝之一,收归国有的一个办法!

我们知道日本法隆寺的金堂壁画,是日本的一个国宝。正仓院所藏的东西之中有一样鸟毛立屏风,屏风上的树下美人也是日本学者所最喜欢引来作为考据或夸耀的一样宝贝。所谓金堂壁画以及树下美人图,都不过是我们唐朝或相当于唐朝的东西。以之与千佛洞的壁画来比较,真是若培塿之与泰岱。可是别人拿着我们的东西,是如何的珍重爱护,而我们自己却把中国艺术上独一无二的一个例子,千多年来先民精神心血所寄托所创造的一件极精美的作品,任其自成自毁,士大夫不知爱护,国家不去管理,这是令人看来最难过的一件事!所以我的第一个建议,是要保存千佛洞,非将千佛洞收归国有不可。至于有人也许以为收千佛洞为国有,或不免要引起地方的抗议,我想这绝不会有的。千佛洞是中国整个文化上的一个表现,绝不是某地或某人所得而私有的,这同孔子之是中国整个文化上的一个代表,而不是山东或曲阜孔氏所得而私有的,是一样的道理。甘肃不少明达之士,大概也会同意我这一点小小的建议吧。

我的第二个建议,是千佛洞收归国有之后,应交由纯粹学术机关管理。我这一个建议,特别注重纯粹学术机关六个字,所以表示千佛洞的管理与玩古董讲收藏不同,这是要用近代博物院的方法与用意去管理的。还有一点,就是纯粹学术机关不受政治上易长的影响,主持者既不至于五日京兆,也可免去因常常交代而生出的一些毛病。

千佛洞如何方可避免自然力量的毁坏,这是一个很复杂的问题,需要专家来解决,现在姑且存而不论,而消极的防御如:重修窟檐阁道:重要精美,可以作为千佛洞壁画塑像的代表,或者有年代题识可作为千佛洞研究尺度的诸窟,应在可能范围内装设门户,平常锁上,有人瞻礼,临时开放,这既可以防止随便出入的损毁,对于阻止流沙的涌入湮塞,亦不无小补。这些措施,政府将千佛洞收归国有之后,应该拨出一笔不算小的款子来办理。为千佛洞正式有人负责管理起见,管理机关也应在此设立一个管理所。

在千佛洞作研究工作的人,都觉得有由国家付托一个纯粹学术机关在此设立一个管理所的必要。须知千佛洞有些洞窟之被流沙湮塞并不是一朝一夕之故,而是积年累月所致。如果有了管理所,经常雇有十来名工人,每天逐窟打扫清除,对于流沙的危险,虽然不能积极的解除,最少也可以消极的免去一部分的威胁。此外再有四五名警士常川驻在此间,至四月初八日由他们和工人分段维持秩序,不准任意涂抹壁画,击损塑像,不准随意住在洞内;(住的问题,可在洞前空地另建几所土屋。)不准乱烧纸钱,焚点香烛,以免熏坏壁画。(如张大千先生编号二二八窟,伯氏号数一一九,是曹延恭所建,供养人像甚为精美,尤其是女供养人真有仪态万方之感。今为下寺道士将原来塑像毁去,另塑送子娘娘像。作一小脚女人,身穿绿衣蓝坎肩红裤子,翘起一双三寸金莲,手抱裸体娃娃一个,村俗之态,令人作三日呕。因为烧香求子的太多了,四壁壁画以及藻井,全熏黑了不算,并由道士将壁画和塑像之间,筑起几间小室,设门以通往来,使求子的善男信女在此过关。于是好好的宋代所画供养人像,就此一部分被砌没了,更坏的是一些女供养人像,面目无一不被人另描轮廓,加上一撇八字须!举此一端,可概其余。)最可宝贵的几个洞窟,并可锁起来,或用其他方法,以免这些善男信女去混撞。普通参观的人来,可由管理所派员引导,予以指示或讲解。这自然给参观的人以一种便利,同时也可免去题壁以及其他种种恶习。而尤其使作研究工作的人感觉管理所的需要的,是责任方面有个交代!

近来河西一带逐渐为人所重视了,公路的交通也比以前方便了。自安西至敦煌不过一百四十公里,汽车半日可达,到安西的往往想去敦煌,一游千佛洞。敦煌城既无旅馆,又无车马行,于是来游的人无不直奔县政府,找县长说话。代办住处啦,代雇大车骡马啦,派警士护送啦;这一类的事,一月总得跑上三五趟。敦煌县县长于每日应办的公事之外,还得加上当这一份闲差。这种差事还有限,一个月跑上三五趟也就罢了,最麻烦的是替那些作研究工作的人,当油盐柴米的差事。作研究工作的人在千佛洞一住总是好几个月,粮食菜蔬非得由城里送不可。自己每次进城去办罢,来回时间得两天,车马费得花上一百元,而采办的东西不过维持一星期。这种时间和经济上的消费,是任何作研究工作的人所不能担负的。所幸张大千先生在千佛洞长住,他在敦煌县城有熟人,每隔三天由城里派车送菜一次。于是这些人的给养以至于信件等等,就搭张先生送菜车送来,而这些人那一份青菜萝卜的穷家,也就烦劳敦煌县县长当了。现在敦煌县县长是陈冰谷先生,他为人极其诚恳。每次送菜蔬的时候,总在那里替这些人打算:"他们不要吃得太清苦了吧,也得多送一点肉吧。"既然当差,自然还得报账,交发票收据。于是替每个人都立一本账,每一次这些人进城,便请他们过目核算,签一个字。自古以来,县长是亲民之官,如今却添上了一桩,替穷秀才当管事先生。我不知道冰谷先生在那一生里欠了这些人的账,今生却要这样的还。南无阿弥陀佛,真是罪过!有一天我对冰谷先生说笑话,我说:"我若是当敦煌县县长,为着国家文化起见,当然要好好的保护千佛洞:但是为着个人的安静,即使不将千佛洞破坏,也得封闭起来,禁止游览,这份差事实在难当!"

我们衷心盼望在最近的将来,能够在千佛洞看见国立某某机关千佛洞管理所出现。同时也盼望管理所在敦煌县分设一个办事处,里面有一两个办事员,两三个工人,三四匹马,一二辆胶轮马车,以及三四间带炕或床铺的空房间。到敦煌游千佛洞的人,以后即由办事处招呼,而在千佛洞作研究工作的人的给养等等,也可由办事处负责按时运送。一方面千佛洞的管理,付托有人;一方面敦煌县政府以前所当的那些闲差,也可以豁免,将这一份时间,腾出来作其他的事。

千佛洞收归国有,国家免不了要花上几十万作初步的修理和保护工作;设立管理所和办事处国家也免不了一年花上十万或八万的经常费。在目前"司农仰屋,罗掘俱穷"的时候,岂能把有用之钱,花在这些不急之务上面。但是我们之所以不甘为奴为隶,情愿忍受中国历史上亘古未有的困苦,来奋战图存,为的是什么,还不是为的我们是有历史有文化的民族。我们有生存的权利,我们也有承先启后的义务。千佛洞是我们民族在精神方面一个最崇高的表现,保护和发扬这种精神,难道不是我们的义务吗?

三　研究敦煌艺术几个注意之点

所谓"敦煌学"的内容,真是复杂极了。单就所出的经卷而言:

宗教方面,包含有佛教,道教,摩尼教和景教;(有人说民国年间修九层楼时,一包工的马木匠在伯氏号数一六二大窟内发见很多古写本的回教经典。今马木匠已死,此事无从考询,姑置不论。)文字方面,除去汉文以外,有佉卢文,康居文,古和阗文,回体文,龟兹文,以及西藏文;内容方面,除去宗教的经卷以外,上至正经正史,下至里巷小说如目连变降魔变以迄于小曲曲谱之类,无不兼收并蓄。而斯坦因在此所收到的古代织物,其中花纹图案,有中国风,也有伊兰风和希腊风的作品。《耆旧记》说敦煌是“华戎所支一都会也”的话,证以敦煌石室所出各种经卷以及织物之类,真是一点也不错的;艺术方面,也足以表示这种华戎所支中外交流的现象,其内容之复杂,丝毫不下于经卷。讲中国营造的人,在这里可以看到北宋初期木构的窟檐,保存得完好如新,同时还有各魏窟里的木汁棋以及唐索勋窟外的窟檐,供他欣赏。研究中国历代服饰的人,以前除去正史与服志历代诗文之外,只靠一点点陶备,汉石室画像,云冈龙门所刻的一些供养人像,以作研究复原的资料。而在这里,有年代很确实的一些洞窟,窟里的壁画,除去佛像以外,几乎都绘有供养人的像,这些供养人像是千佛洞壁画中最精采之作。不仅各时代所绘的供养人姿态生动,栩栩欲活,即在衣饰颜色方面,也都鲜艳如新,细入毫发。这真是研究中国服饰变迁历史的绝好的一个宝库。此外讲中国绘画史的人,隋唐以上便苦于资料贫乏,没有实在可靠的作品,以为凭借,只就一些文字上的记载,平空悬测。(一卷顾恺之的《女史箴》,无论其是否宋人临本,也已经流落英伦,非我所有。其余所谓唐人作品,大都在疑似之间,不能为据。)而在这里,自北魏以至隋唐五代,无论是山水画或是人物画,都有很好作品。不仅张彦远论隋唐以前山水树石,可从这里得到证明,而中国画之在隋唐以上以人物为中心,宋以后山水画才从附庸蔚为大国,这里几乎是一个历史的影片,可以供研究中国画史的人低回赞赏。至于塑像方面,这里古汉桥一带,北魏以至隋唐的作品,琳琅满目,美不胜收,并且保存得都相当完好。所以这里的作品,真可以用佛经上所说的"佛以一音演说法,众生随类各得解"这两句话来比喻。

不过千佛洞壁画之类的作品,究竟是佛教的产物,一切既脱离不了宗教的意义,同时也自然而然的同别的地方有交光互影的关系。所以我觉得研究敦煌艺术的人第一个应注意之点,便是比较研究。

敦煌在汉唐时代是一个总凑咽喉之地,为华戎所支的都会,一方面接受外来的文化,一方面又将接受来的东西向东传布出去。所以敦煌在中外文化交流史上占有继往开来的地位。就开来而言:前凉的佛教文化乃得自敦煌,而元魏又从前凉一转手。凉州石窟寺,云冈、龙门的雕刻,都直接间接受有敦煌的影响。研究云冈、龙门而不知道敦煌,不足以明其传授的渊源;研究敦煌而不知道云冈、龙门以至于天龙、响堂、麦积,不足以知其流派之远长和影响之深而且大。即就敦煌而言:西千佛洞、敦煌的千佛洞以及安西的万佛峡,也应算做一个单位,不仅时代方面先后联贯,即在历史方面也有可以互相启发之处。所以敦煌艺术并不能独立成为一个名辞:第一,千佛洞的壁画塑像只是佛教艺术的一部分;第二,千佛洞的壁画塑像若不和其他地方如云冈龙门等处比较研究,便失去了他的地位和意义。

以上是就开来而言,如今再说继往。敦煌千佛洞的壁画塑像,只是印度佛教艺术,特别是犍陀罗派的支与流裔。印度文化以及犍陀罗派的艺术，在西元后第一第二世纪左右，已发展到今日新疆的南部如于阗诺羌一带，还有斯坦因诸人在南疆所作的考古工作可以证明。那时不仅北印度通行的佉卢字以及犍陀罗风的艺术作品在南疆到处可以看见，画工中还有不少的希腊人或最少受希腊文化影响的人。敦煌既是当时中外交通的咽喉要道，而千佛洞又是中国佛教史迹上最早的一个石窟寺，所以第一个受到这种影响。如今从千佛洞北魏诸窟还可以看出犍陀罗派的作风来：所画的人物以及塑像都是长身细腰：壁画上的人物一律用凹凸法来表示立体的感觉：衣服褶纹紧贴身体，把人体的曲线都从衣服中透露出来。和所谓"曹衣出水"的北齐曹仲达的作风一般无二。尤其是张氏所编八十三号（伯氏号数一二〇 N），其中题有魏大统四年和五年发愿文一窟，藻井上画的除佛本生故事以外，还把一些的禽兽草虫画成图案形式，姿势飞动，不可方物；东及南北三面壁上所画的佛像及供养人面目，大都高鼻深目，颧骨高耸，而微形瘦削，是一种长头的印欧人种型，而不是圆颅的亚洲人种型。和隋唐诸窟固然不同，和魏代其他诸窟作风也自有异。我疑心这是一个外国的画工画的。自然这还待其他积极证明。然而在新疆已发见了画工所题带希腊风的题名，则敦煌千佛洞画工中之有外国人，特别是希腊人或受希腊文化影响的人，并非是不可能的事。因为千佛洞的壁画塑像以及所出其他的东西和西域的文化，特别是受希腊影响的印度文化，有密切的关系，所以我们研究敦煌的艺术，不可不和印度犍陀罗派的艺术作比较的研究，而印度阿周陀窟的壁画，我们尤其不可忽略。

关于研究敦煌艺术，问题甚多，不能在此一一的详谈。我只愿意提出第二个应注意之点，便是不可轻易剥离画面。我们中国人有一种历史癖,但是同时又可以说我们中国人不懂历史。这句话初看似乎矛盾,仔细一推究,却是事实,并不相违。我们对于一件事实,总想知道他的时代,同时又喜欢说今不如古,人人都在那里梦想三代以上郅治之隆。不知道历史并不是一种教训的学问,学历史的人只应用一种同情的态度去推究每一个时代的真际。至于是好是坏,这是讲价值论的哲学家的任务。我所以说我们中国人有历史癖而又不懂历史,其故在此。

千佛洞的壁画自北魏隋唐以至于五代西夏宋元,每一时代都有作品,研究中国的绘画史,这是一个独一无二的例子。北魏隋唐五代的画固然可贵,西夏宋元的画何尝不可贵。这里是北魏隋唐五代的东西太多了,太好了,所以以为西夏宋元的画不足取。但是假设这些西夏宋元的画移在长江流域,我们能不顶礼膜拜,赞叹不置吗?千佛洞各窟往往有原是北魏或者隋唐所开,而经五代西夏宋元人重修的。第一层画面偶尔剥落,便可看出下面还有一层或两层的痕迹。一般偏好北魏隋唐以及五代的艺术家,便大发其历史癖,大刀阔斧的把上层砍去,露出底下一层来供他们欣赏。但是在重修壁画的时候,往往要把下面一层划破凿烂,后来的泥灰才能黏上:剥离之后,所得者不过是一些残山剩水而已。即或下层未被划坏,而被上面的泥土黏住过久,一经剥离。下层画面的色彩以及墨迹,也往往连带的黏去了。所以剥离壁画,在技术上是一个很困难的问题,在技术问题没有得到满意的解决以前,个人的意见,以为还是不要轻易去动手剥离的好。随便剥离,往往得不偿失,后悔无穷。至于描画时之不可任意将原画加以勾勒,不可将桌梯之类靠在壁画上,以免损坏画面,那是学画的人顶起码的戒条和道德,用不着我一一细说。但是很不幸的,这种剥离壁画和描画的工作还在进行着,没有人能劝止,也没有人来劝止,眼见得千佛洞的壁画,再过二三年,便要毁坏殆尽了,这是多么令人痛心的事!

四 连带论及的其他几个问题

以上所说的话不少了,以下我只想就几个有连带关系的问题,提出一点简单的意见,请大家注意。

没有到过河西的人,总以为河西地方是如何的荒凉,如何的寒苦。到了河西之后,便知道所谓荒凉寒苦,并不如传闻之甚。自兰州往西过乌鞘岭,经峡口,看见两边的山色,便似乎比在兰州所看见的北塔山要来得顺眼一点。山上好像有点草了,偶尔也有黑油油的一小片树林。到古浪以后,再往西至武威张掖,流水争道,林水茂密,阡陌纵横,村邑相望,这那里是西北,简直是到了江南了。过张掖以后,是为永登山丹,靠着祁连山麓,一大片草滩,真是绝好的牧场,而明代的边墙在这些地方也就迤逦不绝。在将到永登不远的地方,还可以看见公路旁边有参天合抱的古柳树,疏疏落落的有好几里长,点缀于西风残照之间,那就是有名的左公柳,到了酒泉以后,景象有点两样了,黄沙白草,风日惨淡,至此始有塞外之感。出嘉峪关经玉门再往西,公路沿着疏勒河的北岸行走。往北一望,荒旷大漠,遥天无际。南边可是不同了,祁连山像一道高墙,自东而西,连绵不断,不分冬夏,顶上常是积雪皑皑。人说西王母的家即在这里,远远望去,也真像有环楼玉宇,在其中隐约闪现。而沿着公路的南边,可以看见无数的土堆子,有的延长到好几里,有的是一个大墩子旁边连上五个小墩子。这种土堆子沿着酒泉以北的额济纳河往南,跟着疏勒河向西,以至于敦煌的南湖和西湖,几乎随处皆是。这就是汉唐时代的边城以及烽燧遗址,有名的汉唐长城,就在这些地方。现在是一切都放弃了,荒废了,但是以前这都是些人烟稠密鸡犬相闻的地方。因为政治势力的不竞,藩篱既彻,保障毫无,人不得不向内地撤退。人一退让,自然的力量跟着就推进了。如今在安西敦煌沙漠的四周,还可看出许多古城遗址,有时伸张到现在的沙漠田边际二三十里以外的地方。这都可以证明古代垦殖的区域,范围要比现在大得多。人同自然的力量互为消长的例子,没有比这一带更为显明的了。瑞典的赫定和英国的斯坦因,考古于新疆以及河西一带,他们的画中常常提到发掘汉唐的古城,推想到那时戍边的将士官吏以及人民,在那里和自然的力量作生存的斗争,实在是政治的执力再不能够保护他们了,他们才一步一步的向后撤退。赫定、斯坦因叙述这些情形,固然有感于那时候的人之坚苦卓绝,而我们读书的人,也不免大为感动。最近旅行戈壁的时候曾在一座残破的墩子上瞭望,已经傍晚了,太阳在西边的地平线上面还有蕃箕那样大,血红而带黄的先芒四面放射,周围的云彩都映成了橙黄色。一个人在墩子上向着西面和北面遥远的天际看着看着,就坠入冥想中去了。俨然在汉唐的当年,墩子下面那些土堆子,似乎都是一座一座的房子,也许是人家,也许是戍边将士的营房,房顶上正是炊烟四起。放在外边的马群和羊群都逐渐回来,鸡鸣犬吠以及小儿喧笑的声音,响成一片。那座墩子也楼橹完好,雉堞无恙,几个烽子正在上面聚精会神的望着西边北边,希望有平安的信息到来。一天一天的过去,一年一年的过去,这些人从少年转到中年老年,也许就死在那里,埋在附近。但是他们从来不颓丧,也不坠入幻想。只凭着他们的结实的身体,坚强的意志，和不屈不挠的精神，同敌人和自然作生存的斗争。敌人和自然败了，他们胜了，他们的西陲也固若金汤了。两千年一千年的历史，像电光石火般一转眼过去了，这些人固然长埋地下，烽燧城堡也放弃了，荒废了。我也仍然清醒白醒的立在废墩上面，西边的太阳，还有一半在地平线上。但是这些废毁的烽墩城堡，照旧很英勇的迎着落日，放出黄色的光辉，西北风呼呼的怒吼，而他们依然静默无言，屹立不动。这就是我们民族的精神，我那时抵不住下泪了。如今我们从这些古城废燧的遗址上面，还可以看出当时那些经营边塞的人的苦心孤诣和工程师的卓绝天才。可是千多年来，我们把汉唐时代民族的精神，忘得一干二净，这些是民族精神的最高表现的遗存，我们也不去凭吊研究。到现在反而让外国学者如赫定、斯坦因之流去发掘考察，在那里往复赞叹我们戍边将士的坚苦卓绝，我们建筑长城的工程师之天才横溢，最后竟至把唐代高仙芝提大军过葱岭的一件事，说得就是汉尼拔、拿破仑也有所不及。别人对于我们先民的精神，因为作了实地的考察，于是发出了衷心的叹赏，而我们却在那里空嚷，中外人之不相及，难道真有这样远吗？

现在大家逐渐的注意到河西了，连研究艺术的人也注意到敦煌了。河西在汉唐时代是一个国际走廊，在最近的将来，河西也许会恢复汉唐时代的地位。而汉唐时代在这一个走廊地带的经营，如城堡之建置，水利之讲求，移民实边的政策等等，都是经过绵密的思考，积聚无数的经验，才能有当日之盛。这种建置是我们民族政治天才的一种表现，其价值并不下于敦煌的艺术。所以我于说完关于敦煌千佛洞的管理和研究的问题以后，还盼望国立学术机关，能在河西选择一个适中的地点，设立一个工作站。历史考古方面:如汉唐古城古烽燧之测量与发掘,秦汉之际雄长河西的民族如匈奴、大月氏、乌孙的遗迹之探求,以及古代东西文化交流的情形,都可以作上一番详细的调查与研究。地理气象方面:如河西的水文地理,祁连山的考察与测量,河西一带的气候与沙漠化的情形等等,在今日都是最切要的问题而亟待研究解决的。其他如河西今日最重要的问题,是交通与燃料。铁路是否可以修筑?煤藏铁藏怎样?祁连山的森林究竟还可供多少年使用?祁连山造林是否还有希望?这些与河西的交通以及燃料问题,都有连琐的关系,尚待学工程探矿森林的人去作详细的研究与调查。近来到河西的调查团很不少,但这些都是一些走马看花式的观光性质,无裨实际。要明了河西的实际情形和如何解决那些问题,非设立工作站,作十年八年的长期工作,不足以言此。历史考古属于纯粹的学术,似乎与解决现实问题无关。可是我们一看斯坦因在河西所作的考古工作,其所绘的地图,正是今日谈河西建设的人所梦寐以求的东西,总可恍然大悟了。

所以我的最后一个建议,是盼望国立学术机关,能在河西选择一个适中的地点设立工作站。工作站的范围,或者可以偏重于历史考古方面,财力人力如其可以兼顾的话,还可以从事于地理、气象、地质、森林、人类学各方面的调查与研究。

五　总结

以上的话说得太长,太凌乱,如今将所说的意思简单总结如次:

1. 敦煌千佛洞亟应收归国有。

2. 千佛洞收归国有之后,应交由纯粹学术机关管理,设立一千佛洞管理所。

3. 对于敦煌艺术应注重比较的研究,单单敦煌艺术是不能成为一个独立的名辞的。

4. 在技术问题没有得到圆满的解决以前,在千佛洞作研究或临摹工作的人,不可轻易动手剥离画面。

5. 盼望学术机关能在河西设立工作站,从事于历史、考古,以及地理、气象、地质、森林、人类学的调查和研究工作。

(见三十一年十二月二十七日《大公报》)

向达先生学术年表*

1900 年(清光绪二十六年)

2 月 19 日,生于湖南省溆浦县。

1911 年(宣统三年)

入湖南省溆浦县麻阳水溆府小学堂学习。

1915 年

入湖南省长沙明德中学学习。

1919 年

入南京高等师范学校数理化部化学专业学习。

1920 年

转入南京高等师范学校文史地部历史专业学习。

1924 年

国立东南大学(1921年南京高等师范学校改建为东南大学)历史系毕业。

8 月,考入上海商务印书馆任临时编译员。

1925 年

任上海商务印书馆英文见习编辑。

12 月,和友人同游南京摄山,度考千佛岩及隋代舍利塔。

---

* 本年表由方时撰写。

1926 年

4 月，执笔与郑鹤声合署的《摄山佛教石刻小纪》在《东方杂志》发表。

6 月，《龟兹苏祇婆琵琶七调考原》在《学衡》杂志发表。

12 月，所译加特著《吐鲁番回鹘人之印刷术》在《图书馆学季刊》刊发。

1927 年

与人合译的韦尔斯著《世界史纲》由上海商务印书馆出版。

12 月，所译加特著《日本孝谦天皇及其所印百万卷经咒》在《图书馆学季刊》刊发。

1928 年

3 月，所译加特著《高丽之活字印刷术》在《图书馆学季刊》刊发。

10 月，任南京国学图书馆采访部主任。

11 月，《唐代刊书考》在《中央大学国学图书馆第一年刊》发表。

1929 年

1 月，《关于三宝太监下西洋的几种资料》在《小说月报》发表。

2 月，所译加特著《中国印刷术之发明及其传入欧洲考》在《北平图书馆馆刊》刊发。

3 月，《汉唐间西域及南海诸国地理辑佚》(第一辑)在《美学杂志》发表；《摄山佛教石刻补纪》在《东方杂志》发表。

5 月，《述近出太平天国史料三种》在《史学杂志》发表；《元代马可孛罗诸外国人所见之杭州》在《东方杂志》发表。

6 月，所译 Berthold Lauber 著《苜蓿考》在《自然界》刊发。

7 月,《汤若望进呈图像残存考》在《文学杂志》发表;《十三洋行行名考》在《史学杂志》发表。

8 月,所译 Berthold Lauber 著《葡萄考》在《自然界》刊发。

9 月,《程大约墨苑中四幅耶苏教宗教画之作者》在《史学杂志》发表。

10 月,《论唐代佛曲》在《小说月报》发表,《印度现代史》由上海商务印书馆出版。

1930 年

任北平图书馆编纂委员会委员,写经组组长,编辑《北平图书馆馆刊》。

3 月,《介绍〈蒲寿庚考〉》在《史学杂志》发表。

5 月,《中国印刷术的起源》在《中学生》发表。

6 月,所译《斯坦因黑水获古纪略》在《北平图书馆馆刊》刊发。

7 月,所译班兹(H. E. Barnes)著《社会科学史纲》第一册《史学》由长沙商务印书馆出版。

9 月,《书熊三拔〈泰西水法〉后》在《北平图书馆馆刊》发表。

10 月,《明清之际中国美术所受西洋之影响》在《东方杂志》发表,《论龟兹白姓》在《大公报 · 文学副刊》发表。

11 月,《汉唐间西域及南海诸国古地理书叙录》在《北平图书馆馆刊》发表。

12 月,《斯坦因敦煌获书记》在《图书馆学季刊》刊发。

1931 年

1 月,所译《斯坦因第三次中亚考古略记》在天津《大公报 · 文学副刊》刊发。

4 月,《关于龟兹白姓之讨论》在《女师大学术季刊》发表。

12 月，所译加特著《中国雕版印刷术之全盛时期》在《图书馆学季刊》刊发；辑抄《敦煌丛抄》在《北平图书馆馆刊》刊发；《圆明园遗物与文献》在中国营造学社发表。

1932 年

3 月，所译加特著《现存最古印本及冯道雕印群经》在《图书馆学季刊》刊发。

12 月，所译加特著《论印钞票》在《图书馆学季刊》刊发。

1933 年

2 月，《评黄文弼近著高昌三种》在《国风半月刊》发表。

8 月，与袁同礼合著《选印四库全书评议》在《国风半月刊》发表（9 月在《读书月刊》发表）。

10 月，《唐代长安与西域文明》在《哈佛燕京学报》专号二发表；《中外交通小史》由商务印书馆出版。

12 月，《唐代开元前后长安之胡化》在《国风半月刊》发表；与婴行合著《东方艺术与西方艺术》由商务印书馆出版；译作《亚里士多德伦理学》由上海商务印书馆出版；所译鲍曼著《最近世界各国形势》由南京钟山书局出版。

1934 年

兼任北京大学历史系讲师，讲授“明清之际西学东渐史”，半年后辞职。8 月，被北平图书馆作为交换馆员派往英、法、德三国著名图书馆考察流失海外的中文古典典籍。

1 月，《方玉润著述考》在《文学季刊》发表；《徐光启逝世三百周年纪念》在《国风半月刊》发表。

2 月，《陆若汉答朝鲜李荣后书跋》在《国风半月刊》发表。

3 月，《中西交通史》由上海中华书局出版。

6月,《明清之际之宝卷文学与白莲教》在《文学》(上海)发表。

9月,书评《我的探险生涯》《探险生涯亚洲腹地旅行记》《最近各国的历史教学》《新出云南边务书三种》在《图书季刊》发表。

10月,《跋明陈诚〈西域行程记〉及李暹〈西域番国志〉》在《禹贡》发表。

12月,《佛游天竺考释》在《图书季刊》发表;所译 C. F. Andrews 编《甘地自传》由上海中华书局出版;所译帕克著《匈奴史》由上海商务印书馆出版。

1935 年

年初抵达英国,到牛津大学鲍德利图书馆整理中文书籍,抄录《指南正法》、《顺风相送》等中国古籍。

1月,所译《柏朗嘉宾游记》在《史学》刊发。

12月,《记刘继庄(献廷)1648—1695》在《方志月刊》发表。

1936 年

到伦敦大英博物馆考察研究馆藏敦煌写卷;又到意大利梵蒂冈图书馆抄录来华天主教传教士资料。

9月,《瀛涯琐志》在《北平图书馆馆刊》发表。

12月,《瀛涯琐志——记牛津所藏的中文书》在《国风半月刊》发表;所译斯坦因著《斯坦因西域考古记》由上海中华书局出版。

1937 年

到德国柏林研究普鲁士科学院所藏中国西北地区的壁画和写卷。

3月,所译帕克著《鞑靼千年史》由上海商务印书馆出版。

7月,《记伦敦所藏的敦煌俗文学》在《新中华》发表。

1938 年

到巴黎法国国立图书馆研究由伯希和掠去的敦煌写卷。

8 月，自法国回国，取道中国香港、越南、昆明、贵阳。

10 月，回到湖南溆浦老家。

《日本古代文化源流及其发展——侧重中日交通史的研究》在《教育学报》发表。

1939 年

3 月，离开湖南溆浦老家到广西宜山，在浙江大学任教半年。

9 月，前往昆明任西南联合大学历史学系教授兼北大文科研究所导师。

12 月，《伦敦所藏敦煌卷子经眼目录》在《图书季刊》发表；《明清之际公教史话》在《益世报》发表。

1940 年

6 月，《瀛涯琐志——记巴黎本王宗载〈四夷馆考〉》在《图书季刊》发表。

9 月，《唐袁滋豆沙关题名跋》在《图书季刊》发表；所译班兹著《社会学史纲》由长沙商务印书馆出版。

1941 年

6 月，《敦煌学导论》在《图书季刊》发表；《中国崖葬制》在《星期评论》发表。

1942—1943 年

1942 年春天，应中央研究院之邀代表北大参加西北史地考察团。7 月，校写明王宗载撰《四夷馆考》。因战火、交通险阻，迟至 8 月方入川抵达南溪李庄的中央研究院历史语言研究所。9 月下旬，自重庆抵达兰州；10 月初，自兰州西行经武威、张掖、酒泉，出嘉峪关抵敦煌。住敦煌千佛洞，历时9月，至1943年7月返回四川。1942年12月，《论敦煌千佛洞的管理研究以及其他连带的几个问题》在重庆《大公报》连载发表。

1944年

第二次到敦煌，同行者有夏鼐和阎文儒。在敦煌做了一些发掘工作。于8—9月间先行回到四川。

《唐代俗讲考》增补新内容后在《文史杂志》重刊；《敦煌佛教艺术之渊源及其在中国艺术史之地位》在《民国日报》发表；《论敦煌千佛洞的管理研究》在《文史杂志》重刊。

9月，《玉门关阳关杂考》在《真理杂志》发表。

12月，《记敦煌石室出晋天福十年写本〈寿昌县地镜〉》在《图书季刊》发表；《民国三十三年八月三十日国立敦煌艺术研究所在本所（即中寺）后园土地庙残塑像发现藏经初步检点报告》在《北平图书馆季刊》发表。

1945年

回昆明西南联大。

8月31日，写成《战后应要求赔偿我文化上的损失》（见《中华民国档案史料汇编（五）——教育部档案》）。

1946年

9月底，北大复校，回到北京。

5月，《西海感旧记》在《中法文化》发表。

12月，《昭武考》（大月氏史拾遗）在《大公报·文史周刊》发表。

1947年

8月，北大休假，到南京中央博物院工作，兼在中央大学历史系讲课。

3—4 月,《西征小记》在《大公报·图书周刊》连载发表;《在此所见到之敦煌写经》在《大公报》发表。

5 月,《日本对我赔偿中关于文物部分赔偿的问题》在《知识与生活》发表;《补说唐代俗讲二三事兼答周一良、关德栋两先生》在上海《大公报·图书周刊》发表。

6 月,《敦煌佛教艺术与西域之关系》在台湾《新生报》发表。

12 月,《跋夏作铭〈太初二年以前的玉门关位置考〉》在《中央日报·文史周刊》发表。

1948 年

2 月,代表中央博物院至台湾筹备展览。暑假回到北大。年底受临时校务委员会委托代管北大图书馆工作。

8 月,《为文物请命》在《中建半月刊》发表。

10 月,《祝南北两次学术会议》在《中建半月刊》发表。

12 月,《南诏史论》(唐代记载南诏诸书考略)在《申报》发表;《罗叔言〈补唐书张议潮传〉补正》在《辽海引年集》发表。

1949 年

2 月起任北京大学历史系教授、北京大学图书馆馆长、北京大学校务委员会委员。

1950 年

参与筹备中华人民共和国第一次敦煌文物特展。

1951 年

1 月,《美国教会和美国的对华政策》在《进步日报》发表。

5 月,《莫高、榆林二窟杂考》在《文物参考资料》发表。

6 月,赴新疆考察巡礼诸地的石窟,9 月回到北大。

《敦煌艺术概论》在《敦煌文物展览特刊》发表;与常书鸿、阎文儒、余平合著的《敦煌》由学习书店出版。

11 月,《试说郑和》在《进步日报》发表。所译巴济列维支著《苏联通史》由人民出版社出版。

1952—1953 年

参与全国考古训练班的教学工作,讲授中西交通史等课程。

1953 年 10 月,《解放四年来新中国的历史科学发展概况》在《光明日报》发表。

12 月,《新疆考古概况》在《文物参考资料》发表。

1954 年

5 月,《记新发现的〈湘江评论〉》《南诏史略论》《彭湃烈士与1919 年 5 月 7 日中国留日学生东京示威游行运动》《记巩珍西洋番国志》在《历史研究》发表。

1955 年

任中国科学院哲学社会科学部学部委员。

4 月,《玄奘法师》在《旅行家》发表。

12 月,《三宝太监下西洋》在《旅行家》发表。

1956 年

4 月,《马可婆罗与马可波罗游记》在《旅行家》发表。

12 月,《张骞》在《旅行家》发表。

1957 年

3 月 24 日,与潘光旦合署的《湘西北、鄂西南、川东南的一个兄弟民族——土家》在《人民日报》发表。

4 月,《唐代长安与西域文明》(论文集)由三联书店出版。

12 月,《冯承钧〈西域南海史地考证论著汇辑〉序》由中华书局出版;《〈敦煌变文集〉引言》由人民文学出版社出版。

1960 年

与研究中外关系史的学者发起编纂《中外交通史籍丛刊》,并开列专书 42 种。

1961 年

5 月,所校注的(明)巩珍著《西洋番国志》由中华书局出版。

9 月,《两种海道针经》由中华书局出版;与陆峻岭合校的《西游录 · 异域志》由中华书局出版。

1962 年

1 月,《记现存几个古本〈大唐西域记〉》在《文物》发表。

5 月,所校注的《郑和航海图》、(唐)樊绰撰《蛮书校注》由中华书局出版。

7 月,《西域见闻琐记》在《文物》发表。

1963 年

1 月,《记敦煌出六朝婆罗迷字因缘经经幢残石》在《现代佛学》发表。

10 月,《唐过海和尚鉴真灭度一千二百年献辞》在《现代佛学》发表。

1964 年

南下广州到中山大学晤陈寅恪并在中山大学发表《敦煌学六十年》的讲演。《试论〈大唐西域记〉的校勘问题》在《现代佛学》发表。

1965 年

6 月,《蛮书校注读后识语》在《历史研究》发表。

1966 年

4 月，为北京大学历史系安排的一项科学研究工作撰写《自明初至解放前（Cir. 1405—1948）中国与非洲交通史料选辑说明》。

11 月 24 日，病逝于北京阜外医院。

向达先生和他的《唐代长安与西域文明》

荣新江

向达先生，1900年生，湖南溆浦人，字觉明，笔名方回、佛陀耶舍，土家族。1919年入南京高等师范学校（后改名东南大学）。1924年毕业，任上海商务印书馆编译所编译员，从事翻译和研究工作，重点在中西交通史领域，译有加特著《中国印刷术之发明及其传入欧洲考》（1929年）、班兹著《史学》（1930年）、亚里士多德《亚里士多德伦理学》（1933年）等，并发表论文《龟兹苏祇婆琵琶七调考原》（1926年）、《关于三宝太监下西洋的几种资料》（1929年）、《论唐代佛曲》（1929年）、《明清之际中国美术所受西洋之影响》（1930年），可见先生著译之勤。1930年，转任国立北平图书馆编纂委员会委员，继续研究东西文化交流史，翻译有关中西交通和西北史地的外文名著。除翻译《甘地自传》（1934年）、帕克《匈奴史》（1934年）、《斯坦因西域考古记》（1936年）等书外，撰写发表了《汉唐间西域及南海诸国古地理书叙录》（1930年）、《关于龟兹白姓之讨论》（1931年）、《中外交通小史》（1933年）等论著，特别是长篇论文《唐代长安与西域文明》，作为《燕京学报》专号发表（1933年），进一步确立了先生在中外关系史研究领域的学术地位。1934年，先生兼任北京大学讲师，讲授“明清之际西学东渐史”等课程。

1935 年秋，向达先生以北平图书馆交换馆员身份，先到英国牛津大学，在鲍德利图书馆（Bodleian Library）工作，检索馆藏《永乐大典》、明版书二百余部、太平天国史料，抄录有关中西交通和太平天国方面的史料，撰有《瀛涯琐志——记牛津所藏的中文书》（1936 年）。翌年秋，转到伦敦，在英国博物馆调查敦煌写本和汉文典籍。在调查敦煌写卷过程中，受到保管员翟林奈（L. Giles）的刁难，只检索了五百多号卷子。向先生把重点放在俗文学作品上，不仅抄录了许多材料，还为北图拍摄了不少照片。另外，向先生在伦敦还抄录了不少有关明末清初入华耶稣会士和太平天国的文献资料。1937 年转赴柏林、巴黎，继续调查、抄录德国吐鲁番探险队从吐鲁番和西域其他地方攫取的写本和伯希和探险队所获敦煌文献资料，以及巴黎所存耶稣会士的有关资料。其发表的调查结果，有《记伦敦所藏的敦煌俗文学》（1937 年）、《伦敦所藏敦煌卷子经眼目录》（1939 年）、《瀛涯琐志——记巴黎藏本王宗载〈四夷馆考〉》（1940 年）等。

1938 年，向达先生带着亲手抄写的几百万字资料回国，此时日寇已经占领祖国半壁江山。先生来到后方，先任教于内迁的浙江大学，随后转任西南联合大学历史系教授兼北京大学文科研究所导师。1942 年 9 月至 1943 年 7 月，参加由重庆中央研究院、中央博物馆、北京大学联合组成的西北史地考察团，任历史考古组组长，赴河西走廊特别是敦煌地区考察。1944 年，再次往西北考察，对敦煌莫高窟、榆林窟等石窟，玉门关、阳关故址等做了仔细的调查，并多方寻觅、搜索留存敦煌当地的藏经洞出土文献，抄录其中有价值的部分，辑成《敦煌余录》两辑，所抄内容包括天宝地志、《占云气书》、《六祖坛经》、神会语录等重要的敦煌写本文献，以后陆续发表了这两次西行的考察结果:《玉门关阳关杂考》(1944 年)、《记敦煌石室出晋天福十年写本〈寿昌县地境〉》(1944 年)、《西征小记》(1947 年)、《罗叔言〈补唐书张议潮传〉补正》(1948 年)等。先生在敦煌考察过程中,不满有些画家对敦煌壁画的破坏行为,痛惜敦煌保护现状不利的局面,以方回的笔名,在重庆《大公报》发表《论敦煌千佛洞的管理研究以及其他连带的几个问题》(1943 年),对敦煌艺术研究所的建立产生了直接的影响。另外,向达先生对"敦煌学"的贡献,还体现在这一时期发表的力作《唐代俗讲考》(1944 年)上。抗战胜利后,向达先生随北京大学回到北京,任北大历史系教授兼掌北大图书馆。

1949 年以后,向达先生继续任北大历史系教授、北大图书馆馆长,兼任中国科学院哲学社会科学学部委员、历史研究所第二所副所长等。1951 年,他曾有机会到新疆各地旅行,考察了许多新疆古代石窟寺和古代城址,撰有《新疆考古概况》(1953 年)。此时,向达先生把中外关系史作为主要的研究课题,1957 年刊出他自己选编的代表作——《唐代长安与西域文明》(论文集),该书收录了他历年撰写的有关中外关系史、敦煌学和西域史的重要论文。同时,向达先生开始系统整理中外关系史料,以《中外交通史籍丛刊》为名,陆续由中华书局出版。1957 年"反右"运动中,向达先生被错划为右派,受到不公正的对待,所兼任的北大图书馆馆长、中科院学部委员、历史研究所第二所副所长等职均被撤销,唯一保留的北大历史系教授的职称也从一级降为二级。但向先生仍专心致力于中外关系史籍的整理和研究,先后校注整理出版了《西洋番国志》(1961 年)、《两种海道针经》(1961 年)、《郑和航海图》(1962 年)、《蛮书校注》(1962 年)。这方面的成果还应当包括校注本《西游录》(1981年)、《〈大唐西域记〉古本三种》(1981年),以及没有发表的玄奘《大唐西域记》校注稿(存北大图书馆)。另外,向达先生还在敦煌学领域继续耕耘,1950年与常书鸿等人合著《敦煌》,1957年与王重民、王庆菽、周一良、启功、曾毅公等合编《敦煌变文集》,还撰有《敦煌艺术概论》(1951年)、《记敦煌出六朝婆罗迷字因缘经经石幢残石》(1963年)等。

1966年11月26日,由于受到"文革"的冲击,向达先生过早地离开人世,年仅66岁。

《唐代长安与西域文明》是向达先生1956年4月编成,1957年4月由三联书店出版的学术论文集,共收录1926年至1954年间撰写的论文23篇,其中第一篇《唐代长安与西域文明》篇幅最长,所以即用此文的篇名作为书名。

向达先生在书前《作者致辞》中,根据书中所收论文的内容,大体上区分为四个部分。第一部分四篇,是有关唐代历史的;第二部分十篇,是有关"敦煌学"的;第三部分三篇,是有关佛教石刻和明清之际传入中国的西洋美术的;第四部分六篇,是有关目录学的。事实上,有不少文章既可以归入唐史范畴,也可以放在中西交通史的领域,是属于"跨学科"的研究成果。以下略依向达先生的分类,介绍一下本书所收文章的内容和价值。

第一组论文是有关唐史的,其中包括唐代中外关系史、印刷史、南诏三个方面。

《唐代长安与西域文明》无疑是本书的最重要文章,也是最长的一篇文章,约占全书篇幅的五分之一。该文选取唐代传入中国的西域文明与唐朝都城长安有关系者，分类整理，系统加以论述。它所研究的主题，有流寓长安的西域人、西市胡店与胡姬、开元前后长安的胡化、西域传来的画派与乐舞、长安的打毬活动、西亚新宗教的传入等六个子目，附录两篇，是《柘枝舞小考》和《盩厔大秦寺略记》。这篇文章从勾稽进入长安的西域各国使者、商人、胡姬等各色人物开始，进而揭示开元前后唐朝长安所受西域文化影响的情况，再具体研究西域绘画、乐舞、娱乐活动、宗教对长安文化的影响。除了前人所利用的传统文献资料外，向达先生十分重视使用新出土的墓志资料和文物材料，这样一方面大大补充了前人所辑昭武九姓粟特人的有关活动记载，另一方面也以文物材料形象地解释了西域文化在长安的表现，为此，该文配有部分图版，有中国出土文物，也有日本传存的唐代乐舞形象。《唐代长安与西域文明》是唐代中西文化交流史方面的力作，此文不仅在内容所涉及的范围方面超过了前人，而且也有相当的深度，其所阐释的六个突出方面，迄今仍不断地被地下层出不穷的考古资料所证明。

《唐代刊书考》是研究唐朝雕版印刷的重要篇章，文章指出隋以前及隋代中国还没有发明雕版印刷，并对唐朝的印刷史做了简要的叙述，根据敦煌出土的材料，特别表彰了中国印刷史上的咸通时代。

其他两篇文章是关于南诏的史籍和南唐事实的考证和研究。

第二组论文是有关“敦煌学”的，包括敦煌写本调查、俗文学作品、敦煌史地。

向达先生是早期出国调查研究敦煌卷子的先行者之一，但受到保管员的刁难，没有能够像巴黎的王重民先生那样通览所藏，而只过眼了五百余件。收入本书的《伦敦所藏敦煌卷子经眼目录》,是向达先生阅览时记下的简要目录,因为当时伦敦藏卷完全没有公布,向先生的目录在一段时间里就成为人们利用查找伦敦藏卷的指南。1957 年和 1962 年分别出版了翟林奈的《英国博物馆藏敦煌汉文写本注记目录》和刘铭恕《斯坦因劫经录》(《敦煌遗书总目索引》收),由于著录的要点不同,向先生的这份《目录》仍然没有过时。而且,我们对比向目著录的内容和翟目、刘目所著录的全部伦敦藏卷内容,更可以看出向达先生所关注的问题所在。值得提到的是,向先生当时把这中间的重要文书都摄制了照片,交北京图书馆保存,可惜的是,这批照片没有得到充分的利用。

向达先生对"敦煌学"的研究,是从研究敦煌出土的俗文学作品开始的。最早发表的敦煌俗文学作品,是罗振玉刊布在《敦煌零拾》中的所谓"佛曲"。向达先生为了弄清佛曲的性质,先是追溯到音乐方面,提出了龟兹苏祇婆琵琶七调源于印度北宗音乐的假设,撰写了《龟兹苏祇婆琵琶七调考原》一文。他由此发现唐代真正的"佛曲",与敦煌俗文学作品没有任何关系,他的《论唐代佛曲》一文,可以说是把敦煌俗文学作品的研究引入了正确的轨道。向达先生并不以此为研究的终点,而是继续反复研究俗文学作品的各种题材和演唱形式,并且结合在英、法所见到的新资料,特别是巴黎所藏 P.3849 背面俗讲仪式文,撰写了《唐代俗讲考》,提倡把俗文学作品称做"俗讲",并详细讨论了俗讲的分类、唐代寺院中俗讲的盛行、俗讲的仪式、俗讲的话本、俗讲文学的演变和对后世文学的影响,等等。虽然现在大多数学者习惯于使用郑振铎先生提出的"变文"一词来统称这些俗文学作品,但向达先生和孙楷第先生倡言的"俗讲"一名,仍然值得充分重视。此外,收入本书的《记伦敦所藏的敦煌俗文学》一文，就是向达先生在伦敦收集敦煌俗讲资料的记录，这也为以后编辑《敦煌变文集》做了准备。

向达先生的学术研究十分重视实地考察。他在研究唐代长安的西域文明时，曾前往陕西盩厔的大秦寺故址调查，获得了许多第一手材料。向达先生的"敦煌学"研究，也同样开拓了中国"敦煌学"的范围，从书桌走向田野。收入本书的《西征小记》、《两关杂考》、《莫高、榆林二窟杂考》、《罗叔言〈补唐书张议潮传〉补正》、《记敦煌石室出晋天福十年写本〈寿昌县地境〉》五篇文章，就是20世纪40年代向先生两次前往敦煌考察的学术收获。其中《西征小记》是对河西走廊古代遗址和遗留的敦煌写本的调查简记。尤详于敦煌石窟和当地留存的写本，有关当地所存敦煌写本的记录今天看来十分珍贵。《两关杂考》通过实地考察和对汉简、敦煌文书以及史籍记载的考证，研究了玉门关在汉唐间的迁徙的时间和位置。《莫高、榆林二窟杂考》是用科学的考古与文献相结合的方法研究敦煌石窟的开拓性论文，其中第四节谈"敦煌佛教艺术与西域之关系"，更是指明了敦煌研究中一条光明大道，虽然以后数十年间由于受到"左倾"思潮的影响，敦煌学界比较强调中原文化的影响，但向达先生在文中指出的壁画制度、粉本比例及其他相关问题、天竺传来的凹凸画法、绘画中的空间观念、曹氏归义军的画院等问题，近年来越来越多地被学者们所重视，有的已经取得相当丰硕的成果，可以告慰向先生在天之灵。《罗叔言〈补唐书张议潮传〉补正》是根据敦煌石窟的供养人题记和新见的敦煌文书资料，对罗振玉《补唐书张议潮传》所做的订正和补充，是归义军史研究的重要阶段性成果。向达先生在敦煌期间，细心访查，得以看到任子宜等当地文人家中秘藏的敦煌写本，其中如《逆次占》、《毛诗郑氏笺》、《文选》、《寿昌县地境》、《唐代地志》、《占云气书》、《三界寺经录》、《定是非论》、《坛语》、《坛经》等，都是十分重要的典籍文献，有些还是敦煌卷子中的孤本。向先生全部抄录下来，有的还用其他敦煌写本做了校勘，如《坛经》等禅宗典籍，有的写有跋语。可惜的是他所辑成的《敦煌余录》一书一直没有能够出版，只发表了收入本书的《记敦煌石室出晋天福十年写本〈寿昌县地境〉》一篇文章。这件文书首尾完整，专记沙州寿昌县的地理，因为唐高宗上元年间以后，寿昌县管辖范围远到西域的鄯善和且末，也就是今天的罗布泊和且末地区，所以这份保存完整的资料十分珍贵，而且可以补伦敦藏《沙州图经》卷五寿昌县部分残本的缺失部分。

第三组论文是关于美术史的，既有佛教石窟造像，也有传入中国的西洋画法。

《摄山佛教石刻小纪》和《摄山佛教石刻补纪》两文，是对南京东北栖霞山千佛岩石窟的考察记录，其中也详细讨论了隋文帝所建舍利塔的问题。而《明清之际中国美术所受西洋之影响》，讨论的范围极广，从明清之际入华的传教士所带来的西洋美术，进而说到西洋写真术、清初画院中的西洋画家、民间画家与西洋美术的关系，以及建筑所受西洋的影响和瓷器的西洋化问题。这组美术史的论文，在中国学术界都产生了深远的影响。

第四组论文是关于目录学的，但从内容上看，有关于明清中西交往史籍的考证，有关于汉唐间西域海南地理书的叙录，有关于明清宝卷和秘密宗教问题的研究，还有海外所藏的中文书。

《关于三宝太监下西洋的几种资料》是对郑和家世和有关郑和

下西洋资料的介绍和考订。《汉唐间西域及海南诸国古地理书叙录》是向达先生做这类地理书辑录的准备工作，但没有完成，《叙录》也只有上篇，但上篇所载都是已佚古籍的叙录，汇集了零散的资料，因此很有参考价值。《方玉润著述考》和《明清之际之宝卷文学与白莲教》二文显示了向先生对目录学的熟悉。而《记牛津所藏的中文书》和《记巴黎藏本王宗载〈四夷馆考〉》，是向先生调查海外中文书的重要记录，其中涉及的内容很多，特别是对牛津鲍德利图书馆所藏中文书的记录，为后人的访查提供了很好的线索。

向达先生的这本论文集所收的论文，从性质上可以分成唐史、“敦煌学”、美术史、目录学四类；如果从内容上分，则主要是属于中西文化交流史和“敦煌学”的范围；这两个方面，正是向达先生对学术的最主要贡献。由于向达先生的研究是建立在丰富的历史、考古、美术、宗教、目录学等方面的渊博知识基础上的，又勤于做实地考察，并有机会到海外访查资料，所以能够随时获得新资料，发现新问题，取得新的研究成果，提出新的看法。

《唐代长安与西域文明》一书是向达先生学术研究的代表作，充分反映了他在上述两个方面和相关领域的学术贡献。其中，《唐代长安与西域文明》长文是20世纪唐代中外关系史研究领域的力作，迄今仍然是每一个研究唐史、中外关系史、长安历史的人所不可忽视的著作，常常被中外学者所引用。向达先生有关敦煌史地的一组论文，是用传统文献、敦煌文书和实地考察相结合的研究方法所取得的成果，涉及敦煌史地、艺术、考古等许多方面，特别是他所提出的研究课题，一直是敦煌学界努力奋斗的目标；他所使用的研究方法，一直是敦煌学界行之有效的法宝。由于向达先生这部代表作蕴含着深邃的研究心得、广阔的学术天地、前瞻性的研究课题，因此确立了它在20世纪中国史学上不朽的地位。